Deutscher Sprachkurs 4

Panorama

Deutscher Sprachkurs
by David Shotter

A Complete German Course in four parts

Deutscher Sprachkurs 1: Biberswald
Pupil's Book
Set of three 5″ tapes/set of three cassettes
Set of overhead-projector materials
Teacher's Book

Deutscher Sprachkurs 2: Unterwegs
Pupil's Book
Set of two 5″ tapes/set of two cassettes
Set of overhead-projector materials
Teacher's Book

Deutscher Sprachkurs 3: Angekommen
Pupil's Book
Set of two 5″ tapes/set of two cassettes

Deutscher Sprachkurs 4: Panorama
(with Hartmut Ahrens)
Pupil's Book
Teacher's Book
Set of three 5″ tapes/set of three cassettes

Panorama

DEUTSCHER SPRACHKURS 4

A Complete Course for Advanced Students

David Shotter

Head of the Faculty of Modern Languages
Furze Platt Comprehensive School,
Maidenhead

Hartmut Ahrens

Oberstudienrat
Gewerbeschule
Kehl am Rhein

Heinemann Educational Books · London

Heinemann Educational Books Ltd
22 Bedford Square, London WC1B 3HH

LONDON   EDINBURGH   MELBOURNE   AUCKLAND   TORONTO
HONG KONG   SINGAPORE   KUALA LUMPUR   NEW DELHI
IBADAN   NAIROBI   JOHANNESBURG   KINGSTON
EXETER (NH)   PORT OF SPAIN

for Teja and Trajan

British Library Cataloguing in Publication Data

Shotter, David
     Panorama. — (Deutscher Sprachkurs)
     Pupil's Book
     1. German language — Composition and exercises
     I. Title   II. Ahrens, Hartmut   III. Series
     438.2'421   PF3112
     ISBN 0-435-38847-9

Filmset and printed in Great Britain by
BAS Printers Limited, Over Wallop, Hampshire

Contents

Preface

We tend to take our own language for granted. We have acquired our knowledge of English over a number of years at home, at school and in our private lives in many different situations. Most students embarking on an advanced German course will have read reasonably widely from magazines, newspapers as well as novels, plays and text books, but it is unlikely that they will have been able to spend enough time in Germany to have acquired an easy familiarity with the German language. *Panorama* has been designed to cover, from the linguistic point of view, as wide a spectrum of life as possible within the confines of a book.

The texts in *Part I* aim to give students a thorough and up-to-date knowledge of German, the German way of life and a great variety of contemporary issues. There is certainly too much material to be covered only in lesson time but it is hoped that students will be able to read and study many of the texts by themselves. Extensive vocabularies have been supplied with this aim in view. The retranslation exercises based on the passages are designed to consolidate the vocabulary and in every chapter there are many opportunities for rôle playing, question and answer work and essay writing.

Part II deals, on the whole, with the more formal aspects of examination work. Many students beginning advanced studies have little or no experience of translating from English into German. Special skills need to be developed and we have given considerable help with the prose passages in the form of notes and vocabularies. A fairly extensive grammar section has been included for quick reference but further information may be obtained from more detailed grammars such as A. E. Hammer's *German Grammar and Usage* (Edward Arnold), Frederick Stopp's *Manual of Modern German* (UTP) or *Harrap's New German Grammar* by Charles B. Johnson. Translation exercises based on the grammar section have been included and may be used to practise specific grammatical points as they arise or, if time permits, may be worked through systematically.

Although guided compositions, aural comprehension tests and multiple-choice reading and listening comprehension tests do not occur on all 'A' Level syllabuses, they nevertheless offer additional and more varied practice to students who would not ordinarily have to deal with them in their examinations.

Translation from German to English must form an important part of any course and although no texts have been included specifically for this purpose, it is hoped that teachers will use the wealth of material in a variety of styles to be found in *Panorama* alongside the literary texts set by the examination boards in order to give students regular practice in this skill.

It is very important for students to hear spoken German. With this in mind we have recorded, in addition to the listening comprehension tests, a wide selection of the passages in *Part I*. Those which are to be found on tape or cassette are marked with a symbol. We would also warmly recommend that students should listen as often as possible to the German news and to the excellent programmes produced by the BBC in their *Deutsch für die Oberstufe* series.

It is a great pleasure to be able to acknowledge our indebtedness to the many people who have helped in the preparation of this course. In particular we should like to thank Rosemary Shotter and Anantaya Ahrens for their constructive help and advice and above all their great patience, especially when we burnt the midnight oil. We are also grateful to Anantaya for typing much of the manuscript. We must also thank Herr Oberstudiendirektor Walter Loffl of the Gewerbeschule Kehl am Rhein for his interest and kindness in allowing us to use the many facilities of his school, Herr Rainer Fries for his help with the Essay Writing Section in *Part II*, and Mr. and Mrs. Charles Savage for their interest and help at the initial stage of the course.

D.F.S.
H.A.

PART I

I Der Mensch und seine Umwelt

1 Menschen

1.1 Ein Leben

Jürgen wurde zuhause geboren.

Eine Hebamme leistete Geburtshilfe.

Er wurde evangelisch getauft, und zwar auf die Namen Jürgen, Uwe.

> Bei der Taufe hatte er ein niedliches Taufkleid an.
> Eltern und Taufpaten brachten ihn zum Altar.
> Der Pastor[1] benetzte Jürgens Stirn mit Wasser aus dem Taufbecken und sprach die Taufformel; dabei machte er das Zeichen des Kreuzes:
> „Jürgen, Uwe, ich taufe dich im Namen Gottes, des Vaters, und des Sohnes und des Heiligen Geistes. Amen."
> Die Eltern und Taufpaten gelobten, Jürgen im christlichen Glauben zu erziehen.

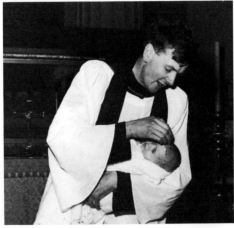

Jürgen wurde von seinen Eltern versorgt, gefüttert und aufgezogen.

Er wuchs auf und entdeckte seine Umwelt.

Er lernte zu krabbeln und machte dann seine ersten Gehversuche, bis er schließlich mit vierzehn Monaten richtig gehen konnte.

Er begann zu plappern, begann dann einzelne Wörter zu bilden, bis er schließlich ganze Sätze formen konnte.

Jürgen kam mit drei Jahren in den Kindergarten.

Mit sechs kam er zur Schule, und später ging er auf die Universität.

Nach seinem Examen verließ er die Uni.

Er bewarb sich um eine Stelle als Architekt.

Er begann, seinen Lebensunterhalt zu verdienen.

Kurz darauf verliebte er sich in ein nettes Mädchen namens Inge.

Sie verlobten sich.

Nach einem Jahr wurden sie vormittags standesamtlich und nachmittags kirchlich getraut.

Die beiden Trauzeugen waren pünktlich zur standesamtlichen Trauung erschienen. Auch nachmittags bei der kirchlichen Trauung waren sie dabei. Die Familien, Nachbarn und Freunde des Brautpaars waren ebenfalls in der Kirche. Die Brautjungfern und die Blumenkinder trugen entzückende Kleider. Brautkleid und Brautschleier standen der Braut wunderbar. Vor dem Altar sprachen Bräutigam und Braut noch einmal das Jawort:

„Jürgen, Uwe Müller, willst du diese Inge, geborene Schmidt, die Gott dir anvertraut, als deine Ehefrau lieben und ehren und die Ehe mit ihr nach Gottes Gebot und Verheißung führen in guten wie in bösen Tagen, bis der Tod euch scheidet, so antworte: „Ja, mit Gottes Hilfe."

„Ja, mit Gottes Hilfe."

„Inge, geborene Schmidt, willst du diesen Jürgen, Uwe Müller, den Gott dir anvertraut . . .“

„Ja, mit Gottes Hilfe."

Nach dem Jawort wechselten Jürgen und Inge die Trauringe. Der Pfarrer beschloß die Trauung mit den Worten: „Was Gott zusammengefügt hat, das soll der Mensch nicht scheiden". Dann folgte noch ein Schlußgebet.

Mit der Zeit bekam Inge drei Kinder.
Jürgen war beruflich sehr erfolgreich.
Mit 50 wurde er zum ersten Mal Großvater.
Kinder und Enkelkinder besuchten ihn häufig, was ihm und seiner Frau große Freude bereitete.
Seine berufliche Laufbahn endete mit 65, als er in den Ruhestand trat.
Seine Pension wurde regelmäßig auf sein Konto überwiesen.
Schon als er ein Mann in mittleren Jahren war, begannen seine Schläfen allmählich grau zu werden.
Als er auf die 70 zuging, wurde sein Haar zunehmend weißer.
Seine Sehkraft ließ immer stärker nach.
Seine Haltung wurde gebeugt, und er konnte nur mit Hilfe eines Stockes gehen.
Nach dem Tode seiner Frau wechselte er in ein privates Altersheim mit allem Komfort über.
Im Alter von 78 Jahren (im 78. Lebensjahr) starb er plötzlich an einem Herzinfarkt. Der Verstorbene wurde beerdigt.[2]

Der Pfarrer am offenen Grabe:
„Der Herr über Leben und Tod hat unseren Bruder Jürgen, Uwe Müller aus diesem Leben abgerufen. Laßt uns nun den Verstorbenen bestatten. So spricht der Herr, der uns geschaffen hat: Von Erde bist du genommen, zu Erde sollst du werden. Erde zur Erde, Asche zur Asche, Staub zum Staube."

[1]Das Wort „Pastor" wird meistens in der evangelischen (protestantischen) Kirche benutzt; die Katholiken sagen oft „Priester" oder auch „Pfarrer". „Pfarrer" wird aber auch von evangelischen Gläubigen gebraucht. Der „Geistliche" kann auch Pfarrer bedeuten; oft wird es aber auch allgemein für Pfarrer, Vikar, Abt, Bischof, Kardinal, etc., benutzt.

[2]Es gibt zwei Arten, einen Toten zu bestatten (beizusetzen): — Der Tote wird begraben (beerdigt): das Begräbnis, die Beerdigung. — Der Tote wird eingeäschert: die Einäscherung, die Feuerbestattung.

Mit unserem Sohn Carsten freuen wir uns über die Geburt
unserer Tochter
A N N A
Beate und Bernd Meier
10. Januar 1976

München

Erna Holzmann
geb. Späth
starb unerwartet heute im 55. Lebensjahr
nach schwerer Krankheit

Wir trauern um einen wunderbaren Menschen

Heinz Henry Holzmann
Emil und Juliane Späth

Hamburg, 9. November 1967

Die Einäscherung erfolgte in aller Stille; die Urne wird in Hamburg beigesetzt.

---

die Hebamme (–n): *midwife*

Geburtshilfe leisten (*wk*): *to deliver a baby*

taufen (*wk*): *to baptize*

niedlich: *sweet, nice, cute*

der Taufpate (–n) (*wk masc.*): *godfather*

benetzen (*wk*): *to sprinkle*

die Stirn (–en): *forehead*

das Taufbecken (–): *font*

geloben (*wk*): *to promise solemnly*

der Glaube (–) (*wk masc.*): *faith, belief*

erziehen (ie, o, o): *to educate*

versorgen (*wk*): *to look after*

aufziehen (ie, o, o): *to bring up*

die Umwelt: *environment*

krabbeln (*wk*): *to crawl*

plappern (*wk*): *to babble*

sich bewerben (i, a, o) um (+ *Acc.*): *to apply for*

standesamtlich/ kirchlich getraut werden: *to be married in a registry office/ in church*

der Trauzeuge (–n) (*wk masc.*): (*marriage*) *witness*

die Trauung (–en): *marriage (ceremony)*

ebenfalls: *as well, likewise*

die Brautjungfer (–n): *bridesmaid*

das Blumenkind (–er): *page, bridesmaid*

jemandem etwas/jemanden anvertrauen (*wk*): *to entrust sth./s.o. to s.o.*

das Gebot (–e): *law, commandment*

die Verheißung (–en): *promise (bibl.)*

scheiden (ei, ie, ie): *to part*

beschließen (ie, o, o): *to conclude*

zusammenfügen (*wk*): *to join together*

das Schlußgebet (–e): *concluding prayer*

erfolgreich: *successful*

die Laufbahn (–en): *career*

in den Ruhestand *treten (i, a, e): *to retire*

die Schläfe (–n): *temple*

zunehmend: *increasing(ly)*

nachlassen (ä, ie, a): *to deteriorate*

seine Haltung wurde gebeugt: *he began to stoop*

*über**wechseln (*wk*) in (+ *Acc.*): *to move to, to transfer to*

der Herzinfarkt (–e): *heart-attack*

beerdigen (*wk*): *to bury*

bestatten (*wk*): *to lay to rest*

schaffen (*wk*): *to create*

entzückend: *delightful, charming*

der Schleier (–): *veil*

der Bräutigam (–e): *bridegroom*

die Braut (=e): *bride*

Retranslation

A 1 The baby was born in a hospital. 2 He was christened in a protestant church. 3 The young couple was married by a Catholic priest. 4 They were visited by their grandchildren. 5 The old man was buried and not cremated.

B 1 The little girl began to crawl and chatter. 2 He began to earn his living. 3 He began studying at Tübingen University. 4 He began working as an architect. 5 He began walking with the aid of a stick.

C 1 At the age of three. 2 After a year. 3 In time. 4 A middle-aged man. 5 Frequently/regularly/gradually/increasingly/always.

D 1 He fell in love with a nice girl. 2 He married her. 3 The vicar married them. 4 They got divorced five years later.

Aufgabe

Beschreiben Sie ein Leben!

1.2 Formulare...

„Formulare, Formulare, von der Wiege bis zur Bahre!" So stöhnt der Deutsche bereits in einem Sprichwort! In der Tat hat der Mensch in seinem Leben mit einer ungeheuren Menge von Fragebögen, Formblättern, Dokumenten, Bescheinigungen, Attesten, Schreiben, schriftlichen Anträgen, und eben auch mit den berühmt-berüchtigten Formularen, zu kämpfen. Kommen wir auf eine Behörde, wird uns gleich mit dem „Guten Tag" ein Formular überreicht: „So, nun füllen Sie das erstmal aus!" So geht es z.B. auch dem Berufsschüler, der sich nach seiner Hauptschulzeit, und nachdem er einen Ausbildungsplatz gefunden hat, nun zum Berufsschulunterricht anmelden will.

Schüler–Anmeldung

Zuname: .... Vorname: ....
(in Druckbuchstaben!)

geb. am: .... in: ....
Beruf/Ausbildung als: .... Religion: ....
Staatsangehörigkeit: ....
Wohnort/Str./Hausnr.: ....

....

....

Beginn der Ausbildung: ....
Anschrift des Ausbildungsbetriebes: ....

.... Tel.: ....

Name/Wohnort/Beruf des gesetzlichen Vertreters: ....
Zuletzt besuchte Schule: ....
Erreichter Abschluß: ....

Noten in: Mathematik .... Chemie ....
           Deutsch .... Biologie ....
           Englisch .... Physik ....
           Geschichte/Gemeinschaftskunde ....

Auch Jürgens Leben (siehe 1.1) war voller Urkunden und Formulare: Bei seiner Geburt wurde eine Geburtsurkunde ausgestellt, der Pfarrer schrieb einen Taufschein aus, seine Eltern mußten ein Formular ausfüllen, um Kindergeld für Jürgen zu bekommen, in der Schule bekam er Zeugnisse, zur Konfirmation erhielt er eine Konfirmationsurkunde, mit 19 übergab ihm der Direktor das Abiturszeugnis, an der Uni mußte er ein riesiges Aufnahmeformular ausfüllen, bei der Bewerbung um eine Stelle hatte er auf Formblättern eine Menge Angaben zu machen, vor der standesamtlichen Trauung mußten er und seine Verlobte sogar Staatsbürgerschaftsurkunden beantragen, vom Standesamt bekamen sie ein Familienbuch, vom Pfarrer einen Trauschein, von seiner Firma bekam er Gehaltsmitteilungen und schließlich die Pensionsurkunde. Nach seinem Tode stellte der Arzt den Totenschein aus. Der Papierkrieg endet also erst im Grabe. Formulare, von der Wiege bis zur Bahre...!

4

die Wiege (–n): *cradle*
die Bahre (–n): *bier*
stöhnen (*wk*): *to groan*
bereits: *already*
das Sprichwort (–er): *saying, proverb*
ungeheuer: *tremendous, monstrous*
der Fragebogen (–): *questionnaire*
das Formblatt (–er): *official form*
das Dokument (–e): *document*
die Bescheinigung (–en): *certificate*
das Attest (–e): *doctor's certificate*
der Antrag (–e): *application*
(berühmt–) berüchtigt: (*extremely*) *notorious*
die Behörde (–): *official building, officialdom, authorities*
die Hauptschule (–n): (*formerly* "Volksschule") *approx. Secondary Modern School*
anmelden (*wk*): *to enrol, to register*

der Druckbuchstabe (–n) (*wk masc.*): *block-letter*
die Ausbildung: (*professional/vocational*) *training*
die Staatsangehörigkeit (–en): *nationality*
die Lehre (–n): *apprenticeship*
die Anschrift (–en): *address*
der Ausbildungsbetrieb (–e): *firm where training is done*
der gesetzliche Vertreter (–): *legal representative*
erreichter Abschluß (– sse): *leaving qualifications*
die Urkunde (–n): *document*
das Kindergeld: *child allowance*
das Aufnahmeformular (–e): *admission form*
die Angabe (–n): *data, particulars*
beantragen (*wk*): *to apply for*
die Staatsbürgerschaftsurkunde: *document proving nationality*
das Familienbuch (–er): *composite collection of family details, obligatory for each German married couple*
die Gehaltsmitteilung (–en): *pay slip*

Retranslation

1 A birth certificate was issued a few weeks after his birth. 2 The parents had to fill in a form in order to get a child allowance for their son. 3 The Headmaster handed the eighteen-year-old boy his Abitur certificate. 4 From the cradle to the grave everyone has to fill in many forms. 5 The doctor issued a death certificate on my brother's death.

1.3 Fünf Typen – Fünf Altersstufen

(a) Ein kleines Mädchen, 7–8 Jahre alt

Maria Müller hat grüne, leuchtende Augen und einen pfiffigen, spitzbübischen Gesichtsausdruck und lustige Sommersprossen und Grübchen. Einer ihrer Milchzähne fehlt vorne.

Sie hat flachsblondes Haar, das in zwei langen, goldenen Zöpfen geflochten ist. Manchmal trägt sie auch einen Pferdeschwanz. Maria ist groß für ihr Alter, hoch aufgeschossen und ziemlich dürr. Sie trägt entweder schlampige Jeans und Pullover oder Rock, Pullover und Kniestrümpfe.

Sie hüpft mehr als daß sie geht. Sie ist ein wenig zappelig (besonders in der Schule), verhaspelt sich oft und lispelt leicht.

pfiffig: *lively and alert*
spitzbübisch: *tom-boyish, roguish*
der Gesichtsausdruck (–e): *facial expression*
die Sommersprosse (–n): *freckle*
das Grübchen (–): *dimple*
der Zopf (–e): *pig-tail*
flechten (i, o, o): *to plait*

hoch aufgeschossen: *lanky*
dürr: *lean, scraggy*
schlampig: *scruffy*
*hüpfen (*wk*): *to hop*
zappelig: *fidgety*
sich verhaspeln (*wk*): *to get tongue-tied*

(b) Ein Heranwachsender (Jugendlicher) (der schüchterne Typ)

Friedrich-Wilhelm Ebermann besucht ein Gymnasium. Er ist vierzehn Jahre alt und gerade im Stimmbruch. Er ist sehr schüchtern und zurückhaltend. Seine Unsicherheit zeigt sich auch dadurch, daß er vor Verlegenheit oft stottert. Friedrich ist sehr blaß; außerdem hat er zur Zeit unreine, pickelige Haut. Er ist nervös und zwinkert oft mit den Augen. Er trägt eine runde Nickelbrille. Er hat Segelohren. Friedrich-Wilhelms stets ernste Miene, die Nickelbrille, seine Zerstreutheit und sein Lerneifer geben ihm das Fluidum eines typischen zerstreuten Professors.

der (die) Heranwachsende(-n), der (die) Jugendliche (-n) (like adj.): *adolescent, youth, young girl*
schüchtern: *shy*
er ist im Stimmbruch: *his voice is breaking*
zurückhaltend: *reserved, retiring*
die Verlegenheit: *embarrassment*
unrein: *impure*
pick(e)lig: *spotty*

(mit den Augen) zwinkern (*wk*): *to blink*
das Segelohr (–en): *protruding ear, "dumbo" ear*
stets: *always*
die Miene (–n): *(facial) expression*
die Zerstreutheit: *absentmindedness*
der Lerneifer: *keenness (to learn)*
das Fluidum: *appearance, air, aura*

(c) Eine Stewardeß

Meist trägt Karin Keller eine adrette, gelbe Lufthansa-Uniform und ein kesses, schickes Hütchen.

Ihr leicht schelmisches Lächeln steht ihr ebenso wie der kurze, praktische und doch elegante Haarschnitt. Sie ist von Natur aus blond; aber wenn z.B. brünett in Mode ist, färbt sie sich das Haar entsprechend oder trägt eine modische Perücke.

Sie ist schlank, nicht übergroß, hat eine gute Figur und attraktive lange Beine.

Sie hat einen frischen, natürlichen, gesunden Teint und braucht daher äußerst wenig Make-up.

Karin hat leuchtend blaue Augen und lange, gepflegte Augenwimpern. Ihre Stimme ist etwas gekünstelt heiser; sie kann allerdings auch auf samtweich umschalten. Sie spricht gewollt langsam und gemessen. Natürlich spricht Fräulein Keller Deutsch und beherrscht darüberhinaus noch zwei weitere Fremdsprachen: Englisch und Französisch.

adrett: *neat, well-cut*
keß: *jaunty*
leicht: *slightly*
schelmisch: *roguish*
färben (*wk*): *to dye*
entsprechend: *accordingly*
die Perücke (–n): *wig*
der Teint (–s): *complexion*
gepflegt: *well-groomed*

die Augenwimper (–n): *eye-lash*
gekünstelt heiser: *artificially husky*
allerdings: *on the other hand*
samtweich: *velvety (voice, tone)*
umschalten (*wk*) auf (+ *Acc.*): *to switch (back) to*
gewollt: *purposely*
gemessen: *slowly and deliberately*
beherrschen (*wk*): *to master*
darüberhinaus: *in addition*

(d) Käpt'n Kinau (Der Kapitän eines Fischdampfers)

Erscheinung:	guttaussehend, hochgewachsen, breitschultrig
Gang:	schwankend wie das Meer
Kleidung:	Ölzeug, Rollkragenpullover, Schiffermütze
Wesen:	rauh, aber herzlich
Sprache:	Plattdeutsch; wortkarg
Gesicht:	vom Wetter gezeichnet, markant, männlich
Haar:	rötlich-blond, lockig
Augen:	klar, blau
Bart:	männlich, Seemannsart
Mundpartie:	(1) Kinn: fest und energisch
	(2) Mund: hart
	(3) Lippen: zusammengekniffen
	(4) Zähne: dazwischen . . . Pfeife

hochgewachsen: *tall (and slim)*
(*)schwanken (*wk*): *to roll (sea)*
das Ölzeug: *oil-skins*
die Schiffermütze (–n): *sailor's cap*
das Wesen: (*here*) *nature*
rauh aber herzlich: *rough but with a heart of gold*

das Plattdeutsch: *Low German (North German dialect)*
er ist wortkarg: *he doesn't say much*
vom Wetter gezeichnet: *weather-beaten*
markant: *striking*
lockig: *curly*
zusammengekniffen: *tightly pressed*

(e) Die ältliche Putzfrau

Minna Goos hat eine laute, durchdringende Stimme. Ihr Lachen ist schrill und erscheint oft unmotiviert. Minna hat einen gesunden Mutterwitz und Sinn für Humor.

Ihr Haar ist strähnig, glanzlos und ungepflegt. Sie ist vollbusig und vollschlank bis korpulent. Ihre Erscheinung ist trotz ihrer Korpulenz kräftig, fast muskulös, was durch ihre starken Oberarme noch unterstrichen wird. Ihre Gesichtsfarbe ist von ländlich-gesunder Frische, obwohl viele Fältchen von langen Jahren harter Arbeit zeugen.

Frau Goos ist nicht mehr ganz so beweglich wie früher. Dazu tragen auch ihre Kurzbeinigkeit und ihr Übergewicht bei.

durchdringend: *penetrating*
der Mutterwitz: *native wit*
strähnig: *untidy and unkempt, tangled*
glanzlos: *lifeless*
ungepflegt: *uncared for*
unterstreichen (ei, i, i): *underline, emphasize*

die Falte (–n): *wrinkle*
zeugen (*wk*): *to bear witness*
beweglich: *mobile*
beitragen (ä, u, a) (+ *Dat.*): *to contribute to*
das Übergewicht: *excess weight, being overweight*

Retranslation

1 The eight-year-old girl had long, blond pigtails, freckles and dimples and one of her milk teeth was missing. 2 She was tall for her age and had a slight lisp. 3 Friedrich was a typical adolescent. He was shy and reserved and often stuttered with embarrassment. 4 His voice was breaking and he had a spotty skin. 5 The German air hostess was slim with a good figure and attractive long legs. 6 She had shining blue eyes, her eyelashes were long and she didn't need much make-up.

7 The trawler skipper was a tall, handsome, broad-shouldered man with red curly hair, a weather-beaten face, a firm chin and he had a pipe clenched between his lips. 8 He was wearing a dark blue polo-necked sweater beneath his yellow oilskins and on his head he had a sailor's cap. 9 The elderly charlady had a loud, shrill, penetrating voice. 10 She had a sense of humour but she was not as mobile as she had been, as she was overweight.

Aufgabe

Beschreiben Sie Käpt'n Kinau! Benutzen Sie vollständige Sätze für Ihre Beschreibung!

1.4 Das Fenster-Theater

Die Frau lehnte am Fenster und sah hinüber. Der Wind trieb in leichten Stößen vom Fluß und brachte nichts Neues. Die Frau hatte den starren Blick neugieriger Leute, die unersättlich sind. Es hatte ihr noch niemand den Gefallen getan, vor ihrem Hause niedergefahren zu werden. Außerdem wohnte sie im vorletzten Stock, die Straße lag

8

zu tief unten. Der Lärm rauschte nur mehr leicht herauf. Alles lag zu tief unten. Als sie sich eben vom Fenster abwenden wollte, bemerkte sie, daß der Alte gegenüber Licht angedreht hatte. Da es noch ganz hell war, blieb dieses Licht für sich und machte den merkwürdigen Eindruck, den aufflammende Straßenlaternen unter der Sonne machen. Als hätte einer an seinen Fenstern die Kerzen angesteckt, noch ehe die Prozession die Kirche verlassen hat. Die Frau blieb am Fenster.

Der Alte öffnete es und nickte herüber. Meint er mich? dachte die Frau. Die Wohnung über ihr stand leer und unterhalb lag eine Werkstatt, die um diese Zeit schon geschlossen war. Sie bewegte leicht den Kopf. Der Alte nickte wieder. Er griff sich an die Stirne, entdeckte, daß er keinen Hut aufhatte und verschwand im Innern des Zimmers.

Gleich darauf kam er in Hut und Mantel wieder. Er zog den Hut und lächelte. Dann nahm er ein weißes Tuch aus der Tasche und begann zu winken. Erst leicht und dann immer eifriger. Er hing über die Brüstung, daß man Angst bekam, er würde vornüberfallen. Die Frau trat einen Schritt zurück, aber das schien ihn nur zu bestärken. Er ließ das Tuch fallen, löste seinen Schal vom Hals—einen großen bunten Schal—und ließ ihn aus dem Fenster wehen. Dazu lächelte er. Und als sie noch einen weiteren Schritt zurücktrat, warf er den Hut mit einer heftigen Bewegung ab und wand den Schal wie einen Turban um seinen Kopf. Dann kreuzte er die Arme über der Brust und verneigte sich. Sooft er aufsah, kniff er das linke Auge zu, als herrsche zwischen ihnen ein geheimes Einverständnis. Das bereitete ihr solange Vergnügen, bis sie plötzlich nur mehr seine Beine in dünnen, geflickten Samthosen in die Luft ragen sah. Er stand auf dem Kopf. Als sein Gesicht, gerötet, erhitzt und freundlich wieder auftauchte, hatte sie schon die Polizei verständigt.

Und während er, in ein Leinentuch gehüllt, abwechselnd an beiden Fenstern erschien, unterschied sie schon drei Gassen weiter über dem Geklingel der Straßenbahnen und dem gedämpften Lärm der Stadt das Hupen des Überfallautos. Denn ihre Erklärung hatte nicht sehr klar und ihre Stimme erregt geklungen. Der alte Mann lachte jetzt, so daß sich sein Gesicht in tiefe Falten legte, streifte dann mit einer vagen Gebärde darüber, wurde ernst, schien das Lachen eine Sekunde lang in der hohlen Hand zu halten und warf es dann hinüber. Erst als der Wagen schon um die Ecke bog, gelang es der Frau, sich von seinem Anblick loszureißen.

Sie kam atemlos unten an. Eine Menschenmenge hatte sich um den Polizeiwagen gesammelt. Die Polizisten waren abgesprungen, und die Menge kam hinter ihnen und der Frau her. Sobald man die Leute zu verscheuchen suchte, erklärten sie einstimmig, in diesem Haus zu wohnen. Einige davon kamen bis zum letzten Stock mit. Von den Stufen beobachteten sie, wie die Männer, nachdem ihr Klopfen vergeblich blieb, und die Glocke allem Anschein nach nicht funktionierte, die Tür aufbrachen. Sie arbeiteten schnell und mit einer Sicherheit, von der jeder Einbrecher lernen konnte. Auch in dem Vorraum, dessen Fenster auf den Hof sahen, zögerten sie nicht eine Sekunde. Zwei von ihnen zogen die Stiefel aus und schlichen um die Ecke. Es war inzwischen finster geworden. Sie stießen an einen Kleiderständer, gewahrten den Lichtschein am Ende des schmalen Ganges und gingen ihm nach. Die Frau schlich hinter ihnen her.

Als die Tür aufflog, stand der alte Mann mit dem Rücken zu ihnen gewandt noch immer am Fenster. Er hielt ein großes weißes Kissen auf dem Kopf, das er immer wieder abnahm, als bedeutete er jemandem, daß er schlafen wolle. Den Teppich, den er vom Boden genommen hatte, trug er um die Schultern. Da er schwerhörig war, wandte er sich auch nicht um, als die Männer schon knapp hinter ihm standen und die Frau über ihn hinweg in ihr eigenes finsteres Fenster sah.

Die Werkstatt unterhalb war, wie sie angenommen hatte, geschlossen. Aber in die Wohnung oberhalb mußte eine neue Partei eingezogen sein. An eines der erleuchteten Fenster war ein Gitterbett geschoben, in dem aufrecht ein kleiner Knabe stand. Auch er trug sein Kissen auf dem Kopf und die Bettdecke um die Schultern. Er sprang und winkte herüber und krähte vor Jubel. Er lachte, strich mit der Hand über das Gesicht, wurde ernst und schien das Lachen eine Sekunde lang in der hohlen Hand zu halten. Dann warf er es mit aller Kraft den Wachleuten ins Gesicht.

Ilse Aichinger

der (Wind)stoß (¨sse): *gust*
neugierig: *curious and inquisitive*
unersättlich: *insatiable*
jemandem einen Gefallen tun (u, a, a): *to do s.o. a favour*
der Lärm: *noise*
*heraufrauschen (wk): (here) *to drone up*
nur mehr: *only just*
leicht: *faintly*
merkwürdig: *strange, peculiar*
der Eindruck (¨e): *impression*
aufflammende Straßenlaternen: *the sudden glare of switched-on street-lights*
die Kerze (–n): *candle*
anstecken (wk): *to light (a naked flame)*
nicken (wk): *to nod*
die Werkstatt (¨en): *workshop*
entdecken (wk): *to discover*
die Brüstung (–en): *balustrade*
bestärken (wk): *to encourage*
wehen (wk): *to blow (in the wind)*
winden (i, a, u): *to bind, to wind*
sich verneigen (wk): *to bow*
(das Auge) zukneifen (ei, i, i): *to wink*
geheim: *secret*
das Einverständnis (–se): *mutual understanding*
flicken (wk): *to patch*
(in die Luft) ragen (wk): *to stick up (in the air)*
*auftauchen (wk): *to pop up, appear*

verständigen (wk): *to notify*
hüllen (wk) in (+ *Acc.*): *to wrap up in*
abwechselnd: *alternately*
unterscheiden (ei, ie, ie): *to distinguish, to make out*
die Gasse (–n): (narrow) *street*
das Geklingel: *constant ringing*
gedämpft: *muffled*
hupen (wk): *to hoot, to honk*
das Überfallauto (–s): *police-car*
die Erklärung (–en): *explanation, account*
erregt: *agitated*
klingen (i, a, u): *to sound*
streifen (wk): (here) *to move (his hand) down gently*
die Gebärde (–n): *gesture*
hohl: *hollow*
der Anblick (–e): *sight, gaze*
sich losreißen (ei, i, i): *to tear o.s. away*
verscheuchen (wk): *to disperse, to move on*
einstimmig: *unanimously*
die Stufe (–n): *step*
die Glocke (–n): (door-) *bell*
allem Anschein nach: *apparently*
die Sicherheit (–en): *assuredness, certainty*
zögern (wk): *to hesitate*
der Stiefel (–): *boot*
*schleichen (ei, i, i): *to sneak, to creep*
finster: *dark, gloomy*
der Kleiderständer (–): *hall-stand, clothes-stand*

gewahren (*wk*) (+ *Acc.*): *to become aware of*
der Rücken (–): *back*
das Kissen (–): *pillow, cushion*
bedeuten (*wk*): (*here*) *to indicate*
der Teppich (–e): (*here*) *rug*
schwerhörig: *hard of hearing*
knapp: *right, just, immediately*

annehmen (i, a, o): *to assume*
das Gitterbett (–en): *cot*
der Knabe (–n) (*wk masc.*): *boy, little lad*
krähen (*wk*) vor: (*here*) *to shriek with*
der Jubel: *joy, happiness*
der Wachmann (Wachleute/Wachmänner): *policeman*

Fragen

1. Wie stellen Sie sich das Alltagsleben der Frau vor?
2. Hätten Sie die Polizei verständigt, wenn Sie „das Fenster-Theater" gesehen hätten? Warum? Warum nicht?
3. Beschreiben Sie in Ihren eigenen Worten, was der Mann gegenüber machte, und warum er das machte!
4. Wie fühlte sich die Frau am Ende der Erzählung?
5. Gefällt Ihnen die Erzählung? Warum? Warum nicht?

1.5 Emotionen

Emotionen zeigen sich auf mannigfaltige Art und Weise, hauptsächlich aber durch den Gesichtsausdruck, die Stimme und durch Gesten.

(a) Freude/Fröhlichkeit

Herr Meier erzählte einen Witz. Herr Schulze lächelte verstohlen, Herr Kohlmann schmunzelte vor sich hin, Herr Müller grinste schelmisch. Selbst der ernste Herr Wanten strahlte die anderen fröhlich an! Opa Meier brüllte vor Lachen. Ein Teenager kicherte albern, ein junger Mann lachte Tränen, und selbst Frau Meier schüttelte sich vor Lachen. Tante Berta wieherte vor Lachen. Onkel Max freute sich wie ein Schneekönig. Der Rest des Abends stand unter dem Motto: „Jubel, Trubel, Heiterkeit".

die Geste (–n): *gesture*
der Witz (–e): *joke*
verstohlen: *to o.s., inwardly*
(vor sich hin) schmunzeln (*wk*): *to smirk (to o.s.)*
grinsen (*wk*): *to grin*
brüllen (*wk*) vor: *to roar with*
kichern (*wk*): *to giggle*

albern: (*in a*) *silly* (*way*), *stupid(ly)*
die Träne (–n): *tear*
sich schütteln (*wk*) vor: *to shake with*
wiehern (*wk*) vor: *to laugh shrilly at*
sich wie ein Schneekönig freuen (*wk*): *to be pleased as Punch*
Jubel, Trubel, Heiterkeit: *a unit of three words emphasizing merriment, joviality, conviviality*

(b) Furcht / Angst

Wenn man Angst hat (sich fürchtet), kann sich das auf die verschiedenste Art und Weise ausdrücken. Man wird z.B. aschfahl und zittert wie Espenlaub; manchen zittern auch die Knie vor Furcht. Die Augen sind vor Schreck geweitet. Die Haare stehen einem zu Berge. Die Nackenhaare sträuben sich. Man stößt einen Angstschrei aus. Einigen Leuten bricht auch der kalte Schweiß aus. Vielen ist vor Angst die Kehle wie zugeschnürt. Einige klappern auch vor Angst mit den Zähnen.

Besonders Tiere zittern ängstlich am ganzen Körper und sind verstört und verängstigt, oder sie ziehen sich verängstigt in eine Ecke zurück. So entstand wohl auch das Wort „Angsthase".

Übrigens, keine Angst vor dem folgenden Text! In diesem schwierigen Textbuch sind Sie ja schon „Kummer gewöhnt".

wie Espenlaub zittern (wk): *to shake like a leaf*
der Schweiß: *sweat*
das Nackenhaar (–e): *hair on the nape of the neck*
sich sträuben (wk): *to bristle*
ausstoßen (ö, ie, o): *to utter, let out*
die Kehle (–n): *throat*

zugeschnürt: *constricted*
er klapperte mit den Zähnen: *his teeth chattered*
verstört: *upset, frightened*
sich **zurück**ziehen (ie, o, o): *to withdraw*
*entstehen (e, a, a): *to originate*
der Angsthase (–n) (wk masc.): *frightened rabbit* (lit.: *hare*)

(c) Traurigkeit | Kummer

Viele Menschen haben von Natur aus einen traurigen Ausdruck in den Augen oder um den Mund. Der eine oder andere wiederum hat stets einen wehmütigen, traurigen Zug um den Mund.

Traurigkeit und Kummer zeichnen sich oft folgendermaßen ab: Herabfallende Mundwinkel verraten Traurigkeit. Zuckende Augenlider sind ein Zeichen von Nervosität, können aber auch anzeigen, daß jemand nahe daran ist, in Tränen auszubrechen. Dasselbe gilt auch für zuckende Mundwinkel.

Viele Leute – besonders Kinder und Frauen – weinen, wenn sie traurig oder auch nur betrübt sind. Kinder weinen, wenn sie sich wehgetan haben. Kinder heulen meist laut, während Erwachsene oft still vor sich hin weinen; andere wiederum schluchzen verhalten oder auch laut und herzzerbrechend. Babies allerdings schreien und brüllen meist aufdringlich und laut. Wenn man weint, fließen einem die Tränen die Wangen (das Gesicht) hinunter.

Tränen hinterlassen Tränenspuren im Gesicht. Die Augen röten sich vom Weinen und die Tränensäcke schwellen an (man hat gerötete und geschwollene Augen vom Weinen).

der Kummer (*sg. only*): *worries, problems*
wiederum: *however, on the other hand*
wehmütig: *melancholy*
der Zug (⸚e): *expression*
sich **ab**zeichnen (wk): *to manifest o.s., to show up clearly*
der Mundwinkel (–): *corner of the mouth*
verraten (ä, ie, a): *to betray*
zucken (wk): *to twitch*
das Augenlid (–er): *eye-lid*
gelten (i, a, o): *to be true, to be valid*

betrübt: *upset*
sich **weh**tun (u, a, a): *to hurt o.s.*
schluchzen (wk): *to sob*
verhalten: (*here*) *quiet*
aufdringlich: *penetratingly, obtrusively, noisily*
die Wange (–n): *cheek*
die (Tränen)spur (–en): *traces/stains (of tears)*
geschwollen: *swollen, puffy*
niederschlagen (ä, u, a): *to cast down*

(d) Schüchternheit | Verlegenheit

Viele Menschen, besonders junge Mädchen, werden vor Verlegenheit rot.

Andere schlagen vor Verlegenheit (verlegen) oder vor Schüchternheit (schüchtern) die Augen nieder, oder sie schauen verlegen zur Seite.

Wenn man verlegen und unsicher ist, kommt man oft ins Stottern. Man stottert dann vor Verlegenheit. Besonders junge Menschen kauen aus (vor) Nervosität – aber auch aus (vor) Verlegenheit – auf (an) den Nägeln.

kauen (*wk*): *to chew*
der Nagel (∸): *nail*

(e) Wut/Zorn

Herr Meier erzählte einen wirklich schmutzigen Witz auf einem vornehmen Galaempfang. Die Gäste reagierten ganz anders als neulich auf seiner Familienfeier. Graf von Papens Gesicht verzerrte sich wütend; er versuchte seine Fassung wiederzugewinnen. Die Gräfin wurde rot vor Wut. Selbst der Butler schaute entrüstet und runzelte die Stirn. Der Botschafter knirschte vor Wut mit den Zähnen. Er bebte vor Zorn. Frau Meier war zuerst sehr verlegen, dann aber begann sie vor Wut zu kochen. Schließlich schrie sie ihren Mann wütend an. Herr Meier verlor die Fassung und verließ wutentbrannt das Fest.

die Wut: *rage, wrath*
der Zorn: *anger*
vornehm: *high-class, posh*
feiern (*wk*): *to celebrate*
die Familienfeier (–n): *family get-together*
der Graf (–en) (*wk masc.*): *count*
sich verzerren (*wk*): *to become contorted*
die Fassung **wieder**gewinnen (i, a, o): *to regain one's composure*

selbst: *even*
entrüstet: *disapproving(ly), indignant(ly)*
die Stirn runzeln (*wk*): *to frown*
der Botschafter (–): *ambassador*
mit den Zähnen knirschen (*wk*): *to gnash one's teeth*
beben (*wk*): *to shake, to quiver*
wutentbrannt: *fuming, boiling with rage*

(f) Neid und Eifersucht

Diese sind zwei Gefühlsregungen, die man einem Menschen äußerlich oft nicht anmerkt. Sie befinden sich sozusagen unter der Oberfläche.

Frida erblaßte vor Neid, als sie Ernas neuen Pelzmantel sah. Sie war schon immer neidisch auf den Mantel gewesen (sie hatte Erna schon immer um den Mantel beneidet). Sie platzte vor Neid. Helmut, ihr Mann, kaufte ihr schnellstens einen Pelzmantel! Ernas Mann, Bernd, andererseits war eifersüchtig auf Helmut, weil dieser immer mit Frida flirtete. Die Eifersucht nagte an ihm. Er vermutete alles mögliche, er wurde mißtrauisch und krank vor Eifersucht. Schließlich äußerte er wilde Verdächtigungen, geriet in rasende Eifersucht und machte seiner Frau eine Eifersuchtsszene.

der Neid: *envy*
die Eifersucht: *jealousy*
die Gefühlsregung (–en): *emotion*
die Oberfläche (–n): *surface*
*erblassen (*wk*): *to grow pale*
*platzen (*wk*): *to burst*

nagen (*wk*) an (+ *Dat.*): *to gnaw at*
vermuten (*wk*): *to suppose, (here) imagine*
mißtrauisch: *suspicious*
die Verdächtigung (–en): *suspicion, accusation*
in rasende Eifersucht *geraten (ä, ie, a): *to become wildly jealous*

(g) Hoffnung

O Tannenbaum, o Tannenbaum,
dein Kleid will mich was lehren!
Die *Hoffnung* und Beständigkeit
gibt Mut und Kraft zu jeder Zeit!
O Tannenbaum, o Tannenbaum,
dein Kleid will mich was lehren.

3. Vers eines deutschen Weihnachtsliedes

„Die Lage ist ernst, aber nicht *hoffnungslos.*"

Meldung eines preußischen Generals in aussichtsloser Lage

Der Tannenbaum gibt uns Hoffnung, der General klammert sich an die Hoffnung in verzweifelter Situation: diese beiden konträren Beispiele zeigen wohl deutlich, welch wichtige Rolle die Hoffnung in unserem Gefühlsleben spielt. Die Hoffnung ist in vielen Fällen eine Triebfeder, die uns in Gang hält. Wir hoffen und bangen um den kranken Freund; trotz enttäuschter Hoffnungen sehen wir immer noch einen Hoffnungsschimmer, mag die Situation auch noch so hoffnungslos sein. Wir drücken die Daumen für jemanden („Hoffentlich klappt's!"). Wir freuen uns über unverhofften Besuch. Wir verabschieden den Besuch mit: „Hoffentlich sehen wir uns bald einmal wieder!" „Guter Hoffnung" ist eine Frau, die ein Kind erwartet.

die Hoffnung (–en): *hope*
die Beständigkeit: *constancy, steadfastness*
der Mut: *courage*
die Kraft (–e): *strength, courage*
die Lage (–n): *situation*
die Meldung (–en): *report, dispatch*
aussichtslos: *hopeless, without prospects*
sich klammern (*wk*) an (+ *Acc.*): *to cling to*
verzweifelt: *desperate*

der Fall (–e): *case*
die Triebfeder (–n): *driving-force, spur*
hoffen (*wk*) und bangen (*wk*): *to hope and pray (lit.: fear for)*
enttäuscht: *disappointed*
der Daumen (–): *thumb*
jemandem/für jemanden die Daumen drücken (*wk*): *to keep one's fingers crossed for s.o.*
es klappt: *it's working out (well)*
die Sehnsucht (–e): *longing*

(h) Liebe ist . . .

Liebe ist . . .

. . . sie (fast) immer ausreden zu lassen

Goldene Regel!

. . . Gott gebe mir
die Gelassenheit,
Dinge hinzunehmen, die ich nicht ändern kann,
den Mut,
Dinge zu ändern, die ich ändern kann,
und die Weisheit,
das eine vom andern zu unterscheiden!

die Regel (–n): *rule*
die Gelassenheit: *peace of mind, equanimity*
hinnehmen (i, a, o): *to accept*
ändern (*wk*): *to alter, to change*
unterscheiden (ei, ie, ie): *to distinguish*

Retranslation

A 1 Grandpa Meier roared with laughter. 2 Uncle Max was pleased as Punch. 3 Aunt Bertha laughed like a horse. 4 Herr Kohlmann smirked to himself. 5 Herr Schulze smiled surreptitiously. 6 A teenager giggled stupidly. 7 Frau Meier rocked with laughter. 8 A young man laughed until the tears ran down his face. 9 Herr Wanten beamed happily at the others. 10 Herr Müller grinned roguishly. 11 Herr Meier had told a good joke.

B 1 She became deathly pale and began to shake like a leaf. 2 Their knees were knocking. 3 His hair stood on end. 4 He broke out in a cold sweat. 5 I trembled with fear.

C 1 She was near to tears. 2 The little girl was crying because she had hurt herself. 3 The baby was howling loudly in its cot. 4 The old woman was sobbing quietly to herself. 5 The tears were running down her cheeks. 6 Her eyes were red and swollen from crying.

D 1 She blushed with embarrassment. 2 She cast her eyes down because she was shy. 3 She was biting her nails because she was nervous and unsure of herself.

E 1 The count's face was contorted with rage. 2 He tried to regain his composure. 3 Even the butler looked indignant and wrinkled his brow. 4 His nostrils quivered with rage. 5 Frau Meier was boiling with rage. 6 She looked at her husband angrily.

F 1 He has always been jealous of his brother. 2 He was envious of his new car. 3 She was bursting with envy. 4 Jealousy gnawed at him and he suspected all sorts of things. 5 Because of his jealousy he had a row with his wife.

G 1 He could see a glimmer of hope. 2 I'll keep my fingers crossed for you. 3 I hope we shall see each other again soon.

1.6 Hätten Sie's gewußt? Auch Farben können Emotionen ausdrücken!

Die „Blaue Blume" ist ein Symbol für Hoffnung und Sehnsucht. Manchmal bekommen wir solche Wut, daß wir den anderen grün und blau schlagen möchten. Wir erblassen vor Neid oder sind grün vor Neid. Einen Unerfahrenen nennen wir verächtlich „Grünschnabel" oder „grüner Junge". Wir freuen uns, wenn wir für einen Plan grünes Licht bekommen. Wenn wir jemanden nicht gerne mögen, sind wir ihm nicht grün. Wenn wir jemanden zu sehr loben, loben wir ihn über den grünen Klee. Manche fürchten sich vor der „Gelben Gefahr" (d.h. vor den Chinesen). Wir können rot vor Wut oder Verlegenheit werden, oder wir sehen sogar rot. Jemand, den wir gar nicht leiden können, wirkt wie ein rotes Tuch auf uns. Einen freudigen, wichtigen Tag streichen wir rot im Kalender an. Pessimisten sehen immer schwarz. Böse Menschen haben eine schwarze Seele. Rachegedanken oder Neidgefühle sind schwarze Gedanken. Wenn man sich sehr ärgert, ärgert man sich schwarz. Die deutschen Nationalfarben sind Schwarz-Rot-Gold. Wenn wir erschrecken, können wir weiß wie die Wand (vor Schreck weiß) werden. Weiß ist die Farbe der Reinheit und Unschuld, z.B. in dem Märchen „Schneewittchen" (witt = weiß).

unerfahren: *inexperienced*
verächtlich: *scornful(ly), contemptuously*
loben (*wk*): *to praise*
ich kann ihn gar nicht leiden: *I can't stand him at all*
wirken (*wk*) auf (+ *Acc.*): *to have an effect on*
der Pessimist (–en) (*wk masc.*): *pessimist*
der Optimist (–en) (*wk masc.*): *optimist*
Rachegedanken (*pl*): *thoughts of revenge*
die Reinheit: *purity*
die Unschuld: *innocence*
das Märchen (–): *fairy-tale*

Weiteres Material

die Grüne Insel: *the Emerald Isle*
Gründonnerstag: *Maundy Thursday*
Er kam auf keinen grünen Zweig, obwohl er fleißig arbeitete: *He just didn't get anywhere although he worked hard*
Ja, am grünen Tisch sieht das gut aus: *That looks fine on paper*
Es ist dasselbe in Grün: *It's exactly the same*
Er schlug ihn grün und blau: *He knocked his block off*
Er schlug die Firma auf den "Gelben Seiten" nach: *He looked the firm up in the "yellow pages"*
die "Grünen" (*pl*): *German conservationists, environmentalist movement*
die "Grüne Liste": *list of parliamentary conservationist candidates*
die Rothäute: *the Redskins*
Rotkäppchen: *Little Red Riding Hood*
das Rote Kreuz: *the Red Cross*
Die Landsknechte setzten dem Bauern den roten Hahn aufs Dach: *The mercenaries set fire to the peasant's house*
die „Roten" (*pl*): *The "Reds" (Communists)*
Er hatte keinen roten Heller mehr: *He hadn't got a penny left*
Er war in den roten Zahlen: *He was in the red*
ein "blaues Auge": *a "black" eye*
mit einem blauen Auge *davon*kommen (o, a, o): *to have a narrow escape*
Er war völlig blau: *He was completely drunk*
Sei vorsichtig! Sonst wirst du ein blaues Wunder erleben!: *Be careful, or you'll get a nasty surprise*
Er hatte zwei Fünfen im Zeugnis und bekam einen blauen Brief: *He had two bad grades on his report and (his parents) received a warning letter*

Er machte mir bloß blauen Dunst vor: *Everything he said to me was utter nonsense*
Er hatte blaues (königliches, adliges) Blut in seinen Adern: *He had blue blood in his veins*
ein Blaustrumpf: *A blue-stocking*
Er setzte ihn auf die schwarze Liste: *He put him on his black list*
Bis Freitag muß ich das schwarz auf weiß haben: *I must have that in black and white by Friday*
Da kannst du warten, bis du schwarz wirst: *You can jolly well wait till the cows come home*
Mir wurde schwarz vor den Augen: *Everything became black, I fainted*

Merke!

Viele Ausdrücke mit "schwarz" bedeuten, daß man etwas ohne Erlaubnis tut (*on the side, illegally*):
der Schwarzmarkt: *the black market*
der Schwarzsender, der Piratensender: *pirate radio station*
Er fuhr schwarz Zug: *He travelled on the train without a ticket*
Er arbeitete schwarz: *He had a job on the side*
Er sah schwarz fern: *He watched TV without a licence*
Er hörte schwarz Radio: *He listened to the radio without a licence*

Retranslation
Use colours for the following translations.

1 He was drunk. 2 He looked on the black side. 3 To me it's like a red rag to a bull. 4 I saw red. 5 He has got blue blood in his veins. 6 He hadn't got a T.V. licence. 7 Snow White and Little Red Riding Hood. 8 I bought it on the black market. 9 I hadn't got a penny. (I was broke.) 10 He was killed by the Redskins. 11 The Red Cross helped him. 12 She was a blue-stocking.

1.7 „Körpersprache"

Schon lange hat man beobachtet, daß durch bestimmte Bewegungen und Gesten oft unbewußt etwas „ausgesprochen" wird. Ein Wissenschaftler hat für dieses Phänomen einen sehr passenden Ausdruck gefunden, nämlich *„Körpersprache"*. Einige der häufigsten Gesten und Bewegungen sollen hier besprochen werden. Wir schütteln den Kopf, wenn wir etwas ablehnen; zustimmen wollen wir, wenn wir mit dem Kopf nicken. Wir runzeln ärgerlich die Stirn und ziehen erstaunt die Augenbrauen hoch. Auch die Augen sprechen oft Bände: wir schlagen verlegen die Augen nieder, wir zwinkern nervös mit den Augen, oder wir zwinkern jemandem zu. Unsere Wangen röten sich oft, wenn wir verlegen werden oder wütend sind. Die Nasenflügel beben, wenn wir erregt sind, wir rümpfen die Nase, um unser Mißfallen kundzutun. Die Eskimos hingegen reiben zur Begrüßung angeblich die Nasen aneinander. Wir schürzen die Lippen oder schieben die Unterlippe vor, wenn wir nachdenken. Wir legen (stützen) das Kinn in die Hand, wenn wir müde sind. Wir legen den Zeigefinger an die Schläfe, wenn wir nachdenken; aus demselben Grund schieben wir den Zeigefinger in den Mund. Der erhobene Zeigefinger soll warnen oder ermahnen, der Zeigefinger auf den Lippen zur Ruhe mahnen. Wir drehen Däumchen, wenn wir uns langweilen. Wir falten die Hände zum Gebet. Die geballte Faust hingegen soll drohen; die Finger, mit denen wir auf den Tisch trommeln, verraten Nervosität oder Ungeduld. Die Hände in der Hosentasche verraten Unsicherheit. Wenn wir die Arme vor der Brust verschränken, gehen wir (angeblich) in Abwehrstellung. Das in Deutschland so beliebte Händeschütteln war früher ein echter Beweis friedlicher Absicht: wer die Hand zum Gruße ausstreckt, zeigt, daß er keine Waffe hält. Eine ähnliche Bedeutung hatte es ursprünglich, wenn man sich gegenseitig auf die Schultern klopfte. Bei den Japanern ist die Begrüßung jedoch anders: mit auf der Brust verschränkten Armen verbeugt man sich. In buddhistischen Ländern schüttelt man sich nicht die Hände zur Begrüßung, sondern führt die aneinandergelegten Handflächen (ähnlich wie in katholischen Gegenden bei uns die Hände zum Gebet gehalten werden) zur Nasenspitze und beugt leicht den Kopf. Wer mit den Achseln zuckt, will ausdrücken, daß er kein Interesse hat oder keine Antwort weiß. Wer beim Sitzen die Füße nach innen stellt, ist (angeblich) unsicher und verlegen. Wer die Beine übereinanderschlägt, nimmt (angeblich) eine Schutzhaltung ein.

der Wissenschaftler (–): *scientist*
ablehnen (*wk*): *to refuse, to decline*
zustimmen (*wk*): *to agree, to consent*
die Augenbraue (–n): *eyebrow*
der Band (≈e): *volume (book)*
der Nasenflügel (–): *nostril*
die Nase rümpfen (*wk*): *to turn one's nose up*
hingegen: *on the other hand, however*
das Mißfallen: *displeasure*
kundtun (u, a, a): *to give voice to*
angeblich: *supposedly*
die Lippen schürzen (*wk*): *to purse one's lips*
das Kinn (–e): *chin*
erhoben: *raised*
(er)mahnen (*wk*): *to reprimand, to admonish; to remind*
Däumchen drehen (*wk*): *to twiddle one's thumbs*
sich langweilen (*wk*): *to be bored*
falten (*wk*): *to fold*

geballt: *clenched*
die Faust (≈e): *fist*
drohen (*wk*) (+ *Dat.*): *to threaten*
trommeln (*wk*): *to drum*
die Brust (≈e): *breast, chest*
die Arme verschränken (*wk*): *to fold one's arms*
die Abwehrstellung (–en): *defensive position*
der Beweis (–e): *proof*
friedlich: *peaceful*
die Absicht (–en): *intention*
die Waffe (–n): *weapon*
ähnlich: *similar*
ursprünglich: *originally*
gegenseitig: *mutually*
die Nasenspitze (–n): *tip of the nose*
die Achseln zucken (*wk*): *to shrug one's shoulders*
die Schutzhaltung (–en): *defensive attitude*

Aufgabe
Erklären Sie in etwa 10 Sätzen den Begriff „Körpersprache"!

1.8 Von Kopf bis Fuß . . .

Die deutsche Sprache hat eine große Anzahl von Ausdrücken und Redewendungen, in denen Körperteile vorkommen. Man kann solche Redewendungen nicht immer wörtlich übersetzen. Natürlich können wir hier keine vollständige Liste geben; wir hoffen aber dennoch, Ihnen nützliches Vokabular „an die *Hand* geben" zu können:

die Redewendung (–en): *idiom*
vollständig: *complete*
nützlich: *useful*

(a) das Haar (-e)
Es kann dick, dünn, glatt, gewellt, lockig, fettig, ölig, schmierig, zerzaust, kurz (kurzgeschnitten), halblang, schulterlang sein.

Sein Haarschnitt ist unmodern. Er hat Haarausfall (ihm fallen die Haare aus). Er benutzt ein Spezialshampoo (ein Spezialhaarwaschmittel) und Haarwasser gegen Schuppen und Haarausfall. Schließlich bekommt er eine Glatze; er kauft sich ein Toupet, später eine Perücke.

Sie ließ ihre Haare schulterlang wachsen. Sie ging zum Frisör und ließ sich das Haar schneiden, waschen, legen, formen, tönen, färben. Sie ließ sich Dauerwellen legen. Sie kaufte eine modische Perücke. Zuhause hat sie natürlich elektrische Lockenwickler, eine Trockenhaube, einen Haarfön und mehrere Spezialbürsten. Sie benutzt (ein) Haarspray, (einen) Haarfestiger.

Ihm standen vor Angst die Haare zu Berge. Er raufte sich vor Wut die Haare. Ihre 10 Kinder fraßen ihnen die Haare vom Kopf. Dem Gefangenen wurde kein Haar gekrümmt. Darüber brauchst du dir keine grauen Haare wachsen zu lassen (= keine Sorgen zu machen). Sie lagen sich in den Haaren (Umgangssprache: Sie kriegten sich in die

Haare). Sie hat Haare auf den Zähnen. Die Schlange fraß ihn mit Haut und Haar(en). Um ein Haar (= beinahe) hätte ihn eine Schlange gefressen.

glatt: *smooth*

gewellt: *wavy*

fettig: *greasy*

schmierig: *dirty and greasy*

zerzaust: *tousled*

die Schuppe (–n): *dandruff*

legen (*wk*): *to set*

formen (*wk*): *to style*

tönen (*wk*): *to tint*

die Dauerwelle (–n): *perm*

der Lockenwickler (–): *curler*

die Trockenhaube (–n): *hair-dryer (hood)*

sich die Haare raufen (*wk*): *to tear one's hair*

sie fraßen mir die Haare vom Kopf: *they ate me out of house and home*

der Gefangene (–n) (*wk masc.*): *prisoner*

krümmen (*wk*): *to bend*

sich (*Dat.*) Sorgen machen (*wk*): *to worry*

die Umgangssprache (–n): *colloquialism, colloquial language*

kriegen (*wk*): *to get*

sie hat Haare auf den Zähnen: *she's an old battle-axe*

die Haut (∹e): *skin*

mit Haut und Haar(en): *lock, stock and barrel*

(b) der Kopf (∹e)

Er hat einen länglichen (runden, kantigen, dicken, schmalen) Kopf. Er hat einen Glatzkopf (eine Glatze). Er (sie) hat einen kräftigen (zierlichen) Nacken.

Auf seinen Kopf waren 10 000 DM Belohnung ausgesetzt. Es geht um Kopf und Kragen. Das kann ihn den Kopf kosten. Er will immer mit dem Kopf durch die Wand. Er ist ein kluger (heller, fähiger) Kopf. Er ist nicht auf den Kopf gefallen. Er hat seinen eigenen Kopf. Er ist ein Dickkopf. Er ist nicht ganz richtig im Kopf. Er ließ traurig den Kopf hängen. Er verlor nicht den Kopf. Sie handelte völlig kopflos. Sie hatte ihm völlig den Kopf verdreht. Er lernte, bis ihm der Kopf rauchte (Mir raucht der Kopf!). Er zerbrach sich den Kopf über das Problem.

länglich: *elongated*

kantig: *angular*

die Belohnung (–en): *reward*

es geht um Kopf und Kragen: *it's a matter of life and death*

der Kragen (–): *collar*

er will immer mit dem Kopf durch die Wand: *he's always beating his head against a brick wall*

fähig: *capable, able*

er ist nicht auf den Kopf gefallen: *he's not daft, is he?*

der Dickkopf (∹e): *stubborn person*

handeln (*wk*): *to act*

kopflos: *without thinking*

verdrehen (*wk*): *to turn, to twist*

(c) das Ohr (–en)

Er hat Blumenkohl-, Segel-, feine (= gute) Ohren. Er kratzt sich am Ohr.

Er hat ein Ohr für Musik. Er spielt Beethoven nach dem Gehör. Das Bachkonzert war für ihn ein Ohrenschmaus. Er spitzt die Ohren (= hört genau zu). Er ist ganz Ohr. Er hält sich die Ohren zu. Halt die Ohren steif! (= Gib nicht auf! Mach mutig weiter! Viel Glück!) Er legt sich aufs Ohr (= legt sich schlafen). Er findet bei seinem Vater immer ein offenes Ohr. Haben dir gestern abend nicht die Ohren geklungen? Er war verliebt bis über beide Ohren. Er hat mich übers Ohr gehauen (= betrogen).

der Schmaus (ÿe): *banquet, feast*
hauen (*wk*): *to hit, to box, to clip*

betrügen (ü, o, o): *to cheat, to deceive*

(d) das Gesicht (–er)

Es kann oval, länglich, schmal, voll, mager, eingefallen, aufgeschwemmt, aufgedunsen, platt, flach, scharf geschnitten, fein geschnitten, hart, männlich, hübsch, anziehend, häßlich, abstoßend, fein, glatt, behaart, bärtig, alt, jung, freundlich, grimmig, düster, lächelnd, strahlend, usw. sein. Er hat ein fröhliches Jungengesicht.

Er hat zwei Gesichter. Er zeigte sein wahres Gesicht. Als er das Spiel verloren hatte, machte er ein langes Gesicht. Er hatte das Spiel, aber nicht das Gesicht, verloren. Er verzog vor Wut (Schmerz, usw.) das Gesicht. Der kleine Junge schnitt (mir, ihm, ihr) lustige Gesichter. Der Junge war seinem Vater wie aus dem Gesicht geschnitten.

eingefallen: *gaunt, lean, starved, emaciated*
aufgeschwemmt: *bloated*
aufgedunsen: *puffy, swollen*
scharf geschnitten, fein geschnitten: *sharp-featured, delicate*
abstoßend: *repulsive*

düster: *gloomy*
strahlend: *beaming*
verziehen (ie, o, o): *to contort, to screw up (one's face)*
Gesichter schneiden (ei, i, i): *to make faces*
wie aus dem Gesicht geschnitten: *the spitting image*

(e) die Stirn (–en)

Er hat eine fliehende, flache, hohe Stirn. Er runzelt die Stirn (legt die Stirn in Falten). Er hat die Stirn gehabt, so etwas zu sagen! Man konnte ihm (die Dummheit, die schlechte Tat, usw.) von (auf) der Stirn ablesen. Er schlug sich an (vor) die Stirn.

Merke! das Gestirn (–e) (= das Sternbild) = Sterne am Himmel.

fliehend: *retreating, sloping*
er hat die Stirn gehabt: *he had the audacity*

das Gestirn (–e), das Sternbild (–er): *constellation*
der Stern (–e): *star*

(f) das Auge (–n), die Augenbraue (–n)

Es gibt blaue, hellbraune, schwarzbraune, grüne, unterlaufene, hervorstehende, stierende, glotzende, eingefallene, traurige, verweinte Augen. Chinesen haben oft Schlitzaugen, viele Asiaten haben Mandelaugen. Jemand, der alles sieht, hat Argusaugen; jemand, der glotzt, hat Glotzaugen.

Er runzelt (verzieht) die Augenbrauen, zieht die Augenbrauen zusammen. Er hebt die Augen (schaut auf); sie schlägt die Augen nieder. Er kneift die Augen zusammen. Er blinzelt (zwinkert) nervös mit den Augen. Er zwinkert ihr zu. Er rollt wütend die Augen. Er hat „kleine Augen"; die Augen fallen ihm zu (= er ist müde). Ihm gingen (vor Schreck, vor Freude) die Augen über. Er schielt.

Holzauge, sei wachsam! (= Ich muß, du mußt, usw. vorsichtig sein, aufpassen). Das Auge des Gesetzes wacht (vgl.: „Der *Arm* des

Gesetzes"). Sie machte ihm schöne Augen; er verzehrte sie mit den Augen. Sie hatten ein Gespräch unter vier Augen. Bei der Beerdigung hatten sie alle feuchte Augen (= mußten sie weinen). Ich verlor ihn (sie) aus den Augen. Ich muß ihn im Auge behalten. Komm mir nicht wieder vor (unter) die Augen! Er hatte es vor aller Augen getan. Auge um Auge, Zahn um Zahn . . . Ich sehe der Gefahr mutig ins Auge. Es war so dunkel, daß man die Hand nicht vor Augen sehen konnte. Der Boxer hatte ein blaues Auge. Er ist mit einem blauen Auge davongekommen.

hellbraun: *hazel*	**zusammen**kneifen (ei, i, i): *to screw up (one's face)*
unterlaufen: *bloodshot*	blinzeln (*wk*), zwinkern (*wk*): *to blink, to twitch*
hervorstehend: *protruding*	**zu**zwinkern (*wk*): *to wink (at)*
stierend, glotzend: *staring*	ihm gingen die Augen über vor . . .: *his eyes popped out with . . .*
eingefallen: *sunken*	schielen (*wk*): *to squint*
verweint: *tear-stained*	verzehren (*wk*): *to devour*
die Mandel (–n): *almond*	behalten (ä, ie, a): *to keep*

(g) die Nase (–n)

Er hat eine aufgeworfene, stumpfe, gebogene, jüdische, feine, gute, blutige, rote, verstopfte, usw. Nase. Er hat eine Adler-, Stups-, Knollen-, Gurken-, Schnapsnase. Man soll durch die Nase, nicht durch den Mund, atmen. Er spricht durch die Nase (er näselt). Er rümpft die Nase. Er schnüffelt; er riecht etwas. Er putzt sich die Nase. Du sollst (dir) nicht in der Nase pulen (bohren)!

Gehen Sie immer der Nase nach (= geradeaus)! Alle Nase lang (naslang) (= sehr oft). Er begoß sich kräftig die Nase (= betrank sich). Jetzt hab' ich aber die Nase voll (= genug davon)! Er steckt in alles seine Nase. Sie haben mich an der Nase herumgeführt. Das Buch liegt doch direkt vor deiner Nase! Der Zug fuhr ihm vor der Nase weg (ab). Er ist naseweis (ein Naseweis).

aufgeworfen: *turned-up*	Adlernase, Stupsn., Knollenn., Schnapsn.: *Roman, turned-up,*
stumpf: *snub(-nosed)*	*bulbous, drunkard's nose*
gebogen: *hooked*	Gurkennase: *a nose like a cucumber, "hooter"*
verstopft: *stuffed-up*	naseweis: *nosy*

(h) der Mund (∸er)

Er hat einen frechen, pfiffigen, ernsten, verkniffenen, grausamen, großen, vollen, üppigen Mund. Er hat zusammengekniffene, dünne Lippen. Er kneift die Lippen zusammen. Er ist verschwiegen, er sagt nichts, er hält den Mund. Er beißt sich auf die Zunge, auf die Lippen. Er spitzt die Lippen. Er schmollt. Er verzieht vor Schmerz (Ärger) den Mund. Das Wasser läuft ihm im Mund(e) zusammen.

Er sperrte vor Staunen Mund und Nase auf (= Er hielt Maulaffen feil). Er ist nicht auf den Mund gefallen. Er hat den Mund (das Maul) zu voll genommen. Er hat sich den Mund verbrannt. Man hat ihm den Mund (das Maul) gestopft. Die Nachricht war in aller Munde.

verkniffen: *pinched and bitter*
üppig: *voluptuous, full*
verschwiegen: *taciturn*
die Lippen spitzen (*wk*): *to pucker one's lips*
schmollen (*wk*): *to sulk, to mope*
den Mund verziehen (ie, o, o): *to grimace*
mir läuft das Wasser im Mund zusammen: *my mouth is watering*

Mund und Nase **auf**sperren (*wk*): *to open one's mouth in amazement*
er ist nicht auf den Mund gefallen: *he's never lost for words*
den Mund zu voll nehmen (i, a, o): *to be a loudmouth*
er hat sich (*Dat.*) den Mund verbrannt: *he said sth. he wishes he hadn't*
jemandem das Maul (den Mund) stopfen (*wk*): *to silence s.o.*

Merke! „Mund" für Menschen, „Maul" und „Schnauze" für Tiere. Halt's Maul! Halt die Schnauze! (Slang = Halt den Mund! = Schweig!)

(i) das Kinn (–e)
Er hat ein breites, kräftiges, bärtiges, gutrasiertes, schlechtrasiertes, zartes, weiches, energisches, vorspringendes, spitzes Kinn. Er hat einen breiten Kiefer. Slaven haben oft (her)vorstehende Backenknochen. Er hat ein Doppelkinn. Er streicht sich (reibt sich) das Kinn.

zart: *delicate, tender*
energisch: *forceful*
der Kiefer (–): *jaw*

der Slave (–n) (*wk. masc.*): *Slav*
der Backenknocken (–): *cheek-bone*

(j) der Rücken (–)
Der Weihnachtsmann trägt einen Sack auf dem Rücken. Er kehrte der Heimat traurig den Rücken. Er wandte (drehte) mir den Rücken zu. Er hat einen breiten Rücken. Sie standen Rücken an Rücken. Er hat es hinter meinem Rücken getan. Er kämpfte mit dem Rücken gegen die Wand.

scherzhaft: *jokingly*
entzücken (*wk*): *to delight, to cause pleasure*
kämpfen (*wk*): *to fight*

Merke! Wenn man dafür, daß man jemandem den Rücken zudreht, um Entschuldigung bittet, sagt man scherzhaft: „Ein schöner Rücken kann auch entzücken".

(k) die Schulter (–n)
Er hat breite, schmale Schultern (ist eng in den Schultern); sie hat runde Schultern.
   Sie zeigte ihm die kalte Schulter. Sie kämpften Schulter an Schulter. Er trug sein Kind auf den Schultern. Sie nahmen ihren Trainer auf die Schultern und trugen ihn in die Kabinen. Er nahm die Sache auf die leichte Schulter. Er zuckte mit den Schultern (Achseln). Er schaute ihn nur verächtlich über die Schulter an.

die Kabine (–n): *changing-room, dressing-room*
auf die leichte Schulter nehmen (i, a, o): *to take lightly*
verächtlich: *scornful(ly)*

(l) der Arm (–e) (der Unterarm, der Ellbogen, der Oberarm)
Er hat kräftige, muskulöse, starke Arme. Er verschränkt die Arme
(auf der Brust). Sie nahm das Kind auf den Arm (die Arme). Sie
gingen Arm in Arm. Er gab (bot) ihr seinen (den) Arm. Sie nahm
seinen Arm. Sie ging an seinem Arm. Sie empfingen ihn mit offenen
Armen. Sie fielen sich glücklich in die Arme. Der Arm des Gesetzes
(= die Polizei). Er lief mir direkt in die Arme. Der große Junge
verdrehte dem kleinen den Arm.

> der Ellbogen (–): *elbow*
> verdrehen (*wk*): *to twist*

*(m) der Finger (–) (der Daumen (–), der Zeige-, der Mittel-, der Ring-,
der kleine Finger)*
Er legt den Finger auf den Mund (auf die Lippen). Er hat überall seine
Finger im Spiel. Er macht keinen Finger krumm, rührt keinen Finger
(= ist faul, arbeitet nicht, hilft nicht). Er macht krumme Finger
(= Er ist ein Langfinger = Dieb). Davon lasse ich lieber die Finger (=
Ich will nichts damit zu tun haben)! Er schrieb sich die Finger wund.
Das kannst du dir an den (10) Fingern abzählen. Sie wickelte ihn um
den kleinen Finger. Finger (Hände) weg!

> krumm: *bent, crooked*
> wickeln (*wk*): *to twist (round)*

(n) die Hand (∸e) (das Handgelenk)
Er hat eine glückliche Hand. Sie gingen Hand in Hand. Er bot
(reichte, schüttelte, drückte) mir freundlich die Hand. Er braucht eine
starke Hand. Er weiß es aus erster Hand. Die Öffentliche Hand muß
heute sehr sparsam sein. Er hielt bei ihren Eltern um ihre Hand an.
Hand aufs Herz (und nicht gelogen)! Er hat zwei linke Hände.

das Handgelenk (–e): *wrist*
er hat eine glückliche Hand: *everything he touches turns to gold*
die Öffentliche Hand: *public funds, the people who hold the purse
  strings*

sparsam: *thrifty, careful with money*
er hat zwei linke Hände: *he's all fingers and thumbs*

(o) die Brust (∸e) (die Brustwarze)
Er hat eine sportliche, muskulöse, behaarte Brust. Sie hat eine
wohlgeformte, volle, flache, kleine Brust (einen . . . Busen,
wohlgeformte . . . Brüste). Sie gibt dem Säugling die Brust (stillt den
Säugling). Er hat eine schwache Brust (ist schwach auf der Brust).

Er brüstet sich mit seinen Taten. Er wirft sich stolz in die Brust. Er
singt aus voller Brust. Sie kämpften Brust an Brust / liefen Brust an
Brust durchs Ziel.

die Brustwarze (–n): *nipple*
der Säugling (–e): *newborn baby, infant*

sich brüsten (*wk*)/sich in die Brust werfen (i, a, o): *to stick one's
  chest out, to boast*

(p) der Bauch (∸e)
Er hat einen dünnen, dicken (Dick-), fetten, vollen, leeren Bauch. Er
bekommt einen Bauch. Er bekam Bauchweh. Sein Bauch (Magen)
knurrte. Er legte sich auf den Bauch.

Das Flugzeug machte eine Bauchlandung. Ein voller Bauch
studiert nicht gern! Sie hielten sich den Bauch vor Lachen. Er fiel mit
seinem Plan auf den Bauch.

> der Bauch (∸e): *belly, abdomen, paunch*
> der Magen (∸): *stomach*
> knurren (*wk*): *to rumble*

(q) das Bein (–e) (die Hüfte, der Oberschenkel, das Knie, das Schienenbein, die Wade, der Knöchel, das Fußgelenk)

Sie hat lange, kurze, schlanke, elegante, dünne, dicke, behaarte Beine. Er hat muskulöse, stämmige, kräftige, Sportler-, Fußballer-, Gips-, X-, O-Beine. Er hat sich das Bein gebrochen. Das ist ja noch kein Beinbruch (= nicht so schlimm)! Er stellte ihm ein Bein. Sie schlägt die Beine übereinander. Er legt die Beine (Füße) hoch. Er zieht (winkelt) die Beine an. Sie wirft beim Charleston die Beine hoch. Er ist ganz von den Beinen (= krank, erschöpft); er ist wieder auf den Beinen (=es geht ihm wieder besser). Er kann jetzt auf eigenen Beinen (Füßen) stehen. Lügen haben kurze Beine! Er nahm die Beine unter den Arm (= beeilte sich). Hals- und Beinbruch!

die Hüfte (–n): *hip*	stämmig: *sturdy*
der Oberschenkel (–): *thigh*	der Gips (–e): *plaster*
das Knie (–): *knee*	jemandem ein Bein stellen: *to trip s.o. over*
das Schienenbein (–e): *shin(-bone)*	die Füße (Beine) **hoch**legen (*wk*): *to put one's feet up*
die Wade (–n): *calf*	die Füße (Beine) **an**winkeln (*wk*): *to draw one's feet up*
der Knöchel (–): *ankle (outside)*	die Lüge (–n): *lie*
das Fußgelenk (–e): *ankle (inside)*	Hals-und Beinbruch!: *Good Luck!*

(r) der Fuß(-üsse) (die Hacke, die Ferse, die Sohle, die Zehe)

Er hat große, breite, kalte, warme, sie hat zierliche, kleine, schmale, zarte Füße. Er hat einen Platt-, Klump-, Gipsfuß. Er hinkt. Er hat einen lahmen Fuß. Er zieht den Fuß nach. Er hat sich den Fuß gebrochen. Er stampft zornig mit dem Fuß auf. Er trat ihn mit dem Fuß (mit Füßen). Er geht lieber zu Fuß. Er ist gut zu Fuß. Er lag ihr zu Füßen. Er warf sich dem Kaiser zu Füßen. Er steht am Fuße des Berges. Die Sache hat weder Hand noch Fuß. Die Sache hat einen Pferdefuß (= eine Gefahr, einen Fehler, einen „Haken"). Er steht mit beiden Füßen im Leben. Er lebt auf großem Fuß(e). Die Strafe folgte auf dem Fuß(e) (= sofort). Er trat sein Glück mit Füßen. Er steht mit einem Fuß im Grabe. „Ich bin von Kopf bis Fuß auf Liebe eingestellt".

die Hacke (–n): *heel (underneath)*	der Kaiser (–): *emperor*
die Ferse (–n): *heel (at the back)*	der Plan hat weder Hand noch Fuß: *the plan is useless*
die Sohle (–n): *sole*	der Haken (–): *(here) snag*
die Zehe (–n), der Zeh (–e): *toe*	Er steht mit beiden Füßen im Leben: *He's got both feet on the*
der Plattfuß (¨sse): *flat-foot*	*ground*
der Klumpfuß (¨sse): *club-foot*	auf großem Fuße leben (*wk*): *to live in style*
(*)hinken (*wk*): *to limp*	die Strafe (–n): *punishment*
lahm: *lame*	Er trat sein Glück mit Füßen: *He wasted his opportunities*
nachziehen (ie, o, o): *to drag*	

Retranslation

1 He tore his hair with rage. 2 She is an old battleaxe. 3 He is a clever chap. 4 He is all ears. 5 He has got an ear for music. 6 Aren't your ears burning? 7 He is two-faced. 8 He made a long face. 9 I must keep an eye on him 10 Follow your nose. 11 I'm fed up. 12 He has got a black eye. 13 He rubbed his chin. 14 He did it behind my back. 15 She gave him the cold shoulder. 16 He shrugged his shoulders. 17 They walked arm in arm. 18 He is all fingers and thumbs. 19 He's on his feet again. 20 He's got one foot in the grave.

2 Kleider

2.1 Kleidung in der Geschichte

Warum laufen wir nicht mehr mit Steinbeil und Lendenschurz herum? Warum tragen wir keine Rüstungen mehr wie die Ritter im Mittelalter? Der Wandel von Kleidung und Mode in der Geschichte hat durchaus praktische Gründe gehabt. Bei manchen anderen modischen „Errungenschaften" eines Zeitalters müßte man aber schon in einem Kulturgeschichtsbuch lange suchen, um eine Erklärung zu finden. Oft hat sich auch die ursprüngliche praktische, religiöse, zeremonielle und nationale Bedeutung verwischt.

In früheren Jahrhunderten ging eine neue Mode von der Aristokratie aus und wurde dann von anderen Volksschichten übernommen. Wir können hier nur einen winzigen Einblick in dieses riesige Thema geben:

Der Römer trug über der Tunika, einem wollenen Hemdgewand, die Toga, die Römerin dagegen die Stola. Die germanische Frau trug ein Hemd und einen in der Hüfte gefalteten Rock, der von einem Gürtel gehalten wurde. Die Ritterfräulein in der Spätgotik trugen einen kegelförmigen Hut („Henin" genannt), an dessen Ende Zierbänder hingen. Ein berühmtes Gemälde Heinrichs VIII. zeigt uns die Pracht und das Selbstbewußtsein der Renaissance: das federgeschmückte Barett, ein knielanges Wams; aus einem leichten, kurzen Übermantel schauen geschlitzte Zierärmel hervor. Strumpfhose und breite Schuhe (die Vorläufer der Schnallenschuhe) kleiden Beine (daher das Wort „Beinkleid" für Hose) und Füße. Der modische Mann des Barocks trug eine Weiterentwicklung dieser Strumpfhose: die Pumphose (oder Pluderhose), wie man sie oft auf Abbildungen von Landsknechten aus dem 30jährigen Krieg sieht. Bei den Damen des Barocks kam der breite Spitzenkragen, den Elizabeth I. noch um 1600 bevorzugte, schon wieder aus der Mode. Auch Korsetts verschwanden für einige Zeit. Die Röcke waren jetzt tonnenartig, die pompösen Spitzenkragen wurden zu teuer und durch kleine, runde Unterkragen ersetzt. Im Rokoko sah man eine Weiterentwicklung der tonnenartigen Röcke: den Reifrock (Crinolinenrock). Das Korsett war wieder „in" um 1870. In diesen Jahren entstand auch (als Mischung aus mehreren Stilen) die Herrenkleidung, die – wie der Smoking – auch heute noch zu formellen Anlässen getragen wird: gestreifte lange Hose, schwarze Schuhe, Cut (= kurzer Gehrock), darunter die Weste, Falten- oder gestärktes Hemd mit Fliege oder Krawatte; als Kopfbedeckung wurde der Zylinder getragen. Auch Frack und Zylinder sind heute noch in Mode. Belächelt werden übrigens oft die Halbzylinder (Melonen) der englischen Finanz- und Börsenmakler! Wo wir bei Kopfbedeckungen sind: man schaue sich einmal die Soldatenhelme von 1870 bis 1970 an. Von seltsamen Dreispitzen über lustige Pickelhauben gelangen wir zu den modernen Stahlhelmen, die gar nicht mehr aus Stahl, sondern aus Leichtmetall oder Plastik sind. Zu Soldaten gehören auch die „Knobelbecher" (Schaftstiefel) und Arbeitsmützen.

Wenn wir uns in englischen und deutschen Landschaften umsehen, finden wir historisch gewachsene Trachten. Im größeren Rahmen finden wir Nationaltrachten: die Inder tragen ihren Turban, die Inderinnen ihren Sari, Japanerinnen ihren Kimono, Malaysierinnen ihren Sarong, die Araber ihren Burnus, die männlichen Bewohner des „Freistaates Bayern" ihre Lederhosen und Gamsbarthüte . . . und Rocker tragen Sturzhelme.

Wer die Geschichte der Kleidung und Mode studiert, muß nicht nur auf diesem Gebiet Bescheid wissen: Psychologie, Kunst, Geschichte, Kulturgeschichte, Soziologie, Malerei und Politik gehören genauso dazu! Wie heißt es so schön in dem lateinischen Sprichwort? „Die Zeiten ändern sich, und wir ändern uns mit ihnen."

das Steinbeil (–e): *Stone Age axe*
der Lendenschurz (–e): *loin-cloth*
die Rüstung (–en): *armour*
der Ritter (–): *knight*
das Mittelalter: *Middle Ages*
der Wandel: *change*
die Mode (–n): *fashion*
durchaus: *thoroughly*
die Errungenschaft (–en): *achievement*
das Zeitalter (–): *age, era, period*
das Kulturgeschichtsbuch (¨er): *book of social and cultural history*
die Erklärung (–en): *explanation*
die Bedeutung (–en): *meaning, significance, importance*
sich verwischen (*wk*): *to become blurred*
die Volksschicht (–en): *social stratum, class*
übernehmen (i, a, o): *to take over, to adopt, to copy*
winzig: *tiny*
der Einblick (–e): *glimpse, insight*
die Tunika (Tuniken): *tunic*
das Hemdgewand (¨er): *shirt-like garment*
die Toga (Togen): *toga*
die Stola (Stolen): *stola*
der Gürtel (–): *belt*
das Ritterfräulein (–): *young lady at court*
die Spätgotik: *the Late Gothic period*
kegelförmig: *cone-shaped*
das Zierband (¨er): *decorative ribbon*
das Gemälde (–): *painting, picture*
die Pracht: *pomp, splendour*
das Selbstbewußtsein: *self-confidence, self-awareness*
federgeschmückt: *plumed*
das Barett (–e): *beret*
das Wams (¨er): *doublet*
der Ärmel (–): *sleeve*
die Strumpfhose (–n), das Beinkleid (–er): (*here*) *hose*
der Schnallenschuh (–e): *buckled shoes*
kleiden (*wk*): *to cover, to clothe*
das Barock: *Baroque period*

die Weiterentwicklung (–en): *further development*
die Pumphose (–n) (*hist.*), die Pluderhose (–n) (*hist.*, but also modern German): *wide baggy trousers, "plus-fours"*
der Landsknecht (–e): (*medieval*) *mercenary, lansquenet*
der Spitzenkragen (–): *lace-collar*
bevorzugen (*wk*): *to prefer*
das Korsett (–e): *corset, bodice*
tonnenartig: *barrel-like*
ersetzen (*wk*): *to replace*
das Rokoko: *Rococo period*
der Reifrock (¨e): *crinoline*
die Mischung (–en): *mixture, blend*
der Stil (–e): *style*
der Smoking (–s): *dinner-jacket*
der Anlaß (–lässe): *occasion*
der Cut (–s): *cutaway, morning-coat*
die Weste (–n): *waist-coat*
das Faltenhemd (–en): *frilled (dress) shirt*
stärken (*wk*): (*here*) *to starch*
die Fliege (–n): (*here*) *bow-tie*
die Krawatte (–n): *cravat, tie*
die Kopfbedeckung (–en): *head-gear, head-dress, hat*
der Zylinder (–): *top hat*
belächeln (*wk*): *to laugh, to smile at*
die Melone (–n): *bowler-hat*
der Finanzmakler (–): *stock-broker*
der Helm (–e): *helmet, tin-hat*
der Dreispitz (–e): *three-cornered hat, tricorn*
die Pickelhaube (–n): *spiked helmet*
der Knobelbecher (–): *jack-boot*
die Arbeitsmütze (–n): *peaked military hat*
die Tracht (–en): (*regional*) *costume*
im größeren Rahmen: *in a wider context*
der Inder (–): *Indian*
der Turban (–e): *turban*
der Sari (–s): *sari*
der Kimono (–s): *kimono*
der Sarong (–s): *sarong*
der Burnus (–se): *burnouse*

die Gemse (–n): *chamois*
der Gamsbarthut (–e): *"shaving-brush"-hat*
der Rocker (–): *ton-up boy, rocker*

der Sturzhelm (–e): *crash-helmet*
Bescheid wissen (**bescheid**wissen): *to (be in the) know, to be well informed*

Retranslation

1 Nowadays people don't wear loin-cloths. 2 Knights used to wear armour in the Middle Ages. 3 A famous painting of Henry the Eighth shows him in a knee-length doublet. 4 Elizabeth the First liked wearing long dresses with a ruff. 5 My father wore a top hat and tails when he got married. 6 Businessmen used to wear bowler hats. 7 I find national costume very interesting. 8 Indian women in saris look very attractive. 9 The English used to think that all Germans wore short leather trousers, long white woollen socks, check shirts and "shaving brush" hats. 10 Should an Indian on a motor-bike wear a crash helmet instead of a turban?

2.2 Leute machen Kleider – Kleider machen Leute

Mode: . . . eine vorherrschende, zeitbedingte Geschmacksrichtung hauptsächlich der Kleidung . . .

Herders Volkslexikon

vorherrschend: *predominant*

zeitbedingt: *determined by the particular period*

die Geschmacksrichtung (–en): *taste, trend, fashion*

der Esel (–): *donkey*

sich häuten (*wk*): *to shed one's skin, to slough*

raten (ä, ie, a) (+ *Dat.*): *to advise, to recommend*

die Selbsterkenntnis (–se): *self-knowledge, knowing o.s.*

Gottfried Kellers Novelle „Kleider machen Leute" hat uns im 19. Jahrhundert bewußt gemacht, wie sehr der Mensch doch von Kleidung beeinflußt und beeindruckt wird. Dabei macht er, der Mensch, doch die Kleidung! Trotzdem gehen viele nicht nur nebenbei mit der Mode, sondern sind regelrechte Sklaven der Mode, manipuliert von Mode- und Textilindustrie:

Die schärfsten Kriegsdienstgegner tragen Military-Look. Uralte Opas tragen Jeans (warum eigentlich nicht?). Cord ist sportlich, für jede Gelegenheit ideal, Cord macht alles mit, zeigt beste Qualität, ist das aktuelle Material; außerdem ist es schick und preiswert.

Cord zeigt beste Qualität!
Cord ist für jede Gelegenheit ideal!
Cord macht alles mit!

Vor einigen Jahren war die Mode früherer Generationen wieder todschick, à la mode, chic (schick), up to date, in, sah „toll" (= sehr gut!) aus; der arme Cowboy bekam Konkurrenz: die Cowgirl-Kleidung. Wenn Kleider Leute machen, müßte also eine Dame, die diesen „Look" trägt, ein „Kuhmädchen" sein! Weitere Themen aus der Vergangenheit sind etwa Kleidungsstücke, die sich am britischen Kolonialoffizier und an SS-Uniformen orientieren. Alle paar Jahre kommen neue Moden auf, die oft übertrieben und manchmal geradezu bizarr sind. Damals wie heute spielt nicht nur die Kleidung selbst, sondern auch „Schmuck" und Make-up eine Rolle. Man trug Hakenkreuze und Eiserne Kreuze auf der Brust, man benutzte Rasierklingen als Ohrringe und sogar Sicherheitsnadeln wurden durch die Nase gesteckt!

Alles, was von der Masse getragen wird, entwickelt sich zur Mode; von der Mode werden zwar überwiegend Frauen „regiert", aber insbesondere die Industrie, die Kleidung von der Stange (also keine maßgeschneiderte Kleidung) anbietet, bemüht sich, Männer und Kinder möglichst mit einzubeziehen. Vor ein paar Jahren klagte ein deutscher Spitzenpolitiker noch: „Ich habe nie verstanden, daß man in Deutschland dazu neigt, einen eleganten Mann für ein politisches Leichtgewicht zu halten." Er braucht sich inzwischen wohl keine

Sorgen mehr zu machen. Sogar der neue Hauptkatalog (sportlich, praktisch, preiswert – und immer qualitätsbewußt!) hat das große Angebot für modebewußte Männer. Sonderangebote für „unsere Kleinen" und „Teeny-Preis-Hits" für unsere Teenager kommen auf den Markt. Maßgeschneiderte Kleidung ist fast gar nicht mehr gefragt. Dennoch führen noch immer elegante Mannequins auf den Modeschauen der berühmten Modehäuser schicke Kleider vor. Modeschöpfer haben den „dernier cri" dort entworfen. Der „letzte Modeschrei" wird dann von den Versandhäusern, Kaufhausketten und Boutiquen nachgemacht.

Können wir uns in unserer heutigen angeblich so toleranten Zeit also wirklich kleiden, wie wir wollen? Machen Leute Kleider, oder machen Kleider Leute?

Diese günstigen Sonderangebote sind nur in begrenzter Menge vorrätig. Deshalb schnell bestellen! Lieferbar sind nur die hier angebenen Größen!

1 Süßes Chinakleid aus Flanell: 100% Baumwolle. Mit Jeansgürtel und anhängender Tasche. Wattierte Stepperei. Farbe: rot-weiß-blau.

256 478	früher 45,-/63,-		
Gr.	140, 146	152, 158	164, 170, 176
nur	25,–	31,–	37,–

2 Hochwertiger Mantel aus 70% Wolle, 30% Polyamid. Taftfutter: 100% Viskose. Mit Montagegürtel. Farbe: kamel.

---

die Novelle (–n): *novella*

jemandem etwas bewußt machen (*wk*): *to make s.o. aware of sth.*

beeinflussen (*wk*): *to influence*

beeindrucken (*wk*): *to impress*

der Sklave (–n) (*wk masc.*): *slave*

der Kriegsdienstgegner (–): *conscientious objector*

der Military-Look (–s): *"military" look*

mitmachen (*wk*): *to join in*

die Qualität (–en): *quality*

aktuell: *of the moment, topical*

preiswert: *inexpensive, cheap*

todschick: *dead smart*

die Konkurrenz: *competition*

die Vergangenheit: *past*

der Offizier (–e): *officer*

die Uniform (–en): *uniform*

übertrieben: *exaggerated*

der Schmuck: *jewellery*

das Hakenkreuz (–e): *swastika*

die Rasierklinge (–n): *razor-blade*

die Sicherheitsnadel (–n): *safety-pin*

überwiegend: *predominantly*

regieren (*wk*): *to rule, to govern*

von der Stange: *off the peg*

maßgeschneidert: *made to measure*

sich bemühen (*wk*): *to endeavour*

einbeziehen (ie, o, o): *to include, to draw in, to reach*

der Spitzenpolitiker (–): *prominent politician*

zu etwas neigen (*wk*): *to be inclined to*

halten (ä, ie, a) für (+ *Acc.*): *to consider as*

das Leichtgewicht (–e): *lightweight*

der Hauptkatalog (–e): *main annual catalogue*

qualitätsbewußt: *quality-conscious*

das Sonderangebot: *special offer*

der Teenager (–): *teenager*

vorführen (*wk*): *(here) to model, to introduce*

das Mannequin (–s): *fashion-model, mannequin*

der Modeschöpfer (–): *couturier*

entwerfen (i, a, o): *to design*

das Versandhaus (÷er): *mail-order firm*

die Kaufhauskette (–n): *chain of stores*

die Boutique (–n): *boutique*

nachmachen (*wk*): *to imitate, to copy*

29

Retranslation

1 People are impressed and influenced by fashion, aren't they? 2 Many men and women are slaves of fashion. 3 New fashions appear every few years. 4 People are often manipulated by fashion houses and textile firms. 5 Her husband bought a suit off the peg. 6 He had a suit made to measure. 7 Her blouse was made of cotton. 8 Beautiful mannequins model elegant and interesting clothes in smart fashion houses. 9 Fashion designers sometimes have strange ideas. 10 The latest fashions are often copied by mail-order firms, chain stores and boutiques.

2.3 An- und Ausziehen

Kinder müssen mühsam lernen, sich an- und auszuziehen. Oberstufenschüler können hier mühelos lernen, daß es im Deutschen für „anziehen" und „ausziehen" auch noch andere Verben gibt:

(a) Herr Meier hat seine Unterhose hochgezogen und sein Unterhemd übergestreift. Er zieht sich weiter an. Was macht er? Er steigt in seine Socken. Er zieht sein Hemd über und knöpft es zu. Dann knöpft er seinen Hosenlatz zu (bzw. zieht den Hosenreißverschluß hoch) und macht seinen Hosengürtel zu. Er bindet seinen Schlips. Er zieht ihn zurecht. Er schlüpft in seine Schuhe und bindet sich die Schuhe zu. Er gleitet in seine Jacke. Er schlüpft in seinen Mantel. Er setzt seinen Hut auf. Unterwegs lüftet er ihn zum Gruß. Im Büro hängt er ihn an den Kleiderhaken.

mühsam: *with effort, with difficulty*
mühelos: *effortless(ly)*
hochziehen (ie, o, o): *to pull up*
überstreifen (ei, i, i): *to pull on*
überziehen: *to pull on (over one's head)*
den Hosenlatz **zu**knöpfen (*wk*): *to do up one's flies*
den Hosenreißverschluß (÷sse) **hoch**ziehen: *to do up one's trousers zip*

den Gürtel **zu**machen (*wk*): *to fasten one's belt*
binden (i, a, u): *to tie*
zurechtziehen: *to straighten*
*gleiten (ei, i, i): *to slide, to slip, to glide*
den Hut lüften (*wk*): *to take off one's hat*
der Kleiderhaken (–): *clothes hook, peg*

(b) Frau Meier hat ihre Unterwäsche angezogen. (Sie hat ihren Slip, bzw. Schlüpfer übergezogen, und ihren Büstenhalter (BH) zugehakt.) Sie zieht sich weiter an. Was macht sie? Sie zieht ihre Strumpfhose hoch. (Früher legte eine Frau ihren Strumpfgürtel an. Sie streifte ihre Nylonstrümpfe über, rollte sie hoch und befestigte sie am Strumpfgürtel.) Sie zieht ihren Unterrock über. Sie zieht ihren Rock über und schließt ihn. Sie zwängt sich in ihre enge Bluse und knöpft sie zu. Sie quält sich in ihre Stöckelschuhe.

die Unterwäsche: *underwear*
der Slip (–s): *briefs, panties*
der Schlüpfer (–): *knickers, pants*
der Büstenhalter (–)/BH (–s): *bra*
einen Strumpfgürtel **an**legen (*wk*): *to put on one's suspenders*

befestigen (*wk*): *to fasten, to secure*
der Unterrock (÷e): *petticoat*
sich in (+ *Acc.*) etwas zwängen (*wk*): *to squeeze into sth.*
sich in etwas (+ *Acc.*) (**hinein**)quälen (*wk*): *to squeeze into sth. painfully*

(c) Nach der Arbeit

Als Frau Meier von der Arbeit nach Hause kommt, reißt sie die engen Schuhe von den Füßen und zieht die Hausschuhe an, um sich ein bißchen auszuruhen. Etwas später will sie sich umziehen. Sie knöpft die Bluse auf, öffnet den Rockverschluß und läßt den Rock fallen. Sie hakt ihren BH auf und legt ihren Unterrock, ihre Strumpfhose und die andere Unterwäsche ab. Dann duscht sie und zieht sich wieder an.

Eine Viertelstunde später kommt Herr Meier vom Büro zurück. Als erstes schleudert er den Hut auf den Hutständer und reißt sich den Mantel herunter. Weil es ihm warm ist, will er gleich baden. Er gleitet aus seiner Jacke und hängt sie auf einen Kleiderbügel. Er bindet sich die Schuhe auf und schlüpft aus seinen Schuhen. Er öffnet seinen Schlips und nimmt ihn ab. Er macht seinen Hosengürtel auf und zieht seinen Hosenreißverschluß herunter. Er knöpft sein Hemd auf und zieht es herunter. Er steigt aus seinen Socken, streift das Unterhemd ab und zieht die Unterhose herunter. Dann steigt er in die Badewanne.

Um halb elf gehen Herr und Frau Meier ins Bett. Sie zieht ein Nachthemd an, und er einen Schlafanzug.

ablegen (*wk*): *to take things off (more carefully and in formal situations)*

der Hausschuh (–e): *slipper*

schleudern (*wk*): *to hurl*

herunterreißen (ei, i, i): *to tear off, to tear down*

der Kleiderbügel (–): *clothes-hanger*

Retranslation

1 After Max had put on his shirt he did up the buttons. 2 He put on his trousers, pulled up his zip and fastened his belt. 3 After he had done up his shoe laces he straightened his tie. 4 In the office he took off his coat and hung it on a clothes-hanger. 5 His wife put on her panties and bra. 6 After she had fastened her bra she put on her new skirt and a tight blouse which she buttoned up. 7 She got undressed and had a bath before she went to bed. 8 She put on her clean nightdress.

Aufgabe

Beschreiben Sie genau, wie Sie sich an- und ausziehen! Benutzen Sie nach Möglichkeit *verschiedene* Verben.

2.4 Aufsatzthemen

(a) Die Mode – Tyrannei oder Spaß?

Leitfragen

1. Erklären Sie die Definition aus dem Lexikon:
   (a) Was bedeutet „vorherrschende Geschmacksrichtung"? Wenn eine bestimmte Meinung über Mode wichtiger ist als die anderen Meinungen, ist sie „vorherrschend". Wenn die meisten Leute z.B. ein bestimmte Kleidung gern mögen, ist diese Mode vorherrschend!
   (b) Was bedeutet „zeitbedingte Geschmacksrichtung"? Die Geschmacksrichtung (Mode) ist nur für eine bestimmte Zeit da; z.B. in den 20er Jahren war die Mode anders als heute.

2. Geben Sie mehr Beispiele zu 1.!
3. Von wem wird die Mode diktiert? Warum?
4. Welche Moden werden diktiert? Warum?
5. Wer läßt sie sich diktieren? Warum?
6. Sollte man lieber einen individuellen Geschmack haben oder sich die Mode diktieren lassen (immer mit der Mode gehen)?
7. Wie reagieren andere Leute, wenn Sie nicht mit der Mode gehen? Werden Sie schief angesehen? Machen die Leute Bemerkungen über Sie? Nehmen die Leute keine Notiz von Ihnen?

8. Welche Rolle spielt das Geld? Sie haben viel Geld und können sich Mode als Vergnügen leisten; Sie haben wenig Geld und finden, daß Mode eine stupide, primitive Tyrannei ist. Obwohl Sie wenig Geld haben, fühlen Sie den Zwang, mit Nachbarn Schritt zu halten.

9. Kann die Mode den introvertierten, bzw. extrovertierten, sowie den Durchschnittsmenschen, beeinflussen?

10. Wie sehen Sie nun die Mode – als lästigen Zwang („Tyrannei") oder als herrliches Vergnügen („Spaß")?

die Tyrannei (–en): *tyranny*
schief: (*here*) *disapprovingly*
der Zwang (¨e): *compulsion, urge*
Schritt halten (ä, ie, a) mit (+ *Dat.*): (*lit.*) *to keep pace with*
der Durchschnittsmensch (–en) (*wk masc.*): *man in the street, average person*
lästig: *burdensome, onerous*

(b) Kleider machen Leute

Leitfragen

1. Wozu dient Kleidung? (Schutz, Arbeit, Mode, Vergnügen).

2. Welche Rolle spielt Kleidung für Sie
   (a) in der Schule (Schuluniformen!)
   (b) außerhalb der Schule?

3. Was halten Sie von modischer Kleidung? (gut, schlecht, toll, verrückt, albern, übertrieben, nur für Modegecken)

4. Was tragen Ihre Klassenkameraden / Freunde / Lehrer? Was zeigt Ihnen diese Kleidung?

5. Was bedeutet „Kleider machen Leute" und „Leute machen Kleider" (vgl. Gottfried Kellers Novelle)?

6. Welche Kleidung „macht" Leute? Wie verändert sie die Leute? (einen Schlips, einen guten Anzug, ein hübsches Kleid anziehen: feierlich, steif, elegant(er) aussehen; immer „in Schale" und à la mode sein: einen vornehmen, albernen, überheblichen, dummen Eindruck machen; Zivil oder Uniform tragen: männlich, weiblich, militärisch, überlegen aussehen; extravagante Hüte tragen: lächerlich wirken, Eindruck machen, andere Leute zum Lachen bringen, etwas Besonderes sein).

7. Hätten Sie mehr oder weniger Vertrauen zu den folgenden Leuten, wenn diese nicht die unten angegebene Kleidung anhätten: der Pilot / die Stewardeß (die elegante Lufthansauniform), der Polizist / die Polizistin (die Polizeiuniform), der Marineoffizier (die schneidige Ausgehuniform), der Lehrer / die Lehrerin (weißes Hemd und Schlips / adretten Rock und hochgeschlossene Bluse), der Pfarrer (der Talar), die Nonne (die Nonnentracht und Nonnenhaube), der Arzt (der weiße Kittel), die Krankenschwester (die Schwesternuniform)?

8. Wo wird Kleidung bewußt mißbraucht? (der Hochstapler betrügt, der Spion schleicht sich ein, der Filmstar tut etwas für sein Image, der Angeber spielt sich auf).

9. Hat das Sprichwort „Kleider machen Leute" recht?

der Schutz: *protection*
verrückt: *mad*
der Modegeck (–en) (*wk masc.*): *fashion fanatic*
feierlich: *formal(ly), ceremonious(ly)*
Du bist aber in Schale!: *Ah, you're in your Sunday best/dressed up to the nines*
überheblich: *condescending, superior*
lächerlich: *ridiculous*
das Vertrauen: *trust, confidence*
unten angegeben: *given below*
schneidig: *dashing*
die Ausgehuniform (–en): *dress uniform*

weißes Hemd, (Jackett) und Schlips: *collar and tie*
hochgeschlossen: *high-necked*
der Talar (–e): *cassock*
die Nonne (–n): *nun*
der Kittel (–): *coat (overall)*
mißbrauchen (*wk*): *to abuse, to misuse*
der Hochstapler (–): *confidence-trickster*
betrügen (*wk*): *to deceive, to cheat*
sich **ein**schleichen (ei, i, i): *to wheedle, to work one's way in; to sneak in*
der Angeber (–): *show-off*
sich **auf**spielen (*wk*): *to play o.s. up*

3 Umwelt und Mensch

3.1 Unsere Erde 📼

"Und sie bewegt sich doch!"
(Galileo Galilei, 1564–1642)

Im Atom- und Raketenzeitalter, in unserem computergesteuerten Leben, ist es uns schon fast selbstverständlich, daß die Erde ein kugelförmiger, von Atmosphäre umhüllter Himmelskörper ist, und daß dieser Himmelskörper zu den Planeten gezählt wird. Wir wissen: unser Planet kreist mit ca. 30 km/sec um die 150 Millionen km entfernte Sonne, und zwar braucht die Erde dazu 365 Tage, 5 Stunden, 48 Minuten und 46 Sekunden. Das erscheint uns kaum noch erwähnenswert, wir schauen schon nach Mars und Venus! Und doch hat es Tausende von Jahren gedauert, bis wir zu diesen Erkenntnissen gelangten. Heute hat man die genaue Form der Erde bestimmt, sowie ihren Umfang, ihren Rauminhalt, ihre Oberfläche, ihre Masse berechnet. Zur besseren Orientierung haben wir die Erde mit einem Netz von Längen- und Breitengraden versehen. Die Erde besteht zu 71% aus Meeresflächen und zu 29% aus Festlandflächen. Diese Flächen haben wir in Ozeane (Weltmeere) und Kontinente (Erdteile) eingeteilt. Die beiden größten Ozeane sind der Atlantische Ozean (Atlantik) und der Pazifische Ozean (Pazifik, der Stille Ozean). Meistens teilen wir Mutter Erde in 5 Kontinente ein: Europa, Asien, Afrika, Amerika, und Australien. Im Laufe der Jahrtausende hat der Mensch auch die geographische, klimatische und sogar die innere Beschaffenheit der Erde erforscht: Berge und Täler, Wälder und Seen, Ströme und Wadis, Sümpfe und Wüsten, Inseln und Festland, Nordpol und Südpol, Äquator und Erdachse, Vulkane und Geysire. Die Wissenschaftler haben sich über Bezeichnungen für Klimazonen gestritten. Soll man also einfach in feuchtes, halbfeuchtes, trockenes, usw. Klima einteilen, oder hält man sich besser an die Einteilung: tropisches, subtropisches, ozeanisches (Meeres-), Kontinental- (festländisches), etc. Klima? Vielleicht genügt es, wenn wir wissen, daß Deutschlands Norden vom ozeanischen und sein Süden vom Kontinentalklima bestimmt wird, und daß Europa ("erwärmt" vom Golfstrom und "gekühlt" von den Kaltluftmassen über dem Innern des Kontinents) ein gemäßigtes Klima hat; das Wetter wird dann bestimmt durch wechselnde Tiefdruckgebiete (von Westen her) und Hochdruckgebiete (von Osten her). Bei soviel Verwirrung ist es nicht verwunderlich, daß wir am selben Tag in drei verschiedenen Zeitungen drei verschiedene Wetterberichte für Südwestdeutschland lesen können!

---

die Umwelt: *environment*
die Erde: *the earth*
das Raketenzeitalter (–): *space-age*
computergesteuert: *computer-geared, computerized*
selbstverständlich: *taken for granted*
kugelförmig: *spherical*

umhüllt: *wrapped in*
der Himmelskörper (–): *heavenly body*
der Planet (–en): (*wk masc.*): *planet*
gehören (*wk*) zu: *to be counted among*
erwähnenswert: *worth mentioning*

die Erkenntnis (–se): *conclusion, result*
gelangen (*wk*): *to reach, to arrive at*
bestimmen (*wk*): *to define, to determine*
der Umfang (–e): *circumference*
der Rauminhalt (–e): *volume*
berechnen (*wk*): *to calculate, to work out*
der Längengrad (–e): *degree of longitude*
der Breitengrad (–e): *degree of latitude*
versehen (ie, a, e) mit: *to provide with*
die Meeresfläche (–n): *sea area*
die Festlandfläche (–n): *land area*
der Ozean (–e): *ocean*
der Kontinent (–e): *continent*
im Lauf der Jahrtausende: *in the course of the millenia*
die Beschaffenheit: *nature, quality*
erforschen (*wk*): *to (do) research (into)*
der Strom (–e): *(large) river*
das Wadi (–s): *wadi*
der Sumpf (–e): *marsh, bog*

die Wüste (–n): *desert*
der Pol (–e): *pole*
der Äquator: *equator*
die Erdachse (–n): *axis of the earth*
der Vulkan (–e): *volcano*
der Wissenschaftler (–): *scientist*
streiten (ei, i, i) über (+ *Acc.*): *to argue about*
die Bezeichnung (–en): *name, term (for sth.)*
feucht: *moist, damp, wet, humid*
die Einteilung (–en): *division*
das Klima (Klimata): *climate*
genügen (*wk*): *to suffice*
bestimmen (*wk*): *to determine*
gemäßigt: *moderate*
das Tiefdruckgebiet (–e): *area of low pressure*
das Hochdruckgebiet (–e): *area of high pressure*
die Verwirrung (–en): *confusion*
verwunderlich: *surprising*

Wetterbericht

Zur Zeit erstreckt sich eine Hoch-druckzone von den Azoren über Frankreich und Deutschland bis nach Rußland. Sie bestimmt in Südwestdeutschland das Wetter.
Aussichten bis heute abend: Vielfach Nebel oder Hochnebel. Im späteren Tagesverlauf Auf-heiterungen. Höchsttempera-turen je nach Sonnenscheindauer zwischen 19 und 24 Grad, im hohen Schwarzwald bei 15 Grad. Schwachwindig.

Wettervorhersage

Heute früh vielfach Nebel. Tagsüber wolkig, zum Teil sonnig und trocken. Mittags-temperaturen bis 23 Grad ansteigend. Nächtliche Tiefstwerte um 12 Grad. Schwacher Wind aus Nordwest. Morgen noch keine wesentliche Än-derung.

Wetter in Südwest-Deutschland

Nach örtlichem Frühnebel heiter bis wolkig und niederschlagsfrei. Höchsttemperaturen 20 bis 24 Grad. Nachtwerte 12 bis 8 Grad. Schwachwindig. Morgen: Wenig Änderung.

der Wetterbericht (–e), die Wettervorhersage (–n): *weather-forecast*
die Aussicht (–en): *prospect*
der Nebel (–): *fog, mist*
der Hochnebel (–): *fog in high areas*
die Aufheiterung (–en): *clearing up (weather)*
je nach: *according to*
der Sonnenschein: *sunshine*
die Dauer: *duration*
örtlich: *local*

heiter: *fair (weather)*
wolkig: *cloudy*
niederschlagsfrei: *(here) dry*
der Wert (–e): *(here) data*
nächtlich: *during the night*
*an*steigen (ei, ie, ie): *to rise*
wesentlich: *essential(ly), mainly*

Retranslation

A 1 In the age of the atomic bomb and space-ship. 2 It is almost taken for granted. 3 To us, it hardly seems worth mentioning any more. 4 And yet it has taken thousands of years. 5 In the course of the centuries. 6 Perhaps it is enough if we know a little about the climate.

B 1 The earth consists of 71% sea and 29% land areas. 2 The biggest oceans are the Atlantic and the Pacific. 3 mountains and valleys/ forests and lakes/large rivers and wadis/ swamps and deserts/islands and continents. 4 a moist/moderately moist/dry/tropical/sub-tropical climate.

Lage: Zwischen einem Hoch mit Schwerpunkt über Österreich und einem kräftigen atlantischen Tief wird zunehmend milde Meeresluft nach Deutschland geführt.

Vorhersage: Im Westen und Norden wolkig bis bedeckt und vereinzelt Regen, in den anderen Gebieten Deutschlands nach zum Teil zögern- der Nebelauflösung heiter bis wolkig und trocken. Tageshöchsttemperaturen um 12 Grad. In der Nacht zum Mittwoch vielerorts klar und Tiefsttemperaturen zwischen Werten um 6 Grad im Nordwesten und um den Gefrierpunkt im Südosten.

Aussichten: Freundliches Herbstwetter.

Deutscher Wetterdienst

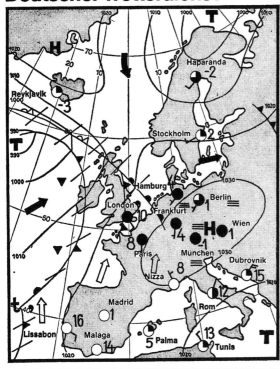

Vorhersagekarte für den 21. Okt. 1980, 7 Uhr.

Zeichenerklärung:

○	wolkenlos
◔	heiter
◑	halb bedeckt
◕	wolkig
●	bedeckt
()	Windstille
	Nordwind 10 km/h
	Ostwind 20 km/h
	Südwind 30 km/h
	Westwind 40 km/h

Temperatur in Grad Celsius

≡	Nebel
	Nieseln
●	Regen
✳	Schnee
▽	Schauer
	Gewitter
	Niederschlagsgebiet
	Warmfront
	Okklusion
	Kaltfront am Boden
	Kaltfront in der Höhe
	Luftströmung warm
	Luftströmung kalt
H	Hochdruckzentrum
T	Tiefdruckzentrum
—	Isobaren in Millibar

der Ausläufer (–): (*here*) *edge*
das Tief (–s): *low*
das Hoch (–s): *high*
*einfließen (ie, o, o): *to flow in* (*to*)
anhaltend: *continuous, lasting*

der Übergang (∸e): *transition*
die Bewölkung (–en): *cloudiness*
der Schauer (–): (*rain–)shower*
die Bö (–en): *gust*
vereinzelt: *intermittent, occasional*

Der Anknüpfungspunkt für viele Gespräche ist das Wetter. Dies ist in England besonders häufig, aber auch die Deutschen nehmen es oft als Thema. Nicht nur den Wetterbericht, sondern auch viele Ausdrücke und Redewendungen hören wir jeden Tag: ist es affenkalt, hundekalt, saukalt (slang!), bitterkalt, frostklirrend, eiskalt, ziemlich kalt, oder vielleicht nicht mehr so kalt wie gestern; ist es lauwarm oder mild, könnte es wärmer sein, herrscht eine Bullenhitze, ist es brennend heiß, glühend heiß, feuchtheiß, schwül, oder morgen vielleicht noch heißer als heute? Apropos „heiß" und

„kalt": die Temperaturen werden sogar nach zwei verschiedenen Systemen gemessen, die einen messen in Fahrenheit und die anderen in Celsius.

	FAHRENHEIT	CELSIUS
Siedepunkt	212	100
	194	90
	176	80
	158	70
	140	60
	122	50
	104	40
	86	30
	68	20
	50	10
Gefrierpunkt	32	0
	14	— 10
	0	— 17,8
Absoluter Gefrierpunkt	— 459,67	— 273,15

Man kann Fahrenheit in Celsius umrechnen. Wieviel Grad Celsius sind 92 Fahrenheit?

$$\frac{(92° - 32) \times 5\,F}{9} = ?\,C$$

Ein Mensch hat einmal gesagt: Schweine schwitzen, Männer transpirieren, Frauen glühen. Das ist natürlich Unsinn; denn ich sage, wie fast alle Leute, „schwitzen", wenn mir heiß ist. Ich friere (es friert mich), wenn mir kalt ist, mir rinnt der Schweiß von der Stirn, wenn die Sonne (hernieder)brennt, ich klappere (schnattere) mit den Zähnen (meine Zähne klappern (schnattern)), wenn beißender Frost herrscht. Schauen Sie einmal in Eugen Roths Gedicht „Verhinderter Dichter" (siehe Seite 56) ein Mensch kann nicht arbeiten, weil es regnet, weil es donnert, weil es blitzt, weil es hagelt! Da fehlt wohl nur noch: „weil es nieselt" und „weil es schneit"!

Auch viele Sprüche wurden über das Wetter gemacht; wie gefällt Ihnen dieser: „April, April, der macht, was er will"? Sind Sie nun „wetterfest" genug, um diesen *Ankreuztest* zu machen (alle Temperaturangaben natürlich in C)?

1. An einem typischen Aprilmorgen (a) herrscht klirrender Frost mit Temperaturen von über 20° — (b) kann das Wetter plötzlich von mild und sonnig auf kühl und regnerisch umschlagen (c) sind schon um 8 Uhr 38° im Schatten.
2. An einem heißen Sommertag (33°) (a) sind draußen mehrere Grad unter Null (b) wehen morgens orkanartige Böen, und kommen nachmittags Schneestürme auf (c) schwitzt man, wenn man keine Sommerkleidung anzieht.

3. Wie ist das Wetter bei uns an einem typischen Wintertag? (a) herbstlich frisch (b) kalt und unangenehm (c) schwül, aber wolkenlos.
4. Zum Frühling zählen die Monate (a) Mai und November (b) März und April (c) Juni und Juli.
5. Wenn die Sonne brennt, und das Thermometer auf über 30° klettert, (a) redet man vom Wetter und den vier Jahreszeiten (b) bleibt man lieber zuhause im warmen Bett (c) geht man ins Freibad oder in den Schatten.

der Anknüpfungspunkt (–e): *point of contact*; *starting-point*
der klirrende Frost (*adj.* frostklirrend): *tinkling, jingling frost*
lauwarm: *moderate, mild, luke-warm*
feuchtheiß: *humid*
schwül: *sultry, close*
*rinnen (i, a, o): *to run, drip*

der Schweiß: *sweat*
hageln (*wk*): *to hail*
nieseln (*wk*): *to drizzle*
wetterfest: *weatherproof*
orkanartig: *hurricane-like*

Retranslation

A 1 The sky was overcast/cloudy/cloudless/bright. 2 The weather forecast was bad. 3 It's not as cold as yesterday. 4 It could be warmer. 5 Some people measure temperatures in Fahrenheit, others in Centigrade.

B 1 (cf. Grammar Section J11) It's getting dark. 2 It's freezing. 3 It's clearing up. 4 It's snowing. 5 It's raining. 6 It's thawing. 7 It's thundering. 8 There is lightning. 9 It's hailing. 10 It's getting light.

3.3 Orientierungshilfen

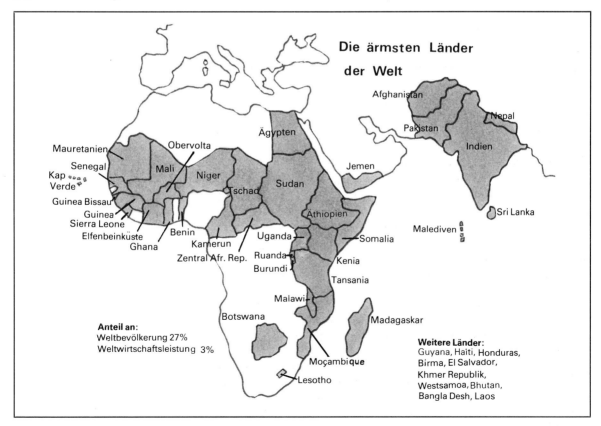

Die ärmsten Länder der Welt

Afghanistan
Nepal
Pakistan
Indien
Ägypten
Jemen
Mauretanien
Obervolta
Senegal
Kap Verde
Mali
Niger
Sudan
Tschad
Guinea Bissau
Guinea
Sierra Leone
Elfenbeinküste
Ghana
Benin
Kamerun
Zentral Afr. Rep.
Ruanda
Burundi
Uganda
Äthiopien
Somalia
Kenia
Tansania
Malawi
Botswana
Madagaskar
Mosçambique
Lesotho
Sri Lanka
Malediven

Anteil an:
Weltbevölkerung 27%
Weltwirtschaftsleistung 3%

Weitere Länder:
Guyana, Haiti, Honduras, Birma, El Salvador, Khmer Republik, Westsamoa, Bhutan, Bangla Desh, Laos

37

Offensichtlich braucht der Mensch viele Orientierungshilfen für „seine" Erde. Für Kontinente, Länder, Städte und Dörfer wurden Namen gefunden, ebenso für Berge, Flüsse, Täler, Hügel, usw.

Nach der Entdeckung Amerikas konnte man sogar die ganze Welt mit zwei Namen umreißen; man prägte nämlich die Begriffe „Neue Welt" und „Alte Welt". Heutzutage teilt man die Erde oft (nach wirtschaftlichen und politischen Gesichtspunkten) in vier „Welten" ein: die reichen Industrieländer, die hochindustrialisiert sind und ausreichend Rohstoffe und Bodenschätze haben, bilden die erste Gruppe; Industrieländer, die nur wenige Rohstoffe und Bodenschätze im Lande haben, bilden die zweite Gruppe; die „Dritte Welt" besteht aus Entwicklungsländern, die zwar noch nicht industrialisiert sind, aber glücklicherweise selbst Bodenschätze und Rohstoffe besitzen; die „Vierte Welt" hat weder das eine noch das andere. Der aus diesen Gruppierungen entstandene „Nord-Süd-Konflikt" (die Industrieländer liegen meistens in den nördlichen Breitengraden) wird die Bewohner unseres Planeten Erde noch lange beschäftigen!

die Orientierungshilfe (–n): *"directional aid", guidance, nomenclature*
die Entdeckung (–en): *discovery*
umreißen (ei, i, i): *to outline, summarize*
prägen (*wk*): *to coin*
wirtschaftlich: *economic*
der Gesichtspunkt (–e): *standpoint, criterion*
ausreichend: *sufficient*

der Rohstoff (–e): *raw material*
der Bodenschatz (÷e): (*mineral*) *resource*
das Entwicklungsland (÷er): *developing country*
die Gruppierung (–en): *grouping*
der Konflikt (–e): *conflict*
in den nördlichen/südlichen Breitengraden: *in the northern/ southern hemisphere*
beschäftigen (*wk*): *to occupy*

Retranslation

A 1 After the discovery of America, the terms "Old World" and "New World" were coined. 2 The rich countries are highly industrialized and have sufficient supplies of raw materials and natural resources. 3 The "Third World" consists of the developing countries.

4 The "Fourth World" is very poor and is neither industrialized nor does it have raw materials and natural resources.

B obviously / nowadays / fortunately / not yet / mostly/even.

Fragen

1. Was sind die sogenannten „vier Welten", und was verstehen Sie unter diesen Begriffen?
2. Nennen Sie jeweils einige Länder in diesen „Welten"!

3.4 Afrika

Im Altertum hatten die Griechen den ihnen bekannten Norden Afrikas Libyen genannt. Unter den römischen Kaisern wurde der Name „Africa" zuerst für einen Teil des heutigen Tunesiens benutzt. Lange Zeit blieb Afrika der „dunkle" Erdteil. Mit zunehmender Erforschung der Küsten und des Inneren wurde der Name Afrika schließlich auf den gesamten Kontinent bezogen. Wenn wir uns heute das Verhältnis von Größe und Einwohnerzahl Afrikas ansehen, wird ein Teil der heutigen Problematik schon deutlich:

Afrika macht zwar 21% der Erdfestlandfläche aus, es wird aber von nur 8% der Weltbevölkerung bewohnt. Viele afrikanische Staaten muß man noch als Entwicklungsländer bezeichnen. Zu wirtschaftlichen Sorgen kommen noch Probleme der Entkolonialisierung, Rassenkonflikte und oft innenpolitische Spannungen. Nach dem zweiten Weltkrieg erlangten immer mehr afrikanische Staaten ihre Unabhängigkeit; so lösten sich z.B. der Sudan, Ghana, Zimbabwe (Rhodesien) und Nigeria vom „Mutterland" Großbritannien; Marokko, Tunesien und Algerien schüttelten die französische Kolonialherrschaft ab; Belgien mußte den Kongo in die Unabhängigkeit entlassen; Portugal mußte sich von Angola und Mozambique trennen. Oft gaben sich neu entstandene Staaten auch neue Namen; so z.B. Tansania, Malawi, Botswana, Namibia, Sambia, Zaire, die Zentralafrikanische Republik, Benin, usw. Andererseits führen Staaten wie Ägypten, Äthiopien, Kenia, Uganda, Südafrika, Kamerun, Tschad, Togo, die Elfenbeinküste, Liberia, Sierra Leone, Guinea, Senegal und Mauretanien ihre altbekannten Namen. Ägypten und Äthiopien zählen ja bekanntlich zu den ältesten Hochkulturen der Weltgeschichte.

Der ehemals „dunkle Kontinent" wird heute zunehmend erschlossen. Die afrikanischen Staaten treiben die technische, landwirtschaftliche und industrielle Entwicklung energisch voran. Bodenschätze und Rohstoffe sind reichlich vorhanden. Auch politisch sind diese Staaten dabei, sich international zu emanzipieren; bei den Vereinten Nationen, den Großmächten und auf den Nord-Süd-Konferenzen haben sie sich Gehör verschafft.

das Altertum: *antiquity*
der Grieche (–n) (*wk masc.*): *Greek*
der Erdteil (–e): *continent*
zunehmend: *increasing(ly)*
die Erforschung: *exploration*
das Innere: *interior*
beziehen (ie, o, o) auf (+ *Acc.*): *to apply to, to refer to*
das Verhältnis (–se): *ratio*
die Größe (–n): *size*
die Problematik: *(range of) problems*
die (Welt)bevölkerung (–en): *(world-) population*
die Entkolonialisierung: *decolonization*
der Rassenkonflikt (–e): *racial conflict*
die Spannung (–en): *tension*
erlangen (*wk*): *to achieve, obtain, get*
die Unabhängigkeit (–en): *independence*
sich lösen (*wk*): *to break away*

abschütteln (*wk*): *to shake off*
die Kolonialherrschaft: *colonial rule*
entlassen (ä, ie, a): *to release*
sich trennen (*wk*) von: *(here) to part with*
ehemals: *formerly*
erschließen (i, o, o): *to open up*
vorantreiben (ei, ie, ie): *to push toward, to push ahead with*
landwirtschaftlich: *agricultural*
reichlich: *abundantly*
reichlich vorhanden sein: *to be abundant, to abound*
der Staat (–en): *state, country*
dabei sein: *to be in the process of*
die Vereinten Nationen: *the United Nations*
die Großmacht (–e): *Big Power*
die Konferenz (–en): *conference*
sich Gehör verschaffen (*wk*): *to make one's voice heard*

Fragen
1. Wie ist das Verhältnis zwischen Größe und Einwohnerzahl in Afrika?
2. Welche Probleme haben viele afrikanische Staaten heute?
3. Nennen Sie einige afrikanische Staaten, die seit dem zweiten Weltkrieg ihre Unabhängigkeit erlangt haben!
4. Welche europäischen Länder herrschten früher (a) in Angola (b) im Sudan (c) im Kongo und (d) in Algerien?

Retranslation

A 1 in antiquity. 2 under the Roman emperors. 3 for a long time. 4 after the Second World War. 5 on the other hand.

B Many African countries must still be termed "developing countries". 2 Problems of decolonization, racial conflicts and internal political tensions must be added to economic worries.

3 More and more states have gained their independence. 4 Newly created states have often given themselves new names. 5 The African states are pushing ahead energetically with the development of communications, agriculture and industry.

3.5 Die arabischen Staaten

Arabien – die riesige Halbinsel zwischen Nordafrika und Vorderasien, zwischen der Halbinsel Sinai und der Halbinsel von Katar, zwischen dem Roten Meer und dem Persischen Golf, zwischen dem Jordan und dem Arabischen Meer–ist die Wiege des Islams. Von dort wurde seit dem 7. Jahrhundert n.Chr. die mohammedanische Religion in alle Himmelsrichtungen getragen. Mit dem Islam verbreiteten sich die arabische Sprache, Schrift und Kultur über ein Gebiet, das man heute die „arabischen Staaten" oder „die arabische Welt" nennt. Diese Welt umfaßt heute – neben der arabischen Halbinsel – Teile des Nahen und Mittleren Ostens, den ganzen Norden und einen Teil Nordost-Afrikas. Folgende arabische Staaten haben sich im Laufe der Zeit dort gebildet: der Libanon, Syrien, Jordanien, der Irak, Saudi-Arabien, Kuweit, Bahrein, Quatar (Katar), die Vereinigten Arabischen Emirate, das Sultanat von Muskat und Oman, der Südjemen (die Volksrepublik Südjemen), der Nordjemen (die Republik Jemen), Ägypten, der Sudan, Libyen, Tunesien, Algerien und Marokko. Insgesamt leben dort über 75 Millionen Menschen.

„Der Deckel auf dem Ölfaß der Erde" – so wird Arabien schon seit vielen Jahren genannt. Schätzungsweise zwei Drittel unserer Erdölvorräte liegen unter den Wüsten der arabischen Halbinsel! In unserem energiehungrigen Zeitalter ist Öl ein enorm wichtiger Rohstoff geworden. Wer das „flüssige Gold" besitzt, ist reich und mächtig. So haben viele arabische Ölländer mehr und mehr an wirtschaftlicher und politischer Bedeutung gewonnen. Die OPEC und die Arabische Liga sind heute ebenso bekannt wie Mekka und Mohammed.

die Halbinsel (–n): *peninsula*
die Himmelsrichtung (–en): *point of the compass*
die Schrift (–en): *alphabet, script*
der Nahe Osten: *the Near East*
der Mittlere Osten: *the Middle East*
die Volksrepublik (–en): *People's Republic*

insgesamt: *altogether, in all, total*
der Deckel (–): *lid*
das Ölfaß(–fässer): *oil-barrel*
schätzungsweise: *approximately*
der Erdölvorrat (≔e): *(crude-)oil reserves*

Merke!
v.Chr. = vor Christus (Christi) (B.C.); n. Chr. = nach Christus (Christi) (A.D.)

Retranslation
A   1 B.C. 2 A.D. 3 in the course of time.

B   1 the Arab States. 2 Islam. 3 the Arab world. 4 Lebanon. 5 Iraq. 6 The United Arab Emirates. 7 Egypt. 8 Sudan. 9 Iran. 10 Saudi Arabia.

C   1 Arabia is the cradle of Islam. 2 Altogether more than 75 million people live there. 3 Roughly two thirds of the earth's oil supplies lie under the deserts of the Arab peninsula. 4 Many Arab countries have gained in economic and political importance.

Fragen
1. Was verstehen Sie unter dem Begriff „Die Wiege des Islams"?
2. Nennen Sie zehn arabische Staaten!
3. Warum nennt man Arabien „den Deckel auf dem Ölfaß der Erde"?
4. Was für eine Rolle spielen die arabischen Ölländer in der heutigen Welt?

3.6 Deutschland: Lage und natürliche Gliederung

Deutschland liegt in der Mitte Europas (Mitteleuropa). Im Westen hat es keine ausschließlich natürlichen Grenzen; im Osten wurde 1945 die Oder-Neiße-Linie als neue Grenze gezogen. Im Norden wird Deutschland von der Nord- und Ostsee, im Süden von den Alpen begrenzt.

Deutschlands zentrale Lage in Europa begünstigte oft Leistungen auf den Gebieten der Kultur und Wirtschaft, bewirkte aber andererseits – oft wegen der unsicheren Ost- und Westgrenzen – Abhängigkeit von und Spannungen mit den Nachbarn. Deutschland wird gewöhnlich in vier sogenannte Großlandschaften aufgeteilt:

Das Hochgebirge (oder die Alpen) deckt sich nur zu einem kleinen Teil mit den politischen Grenzen. Das Deutsche Hochgebirge (die Deutschen Alpen) unterteilt man grob in die Allgäuer, Bayrischen und Berchtesgadener Alpen. Die Alpen fallen nach Norden hin steil zum Alpenvorland ab, das bis zur Donau reicht. Zum Alpenvorland gehören u.a. der Schwarzwald und die Schwäbische Alb. Quer durch Deutschland zieht sich das Deutsche Mittelgebirge. Dazu gehören z.B. die Eifel, der Teutoburger Wald, das Weserbergland, das Elbsandsteingebirge und das Erzgebirge. Das Mittelgebirge wird von Rhein, Weser, Elbe und Oder durchquert. Diese Flüsse (sowie die Ems am Westrande des Norddeutschen Tieflandes) haben an ihren Unterläufen das Norddeutsche Tiefland aufgeschüttet. Nur der Harz ragt inselartig aus diesem Tiefland hervor.

die Gliederung (–en): *division*
ausschließlich: *exclusively*
eine Linie ziehen (ie, o, o): *to draw a line*
begrenzen (wk): *to border*
begünstigen (wk): *to favour*
die Leistung (–en): *achievement*
die Wirtschaft: *the (national) economy*
bewirken (wk): *to have an effect on*
die Großlandschaft (–en): *broad geographical area*
sich decken mit (+ Dat.): *to coincide with*

unterteilen (wk): *to subdivide*
grob: *rough(ly)*
die Donau: *Danube*
quer durch: *right across*
sich ziehen (ie, o, o): *to run (across)*
das Tiefland: *plains*
der Unterlauf (÷e): *lower reach(es)*
inselartig: *like an island*
hervorragen (wk): *to tower above*

Retranslation

A In the north/in the south/in the east/in the west/in the middle of Europe.

B the Oder-Neisse line/the Baltic/the North Sea/the Alps.

Aufgabe

Zeichnen Sie eine Landkarte von Deutschland, auf der Sie die Gebiete, Gebirge und Flüsse des Texts darstellen! Markieren Sie darauf auch einige wichtige Städte!

43

4 Land und Landschaft

4.1 Landschafts- und Szenenbeschreibungen – I

(a) Ein Fischerdorf

Der Geruch von Salz und See ist in dem kleinen Fischerdorf überall in der Luft.

Auch wenn der Himmel strahlend hell ist, und die Sonne scheint, ist irgendwie und irgendwo immer ein Grauton zu finden. Grau ist die Farbe, die das Dorf beherrscht. Der Kai, an den das Wasser unaufhörlich schwappt, ist schmutzig-grau. Die Wolken und der Himmel sind fast immer grau. Die Häuser sind eher gräulich als weiß. Der Nebel, der sich so oft in Schwaden um das Dorf legt, ist milchiggrau.

Selbst das Tuckern der Kuttermotoren ist immer dasselbe eintönige „Tuck-Tuck-Tuck". Manchmal, bei etwas klarerer Sicht, wird die Monotonie vielleicht durch die roten Schornsteine der Fischkutter oder durch den einen oder anderen ungewohnten Laut, von See her kommend, aufgelockert. Der Fremde, der sich hierher verirrt, findet das Geschrei der Möwen wildromantisch und aufregend. Die Einheimischen haben jedoch dafür nur unromantisch-knurrige Bemerkungen übrig.

der Geruch (÷e): *smell*
der Grauton (÷e): *shade of grey, greyness*
der Kai (–s): *quay*
*schwappen (*wk*): *to lap*
die Schwade (–n): *patch (of mist etc.)*
(*)tuckern (*wk*): *to chug*
der Motor (–en): *engine*
die Sicht: *visibility*

der Laut (–e): *sound, noise*
auflockern (*wk*): *to make less austere, to ease*
der Fremde (–n) (*like adj.*): *stranger*
sich verirren (*wk*): *to get lost, to lose one's way*
das Geschrei: *shrieking, shouting*
der Einheimische (–n) (*like adj.*): *local (inhabitant)*
knurrig: *gruff, curt, surly*
übrig haben: *to have sth. to spare; to have time for*

(b) Der verlassene Leuchtturm

Einst hatte der einsame Leuchtturm dort draußen auf dem Felsen mitten in der See einen Leuchtturmwärter, eine Signalanlage, eine winzige Jolle, eine kleine Anlegestelle. Damals wie heute jedoch deutete kaum ein Anzeichen darauf hin, daß dort Menschen wohnten. Nur nachts ließ das monotone Aufblinken der Leuchtstrahlen Leben im Turm vermuten. Gestern abend stand ich nun wieder einmal dort auf den Felsenklippen und blickte auf den Leuchtturm hinunter. Fahle Blitze beleuchteten den nun verlassenen Turm gespenstisch. Ab und zu konnte ich so die Gischtspritzer von den aufgepeitschten Wellen bis zur oberen Plattform hüpfen sehen. Sonst war es stockdunkel, und nur das Peitschen des Regens und der Wellen war zu hören.

verlassen: *deserted, abandoned*
der Fels (–en) (*mixed*): *rock*
der Leuchtturmwärter (–): *lighthouse-keeper*
die Signalanlage (–n): *(here) equipment for the lights*
die Jolle (–n): *(small) jolly-boat*

die Anlegestelle (–n): *mooring(s)*
auf etwas **hin**deuten (*wk*): *to point to, to suggest*
das Anzeichen (–): *sign, symptom*
der Leuchtstrahl (–en): *beam*
vermuten (*wk*): *to suppose, to surmise, to hint at*

die Felsenklippe (–n): *rocky cliff*
fahl: *pale, dim, dull*
gespenstisch: *in a ghostly way*
ab und zu: *now and again*

der Gischtspritzer (–): *spray*
aufgepeitscht (*p.p.*): *lashing*
*hüpfen (*wk*): *to hop, (here) to bounce*
stockdunkel: *pitch-dark*

(c) Eine idyllische Flußszene

Er hatte sie mit leichten, spielerischen Ruderschlägen den stillen Fluß hinaufgerudert. Nun hatte er unter einer schattenspendenden Weide festgemacht, und sie hatte liebevoll das Picknick ausgepackt. Natürlich war es schwer, die Blicke voneinander loszureißen und das Gespräch ruhen zu lassen, aber die Umgebung hatte auch ihre Reize! Das Schilfrohr in der Nähe raschelte sanft im lauen Wind und im träge dahinfließenden Wasser. Teichhühner und Enten plätscherten auf dem Wasser oder flogen mit einem kurzem „Quaaak!" ab. Die Weide ließ Licht und Sonne durch und spendete doch angenehmen Schatten. Die Sonnenstrahlen drangen in dem klaren Wasser bis auf den Grund und ließen die Fische, die sprunghaft hin- und herflitzten, besonders deutlich sichtbar werden. Würde einer der Karpfen wohl bei dem Angler anbeißen, der dort drüben auf der Steinbrücke saß?

Am Ufer sammelte sie einige flache Kieselsteine, und für eine Weile begleitete ihr helles Lachen seine Versuche, die Steine flach über das Wasser hüpfen zu lassen. Sonst herrschte eine fast andächtige Stille; nur manchmal hörte man das leise Tuckern eines Lastkahns weiter flußabwärts.

der Ruderschlag (⸚e): *output, stroke of an oar*
schattenspendend: *shade-giving*
festmachen (*wk*): *to tie up*
der Reiz (–e): *attraction*
das Schilfrohr (–e): *rush(es), reed(s)*
träge: *lazy, weary*
***dahin**fließen (ie, o, o): *to flow along gently*
das Teichhuhn (⸚er): *moorhen*

plätschern (*wk*): *to splash about*
sprunghaft: *erratic(ally), jerky (jerkily)*
*flitzen (*wk*): *to flash, to race*
der Karpfen (–): *carp*
der Kieselstein (–e): *pebble*
andächtig: *attentive(ly), devout(ly)*
der Lastkahn (⸚e): *barge*
flußabwärts: *downstream*

(d) Alpenberg im Winter

Der Berg, von dem ich berichten will, ist einer der unnahbaren Tausender in den Alpen, wo man noch die unberührte Natur bewundern kann. Hier kann man schneebemützte Gletscher ins Fernglas bekommen. Die obere Baumgrenze, die man gerade noch zu Fuß erreichen kann, weist an einer Stelle die Wunden einer Lawine auf. Erde und Schmutz, Felsbrocken und Bäume hat sie auf ihrem Weg vom oberen Abhang mitgerissen. Geknickte und zermalmte Bäume und zersplitterte Felsbrocken zeugen von der Urkraft dieses Naturereignisses. Die unteren Abhänge sind an ihrem Fuß von einem dichten Fichtengürtel bestanden. Wo ich stehe, beginnt der Schnee schon zu schmelzen. Die Sonne zaubert zwar noch glitzernde Schneekristalle und bizarre Schatteneffekte hervor, aber hier und da beginnt sie auch schon, die ersten Pflanzen hervorzulocken. Auf dem Gipfel jedoch vermag selbst die Sonne nichts gegen die ewigen eisigen Winde auszurichten.

unnahbar: *unapproachable*

der Tausender (–): *mountain over a thousand metres high*

unberührt: *untouched*

schneebemützt: *snow-capped*

der Gletscher (–): *glacier*

die Baumgrenze (–n): *belt of vegetation*

aufweisen (ei, ie, ie): *to have, to contain*

die Wunde (–n): *wound, gash*

die Lawine (–n): *avalanche*

der Felsbrocken (–): *rock*

der Abhang (¨e): *slope*

geknickt: *half torn out of the ground, bent*

zermalmt: *crushed*

zersplittert: *chipped, smashed (to pieces)*

die Urkraft (¨e): *primeval force*

das Naturereignis (–se): *phenomenon of nature*

bestanden sein: *to be grown on, to be covered*

(*)schmelzen (i, o, o): *to melt*

hervorzaubern (*wk*): *to conjure up*

hervorlocken (*wk*): *to charm, to entice (into growth)*

vermögen (a, o, o): *to be capable of, to be able to*

etwas **aus**richten (*wk*) gegen: *to prevail against*

(e) Bergidylle

Auf dem Berge steht die Hütte,
Wo der alte Bergmann wohnt;
Dorten rauscht die grüne Tanne,
Und erglänzt der goldne Mond.

In der Hütte steht ein Lehnstuhl,
Reich geschnitzt und wunderlich,
Der darauf sitzt, der ist glücklich,
Und der Glückliche bin ich!

Auf dem Schemel sitzt die Kleine,
Stützt den Arm auf meinen Schoß;
Äuglein wie zwei blaue Sterne,
Mündlein wie die Purpurros'.

Nein, es sieht uns nicht die Mutter,
Denn sie spinnt mit großem Fleiß',
Und der Vater spielt die Zither,
Und er singt die alte Weis'.

Lauter rauscht die Tanne draußen,
Und das Spinnrad schnurrt und brummt,
Und die Zither klingt dazwischen,
Und die alte Weise summt.

Heinrich Heine

der Bergmann (–leute): *miner*

die Hütte (–n): *hut, cottage*

schnitzen (*wk*): *to carve*

wunderlich: *strange*

der Schemel (–): *stool*

der Schoß (Schösse): *lap*

die Purpurrose (–n): *purple rose*

die Weise (–n): *melody, tune*

schnurren (*wk*): *to purr*

brummen (*wk*): *to growl, to buzz, to drone, to hum*

summen (*wk*): *to hum*

Retranslation

1 The water lapped incessantly against the quay. 2 There was a smell of salt and sea everywhere in the air of the small fishing village. 3 There was no sign of people living in the lonely lighthouse. 4 From time to time I could see the spray of the waves and hear the lashing of the rain. 5 After he had rowed up the quiet river he tied the boat up under a shady willow tree. 6 Would the angler who was sitting over there on the stone bridge catch one of the carp? 7 The snow was already beginning to melt. 8 An icy wind was blowing on the summit of the mountain.

4.2 Von der Quelle zur Mündung

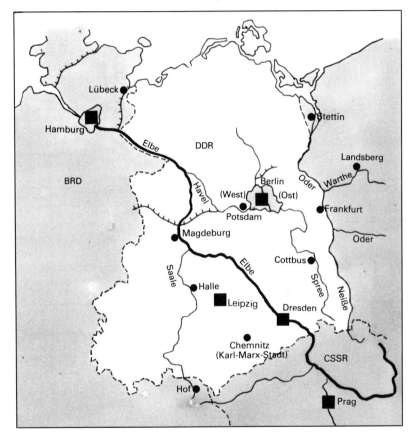

Der Rhein, die Donau, die Oder, die Elbe – alle diese deutschen Ströme fangen sozusagen klein an; nur: sie fangen nicht unten, sondern oben an, oben in den Bergen.

Die Elbe z.B. entspringt an einem Berg in der Tschechoslowakei. Die winzige Bergquelle sprudelt über einen kleinen Wasserfall[1]. Das klare, kalte, quellfrische Wasser fließt lustig gurgelnd den Berg hinab,

[1] Es gibt auch viele große Wasserfälle auf der Welt, z.B. die Niagarafälle, die Viktoriafälle. Riesige Wassermassen stürzen steil in die Tiefe, tosender Lärm erfüllt die Luft, das donnernde Rauschen des Wasserfalls ist kilometerweit hörbar. Schaum und feine Gischtspritzer bilden eine Art Schleier.

und bald schlängelt sich der Bach durch das Tal. Er zieht sich durch Wiesen und Felder. Bis er zur deutschen Grenze kommt, ist er bereits ein stolzer Fluß, der zielstrebig seinen Weg zum Meer sucht. Die Strömung wird stärker; flußaufwärts gegen den Strom zu schwimmen, wird jetzt immer schwieriger. Aber auch flußabwärts zeigt uns der Fluß seine Kraft: gefährliche Strudel und Soge sind schon manchem zum Verhängnis geworden. Bald nachdem sich die Elbe durch das Elbsandsteingebirge gefressen hat, ist sie schon ein schiffbarer Fluß. Von Dresden ab etwa wird sie zu einer wichtigen Verkehrsader. Gewaltig schwillt diese Ader an, wenn Tauwetter und Schneeschmelze einsetzen oder viel Regen fällt. Dann tritt der Fluß hier und da sogar über die Ufer. Diese Ufer liegen dort, wo die Elbe die Grenze zwischen der DDR und der Bundesrepublik bildet, schon fast einen Kilometer auseinander. Bald hinter Hamburg wird der Fluß dann zu einem Strom, der sich zu einer breiten Mündung ausweitet. Schon manche verheerende Sturmflut ist die Elbe aufwärts bis Hamburg gedrungen – die Nordsee ist nur 100 km entfernt. Dort, wo der Strom in die Nordsee mündet, ist er über 10 km breit. Von der Bergquelle bis zur Mündung hat die Elbe 1160 km zurückgelegt!

die Quelle (–n): *source*
die Mündung (–en): *estuary*
*entspringen (i, a, u): *to have one's source*
(*)sprudeln (wk): *to bubble, to gush*
sich schlängeln (wk): *to meander, (lit.: to snake)*
zielstrebig: *determined, keen*
die Strömung (–en): *current*
der Strudel (–): *whirlpool*
zum Verhängnis *werden (i, u, o): *to be the death of s.o.*
sich fressen (i, a, e) durch (+ *Acc.*): *to eat its way through*
schiffbar: *navigable*

die Verkehrsader (–n): *thoroughfare, artery (traffic)*
gewaltig: *enormous(ly)*
*anschwellen (i, o, o): *to swell*
wenn Tauwetter und Schneeschmelz einsetzen: *when the thaw sets in and the snow begins to melt*
über die Ufer *treten (i, a, e): *to overflow its banks*
verheerend: *devastating*
die Sturmflut (–en): *storm-flood*
zurücklegen (wk): *to cover (a distance)*
tosend: *deafening*
der Schaum (*rare pl*: –e): *foam*

Retranslation

1 The Elbe has its source in a mountain in Czechoslovakia. 2 The stream meandered peacefully through the valley. 3 The river became navigable only when it had eaten its way through the mountains. 4 It is never advisable to swim in an unknown river because of the eddies and currents. 5 Shortly after Hamburg, the river widens out into its estuary and flows into the North Sea.

4.3 Landschafts- und Szenenbeschreibungen – II

(a) Eine Wüstenlandschaft

Das große Bild im Hause des in Ehren ergrauten englischen Colonels hatte mich seit meiner frühesten Jugend fasziniert.

Man sah sich förmlich in diese riesige, unendliche Sandwüste hineinversetzt. Auf den ersten Blick schien sie völlig tot. Man bekam unwillkürlich dieses Gefühl des ewigen Durstes; der Mund wurde einem trocken, die Kehle ausgedörrt. Die Sanddünen rollten wie Wellen meilenweit vom Vordergrund bis zum Horizont. Der Himmel war azurblau; eine unerbittlich heiße Sonne brannte hernieder und tauchte alles in ein hellweißes, blendendes und doch totes Licht. Dennoch war ein Fünkchen Leben auf dem Bild. Im

Vordergrund – ganz rechts in die Ecke gesetzt – hatte ich immer die Oase bewundert, umgeben von einigen Palmen und dem einen oder anderen Strauch. Im Mittelgrund konnte man einige Kamele und Dromedare erkennen, deren Fußspuren von der Oase her durch den Sand führten. Im Hintergrund konnte man gerade noch die Umrisse einer menschlichen Siedlung zwischen den Sanddünen erkennen. Also doch menschliches Leben in dieser Totenstille? Vielleicht ein Beduinenlager, ein Soldatenbiwak? Wer weiß. . . .

in Ehren *ergrauen (wk): *to grow old gracefully*
förmlich: *formal(ly), as it were*
sich **hinein**versetzen (wk): *to transport o.s.*
unwillkürlich: *without knowing why*
die Kehle (–n): *throat*
ausgedörrt: *dried out, parched*
unerbittlich: *relentless, merciless*
tauchen (wk) in (+ Acc.): *(here) to bathe*
das Fünkchen (–): *small spark*

bewundern (wk): *to admire, to marvel at*
die Palme (–n): *palm tree*
der Strauch (¨er): *bush, shrub*
die Fußspur (–en): *footstep, track*
gerade noch: *just about*
der Umriß (–sse): *outline(s)*
die Siedlung (–en): *settlement*
das Beduinenlager (–): *Bed(o)uin camp*

(b) Dschungel

Endlich! Der Dschungel war erreicht! Zwar konnten wir nicht direkt sagen, „Hier beginnt er!" aber dennoch hatten wir alle das Gefühl, daß er hier irgendwo beginnen mußte oder schon begonnen hatte. Die dichtbelaubten tropischen Riesenbäume mit ihren Riesenblättern waren plötzlich überall; Schlingpflanzen, Kletterpflanzen und andere Lianengewächse ringelten sich um ihre starken Äste und hingen wie Schlangen herab. Das dichte Laubdach ließ kaum Licht in diese ewige Dämmerung eindringen; nur hier und da hatte sich ein trübes, gelbliches Bündel Sonnenstrahlen einen Durchlaß erkämpft und die moorig-weiche Erde erreicht. Langsam bahnten sich unsere Macheten einen Weg durch das Pflanzengewirr, an dem dampfenden, sumpfigen Fluß entlang, aus dem uns die Krokodile haßerfüllt anstarrten. Myriaden von Insekten tanzten in der tropisch-feuchten Luft; in den Bäumen schnatterten die Affen, und grellfarbige Papageien stießen ihr verärgertes, schrilles Krächzen aus. Viel leiser, viel sanfter (aber tausendmal gefährlicher) waren die Schlangen, die sich plötzlich von einem Ast oder von einem Baum herunter-ringelten. Da mußte man schon schnell sein mit der Machete! Wir waren froh, daß wir Gewehre dabeihatten; denn man wußte hier nie, ob man nicht im nächsten Moment einem Tiger, der durch den Dschungel pirschte, begegnen würde. Und wer von uns wollte schon einem Tiger als Frühstück dienen!?

Schwer zu schlucken

Neulich töteten einige Männer in einem indonesischen Dorf eine Pythonschlange. Zum allgemeinen Erstaunen fand man in ihr die Leiche eines Mannes . . . mitsamt Hut, Hemd, Hose und Schuhen!

---

dichtbelaubt: *densely foliaged*

der Riese (–n) (*wk masc.*): *giant*

die Schlingpflanze (–n), die Kletterpflanze (–n): *creeper, climber, climbing plant*

das Lianengewächs (–e): *liana*

die Dämmerung (–en): *dusk, gloom, twilight*

trüb: *dull*

der Durchlaß (÷sse): *passage, opening, way through*

sich erkämpfen (*wk*): *to struggle for, to gain by force*

moorig-weich: *soft and swampy*

sich einen Weg bahnen (*wk*): *to cut o.s. a way*

die Machete (–n): *machete (jungle knife)*

das Pflanzengewirr: *tangle, maze of plants and foliage*

sumpfig: *swampy*

der Haß: *hatred*

haßerfüllt: *full of hate*

schnattern (*wk*): *to chatter*

grellfarbig: *gaudy, gaudy-coloured*

krächzen (*wk*): *to squawk, to cry*

das Gewehr (–e): *gun*

pirschen (*wk*): *to prowl*

(c) Ländliche Szenen

1. Der alte Bauer spannt gemächlich sein Pferd vor den Pflug. Er stellt die richtige Tiefe ein, und dann sieht man ihn – gemütlich seine Pfeife schmauchend – langsam Furche für Furche pflügen. Sein Hund läuft aufgeregt bellend neben dem Pflug auf und ab. Krähen und Raben trippeln quakend und krächzend in respektvollem Abstand hinterher und picken die Würmer aus der frisch umgeworfenen, noch feuchten Erde. Gegen Mittag sehen wir eine Gestalt über die angrenzende Wiese laufen; es ist die Bauerstochter. Sie bringt das Mittagessen. Während sie es unter den Bäumen herrichtet, stapft ihr Vater, vom fröhlich wedelnden Hund begleitet, langsamen Schrittes auf die knorrige Eiche zu.

vor den Pflug spannen (*wk*): *to harness to the plough*

gemächlich: (*deliberately) slow(ly), unhurried(ly)*

er stellt die richtige Tiefe ein: *he adjusts the right cutting-depth*

eine Pfeife schmauchen (*wk*): *to puff away at a pipe*

die Furche (–n): *furrow*

die Krähe (–n): *crow*

der Rabe (–n) (*wk masc.*): *raven*

der Abstand (÷e): *distance*

die Gestalt (–en): *figure*

angrenzend: *adjoining*

herrichten (*wk*): *to prepare, lay out*

*stapfen (*wk*): *to plod, to trudge*

langsamen Schrittes: *at a steady pace*

knorrig: *gnarled*

Herbst

Die Blätter fallen, fallen wie von weit,
als welkten in den Himmeln ferne Gärten;
sie fallen mit verneinender Gebärde,

Und in den Nächten fällt die schwere Erde
aus allen Sternen in die Einsamkeit.

Wir alle fallen. Diese Hand da fällt.
Und sieh dir andre an; es ist in allen.

Und doch ist Einer, welcher dieses Fallen
unendlich sanft in seinen Händen hält.

Rainer Maria Rilke

> ### Herbstbild
>
> Dies ist ein Herbsttag, wie ich keinen sah!
> Die Luft ist still, als atmete man kaum,
> Und dennoch fallen raschelnd, fern und nah,
> Die schönsten Früchte ab von jedem Baum.
>
> O stört sie nicht, die Feier der Natur!
> Dies ist die Lese, die sie selber hält,
> Denn heute löst sich von den Zweigen nur,
> Was von dem milden Strahl der Sonne fällt.
>
> *Friedrich Hebbel*

die Frucht (÷e): *fruit*
stören (*wk*): *to disturb*
die Lese (–n) halten (ä, ie, a) (*poet.*): *to gather the crops*
sich lösen (*wk*): (*here*) *to fall off*

*welken (*wk*): *to wither, to die*
verneinen (*wk*): *to negate*
die Gebärde (–n): *gesture*

2. Ein Kornfeld! Und ich mitten darin, ganz meinen Gedanken und den goldenen, sich leicht wiegenden Ähren überlassen! Wenn man aufsteht und die unendliche Weite des Feldes mit den Augen zu erfassen versucht und sich dann wieder niederlegt, kommt man sich klein und nichtig vor. Selbst die emsig summenden Bienen, die hastig dahineilenden Käferchen und die ängstlich weghuschende Feldmaus scheinen auf einmal riesig groß zu werden, weil sie so nah, so wirklich sind. Wenn ich meine Hand ausstrecke, kann ich mühelos einen Strauß wundervollen roten Mohn pflücken, zu denen die tiefblauen Kornblumen einen so eindrucksvollen Kontrast bilden. Man möchte den kornblumenblauen Himmel gleich mitpflücken und die goldene Sonne noch dazu! Das wäre ein Strauß! Ich glaube fast, die Lerche, die sich und ihre Stimme jubilierend in die Lüfte erhebt, ist derselben Meinung. Ihr jubelnder Gesang stört die andächtige Stille nicht. Im Gegenteil: mir scheint, als machte sie diese wundervolle Stille nur noch tiefer!

die Ähre (–n): *ear (of grain)*
überlassen (ä, ie, a): *to leave to*
erfassen (*wk*): (*here*) *to grasp, to take in*
*dahin*eilen (*wk*): *to scurry*
*weg*huschen (*wk*): *to flit, to scamper away*

der Strauß (÷e): *bunch (of flowers)*
der Mohn (–e): *poppy*
die Lerche (–n): *lark*
sich erheben (e, o, o): *to rise*
andächtig: *reverent*

Retranslation

A 1 At first sight the desert seemed to be completely dead. 2 You couldn't help having the feeling of everlasting thirst. 3 The sand dunes rolled like waves for miles on end from the foreground of the picture to the horizon. 4 In the middle (of the picture) you could see an oasis surrounded by some palm trees. 5 In the background you could see the outlines of a Bedouin camp.

B 1 Somewhere or other/somehow or other/someone or other/sometime or other. 2 The strong branches of the trees wriggled down like snakes. 3 Dangerous crocodiles stared at us from the banks of the swampy river. 4 Myriads of tiny insects were dancing in the humid air. 5 We heard the brightly-coloured parrots squawking in the trees and saw a huge monkey eating a banana.

C 1 The black horse was harnessed to the plough by the farmer. 2 Puffing gently at his pipe, he began ploughing the fields, the dog at his side. 3 The large crows and ravens were picking the worms out of the freshly turned, still moist earth. 4 The dog began wagging its tail when it saw the farmer's daughter walking across the adjoining meadow, carrying the farmer's lunch. 5 I like sitting in a cornfield surrounded by poppies and deep blue cornflowers and watching the buzzing bees and the scurrying beetles at work.

4.4 Landschaftsbewohner

(a) Vögel

Der Spatz (–en) (der Sperling (–e)) piepst. Der Kuckuck (–e) ruft, oder man sagt einfach, er schreit „Kuckuck". Das Kuckucksweibchen legt seine Eier in fremde Nester. Der Fink (–en) schlägt. Der Kanarienvogel (–) trillert und tiriliert. Die Lerche trällert und tiriliert. Die (Blau)meise (–n) zwitschert.

> Das Meisenmännchen und das Meisenweibchen paaren sich. Sie bauen in einem Nistkasten ein Nest. Das Weibchen legt Eier. Es brütet sie aus. Die Jungen schlüpfen aus. Das Meisenpaar füttert die gierigen Jungen. Die Meisenjungen werden flügge. Schließlich können sie richtig fliegen und sich selbst ernähren.

Die Amsel (–n), die Drossel (–n), die Nachtigall (–en), die Schwalbe (–n) und das Rotkehlchen (–) sind weitere Singvögel. Singvögel werden oft „unsere gefiederten Freunde" genannt. Im Winter sehen wir sie in manchem Futterhäuschen lustig herumhopsen.

Einige Rabenvögel sind in unseren Gegenden besonders häufig, z.B. die Krähe (–n) und der Rabe (–n). Raben krächzen.

Zu den Raubvögeln gehören: der Adler (–), der Bussard (–e), der Habicht (–e), der Falke (–n), der Uhu (–s), die Eule (–n). Raubvögel schreien. Sie haben einen besonders kräftigen, scharfen Schnabel und lange, scharfe Krallen. Ihr Gefieder ist oft mehr zur Tarnung als zum Schmuck da. Sie haben kleine, durchdringende, scharfe Knopfaugen. Wir sagen z.B.: „Er hat Habichtsaugen. Er hat Augen wie ein Habicht (d.h. sehr gute Augen)". Raubvögel kreisen oft majestätisch am Himmel. Ihre weit ausgebreiteten Flügel (oder auch Schwingen) scheinen sie mühelos zu tragen. Wenn sie eine Beute erspäht haben, schießen sie auf ihr Opfer nieder.

der Spatz (–en) (*wk masc.*): *sparrow*	die Amsel (–n): *blackbird*	der Schnabel (–): *beak*
das Nest (–er): *nest*	die Drossel (–n): *thrush*	die Kralle (–n): *talon, claw*
die Blaumeise (–n): *blue-tit*	die Schwalbe (–n): *swallow*	das Gefieder (–): *feathers*
sich paaren (*wk*): *to mate*	das Rotkehlchen (–): *robin*	die Tarnung (–en): *camouflage*
ausbrüten (*wk*): *to hatch*	der Raubvogel (–): *bird of prey*	der Flügel (–): *wing*
gierig: *greedy*	der Uhu (–s): *owl (big)*	die Beute: *prey*
flügge: *fledged*	die Eule (–n): *owl (small)*	erspähen (*wk*): *to catch sight of, to spot*
sich ernähren (*wk*): *to feed o.s.*	der Habicht (–e): *hawk*	

> *Die Nachtigall*
>
> Das macht, es hat die Nachtigall
> Die ganze Nacht gesungen;
> Da sind von ihrem süßen Schall,
> Da sind in Hall und Widerhall
> Die Rosen aufgesprungen.
>
> Sie war doch sonst ein wildes Kind;
> Nun geht sie tief in Sinnen,
> Trägt in der Hand den Sommerhut
> Und duldet still der Sonne Glut
> Und weiß nicht, was beginnen.
>
> Das macht, es hat die Nachtigall
> Die ganze Nacht gesungen;
> Da sind von ihrem süßen Schall,
> Da sind in Hall und Widerhall
> Die Rosen aufgesprungen.
>
> *Theodor Storm*

das macht (*arch./poet.*): *because (of)*
der Schall: (*here*) *tuneful sound, song*
der (Wider)hall: *echo*
in Sinnen (*poet.*): *immersed in thought*
dulden (*wk*): *to tolerate*
die Glut (–en): *glow*
beginnen (i, a, o): (*here*) *to do next*

(b) Blumen

Zu den bekanntesten Wiesenblumen gehören: der Löwenzahn (÷e),
die Butterblume (–n), die Narzisse (–n), das Gänseblümchen (–) und
das Vergißmeinnicht (–e). Zu den beliebtesten Gartenblumen zählen:
die Rose (–n), die Tulpe (–n), die Nelke (–n), die Sonnenblume (–n),
das Stiefmütterchen (–), das Mauerblümchen (–) (oder der Goldlack
(–e)). „Mauerblümchen" wird auch für ein von Jungen wenig
beachtetes Mädchen gebraucht.

die Wiesenblume (–n): *wild flower*
der Löwenzahn (÷e): *dandelion*
die (weiße) Narzisse (–n): *narcissus*
die gelbe Narzisse (–n): *daffodil*

das Gänseblümchen (–): *daisy*
das Stiefmütterchen (–): *pansy*
das Mauerblümchen (–): *wall-flower*
wenig beachtet: *not bothered about, left alone*

(c) Insekten und Spinnentiere

Die Fliege (–n): Ihr Summen stört nicht sehr; sie kann aber als
Krankheitsträger sehr gefährlich sein, besonders die Schmeißfliege.
Deswegen wird sie auch oft mit Fliegenklatschen, Fliegenleim,
Fliegenfängern und Insektenspray bekämpft.

Die Mücke (–n): Mücken gehen vielen auf die Nerven, weil sie
stechen, und zum anderen, weil sie entnervend sirren und summen
können.

Die Spinne (–n): Sie ernährt sich meistens von Fliegen und anderen
Insekten, die sie in ihrem Spinnennetz fängt. Das Netz spinnt sie mit
unermüdlichem Eifer. Gewöhnlich lauert sie in einer Ecke des Netzes
auf Beute; wenn dann eine Fliege im Netz zappelt, schießt die Spinne
hervor, lähmt die Fliege mit einem Giftstich, spinnt sie ein und
schleppt sie weg. Zu den Spinnentieren gehört z.B. auch der
Skorpion.

Die Ameise (–n): Sie lebt meistens in einem Ameisenhaufen. Der dort „wohnhafte" Ameisenstaat hat – wie der Bienenstaat – eine strikte Ordnung. Ameisen können recht unangenehm beißen; ihre Bisse können zu Hautreizungen und Jucken führen.

Die Biene (–n): Wörter wie „bienenfleißig" oder „bienenemsig" sagen schon viel über diese Tierchen aus. Die Biene, die wir meistens sehen, gehört zu den „Arbeitsbienen". Sie fliegen von Blüte zu Blüte, sammeln Nektar und summen dabei geschäftig. Den Nektar tragen sie dann zu ihrem Bienenkorb, wo er in Waben abgelagert wird. Bienen haben einen Stachel, mit dem sie sehr schmerzhaft stechen können.

Die Wespe (–n): Ihr angriffslustiges Surren und hohes, giftiges Summen hat ihnen den Ruf eingebracht, daß sie sehr kriegerisch und gefährlich sind. In dem Ausdruck „Da hast du in ein Wespennest gefaßt" (= dir plötzlich viele gefährliche Feinde geschaffen) wird dieses deutlich.

das Spinnentier (–e): *arachnid*	der Biß(Bisse): *bite*
der Krankheitsträger (–): *carrier of diseases*	die Hautreizung (–en): *skin-irritation*
die Schmeißfliege (–n): *bluebottle*	jucken (*wk*): *to itch*
die Fliegenklatsche (–n): *fly-swat*	die Blüte (–n): *blossom*
der Fliegenleim (–e), der Fliegenfänger (–): *fly-paper*	der Bienenkorb (÷e): *bee-hive*
die Mücke (–n): *gnat, mosquito*	die Wabe (–n): *honey-comb*
stechen (i, a, o): *to sting*	**ab**lagern (*wk*): *to store*
entnervend: *irritating(ly)*	der Stachel (–n): *sting*
lauern (*wk*): *to lurk*	angriffslustig: *aggressive*
(*)zappeln (*wk*): *to twitch*	hat ihr den Ruf eingebracht: *has earned it (her) the reputation*
lähmen (*wk*): *to paralyse*	kriegerisch: *belligerent*
wegschleppen (*wk*): *to drag away*	fassen (*wk*): *(here) to put one's hand in sth., to stir (a hornets' nest)*

(d) Bäume

Zu den bekanntesten Laubbäumen gehören die Eiche (–n), die Buche (–n), die Birke (–n), die Weide (–n), die Kastanie (–n) (der Kastanienbaum (÷e)), die Pappel (–n), die Ulme (–n) und die Linde (–n).

Die Eiche ist wohl der bekannteste Baum. Oft wird sie als Symbol für Härte, Standfestigkeit, Treue und Verläßlichkeit genommen. Ihr starkes, knorriges Geäst ist charakteristisch. Eichen können sehr alt werden. Eichenholz ist schwer, hart, fest und dauerhaft und daher sehr beliebt. Die Trauerweide ist bei uns als Zierbaum bekannt. Den Cricketfan dürfte es interessieren, daß aus Weidenholz Cricketschläger gemacht werden. Die Linde ist ein beliebter Alleebaum. In Deutschland findet man noch vereinzelt sogenannte Dorflinden, und im deutschen Liedgut ist sie ein vielbesungener Baum.

Die bekanntesten Nadelbäume sind die Fichte (–n), die Tanne (–n) und die Kiefer (–n) (oder die Föhre (–n)). Die Tanne ist ein immergrüner Nadelbaum. Ihr Stamm ist schlank und bis zu 70 m hoch. Sie hat einen spitz zulaufenden Wipfel und ihre (Tannen)zapfen sind aufrecht und kerzenartig rund. Die Tanne ist als Weihnachtsbaum (oder „Tannenbaum") sehr beliebt. Die Kiefer liebt trockene Sandböden. Ihr Stamm ist unten kahl und astlos. Ihre Krone ist zerzaust.

der Laubbaum: *deciduous tree*
die Buche (–n): *beech*
die Birke (–n): *birch*
die Linde (–n): *linden-tree, lime tree*
die Standfestigkeit: *steadfastness*
die Treue: *faithfulness, fidelity*
die Verläßlichkeit: *reliability*
die Allee (–n): *tree-lined boulevard*
das Liedgut: *collection of folk-songs*
der Nadelbaum (–e): *coniferous tree*
die Fichte (–n): *spruce, fir*
spitz zulaufend: *tapering off to a point*
der Wipfel (–): *highest part, tree-top*
der Zapfen (–): *cone*
kahl: *bare*
die Krone (–n): *tree-top*

4.5 Aufsatzthema
„Der Rhein"
Leitfragen

1. Was ist der Rhein? Wie lang ist er? (1320 km, 825 davon in Deutschland)
2. Was wissen Sie über die Geschichte des Rheins? (schon zur Römerzeit eine wichtige Verkehrsader; schon Cäsar schlug eine Brücke über den Rhein; lange Jahre hindurch die Grenze zwischen Römern und Germanen; Köln („colonia"), Bonn, Mainz, Koblenz waren römische Stützpunkte; später häufig Streitobjekt zwischen Deutschland und Frankreich; heute: nicht Konfliktherd, sondern verbindendes Element der Anrainerstaaten und eine der wichtigsten europäischen Wasserstraßen)
3. Wo entspringt der Rhein? (die Schweiz; der Vorder-Rhein und der Hinter-Rhein bilden den Rhein)
4. Durch welche Länder fließt er? (d'r Rhin, der Rhein, le Rhin, de Rijn)
5. Welche Länder grenzen an den Bodensee?
6. Wo ist der „Rheinfall"? (Was bedeutet das Wort „der Reinfall"?)
7. Welche Landschaften grenzen an den Oberrhein, den Mittelrhein (er reicht von Basel bis Bonn), den Niederrhein und das Rheindelta?
8. Welche großen Nebenflüsse hat der Rhein? Woher kommen sie?
9. Warum ist der Mittelrhein so berühmt (der Weinberg (–e), die Burg (–en), die Burgruine (–n), der Loreleifelsen, die Lorelei, die „Pfalz" bei Kaub, der Mäuseturm bei Bingen, das „Deutsche Eck" bei Koblenz)
10. Welche Bundesländer haben den Rhein in ihrem Namen? (Hauptstädte: Düsseldorf, Mainz)

Retranslation

1 I particularly like wild flowers. When I was younger I used to pick buttercups, daisies and dandelions. 2 Every evening my father waters the flowers — the wallflowers, the roses, the pansies, the carnations — in fact all of them! 3 The oak tree is a symbol of toughness, steadfastness, loyalty and reliability. 4 Cricket bats are made of wood from the willow tree. 5 Some people like deciduous trees because the colour of their leaves changes in autumn, whereas others prefer evergreens because they stay green throughout the winter.

der Stützpunkt (–e): *garrison, stronghold, base*
das Streitobjekt (–e): *bone of contention*
der Konfliktherd (–e): *origin of a conflict*
der Anrainerstaat (–en): *riverain country (one country sharing a river as a common boundary with another)*

5 Der Mensch im Kampf mit den Naturgewalten

> *Verhinderter Dichter*
>
> Ein Mensch, zur Arbeit wild entschlossen,
> Ist durch den Umstand sehr verdrossen,
> Daß ihm die Sonne seine Pflicht
> Und Lust zum Fleißigsein zersticht.
> Er sitzt und schwitzt und stöhnt und jammert,
> Weil sich die Hitze an ihn klammert.
> Von seinem Wunsch herbeigemolken,
> Erscheinen alsbald dunkle Wolken,
> Der Regen rauscht, die Traufen rinnen.
> Jetzt, denkt der Mensch, kann ich beginnen!
> Doch bleibt er tatenlos und sitzt,
> Horcht, wie es donnert, schaut, wie's blitzt,
> Und wartet, dumpf und hirnvernagelt,
> Ob's nicht am Ende gar noch hagelt.
> Doch rasch zerfällt das Wettertoben –
> Der Mensch sitzt wieder: siehe oben!
>
> *Eugen Roth*

Der Mensch ist ein sehr anpassungsfähiges Wesen; er lernt schnell, sich seiner Umgebung und den Gegebenheiten der Natur anzupassen. Von Zeit zu Zeit jedoch ist der Mensch den tückischen Naturgewalten hilflos ausgeliefert.

verhindert: *frustrated*
der Umstand (÷e): *circumstance, (here) fact*
verdrossen: *cross, miserable*
die Pflicht (–en): *duty*
zerstechen (i, a, o): *(here) to spoil (by pricking)*
stöhnen (wk) und jammern (wk): *to moan and groan*
alsbald: *immediately*
die Traufe (–n): *gutter*
dumpf: *(senses) blunted*

das (Ge)hirn (–e): *brain*
nageln (wk): *to nail*
doch rasch zerfällt das Wettertoben: *but soon the raging storm is over*
anpassungsfähig: *adaptable*
die Gegebenheit (–en): *circumstance, fact, reality*
tückisch: *whimsical, vicious, insidious*
jemandem ausgeliefert sein: *to be exposed to*

5.1 Eine Überschwemmung

Infolge anhaltenden Regens und der Schneeschmelze trat heute die Murg,[1] deren Wasserstand in den letzten Tagen rapide gestiegen war, im Raum Gernsbach gegen 0.30 Uhr über die Ufer. Die Überschwemmung erreichte stellenweise eine Höhe von drei Metern.

Zum Glück kamen keine Menschen ums Leben. Hunderte Stück Vieh und Wild wurden jedoch vom Wasser überrascht und ertranken. Autos wurden weggespült und etwa zweihundert Häuser stark beschädigt. Mehrere Familien mußten vor dem Wasser auf die Dächer fliehen, von wo sie in den frühen Morgenstunden von Schlauchbooten der Bundeswehr gerettet wurden.

Der Gesamtschaden ist noch nicht genau abzusehen; ein Sprecher

---

[1] Die Murg ist ein Fluß im Schwarzwald.

des Bürgermeisteramtes befürchtet jedoch, daß die Schadensziffer auf zwei bis drei Millionen DM anzusetzen ist. Er erwähnte außerdem, daß die Austrocknung der betroffenen Gebäude Wochen, wenn nicht sogar Monate, dauern könne. Einige flutgeschädigte Familien wurden besonders hart betroffen, weil sie gegen Überschwemmungs-schäden nicht versichert waren.

die Überschwemmung (–en): *flood*	das Schlauchboot (–e): *rubber-dinghy*
anhaltend: *continuous*	die Bundeswehr: *Federal (German) Armed Forces*
der Wasserstand (ːe): *water-level*	der Gesamtschaden (ː): *overall damage*
stellenweise: *in parts*	einen Schaden **ab**sehen (ie, a, e): *to assess the damage*
ums Leben*kommen (o, a, o): *to lose one's life*	ein Sprecher des Bürgermeisteramtes: *an (official) spokesman from the local council*
das Vieh: *cattle*	
das Wild: *game, wild-life*	die Schadensziffer (–n): *extent of the damage*
*ertrinken (i, a, u): *to drown*	betroffen: *affected*
beschädigen (wk): *to damage*	versichern (wk): *to insure*

Retranslation

1 The level of the river rose as a result of continuous rain and melting snow. 2 The river overflowed its banks. 3 Fortunately nobody died. 4 Hundreds of cows were drowned.

5 Several families had to flee onto the roofs of their houses to escape from the water and they were rescued in the early hours of the morning by soldiers in rubber dinghies.

5.2 Ein Erdbeben

Ein Freund, der Rotkreuzhelfer ist, und bei einem schweren Erdbeben eingesetzt war, sandte mir folgenden Bericht:

Lieber Klaus!

Es steht nach nunmehr zwei Tagen fest, daß die Erdbebenkatastrophe hier über 1000 Opfer gefordert hat. Die Überlebenden sind evakuiert und in Notunterkünften und Zelten in der Nähe untergebracht, bzw. in Krankenhäuser eingeliefert worden. Ich habe schon geholfen, Wohnzelte und Fertighäuser aufzubauen. Heute habe ich Freiwilligen des Internationalen Roten Kreuzes geholfen, Verpflegung und Medikamente auszugeben. Vorräte wurden übrigens von Bundeswehrflugzeugen eingeflogen. Die Aufräumungsarbeiten und die Suche nach eventuellen Überlebenden ist in vollem Gange. Militär und Polizei mußten weinende Frauen und Kinder oft mit Gewalt daran hindern, das Katastrophengebiet zu betreten. Wegen der Plünderungen der letzten Nacht mußte die Regierung hier den Ausnahmezustand ausrufen und das Kriegsrecht verhängen. Wegen der Hitze ist die Seuchengefahr hier besonders groß. Die Leichen werden nach ihrer Identifizierung (soweit es überhaupt möglich ist) sofort eingeäschert, bzw. begraben. Um dem Ausbruch von Typhus entgegenzutreten, nahm man gestern und heute Massenimpfungen vor. Ein Feuerwehrmann sagte mir eben, daß nach seiner Meinung die Aufräumungsarbeiten Monate dauern werden. Hier ist ein unübersehbares Trümmerfeld. Riesige Erdrisse und Erdspalten ziehen sich quer durch dieses Chaos.

Du wirst sicher in den Zeitungen gelesen haben, daß Hilfsfonds in aller Welt eingerichtet wurden, um das Los der Betroffenen lindern zu helfen. Auch Beileidstelegramme gingen in der Hauptstadt ein. Ich muß schließen; es gibt so viel zu tun. Ich muß gleich wieder Verpflegungsrationen an unserer Feldküche ausgeben.

Herzliche Grüße,
Dein Dieter

das Erdbeben (–): *earthquake*
eingesetzt: (*here*) *sent in* (*to help*)
(*)**fest**stehen (e, a, a): *to be clear*
Opfer fordern (*wk*): *to claim lives, victims*
die Notunterkunft (⸚e): *emergency accommodation, makeshift-housing*
unterbringen (i, a, a): *to house, to put up*
ins Krankenhaus **ein**liefern (*wk*): *to take to hospital*
das Fertighaus (⸚er): *prefab*
der Freiwillige (–e) (*like adj.*): *volunteer*
die Verpflegung: *food and drink, provisions*
der Vorrat (⸚e): *supply/–ies*
die Aufräumungsarbeit (–en) (*usu. pl.*): *cleaning-up operations*
der Überlebende (–n) (*like adj.*): *survivor*
mit Gewalt: *by force, forcible(–ly)*
die Plünderung (–en): *looting*

den Ausnahmezustand **aus**rufen (u, ie, u): *to proclaim a state of emergency*
das Kriegsrecht verhängen (*wk*): *to declare martial law*
die Seuchengefahr (–en): (*danger of*) *sickness /epidemic*
die Leiche (–n): *corpse, body*
jemandem ***entgegen**treten (i, a, e): *to combat, to counter s.o.*
Massenimpfungen **vor**nehmen (i, a, o): *to carry out mass immunisation*
das Trümmerfeld (–er): *mass of rubble, debris*
der Erdriß (–risse): *crack in the earth*
die Erdspalte (–n): *split in the earth*
einen Hilfsfonds (–) einrichten (*wk*): *to start an appeal-fund*
das Los (–e): *lot, fate, burden*
lindern (*wk*): *to soothe, to ease*
der Betroffene (–n) (*like adj.*): *the afflicted*

Retranslation

1 The earthquake has claimed more than a thousand victims. 2 The survivors have been evacuated and housed in emergency huts and tents. 3 Others have been taken to hospitals. 4 Food and medicine have been distributed by volunteers of the International Red Cross. 5 Supplies have been flown in by many countries. 6 The search for possible survivors is in full swing. 7 Because of looting the government has proclaimed a state of emergency and established martial law. 8 Because of the heat the danger of an epidemic is particularly great. 9 The corpses have been cremated or buried. 10 Mass inoculations have been given to prevent the outbreak of typhoid.

5.3 Aufsatzthemen

Sie sind mit einem Freund auf einer Bergtour. Man hat Sie beim Aufstieg vor Nebel und Regen gewarnt. Trotzdem gehen Sie los . . .

Leitfragen

1. Haben Sie die richtige Kleidung für eine Bergtour? (Sommersandalen – feste Bergstiefel, Shorts – Kniebundhosen, T-shirt – Pullover / Anorak, keine Kopfbedeckung – Bergmütze)

2. Haben Sie die richtige Ausrüstung? (das Kletterseil (–e), der Rucksack (¨e), der Kletterhaken (–), der Eispickel (–), der Schlafsack, die Taschenlampe (–n), die Leuchtmunition, der Esbitkocher (–), die Bergwanderkarte (–n))

3. Haben Sie die richtige Verpflegung? (nur eine Tüte Bonbons oder: die Tafel (–n) Schokolade, der Traubenzucker, die Thermosflasche (–n), die eiserne(n) Ration(en))

4. Haben Sie die Route (den Weg) sorgfältig geplant? (Gehen Sie „ins Blaue" (blind drauf los), oder haben Sie sich alles auf der Karte angesehen / Einheimische gefragt / sich nach Wegmarkierungen, markanten Punkten und Gefahrenstellen erkundigt?)

5. Haben Sie den Wetterbericht gehört? Wissen Sie, daß Nebel und Regen in den Bergen schnell kommen können?

6. (a) Fragen Sie die Leute, die Sie gewarnt haben, noch nach genaueren Einzelheiten? (Wann, wo, wie lange voraussichtlich wird es Nebel und Regen geben?)
(b) Nehmen Sie (k)einen Bergführer mit? Warum (nicht)?

7. Welchen Weg (welche Route) schlagen Sie ein? (vgl. 4.) Beschreiben Sie den Weg! (steinig, eben, steil, gefährlich, bergauf, bergab)

8. Wenn (kein) Nebel und Regen kommen, was passiert unterwegs? (Haben Sie eine herrliche Wanderung auf trockenen Wegen – haben Sie eine harte Tour auf gefährlichen Pfaden? Haben Sie herrliche Fernsicht, oder können Sie die Hand nicht vor Augen sehen? Ist herrlicher Sonnenschein, oder kommt sogar noch ein Sturm auf?)

9. Was machen Sie? (fröhlich pfeifend dahinwandern, lustige Bergglieder singen, gemütlich Rast machen, Gemsen und andere Bergtiere sehen; gegen Regen und Wind ankämpfen, außer Atem kommen, vom Weg abkommen, den richtigen Weg verlieren, einen geschützten Platz suchen, ein Notlager aufschlagen, „haaallooo" rufen, Notsignale geben, erschöpft einschlafen).

10. Wie kommen Sie zurück? (Warten Sie, bis das schlechte Wetter vorbei ist und gehen dann auf dem kürzesten Wege ins Tal hinab? Übernachten Sie in Ihren Schlafsäcken und gehen am anderen Morgen zurück? Muß die Bergwacht Sie holen?)

die Kniebundhose (–n): *sort of mountaineering trousers, gathered in below the knees*
das T-shirt (–s): *T-shirt*
die Ausrüstung (–en): *equipment, kit*
das Kletterseil (–e): *climbing-rope*
der Kletterhaken (–): *climbing-hook*
die Leuchtmunition: *flare(s)*
der Esbitkocher (–): *kind of primus (–stove)*
der Traubenzucker (–): *glucose*
die Einzelheit (–en): *detail*
voraussichtlich: *presumably*
der Bergführer (–): *mountain-guide (book or person)*
ein Notlager **auf**schlagen (ä, u, a): *to pitch an emergency camp, tent*
am ander(e)n Morgen: *the following morning*
die Bergwacht (–en): *mountain-rescue-(team)*

Weitere Themenvorschläge

1. Beschreiben Sie, was sich bei einem Erdbeben ereignet!
2. Beschreiben Sie eine Landschaft, die Sie kennen!
3. Das Klima in meinem Land.
4. Der Einfluß der Umwelt auf unser Leben.

6 Mensch und Umwelt

6.1 Wir sind zu weit gegangen: Umweltschutz tut not!

Schon William Blake beschwerte sich um 1800, daß Englands schöne, grüne Landschaft durch „diese dunklen, teuflischen Mühlen" verschandelt werde. Er sollte recht behalten! Hat er die Folgen der anfangs so gepriesenen Industriellen Revolution vorausgesehen? Denn bald war die Landschaft verschandelt mit häßlichen Fabriken und Kohlehalden, war die Luft verpestet vom Ruß und Qualm der Schornsteine, waren Stadtteile zu Slums geworden ... Müssen wir die Natur, die Umwelt heute vor dem „gefährlichsten aller Raubtiere" schützen – dem Menschen? Sind wir zu weit gegangen? Wenn in früheren Zeiten der Mensch ganze Tierarten auszurotten begann oder ganze Wälder geldgierig abholzte, dann warnte allenfalls der Jäger oder der Förster vor dieser Ausbeutung der Natur. Wenn noch vor 200 Jahren Abfälle und Abwässer einfach auf die Gasse vor das Haus geschüttet wurden, fand man das normal. Heute ist uns der Zusammenhang zwischen mangelhafter Hygiene und Krankheiten und Seuchen natürlich klar. Heute ist bei den meisten Leuten das Bewußtsein geweckt worden, daß wir zu weit gegangen sind, und daß Umweltschutz nottut.

Frei von Schmutz ist Umweltschutz!

Umweltschutz, nicht Umweltschmutz!

Sauberkeit ist Umweltschutz.

Der Dreck muß weg!

Das Wasser im Rhein – haltet es rein!

Aus alt mach neu – Abfall als Rohstoff.

Beste Lösung: weniger Abfall.

Wir haben den Feind entdeckt: der Feind sind WIR.

---

der Umweltschutz: ecology, protection of the environment
sich beschweren (wk): to complain
teuflisch: satanic
die Mühle (–n): mill
verschandeln (wk): to spoil
Er sollte recht behalten (ä, ie, a): He was to be proved right
die Folge (–n): consequence
preisen (ei, ie, ie): to praise (to the skies)
voraussehen (ie, a, e): to foresee, to anticipate
die Kohlenhalde (–n): slag-heap
verpesten (wk): to contaminate, to poison, to foul, to spoil
der Ruß: soot
der Qualm: smoke
der Slum (–s): slum
schützen (wk) vor (+ Dat.): to protect from
die Tierart (–en): species

ausrotten (wk): to extinguish, exterminate
geldgierig: avaricious, money-minded
abholzen (wk): to cut, to fell
allenfalls: perhaps only, if at all
der Jäger (–): hunter, huntsman
der Förster (–): forester
die Ausbeutung: exploitation
der Abfall (⸚e): refuse
das Abwasser (⸚) (usu. pl): sewage
schütten (wk): to pour (out)
mangelhaft: insufficient
das Bewußtsein: consciousness, awareness
nottun (u, a, a): to be (urgently) necessary
der Dreck: dirt
die Lösung (–en): solution

Retranslation

1 In earlier times man began to eliminate entire species of animals. 2 He chopped down entire forests for financial gain. 3 Only huntsmen and foresters gave warning of this violation of nature. 4 Two hundred years ago people simply used to throw their rubbish and sewage into the street in front of the house. 5 Nowadays the link between bad hygiene and illness and epidemics is, of course, evident.

„In Krisenzeiten kann man halt nicht alles haben wollen"

6.2 Die Verunreinigung des Erdbodens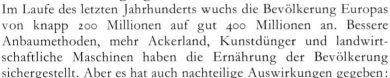

Im Laufe des letzten Jahrhunderts wuchs die Bevölkerung Europas von knapp 200 Millionen auf gut 400 Millionen an. Bessere Anbaumethoden, mehr Ackerland, Kunstdünger und landwirtschaftliche Maschinen haben die Ernährung der Bevölkerung sichergestellt. Aber es hat auch nachteilige Auswirkungen gegeben:

Durch die Ausdehnung des Ackerlandes werden z.B. Vögel und kleine Tiere ihrer Nester und Unterschlupfe beraubt. Kunstdünger laugt den Boden oft derartig aus, daß er versandet. Unkrautvernichtungsmittel beseitigen nicht nur Unkraut, sondern vernichten oft auch Blüten und Blumen, nützliche Insekten und Larven; Vögel, Bienen, Schmetterlinge und Motten finden weniger Nahrung, weil Blüten und Blumen zerstört sind. Schädlingsbekämpfungsmittel, Insektenpulver, Insektizide u. ä. töten nicht nur die „schädlichen" Insekten, sondern auch harmlose und nützliche; sogar Vögel und kleine Säugetiere kommen zu Schaden. Insektizide sickern in den Boden, gelangen so in Seen und Flüsse und richten auch dort Schaden an. Man hat sogar DDT-Spuren in Fischen und Pinguinen der Antarktis gefunden!

Mit der Bevölkerung wachsen auch Müll und sonstige Abfälle. Auf wilden oder schlecht angelegten Müllkippen werden häufig Schmutz- und Giftstoffe abgelagert, die dann in den Boden und ins Grundwasser sickern und so ins Trinkwasser geraten können. So mancher Giftmüllskandal hat Schlagzeilen gemacht!

Selbst durch die angeblich „saubere" Kernenergie droht dem Boden Gefahr; was ihm durch radioaktiven Staub zugefügt würde, wäre nicht auszudenken! (Man kann natürlich auch im Fachjargon sagen: „Die Lithosphäre würde durch nukleare Staubpartikelchen kontaminiert werden.") Die sichere Lagerung oder Beseitigung von radioaktiven Abfällen („Atommüll") – die sog. Entsorgung – ist ebenfalls sehr schwierig.

die Verunreinigung (–en): *contamination*
die Anbaumethode (–n): *methods of cultivation*
das Ackerland: *(arable) soil*
der Kunstdünger (–): *artificial fertilizer*
die Ernährung: *food, nourishment, feeding, maintenance*
sicherstellen (*wk*): *to secure*
(nachteilig) vorteilig: *(dis)advantageous*
die Ausdehnung (–en): *expansion*
das Kleingetier: *small creatures*
der Unterschlupf (–e): *refuge, shelter*
auslaugen (*wk*): *to leach out*
das Unkrautvernichtungsmittel (–): *weed-killer*
beseitigen (*wk*): *to remove*
vernichten (*wk*): *to destroy*
der Schmetterling (–e): *butterfly*
die Motte (–n): *moth*
die Nahrung: *food*

das Schädlingsbekämpfungsmittel (–): *pesticide*
das Säugetier (–e): *mammal*
(*)(**ein**)sickern (*wk*): *to seep (into)*
Schaden **an**richten (*wk*): *to cause damage, to harm*
die Spur (–en): *trace*
der Müll: *refuse*
wild: *(here) unsupervised*
die Müllkippe (–n): *rubbish dump*
anlegen (*wk*): *to set up, to organize, to construct*
das Grundwasser (–·): *subsoil water*
*geraten (ä, ie, a) in (+ *Acc.*): *to get into*
die Schlagzeile (–n): *headline*
die Kernenergie (–n): *nuclear energy*
der Fachjargon (–s): *officialese, official jargon, experts' jargon*
die Lagerung (–en): *storing, storage*
die Beseitigung (–en): *disposal*

Retranslation

1 Artificial fertilizers often dry out the soil to such an extent that it becomes sandy. 2 Weed killers don't only kill weeds but also often destroy blossoms, flowers and useful insects. 3 Birds, bees and butterflies find less food because blossoms and flowers have been destroyed. 4 Insecticides seep into the ground, thereby getting into lakes and rivers and causing harm there too.

Fragen

1. Wie hat man seit dem 19. Jahrhundert die Ernährung der Bevölkerung Europas sichergestellt?
2. Nennen Sie fünf nachteilige Auswirkungen dieser Entwicklung!

6.3 Wasserverschmutzung

> Wasser ist zum Waschen da,
> Valleri und vallera,
> Wasser braucht das liebe Vieh,
> Vallera und valleri,
> Auch die Feuerwehr
> Benötigt Wasser sehr.
> Selbst zum Zähneputzen
> Kann man es benutzen . . .

Was vor Jahren als lustiger Kabarettsong gefeiert wurde, ist im Grunde genommen bitterer Ernst: ohne Wasser können wir nicht leben. Anfang des dritten Jahrtausends wird die Erdbevölkerung wahrscheinlich viermal soviel Wasser benötigen wie heute. Wir müssen also mit Wasser sparsam umgehen – und vor allem unsere Flüsse, Seen und Meere nicht noch mehr verunreinigen! Man hat erkannt, daß die Selbstreinigungskraft der Flüsse bald nicht mehr ausreicht, um die wachsende Flut von Industrie- und Großstadtabwässern zu verkraften. Den Rhein nennt man schon „cloaca maximae Germaniae" (Deutschlands größte Kloake), die Nordsee droht zur „Jauchegrube Europas" zu werden. Baden wird man bald nur noch in chlorgereinigten Schwimmbädern können. Schädliche Bakterien und Chemikalien gefährden die Fischbestände, Waschmittelschaum treibt den Rhein hinunter, Fische sterben an Sauerstoffmangel. Das auslaufende Öl leckgeschlagener Tanker verursacht furchtbare Ölkatastrophen. Riesige Ölteppiche treiben ans Land, töten Fische und Seevögel und ruinieren die Strände. Die Strände müssen dann unter hohen Kosten monatelang gesäubert werden. Darunter leiden der örtliche Fremdenverkehr und die örtliche Fischindustrie oft sehr. Für die stetig wachsende Weltbevölkerung wird es bald zu wenig Fisch geben; und gerade Fisch wird wegen seines hohen Proteingehalts für die Welternährung immer wichtiger. „Schützt die Hydrosphäre" würde der Umweltfachmann sagen . . .

sparsam *um**gehen (e, i, a) mit (+ *Dat.*): *to be careful, economical with*
verkraften (*wk*): *to bear, to stomach, to take*
die Kloake (–n): *sewer*
die Jauchegrube (–n): *cess-pool*
gefährden (*wk*): *to endanger*
der Fischbestand (∵e): *fish-stock*
der Waschmittelschaum: *detergent-foam*
der Sauerstoffmangel: *lack of oxygen*
die Ölpest: *oil disaster*
(*)**leck**schlagen (ä, u, a): *to spring a leak*
der Ölteppich (–e): *oil-slick*
(*)treiben (ei, ie, ie): (*here*) *to drift*
der Fremdenverkehr: *tourism, tourist industry*
leiden (ei, i, i): *to suffer*
stetig: *steady (-ily)*
der Proteingehalt: *protein content*

Retranslation
1 We can't live without water. 2 In the year 3000 the world's population will need four times as much water as today. 3 We must be careful with our water. 4 Fish are dying of a lack of oxygen. 5 Fish are important because of their high protein content. 6 Oil tankers sometimes cause oil disasters. 7 Oil slicks drift towards land, killing fish and sea birds and polluting the beaches. 8 The beaches have to be cleaned at great cost.

6.4 Luftverschmutzung

Die Industrialisierung brachte als neue Energiequelle vor allem Kohle mit sich. Kohlekraftwerke, Hochöfen, Fabriken und Privathaushalte verbrennen riesige Kohlemengen und produzieren Unmengen von Asche, Ruß, Rauch, Qualm und Gasen. Dunstglocken hängen über den Städten, Sonnenstrahlen dringen nicht durch, Smog entsteht; Bronchitis ist nur eine der Folgen. Anfang der achtziger Jahre sagte ein deutscher Politiker: „Wenn wir nicht schnellstens handeln, werden meine Enkelkinder eine Gasmaske aufsetzen müssen, wenn sie draußen spielen wollen." Hoffen wir, daß er nicht recht behält!

die Kohle (–n): *coal*
das Kraftwerk (–e): *power plant*

der Hochofen (∵): *blast furnace*
die Dunstglocke (–n): *pall of smog, haze*

Erst in den letzten Jahren hat man sich intensiver darum bemüht, sachgerechte Müllaufbereitungsanlagen zu schaffen; damit soll verhindert werden, daß weiterhin Flaschen, alte Autos, Kunststofftüten mit Haushaltsabfällen und alte Matratzen eine häßliche Kulisse für Flüsse, Seen, Waldränder und Wege bilden, oder daß gar Industrieschlamm und Industrieabfälle im Meer versenkt werden. Drei Verfahren der Müllbeseitigung haben sich bewährt: die Mülldeponie (früher „Müllabladeplatz" oder „Müllkippe"), die Kompostierungsanlage und die Verbrennungsanlage. Für Autowracks – die zu den sogenannten „Sonderabfällen" gehören – hat man „Autofriedhöfe" angelegt. Dort läßt man die alten Autos aber nicht etwa verrosten, sondern man „schlachtet sie aus" und preßt sie zu handlichen Schrottpaketen zusammen oder zerkleinert sie in Schredderanlagen zu faustgroßen Metallstücken. Den Schrott kann man häufig wieder verwerten. Überhaupt spielt die Wiederverwertung von Abfallstoffen (das „Recycling") heute eine immer größere Rolle. Wertvolle Abfälle kann man so wieder dem Produktionskreislauf zuführen; außerdem ist natürlich die Abfallmenge kleiner.

ABFALL
Ein Problem des Wohlstandes

Wohlstand und industrielles Wachstum steigen –
die Abfallmenge wird sich in 10 Jahren verdoppeln

Die Zusammensetzung des Abfalls schwankt zeitlich und örtlich –
die Wahl des Beseitigungsverfahrens wird zum Problem

Abfall ist häßlich und gefährlich –
er muß geordnet beseitigt werden

Eine Milliarde DM kostet die Neuordnung –
alle müssen dazu beitragen

Viele Rohstoffe gehen zur Neige –
Abfälle müssen soweit wie möglich verwertet werden

Jeder ist mitverantwortlich –
zeigen Sie Verständnis für Maßnahmen der Abfallbeseitigung

Denken auch Sie daran:

☐ Kaufen Sie langlebige Güter und Waren
☐ Werfen Sie keinen Abfall in die Landschaft
☐ Achten Sie auf den Verpackungsaufwand
☐ Kompostieren Sie Abfälle im Garten
☐ Waren sind nicht deshalb unbrauchbar, weil
  sie aus der Mode sind

Wer Abfälle nicht ordnungsgemäß beseitigt, schädigt die Umwelt, seine Mitmenschen und sich selbst

---

sachgerecht: *right for the job, appropriate*

die Müllaufbereitungsanlage (–n): *refuse-disposal-unit*

die Kunststofftüte (–n), die Plastiktüte (–n): *plastic bag*

die Kulisse (–n): (*here*) *scenery*

der Industrieschlamm: *industrial sludge*

gar (= sogar): *even*

das Verfahren (–): *method*

die Mülldeponie (–n): *rubbish tip*

die Kompostierungsanlage (–n): *compost-unit*

die Verbrennungsanlage (–n): *incineration-unit*

*verrosten (*wk*): to rust*

ausschlachten (*wk*): *to "gut" a car (for spare parts)*

handlich: *handy, manageable*

das Schrottpaket (–e): *pack of scrap metal*

die Schredderanlage (–n): *shredding unit*

dem Produktionskreislauf wieder **zu**führen (*wk*): *to recycle*

der Wohlstand: *affluence, prosperity*

das Wachstum: *growth*

die Zusammensetzung (–en): *composition, compound, formation*

(*)schwanken (*wk*): *to vary*

das Beseitigungsverfahren (–)): *methods of disposal*

zur Neige *gehen (e, i, a): *to run out, to run short*

verwerten (*wk*): *to utilize, to use, to employ*

mitverantwortlich: *equally responsible*

die Maßnahme (–n): *measure*

der Verpackungsaufwand: *over-extravagant packaging*

kompostieren (*wk*): *to (turn into) compost*

ordnungsgemäß: *methodical(ly) and intelligent(ly), according to the code*

6.6 Lärmbelästigung

> Zum Glück gibt es auf dieser Welt noch Gegenden ohne Telephon, ohne Lärm, wo man noch der Stille zuhören kann, dem Schweigen der Segel – wir bringen Sie hin!

So oder ähnlich könnte eine Fluggesellschaft werben . . . Womit bringt man den Fluggast hin? Mit einem Flugzeug, dessen donnernde Düsentriebwerke ohrenbetäubenden Lärm verursachen . . . Lärmbelästigung ist eine besondere Art von Umweltverschmutzung. Viele werden z.B. durch den Lärm am Arbeitsplatz nervlich geschädigt; das ist aber noch nicht genug. Stellen wir uns einmal einen Ruhesuchenden in unserer modernen Umwelt vor:

Auf dem Weg von der Arbeit überfliegt ihn ein Düsenjäger. Gerade erst hat sich der Ruhesuchende vom Überschallknall des Flugzeugs erholt, als schon eine Panzerkolonne die Straße herunterrasselt; dicht dahinter kreischen Bremsen, hupen Autofahrer, heulen schwere Lastwagen auf, und zwei Mopeds knattern triumphierend an der ganzen Kolonne vorbei. Erschöpft fährt der Lärmgeschädigte aufs Land, um bei Vogelgesang und Grillenzirpen Ruhe zu tanken. Die wenigen Vögel, die sich nicht in die hinterste Ecke des Waldes (sofern noch Wald da ist!) zurückgezogen haben, werden übertönt von Transistorradios, Kassettengeräten, tragbaren Fernsehgeräten, Traktoren, Mähdreschern, usw. Und hat der Städter endlich ein ruhiges Plätzchen gefunden, findet er dort Abfälle vor – von der Bananenschale über die leere Ölsardinendose bis zur Plastiktüte!

„Macht Lärm uns krank?" fragt eine Broschüre. Die Frage scheint mir berechtigt, wenn man sich die möglichen Folgen des Lärms betrachtet: der Mensch fühlt sich ganz allgemein belästigt; Lärm erzeugt Streß; Atem und Puls beschleunigen sich; der Blutdruck steigt, Einschlafen und Schlaf sind gestört, die Arbeitsleistung wird beeinträchtigt, schon ab 65 Dezibel (das ist etwa die Lautstärke eines Weckers) kann der Lärm auf die Dauer das Nervensystem schädigen; schließlich kann Lärmschwerhörigkeit auftreten. Wie weitsichtig (oder weit-„hörig"?) war doch der berühmte Wissenschaftler Robert Koch (1843–1910), als er prophezeite:

> „Eines Tages wird der Mensch den Lärm ebenso unerbittlich bekämpfen müssen wie die Cholera und die Pest, um existieren zu können."

die Lärmbelästigung (–en): *noise-pollution*
das Düsentriebwerk (–e): *jet-engine, jet-propulsion*
ohrenbetäubend: *ear-splitting*
der Düsenjäger (–): *jet-fighter*
der Überschallknall (–e): *sonic-boom*
die Panzerkolonne (–n): *tank column*
kreischen (wk): *to screech*
aufheulen (wk): *to (start) roar(ing), to roar along, to rev up*
knattern (wk): *to rattle*

Ruhe tanken (wk): *to get plenty of rest and peace*
übertönen (wk): *to drown, to deafen*
die Bananenschale (–n): *banana skin*
berechtigt: *justified*
belästigen (wk): *to molest, to pester*
sich beschleunigen (wk): *to quicken*
die Arbeitsleistung (–en): *productivity*
beeinträchtigen (wk): *to impair*
die Lärmschwerhörigkeit: *deafness caused by noise*

Retranslation

1 Many people's nerves are shattered at work because of noise. 2 Thundering jet engines cause ear-splitting noise. Even in the countryside you can hear the noise of transistor radios, cassette recorders, portable television sets as well as tractors and combine harvesters. 4 Noise causes stress. 5 The pulse rate and rate of breathing increase, blood pressure rises and sleep is disturbed.

6.7 Aufsatzthemen

(a) Das Problem der Umweltverschmutzung

1. Seit wann ist Umweltverschmutzung ein weltweites Problem?
2. Welche Rolle hat die „Industrielle Revolution" gespielt?
3. Welche Arten von Umweltverschmutzung gibt es?
4. Welche Schäden richten sie an?
5. Sind wir zu weit gegangen?
6. Können wir die Umwelt noch retten?
7. Was kann man tun, um die Schäden zu bekämpfen?
8. Was kann man tun, damit die Umwelt nicht noch mehr verschmutzt wird?
9. Können wir das biologische Gleichgewicht wiederherstellen?
10. Wie wird die Umwelt in 100 Jahren aussehen?

(b) Nur wer im Plastikzeitalter lebt, weiß schöne alte Handarbeit richtig zu schätzen!

Merke! das Plastik (= der Kunststoff), aber: die Plastik (= die Skulptur/Statue)

1. Was bedeutet „Plastikzeitalter"? (in der heutigen Zeit gibt es viele Plastikgegenstände, z.B. . . .; fast alles kann heute aus Plastik gemacht werden)
2. Was bedeutet „Handarbeit"? (die Gegenstände werden vom Handwerker mit der Hand (von Hand) hergestellt, nicht mit Maschinen)
3. Was für Material hatte der Handwerker früher? (nicht Plastik, sondern z.B. Holz / Metall / Ton / Stein / Stoff)
4. Welche schönen Gegenstände konnte der Handwerker aus Holz / Metall / Ton / Stein / Stoff herstellen? (eine schöne Kiste (der Schreiner) / silberne Messer und Gabel (der Silberschmidt) / schöne bunte Teller und Tassen (der Töpfer) / dekorative Steinfliesen (der Fliesenleger) / hübsche Einkaufs- und Tragetaschen (die Näherin))

5. Werden diese Gegenstände heute noch von Hand hergestellt? Wie werden sie heute meist produziert? (die Fabrik (–en), die Maschine (–n), der Automat (–en), das Fließband (–er))
6. Wie nennen wir diese Gegenstände, wenn sie aus Plastik sind? (Plastikkiste, Plastikmesser, . . . Kunststofffliesen, Plastikbeutel . . .)
7. Was ist schöner, die handgemachten Gegenstände oder die Plastiksachen? (schöner als; (nicht) so schön wie; schön, schöner, am schönsten)
8. Würden Sie handgemachte oder Plastikgegenstände kaufen? Warum? (teuer, billig, (un)zweckmäßig, (un)praktisch, für jeden Tag, fürs Camping, nur für Festtage und Sonntage, (nicht so) haltbar, Recycling, biologisch (nicht) abbaubar, ästhetisch(er), umweltfreundlich(er))
9. Hätten Sie lieber früher, als das Handwerk noch „goldenen Boden" hatte, gelebt, oder ziehen Sie das heutige „Plastikzeitalter" vor?
10. Warum? (früher: mehr (weniger?) Zeit, Ruhe, Zufriedenheit, bessere und schönere Handwerksarbeiten(?); heute: mehr Konsum, „Wegwerfgesellschaft", mehr Hektik; Maschinen und Automation bringen praktische Dinge (z.B. Plastikgegenstände), aber auch: Massenproduktion anstatt Einzelproduktion, Anonymität anstatt Individualität)
11. Machen Kunststoffe wirklich das Leben leichter? Wird die Welt wirklich schöner mit jedem Tag? Wer ist der Feind – der Kunststoff oder der Mensch?

der Ton: *clay*
der Stoff (–e): *cloth*
der Schreiner (–): *cabinet-maker*
der Fliesenleger (–): *tile-layer*
das Fließband (–er): *production-line, assembly-line*
zweckmäßig: *functional*
haltbar: *durable*
Handwerk hat goldenen Boden: (*saying*) *"a trade in hand finds gold in every land"*

II Das Verkehrs- und Transportwesen

7 Unsere Erde ist klein geworden!

Mit diesem Satz versucht man oft, die riesigen Fortschritte zu umreißen, die der Mensch in Wissenschaft und Technik gemacht hat. Ganz besonders denkt man dabei an die Fortschritte im Verkehrs- und Transportwesen. So wie eine Lokomotive erst langsam, fast zögernd anfährt, dann allmählich ihre Geschwindigkeit steigert und dann schließlich in rasender Fahrt auf ferne Ziele zusteuert, so muß man sich etwa die Entwicklung der Verkehrsmittel vorstellen. Am Anfang, vor einigen hunderttausend Jahren, stand wohl das Bedürfnis des Menschen, sich bequemer und schneller fortzubewegen als das „per pedes" (zu Fuß) möglich war. Trampelpfade und Flüsse boten sich als Verkehrswege an; das Rad als Grundbestandteil des Wagens, das Floß als „Grundlage" für ein Schiff wurden bald erfunden. Die Schuldefinition „unter Verkehr verstehen wir die Einrichtungen, die der Beförderung von Menschen, Gütern und Nachrichten dienen", macht die Sache nicht viel klarer. Übersichtlicher ist es wohl, wenn wir in Verkehrszweige einteilen: Straßen-, Schiffs-, Schienen-, Luft- und Nachrichtenverkehr.

das Verkehrs-und Transportwesen *(rare pl (–)): transport and communications*
der Satz *(¨e): sentence*
der Fortschritt *(–e): progress*
*****anfahren *(ä, u, a): to start, to set off*
steigern *(wk): to increase*
*****zusteuern *(wk) auf (+ Acc.): to move towards, in the direction of*
die Entwicklung *(–en): development*
das Verkehrsmittel *(–): means of transport*
das Bedürfnis *(–se): need*
sich **fort**bewegen *(wk): to propel o.s., to move*
der Trampelpfad *(–e): jungle path*

sich **an**bieten *(ie, o, o): (here) to lend o.s. (to)*
der Grundbestandteil *(–e): essential part*
das Floß *(¨e): raft*
die Grundlage *(–n): basis, foundation*
erfinden *(i, a, u): to invent*
die Einrichtung *(–en): institution*
die Beförderung *(–en): transport, transmission (news)*
übersichtlich: *clear*
der Schienenverkehr: *rail traffic*
der Nachrichtenverkehr: *communications*

7.1 Verkehrszweige

(a) Straßenverkehr

Pferd und Wagen kann man wohl schon als Verkehrsmittel bezeichnen. Die Postkutsche könnte man schon mit dem Überlandbus von heute vergleichen. Die Erfindung des Verbrennungsmotors (Ottomotors) war für den Straßenverkehr von sehr großer Bedeutung. Die „Kraftwagen" („Automobile") und die „Omnibusse" eroberten sich bald die Welt. Als „Auto" und „Bus" machen sie heute die Landstraßen, Bundesstraßen, Autobahnen, routes nationales, motorways und highways der Welt unsicher.

Hier steht die Kutsche vom Pastor
Und Kortens Ochse steht davor.

Daneben stehet Kortens Sohn. –
Zwei Stunden ist's zur Bahnstation. –

Wilhelm Busch

68

die Kutsche (–n): *stage-coach*
der Überlandbus (–se): *long-distance coach*
der Verbrennungsmotor (–en): *combustion engine*
sich (*Dat.*) etwas erobern (*wk*): *to conquer sth. (for o.s.)*
die Landstraße (–n): *"B-road"*
die Bundesstraße (–n): *"A-road"*
ich muß mein Auto zum TÜV bringen (i, a, a): *I must have my
car MOT-tested*
die Betriebssicherheit (*rare pl*: –en): *(good) working order,
reliability in service*
der Mangel (–̈): *fault*
erheblich: *considerable*
die Krücke (–n): *(lit) crutch*; *(old) "banger"*

Merke! TÜV = *Technischer Überwachungs-
verein*; er testet alle Fahrzeuge auf ihre Betriebssicherheit

Landfahrzeuge
Privatfahrzeuge:
    das Auto (–s) [der PKW (–s)], der Kombi (–s), das Motorrad (–̈er),
    der Motorroller (–), das Moped (–s), das Fahrrad (–̈er)
öffentliche Verkehrsmittel:
    die Straßenbahn (–en) (Elektrische *adj.*), der Bus (–se), der Stadtbus,
    der Überlandbus, der Dampf-, elektrische, Dieselzug (–̈e), das Taxi
    (–s), die Einschienenbahn (–en), S-Bahn, U-Bahn
Handelsfahrzeuge:
    der Lastwagen (–) [der LKW (–s)], der Fernlastwagen (–) [der
    Fernlaster (–)], der Lieferwagen (–), der VW-Bus (–se), der
    Möbelwagen (–), der Tankwagen
sonstige Fahrzeuge:
    das Feuerwehrauto (–s), der Krankenwagen (–), das Polizeiauto
    (–s), der Leichenwagen (–).

die Einschienenbahn (–en): *monorail train*
die S(tadt)-Bahn (–en): *municipal railway, suburban railway*
der PKW (–s)/*Personenkraftwagen* (–): *(passenger) car*
der Kombi (–s): *estate car*

der LKW (–s)/*Lastkraftwagen* (–): *lorry*
der Handel: *trade*
der Leichenwagen (–): *hearse*

(b) Schiffsverkehr
Flöße, Einbäume, Ruderboote und Segelschiffe – wie etwa die
Gewürz- und Teeklipper, Galeonen, Galeeren (mit zusätzlichen
Ruderdecks) – gehören verkehrstechnisch der Vergangenheit
an. Die Schiffahrt wurde durch die Dampfmaschine auf eine neue Grundlage
gestellt: das Dampfschiff wurde vom Wind unabhängig. Über-
seedampfer wurden zum Bindeglied zwischen Kontinenten.
Passagierdampfer konnten mehr und mehr Menschen aufnehmen.
Das dampfgetriebene Schiff erleichterte aber auch die Binnen-

schiffahrt auf Flüssen, Seen und Kanälen sehr. Noch heute fahren historische Raddampfer den Mississippi herunter, spielend überholt von modernen Turbinendampfern. Turbinenmotor und Propeller schließlich sind kombiniert in Luftkissenfahrzeugen, die auch als Landfahrzeuge eingesetzt werden können.

Wasserfahrzeuge
der Einbaum (÷e), das Floß (÷e), das Schiff (–e), das Boot (–e), das Kanu (–s), das Luftkissenfahrzeug (–e), die Jacht (–en), das Ruderboot (–e), das Linienschiff (–e), die Fähre (–n), der Schleppkahn (÷e), der Schlepper (–), das Dampfschiff (–e), das Atom-U-Boot (–e), der Kreuzer (–), der Zerstörer (–), der Flugzeugträger (–), das Amphibienfahrzeug (–e)

der Einbaum (÷e): *coracle*
das Gewürz (–e): *spice*
der Klipper (–): *clipper*
die Galleone (–n): *galleon*
die Galeere (–n): *galley*
die Schiffahrt (*here no pl*): *shipping*
das Bindeglied (–er): *link*
die Binnenschiffahrt: *inland navigation (shipping)*
der Kanal (÷e): *canal*
der Raddampfer (–): *paddle-steamer*
spielend: (*here*) *effortless(ly)*
das Luftkissenfahrzeug (–e): *hovercraft*
das Linienschiff (–e): *liner*
der Schleppkahn (÷e): *barge*
der Schlepper (–): *tug*
der Kreuzer (–): *cruiser*
der Zerstörer (–): *destroyer*

(c) Schienenverkehr

Ein Zug fährt vorüber

Ein dunkler Punkt am Horizont, da, wo die Geleise sich trafen, vergrößerte sich. Von Sekunde zu Sekunde wachsend, schien er doch auf einer Stelle zu stehen. Plötzlich bekam er Bewegung und näherte sich. Durch die Geleise ging ein Vibrieren und Summen, ein rhythmisches Geklirr, ein dumpfes Getöse, das, lauter und lauter werdend, zuletzt den Hufschlägen eines heranbrausenden Reitergeschwaders nicht unähnlich war.

Ein Keuchen und Brausen schwoll stoßweise fernher durch die Luft. Dann plötzlich zerriß die Stille. Ein rasendes Tosen und Toben erfüllte den Raum, die Geleise bogen sich, die Erde zitterte – ein starker Luftdruck – eine Wolke von Staub, Dampf und Qualm, und das schwarze, schnaubende Ungetüm war vorüber. So, wie sie anwuchsen, starben nach und nach die Geräusche. Der Dunst verzog sich. Zum Punkte eingeschrumpft, schwand der Zug in die Ferne, und das alte heilige Schweigen schlug über dem Waldwinkel zusammen.

Gerhart Hauptmann

---

die Geleise (*pl*) (*old fashioned for* das Gleis (–e)): *rails, track*
das Geklirr: *clattering*
das Getöse: *rumbling, thundering*
der Hufschlag (÷e): *clattering of hooves*
das heranbrausende Reitergeschwader: *thundering noise of an approaching cavalry brigade (squadron)*
(das) Keuchen und (das) Brausen: *puffing and chafing (lit: roaring)*
stoßweise: (*here*) *in gusts, in fits and starts*
fernher: *from a distance*
das Tosen und (das) Toben: *raging and storming*
der Raum: (*here*) *the air*
schnauben (*wk*): *to snort*
das Ungetüm (–e): *monster*
*(ein)schrumpfen (*wk*): *to shrink*
(*)zusammenschlagen (ä, u, a) über (+ *Dat.*): (*here*) *crash together (over)*

Eine größere Anschaffung

Eines Abends saß ich im Dorfwirtshaus vor (genauer gesagt, hinter) einem Glas Bier, als ein Mann gewöhnlichen Aussehens sich neben mich setzte und mich mit vertraulicher Stimme fragte, ob ich eine Lokomotive kaufen wolle. Nun ist es zwar ziemlich leicht, mir etwas zu verkaufen, denn ich kann schlecht nein sagen, aber bei einer größeren Anschaffung dieser Art schien mir doch Vorsicht am Platze. Obgleich ich wenig von Lokomotiven verstehe, erkundigte ich mich nach Typ und Bauart, um bei dem Mann den Anschein zu erwecken, als habe er es hier mit einem Experten zu tun, der nicht gewillt sei, die Katze im Sack zu kaufen, wie man so schön sagt. Er gab bereitwillig Auskunft und zeigte mir Ansichten, die die Lokomotive von vorn und von den Seiten darstellten. Sie sah gut aus, und ich bestellte sie, nachdem wir uns vorher über den Preis geeinigt hatten, unter Rücksichtnahme auf die Tatsache, daß es sich um einen second-hand-Artikel handelte.

Schon in derselben Nacht wurde sie gebracht. Vielleicht hätte ich daraus entnehmen sollen, daß der Lieferung eine anrüchige Tat zugrunde lag, aber ich kam nun einmal nicht auf die Idee. Ins Haus konnte ich die Lokomotive nicht nehmen, es wäre zusammengebrochen, und so mußte sie in die Garage gebracht werden, ohnehin der angemessene Platz für Fahrzeuge. Natürlich ging sie nur halb hinein. Hoch genug war die Garage, denn ich hatte früher einmal meinen Fesselballon darin untergebracht, aber er war geplatzt. Für die Gartengeräte war immer noch Platz.

Als kurz darauf die Meldung durch die Tageszeitungen ging, daß den französischen Staatsbahnen eine Lokomotive abhanden gekommen sei (sie sei eines Nachts vom Erdboden – genauer gesagt vom Rangierbahnhof – verschwunden gewesen), wurde mir natürlich klar, daß ich das Opfer einer unlauteren Transaktion geworden war. Deshalb begegnete ich auch dem Verkäufer, als ich ihn kurz darauf im Dorfgasthaus sah, mit zurückhaltender Kühle. Bei dieser Gelegenheit wollte er mir einen Kran verkaufen, aber ich wollte mich in ein Geschäft mit ihm nicht mehr einlassen, und außerdem, was soll ich mit einem Kran?

Wolfgang Hildesheimer (gekürzt)

die Anschaffung (–en): *acquisition*
vertraulich: *confidential*
die Vorsicht: *caution*
sich erkundigen (*wk*) nach (+ *Dat.*): *to enquire about*
die Bauart (–en): *make, structure, form and design*
bei jemandem den Anschein erwecken (*wk*): *to give s.o. the impression*
der Experte (–n) (*wk masc.*): *expert*
bestellen (*wk*): *to order*
sich einigen (*wk*) über (+ *Acc.*): *to agree on*
unter Rücksichtnahme . . . daß: *taking into account that*

anrüchig: (*here*) *"fishy", dishonest*
ohnehin: *anyway, after all*
der Fesselballon (–s/–e): *hot-air balloon*
*platzen (*wk*): *to burst*
jemandem abhanden *kommen (o, a, o): *to go astray*
vom Erdboden*verschwinden (i, a, u): *to disappear from the face of the earth*
der Rangierbahnhof (¨e): *shunting yard*
unlauter: *dishonest*
zurückhaltend: *reserved*
der Kran (¨e): *crane*

Fragen

1. Was geschah im Dorfwirtshaus?
2. Was machte der Autor mit der Lokomotive?
3. Was machte der Autor, nachdem er die wahre „Geschichte" der Lokomotive entdeckt hatte?
4. Meinen Sie, daß die Geschichte Unsinn ist? Begründen Sie Ihre Meinung!

Im Schiffsverkehr hat die Dampfmaschine revolutionierend gewirkt; den Schienenverkehr brachte sie als völlig neues Verkehrsmittel hervor.

Die Eisenbahn erschloß im 19. Jahrhundert riesige neue Gebiete, besonders in Europa und Amerika, für Besiedlung, Handel und Industrie. Bald lösten Diesel- und Elektrolokomotiven die alten „Dampfrösser" ab. Einschienen- und Fernschnellbahnen sind keine Zukunftsvisionen mehr. Die „Kreuzung" aus Pferdewagen und Eisenbahn, die Straßenbahn, scheint hingegen zum Aussterben verurteilt zu sein. Frankreich hat bereits seinen Train de Grande Vitesse (TGV)!

hervorbringen (i, a, a): *to bring forth*
erschließen (ie, o, o): *to open up*
ablösen (*wk*): *to replace*
das Dampfroß (–rösser): *"iron horse", steam locomotive*

die Zukunft: *future*
die Kreuzung (–en): *cross-breed, mongrel*
zum Aussterben verurteilt sein: *to be doomed to extinction*

(d) Luftverkehr

Der Mensch hatte schon immer den Wunsch, fliegen zu können. Schon in Märchen und Sagen finden wir zahlreiche Beweise dafür; so stürzte Ikarus mit seinen Wachsflügeln tödlich ab (er war nämlich der Sonne zu nahe gekommen). Die Fesselballons der Gebrüder Montgolfier (1783) waren gefährlich, ungemütlich und für Personen- und Güterbeförderung nicht geeignet. Otto Lilienthal, der 1891 mit Gleitflügeln immerhin schon 100 m (= Meter!) schaffte, ging es nicht besser als Ikarus. Die berühmten Luftschiffe (Zeppeline) der zwanziger und dreißiger Jahre setzten sich nicht durch; als die „Hindenburg" 1937 in Sekundenschnelle verbrannte, war die Ära der Luftschiffe vorbei. Schon 1903 aber war den Gebrüdern Wright der erste Flug mit einem Motorflugzeug gelungen: er dauerte . . . 12 Sekunden. 1919 überquerten Alcock und Brown als erste den Atlantik. Das Flugzeug trat seinen Siegeszug an. Die Rüstungsindustrien des Zweiten Weltkriegs brachten Überschall-, Düsen- und

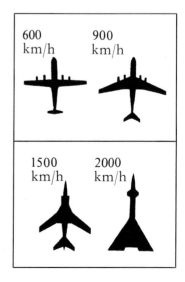

600 km/h   900 km/h

1500 km/h   2000 km/h

Langstreckenflugzeuge hervor. Die ersten Raketen (die V_1 und V_2) entstanden. Hubschrauber und Senkrechtstarter wurden später ebenfalls für militärische Zwecke entwickelt. Aber die Zivilluftfahrt hat von diesen Fortschritten ebenfalls profitiert: 1954 wurde die erste Verkehrslinie über den Nordpol eröffnet, vier Jahre später begann der Passagierverkehr mit Düsenflugzeugen, die Reisegeschwindigkeit für Langstreckenverkehrsflugzeuge lag schon bald zwischen 900 und 1000 km/h. Überschallverkehrsflugzeuge, wie z.B. die Concorde, sind nicht mehr selten. Großraumdüsenflugzeuge, kurz Düsenriesen oder Jumbo-Jets genannt, fliegen heute auf allen wichtigen Transport- und Passagierrouten.

Luftfahrzeuge
das Flugzeug (–e), das Düsenflugzeug (–e), das Passagierflugzeug (–e), der Düsenriese (–n), der Jumbo-Jet (–s), der Senkrechtstarter (–), der Hubschrauber (–), das Überschallverkehrsflugzeug (–e), die Weltraumrakete (–n)

die Sage (–n): *legend*

der Beweis (–e): *proof*

der Wachsflügel: *wax wing*

ungemütlich: *rough and ready*

der Zeppelin (–e): *zeppelin*

sich **durch**setzen (*wk*): *to catch on, to succeed*

das Flugzeug trat seinen Siegeszug an: *the aeroplane was on its way*

die Rüstungsindustrie (–n): *armament industry*

das Düsenflugzeug (–e): *jet plane*

der Düsenriese (–n) (*wk masc.*): *jumbo jet*

der Senkrechtstarter (–): *vertical take-off plane*

das Überschallflugzeug (–e): *supersonic aircraft*

die Weltraumrakete (–n): *space-rocket*

Fragen
1. Wie sind die folgenden Menschen geflogen:
(a) Ikarus (b) die Gebrüder Montgolfier (c) die Gebrüder Wright (d) Otto Lilienthal?
2. Wie kam Ikarus ums Leben?
3. Was war die „Hindenburg", und was geschah 1937 mit ihr?
4. Was für Flugzeuge wurden während des Zweiten Weltkriegs entwickelt?
5. Was sind „Düsenriesen"?

(e) Nachrichtenverkehr
Im 19. Jahrhundert machte der Mensch die Elektrizität nutzbar. Dadurch konnten nicht nur einige alte Verkehrsmittel (z.B. die Lokomotive) verbessert werden, sondern mit Hilfe der Elektrizität wurden auch gänzlich neue Verkehrsmittel entwickelt: der Telegraph, das Telefon, der Rundfunk, das Fernsehen. Sie alle dienen dem Nachrichtenverkehr. Durch ihn wird erst richtig deutlich, wie „klein" unsere Welt geworden ist: im Fernsehen z.B. kann ein viele tausend Kilometer entfernter Diskussionsteilnehmer direkt „dabeisein", die Zeitungen erhalten in Sekundenschnelle Nachrichten aus aller Welt über Fernschreiber, das Telefon macht entlegene Orte zu Nachbarn, und Satelliten liefern uns Informationen über das Wetter.

nutzbar machen (*wk*): *to utilize, to put to good use*

der Rundfunk: *wireless*

der Teilnehmer (–): *participant*

der Fernschreiber (–): *teleprinter*

entlegen: *remote*

der Satellit (–en) (*wk masc.*): *satellite*

Fragen

1. Wie hat die Erfindung der Elektrizität das Leben der Menschen verändert?
2. Inwiefern ist die Welt „kleiner" geworden?

Erdfunkstelle Raisting (Oberbayern) der Deutschen Bundespost

Retranslation

A 1 The invention of the internal combustion engine was of great importance for road transport. 2 Five million private cars per year have to have an MOT test. 3 Steam-ships were faster than sailing ships because they weren't dependent on the wind. 4 Passenger steamers became bigger and bigger and were able to carry more people. 5 In the 19th century railways opened up hundreds of vast new territories — particularly in Europe and America. 6 Old-fashioned steam trains were later replaced by electric and diesel locomotives.

B 1 Man has always had the desire to fly. 2 The Second World War armaments industry produced supersonic jet and long-range aircraft as well as the first rockets. 3 Helicopters and vertical-take-off planes were developed for military purposes. 4 Today jumbo jets fly all the important freight and passenger routes. 5 The world seems to be smaller because of the invention of the telephone, radio and satellites. 6 Satellites give us information about the weather.

C 1 Only through an international communications network did a world economy become possible. 2 Countries and continents seemed to move closer together. 3 The world seems to have become smaller.

7.2 Zukunftsaussichten oder Visionen?

- der Kanaltunnel wird gebaut werden!
- die technischen Probleme des elektrischen Autos (Elektroautos) werden in absehbarer Zeit gelöst werden können.
- Die bestehenden Flughäfen werden erweitert werden; neuangelegte Flughäfen werden immer größer werden (bzw. sehr klein sein, da sie nur für Hubschrauber und Senkrechtstarter geplant sind).
- Luftkissenfahrzeuge werden sich noch größerer Beliebtheit erfreuen.
- Hubschrauber, mit denen man Wüsten bewässern und Sümpfe trockenlegen kann, werden konstruiert werden.
- Privatflugzeuge für Geschäftsleute werden aufgrund der größeren Nachfrage erheblich billiger werden.
- Bis zum Jahre 2000 werden wohl die ersten interkontinentalen Raketen für den zivilen Luftverkehr in Betrieb genommen worden sein.
- der Pendelverkehr Erde-Mond wird bald eingerichtet werden.
- Atom- und Sonnenenergie werden mehr und mehr als Treibstoff benutzt werden.
- in den neunziger Jahren wird eine computergesteuerte Fernschnellbahn, angetrieben von Sonnenenergie-Elektromotoren, die Strecke Hamburg-München (900 km) in $1\frac{1}{4}$ Stunden zurücklegen.
- Satelliten werden nicht nur den Nachrichtenverkehr, sondern auch den gesamten Weltverkehr steuern.
- Gas- und Ölpipelines werden so perfektioniert werden, daß sie als spezielles „Verkehrsmittel" angesehen werden.

„Zug der Zukunft" bestand Probe

TOKIO (ddp). Japans „Zug der Zukunft", der im Endstadium seiner Entwicklung eine Geschwindigkeit von 500 Kilometern pro Stunde erreichen soll, hat seine bisher erfolgreichste Bewährungsprobe bestanden. Wie die wissenschaftliche Abteilung der staatlichen japanischen Eisenbahnen am Sonntag in Tokio mitteilte, erhob sich das auf einem „Magnetkissen" gleitende Fahrzeug bei einer Geschwindigkeit von 204 Stundenkilometern zum ersten Mal bis zu zwölf Zentimeter über die Teststrecke. Der Experimentalwagen, der von einem Computer gesteuert wird, ist 13 Meter lang, 3,8 Meter breit und zehn Tonnen schwer.

---

absehbar: *foreseeable*
erweitern (*wk*) *increase in size*
neuangelegt: *newly built, constructed*
in Betrieb nehmen (i, a, o): *to put into service*
der Pendelverkehr: *shuttle-service*
das Endstadium (–ien): *final stage*
die Bewährungsprobe (–n): *series of trial tests, trials*
sich erheben (e, o, o) bis zu: *to rise to a height of up to*
das Magnetkissen (–): *magnetic cushion*

Retranslation

1 Perhaps the Channel tunnel will be built? 2 The technical problems of the electric car will probably have been solved in the foreseeable future. 3 In the future hovercraft will become increasingly more popular. 4 Existing airports will soon have to be expanded. 5 By the year 2000 the first intercontinental rockets will have been put into service for civil air traffic.

Frage

Wie könnte sich das Verkehrswesen in 25 Jahren verändert haben?

8 Autofahrer, Auto und Straße

8.1 Ohne Führerschein geht's nicht!

Fritz Seebacher ist volljährig. Er will seinen Führerschein machen. In England könnte er sich eine vorläufige Fahrgenehmigung beschaffen und könnte zunächst als „Lernender" fahren. In Deutschland muß er jedoch erst den Führerschein haben, ehe er „Kraftfahrer" und „Kraftfahrzeughalter", wie es im Amtsdeutsch heißt, werden kann. Er meldet sich also bei der örtlichen Fahrschule an, nimmt am theoretischen Fahrschulunterricht teil und macht Fahrstunden. Ihm wird genau gezeigt, wo Steuerrad, Armaturenbrett, Starterklappe, Blinker, Hupe, Beleuchtung, Rückspiegel, Kupplung, Fußbremse, Gaspedal, Handbremse, Ganghebel, Gänge usw. liegen. Er übt, wie man anfährt, anhält, am Berg anfährt, rückwärts fährt, zurücksetzt und rückwärts in eine Parklücke stößt (rückwärts einparkt). Bald weiß er auch, wie man vorschriftsmäßig nach links und rechts abbiegt. Er kennt bald die Parkvorschriften und lernt, wie man seinen Wagen richtig parkt. Als er 16 Fahrstunden gemacht hat, meldet sein Fahrlehrer ihn zur Prüfung. Er muß eine theoretische und eine praktische Prüfung machen. Am Ende der „Praktischen" stellt der Prüfer vom TÜV fest, daß Herr Seebacher die Fahrprüfung bestanden hat, und schreibt den Führerschein aus. Später muß Herr Seebacher die Prüfungsgebühr und die Fahrschulrechnung bezahlen.

volljährig: *of age*

der Führerschein (–e): *driving licence*

die vorläufige Fahrgenehmigung (–en): *provisional driving licence*

beschaffen (*wk*): *to acquire, to get*

sich **an**melden (*wk*): *to enrol*

das Steuerrad (¨er): *steering wheel*

das Armaturenbrett (–er): *dashboard*

die Starterklappe (–n): *choke*

der Blinker (–): *indicator*

die Hupe (–n): *horn*

die Beleuchtung (–en): *lights*

der Rückspiegel (–): *rear-mirror*

das Gaspedal (–e): *accelerator*

die Kupplung (–en): *clutch*

die Fußbremse (–n): *foot-brake*

der Ganghebel (–): *gear-lever*

der Gang (¨e): *gear*

***an**fahren (ä, u, a): *drive off*

die Parklücke (–n): *parking space*

vorschriftsmäßig: *properly (according to the code)*

die Parkvorschrift (–en): *parking regulation*

die Prüfungsgebühr (–en): *test-fee*

die Rechnung (–en): *bill, account*

Aufgabe

Stellen Sie sich vor, daß Sie eben eine Fahrschule besucht und Ihren Führerschein gemacht haben. Beschreiben Sie, was Sie gelernt haben, und was Sie machen mußten, um die Fahrprüfung zu bestehen!

8.2 Der Kraftfahrer heute

Ein Autobesitzer muß mit vielen Mehrausgaben und vor allem mit Steuern rechnen. So ist es verständlich, wenn der Autofahrer oft über „die da oben im Verkehrsministerium" schimpft und fordert, daß „mehr für sein Geld" getan werden müßte. Die Kraftfahrzeugsteuer ist nicht gerade niedrig. Benzin und Öl sind durch die Energiekrise ohnehin schon teuer; die hohen Benzinsteuern verursachen ein weiteres Ansteigen der Benzinpreise. Die Preise in den Reparatur-

Wie Sie Ihrem Auto das Saufen abgewöhnen:

☐ **A.** Lassen Sie öfter Vergaser und Zündung einstellen.

☐ **B.** Wechseln Sie mal wieder die Zündkerzen.

☐ **C.** Überprüfen Sie regelmäßig den Luftdruck Ihrer Reifen.

☐ **D.** Fahren Sie nicht mit Bleifuß.

All das spart bis zu 30% Benzin

Eine Information des Bundesministeriums für Wirtschaft

werkstätten und an den Tankstellen steigen ständig; der Autofahrer, wenn er nicht selbst Automechaniker ist, muß für Wartung und Instandsetzung seines Wagens immer mehr Geld zahlen („einschließlich Mehrwertsteuer" natürlich!). Sicher haben wir sogar noch die eine oder andere Steuer vergessen! Aber es kommen noch mehr Kosten auf den Autobesitzer zu. Er muß ja seinen Wagen auch versichern: für Haftpflicht- und Kasko(= Fahrzeug)versicherung muß er viel Geld ausgeben. Dazu kommt meistens noch der Beitrag für einen Automobilklub.[1] Fährt der Autofahrer im Urlaub ins Ausland, muß er sich oft über Zölle für Autobahnen, Tunnel und Brücken ärgern.

Die Anzahl von Kraftfahrzeugen steigt von Jahr zu Jahr. Straßenbau und -instandsetzung können oft nicht mit dieser Entwicklung schritthalten.

So herrscht auf Straßen und Autobahnen dichter Verkehr. Während der Hauptverkehrszeiten, an Wochenenden, in der Hochsaison und zu Beginn der Schulferien muß der Autofahrer ganz besonders mit Verkehrsstauungen rechnen. Darüberhinaus wartet er oft lange an Straßenbaustellen, Engpässen und Schienenübergängen.

[1]In der Bundesrepublik gibt es den ADAC (= den Allgemeinen Deutschen Automobil-Club) und den AvD (= den Automobilklub von Deutschland).

Das Verkehrschaos wird noch verschlimmert durch schwere Fernlaster,[1] Möbelwagen, Autos mit Wohnwagenanhängern, Reisebusse etc.... Würden Eisenbahn und Schiff nicht einen großen Teil der Güter- und Personenbeförderung übernehmen – unsere Straßen wären hoffnungslos überlastet. Man überlegt in diesem Zusammenhang sogar, ob man nicht zur Entlastung des Straßenverkehrs das Kanalnetz erheblich ausbauen soll.

Wen Kosten und chaotische Verkehrsverhältnisse noch nicht abschrecken, der müßte sich spätestens dann Sorgen machen, wenn er an die Unfallgefahren im Straßenverkehr denkt. Dabei klingt doch in der Straßenverkehrsordnung alles so einfach, so logisch.

> *§1 der Straßenverkehrsordnung*
>
> Jeder Teilnehmer am öffentlichen Straßenverkehr hat sich so zu verhalten, daß kein anderer gefährdet, geschädigt oder mehr, als nach den Umständen unvermeidbar, behindert oder belästigt wird.

die Mehrausgabe (–n): *additional expense*
die Steuer (–n): *tax*
schimpfen (*wk*) über (+ *Acc.*): *to complain about, moan about*
fordern (*wk*): *to demand*
die Kraftfahrzeugsteuer (–n): *road-tax*
verursachen (*wk*): *to cause*
ständig: *steadily*
(die) Wartung und (die) Instandsetzung: *maintenance and (repair) service*
die Mehrwertsteuer: *value-added tax*
die Haftpflichtversicherung (–en): *third-party insurance*
die (Voll)kaskoversicherung (–en): *comprehensive (car) insurance*

der Beitrag (¨e): *subscription*
der Zoll (¨e): (*here*) *toll*
schritthalten (ä, ie, a): *to keep pace with*
die Verkehrsstauung: *traffic jam*
der (Verkehrs)engpaß(-pässe): *bottle-neck*
der Schienenübergang (¨e): *level crossing*
der Wohnwagenanhänger (–): *caravan-trailer*
überlasten (*wk*): *to overburden*
die Entlastung (–en): *easing; relief of*
sich verhalten (ä, ie, a): *to behave*
belästigen (*wk*): *to disturb, to annoy*

8.3 Sicherheit im Straßenverkehr

Dein fester Wille:
fahr ohne Promille!

Nur Flaschen müssen immer
voll sein. Ich nicht!

[1]An Wochenenden dürfen daher auf den Bundesautobahnen keine Lastwagen fahren.

So lauten zwei Slogans. Versuche der Polizei, den Alkohol am Steuer zu bekämpfen (z.B. durch die Alkoholtesttüten), sind recht erfolgreich. Bei einem Alkoholtest muß der Fahrer „in die Tüte (in das Teströhrchen) blasen". Wenn das Testergebnis positiv ist (d.h. wenn sich das Prüfröhrchen verfärbt) und eine weitere Probe sich ebenfalls als positiv erweist, muß der Fahrer mit einer Anzeige und mit sofortigem Führerscheinentzug rechnen, auch wenn nichts passiert ist.

Seit Jahren muß jedes Auto mit Sicherheitsgurten ausgestattet sein. Fahrer und Mitfahrer sollten dazu angehalten werden, die Gurte anzulegen. In vielen Ländern gibt es auch schon gebührenpflichtige Verwarnungen, wenn der Fahrer nicht angeschnallt ist. Auch Versicherungen weigern sich zu zahlen, wenn keine Gurte getragen wurden.

Klick – Erst gurten, dann starten

Der Sicherheitsgurt ist die beste Lebensversicherung für den Autofahrer, die es heute gibt. Er verhindert zwar keinen Unfall – schützt aber vor den Unfallfolgen. Allerdings sollten ihn der Kraftfahrer und Beifahrer auch anlegen!

Alle Geschwindigkeitsbegrenzungen sollten strengstens befolgt werden! Bei starkem Regen, Nebel und Schnee sollte der Kraftfahrer die Scheinwerfer anmachen.

Besondere Vorsicht gilt an unbeschrankten Bahnübergängen. – An Fußgängerüberwegen (den sogenannten „Zebrastreifen") hat der Fußgänger „Vorfahrt". Auf Kinder und ältere Leute sollte der Autofahrer hier doppelte Rücksicht nehmen.

Diese Beispiele zeigen, daß keineswegs immer „höhere Gewalt" die Ursache von Unfällen ist. Es ist vielmehr klar erwiesen, daß meistens menschliches Versagen vorliegt.

fahr ohne Promille: *don't drink and drive*

die Flasche (–n): *bottle, (here also) stupid person*

die Alkoholtesttüte (–n): *breathalyser*

das Rohr (–e): *(here) tube*

die Probe (–n): *sample*

anzeigen (*wk*): *to charge formally*

die Anzeige (–n): *formal charge*

den Führerschein entziehen (ie, o, o): *to confiscate the driving licence*

ausstatten (*wk*): *to equip*

der Sicherheitsgurt (–e): *safety-belt*

anlegen (*wk*): *to buckle up, to fasten*

die Versicherung (–en): *insurance, insurance company*

sich weigern (*wk*): *to refuse*

schützen (*wk*) vor (+ *Dat.*): *to protect from*

allerdings: *on the other hand, however*

der Beifahrer (–): *front seat passenger*

der Mitfahrer (–): *the other passenger(s)*

die Vorfahrt (–en): *precedence, right of way*

Rücksicht nehmen (i, a, o) auf (+ *Acc.*): *to consider, to be considerate, to be on the look out for*

keineswegs: *by no means*

die höhere Gewalt: *act of God*

vielmehr: *on the contrary*

es ist erwiesen: *it has been proved*

menschliches Versagen: *human error*

8.4 Verkehrsprobleme in der Großstadt

Die größte Schwierigkeit stellen die Hauptverkehrszeiten (d.h. der Berufsverkehr morgens, mittags und nach Feierabend) dar. Mit diesem Problem ist das Parken eng verbunden. Um mit dem Parkproblem fertig zu werden, versucht man seit einiger Zeit, Parkmöglichkeiten auch außerhalb des Stadtzentrums zu schaffen. In der einen Stadt bietet man z.B. park-and-drive-Möglichkeiten mit günstiger Busverbindung an. In anderen Städten schießen Parkuhren überall wie Pilze aus dem Boden, kontrolliert vom stets wachsamen Auge der Hilfspolizisten und Politessen. Die berühmten Halteverbotslinien sind immer häufiger zu finden; immer mehr Halte- und Parkverbotsschilder werden aufgestellt.

Um einen zügigen Verkehrsfluß zu erreichen, werden in Großstädten mehr und mehr Einbahnstraßensysteme geschaffen.

Immer mehr Fußgängerzonen werden eingerichtet. Hier z.B. könnte der park-and-drive-Autobesitzer in Ruhe einkaufen. Gerade in der Nähe von Fußgängerzonen entstehen Parkhochhäuser und Tiefgaragen. Umgehungs-, Zufahrts- und Durchgangsstraßen werden verbreitert, bzw. gebaut.

Die öffentlichen Verkehrsmittel werden immer teurer. So ziehen verständlicherweise viele Leute das eigene Fahrzeug vor, was wiederum zu chaotischen Zuständen im Großstadtverkehr führen kann. Man sollte die Preise für die öffentlichen Verkehrsmittel erheblich senken. Manche Städte gehen zu Einheitstarifen über und sind – durch Rationalisierungsmaßnahmen und Automation – in der Lage, günstigere Fahrten mit den städtischen Verkehrsmitteln anzubieten.

---

der Feierabend (–e): *time after finishing work, end of work*
fertig *werden (i, u, o) mit (+ Dat.): to solve*
der Pilz (–e): *mushroom*
die Politesse (–n): *traffic warden*
der Hilfspolizist (–en) (*wk masc.*): *auxiliary policeman (often taking over duties of a traffic-warden)*
die Halteverbotslinie (–n): *yellow line*
der zügige Verkehrsfluß: *smooth flow of traffic*
die Fußgängerzone (–n): *pedestrian precinct*

die Umgehungsstraße (–n): *by-pass*
die Zufahrtsstraße (–n): *access-road, approach road*
die Durchgangsstraße (–n): *through-road, thoroughfare*
wiederum: (*here*) *on the other hand*
übergehen (e, i, a) zu: to go over to
der Einheitstarif (–e): *single-price tickets*
die Rationalisierungsmaßnahme (–n): *rationalisation-programme*
in der Lage *sein: to be in the position*

Retranslation

A 1 A car owner has to reckon with many additional expenses and taxes. 2 Oil and petrol are expensive anyway because of the energy crisis. 3 High taxes on petrol cause a further increase in the price of petrol. 4 The motorist has to insure his car and, in some countries, pay a road tax. 5 If the motorist can't repair his car himself he has to pay a lot of money to have it serviced.

B 1 I never drive into the town during the rush hour. 2 Parking is closely linked to this problem. 3 I always park my car in a multi-storey car-park or at a parking meter. 4 Nowadays many towns have pedestrian precincts. 5 More and more one-way systems are being set up in large cities to achieve a steady flow of traffic.

8.5 Aufsatzthemen

(a) Ist Autofahren Massenmord?

Vor hundert Jahren, als die ersten „Automobile" auf den Landstraßen gesehen wurden, hätte noch niemand daran gedacht, daß dieses Thema einmal wirklich Gegenstand ernster Überlegung werden würde. Um 1900 jedoch hatte das Auto schon seinen Siegeszug begonnen, und heute gibt es Millionen von Autos auf den Straßen.

Aber nicht nur die Anzahl der Autos ist mit den Jahren immer größer geworden, sondern auch die Anzahl der Verkehrsunfälle mit tödlichem Ausgang. Kann man daher Autofahren als „Massenmord" bezeichnen?

Das Wort „Mord" ist doch wohl zu scharf hier. Denn nur in den wenigsten Fällen wird ja ein Unfall vorsätzlich verursacht. Die allermeisten Unglücke passieren durch menschliches Versagen. Entweder der Autofahrer oder der Fußgänger paßt für einen Moment nicht auf – bums! – schon ist es geschehen . . . Oft wird dann der Schuldige wegen „fahrlässiger Tötung" verurteilt, aber von Mord (oder gar Massenmord) kann man wohl nicht reden. Aber Trunkenheit am Steuer, oder überhaupt im Straßenverkehr, könnte man fast schon als „versuchten Mord" bezeichnen. Hier könnten die Menschen, indem sie sich beherrschen, dazu beitragen, ein Massensterben auf den Straßen zu verhindern.

Viel Leid kann auch durch rechtzeitige Verkehrserziehung verhindert werden. Kinder haben z.B. schon in der Schule sogenannten Verkehrsunterricht, und auch für Erwachsene gibt es immer Tips, wie man Unfälle vermeiden kann. Natürlich sind nicht nur immer Personen direkt schuld; es sind oft auch schlechte Straßen, oder schadhafte Autos, die zu Unfällen führen. Auch z.B. die Warnanlagen an unbeschrankten Bahnübergängen sind oft zu Todesfallen geworden.

Alles in allem gesehen, kann man wohl sagen: Autofahren ist sicher nicht „Massenmord". Dennoch müssen wir feststellen, daß Autofahren sehr gefährlich ist, und daß oft tödliche Unfälle verursacht werden. Wir müssen heute immer neue Wege finden, diesen Gefahren zu begegnen, und hier muß jeder mithelfen.

Schüleraufsatz

Leitfragen

Lesen Sie den Schüleraufsatz mehrmals durch, und schreiben Sie dabei Fragen an den Text auf. Lesen Sie dann noch einmal den Text! Legen Sie den Text beiseite! Beantworten Sie dann Ihre Fragen aus dem Gedächtnis! Antworten Sie in ganzen Sätzen!

Beispiele:

Wann wurden Automobile zuerst auf den Straßen gesehen?
    Sie wurden vor etwa . . . Jahren zuerst gesehen.

Woran hat damals noch niemand gedacht?
    Damals hat noch niemand daran gedacht, daß Autofahren einmal ein ernstes Thema werden würde.

Was hat seit 1900 außer der Anzahl der Autos noch zugenommen?
    Die Anzahl der Verkehrsunfälle mit tödlichem Ausgang hat sich sehr erhöht.

die Überlegung (–en): *(serious) consideration*
der Unfall mit tödlichem Ausgang: *accident with fatal consequences*
vorsätzlich: *with premeditation*
die fahrlässige Tötung: *negligent homicide*
verurteilen (*wk*): *to sentence*
(die) Trunkenheit am Steuer: *drunken driving*
versuchter Mord: *attempted murder*
das Leid (–en): *suffering*
der Tip (–s): *hint*
schadhaft: *faulty*
die Warnanlage (–n): *warning signal (system)*
aus dem Gedächtnis: *from memory*
vermeiden (*wk*): *to avoid*
lösen (*wk*): *to solve*
der Fluch (⁓e): *curse*
der Segen (–): *blessing*

(b) Weitere Themenvorschläge

1. Wie könnte man Verkehrsunfälle vermeiden?
2. Gefahren im Straßenverkehr.
3. Wie kann eine Großstadt ihre Parkprobleme lösen?
4. Die Bedeutung des Autobahnnetzes für die Bundesrepublik.
5. Verkehrsprobleme, die trotz des technischen Fortschritts noch immer ungelöst bleiben.
6. Welche Veränderungen würde ein Ärmelkanaltunnel mit sich bringen?
7. Das Autofahren.
8. Ist das Zeitalter des Autos vorbei?
9. Verkehrsprobleme im Jahre 3000.
10. Der technische Fortschritt – Fluch oder Segen?

9 Raumfahrt

die Raumfahrt (–en): *space-travel*
gewissenhaft: *conscientious, (here) for certain*
sich lohnen (*wk*): *to be worthwhile*

9.1 Ein Mondflug

Ein Astronautenteam wird ausgewählt und absolviert ein langes Trainingsprogramm. Die mehrstufige Rakete und das Raumschiff, das aus Raumkapsel und Mondlandefähre besteht, werden auf der Abschußrampe montiert. Die Raumfahrer legen Raumanzüge an und steigen ein. Der Countdown beginnt. Der Abschuß verläuft ohne Zwischenfall. Die Raketenstufen werden nacheinander gezündet und später abgestoßen. Die Astronauten stehen in Fernseh- und Funkverbindung mit der Bodenkontrollstation (Bodenkontrolle). Das Raumschiff verläßt das Erdanziehungsfeld und die Erdatmosphäre. Nachdem sich die Astronauten an die Schwerelosigkeit gewöhnt haben, führen sie verschiedene Experimente und Spaziergänge im All durch. Nach einigen Kurskorrekturen tritt das Raumschiff in seine Mondumlaufbahn ein. Durch einen Verbindungstunnel kriechen zwei Astronauten in die Landefähre. Der dritte bleibt im Command Module-Teil der Raumkapsel. Die Mondfähre löst sich von der Kapsel (wird von der Kapsel entkoppelt) und setzt zum Abstieg und wenig später zur Landung an. Das Landegestell wird ausgefahren. Die Fähre landet, die Astronauten klettern über eine Leiter auf die Mondoberfläche hinab.

> Für mich ist das nur ein winziger Schritt, für die Menschheit ist das ein riesiger Sprung!
>
> (*Neil Armstrong beim Betreten des Mondes*)

Boden- und Gesteinsproben werden gesammelt, Experimente werden durchgeführt, Erkundungsfahrten mit dem Mondauto werden gemacht, Fernsehbilder werden zur Erde übertragen, und schließlich werden einige Gegenstände und Meßinstrumente zurückgelassen. Dann kehren die Astronauten zu ihrer Fähre zurück. – Sie zünden die Aufstiegsstufe und koppeln bald danach die Fähre wieder an die Kapsel. Sie steigen um, die Fähre wird abgekoppelt und zerschellt auf dem Mond. Sie zünden den Hauptmotor der Kapsel, die nun Kurs in Richtung Erde nimmt. Vor dem Wiedereintritt in die Erdatmosphäre wird noch der Geräte- und Versorgungsteil (die Service Module) der Kapsel abgestoßen. Er verglüht im Weltall. Durch einen Hitzeschild geschützt, tritt die

Kapsel wieder in die Erdatmosphäre ein. Ein Fallschirm öffnet sich und bremst den Fall der Kapsel. – Die Wasserung – auch „weiche" Landung genannt – verläuft glatt. Die sowjetischen Astronauten ziehen die Erdlandung („harte" Landung) vor. Froschmänner bergen die Raumfahrer. Ein Hubschrauber fliegt sie zu einem Flugzeugträger. In der Raumfahrtzentrale müssen sie sich zur Flugnachbesprechung melden.

> Es ist wie ein Wunder!
> Als ob ich selbst auf dem Mars stünde!
> (*NASA-Wissenschaftler über*
> *die ersten Fernsehbilder vom Mars*)

der Astronaut (–en): *astronaut*
der Mondflug (—e): *flight to the moon*
das Team (–s): *team*
absolvieren (*wk*): *to complete, to go through*
mehrstufig: *multiple-stage*
die Raumkapsel (–n): *space-capsule*
die Mondlandefähre (–n): *moon-landing-craft*
die Abschußrampe (–n): *launching pad*
montieren (*wk*): *to mount on*

der Abschuß (—sse): *lift-off*
zünden (*wk*): *to fire*
abstoßen (ö, ie, o): *to jettison*
das Erdanziehungsfeld (–er): *earth's field of gravity*
die Schwerelosigkeit: *weightlessness*
das Experiment (–e): *experiment*
das (Welt)all: *space*
die Mondumlaufbahn (–en): *moon-orbit*
der Verbindungstunnel (–): *docking-tunnel, connecting tunnel*

zum Abstieg **an**setzen (*wk*): *to start to descend*	auf dem Mond zerschellen (*wk*): *to crash on the moon*
das Landegestell (–e): *landing equipment*	der Wiedereintritt: *re-entry*
ausfahren (ä, u, a): (*here*) *to lower*	*verglühen (*wk*): *to disintegrate*
die Boden-und Gesteinsprobe (–n): *rock and soil sample*	der Hitzeschild (–e): *heat-shield*
das Mondauto (–s): *moon-buggy*	der Fallschirm (–e): *parachute*
übertragen (ä, u, a): *to transmit*	den Fall bremsen (*wk*): *to slow down the descent*
das Meßinstrument (–e): *measuring instrument*	bergen (i, a, o): (*here*) *to pick up*
die Aufstiegsstufe (–n): *ascent stage, ascent rocket*	die Raumfahrtzentrale (–n): *space centre*
(**ab**)koppeln (*wk*): *to (un)dock*	die Flugnachbesprechung (–en): *debriefing*

Aufgabe

Stellen Sie sich vor, Sie seien als Astronaut zum Mond geflogen! Fassen Sie kurz zusammen, was Sie und Ihre Kollegen während des Mondflugs gemacht haben!

9.2 Die Fahrt zum Mond hat sich gelohnt—oder?

Wie immer man zu den Raumfahrtprogrammen stehen mag, fest steht, daß dabei eine ganze Reihe von nützlichen Nebenerfindungen gemacht wurden. Das Hitzeschildmetall wird heute unter dem Namen „Teflon" im Haushalt verwendet; neue Kunststoffe und neuartige Glasfasern wurden entwickelt. Die Computer-, Transistor-, Foto- und Kamera-, sowie Kleinstgerätetechnik machten riesige Fortschritte. Die Raumfahrtmediziner konnten z.B. Aufschluß finden über die bisher wenig erforschten physiologischen Fragen der Schwerelosigkeit und des menschlichen Verhaltens im Weltall.

Seit der ersten Landung auf dem Mond haben sowohl die USA als auch die UdSSR die Weltraumexperimente weitergeführt; die Kosmonauten haben immer längere Zeiten im Weltall und auf den Weltraumstationen verbracht. Man ist auf dem besten Wege, die technischen Probleme für wiederverwendbare Raketen und für den Pendelverkehr zu den Weltraumlaboren zu lösen. So werden auch Raketen für den interkontinentalen Verkehr eingesetzt werden können. Ehrgeizige Raumfahrtprogramme (wie unbemannte Flüge zum Mars, Saturn und Jupiter, sowie zur Venus) sind entworfen und zum Teil schon ausgeführt worden. Leider hat sich, neben diesen erfreulichen Ergebnissen, auch eine unerfreuliche Seite der Raumfahrttechnik gezeigt. Die Satellitentechniker haben, neben der Entwicklung von Wetter- und Forschungssatelliten, auch die Entwicklung raffinierter militärischer Satelliten vorangetrieben. Dieser „Fortschritt" kam besonders den militärischen Raketensystemen „zugute". Der friedliche technologische Wettlauf im Weltall könnte wieder zu einem gnadenlosen Rüstungswettlauf werden!

Ein anderes Problem, das uns von Menschengedanken an bewegt hat, könnte von der Raumforschung gelöst werden: die Frage der sog. nicht identifizierbaren fliegenden Objekte (UFOs). Zwar haben Raumfahrer noch keine Anzeichen für UFOs, fliegende Untertassen, außerirdische Wesen, Marsmenschen, antennenbewehrte grüne Männlein, Kriege zwischen Planeten, Invasionen aus dem All usw. gefunden. Aber, wer weiß?

die Nebenerfindung (–en): *spin-off, less significant invention*
die Kleinstgerätetechnik (–en): *micro-technology*
Aufschluß finden über (+ *Acc.*): *to find answers to, solutions to*
das menschliche Verhalten (*pl* Verhaltensweisen): *human behaviour*
der Kosmonaut (–en) (*wk masc.*): *cosmonaut*
die wiederverwendbare Rakete (–n): *reusable rocket*
der Pendelverkehr: *shuttle-service*
ehrgeizig: *ambitious*
der Mars: N.B.: **die** *Venus*, **die** *Erde*
erfreulich: *pleasant*
der Techniker (–): *technician*
raffiniert: (*here*) *sophisticated*
vorantreiben (ei, ie, ie): *to push ahead, forward with*

zugute *kommen (o, a, o): *to benefit*
der Wettlauf im Weltraum: *space-race*
gnadenlos: *merciless*
der Rüstungswettlauf: *armaments-race*
von Menschengedenken an, seit Menschengedenken: *from time immemorial, from the beginnings of mankind*
das Objekt (–e): *object*
das UFO (–s) (das *u*nbekannte Flug*o*bjekt): *UFO*
das Anzeichen (–): *sign, trace, proof*
außerirdisch: *extraterrestrial*
antennenbewehrt: (*lit. "armed" with an antenna*) *equipped with an antenna, with antenna(e)*
die Invasion (–en): *invasion*

Retranslation

A 1 Whatever you may think of the space programme, there have been many useful spin-offs from it. 2 Heat-resistant metals like 'Teflon' are used a lot in kitchen utensils. 3 New plastics and new types of glass fibres have been developed. 4 Great progress has been made in the fields of computer, transistor, photo- and micro-equipment technology. 5 Many physiological questions about weightlessness and human behaviour in space have been answered.

B 1 Since the first landing on the moon scientists in the USA and the Soviet Union have continued their experiments in space. 2 Cosmonauts have spent longer periods in space and in space laboratories. 3 Ambitious, unmanned flights (space probes) to Mars, Saturn, Jupiter and Venus have been planned and partly carried out. 4 Weather and research satellites have been developed. 5 Unfortunately the development of sophisticated military satellites and rockets has also made great strides. 6 The peaceful technological space race could become a merciless armaments race.

C 1 Unidentified flying objects (UFOs). 2 Flying saucers. 3 Little green men with antennae. 4 Men from Mars. 5 Extraterrestrial beings. 6 Wars between planets. 7 Invasions from space 8 Who knows?

Merke!
In der Umgangssprache werden UFOs
häufig auch „Unbekannte Flugobjekte" genannt.

9.3 Aufsatzthemen
1. Die Weltraumfahrt heute und morgen.
2. Sollte für Raumfahrtprogramme Geld ausgegeben werden?

III Kirche, Staat, Stadt, Verstädterung

10 Kirche und Staat

10.1 Kirche und Staat

Aufgabe des Staates ist es, die Menschen zur Tugend zu erziehen.

Plato(n) († 347 v. Chr.)

Aus dem irdischen Staat muß ein Gottes-Staat werden.

Augustinus († 430 n. Chr.)

Die Kirche ist der mystische Leib Christi; zur Kirche gehören alle Gläubigen auf Erden.

im Mittelalter entstandene Definition

Das Leben ist ein Krieg aller gegen alle. Dieser Krieg kann nur beseitigt werden, wenn sich alle freiwillig einer Staatsmacht unterwerfen.

Thomas Hobbes († 1679)

Der Staat bin ich!

Ludwig XIV († 1715)

Gewaltenteilung ist die Voraussetzung für einen Rechtsstaat.

Charles de Montesquieu († 1755)

In meinem Staat kann jeder nach seiner Façon selig werden.

Friedrich d. Gr. († 1786)

Staat und Kirche sind Machtmittel der Ausbeuterklasse.

Karl Marx († 1883)

Religion ist Opium fürs Volk.

Wladimir Iljitsch Uljanow, genannt *Lenin* († 1924)

„*Kirche*" ist die Bezeichnung für
(a) das christliche Gotteshaus
(b) die darin versammelte Gemeinde und den Gottesdienst
(c) die Gemeinschaft aller christlichen Gläubigen insgesamt oder auch nur eines Landes oder einer Konfession.

Herders Volkslexikon, 1963

Wie sehr das Thema „Staat und Kirche" die Menschen beschäftigt hat und noch beschäftigt, zeigen uns die obigen Zitate, Gedanken und Definitionen. Sie zeigen uns aber auch, daß sich Auffassungen über Staat und Kirche gewandelt haben. Schließlich zeigen sie uns, daß einerseits die Begriffe Staat und Kirche eng zusammengehören, daß es aber andererseits Konfliktstoff zwischen Staat und Kirche gibt.

die Verstädterung: *urbanisation*
die Aufgabe (–n): *duty, job, task*
die Tugend (–en): *virtue*
irdisch: *earthly, secular*
der Leib Christi: *body of Christ, Corpus Christi*
der Gläubige (–n) (*like adj.*): *believer*
freiwillig: *voluntarily*
die Staatsmacht: *power, authority of the state*
die Gewaltenteilung: *power sharing*
die Voraussetzung (–en): *prerequisite*

der Rechtsstaat (–en): *just state, democratic state, constitutional state*
(die Façon (*arch.*)), jeder nach seiner Façon: *each one in his own way*
das Machtmittel (–): *tool of power, means for power*
die Ausbeuterklasse (–n): *exploiting class*
das Opium: *opium*
die darin versammelte Gemeinde (–n): *the assembled congregation*
der Gottesdienst (–e): *religious service*
die Konfession (–en): *denomination, faith*

Retranslation

1 The concepts "State" and "Church" are closely connected. 2 "A church" is a term used for the "Christian house of God". 3 "It is the task of the state to educate the people to be virtuous" is a quotation from the thoughts of Plato, who died in 347 B.C.

4 "Religion is the opium of the people" is perhaps one of the most famous definitions of religion. 5 "I am the State" is a quotation by Louis the Fourteenth, who died at the beginning of the 18th century.

Fragen

Was meinten folgende Menschen über die Kirche bzw. den Staat? (Benutzen Sie den Konjunktiv in Ihren Antworten! Beginnen Sie z.B.: Platon meinte, . . . usw.)
(a) Platon (b) Ludwig XIV. (c) Lenin (d) Friedrich d. Gr. (e) Karl Marx (f) Thomas Hobbes.

10.2 Weltreligionen und Staatsformen

Im Verlaufe der Geschichte entstanden die großen Weltreligionen: der Buddhismus, das Judentum, das Christentum und der Islam. Wir beschränken uns hier auf einige, wenige Aspekte des Christentums in der westlichen Welt.

Lange vor Christi Geburt, lange bevor es Christen gab, bildeten Menschen, die an heidnische Götter glaubten, Staaten und machten sich Gedanken über Staats- und Regierungsformen. Von den Griechen haben wir z.B. die Begriffe Monarchie, Aristokratie, Demokratie, Oligarchie; von den Römern haben wir den Begriff Republik. Heute unterscheiden wir i.a. zwischen zwei Staatsformen (nämlich zwischen Monarchie und Republik) und zwei Regierungsformen (nämlich zwischen Demokratie und Diktatur); es gibt natürlich viele Mischformen. Von einem souveränen Staat sprechen wir heute, wenn drei Elemente vorhanden sind: das Staatsgebiet, das Staatsvolk und die Staatsgewalt.

sich beschränken auf (*wk*): *to restrict o.s. to*
der Christ (–en) (*wk masc.*): *Christian*
die Mischform (–en) (*wk*): *hybrid, variety*
das Staatsgebiet: *national territory*
das Staatsvolk: *the people, (nation)*
die Staatsgewalt: *state-authority, supreme power*

Retranslation

1 In the course of history the great world religions came into being: among them are Christianity, Judaism, Buddhism and Islam. 2 Long before the birth of Christ people believed in heathen gods.

3 We have the concepts of monarchy, aristocracy, democracy and oligarchy from the Greeks, and from the Romans we have the concept of the republic. 4 There are many types of state which have different forms of government.

Paulskirche, Frankfurt am Main

In den christlichen Staaten machte sich nicht nur das Zusammenwirken, sondern auch bald der Konflikt zwischen Kirche und Staat bemerkbar. Während Karl der Große, der mächtige Kaiser, um 800 noch der „Beschützer und Herr der Kirche" war, finden wir 400 Jahre später ganz andere Machtverhältnisse vor: der Papst war mächtiger als der Kaiser geworden und übte, oft skrupellos, politische Macht aus. Die Kirche im Mittelalter war oft so mit dem Machtkampf gegen den Staat und daneben mit der Rettung der menschlichen *Seele* beschäftigt, daß sie darüber die materielle und soziale Fürsorge vielfach vernachlässigte. Nach Meinung vieler geriet die Kirche auch immer mehr in sittlichen Verfall, was schließlich zum Ausbruch der Reformation führte. Luthers Lehren beeinflußten nicht nur religiöse Fragen, sondern auch das Verhältnis von Kirche und Staat: nicht kirchliche Tradition und der Papst leiten die Kirche, sondern Christus direkt und persönlich; die Kirche muß den Herrschaftsanspruch über den Staat aufgeben und zu ihrer eigentlichen Aufgabe zurückkehren. Wegen seiner Lehren wurde Luther exkommuniziert.

Seit der Reformation, seit Heinrich VIII., ist in England nicht mehr der Papst, sondern der Monarch Oberhaupt der Kirche. Mit der Anglikanischen Kirche entstand das sogenannte Establishment. Auf dem europäischen Festland blieb sehr viel mehr Macht in den Händen der Kirchenfürsten. Weltliche Fürsten, katholische und protestantische (evangelische) Kirchenfürsten, Kaiser und Könige waren weiterhin in religiöse und politische Machtkämpfe verwickelt. Religionskriege, wie der furchtbare Dreißigjährige Krieg, lösten den Gegensatz zwischen Staat und Kirche nicht. Der Staat gewann erst im Zeitalter der Aufklärung das Übergewicht. Diese Entwicklung setzte sich im 19. Jahrhundet fort: Napoleon z.B. verstaatlicht den Kirchenbesitz; die Priester werden vom Staat besoldet; seit der Mitte des Jahrhunderts tritt Marx den Ideen der Kirche und der Religion mit dem Dialektischen Materialismus entgegen; im letzten Drittel des Jahrhunderts ringt z.B. Bismarck der Kirche zwei wichtige Machtbereiche ab: die staatliche Schulaufsicht und die Zivilehe werden eingeführt.

Trotz all dieser Konflikte bestehen Staat und Kirche heute noch. In der westlichen Welt bestehen diese beiden Institutionen meist friedlich nebeneinander, während im kommunistischen Machtbereich die Kirche oft schwer gegen staatlichen Druck zu kämpfen hat. Der Konflikt zwischen Staat und Kirche wird nie ganz gelöst werden können.

zusammenwirken (wk): to collaborate
der Beschützer (–): protector
die Machtverhältnisse (pl): the situation at the top (political)
der Papst (¨e): pope
Macht ausüben (wk): to wield power
der Machtkampf (¨e): power struggle
daneben: at the same time
die Rettung: (here) salvation
darüber: in so doing
vernachlässigen (wk): to neglect
die Fürsorge: welfare
der sittliche Verfall: moral decline
Luthers Lehre (–n): Luther's doctrines
kirchlich: ecclesiastical
der Herrschaftsanspruch (¨e): claim to power
der Monarch (–en) (wk masc.): monarch

das Oberhaupt (¨er): supreme head
der Kirchenfürst (–en) (wk masc.): ecclesiastical prince
weltlich: secular
verwickelt sein in (+ Acc.): to be entangled in
der Gegensatz (¨e): conflict, conflicting attitudes
das Übergewicht gewinnen (i, a, o): to gain the upper hand
das Zeitalter der Aufklärung/die Aufklärung: the Age of Enlightenment
verstaatlichen (wk): to confiscate (nationalize)
*entgegentreten (i, a, e): to oppose
jemandem etwas abringen (i, a, u): to wrest sth. from s.o.
der Machtbereich (¨e): field of influence
die staatliche Schulaufsicht: state-controlled education
die Zivilehe (–n): civil marriage
der Druck: pressure

Retranslation

1 In Christian countries the conflicts between Church and State soon became noticeable. 2 The Pope became more powerful than the Emperor. 3 The church in the Middle Ages was concerned with the salvation of the human soul. 4 In the opinion of many people the church fell into moral decline and this led to the outbreak of the Reformation. 5 Luther's doctrines played an important role on the Continent. 6 Since the reign of Henry the Eighth the monarch has become the Head of the Church in England instead of the Pope.

7 Terrible religious wars like the "Thirty Years' War" did not solve the conflict between Church and State. 8 Since the middle of the 19th century Marx has challenged the ideas of the church and religion with his ideology of materialism. 9 In the last third of the 19th century Bismarck wrested two important instruments of power from the church when he introduced state supervision of the schools and civil marriages. 10 The conflict between Church and State will never be completely resolved.

Fragen

1. Warum geriet die Kirche im Mittelalter immer mehr in sittlichen Verfall?
2. Warum waren Luthers Lehren wichtig?
3. Was hat sich unter Heinrich VIII. in der Beziehung zwischen Kirche und Staat geändert?
4. Wie beeinflußten folgende Menschen die Beziehung zwischen Kirche und Staat: (a) Napoleon (b) Marx (c) Bismarck?

10.4 Aberglaube

Aberglaube bedeutet Glaube an Übernatürliches, Magisches, aber auch: falscher christlicher Glaube. Viele abergläubische Bräuche stammen von alten heidnischen Bräuchen; die heutigen Karnevalsmasken z.B. erinnern uns an unsere heidnischen Vorväter, die mit schrecklichen Masken böse Geister vertreiben wollten. Auch Pseudowissenschaften sind oft Wurzeln des Aberglaubens geworden: z.B. die Astrologie mit ihren Horoskopen und die Handliniendeutung. Dennoch spielt der Aberglaube auch in unserer aufgeklärten Zeit eine erstaunlich große Rolle. Nicht nur Ungebildete, sondern auch Intellektuelle sind abergläubisch. (Es ist z.B. vorgekommen, daß ein Arzt eine Heilbehandlung durch Auflegen von weißem Käse als Aberglauben bekämpfte, aber in seinem Krankenhaus kein Zimmer mit der Nummer 13 duldete.) Es gibt zahlreiche Formen des Aberglaubens, von denen wir nur einige herausgreifen wollen:

Für viele Menschen bedeuten bestimmte Zahlen Glück (3), bzw. Unglück (7, 13); man denke nur an die Redewendungen „aller guten Dinge sind drei" oder „das verflixte siebte Ehejahr!"; auch Freitag, der 13., wird von vielen ernst genommen.

Glück oder Unglück bringen auch bestimmte Personen, Gegenstände und Tiere: der Schornsteinfeger, das Hufeisen, das vierblättrige Kleeblatt, Salz, usw., bringen Glück; wer „Schwein" hat, hat Glück; wer eine schwarze Katze sieht, hat (in Deutschland!) Unglück; Maskottchen und Talismane, ja sogar Christopherusamulette, hängt sich der Autofahrer ins Auto, um Unfälle abzuwenden ... Vielfach gibt es rationale Erklärungen für irrationalen Aberglauben: wenn z.B. ein Pferd früher gute Hufeisen hatte, konnte es seinen Reiter weit tragen; Salz gab es früher wenig, und so bekamen z.B. die Legionäre im alten Rom einen Teil ihres Soldes in Salz ausgezahlt: Wer Salz hatte, hatte also Geld, wer Salz verschüttete, verschüttete Geld. Wer das sehr seltene vierblättrige Kleeblatt findet, hat im wahrsten Sinne des Wortes Glück!

Wo der Aberglaube Schaden anrichtet, sollte man ihn ernst nehmen und ihm mit rationalen Argumenten entgegentreten. Mit viel Geduld und ein wenig Wissen über das Entstehen der einzelnen Formen des Aberglaubens sollte man versuchen, ernstlich abergläubische Menschen vom Unsinn ihres Tuns zu überzeugen. Am Freitag, dem 13., wird man damit allerdings wenig Glück haben. An allen anderen Tagen wird es klappen! ... unberufen, toi, toi, toi ...

das Übernatürliche: *the supernatural*
die Maske (–n): *mask, disguise*
schrecklich: *frightening, fearsome*
der Geist (–er): *spirit*
die Pseudowissenschaft (–en): *pseudo-science*
die Wurzel (–n): *root*
das Horoskop (–e): *horoscope*
die Handliniendeutung: *palmistry*
aufgeklärt: *enlightened*
der Ungebildete (–n) (*like adj.*): *uneducated person*
der Intellektuelle (–n) (*like adj.*): *intellectual*
abergläubisch: *superstitious*
die Heilbehandlung (–en): *treatment*
bekämpfen (*wk*): *to object, to reject most strongly*
auflegen (*wk*): (*here*) *to apply, to use*
dulden (*wk*): *to tolerate, to put up with*

herausgreifen (ei, i, i): *to select, pick out*
das verflixte siebte (Ehe)jahr: *the seven year itch*
der Schornsteinfeger (–): *chimney-sweep*
das Hufeisen (–): *horse-shoe*
das Kleeblatt (–er): *clover*
Schwein haben: *to have the luck of the devil*
abwenden (*wk*): *to avoid; to prevent*
der Sold: *pay, salary*
verschütten (*wk*): *to spill*
Schaden **an**richten (*wk*): *to cause harm*
der Unsinn: *nonsense*
überzeugen (*wk*): *to convince*
allerdings: *however*
es klappt: *it works*
unberufen, toi, toi, toi!: *touch wood! (as you say so, you should touch wood, in Germany too)*

---

29. 10. Geb.: Achten Sie auf neue Ideen, neue Angebote. Gutes Jahr für neue Bekanntschaften. Ab Ende April Auftrieb, Erfolg.
30. 10. Geb.: Neue wichtige berufl. u. private Verbindungen. Oft zu betontes Wunsch- und Gefühlsleben: stets selbstkritisch bleiben.

29. 10. Geb.: Gewandt, vielseitig interessiert, alles bleibt aber mehr an der Oberfläche, die Tiefe fehlt. Eignung für Außenberufe.
30. 10. Geb.: Angenehmes Wesen, findet schnell Sympathie, anpassend. Meist frühe Heirat. Im Beruf nur langsamer Aufstieg.

 WIDDER.
21.3.—19.4.

 STIER.
20.4.—20.5.

 ZWILLINGE.
21.5.—20.6.

 KREBS.
21.6.—22.7.

 LÖWE.
23.7.—22.8.

 JUNGFRAU.
23.8.—22.9.

 WAAGE.
23.9.—22.10.

 SKORPION.
23.10.—21.11.

 SCHÜTZE.
22.11.—21.12.

 STEINBOCK.
22.12.—19.1.

 WASSERMANN.
20.1.—18.2.

 FISCHE.
19.2.—20.3.

Fragen

1. Was sind die Ursprünge des Aberglaubens?
2. Was ist ein Astrologe?
3. Sind Sie abergläubisch? Wo zum Beispiel? / Warum nicht?

10.5 Aufsatzthema

Die schönsten Dinge im Leben kosten nichts

Leitfragen

1. Was ist hier mit „die schönsten Dinge" gemeint? (die Religion, die Natur, die Freundschaft, die Liebe)

2. Warum sind Religion, Natur, Freundschaft und Liebe „kostenlos"? (sie kosten kein Geld; sie können den Menschen auch innerlich frei machen)

3. Was ist in der Religion (im religiösen Glauben) „kostenlos"? (ich kann beten, ich kann neuen Mut schöpfen, ich kann neue Kraft finden, ich kann an die Erlösung glauben, ich kann so leichter anderen Menschen helfen; ich kann innerlich frei werden)

4. Was gibt es in der Natur „frei"? [ich kann durch eine schöne Landschaft wandern; ich kann im Wald die Flora und Fauna bewundern (die Tanne (–n), die Fichte (–n), die Blume (–n), das Reh (–e), der Hase (–n), der Specht (–e)); es kostet kein Geld, wenn ich mich über den herrlichen Sonnenschein / den warmen Sommerregen / den schönen Herbsttag / die Eisblume am Fenster / die ersten Frühlingsblumen (das Schneeglöckchen (–), der Krokus (–se), die Schlüsselblume (–n)) freue]

5. Worauf legt echte Freundschaft Wert? (auf Geld und materielle Dinge oder auf ideelle Dinge? Warum wird man durch echte Freundschaft „reich"? Wird man durch echte Freundschaft innerlich oder äußerlich reich?)

6. Worauf legen Menschen, die sich lieben, Wert? (siehe 5.)

7. „Geld verdirbt die Freundschaft", „Geld verdirbt den Charakter". Warum spielen diese Sprichwörter hier keine Rolle? (Geld ist hier nicht wichtig)

8. Wo spielen diese Sprichwörter eine Rolle? (leider überall; oft verdirbt Geld die Freundschaft und den Charakter; das Toto, das Lotto, das Glücksspiel (–e), die Geldgier)

9. Können materieller und technischer Fortschritt „die schönsten Dinge" ersetzen? (manche glauben blind an den Fortschritt; viele denken nur an materielle Dinge, nicht an geistige und ideelle; der Materialismus und das Wohlstandsdenken greifen um sich; viele halten aber noch etwas von den „schönsten Dingen"; innerer Reichtum ist ihnen mehr wert als äußerer Reichtum; ohne „die schönsten Dinge" kann der Mensch (nicht?) leben)

10. Stimmt die Behauptung des Themas? (ja, aber . . .; nein, jedoch . . .; teils, teils; einerseits, anderseits, . . .)

schöpfen (*wk*): *to scoop up, to pluck up*

die Erlösung: *salvation*

das Reh (–e): *roe, female fallow deer*

der Specht (–e): *woodpecker*

die Eisblume (–n) am Fenster: *frosted pattern on the window pane*

das Schneeglöckchen (–): *snowdrop*

die Schlüsselblume (–n): *cowslip*

die gelbe Schlüsselblume (–n): *primrose*

das Toto: *(football) pools*

die Geldgier: *moneymindedness*

um sich greifen (ei, i, i): *to spread*

etwas halten (ä, ie, a) von: *to esteem, to value*

11 Industrielle Revolution

11.1 Fortschritt – Fluch oder Segen?

Nicht nur in der Suche nach der fortschrittlichsten Staatsform oder in der Suche nach der besten Religion fand der Mensch seine Erfüllung und Befriedigung. Immer auch strebte er nach wirtschaftlichem Gewinn und technischem Fortschritt. Fortschrittsglaube und der Glaube an eine herrliche Zukunft der Menschheit sind mächtige Triebfedern. Von den „Segnungen, welche die Technik der menschlichen Gesellschaft gebracht hat", schreibt 1835 der Engländer Andrew Ure: „In geräumigen Hallen sammelt die wohltätige Kraft des Dampfes die Scharen seiner Diener um sich und weist einem jeden seine geordnete Aufgabe zu . . . Das ist das Fabriksystem, voll von Wundern der Mechanik, welches der Träger der Zivilisation zu werden verspricht." Was Ure so enthusiastisch beschreibt, ist der Anfang einer Entwicklung, die Friedrich Engels schon zehn Jahre später folgendermaßen beschreibt: „Die Erfindung der Dampfmaschine gab bekanntlich den Anstoß zu einer *industriellen Revolution*, einer Revolution, die die ganze Gesellschaft umwandelte".

Ures „Wunder der Mechanik" brachten jedoch auch viele negative Seiten mit sich. Es entstand die sogenannte „Soziale Frage". „Jetzt erst entsteht eine feindselige Spaltung in der Nation zwischen den beneideten und gehaßten Reichen einerseits und den verachteten und gefürchteten Armen andererseits." So schrieb der Politiker Carl von Rotteck um 1840. Sozialer Fortschritt und soziale Reformen blieben hinter dem technischen Fortschritt in der Industrie weit zurück. Aus selbständigen Handwerkern wurden oft abhängige Fabrikarbeiter. Männer, Frauen und sogar Kinder wurden häufig ausgebeutet. Arbeitslosigkeit, Krankheit, Not und Elend waren an der Tagesordnung. Die alte, festgefügte Ordnung des dörflichen Lebens wurde gesprengt.

fortschrittlich: *progressive*
erfüllen (*wk*): *to fulfil*
befriedigen: *to satisfy*
streben (*wk*) nach (+ *Dat.*): *to strive for*
der Gewinn (–e): *profit*
die Triebfeder (–n): *driving force*
geräumig: *spacious*
wohltätig: *beneficial*
die Schar (–en): *crowd*
um sich sammeln (*wk*): *to gather around itself*
geordnet: *prescribed*
zuweisen (ei, ie, ie): *to allot, to give to*
das Wunder (–): *wonder, miracle*
die Mechanik: *mechanics, machinery*

der Träger (–): *carrier*
bekanntlich: *as is (well) known*
der Anstoß (⸚sse): *impetus*
feindselig: *hostile*
die Spaltung (–en): *division*
beneiden (*wk*): *to envy*
hassen (*wk*): *to hate*
verachten (*wk*): *to despise*
ausbeuten (*wk*): *to exploit*
die Not (⸚e): *need, want*
das Elend: *misery, distress*
an der Tagesordnung sein: *to be the order of the day*
festgefügt: *firmly established*
sprengen (*wk*): *(here) to destroy*

11.2 „Stadtluft macht frei!"

Die Bürger einer mittelalterlichen Stadt lebten meist freier als die Landbevölkerung. Mancher Landbewohner folgte daher dem Ruf „Stadtluft macht frei!" und zog in die aufblühenden Städte.

Erst mit der Industriellen Revolution vollzog sich der Wandel vom Agrarstaat zum Industriestaat. Auch die meisten Städte machten eine Wandlung durch. Die aufblühende Industrie siedelte sich in der Nähe von Städten an, weil man in der Stadt günstige Vorbedingungen fand: hier war schon das Regierungs- und Verwaltungszentrum, hier war schon der Mittelpunkt für Handel und Gewerbe, hier war der Verkehrsknotenpunkt ... Immer größer wurde die Zahl der Menschen, die der Industrie folgten und aus den Landgebieten in die Städte umsiedelten. Eine gewaltige „Landflucht" setzte ein. Stadtkern und Stadtmauer wurden zu klein, die Städte wuchsen explosionsartig.

Diese Massenwanderung in die Städte nennt man „Verstädterung". Sie hat eine ganze Reihe von Problemen mit sich gebracht.

Macht Stadtluft frei? Man hat heutzutage die Nachteile des „Urbanisierungsprozesses" erkannt. Viele Städter treibt es zurück aufs Land, das Wohnen im Grünen ist nicht nur Mode, sondern vielen ein Bedürfnis. Wird eine „Stadtflucht" einsetzen?

die Landbevölkerung (–en): *rural population*
aufblühend: *flourishing*
der Agrarstaat (–en): *agrarian state*
sich vollziehen (ie, o, o): *to be completed*
der Wandel (–), die Wandlung (–en): *change*
die günstigen Vorbedingungen: *favourable conditions*

Handel und Gewerbe: *trade and commerce*
der Verkehrsknotenpunkt (–e): *centre of communications*
der Stadtkern (–e): *old town centre*
es treibt mich: *I am being attracted (back to)*
das Bedürfnis (–se): *need*

11.3 Eine neue Industrielle Revolution?

Die Aussicht, daß Roboter – „Robbies" im Technikerjargon – mehr und mehr an die Stelle von Arbeitern treten, erfüllt viele mit Besorgnis. Sie befürchten, daß z.B. die Silicium-Chips-Industrie in den nächsten Jahren bis zu fünf Millionen Arbeitnehmer arbeitslos machen könnte.

Die Silicium-Chips – auch Silicium-Bausteine oder Integrierte Schaltungen genannt – sind winzige elektronische Schaltkreise. Sie sparen nicht nur sehr viel Platz, was an sich schon ein Vorteil ist, in ihnen können darüberhinaus viele komplizierte elektronische Steuerungsvorgänge auf winzigem Raum zusammengefaßt werden.

Die Anwendung der „Chips" hat schon jetzt erhebliche Auswirkungen auf Handel und Industrie. Es können z.B. sehr viel kleinere Computer, Taschenrechner, Fernsehgeräte, Verstärker usw. gebaut werden; in den Fabriken, Banken, Büros und Wohnungen kann die Automatisierung durch die „Chips" immer weiter vorangetrieben werden.

Die Mikroelektronik (Kleinstelektronik) ruft einerseits Befürchtungen, andererseits aber auch Erwartungen hervor. Vernichtet oder schafft sie Arbeitsplätze, ist sie „Jobkiller oder Jobbringer"?

94

Einerseits fallen viele langweilige und eintönige Tätigkeiten und damit Arbeitsplätze am Fließband und im Büro weg, andererseits aber auch viele interessante und anspruchsvolle. Die Mikroelektronik schafft aber auch neue Arbeitsplätze. In den letzten Jahren z.B. ist in der Bundesrepublik die Beschäftigtenzahl in der Computerindustrie erheblich gestiegen. Und jeder neue Arbeitsplatz kann, so ein Experte, „arbeitsschaffend in andere Bereiche hineinwirken."

Die Industrienationen stehen an der Schwelle der wahrscheinlich größten technischen Umwälzung in der Geschichte. Diese neue „Industrielle Revolution" darf aber nicht wieder zu einer neuen „Sozialen Frage" werden; die sozialen Probleme, insbesondere die Frage der Arbeitsplätze, müssen rechtzeitig und vorausschauend gelöst werden.

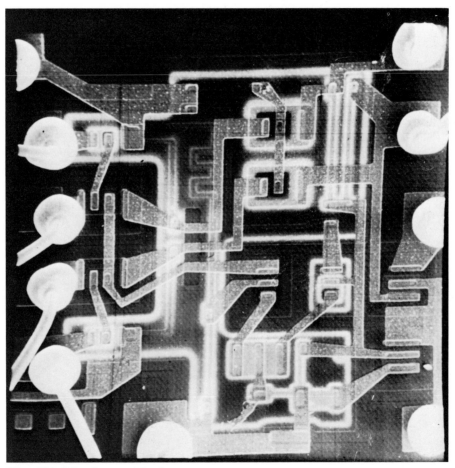

Ein „Chip" (stark vergrößert)

die Aussicht (–en): *prospect*
der Roboter (–); der „Robbie" (–s): *robot*
an die Stelle von jemandem/etwas (*Dat.*) *treten (i, a, e): *to replace s.o./s.th.*
jemanden mit Besorgnis erfüllen (*wk*): *to make s.o. worried*

die Silicium-Chips-Industrie: *silicon-chips-industry*
der „Chip" (–s): *silicon chip*
der Baustein (–e): *unit, element, component part*
die integrierte Schaltung (–en): *"integrated circuit", silicon-chip*
der Schaltkreis (–e): *circuit*

an sich: *in itself*

der Steuerungsvorgang (÷e): *control mechanism(s), cybernetic process*

zusammenfassen (*wk*): (*here*) *to put into one, put together*

die Anwendung (–en): *application, use*

erheblich: *considerable*

die Auswirkung (–en): *effect, impact*

der Taschenrechner (–): *pocket calculator*

der Verstärker (–): *amplifier*

vorantreiben (ei, ie, ie): *to accelerate, promote*

die Mikroelektronik (Kleinstelektronik): *micro-electronics*

hervorrufen (*wk*): *to evoke*

die Befürchtung (–en): *fear, worry, apprehension*

die Erwartung (–en): *expectation*

vernichten (*wk*): *to destroy*

schaffen (*wk*): *to create*

*****weg**fallen (ä, ie, a): (*here*) *to be lost*

eintönig: *monotonous*

anspruchsvoll: *demanding, fulfilling, rewarding*

arbeitsschaffend in andere Bereiche **hinein**wirken (*wk*): *to overlap into, have effects in other branches (of industry) and thus create (more) jobs*

an der Schwelle (+ *Gen.*) (*)stehen (e, a, a): *to be on the threshold of*

die Umwälzung (–en): *revolution, radical change*

rechtzeitig: *well in advance, in (good) time*

vorausschauend: *anticipatory, well-planned*

11.4 Aufsatzthema

Kann der materielle Wohlstand die Religion ersetzen?

Leitfragen

1. Was heißt „materieller Wohlstand"? (Fortschritte in Technik und Wissenschaft erleichtern uns äußerlich das Leben, helfen uns bei der Arbeit, usw.: das Auto – sich schneller fortbewegen / die Waschmaschine, die Geschirrspülmaschine – die Arbeit im Haushalt leichter machen / moderne Wohnungen und teure, schöne Möbel – das Wohnen angenehmer machen / mehr Gehalt und mehr Freizeit – sich mehr leisten können und sich nach Feierabend länger über schöne Dinge freuen können)

2. Was heißt Religion? (eine Glaubensrichtung (–en); ein religiöses Bekenntnis (–se), der Glaube an Erlösung; nicht nur das Leben auf dieser Erde ist meist das Ziel, sondern das *ewige* Leben; das ewige Leben hat nichts mit dem materiellen Leben, mit materiellen Dingen zu tun; der Glaube kann uns innerlich vieles geben (der Mut, die Kraft, die Nächstenliebe), was uns der materielle Fortschritt und der äußerliche Wohlstand nicht geben können)

3. In welchen Ländern stellt sich die Frage des Themas? (oft in den Industrieländern, wo materieller Wohlstand herrscht; weniger in den Entwicklungsländern)

4. Gibt es, außer dem Wohlstandsdenken, noch andere „Ersatzreligionen"? (der Materialismus, der Kommunismus, der Nationalismus, der Chauvinismus)

5. Warum sind „Ersatzreligionen" so attraktiv? (Wohlstandsdenken: wir brauchen nicht an andere, sondern nur an uns zu denken, wir brauchen uns nicht mit den schwierigen Geboten des Glaubens, den zehn Geboten, auseinanderzusetzen, Wohlstand bietet uns ein „menschlicheres" Leben / Materialismus: Gott und seine schwierigen Gebote gibt es nicht; ich, der Mensch, bin Herr; ich brauche nicht an das ewige Leben zu denken; materielle Dinge sind wichtiger / Kommunismus: alle Menschen werden (sind) gleich = das Paradies auf Erden / Chauvinismus, Nationalismus: ich brauche keine Religion, ich habe eine Nation)

6. Kann materieller Wohlstand „Ersatzreligion" werden? (die Gefahr ist (nicht) da; sie muß (nicht) bekämpft werden; der Mensch denkt – Gott lenkt (nicht?); innere, religiöse Werte stehen höher (niedriger) als äußere, materielle Werte)

die Geschirrspülmaschine (–n): *dish-washer*

ewig: *eternal*

die Nächstenliebe (–n): *love for one's neighbour*

das Gebot (–e): *commandment*

sich **auseinander**setzen (*wk*) mit: *to deal, to grapple with*

der Mensch denkt, Gott lenkt: *man proposes, God disposes*

der Wert (–e): *value*

12 Die Gemeinden (Kommunen)

12.1 Allgemeine Aufgaben und Probleme

Unter dem Begriff „Gemeinde" verstehen wir gewöhnlich die ländliche Gemeinde (das Dorf), die städtische Gemeinde (die Stadt), sowie die Kirchengemeinde.

Die Gemeinde (Kommune) ist die unterste politische Verwaltungsebene; sie ist aber keineswegs unwichtig. Ohne sie wäre staatliches und politisches Leben gar nicht denkbar. Die Gemeindeordnungen sind, besonders in der Bundesrepublik, regional verschieden; im allgemeinen jedoch sieht die Struktur einer Gemeinde folgendermaßen aus:

Die Bürger wählen den Gemeinderat und den Bürgermeister (in großen Städten den Stadtrat oder die Bürgerschaft und den Oberbürgermeister). Der Bürgermeister führt die Beschlüsse des Gemeinderats aus. Dabei hilft dem Bürgermeister die Gemeindeverwaltung (in den Städten die „Stadtverwaltung"); besonders in größten Städten wird die Verwaltung oft von einem (Ober)stadtdirektor geleitet. In Angelegenheiten, die die Gemeinde angehen, verwaltet sich die Gemeinde selbst; darüberhinaus muß die Gemeinde aber noch Aufgaben mit übernehmen, die ihr vom Kreis, vom Bundesland oder vom Bund übertragen werden: Standesamt, Bahn und Post sind z.B. Bundessache, Polizei, Schule und Kultur Landessache, Kreiskrankenhaus Kreissache. Trotzdem aber hat die Gemeinde einen Teil dieser Aufgaben im Auftrage des Bundes, des Landes oder des Kreises durchzuführen.

Um die verschiedenen Aufgaben und Probleme lösen zu können, braucht die Gemeinde natürlich Geldmittel. Im Haushaltsplan einer Gemeinde spielen Steuern, Gebühren und Zuschüsse als Einnahmequellen eine große Rolle.

die Kommune (–n), die Gemeinde (–n): *These are very difficult words to translate, because of social and political differences. They may be translated by: regional area, commune (Euroterm), community, village, town. Here perhaps rural district, urban district, municipality, parish.* Gemeinde *could also mean the congregation inside the church.*

die Verwaltungsebene (–n): *level, form of political government*

die Gemeindeordnung (–en): *local constitution*

der Gemeinderat (–e): *parish council, village council*

der Stadtrat (–e): *town council*

der Beschluß (–sse): *decision*

die Verwaltung (–en): *administration*

der Stadtdirektor (–en): *town clerk*

die Angelegenheit (–en): *affair, matter*

der Kreis (–e): *district, region, area, borough*

das Bundesland (–er): *state (of the Federal Republic of Germany)*

der Bund: *(in the Federal Republic) the state*

das Gefängnis (–se): *prison*

im Auftrag: *by order, on behalf of, for*

der Haushaltsplan (–e): *budget*

die Steuer (–n): *tax*

die Gebühr (–en): *(here) rate*

der Zuschuß (–sse): *subsidy*

die Einnahmequelle (–n): *source of income*

Fragen

1. Welche Verwaltungsebene ist die Gemeinde?
2. Sind die Gemeindeordnungen in der Bundesrepublik überall gleich?
3. Von wem wird der Bürgermeister normalerweise gewählt?
4. Wie wird der „Gemeinderat" in großen Städten auch genannt? (Zwei Bezeichnungen)

5. Wessen Beschlüsse führt der Bürgermeister aus?
6. Wer leitet in großen Städten oft die Stadtverwaltung?
7. In welchen Angelegenheiten verwaltet sich die Gemeinde selbst?
8. Welche Aufgabe werden der Gemeinde oft vom Bund, welche oft vom Land übertragen?
9. Wozu braucht die Gemeinde Geldmittel?
10. Welche Einnahmequellen hat die Gemeinde? (Nennen Sie drei!)

12.2 Das Rathaus

Bürgermeister und Gemeinderat werden in Bürgermeister-, bzw. Gemeinderatswahlen gewählt. Bürgermeister, Gemeinderat und Gemeindeverwaltung sitzen im Rathaus. Die Gemeindeverwaltung hat, je nach Größe, mehrere Arbeiter, Angestellte und Beamte.

wählen (*wk*): *to elect (vote)*
die Wahl (–en): *election*
der Arbeiter (–): *workman (usu. manual)*
der Angestellte (–n) (*like adj.*): *white collar worker (employed by state, or local government with no official pension rights, office worker)*
der Beamte (*like adj.*): *white collar official (employed by state, or local government, with official pension rights and secured tenure of office), civil servant*

Retranslation

1 the Mayor. 2 the Lord Mayor. 3 the Town Council. 4 Council elections. 5 the Town Hall. 6 Local government.

Das Rathaus zu Regensburg im Jahre 1663

98

Fragen

1. Wie heißt die Wahl, bei der der Gemeinderat gewählt wird?
2. Welche Gemeindeinstitutionen sitzen außer dem Bürgermeister noch im Rathaus?
3. Wer arbeitet in der Gemeindeverwaltung?

12.3 „Die Polizei – dein Freund und Helfer!"

Die Polizei hat für die öffentliche Sicherheit und Ordnung zu sorgen. In einem Polizeigebäude befindet sich, außer den Verwaltungsräumen, vor allem die Polizeiwache; sie ist ständig von Polizisten in Uniform besetzt. Größere Städte stellen auch Polizeibeamte in Zivil, Verkehrspolizisten, Hilfspolizisten und Politessen an. Der Polizist auf Streife(ngang) macht seine Runde in einem bestimmten Revier und überprüft, ob alles in Ordnung ist. Seine Pflichten werden teilweise durch Polizisten im Streifenwagen übernommen. Der Verkehrspolizist regelt den Verkehr, fährt motorisierte Streifen auf Straßen und Autobahnen und wird bei Verkehrsunfällen gerufen. Zur Verkehrsüberwachung gibt es in Großstädten heute Politessen, die den Verkehrspolizisten viel Arbeit abnehmen: die Politessen schreiben z.B. Strafzettel für falsches oder zu langes Parken aus oder helfen manchmal, den Verkehr zu regeln. Sofortige Geldbußen können allerdings nur Verkehrspolizisten verhängen. Polizisten im Streifenwagen (die motorisierte Polizeistreife) sind für Notfälle aller Art zuständig („Die Polizei – dein Freund und Helfer!"), besonders aber für Einbrüche, Überfälle, Schlägereien u. dgl. Bei größeren Unruhen, Massenschlägereien, großen Banküberfällen, Kapitalverbrechen, usw. wird auch oft das Überfallkommando alarmiert. Detektive, Kriminalbeamte und Polizisten befassen sich mit der Aufklärung aller möglichen Verbrechen, besonders mit Einbrüchen, Raubüberfällen, Vergewaltigung und anderen Sexualdelikten, Morden und Raubmorden. Wenn jemand einer Tat hinreichend verdächtig ist oder auf frischer Tat ertappt worden ist, wird er verhaftet und dem Untersuchungsrichter vorgeführt. Wenn sich der Verdacht erhärtet, kommt der Festgenommene (Verhaftete) in Untersuchungshaft und später vor Gericht.

sorgen (*wk*) für (+ *Acc.*): *to see to, to look after*
die Polizeiwache (–n): *police-station*
besetzt sein mit: *manned by*
der Polizist (–en) (*wk masc.*) auf Streife: *policeman on the beat*
das Revier (–e): *area*
der Streifenwagen (–): *panda car*
die Verkehrsüberwachung: *keeping an eye on the traffic*
der Zettel (–): *piece of paper*
zuständig *sein: to be responsible, there, on call*
der Überfall (÷e): *hold-up*
die Schlägerei (–en): *brawl, punch-up*
die Unruhe (–n): *disturbance*
das Überfallkommando (–s): *riot-squad*

die Aufklärung: *solving, clearing up*
die Vergewaltigung (–en): *rape*
das Sexualdelikt (–e): *sexual crime*
der Raubmord (–e): *robbery with violence leading to murder*
wenn jemand einer Tat (*Gen.*) hinreichend verdächtig ist: *when there is sufficient evidence against a person*
auf frischer Tat ertappen (*wk*): *to catch in the act*
verhaften (*wk*): *to arrest*
der Untersuchungsrichter (–): *investigating magistrate*
wenn sich der Verdacht erhärtet: *when the evidence is corroborated*
die Untersuchungshaft: *custody*
das Gericht (–e): *court*

Retranslation

1 The policeman on the beat checks whether everything is as it should be. 2 The traffic policeman controls the traffic, patrols roads and motorways and is called in when there are road accidents. 3 Traffic wardens write out parking tickets and sometimes help to direct the traffic. 4 Traffic policemen in the Federal Republic can give instant fines. 5 Detectives are concerned with solving all sorts of crimes. 6 When a criminal (*der Verbrecher*) is caught in the act he is arrested. 7 He appears before the magistrate. 8 He is taken into custody and later appears in court.

Fragen

1. Wofür hat die Polizei zu sorgen?
2. Was für Räume befinden sich in einem Polizeigebäude (2 Arten)
3. Was für Arten von Polizei findet man in größeren Städten?
4. Wie gehen heute die Polizisten meist auf Streife?
5. Welche Aufgaben erfüllt ein Verkehrspolizist?
6. Warum nehmen die Politessen den Verkehrspolizisten viel Arbeit ab?
7. Können Politessen sofortige Geldbußen verhängen?
8. Wie heißt das Motto der Polizei?
9. Wann wird das Überfallkommando meist gerufen?
10. Wann wird jemand verhaftet?

Kuh im Hafen

HAMBURG (ddp). Ihren Augen wollten am Dienstag im Hamburger Hafen mehrere Arbeiter nicht trauen, als sie plötzlich im Wasser eine Kuh schwimmen sahen. Tatsächlich war das Tier bei der Verladung ausgebrochen und durch eine belebte Straße in Richtung Hafen gelaufen. An einer Baustelle an der Oberhafenbrücke „durchbrach" die Kuh nach Angaben der Polizei eine Absperrung und sprang in die kalten Fluten. Mit Hilfe der Arbeiter und der Wasserschutzpolizei konnte das Rindvieh schließlich aus dem ungewohnten Element an Land gezogen werden.

trauen (*wk*) (+ *Dat.*): *to trust*
das Rind (–er): *cattle*
die Baustelle (–n): *roadworks, building site*
die Absperrung (–en): *barrier*
ungewohnt: *unaccustomed*

12.4 Die Feuerwehr

Es gibt freiwillige Feuerwehren und Berufsfeuerwehren. Feuerwehrleute sitzen im Feuerwehrgebäude (auf der Feuerwache). Ihre Spezialgeräte und Schläuche haben sie immer bereit. Die Aufgaben der Feuerwehr erstrecken sich nicht nur darauf, Brände zu verhindern und zu löschen und Menschen zu retten, sondern auch auf viele andere Not- und Katastrophenfälle. Sie pumpt überflutete Keller aus, birgt Menschen und Tiere bei Überschwemmungskatastrophen, befreit Menschen aus den Trümmern eines Eisenbahnunglücks und greift z.B. auch bei Selbstmordversuchen ein, wobei sie die Feuerwehrleiter ausfährt oder das Sprungtuch spannt. Bei der Katastrophenhilfe ist die Feuerwehr natürlich nicht alleine; hier stehen z.B. auch Einheiten des Technischen Hilfswerks, der Bundeswehr oder des Bundesgrenzschutzes bereit.

NOTRUFE

Aus allen Ortsteilen der Stadt ohne Vorwahl

FEUERWEHR 112

POLIZEI 110

Krankentransport, Rettungsdienst 0 78 51/41 41

freiwillig: *voluntary*
die Feuerwache (–n): *fire-station*
der Schlauch (ᵜe): *hose*
sich nicht nur darauf erstrecken (*wk*): *to not only include*
der Notfall (ᵜe): *emergency-case*
die Trümmer (*pl*): *wreckage*
eingreifen (ei, i, i): *to intervene, to assist*
das Sprungtuch (ᵜer): *jumping sheet*
die Einheit (–en): *unit*
das Technische Hilfswerk: *specialised emergency disaster squad in the Federal Republic*
der Bundesgrenzschutz: *Federal Border Police*

Retranslation

1 The fire brigade prevents and puts out fires. 2 It pumps out flooded cellars. 3 It rescues people and animals in flood disasters. 4 It frees people from the wreckage of a rail crash, an air disaster or a motor accident. 5 It also intercedes in suicide attempts by putting up the ladder or holding out the safety net.

Fragen

1. Welche zwei Arten von Feuerwehren gibt es?
2. Wo halten sich die Feuerwehrleute gewöhnlich auf, wenn sie nicht im Einsatz (*in action*) sind?
3. Sind sie nur bei Bränden im Einsatz?
4. Wie kann die Feuerwehr bei Selbstmordversuchen helfen?
5. Wer unterstützt (*supports*) die Feuerwehr bei Katastropheneinsätzen? (Nennen Sie zwei Institutionen)

12.5 Müllabfuhr, Straßenreinigung, Kanalisation

Vor 200 Jahren noch wurden Abfälle und Müll einfach auf die Gasse oder in den Garten geworfen. Auch die sanitären Anlagen und die Kanalisation ließen sehr zu wünschen übrig. Die Folgen waren oft Krankheiten und Seuchen. Heute tragen die städtische Müllabfuhr, die Straßenreinigung sowie das Kanalisationssystem viel zur öffentlichen Hygiene bei. Die Müllmänner (Müllkutscher, Müllarbeiter) leeren die Mülltonnen und fahren den Müll ab. Straßenfeger fegen die Straßen und sammeln Abfälle und Papier auf. Moderne Maschinen stehen ihnen dazu heutzutage zur Verfügung. In das unterirdische Kanalisationssystem fließen städtische und industrielle Abwässer, sowie Regenwasser, die vom städtischen Klärwerk gereinigt („geklärt") werden, bevor sie in die Flüsse abgelassen werden. Häufig haben große Industriebetriebe schon eigene Klärwerke.

die sanitären Anlagen (*pl*): *installation of sanitary measures*
beitragen (ä, u, a): *to contribute*
zur Verfügung: *at one's disposal*

das Abwasser (ᵜ): *sewage*
das Klärwerk (–e): *sewage works*

Retranslation

1 Two hundred years ago sanitary arrangements and sewers left a lot to be desired. 2 The result was often sickness and disease. 3 Nowadays dustmen empty dustbins and take the rubbish away. 4 Road sweepers sweep the streets and collect rubbish and waste paper. 5 Municipal and industrial sewage flows into underground sewers and is purified in municipal sewage works.

Fragen

1. Was machte man vor 200 Jahren oft mit dem Müll?
2. Was waren die Folgen von schlechten sanitären Anlagen?
3. Wozu tragen Müllabfuhr und Straßenreinigung viel bei?
4. Was machen die Müllarbeiter?
5. Was ist eine Kläranlage (= ein Klärwerk)?

12.6 Gesundheitswesen, ärztliche Versorgung

Leider können weder durch öffentliche noch persönliche Hygiene Krankheiten und Unfälle ganz verhindert werden. Die ärztliche Versorgung einer Stadt muß daher sichergestellt sein. Hier arbeiten das Deutsche Rote Kreuz (DRK) und andere Hilfsorganisationen, die Krankenhäuser, die Ärzte und die Apotheken eng zusammen.

Wenn man krank ist, geht man normalerweise zum Doktor (Arzt) oder, genauer gesagt, zum praktischen Arzt. Der Arzt untersucht den Patienten (die Patientin), stellt die Diagnose und schreibt ein Rezept aus (verschreibt Arzneien und Medikamente). Der Patient legt das Rezept in einer Apotheke[1] vor und bekommt seine Arzneien, bzw. Medikamente gegen eine geringe Rezeptgebühr. Der Apotheker bekommt sein Geld von der Krankenkasse des Patienten. Der Apotheker stellt Arzneien oft selber her, Medikamente bezieht er jedoch meistens von den pharmazeutischen Fabriken. Er gibt Medikamente und Arzneien auf Rezept aus. In der Bundesrepublik gibt es keinen staatlichen Gesundheitsdienst. Die meisten Leute sind aber in einer Krankenkasse.

sicherstellen (*wk*): *to see to, to assure*
der praktische Arzt (¨e): *GP*
der Patient (–en) (*wk masc.*): *patient*
verschreiben (ei, ie, ie): *to prescribe*
die Arznei (–en), das Medikament (–e): *medicament, medicine*
das Rezept (–e): *prescription*

die Krankenkasse (–n): *sick fund, health insurance (W. Germany)*
die Gesundheit: *health*
der Drogist (–en) (*wk masc.*): *chemist*
der Apotheker (–): *(dispensing) chemist*
rezeptpflichtig: *sold on prescription only*

Fachärzte

Hat der Patient ein ernsteres Leiden, so wird der praktische Arzt ihn zu einem Facharzt schicken oder ins Krankenhaus einliefern lassen. Fachärzte (auch Spezialisten genannt) sind z.B.: der Kinderarzt, der Frauenarzt, der Fußarzt, der Hals-Nasen-Ohren-Arzt (der HNO-Arzt) und der Augenarzt.

[1]In Deutschland wird zwischen Apotheken und Drogerien streng unterschieden. Der Drogist darf keine Medikamente und Arzneien verkaufen. Er verkauft u.a. Toilettenartikel und Dias, entwickelt Filme und macht Abzüge. Auch verkauft er vielfach Kleintierfutter, alles für den Garten und sogar tropische Zierfische. Nicht rezeptpflichtige Arzneien und Medikamente kann er auch frei verkaufen.

Wenn man Zahnweh hat, geht man gewöhnlich zum Zahnarzt. Der Zahnarzt gibt Betäubungsspritzen, bohrt an den Zähnen, macht Füllungen (plombiert Zähne). Außerdem macht er künstliche Gebisse und setzt Brücken und falsche Zähne ein.

Man geht zum Augenarzt, um seine Augen prüfen zu lassen. Er stellt fest, ob man kurz- oder weitsichtig ist, und verschreibt, wenn nötig, eine Brille oder auch Kontaktlinsen. Man geht mit dem Rezept zu einem Optiker und sucht sich eine Brille, bzw. Kontaktlinsen aus. (Eine Brille besteht aus Linsen, Gläsern, Fassung und Bügeln.)

Das Krankenhaus

Kranken- und Rotkreuzhelfer leisten Erste Hilfe und betreuen Alte und Kranke. Im Krankenhaus versorgen Ärzte, Krankenschwestern und Krankenpfleger die Kranken und Verletzten. Manche werden nur ambulant behandelt, andere werden stationär behandelt, d.h. sie bleiben im Krankenhaus. Operationen werden von Chirurgen im Operationssaal durchgeführt. Bei Geburten helfen Hebammen. Psychiater, Irrenärzte (Nervenärzte) und besonders geschultes Personal nehmen sich der Geisteskranken und -schwachen an. Die meisten Krankenhäuser haben folgende Stationen: eine Entbindungsstation, eine Frauenstation, eine Kinderstation, eine chirurgische Station (die „Chirurgie"), eine Unfallstation und eine Abteilung für ältere Patienten.

das Leiden (–): *illness, ailment*
der Facharzt (∺e): *specialist*
ins Krankenhaus **ein**liefern (*wk*): *to take to hospital*
der Kinderarzt (∺e): *paediatrician*
der Frauenarzt (∺e): *gynaecologist*
der Fußarzt (∺e): *chiropodist*
der Krankenhelfer (–), der Rotkreuzhelfer (–): *ambulance-man*
der Krankenpfleger (–): *male nurse*
jemanden ambulant/stationär behandeln (*wk*): *to treat as an out-/in-patient*
der Irrenarzt (∺e): *specialist in mental diseases*
der Geisteskranke (*like adj.*): *mentally sick person*
die Entbindungsstation (–en): *maternity ward*

Retranslation

1 If you are ill you usually go to your GP. 2 The doctor examines the patient, diagnoses the trouble and writes out a prescription. 3 The patient presents the prescription at the chemist's and receives his medicine or pills. 4 There is a small charge and the chemist receives his money from the patient's health insurance (*die Krankenkasse*). 5 If the patient has something more serious, then the GP sends him to a specialist or has him taken to hospital.

Fragen

1. Wer arbeitet auf dem Gebiet der ärztlichen Versorgung eng zusammen?
2. Nennen Sie drei Tätigkeiten des Arztes!
3. Was ist der Unterschied zwischen einer Drogerie und einer Apotheke?
4. Besteht in der Bundesrepublik ein staatlicher Gesundheitsdienst?
5. Nennen Sie drei Fachärzte!
6. Was macht ein Zahnarzt?
7. Wann geht man normalerweise zum Augenarzt?
8. Wann verschreibt der Augenarzt normalerweise eine Brille?
9. Kann man die Brille gleich beim Augenarzt mitnehmen?
10. Wer versorgt die Kranken und Verletzten im Krankenhaus?
11. In welchem Raum werden normalerweise Operationen durchgeführt?
12. Wer hilft bei Geburten?
13. Was ist die Chirurgie (= die chirurgische Station)?

12.7 Post, Bahn und Städtische Verkehrsbetriebe

Post und Bahn unterstehen in der Bundesrepublik zwar dem Bund; sie sind aber für Handel, Gewerbe und Industrie einer Stadt und überhaupt für menschliche Kommunikation und Kontakte sehr wichtig. Die städtischen Verkehrsbetriebe sorgen innerhalb der Stadt für Verkehrsmittel und Verkehrsverbindungen.

Die Dienstleistungen der *Post* sind sehr umfangreich. Man kann Briefe, Postkarten, Drucksachen, Geschäftsbriefe, Postwurfsendungen, Warenproben, Päckchen und Pakete (ver)schicken: gegen entsprechende Gebühr kann man Briefe usw. auch per Einschreiben (der Einschreibebrief) und per Eilboten (der Eilbrief) schicken.

Die Post kassiert „per Nachnahme" auch Geldbeträge ein. Sie zieht auch Telefongebühren ein. Früher zog sie auch Rundfunk- und Fernsehgebühren ein, was aber seit einiger Zeit die Rundfunkgebührenzentrale macht. Mit Zahlkarten und Postanweisungen kann man auch Geld schicken und überweisen. Auch ein Postscheckkonto kann man bei der Post eröffnen. Am Anfang des Monats zahlt die Post an die Rentner die Renten aus. Auch Telefone bekommt man von der Post. Viele Leute können oder wollen sich aber kein eigenes Telefon leisten und sind daher auf die öffentlichen Münzfernsprecher und die Fernsprecher in der Post angewiesen. Es gibt Orts- und Ferngespräche. Heute kann man meistens direkt wählen und braucht nicht über die Vermittlung (das Fernamt) zu gehen. Für den Selbstwählferndienst gibt es eine Liste der Ortsnetzkennzahlen; die Vorwahlnummer für Großbritannien ist übrigens 0044.

der Verkehrsbetrieb (–e): *traffic concern (operators), controllers*
unterstehen (e, a, a) (*insep.* + *Dat.*): *to be under the control of*
der Handel: *trade*
das Gewerbe (–): *business, commerce*
der Kontakt (–e): *contact*
sorgen (*wk*) für (+ *Acc.*): *to provide*
die Dienstleistung (–en): *service*
umfangreich: *extensive*
die Drucksache (–n): *printed matter*
die Postwurfsendung (–en): *printed matter and mixed consignment; direct mail*
die Warenprobe (–n): *sample*
die Gebühr (–en): *fee*
der Einschreibebrief (–e): *registered letter*
der Eilbote (–n) (*wk masc.*): *express messenger*
per Nachnahme: *C.O.D., to be paid for on delivery*
der Geldbetrag (÷e): *subscription, sum of money*
einkassieren (*wk*): *to collect*
die Zahlkarte (–n): *money order*
die Postanweisung (–en): *postal order*
überweisen (ei, ie, ie): *to transfer*
der Rentner (–): *pensioner*
die Rente (–n): *pension*
sich etwas leisten können: *to be able to afford something*

angewiesen sein auf (+ *Acc.*): *to be dependent on*
die Vermittlung (–en): *(telephone) exchange*
die Ortsnetzkennzahl (–en): *local and trunk dialling code*

Ich rufe an . . . (Fernsprechen ist einfach)

Bevor ich anrufe . . .

. . . überlege ich kurz: Wen will ich sprechen? Ist mein Gesprächspartner jetzt zu erreichen?

. . . finde ich für ein Selbstwählferngespräch die Kennzahl des Ortsnetzes im „Amtlichen Verzeichnis der Ortsnetzkennzahlen", dem dünnen gelben Heft.

. . . suche ich die Rufnummer in den neuesten Unterlagen: in meinem Notizbuch, im letzten Brief, im „Amtlichen" oder „Örtlichen Fernsprechbuch" der neuesten Ausgabe oder im Branchen-Fernsprechbuch – ehe ich die Fernsprechauskunft anrufe. Fehlverbindungen kosten Geld und verursachen Ärger.

. . . halte ich Papier und Bleistift bereit. Ortsnetzkennzahl und Rufnummer schreibe ich mir auf, damit ich sie beim Wählen vor Augen habe.

Wir sollten öfter miteinander sprechen

Wenn ich dann anrufe . . .

. . . nehme ich den Hörer an das Ohr und beginne mit dem Wählen, sobald ich den Wählton höre.

. . . wähle ich zügig die vollständige Rufnummer, bei Selbstwählferngesprächen die Kennzahl des Ortsnetzes vorweg. Auch Nullen zählen und werden mitgewählt.

. . . mache ich zwischen den einzelnen Ziffern – auch bei Bindestrichen oder Klammern – keine langen Pausen und lasse die Wählscheibe frei zurücklaufen. Ich bremse nicht und „helfe" auch nicht „nach".

. . . lege ich auf, sobald ich den Besetztton höre. Ganz gleich ob er vor, während oder nach dem Wählen ertönt. Ich beginne noch einmal.

. . . lege ich nicht gleich auf, falls der gewünschte Partner sich nicht sofort meldet; viermal sollte man es schon klingeln lassen.

. . . stelle ich mich selbst zu Beginn des Gesprächs vor und frage notfalls nach, ob ich mit dem gewünschten Partner spreche. Das berühmte „Hallo" hilft kaum weiter.

. . . sage ich etwas Nettes, falls ich „falsch verbunden" bin, und prüfe die Rufnummer – nach meinen neuesten Unterlagen oder durch Anruf bei der Fernsprechauskunft –, bevor ich erneut wähle. Werde ich wieder falsch verbunden, rufe ich die Störungsannahme an.

Damit man sich besser versteht . . .

. . . spreche ich weder zu laut noch zu leise und halte die Sprechmuschel unmittelbar vor den Mund.

. . . wiederhole ich Zahlen, Eigennamen und Aufträge, denn Mißverständnisse sind ärgerlich.

. . . buchstabiere ich schwer verständliche Wörter.

. . . frage ich bei vertraulichen Gesprächen den Partner zu Beginn, ob er nicht gerade Besuch hat und verhindert ist, frei zu sprechen.

. . . stelle ich mich mit dem Rücken zum Lärm und schirme die Sprechmuschel mit der Hand ab, wenn es in meinem Zimmer einmal laut ist.

. . . lege ich auf, wenn ausnahmsweise der Partner schlecht zu verstehen ist, und wähle die Verbindung neu.

Die Deutsche Bundespost informiert.

die neuesten Unterlagen (*pl*): *the latest information, up to date sources*

im Branchenfernsprechbuch, im Branchenverzeichnis: *in the "yellow pages"*

die Fehlverbindung (–en): *the wrong number*

ich bin falsch verbunden: *I've got the wrong number*

Ärger verursachen (*wk*): *to cause annoyance, to be a nuisance*

zügig: *smoothly, without interruption*

vorweg: *first (of all)*

die Ziffer (–n): *number*

der Bindestrich (–e): *hyphen*

die Klammer (–n): *bracket*

die Wählscheibe (–n): *dialling disc*

(den Hörer) **auf**legen (*wk*): *to put the receiver down, to replace the receiver*

die Störungsannahme (–n) **an**rufen (u, ie, u): *to report a fault*

die Sprechmuschel (–n): *mouthpiece*

unmittelbar: *directly*

vertraulich: *confidential*

abschirmen (*wk*): *to protect, to cover*

Wie die Post, so untersteht auch die *Deutsche Bundesbahn* (DB) dem Bund (DDR: „Deutsche Reichsbahn" (DR)). Wie wichtig die Bahn für Personen- und Güterbeförderung ist, haben wir schon gesehen. Die großen Industriebetriebe einer Stadt haben z.B. Gleisanschlüsse, und besonders für den Verkehr zwischen Großstädten hat die Eisenbahn noch immer große Bedeutung. Und was wäre eine Stadt ohne Bahnhof? „Bahnhof" bedeutet ja nicht nur Bahnhofshalle, Bahngleise und Züge; um den Zugang zu den Bahnsteigen gruppieren sich die Schalterhallen, Fahrplanaushänge, Auskunftsbüros, Wartesäle, Toiletten, Restaurants, Tageskino, Milchbars, Frisiersalons, Gepäckaufbewahrung und -abfertigung, Verkaufsstände für Zeitschriften, Obst, Blumen, Zigaretten usw. Wir sehen, was alles um den Bahnhof herum vorgeht, und vor allem, wieviele Arbeitsplätze der Stadt mit dem Bahnhof zusammenhängen!

Für den Stadtverkehr sind häufig Privatfirmen, oft aber auch die sog. *Städtischen Verkehrsbetriebe* verantwortlich. Wie schwierig hier die Organisation und Koordination in einer Großstadt ist, zeigen schon die verschiedenen Verkehrsmittel: Bus, Straßenbahn, U-Bahn und S-Bahn. Um die Organisation zu vereinfachen und Kosten zu sparen, hat man z.B. U-Bahnstrecken automatisiert, Computer regeln den U- und S-Bahnverkehr, Einmannwagen (Busse und Straßenbahnen) sparen Personal, und Einheitstarife sparen Kosten. Trotz der Automatisierung und Personaleinsparung finden aber immer noch Tausende Arbeit in den Städtischen Verkehrsbetrieben.

die Beförderung (–en): *conveyance (conveying)*

der Gleisanschluß (¨sse): *direct rail link*

der Fahrplanaushang (¨e): *timetable (in poster form)*

verantwortlich für (+ *Acc.*): *responsible for, accountable for*

der Einheitstarif (–e): *single tariff fare*

Retranslation

1 The post and railways are important not only for trade, commerce and industry but also for personal contact and communication. 2 You can send letters, postcards, printed matter, samples, packets and parcels by post. 3 You can send and transfer money by means of money orders and postal orders. 4 You can open a Giro account with the Post Office.

5 In the Federal Republic the Post Office pays out pensions to pensioners at the beginning of the month. 6 You also obtain telephones from the Post Office. 7 Many people can't afford a phone of their own and are dependent on public call boxes. 8 Nowadays you can dial most numbers direct and you don't need to go via the operator.

Fragen

I.

1. Wem unterstehen Post und Bahn in der Bundesrepublik?
2. Wofür sind Post und Bahn in einer Stadt wichtig?
3. Wofür sorgen die städtischen Verkehrsbetriebe?
4. Nennen Sie vier Dienstleistungen der Post! (Man kann mit der Post . . .)
5. Welche Stelle zieht heute die Rundfunk- und Fernsehgebühren ein?
6. Was muß man ausfüllen, wenn man per Post (= mit der Post) Geld überweisen will? (zwei Möglichkeiten!)

II.

1. Was kommt beim Telefonieren nach der Ortskennzahl?
2. Was tun Sie, wenn Sie den Besetztton hören?
3. Zu Beginn eines Telefongespräches melden Sie sich mit „Hier (ist) . . .". Was tun Sie, wenn sich der Gesprächspartner nicht so gemeldet hat und nur „Hallo" sagt?
4. Was machen Sie, wenn Sie „falsch verbunden" sind?
5. Warum braucht man die Telefonvermittlung heute nicht mehr so oft?
6. Welche Vorwahlnummer hat Großbritannien von der Bundesrepublik aus?

III.

1. Untersteht die Bundesbahn einem Bundesland?
2. Für welchen Verkehr hat die Eisenbahn noch immer besonders große Bedeutung?
3. Was gruppiert sich um den Zugang zu den Bahnsteigen? (Nennen Sie — außer Auskunftsbüro — vier Dinge!)
4. Was ist ein Auskunftsbüro?
5. Wer sorgt (außer den Privatfirmen) oft für den Stadtverkehr?
6. Nennen Sie drei städtische Verkehrsmittel!
7. Was sind „Einmannwagen"?
8. Nimmt die Automatisierung allen die Arbeitsplätze weg?

12.8 Die Kirchengemeinde

Wie schon zu Anfang des Kapitels betont wurde, kann „Gemeinde" verschiedene Bedeutungen haben; im religiösen Sinne ist damit die Kirchengemeinde gemeint. Ein Dorf bildet meist gleichzeitig eine Kirchengemeinde, Städte haben oft mehrere Kirchengemeinden. In Deutschland gibt es evangelische und katholische Gemeinden. Geistlicher Mittelpunkt ist der Pfarrer[1] (in evangelischen Gemeinden auch Pastor genannt). Besonders in ländlichen Gemeinden spielt der Pfarrer eine bedeutende Rolle in der Öffentlichkeit. Ein Pfarrer predigt der Gemeinde von der Kanzel, in einer Kapelle, einer Kirche oder einem Dom (einer Kathedrale). Er lehrt den Glauben, tauft Kinder, konfirmiert Konfirmanden (firmt Firmlinge),[2] traut Brautpaare, nimmt in einem Beichtstuhl[2] die Beichte ab und predigt bei Beerdigungen und anderen Anlässen.

---

[1] die offiziellen Bezeichnungen „Priester" und „Geistlicher" werden seltener gebraucht
[2] in der katholischen Kirche

betonen (*wk*): *to stress, to emphasize*
der Sinn (*here no pl*): *sense*
gleichzeitig: *at the same time*
geistlich: *spiritual*
die Öffentlichkeit: *public life*
der Gemeinde predigen (*wk*): *to preach to the congregation*
die Kanzel (–n): *pulpit*

die Kapelle (–n): *chapel*
der Glaube (–n) (*wk masc.*): *faith*
der Beichtstuhl (⸚e): *confessional*
die Beichte **ab**nehmen (i, a, o): *to confess a person (hear confessions)*
der Anlaß (⸚sse): *occasion*
die Bezeichnung (–en): *term, expression*

Retranslation

1 The priest or vicar plays an important role in public life. 2 He preaches to the congregation from the pulpit in a chapel, church or cathedral. 3 He baptizes and confirms people and marries couples. 4 The priest hears confessions in the confessional. 5 He preaches at funerals and on other occasions. 6 He visits the sick, the aged and the lonely.

Fragen

1. Wie nennt man eine Gemeinde im religiösen Sinne?
2. Gibt es in Deutschland viele Anglikanische Gemeinden?
3. Wer ist geistlicher Mittelpunkt einer Gemeinde?
4. Nennen Sie drei Arten von „Gotteshäusern".
5. Was macht ein Pfarrer? (drei Tätigkeiten!)

12.9 Aufsatzthema

Sollte ein Müllarbeiter genausoviel verdienen wie ein Arzt?

Leitfragen

1. Was macht ein Müllarbeiter beruflich? (Er leert Mülltonnen, fährt das Müllauto, hilft beim Müllabladen, arbeitet bei einer Mülldeponie oder Müllverbrennungsanlage)
2. Wie lange arbeitet er durchschnittlich? (acht Stunden am Tag)
3. Was macht ein Arzt beruflich? (Ärzte müssen körperlich und geistig arbeiten; im Krankenhaus: er beaufsichtigt die Schwestern, macht Visite bei den Patienten, behandelt die Patienten, ordnet Arzneien und Medikamente an, operiert, trägt oft die Verantwortung für Leben oder Tod des Patienten; in der privaten Arztpraxis: er beaufsichtigt seine Sekretärin und seine Arzthelferin, er empfängt Vertreter, er behandelt Patienten, gibt Spritzen, schreibt Rezepte aus, überweist Patienten ins Krankenhaus oder zu einem Facharzt, trägt große Verantwortung)
4. Wie lange arbeitet ein Arzt? (im Krankenhaus: oft sehr lange, da er Nacht-, Wochenend- und Bereitschaftsdienst machen muß; der Privatarzt: theoretisch braucht er wohl nur 3 Stunden am Tag zu arbeiten, aber das ist praktisch kaum möglich, weil Kollegen und die Öffentlichkeit Anstoß nehmen würden)
5. Welche Vorbildung braucht ein Müllarbeiter? (verhältnismäßig wenig)
6. Welche Vorbildung hat ein Arzt? (ein mehrjähriges Medizinstudium und mindestens ein zweijähriges Praktikum in einem Krankenhaus)
7. Wieviel verdient ein Müllarbeiter monatlich? (netto vielleicht halb soviel/viel weniger als ein Arzt, mit Überstunden mehr)
8. Wieviel verdient ein Arzt netto? (zwei-, drei-, viermal soviel . . ., je nach Position, Dienstalter und Können)
9. Könnte ein Müllarbeiter einen Arzt ersetzen und umgekehrt?
10. Sollte ein Müllarbeiter ebensoviel verdienen? (ja: es wäre gerechter, würde ihn anspornen; nein, es würde den Arzt nicht anspornen, es wäre dem Arzt gegenüber ungerecht; die Arbeitszeit, die Verantwortung und das Können eines Müllarbeiters ist größer als, genau so groß wie, nicht so groß wie beim Arzt)

der Müllarbeiter (–): *dustman*
die Mülltonne (–n): *dustbin*
die Mülldeponie (–n): *rubbish tip*
die Müllverbrennungsanlage (–n): *refuse incineration site*
durchschnittlich: *on average*
geistig: *intellectually*
Bereitschaftsdienst machen (*wk*): *to be on stand-by (duty)*
Anstoß nehmen (i, a, o) an (+ *Dat*): *to disapprove of*
verhältnismäßig wenig: *relatively little*
das Können: *ability*
ersetzen (*wk*): *to replace*
umgekehrt: *vice versa*
anspornen (wk): *to encourage, to give an incentive to*
gerecht: *just*

13 Handel, Gewerbe und Industrie

Der Wohlstand einer Stadt hängt sehr von Handel, Gewerbe und Industrie ab, die dort ansässig sind. Einzel- Zwischen- und Großhandel, Handwerks- und andere Gewerbebetriebe, und vor allem größere Industriebetriebe bringen der Stadt nicht nur Steuern ein, sondern helfen auch, die Versorgung und vor allem Arbeitsplätze zu sichern.

Weihnachtssamstag im November

FRANKFURT, 13. November. Die vier verkaufsoffenen Samstage vor Weihnachten beginnen schon im November. Wie die Arbeitsgemeinschaft der Mittel- und Großbetriebe mitteilt, liegen sie am 26. November, 3., 10. und 17. Dezember. Am Heiligabend ist spätestens um 14 Uhr Landenschluß. Da Silvester in diesem Jahr auf einem Samstag fällt, sind die Geschäfte an diesem Tag ebenfalls spätestens ab 14 Uhr geschlossen.

Schon ein kurzer Blick auf ein Büro oder auf eine größere Firma zeigt z.B., wieviele Leute in der Stadt beschäftigt sind.

der Wohlstand: *prosperity*
abhängen (ä, i, a) von (+ *Dat.*): *to depend on, to be dependent on*
ansässig: *established*
der Einzelhandel: *retail-trade*
der Zwischenhandel: *carrying trade, commission business, trade involving a middleman*

der Großhandel: *wholesale trade*
der Handwerksbetrieb (–e): *craft industry*
der Gewerbebetrieb (–e): *commercial firm*
die Steuer (–n): *revenue, tax*
die Versorgung: *people's needs*
sichern (*wk*): *to guarantee*

13.1 Das Büro

Der Chef (der Bürovorsteher) organisiert den Bürobetrieb. Er trifft alle wesentlichen Entscheidungen. Er diktiert und unterschreibt Briefe. Die Sekretärin stenographiert (stenografiert) und tippt Briefe. Sie heftet Briefe und andere Schriftstücke ab. Sie sortiert die Post, führt den Terminkalender und beantwortet das Telefon. Stenotypistinnen sind eigentlich nur für das Tippen von Schreiben zuständig; oft erledigen sie jedoch auch Aufgaben der Sekretärin.

eine Entscheidung treffen (i, a, o): *to take a decision*
wesentlich: *essential*
abheften (*wk*): *to file*
das Schriftstück (–e): *document*

den Terminkalender führen (*wk*): *to keep the business diary (up to date)*
zuständig: *responsible*
erledigen (*wk*): *to carry out, to attend to*

13.2 Die selbständige Firma, bzw. Fabrik

Größere Fabriken und Konzerne haben gewöhnlich einen *Aufsichtsrat*, der aus den Hauptaktionären besteht. Heutzutage sitzen aber zum Teil schon Arbeitnehmer- und Gewerkschaftsvertreter mit im Aufsichtsrat; in der Bundesrepublik z.B. wird dies durch das sog. Mitbestimmungsgesetz geregelt. Der Aufsichtsrat, unter Leitung des Aufsichtsratsvorsitzenden, legt die Richtlinien für das Unternehmen fest. Er ist den Aktionären gegenüber verantwortlich. Die Aktionäre treffen ihre Entscheidungen auf der *Aktionärsversammlung*.

Der *Betriebsrat* wird von den Arbeitern und Angestellten des Betriebes gewählt. Er vertritt intern ihre Interessen gegenüber der Betriebsleitung. Neben dem Betriebsrat vertritt natürlich auch die *Gewerkschaft* die Interessen der Arbeiter und Angestellten, besonders bei Lohn- und Tariffragen und Streiks.

Die Betriebsleitung und -verwaltung:
- *Forscher* sollen Produkte verbessern und neue entwickeln.
- Der *Werbeleiter* ist für Marktforschung und Werbung verantwortlich. Er muß die Produkte durch Werbung im Fernsehen, Werbefunk, in Zeitungsinseraten usw. auf dem Markt bekanntmachen.
- Der *Verkaufsleiter* und die (*Handels*)*vertreter* sind dafür verantwortlich, Märkte zu erschließen, die Produkte auf den Markt zu bringen und zu verkaufen.
- Die *Buchführer* überwachen die Buchführung einer Firma und führen Buchprüfungen durch (prüfen die Bücher).
- Der *Betriebsdirektor* ist verantwortlich für die technische Leitung und Organisation des Betriebs.
- In großen Konzernen stehen ihm dabei Programmierer, Analytiker (und Computer!) zur Verfügung.

Die *Fabrikarbeiter* verrichten meist die körperliche Arbeit; sie arbeiten z.B. in Werkstätten, Werkhallen oder am Fließband. Sie sind für die Produktion der Güter direkt verantwortlich. Meistens gehören die Arbeiter einer Gewerkschaft an.

selbständig: *independent*
der Aufsichtsrat (—e): *Board of Trustees (directors)*
der Aktionär (–e): *shareholder*
der Arbeitnehmervertreter (–): *employee's representative*
das Mitbestimmungsgesetz (–e): *law allowing co-determination*
regeln (*wk*): *to lay down, to stipulate*
der Vorsitzende (*like adj.*): *chairman*
festlegen (*wk*): *to determine*
die Richtlinie (–n): *policy, guiding principles*
das Unternehmen (–): *firm, enterprise*
der Betriebsrat (—e): *workers' council*
vertreten (i, a, e): *to represent*
die Gewerkschaft (–en): *trade union*
der Lohn (—e): *salary*
der Tarif (–e): *rate of pay*
der Streik (–s): *strike*

die Leitung: *management*
die Verwaltung: *administration*
der Forscher (–): *research scientist*
der Werbeleiter (–): *chief advertising executive*
das Produkt (–e): *product*
das Zeitungsinserat (–e): *newspaper advertisement*
der Vertreter (–): *sales representative*
Märkte erschließen (ie, o, o): *to develop, to open up markets*
der Buchführer (–): *accountant*
Buchprüfungen **durch**führen (*wk*): *to carry out audits*
zur Verfügung (*) stehen (e, a, a): *to be available*
verrichten (*wk*): *to do, to carry out*
die Werkstatt (—en): *small workshop*
die Werkhalle (–n): *large workshop*
das Fließband (—er): *assembly line*

Retranslation

1 The head of a firm takes all the essential decisions. 2 A secretary takes letters down in shorthand and types them. 3 She also files letters and other documents. 4 Research scientists improve on existing products and develop new ones. 5 Advertising executives are responsible for market research and advertising. 6 The sales department is responsible for opening up markets, bringing the products on to the market and selling them. 7 Accountants keep the firm's books and carry out audits. 8 The works manager is responsible for the technical organization of the firm. 9 Large concerns usually have the use of computers. 10 Workers on the shop floor do the physical work. 11 They often work on the production line. 12 Most workers belong to a union.

Fragen

1. Warum sind Handel, Gewerbe und Industrie für eine Stadt so wichtig?
2. Was bringen die Betriebe außer Steuern?
3. Was macht eine Sekretärin?
4. Wer diktiert ihr meistens die Briefe?
5. Welche Aufgabe haben die Stenotypistinnen eigentlich nur?
6. Wer sitzt heutzutage oft schon neben den Vertretern der Hauptaktionäre im Aufsichtsrat?
7. Durch welches Gesetz wird das geregelt?
8. Welches Organ vertritt in einem Betrieb die Arbeiter und Angestellten gegenüber der Betriebsleitung?
9. Nennen Sie zwei Personengruppen, die zur Betriebsleitung gehören!
10. Wo arbeiten die Fabrikarbeiter?

13.3 Aufsatzthemen

1. Dörfliches Leben früher und heute.
2. Wo möchten Sie lieber wohnen – in der Stadtmitte oder im Vorort?
3. In welcher Hinsicht ist das deutsche Großstadtleben anders als das englische?
4. Beschreiben Sie eine Stadt, die Sie kennen!

IV Probleme der Stadt

14 Öffentliche Sicherheit und Ordnung

In einer Gesellschaft muß ein Mindestmaß an Ruhe, Ordnung und Sicherheit vorhanden sein, sonst zerbricht diese Gesellschaft und endet im Chaos. Weder Politik, noch Wirtschaft, noch öffentliches, noch privates, noch religiöses Leben könnten sich fruchtbringend entwickeln. Leider hat man in der Geschichte diese simple Erkenntnis auch immer wieder dazu benutzt, den Leuten Angst zu machen, und es hat vor lauter „law and order"-Politik (der englische Begriff wird oft im politischen Jargon benutzt) keine Freiheit mehr in der Gesellschaft gegeben. Zwischen Freiheit und „law and order" muß wohl immer ein Kompromiß gefunden werden. Oder sollten wir, wie ein deutscher Politiker meinte, „mehr Freiheit wagen"?

Gerade in Städten ist jedoch die Kriminalität beängstigend hoch; Einbrüche, Vergewaltigungen und Morde sind leider keine Seltenheit mehr. Vor einigen Jahren schlug der Film „Ein Mann sieht rot" Selbstjustiz als Heilmittel für diese Großstadtkrankheit vor. Wir sollten uns davor genauso hüten wie vor einer falschen „law and order"-Politik!

Die Polizei wird hier vor eine schwere Aufgabe gestellt. Sie muß heutzutage die Gesellschaft in vielerlei Hinsicht schützen. Bei dieser schweren Aufgabe soll der Polizist jedoch stets unparteiisch, objektiv, besonnen, einsatzbereit und ... tüchtig und erfolgreich sein! Seine Aufgabe ist sicherlich nicht so rosig, wie es immer in den Werbeslogans heißt, wo Männer mit Herz der Gefahr ins Auge blicken, wo der Mann noch ein Mann ist, und wo interessanter Innendienst mit aufregendem Außendienst wechselt. Vielmehr ist vieles in seinem Beruf Routine: er fährt Streife, er schreibt Berichte, er führt Routinebefragungen durch, er beantwortet alltägliche Fragen; selbst wenn er jemanden vernimmt, ist das Routinesache. Er muß oft zu ungewöhnlichen Zeiten Dienst machen (er hat eine ungeregelte Dienstzeit), und sein Gehalt ist auch nicht übermäßig hoch. Immer neue, keineswegs „aufregende" Aufgaben nehmen die Aufmerksamkeit und die Kräfte der Polizei zunehmend in Anspruch:
· Den Fußballrowdies und jugendlichen Randalierern muß das Handwerk gelegt werden. Massenversammlungen, Demonstrationen und Protestmärsche müssen unter Kontrolle gehalten werden. Rassenkrawalle müssen geschlichtet werden. Persönlichkeiten des öffentlichen Lebens und öffentliche Gebäude müssen vor Demonstranten und politischen Aktivisten geschützt werden. Mit Bürgerinitiativen muß verhandelt werden. Zufahrtswege zu Kernkraftwerken müssen abgesperrt werden. Stadtguerillas und terroristische Vereinigungen müssen bekämpft werden usw. usw. . . . .

die Gesellschaft (–en): *society*
Ordnung: *law and order*
das Mindestmaß: *minimum extent (amount)*
vorhanden* sein: *to exist, to be at hand*
das Chaos: *chaos*
die Politik: *politics, policy*
fruchtbringend: *fruitfully, profitably*
die Erkenntnis (–se): *fact, basic truth*
lauter: *nothing but*
der Jargon (–s): *jargon*
der Kompromiß (–sse): *compromise*
gerade in Städten: *particularly in towns*
die Vergewaltigung (–en): *rape*
der Mord (–e): *murder*
die Seltenheit (–en): *rare occurrence*
das Heilmittel (–) für (gegen) (+ *Acc.*): *remedy for*
sich hüten (*wk*) vor (+ *Dat.*): *to guard against*
in vielerlei Hinsicht: *in many ways*
besonnen: *cheerful*
einsatzbereit: *ready for action, on the alert, prepared*
tüchtig: *capable*
wechseln (*wk*) mit (+ *Dat.*): *to alternate with*
die Routine: *routine*

er fährt Streife: *he patrols the streets in a police car*
er geht Streife: *he is on the beat*
selbst, wenn . . .: *even if, even when*
jemanden vernehmen (i, a, o): *to take a person's statement*
das Gehalt (–er): *salary*
übermäßig: *excessively*
zunehmend: *increasing*
jemandem/etwas das Handwerk legen: *to put a stop to someone/something*
das Randalieren: *violence*
der Rassenkrawall (–e): *race riot*
schlichten (*wk*): *to settle*
schützen (*wk*) vor (+ *Dat.*): *to protect from*
der Demonstrant (–en) (*wk masc.*): *demonstrator*
der Aktivist (–en) (*wk masc.*): *activist*
die Bürgerinitiative (–n): *(German) citizens' action-committee*
verhandeln (*wk*): *to discuss, to negotiate*
der Zufahrtsweg (–e): *access road*
das Kernkraftwerk (–e): *nuclear power station*
absperren (*wk*): *to cordon off, to block*
die Vereinigung (–en): *organisation*
bekämpfen (*wk*): *to fight*

Retranslation

1 Society would break up and end in chaos if there were no law and order. 2 Neither politics nor economics, nor public, private or religious life would be able to develop fruitfully. 3 A compromise must be found between personal freedom and law and order. 4 The crime rate, particularly in large towns, is alarmingly high. 5 Break-ins, rapes and murders are unfortunately no longer rare occurrences.

6 Nowadays the police have to protect society in many different ways. 7 A policeman works unsocial hours and his salary is not particularly high. 8 A large part of his job is concerned with routine matters. 9 Football hooligans, demonstrations, protest marches and race riots have to be kept under control. 10 More and more demands are being made on police vigilance and resources.

Fragen

1. Wann endet eine Gesellschaft im Chaos?
2. Welcher englische Begriff wird oft auch im Deutschen anstatt „Ruhe und Ordnung" benutzt?
3. Was bedeutet der Ausspruch „Mehr Freiheit wagen!"?
4. Was ist in Städten besonders hoch?
5. Was ist Selbstjustiz, und wo wurde sie z.B. vorgeschlagen?
6. Hat ein Polizist einen romantischen Beruf?
7. Wie sind die Dienstzeiten des Polizisten?
8. Welche neuen Aufgaben nehmen die Polizei immer stärker in Anspruch? (Nennen Sie vier solche Aufgaben!)
9. Wem sollte das Handwerk gelegt werden?
10. Warum müssen manchmal Zufahrtswege zu Kernkraftwerken abgesperrt werden?

14.1 Eine Demonstration

Obwohl Demonstranten oft guten Grund zur Klage haben, verscherzen sie sich häufig die Sympathien der Öffentlichkeit, indem sie gewalttätig werden und ungesetzliche Handlungen begehen. Auf der anderen Seite haben aber auch des öfteren nervöse und schlecht ausgebildete Polizisten dazu beigetragen, daß es zu Ausschreitungen und Tränengasschlachten kam. Demonstrationen können aus vielerlei Gründen von verschiedenen Gruppen und Organisationen veranstaltet werden, z.B. von einer politischen Gruppierung oder einer politischen Partei, von Studentengruppen, von Gewerkschaften, von streikenden Arbeitern, von Bürgerinitiativen, von bestimmten Bevölkerungsgruppen usw.

guten Grund zur Klage: *good ground for complaint*
sich verscherzen (*wk*) (+ *Acc.*): *to alienate, to forfeit, to lose*
gewalttätig: *violent*
ungesetzliche Handlungen begehen (e, i, a): *to take illegal action*

des öfteren: *frequently, as often as not*
beitragen (ä, u, a) zu (+ *Dat.*): *to contribute to*
die Ausschreitung (–en): *excess, riot*
die Schlacht (–en): *battle*
eine Demonstration veranstalten (*wk*): *to stage a demonstration*

Vorbeugende Maßnahmen der Polizei

Demonstrationen müssen angemeldet werden. Der zuständige Polizeichef muß sich zunächst allgemeine Instruktionen von seiner zivilen vorgesetzten Dienststelle holen. Dann trifft er mit seinem Stab Vorbereitungen, damit die Demonstration in geordneten Bahnen verläuft. Er fordert Polizeiverstärkung an. Wenn möglich, nimmt er mit den Führern der Demonstration Kontakt auf. Sie besprechen die Marschroute und können sogar verabreden, daß Marschroute und Marschziel geheimgehalten werden. An strategisch wichtigen Punkten entlang des Marschwegs stellen sich Polizisten auf; andere fahren vorher die Strecke ab; für Notfälle wird ein Rotkreuzwagen angefordert. Der Polizeichef teilt auch die Polizisten ein, die die Demonstranten während des Marsches überwachen; unter Umständen fordert er Polizeihubschrauber an. Er läßt Ladeninhaber und Hausbesitzer entlang der Strecke warnen und empfiehlt ihnen, Fenster, Schaufenster und Türen zu vernageln. Seinen Männern schärft er vor Beginn der Demonstration nochmals ein, sich korrekt und besonnen zu verhalten, Gegendemonstrationen zu verhindern, rivalisierende Gruppen auseinanderzuhalten, Mitläufer umzuleiten und potentielle Störenfriede, wenn nötig, zu verhaften.

vorbeugend: *preventive*
die Maßnahme (–n): *measure(s), action*
anmelden (*wk*): *to give notice of*
zuständig: *responsible, in charge*
zunächst: *first, initially*
seine zivile vorgesetzte Dienststelle: *his civilian superior (cf. the Home Office)*
der Stab (–̈e): *staff (usually military)*
in geordneten Bahnen *verlaufen (äu, ie, au): *to run smoothly*
Polizeiverstärkung **an**fordern (*wk*): *to ask for extra police*
verabreden (*wk*): *to agree*
geheimhalten (ä, ie, a): *to keep secret*

sich **auf**stellen (*wk*): *to line up*
einteilen (*wk*): *(here) to brief*
der Ladeninhaber (–): *shopkeeper*
vernageln (*wk*): *to nail up, to board up*
jemandem etwas **ein**schärfen (*wk*): *to impress something on someone*
sich verhalten (ä, ie, a): *to behave, to conduct oneself*
der Mitläufer (–): *follower, hanger-on*
umleiten (*wk*): *to divert, to reroute*
der Störenfried (–e): *troublemaker*
verhaften (*wk*): *to arrest*

Der Verlauf einer Demonstration

Die Demonstranten bilden einen Aktionsausschuß und entwerfen ein Aktionsprogramm. (Welche Form soll die Demonstration haben: soll es z.B. ein Protestmarsch oder ein Sit-in sein?) Sie melden die Demonstration an. Die Demonstranten versammeln sich zur festgesetzten Zeit am festgesetzten Ort. Viele bringen Plakate und Spruchbänder mit. Sie marschieren auf ihr Ziel zu (z.B. ein Botschaftsgebäude, ein Unigebäude, ein Kernkraftwerk oder eine Fabrik). Die Führer organisieren Sprechchöre und -gesänge. Die Demonstranten besetzen und übernehmen das Gebäude. Oft muß die Polizei gerufen werden, um Ruhe und Ordnung wiederherzustellen und die Gebäude zu räumen. Manchmal kommt es dabei zu Gebäude- und Straßenschlachten und Prügeleien. Die Polizei muß Tränengas, Gummigeschosse und Wasserwerfer einsetzen, bzw. ihre Schlagstöcke und durchsichtigen Schutzschilde gebrauchen. Verhaftete werden in „Grünen Minnas" abtransportiert. Die Demonstration löst sich schließlich auf.

der Aktionsausschuß (∸sse): *action committee*
der Protestmarsch (∸e): *protest march*
der Sit-in (–s): *sit-in*
das Plakat (–e): *placard*

das Spruchband (∸er): *banner*
die Botschaft (–en): *embassy*
der Sprechchor (∸e): *(here) chanters*
der Sprechgesang (∸e): *chant*

besetzen (*wk*): *to occupy*
räumen (*wk*): *to clear*
die Prügelei (-en): *scuffle, fight*
das Gummigeschoß (-sse): *rubber bullet*
der Wasserwerfer (–): *water-cannon*

der Schlagstock (–̈e): *truncheon*
der Schutzschild (–e): *protective shield*
die "Grüne Minna" (–s): *Black Maria*
die Demonstration löst sich auf: *the demonstration breaks up*

Retranslation

1 Demonstrators often have good grounds for complaint. 2 They frequently alienate public opinion, however, by acting violently and illegally. 3 The police sometimes contribute to riots and tear-gas battles by being on edge and badly prepared. 4 Demonstrations are staged by various groups and organizations for various reasons. 5 Political groups, students, trade unions, strikers and citizen initiative groups often stage demonstrations.

Fragen

1. Warum verscherzen sich Demonstranten häufig die Sympathien der Öffentlichkeit?
2. Wozu kann es machmal kommen, wenn die Polizei nicht die Nerven behält?
3. Nennen Sie drei Grupp(ierung)en, die manchmal Demonstrationen veranstalten!
4. Von welcher Dienststelle holt sich der Polizeichef vor einer Demonstration Instruktionen?
5. Mit wem trifft er dann weitere Vorbereitungen?
6. Mit wem nimmt er, wenn möglich, Kontakt auf?
7. Wo werden die Polizisten entlang der Marschroute eingesetzt?
8. Womit kann die Polizei die Marschroute auch aus der Luft überwachen?
9. Was empfiehlt die Polizei den Ladeninhabern entlang der Marschroute?
10. Nennen Sie drei Dinge, die der Polizeichef seinen Männern vorher noch einschärft. (*Imperative*)
11. Was muß die Polizei manchmal einsetzen, wenn es zu Straßenschlachten und Prügeleien kommt?
12. Wie nennt man die Autos, in denen die Verhafteten abtransportiert werden?

14.2 Sex und Gewalttätigkeit

Die Wirkung des Fernsehens auf Kinder und vor allem Jugendliche wird oft kritisiert. Auf dem Bildschirm werden Menschen erschossen, erstochen, ermordet, erwürgt, vergiftet, gefoltert. Frauen werden belästigt und vergewaltigt; während der Hauptsendezeiten werden Sexszenen (nicht Liebesszenen!) gezeigt. Das alles geschieht ganz selbstverständlich, so „nebenbei". Wissenschaftler warnen schon vor „Gewaltimitationen" (David J. Hicks) und davor, daß „die Häufung an Gewaltmustern die Reaktionen der Betrachter abstumpft",(Hans-Bredow-Institut, Hamburg). Viele Firmen nützen Sex und sexuelle Symbole „schamlos" aus, um ihre Produkte abzusetzen. Dies ist umso verwerflicher, weil die Anzeigen, Illustrierten, Posters, Plakate, Werbespots usw., mit denen solche Art von Werbung betrieben wird, meist an das Unterbewußtsein appellieren. Jugendliche haben oft ohne weiteres Zugang zu pornographischen Schriften und Sexzeitschriften, die offen in Läden und Kiosks ausliegen, und die z.B. offen Geschlechtsverkehr und geschlechtliche Handlungen zwischen Lesbierinnen und Homosexuellen zeigen. Leider haben Jugendliche heutzutage auch oft Zutritt zu pornographischen Filmen (Pornofilmen), weil die Alterskontrolle nicht genau genommen wird. Da heutzutage die Pubertät im allgemeinen früher einsetzt, sind die jungen Leute all diesen Einflüssen schon verhältnismäßig früh ausgesetzt, und zwar meist in einem Entwicklungsstadium, wo die geistige und sittliche Reife oft noch hinter der körperlichen zurückhängen. Diese Einflüsse können früher oder später Frustration, Unsicherheit und emotionale Störungen hervorrufen; Sex wird daher oft mit Gewalttätigkeit in Verbindung gebracht. Sexualdelikte wie Vergewaltigung und Belästigung von Kindern scheinen zuzunehmen. Natürlich können wir z.B. dem Fernsehen, den Kinos und den Zeitungshändlern nicht allein die Schuld geben. Dennoch müssen uns obige Tatsachen zu denken geben.

die Wirkung (–en) auf (+ *Acc.*): *effect (on)*
erschießen (ie, o, o): *to shoot dead*
erstechen (i, a, o): *to stab to death*
erwürgen (*wk*): *to strangle (to death)*
vergiften (*wk*): *to poison*
foltern (*wk*): *to torture*
belästigen (*wk*): *to molest, to accost*
die Hauptsendezeit (–en): *peak-viewing time*
selbstverständlich: *as a matter of course*
nebenbei: *incidentally*
der Wissenschaftler (–): *scientist, expert*
die Häufung: *accumulation, piling up*
das Gewaltmuster (–): *pattern of violence*
Reaktionen **ab**stumpfen (*wk*): *to deaden the reactions*
ausnützen (*wk*): *to exploit*
Produkte **ab**setzen (*wk*): *to sell/to market products*
verwerflich: *objectionable, reprehensible*

betreiben (ei, ie, ie): *to carry out, to run*
das Unterbewußtsein: *the subconscious*
Zugang haben zu (+ *Dat.*): *to have access to*
ohne weiteres: *automatically, immediately*
der Geschlechtsverkehr (haben mit + *Dat.*): *(to have) sexual intercourse (with)*
die Handlung (–en): *act(ion)*
der Homosexuelle (–n) (*wk masc.*): *homosexual*
ausgesetzt: *exposed*
das Entwicklungsstadium (–dien): *stage of development*
sittlich: *moral*
die Reife: *maturity*
hervorrufen (*wk*): *to evoke, to cause*
in Verbindung bringen (i, a, a) mit (+ *Dat.*): *to link up with*
das Sexualdelikt (–e): *sex(ual) crime*
zunehmen (i, a, o): *to increase, to be on the increase*
jemandem die Schuld geben (i, a, e): *to put the blame on s.o.*

Weiteres (gewalttätiges) Material:
● Er bedroht sie mit einem Messer, mit einer Pistole usw.
● Er ersticht ihn (mit einem Messer). Sie sticht auf ihn ein. Er sticht zu.
● Der Sheriff erschießt den Bösewicht mit einem Colt, einer Pistole, Maschinenpistole, einem Gewehr.
● Der Gangster erdrosselt sein Opfer mit (den) bloßen Händen, mit einer Schlinge, mit einem Nylonstrumpf, mit einem Strick.
● Die Menge lyncht das unschuldige Opfer.
● Der Viehräuber wird an einem Baum aufgehängt.
● Er wird zum Tode durch den Strang (durch Erhängen) verurteilt und erhängt (durch Erschießen . . . und erschossen, auf dem elektrischen Stuhl . . . und hingerichtet, durch das Fallbeil . . . und geköpft (guillotiniert)).
● James Bond schlägt seinen Angreifer mit der Faust (ins Gesicht), verteilt Handkantenschläge und wendet Judogriffe an.
● Ling-Chi-Wan wendet Karate an: er schlägt mit der Handkante, stößt mit den Ellbogen und tritt mit den Füßen.
● Eine aufgebrachte Menge wirft Steine, die Polizei wirft Tränengas, ein Flugzeugentführer wirft Handgranaten.

auf jemanden **ein**stechen (i, a, o): *to stab at s.o.*
der Bösewicht (–e): *villain*
das Gewehr (–e): *rifle*
erdrosseln (*wk*): *to throttle to death*
das Opfer (–): *victim*
die Schlinge (–n): *noose*
der Strick (–e): *rope*

hinrichten (*wk*): *to execute*
das Fallbeil (–e): *guillotine*
Handkantenschläge verteilen (*wk*): *to give karate chops*
einen Judogriff **an**wenden (*wk*): *to apply a judo hold*
eine aufgebrachte Menge: *an angry mob*
die Handgranate (–n): *handgrenade*

Fragen
1. Was wird oft kritisiert?
2. Was kann man oft auf dem Bildschirm sehen? (. . ., daß Menschen . . .)
3. Was bedeutet „Gewaltimitation"?
   (benutzen Sie *nicht* „imitieren" / „Imitation"!)
4. Warum ist es moralisch verwerflich, daß Firmen Sex und sexuelle
   Symbolik für die Werbung ausnützen?
5. Wozu haben Jugendliche leider oft Zutritt? (zwei Dinge!)
6. Was wird bei Filmen leider nicht so genau genommen?
7. Wozu können die schlechten Einflüsse bei Jugendlichen führen?
8. Mit welchen Waffen kann man z.B. jemanden bedrohen?

14.3 Rowdytum, Randalierertum

Nicht alle Kinder haben das Glück, in geordneten Verhältnissen
aufzuwachsen. Nicht alle haben das Glück, liebevolle Eltern zu
haben; oft sind aber auch die Gefahren des Großstadtlebens
mitschuldig an der Tatsache, daß soviele Kinder und Jugendliche
„unter die Räder kommen".

geordnet: *settled*
die Verhältnisse (*pl*): *circumstances, surroundings*

mitschuldig an (+ *Dat.*): *just as much to blame for*
unter die Räder *kommen (o, a, o): (fig.) to go off the rails*

Ein Sozialarbeiter berichtet

Neulich mußte ich vor Gericht für Rolf X. ein Leumundszeugnis
abgeben. Rolf, ein sechzehnjähriger Jugendlicher, wurde bei einem
Fußballspiel festgenommen; er hatte einen Anhänger der Gästemannschaft tätlich angegriffen. Obwohl Rolf Unrecht getan hat, habe ich
großes Mitleid mit ihm. Er stammt aus einer sehr kinderreichen
Familie. Sein Vater ließ die Mutter mit den Kindern sitzen; schließlich
ließen sie sich scheiden. Finanziell ist die Mutter nicht sehr gut
gestellt; da sie arbeiten muß, sind die Kinder oft ohne Aufsicht. Rolf
verbringt einen Großteil seiner Zeit damit, sich diese gewalttätigen
Kriminal- und Cowboyfilme im Fernsehen anzuschauen; außerdem
lungert er oft auf der Straße und an Straßenecken herum. Wegen
seiner häuslichen Verhältnisse war er auch in der Schule nicht gut und
hat jetzt Schwierigkeiten, einen Arbeitsplatz zu finden. Er scheint
deswegen gegenüber der Gesellschaft einen Groll zu hegen. Er ist
schon einmal vor dem Jugendgericht gewesen, weil er Zigaretten
gestohlen hatte. Einige seiner Freunde nehmen schon Rauschgift.
Rolf sollte in ein Erziehungsheim eingewiesen werden; dort könnte er
einen ordentlichen Beruf lernen und so noch eine Chance im Leben
bekommen.

---

ein Leumund(s)zeugnis (–se) **ab**geben (i, a, e) für (+ *Acc.*): *to vouch for someone's character*
vor Gericht: *in court*
der Anhänger (–): *supporter*
tätlich: *violent(ly)*
angreifen (ei, i, i): *to attack*
ich habe großes Mitleid mit ihm: *I feel very sorry for him*

ohne Aufsicht: *unsupervised*
(*)**herum**lungern (*wk*): *to loiter (about), to hang around*
einen Groll hegen (*wk*) gegen (+ *Acc.*): *to bear a grudge against*
Rauschgift nehmen (i, a, o): *to take drugs*
in ein Erziehungsheim **ein**weisen (ei, ie, ie): *to send to a correction home*
ordentlich: *responsible, decent, steady*

Retranslation

1 Not all children have the good fortune of growing up in well-ordered circumstances. 2 Many don't have the good fortune of having loving parents. 3 Many children and young people go off the rails because of the dangers of living in a large town. 4 The effect of television on children and young people is often criticized. 5 People are shot, poisoned, strangled, stabbed and tortured on television. 6 Women are assaulted and raped. 7 All these things take place as a matter of course.

8 Many firms exploit sex and sexual symbols shamelessly to sell their products. 9 Young people often have easy access to pornographic books and sex magazines which are on open display in shops and kiosks. 10 Nowadays young people can get in to see pornographic films, because there is no exact check on their ages. 11 Sex is often connected with violence. 12 Television, films and sex magazines can sooner or later cause frustration, uncertainty and emotional disturbances.

Fragen

1. Was mußte der Sozialarbeiter neulich machen?
2. Warum wurde Rolf festgenommen?
3. Was für ein Zuhause hatte Rolf?
4. Womit verbringt Rolf einen Großteil seiner Zeit? (zwei Punkte!)
5. Ist Rolf das erste Mal vor dem Jugendgericht?
6. Wie könnte man — nach Meinung des Sozialarbeiters — Rolf am besten helfen?

15 Drogen

15.1 Am Ende profitiert nur der Dealer!

„Drogen sind Substanzen, die die Reaktionen und Funktionen des Körpers verändern." Diese Definition (aus einer Broschüre des Bundesministeriums für Jugend, Familie und Gesundheit) klingt vergleichsweise harmlos. Dennoch wissen wir alle, was gemeint ist.

In der richtigen Dosierung und unter ärztlicher Aufsicht sind manche Drogen willkommene Heilmittel; Drogenmißbrauch aber ist für den Menschen gefährlich, denn Mißbrauch kann zur Drogenabhängigkeit führen. Man unterscheidet zwar zwischen seelischer und körperlicher Abhängigkeit; meist treten diese aber gemeinsam auf, oder schon einer dieser Faktoren ist stark genug, eine menschliche Existenz zu gefährden. Die Ursachen der Abhängigkeit liegen häufig im täglichen Streß des Stadtlebens, häufig bei beruflichen, familiären und sozialen Problemen. Man wird aus eigener Kraft mit den Problemen nicht fertig und sucht nach Möglichkeiten, in eine scheinbar „heile" Welt zu entfliehen. Meist täuscht man sich damit aber selbst. Auch Neugierde ist ein Grund; der Dealer „fixt an", man probiert einen „Schuß" . . . am Ende profitiert nur der Dealer. Wegen der genannten Gefahren faßt man heute den Begriff Droge oft weiter; nicht nur Rausch- und Arzneimittel verstehen wir darunter, sondern heute werden auch Schnüffelstoffe, Alkohol und Nikotin dazugezählt!

> Weitere Informationsschriften über Alltagsdrogen und Rauschmittel erhalten Sie kostenlos bei der
>
> Bundeszentrale für Gesundheitliche Aufklärung Köln
>
> Ostmerheimer Straße 200
> **5 Köln 91**

die Substanz (–en): *substance*
klingen (i, a, u): *to sound*
vergleichsweise: *comparatively*
die Dosierung (–en): *dosage*
unter ärztlicher Aufsicht: *under medical supervision*
das Heilmittel (–): *medicine*
die Drogenabhängigkeit: *dependence on drugs*
die Ursache (–n): *cause*
aus eigener Kraft: *by oneself, under one's own steam*
fertig *werden (i, u, o) mit (+ *Dat.*): *to cope with, to handle*
heil: *wholesome, sane*
*entfliehen (ie, o, o): *to escape*

sich täuschen (*wk*): *to deceive o.s.*
die Neugierde: *curiosity*
"**an**fixen" (*wk*): (*sl.*) *to start giving "fixes" (hypodermic injections of a drug), have (give) a "fix" for the first time*
der "Schuß" (÷sse): (*sl.*) *"shot"*
man muß den Begriff weiter fassen (*wk*): *the term has to be seen in a wider context*
der Schnüffelstoff (–e): *inhalent*
der Alkohol (–e): *alcohol*
das Nikotin (–e): *nicotine*
er ist (drogen)süchtig: *he is on drugs*
das Rauschmittel (–): *narcotic*

Retranslation

1 Drugs are substances that change the reactions and functions of the body. 2 Many drugs are welcome remedies when taken in the correct dosage and under medical supervision. 3 Misuse of drugs can lead to drug addiction. 4 The causes of addiction often lie in the daily stress of city life — in professional, family and social problems.

5 Some people can't get over their problems by themselves. 6 They look for ways of escaping into an apparently "saner" world (*heile Welt*). 7 Curiosity is also a reason for some people taking drugs. 8 The dealer arranges a "fix" and you try a "shot" but ultimately it is only the dealer who profits.

Fragen

1. Wie werden Drogen in der Broschüre definiert?
2. Warum ist Drogenmißbrauch so gefährlich?
3. Worin liegen oft die Ursachen der Abhängigkeit? (Nennen Sie drei Ursachen!)
4. Wie weit faßt man den Begriff „Drogen" heute oft?

15.2 Die „Alltagsdrogen" Alkohol und Nikotin

Alkohol und Nikotin sind praktisch für jeden frei zugänglich; selbst Kinder und Jugendliche haben leichten Zugang zu diesen „Genußmitteln". Die gesundheitsschädigende Wirkung von Alkohol und Nikotin hat man längst erkannt. In einigen Ländern hat man die Zigarettenreklame daher bereits verboten oder eingeschränkt.

**Wer raucht, denkt nicht
Wer denkt, raucht nicht**

- mehr Menschen sterben pro Jahr an Lungenkrebs als im Straßenverkehr,
- im vorletzten Jahr zum Beispiel sind wahrscheinlich insgesamt 140 000 Menschen in der Bundesrepublik gestorben, weil sie rauchten.

Merke! Der Raucher in der Abbildung hat „ein Brett vor dem Kopf".

In den skandinavischen Ländern z.B. ist Alkohol so hoch besteuert, daß er schwer erschwinglich wird. Viele erkennen, daß Rauchen „Selbstmord auf Raten" bedeutet, und viele sehen, daß für Alkohol die Devise „mäßig, aber *un*regelmäßig" ist (und nicht der Werbeslogan, der einen alkoholischen Magenbitter mit „Trinke ihn mäßig, aber *regel*mäßig" anpreist!).

frei zugänglich: *readily available*
das Genußmittel (–): *pleasurable things, "goodies", foodstuffs*
gesundheitsschädigend: *harmful, unwholesome*
einschränken (*wk*): *to limit*
besteuert: *taxed*

unerschwinglich: *prohibitive, too expensive*
die Devise (–n): *slogan, catch-phrase*
mäßig: *in moderation*
anpreisen (ei, ie, ie): *to advertise, to praise the virtues of*

Jetzt aber naht sich das Malheur,
Denn dies Getränke ist Likör.

Er krächzt mit freudigem Getön
Und muß auf einem Beine stehn.

Es duftet süß. – Hans Huckebein
Taucht seinen Schnabel froh hinein.

Und Übermut kommt zum Beschluß,
Der alles ruinieren muß.

Er hebt das Glas und schlürft den Rest,
Weil er nicht gern was übrigläßt.

Er zerrt voll roher Lust und Tücke
Der Tante künstliches Gestricke.

Ei, ei! Ihm wird so wunderlich,
So leicht und doch absunderlich.

Der Tisch ist glatt – der Böse taumelt –
Das Ende naht – sieh da! Er baumelt.

Wilhelm Busch

„Die kleine Kneipe"

Der Abend senkt sich auf die Dächer der Vorstadt,
die Kinder am Hof müssen heim,
die Krämersfrau fegt das Trottoir vor dem Laden,
ihr Mann trägt die Obstkisten 'rein,
der Tag ist vorüber, die Menschen sind müde,
doch viele geh'n nicht gleich nachhaus,
denn drüben klingt aus einer offenen Türe,
Musik auf den Gehsteig hinaus.

Die kleine Kneipe in unserer Straße,
da wo das Leben noch lebenswert ist,
dort in der Kneipe in unserer Straße,
da fragt dich keiner, was du hast oder bist.

Die Postkarten dort an der Wand in der Ecke,
das Foto vom Fußballverein,
das Stimmengewirr, die Musik aus der Jukebox,
all das ist ein Stückchen „Daheim".
Du wirfst eine Mark in den Münzautomaten,
schaust andern beim Kartenspiel zu
und stehst mit dem Pils in der Hand an der Theke
und bist gleich mit jedem „per du".
Die kleine Kneipe . . . usw.

Man redet sich heiß und spricht von der Seele,
was einem die Laune vergällt,
bei Korn und bei Bier findet mancher die Lösung
für alle Probleme der Welt.
Wer Hunger hat, der bestellt Würstchen mit Kraut,
weil es andere Speisen nicht gibt,
die Rechnung, die steht auf dem Bierdeckel drauf,
doch beim Wirt hier hat jeder Kredit.

Die kleine Kneipe . . . usw.

(Musik: P. Kartner/Deutscher
Text: M. Kunze)

100 000 *Jugendliche alkoholsüchtig*

Nach Ermittlungen der Kölner Bundeszentrale für gesundheitliche Aufklärung . . . ist Alkohol die am meisten von Jugendlichen mißbrauchte Droge. Jeder vierte zwischen 12 und 14 Jahren trinkt täglich. Ob Bub oder Mädchen spielt keine Rolle: Bei den 14jährigen gibt es in puncto Alkohol keinen geschlechtsspezifischen Unterschied mehr. Eine Hochrechnung der Trinkerzahlen ergibt, daß von heute 15- bis 20jährigen später mindestens 100 000 alkoholkrank werden. Insgesamt wird die Zahl der alkoholabhängigen Bundesbürger auf mindestens eine Million Menschen geschätzt . . .

Retranslation

1 Even children and young people have easy access to alcohol and tobacco. 2 The harmful effect of alcohol and tobacco on one's health has long since been recognized. 3 Cigarette advertising has already been banned or limited in some countries. 4 Each year more people die of lung cancer than in road accidents. 5 In many countries alcohol and tobacco are heavily taxed. 6 In the Federal Republic every fourth child between the ages of twelve and fourteen drinks alcohol daily. 7 It makes no difference whether they are boys or girls. 8 It is estimated that more than a million people in the Federal Republic are addicted to alcohol.

Fragen

1. Was bezeichnet man als „Alltagsdrogen"?
2. Warum sind sie auch für Kinder und Jugendliche gefährlich?
3. Warum hat der Raucher in der Karikatur „ein Brett vor dem Kopf"?
4. Was denken heute viele über das Rauchen?
5. Erzählen Sie die Geschichte von Hans Huckebein mit eigenen Worten!
6. Was bedeuten die *schräggedruckten* Passagen in dem Schlagertext?
7. Wieviele Jugendliche trinken (dem Artikel nach)?
8. Wieviele Bundesbürger sind insgesamt alkoholsüchtig?

15.3 Arzneimittelmißbrauch

Schmerz- und Beruhigungstabletten sowie Schlaf- und Aufputsch-mittel sind wirkungsvolle Mittel gegen eine Vielzahl von Be-schwerden . . . wenn sie unter ärztlicher Aufsicht genommen werden! Werden sie unkontrolliert und im Übermaß genommen, ist der erste Schritt zur Abhängigkeit schon getan. Auch hier muß festgestellt werden, daß der Zugang zu diesen Arzneimitteln oft sehr einfach ist. Nur zu bereitwillig werden entsprechende Rezepte ausgeschrieben; viele dieser Mittel sind nicht einmal rezeptpflichtig. Diese und einige andere Mißstände im Gesundheitswesen versucht man in der Bundesrepublik durch ein schärferes Arzneimittelgesetz sowie das sog. Gesundheitskostendämpfungsgesetz zu beseitigen.

die Schmerztablette (–n): *pain killing tablet*
die Beruhigungstablette (–n): *tranquillizer*
das Schlafmittel (–): *sedative*
das Aufputschmittel (–): *dope*
wirkungsvoll: *effective*
die Vielzahl: *multitude, great number*
die Beschwerde (–n): *(med.) complaint, trouble*
im Übermaß: *to excess, excessively*
bereitwillig: *readily*

entsprechend: *appropriate*
nicht einmal: *not even*
der Mißstand (÷e): *abuse*
das Gesundheitswesen: *public health sector*
scharf: *(here) strict*
das Arzneimittelgesetz (–e): *law concerning medicines*
das Gesundheitskostendämpfungsgesetz (–e): *(Federal German) law to limit the costs in the public health sector*

Fragen

1. Wann ist der erste Schritt zur Abhängigkeit schon getan?
2. Warum ist der Zugang zu Arzneimitteln oft leicht?
3. Wie nennt man das neue Arzneimittelgesetz?

Retranslation

1 Pain killers, sedatives, sleeping tablets and pep-pills are effective drugs if they are taken under medical supervision. 2 If they are taken in excess the first step to addiction has been taken too. 3 Some doctors write out prescriptions for them too readily. 4 Many of these drugs don't need a prescription. 5 The law concerning these drugs should be tightened up.

15.4 „Weiche" und „harte" Drogen

Man nennt Haschisch, Marihuana und Cannabis „weiche" Drogen, weil sie angeblich nicht schädlich sind; dies stimmt erstens nicht, und selbst, wenn es stimmte, wäre noch immer der größte Schädlichkeits-faktor vorhanden: viele steigen nämlich bald auf die schädlichen Rauschgifte (die „harten" Drogen) Opium, Kokain und Heroin um. Diese Rauschgifte beeinflussen das Konzentrationsvermögen, führen bei manchen zu gehobener Stimmung und gesteigerter Kontakt-freudigkeit, bei anderen zu Ruhelosigkeit, wieder bei anderen zu „Antriebsverlust". Zeit- und Raumgefühl, Farb- und Tonempfindung-en werden gesteigert. Bei höheren Dosen treten Sinnestäuschungen, Angstzustände und schwere Depressionen auf. Immer aber endet der „Trip" in Abhängigkeit, von den anderen Gesundheitsschädigungen ganz abgesehen.

angeblich: *so people say*
schädlich: *harmful*
vorhanden *sein: *to exist, to be present*
*um*steigen (ei, ie, ie) auf (+ *Acc.*): *to change over to*
das Rauschgift (–e): *narcotic, drug*
beeinflussen (*wk*): *to affect, to influence*
das Konzentrationsvermögen: *ability to concentrate, powers of concentration*
bei manchen . . . bei anderen: *with some people . . . with others*
gehobene Stimmung: *elation*
gesteigert: *increased*
die Kontaktfreudigkeit: *pleasure in being with other people*
die Ruhelosigkeit: *restlessness*
der Antriebsverlust (–e): *loss of drive, listlessness*
das Zeit-und Raumgefühl: *awareness of time and space*
die Empfindung (–en): *sensation*
die Dosis (Dosen): *dose*
die Sinnestäuschung (–en): *hallucination*
der Angstzustand (–e): *state of anxiety*
ganz abgesehen von (+ *Dat.*): *quite apart from*

Retranslation

1 Hashish, marijhuana and cannabis are called "soft" drugs because they are apparently harmless. 2 Some people who start on soft drugs move on to the more harmful narcotics, the "hard" drugs — opium, cocaine and heroin. 3 These drugs are very dangerous. 4 If larger doses are taken hallucinations, anxiety states and heavy depressions occur. 5 Quite apart from other dangers to one's health, the "trip" will, however, always lead to addiction.

Fragen

1. Welches sind die „weichen" Drogen?
2. Welches sind die „harten" Drogen?
3. (a) Wie können die harten Drogen den Menschen beeinflussen? (drei Beispiele!)
   (b) Wie können sie die Gesundheit schädigen? (drei Beispiele!)

15.5 Halluzinogene

Halluzinogene verändern Sinneseindrücke und rufen Sinnestäuschungen hervor. Die bekanntesten Stoffe sind LSD und Meskalin. Auf dem schwarzen Markt wird LSD in unterschiedlicher Konzentration oder vermischt mit anderen Drogen in Form von Tabletten und Kapseln angeboten. Meskalin wird in Kapseln als weißliches Pulver oder in wäßriger, farbloser Lösung gehandelt. Vor allem Jugendliche neigen dazu, diese gefährlichen Drogen auszuprobieren. LSD-Anhänger schwärmen von der „bewußtseinserweiternden, offenbarenden, psychedelischen" Wirkung der Droge. Schon mit kleinsten Dosen (1/10 000 Gramm) ist ein „Trip", eine „Reise", zu erzielen! So mancher dieser Trips endet mit Selbstmord . . . oder mit Mord.

das Halluzinogen (–e): *hallucinogenic (substance)*	zu etwas neigen (*wk*): *to be prone to*
Sinneseindrücke verändern: *to affect the senses*	der LSD–Anhänger (–), der LSD–Abhängige (–n) (*like adj.*): *LSD addict*
in unterschiedlicher Konzentration: *in different strengths*	
die Kapsel (–n): *capsule*	schwärmen (*wk*) von (+ *Dat.*): *to rave about*
das Pulver (–): *powder*	bewußtseinserweiternd: *expanding ones awareness*
die Lösung (–en): *solution*	offenbarend: *revealing*
handeln (*wk*): (*here*) *to peddle*	erzielen (*wk*): *to attain, to achieve, to have*

15.6 Was tun?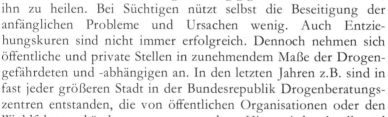

Ist ein Mensch erst einmal drogenabhängig geworden, ist es schwer, ihn zu heilen. Bei Süchtigen nützt selbst die Beseitigung der anfänglichen Probleme und Ursachen wenig. Auch Entziehungskuren sind nicht immer erfolgreich. Dennoch nehmen sich öffentliche und private Stellen in zunehmendem Maße der Drogengefährdeten und -abhängigen an. In den letzten Jahren z.B. sind in fast jeder größeren Stadt in der Bundesrepublik Drogenberatungszentren entstanden, die von öffentlichen Organisationen oder den Wohlfahrtsverbänden getragen werden. Hier wird schnell und unbürokratisch geholfen. Auch Erziehungs- und Familienberatungsstellen stehen Jugendlichen und Eltern mit Rat und Tat zur Seite. Mit ihrer Telefonseelsorge leisten die Kirchen praktische Hilfe. Einige private Organisationen befassen sich besonders mit dem Problem Alkoholismus. Dazu gehören vor allem die „Anonymen Alkoholiker". In einigen Großstädten gehen der „Club Aktiver Nichtraucher" und der „Ärztliche Arbeitskreis Rauchen und Gesundheit e.V." gegen das Rauchen vor.

Zentrale Kontaktstelle der Anonymen Alkoholiker Postfach 144 4650 Gelsenkirchen	**Bundeszentrale für gesundheitliche Aufklärung Postfach 5 Köln**	Die Heilsarmee Talstraße 15 2 Hamburg 4

der Süchtige (*like adj.*): (*drug*) *addict*
nützen (*wk*): *to be of help, of use*
die Beseitigung (–en): *removal, elimination*
die Entziehungskur (–en): *drying out treatment (treatment to help people)*
sich (*Dat.*) einer Sache **an**nehmen (i, a, o): *to take up a cause*
die Stellen (*pl*): *authorities, organisations*
in zunehmendem Maße: *to an ever increasing extent*
gefährdet: *endangered*

das Beratungszentrum (–tren): *advisory centre*
der Wohlfahrt(s)verband (∸e): *welfare association*
unbürokratisch: *without red tape*
jemandem mit Rat und Tat zur Seite(*)stehen (e, a, a): *to assist a person by word and deed*
die Telefonseelsorge (–n): *phone-in pastoral care service (cf. Samaritans)*
sich befassen (*wk*) mit (+ *Dat.*): *to concern oneself with*
*vorgehen (e, i, a) gegen (+ *Acc.*): *to take action against*

Retranslation

1 It is difficult to cure a person who has become addicted to drugs. 2 "Drying out" cures are not always successful. 3 There are many organizations nowadays that try to help drug addicts, alcoholics and smokers.

4 Alcoholics Anonymous, the Salvation Army, public and private clinics and the churches all offer practical help.

Fragen

1. Warum ist es so schwierig, Drogensüchtige zu heilen? (zwei Gründe!)
2. Was für Zentren sind in den letzten Jahren in vielen Städten entstanden?
3. Welche private Organisation befaßt sich z.B. mit den Alkoholproblemen?
4. Nennen Sie eine Anti-Raucher-Organisation!
5. Was versucht die Heilsarmee?

15.7 Aufsatzthema

Die Gefahren von Drogen und Alkohol

1. Drogen: Arzneimittel werden mißbraucht, Schnüffelstoffe, wie z.B. Äther und Benzol, werden gemixt, „weiche" und „harte" Rauschgifte (Haschisch ... Heroin) machen süchtig, Halluzigene wirken schon in kleinsten Dosen; man sucht Befriedigung, Lösung der Probleme durch den „Trip"; zu den sogenannten Alltagsdrogen gehört neben Nikotin auch ...
2. Alkohol (d.h., streng genommen, sollte man die Begriffe „Drogen" und „Alkohol" nicht trennen!): Likör, Bier, Wein; Schnäpse (=die„harten Sachen"!); zuviel Alkohol trinken, sich betrinken, Alkohol gibt es leider überall zu kaufen ...
3. Viele Drogen, vor allem Alkohol, sind für jedermann zugänglich; viele Gefahren und gesundheitliche Schäden treten auf: Trunkenheit am Steuer, man kann in eine Schlägerei geraten; man kann seinen Arbeitsplatz verlieren; man kann alkoholsüchtig werden; die Gesundheit wird ruiniert; man zerstört seine Persönlichkeit/sich körperlich und geistig; man wird abhängig vom Dealer; man ruiniert sich finanziell; man wird rauschgiftsüchtig.

4. Auswirkungen auf andere: die Familie wird zerrüttet (in Mitleidenschaft gezogen), die Ärzte müssen bemüht werden, Sozialarbeiter und andere staatliche Stellen müssen eingeschaltet werden, man fällt der staatlichen Gesundheitsfürsorge (d.h. der Allgemeinheit) zur Last, man verleitet andere zu Drogen und Alkohol.
5. Wie können wir den Gefahren entgegentreten? Wir müssen andere über die Gefahren aufklären, wir müssen uns selbst zusammennehmen, wir müssen Süchtigen helfen, wir müssen staatliche und private Organisationen unterstützen.

der Likör (–e): *liqueur, liquor*
die Auswirkung (–en): *consequence, effect*
zerrüttet: *distraught, shattered*
in Mitleidenschaft ziehen (ie, o, o): *to affect, to involve*
jemandem zur Last *fallen (ä, ie, a): *to become a burden, a nuisance to s.o.*
sich **zusammen**nehmen (i, a, o): *to pull oneself together*

16 Arbeitslosigkeit

16.1 Einleitung

Arbeitslosigkeit ist mit der Industriellen Revolution im letzten Jahrhundert zu einem großen wirtschaftlichen, politischen und sozialen Problem geworden. Dieses Problem ist auch heute noch nicht ganz bewältigt; z.T. ist es auch in anderer Gestalt wieder aufgetaucht: die heutige Verstädterung bringt z.B. besondere Probleme mit sich, auch die Jugendarbeitslosigkeit hat ein anderes Gesicht als damals. Lösungsversuche hat es viele gegeben und gibt es auch heute noch. Auf der einen Seite z.B. behaupten die Anhänger der Sozialen Marktwirtschaft, das Ei des Columbus gefunden zu haben; auf der anderen Seite behauptet die Sozialistische Zentralverwaltungswirtschaft („Planwirtschaft"), den Stein des Weisen entdeckt zu haben. Die einen schimpfen auf den Kommunismus, die andern auf den sog. Kapitalismus. Viele sind aber der Ansicht, daß weder das eine noch das andere System das Problem dauerhaft lösen kann. Es kann nicht Aufgabe dieses Buches sein, wissenschaftlich exakte, ausführliche Analysen zu geben; noch können wir Patentrezepte anbieten oder Zukunftsprognosen stellen (wer kann das schon?); wir wollen uns daher darauf beschränken, einige wenige Punkte wiederzugeben, die bei der Diskussion um die Arbeitslosigkeit immer wieder vorgebracht werden.

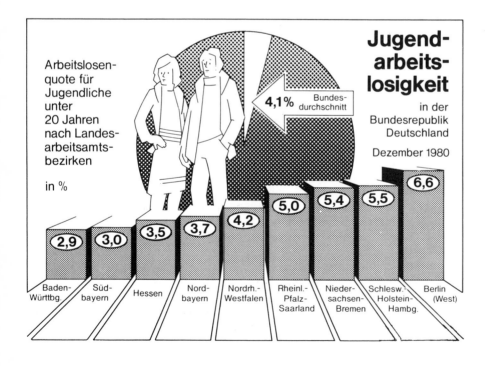

Zuvor jedoch noch einige allgemeine Bemerkungen, die hauptsächlich für die Bundesrepublik gelten:

> Wenn jemand arbeitslos wird, bekommt er vom Arbeitsamt
> Arbeitslosenunterstützung (Arbeitslosengeld, „Stempel-
> geld", „er geht stempeln"). Das Arbeitsamt hilft einem
> Arbeitssuchenden, eine neue Stelle zu finden. Manchmal gibt
> es mehr Stellungssuchende als offene Stellen angeboten
> werden. Man spricht dann von Stellenknappheit (umgekehrt
> spricht man von einem Überangebot an offenen Stellen).
> Verschiedene Institutionen versuchen, Arbeitslosen (und
> auch Kurzarbeitern) zu helfen: die Bundesanstalt für Arbeit,
> die Bundesregierung und nicht zuletzt die „Tarifpartner",
> d.h. die Arbeitnehmerverbände und die Gewerkschaften. Die
> Tarifpartner und die Bundesregierung nennt man die
> „Sozialpartner". Ist jemand länger als ein Jahr arbeitslos,
> bekommt er nur noch Arbeitslosenhilfe (Sozialhilfe). Schul-
> und Universitätsabgänger, die noch nicht gearbeitet haben,
> bekommen ebenfalls Sozialhilfe. – Die Bundesrepublik ist ein
> demokratischer und *sozialer* Rechtsstaat; die Regierung hat
> sich daher immer bemüht, den sozial Schwachen zu helfen:
> die Arbeitsämter vermitteln Stellen; staatlich geförderte
> Weiterbildungs- und Umschulungsprogramme schaffen
> bessere berufliche Qualifikationen und Chancen; das zehnte
> Schuljahr in den Hauptschulen wird angeboten; für arbeits-
> lose Jugendliche gibt es Überbrückungs- und Arbeitsbe-
> schaffungsprogramme sowie besondere Kurse; Behinderte
> und ältere Arbeitnehmer haben besonderen Kündigungs-
> schutz; es gibt Arbeitslosengeld, Krankengeld und Kinder-
> geld, sowie ein besonderes Mutterschutzgesetz.

die Arbeitslosigkeit: *unemployment*

bewältigen (*wk*): *to overcome, to master*

die Verstädterung: *urbanisation*

die Soziale Marktwirtschaft: *socially-oriented market economy (Erhard system of free competition with special regard to its social aspect)*

das Ei des Columbus finden (i, a, u): *to find the (simple) solution*

die sozialistische Zentralverwaltungswirtschaft: *(socialist type of) centralized planned economy*

die Planwirtschaft: *planned economy*

der Stein des Weisen: *the philosopher's stone (i.e. the ultimate truth)*

schimpfen (*wk*) auf (+ *Acc.*): *to complain bitterly about*

der Ansicht *sein: *to be of the opinion*

dauerhaft: *permanently*

die Analyse (–n): *analysis*

das Patentrezept (–e): *easy solution, panacea*

die Zukunftsprognose (–n): *forecast for future prospects*

die Arbeitslosenunterstützung (–en): *unemployment benefit*

das Stempelgeld: *dole-money*

die Knappheit an (+ *Dat.*) (*usu. without article*): *scarcity, shortage (of)*

das Überangebot: *excessive supply*

der Kurzarbeiter (–): *worker on short time*

die Anstalt (–en): *establishment, institute*

die Tarifpartner (*pl*): *labour and management*

der Arbeitnehmerverband (÷e): *employees' association*

nur noch: *only, just*

die Arbeitslosenhilfe (–n): *(reduced) unemployment benefit*

der Schulabgänger (–): *school leaver*

das Arbeitsamt (÷er): *labour exchange*

eine Stelle vermitteln (*wk*): *to help find a job*

staatlich gefördert: *state assisted*

Weiterbildungs- und Umschulungsprogramme: *extension and retraining courses*

schaffen (a, u, a): *to create*

die Chance (–n): *chance*

die Hauptschule (–n): *modern term for "Volksschule" (5th–9th year)*

der Behinderte (*like adj.*): *handicapped person*

der Kündigungsschutz: *protection against being given notice*

Fragen

1. Seit wann ist die Arbeitslosigkeit ein großes Problem?
2. Hat es schon einen Lösungsversuch gegeben?
3. Auf welche beiden „Ismen" (*isms*) wird geschimpft?
4. Was kann dieses Lehrbuch hier nicht anbieten?
5. Nennen Sie zwei andere Ausdrücke für „er geht stempeln"!
6. Welche Institution kann einem bei der Arbeitssuche helfen?
7. Wovon spricht man, wenn zu wenig Stellen angeboten werden?
8. Wen bezeichnet man als „Tarifpartner"?

16.2 Wer ist schuld?

Der Staat?

An der Wohnungstür sollte man
Ein großes Din-A-4-Schild
Mit der Aufschrift anbringen:
„Dieser Staat hat mich arbeitslos gemacht!"
Ich schäme mich nicht.
Dieser Staat sollte sich schämen.

(ein Arbeitsloser)

Die Unternehmer?

„Schuld an der Arbeitslosigkeit sind die Unternehmer, die keine neuen Arbeitsplätze schaffen und alte rücksichtslos wegrationalisieren." (*Eugen Loderer, ehemaliger Vorsitzender der Industriegewerkschaft (IG) Metall*)

Die Marktwirtschaft?

„Das System, wenn es nicht in der Lage ist, die Vollbeschäftigung wiederherzustellen, muß geändert werden." (*Herbert Vetter, ehemaliger Vorsitzender des Deutschen Gewerkschaftsbundes (DGB)*)

Die Rationalisierung?

„Durch Rationalisierung und Technik ... werden immer mehr Arbeitsplätze vernichtet." (*DGB-Aufruf zum 1. Mai*)

Die Gewerkschaften?

„Eine entscheidende Ursache der Arbeitslosigkeit bildet die gewerkschaftliche Lohnpolitik der vergangenen Jahre." (*Institut der deutschen Wirtschaft*)

Diese Argumente haben wohl gezeigt, daß man das Arbeitslosenproblem nicht einseitig, nicht nur von einem Standpunkt aus betrachten sollte.

ein Schild **an**bringen (i, a, a): *to put up a sign*	die Technik: *technology*
der Unternehmer (–): *employer*	vernichten (*wk*): *to abolish, to destroy*
rücksichtslos: *recklessly, thoughtlessly, ruthlessly*	der Aufruf (–e): *proclamation*
der Arbeitsplatz (–e): *job*	die Lohnpolitik: *wage policy*
wegrationalisieren (*wk*): *to abolish (through rationalisation)*	beleuchten (*wk*): *to shed light on, to elucidate*
die Vollbeschäftigung: *full employment*	

Fragen

1. Warum haben (nach Loderer) die Unternehmer an der Arbeitslosigkeit Schuld?
2. Warum haben angeblich die Gewerkschaften daran Schuld?

Retranslation

1 Unemployment has become a great economic, political and social problem. 2 When a person becomes unemployed he usually goes on the dole. 3 The Labour Exchange (Employment Office) often helps people to find a job. 4 There is a general (*allgemein*) shortage of jobs. 5 Who is to blame? — the state, the employers, the market economy, the rationalization programme or the trade unions?

16.3 Weitere Faktoren

Die Konjunktur in der Marktwirtschaft ist zu einem großen Teil abhängig vom freien Kräftespiel der Tarifpartner: Arbeitgeber und Arbeitnehmer. Die einen streben nach höheren Profiten; sie wollen durch hohe Investitionen und niedrige Lohnkosten ihre Profite und den Konsum steigern. Die andern streben nach höheren Löhnen und Gehältern, um ihren Lebensstandard zu verbessern. Zu hohe Profit-, bzw. Einkommenserwartungen wirken sich negativ auf die Arbeitslosigkeit aus. Andere sind wiederum der Meinung, daß eine monetaristische Politik (Politik des knappen Geldes) hohe Arbeitslosigkeit nach sich zieht.

—Wirtschaftliche Macht wird nach Meinung vieler oft mißbraucht; wirtschaftliche Macht wird als politische Waffe eingesetzt: aus einem demokratischen und sozialen Rechtsstaat darf weder ein „Gewerkschaftsstaat" noch ein „Unternehmerstaat" werden, sagen z.B. viele in der Bundesrepublik.

—Besonders in der Bundesrepublik setzt sich die Bereitschaft zu größerer beruflicher Mobilität erst langsam durch. Was in den USA selbstverständlich ist, muß die Bundesregierung erst mühsam ankurbeln, indem sie „Mobilitätshilfe" gibt, d.h. Zuschüsse zu Umschulungskosten, Umzugskosten, Wohnungseinrichtungen usw.

—Viele lehnen die vom Arbeitsamt vermittelten Stellen ab, weil sie sich für ungeeignet halten, ein Absinken ihres beruflichen Status' befürchten oder die angebotene Stelle als unterbezahlt ansehen. Das ist auch der Hauptgrund dafür, daß manche Firmen trotz hoher Erwerbslosenzahlen immer noch große Mühe haben, Hilfskräfte für Transport- oder Lagerarbeiten zu finden.

—Kurzarbeit ist manchmal ein notwendiges Übel, aber keine Dauerlösung, meinen viele.

die Konjunktur (–en): *state of the economy (i.e. upswing, or downswing)*

das freie Kräftespiel der Tarifpartner: *independent interaction of labour and management*

streben (*wk*) nach (+ *Dat.*): *to strive for*

der Profit (–e): *profit*

den Konsum steigern (*wk*): *to increase consumption (sales)*

die Politik des knappen Geldes: *monetarism*

die Waffe (–n): *weapon*

sich **durch**setzen (*wk*): *to gain ground*

die Bereitschaft: *readiness, willingness*

ankurbeln (*wk*): *to speed up, to boost*

der Zuschuß (⸚sse): *subsidy, grant*

halten (ä, ie, a) für (+ *Acc.*): *to consider to be*

ungeeignet: *unsuitable*

das Absinken: *lowering*

die Erwerbslosenzahl (–en): *unemployment figure*

die Hilfskraft (⸚e): *unskilled workers*

die Lagerarbeiten (*pl.*): *shifting, moving goods (in a warehouse)*

die Dauerlösung (–en): *long-term (permanent) solution*

Retranslation

1 Employers are striving for higher profits. 2 They wish to increase their profits through high investment and low wage bills. 3 Employees are striving for higher wages and salaries to improve their standard of living. 4 Too high profits and salary claims have a negative effect on the unemployment problem.

5 Governments try to persuade labour and management to follow moderate policies. 6 Economic power is often used as a political weapon. 7 Governments should give "resettlement" grants to help people move to areas where there are jobs. 8 Many people turn jobs down because they consider them unsuitable or underpaid.

Fragen

1. Wovon ist die marktwirtschaftliche Konjunktur abhängig?
2. Stellen Sie die gegensätzlichen Positionen der Tarifpartner dar!
3. Als was wird wirtschaftliche Macht oft eingesetzt?
4. Was bedeutet „Mobilitätshilfe"?
5. Nennen Sie drei Gründe, warum viele die angebotenen Stellen ablehnen.

16.4 Zukunftsfrage

Eine neue Weltwirtschaftsordnung?

Was soll sich ändern?
Pro und Contra zur neuen
Weltwirtschaftsordnung . . .

Es genügt nicht, das Für und Wider zu erwägen und bei klugen Analysen stehenzubleiben; auch Polarisierung und „Klassenkampf" werden das Problem nicht lösen. Auch können wir das Arbeitslosenproblem nicht allein im Kontext der Städte und Großstädte sehen. Weitsichtige Politiker und Wirtschaftswissenschaftler sehen diese wichtige Zukunftsfrage im globalen Kontext. Und auch in diesem weltweiten Kontext sehen sie es nicht als isoliertes Problem, sondern als eine Frage der Zukunft, die sich z.B. auch auf die Entwicklungsländerproblematik, den Nord-Süd-Dialog, den Ost-West-Gegensatz und die militärische Entspannung auswirkt. Nicht Konflikt, sondern Konvergenz ist die Devise der Zukunft!

das Für und Wider erwägen (wk): *to weigh up the pros and cons*
die Analyse (–n): *analysis*
*__stehen__bleiben (ei, ie, ie) bei (+ *Dat.*): *to stop at*
der Politiker (–): *politician*
der Wirtschaftswissenschaftler (–): *economics expert*
die Problematik: *the uncertainties (pl)*

der Gegensatz (–̈e): *antagonism, rivalry, contrast*
die Entspannung: *détente*
die Konvergenz: *convergence, coming together*
eine neue Weltwirtschaftsordnung: *a new set-up for the world economy*

Fragen

1. Was genügt bei dem Arbeitslosenproblem nicht?
2. In welchem Kontext wird das Problem heute schon gesehen?
3. Nennen Sie zwei weitere Probleme, mit denen das Arbeitslosenproblem zusammenhängt!
4. Was ist die Zukunftsdevise?
5. Was versucht man in der Welt zu schaffen?

17 Städtebau- und Wohnungsprobleme

17.1 Wo wohnen Menschen?

Zu Beginn eines Abschnitts über städtebauliche Schwierigkeiten und Wohnprobleme ist diese simple Frage sicher berechtigt. Natürlich können wir hier nicht alle Wohn- und Siedlungsformen angeben! Je nach Region und Zivilisationsgrad leben in ländlichen Gebieten die Menschen z.B. in Dörfern, in dörflichen Stammesgemeinschaften; sie wohnen in Lehmhütten, Blockhütten, in Bauernhäusern, in Einzelgehöften, in Zelten (Nomaden in der Wüste), in Iglus (Eskimos in der Arktik). In städtischen Siedlungsgebieten leben Menschen z.B. in Millionen (Welt-), Groß-, Mittel-, Klein- und Hafenstädten, in Wohnsiedlungen, in der Stadtmitte, in Stadtrandsiedlungen, in Elendsvierteln (Slumbezirken), in reichen Vororten (Villenvororten); sie wohnen z.B. in Bungalows, Einfamilien-, Mehrfamilien-, Reihen-, Fertig-, Hochhäusern, Wolkenkratzern, in „Mietskasernen" und Mietwohnungen, in Eigentumswohnungen, in Wohnblöcken, im „Häusermeer", in der „Betonwüste", „im Grünen".

der Abschnitt (–e): *chapter, section*
städtebaulich: *to do with town-planning*
berechtigen (*wk*): *to justify*
die Stammesgemeinschaft (–en): *tribal community*
die Lehmhütte (–n): *mud hut*
die Blockhütte (–n): *log-cabin*
der Iglu (–s): *igloo*
die Siedlung (–en): *estate*
das Elendsviertel (–): *slum area*
das Fertighaus (–er): *prefab*
der Wolkenkratzer (–): *skyscraper*
die Betonwüste (–): *concrete desert*
im Grünen: *in the country*

Fragen

1. Wer wohnt oft noch in Zelten?
2. Wie heißen die „Häuser" der Eskimos?
3. Nennen Sie ein anderes Wort für Millionenstadt. Nennen Sie drei deutsche Millionenstädte!
4. Wie nennt man sehr, sehr hohe Hochhäuser?
5. Was verstehen Sie unter „Betonwüste"?

17.2 Städtebauliche Probleme

In unseren Breitengraden kann man ein gewisses Ineinandergreifen von ländlichen und städtischen Gemeinden feststellen, hauptsächlich infolge der Industrialisierung der ländlichen Gebiete, der Landflucht und der Verstädterung. So findet man z.B. in manchem modernen Dorf kaum mehr ein Bauernhaus, sondern vorwiegend kleine Einfamilienhäuser mit einem Stück Land für einen Gemüse- oder Obstgarten oder Kleinviehhaltung; häufig findet man auch schon die Vorboten einer beginnenden „Stadtflucht": modernste Bungalows und Ferienhauskolonien. An vielen Stellen hat der Mensch die Schönheit der Natur und der Umwelt zerstört: viele Wohnsiedlungen, inbesondere an den Stadträndern, bestehen aus häßlichen Betonklötzen und verschandeln die Landschaft; auch Riesenreklameplakate, der Verkehrsschilderwald und unschöne Litfaßsäulen tragen zur Verschandelung bei. Manche schöne Stadtrandsiedlung—gepriesen als „Neubausiedlung im Grünen", „fortschrittliche Gartenstadt mit Lebensqualität" usw.—ist so leider zu einem landschaftlichen Schandfleck geworden, zu einem Stück Subtopia, wie die Engländer sagen.

Hauptgeschäftsstraße in Frankfurt

„Die heutige Stadt ist das Zeugnis eines schon weit fort-
geschrittenen Verfalls der menschlichen Ordnung" heißt es in einem
Buch, das um 1900 erschien. Der Verfasser hat folgende
Verbesserungsvorschläge: die Menschen seiner Stadt leben in zehn-
bis zwanzigstöckigen Hochhäusern; vom Staub und Lärm der Straße
werden sie nicht mehr geplagt (die Straßen verlaufen unter der
Erde!); geräuschlose, atomgetriebene (!) Bahnen befördern die
Menschen an ihre Arbeitsstätten; häßliche Industrie- und Vorstadt-
viertel, baufällige Altstadtviertel gibt es nicht; die „Landschaft" ist
mustergültig sauber und schön: Glas und Beton überall. Natürlich
kommen uns heutzutage angesichts solch totaler Perfektion Zweifel.
Grünflächen zwischen Wolkenkratzern können dem Menschen nicht
die Natur ersetzen, und die am Reißbrett „perfekt" geplanten
Wohnblocks und Verkehrsadern sind für uns nicht immer Ausdruck
einer wiederhergestellten menschlichen Ordnung!

Wie dem auch sei, außer Frage steht, daß die Stadt mehr als jede
andere Siedlungsform nicht nur die politischen, sozialen und
kulturellen Verhältnisse ihrer Bewohner, sondern meist auch des
gesamten Landes widerspiegelt. Ein mittelalterliches Stadtbild
unterscheidet sich von einer Stadtanlage des Barocks ebenso, wie
diese sich von modernen Industriestädten unterscheidet.

Geographische, landschaftliche, stammesmäßige und andere Unterschiede kommen hinzu: eine Stadt in Nordafrika oder Spanien sieht anders aus als eine mittel- oder nordeuropäische Metropole. Jede Stadt wächst unter ganz bestimmten Bedingungen. Durch städtebauliche Planung, durch Flächennutzungs-, Bebauungs-, und Altstadtsanierungspläne muß der Mensch dieses Wachsen aber immer wieder kontrollieren und ordnen.

in unseren Breitengraden: *in our part of the hemisphere*
das Ineinandergreifen: *interlocking*
die Landflucht: *drift to the towns*
die Kleinviehhaltung (–en): *smallholding*
der Vorbote (–n) (*wk masc.*): *herald, forerunner*
der Betonklotz (–e): *concrete block*
verschandeln (*wk*): *to disfigure*
beitragen (ä, u, a) zu (+ *Dat.*): *to contribute to, to add to*
preisen (ei, ie, ie): *to praise*
der Schandfleck (–e): *eyesore, disgrace*
der Verfall: *decline*

der Verfasser (–): *author*
baufällig: *dilapidated*
mustergültig: *ideally, perfectly*
angesichts: *in the face of*
ersetzen (*wk*): *to replace*
das Reißbrett (–er): *drawing board*
die Verkehrsader (–n): *arterial road*
die Verhältnisse (*pl*): *circumstances*
widerspiegeln (*wk*): *to reflect*
stammesmäßig: *ethnic*

Fragen

1. Geben Sie ein Beispiel für die Vermischung von ländlichen und städtischen Gemeinden!
2. Warum kann man schon von heute „Stadtflucht" sprechen?
3. Nennen Sie zwei Beispiele für die Verschandelung der Natur!
4. Nennen Sie drei Verbesserungsvorschläge, die der Buchautor um 1900 hatte!
5. Was können Grünflächen in der Stadt nicht ersetzen?
6. Was spiegelt die Stadt oft wider?
7. Ist das mittelalterliche Stadtbild und das Bild der modernen Industriestadt dasselbe?
8. Wo gibt es außerdem noch Unterschiede?
9. Was muß der Mensch immer wieder kontrollieren?
10. Wodurch kann er es kontrollieren?

17.3 Wohnen in der Großstadt

> „Hier fällt ein Haus, dort steht ein Kran, und ewig droht der Baggerzahn . . ."
>
> (*aus einer Fernsehsendung über Städtebau*)

Wie bei der Städteplanung stimmen auch bei den Wohnverhältnissen in einer Großstadt Theorie und Praxis selten überein. Nur den Wohnungsbau einiger im Krieg zerstörter europäischer und asiatischer Großstädte konnte man nach modernen Gesichtspunkten gestalten: eine wichtige Rolle spielte dabei der Gedanke, die Stadtkerne in Verwaltungs-, Wirtschafts- und Kulturzentren umzuwandeln, selbständige Einkaufs- und Geschäftsviertel zu schaffen und die Wohnbezirke ganz an den Stadtrand zu legen oder aber durch Grünanlagen und breite Verkehrswege aufzulockern. Mietskasernen mit engen, trostlosen Hinterhöfen gehören ohnehin der Vergangenheit an. Eigenheim-, Stadtrand- und Werkssiedlungen verbesserten die Wohnverhältnisse erheblich.

der Baggerzahn (÷e): *"bite of the bulldozer"*
gestalten (*wk*): *to shape, to mould*
der Stadtkern (–e): *innermost part of the city*
der Wohnbezirk (–e): *residential area*
die Grünanlage (–n): *park area*
auflockern (*wk*): *to relieve the monotony*

die Mietskaserne (–n): *tenement block*
trostlos: *dreary, wretched*
ohnehin: *anyhow, at any rate*
die Werksiedlung (–en): *housing estate built by a firm for its employees*

Fragen

1. Einige Großstädte konnten nach dem Krieg ganz nach modernen Gesichtspunkten aufgebaut werden. — Welche Gesichtspunkte waren das?
2. Was gehört zum Glück der Vergangenheit an?
3. Wodurch wurden die Wohnverhältnisse sehr verbessert?
4. Was ist mit „Baggerzahn" gemeint?

Ein Haus wird gebaut

Ein Architekt entwirft das Gebäude.

Er fertigt Pläne und Blaupausen an.

Landvermesser vermessen den Bauplatz.

Maurer errichten die Grundmauern, schütten die Decke und mauern die Wände (ziehen die Wände hoch).

Zimmerleute zimmern das Gerüst.

Gipser verputzen das Haus.

Der Glaser setzt Fensterscheiben ein.

Klempner und Installateure bauen die sanitären Anlagen ein, d.h. sie installieren Waschbecken, Badewannen, Duschen, Toiletten usw.

Sie legen Wasser- und Gasrohre. Der Heizungsbauer baut die Heizung(en) ein.

Der Elektriker legt Strom (schließt den Strom an) und installiert die elektrische Einrichtung.

Wasser, Strom und Gas werden angeschlossen (d.h. Wasserhähne werden angeschlossen, Gasboiler, Elektroherde, Gasöfen usw. werden eingebaut und angeschlossen).

Maler und Tapezierer malen das Haus an, tapezieren die Wände und streichen die Decken.

Der Haus- und Grundstücksmakler verkauft das Haus.

---

entwerfen (i, a, o): *to design*
eine Blaupause **an**fertigen (*wk*): *to draw up a blue-print*
der Landvermesser (–): *surveyor*
der Bauplatz (÷e): *building site*
die Grundmauer (–n): *foundations*
eine Decke schütten (*wk*): *to put in a ceiling*
der Zimmermann (–leute): *carpenter*
zimmern (*wk*): *to construct, to make*
der Gipser (–): *plasterer*
verputzen (*wk*): *to plaster*

der Klempner (–): *plumber*
der Installateur (–e): *fitter*
einbauen (*wk*): *to install*
die Anlagen (*pl*): *fittings*
das Rohr (–e): *pipe*
der Strom: *electricity*
das Gas **an**schließen (ie, o, o): *to connect the gas*
der Tapezierer (–): *wallpaperer*
der Grundstücksmakler (–): *estate agent*

Fragen

1. Was fertigt der Architekt an?
2. Nennen Sie drei Handwerker, die an einem Haus arbeiten, und ihre Tätigkeiten!
3. Wer verkauft das Haus meist?

Retranslation

1 The building was designed by an architect. 2 The house was built by bricklayers and carpenters. 3 The gas and water pipes were laid by fitters. 4 The walls were plastered by plasterers. 5 The windows were put in by glaziers. 6 The washbasins, bath, shower and toilets were installed by plumbers. 7 The electricity was connected and the electrical fittings installed by electricians. 8 The central heating was put in by heating engineers. 9 The house was painted by painters and the walls papered by decorators. 10 The house was sold by an estate agent.

17.4 Für wen wird eigentlich gebaut?

Das stetige Anwachsen der Bevölkerung und die ständig steigenden Lebenshaltungskosten lassen die Wohnungsfrage zu einem immer ernsteren sozialen Problem werden.

— In einigen Ländern gibt es Wohnungen, die von der Stadt oder der Gemeinde zur Verfügung gestellt werden (die sogenannten Sozialwohnungen). Die Mieten sind zwar erschwinglich, doch gibt es natürlich eine lange Warteliste. Manchmal kann man jedoch Sozialwohnungen auch schon kaufen.

— Viele Hauswirte vermieten nur ungern möblierte (und auch unmöblierte!) Wohnungen an Ehepaare mit kleinen Kindern.

— Für Leute mit niedrigem Einkommen ist es oft sehr schwierig, eine Hypothek aufzunehmen, um z.B. eine Eigentumswohnung oder gar ein eigenes Haus zu kaufen.

— Die Grundstückspreise, und demzufolge auch die Baupreise, steigen laufend.

— Bürohochhäuser und Banken schießen wie Pilze aus dem Boden. Manchmal bleiben sie jedoch jahrelang unbenutzt. Viele Leute, besonders auch die Hilfsorganisationen für Wohnungslose und Wohnungssuchende, sind der Ansicht, daß diese Gebäude zur Linderung der Wohnungsnot nutzbar gemacht werden sollten.

— Viele alte Häuser sind zwangsweise geräumt worden. In der Bundesrepublik gibt es z.B. das sogenannte Barackenräumungsprogramm und andere Modernisierungspläne. In England gibt es z.B. das Slumräumungsprogramm; in der Bundesrepublik gibt es in großen Städten auch Altstadtsanierungsprogramme.

— Die alten Häuser stehen oft lange Zeit leer. In einigen europäischen Großstädten haben hier die Leute schon zur „Selbsthilfe" gegriffen und leerstehende Häuser zu Wohnzwecken besetzt.

— Für Angehörige von Minderheiten ist es oft schwierig, eine Wohnung zu finden. Teilweise werden diese Minderheiten ausgebeutet. Soziale Spannungen entstehen andererseits auch dadurch, daß sich hier und da Wohnviertel und Gegenden herausbilden, die ausschließlich „farbig" sind, und deren Bewohner dazu neigen, sich von der Außenwelt abzukapseln.

— Infolge der allgemein vorherrschenden Wohnungsknappheit liegen die Mieten z.T. recht hoch. Mit ausgesprochenem Mietwucher ist jedoch weitgehend aufgeräumt worden.

— Zwar sind Neubauwohnungen mit allen modernen Hilfsmitteln ausgestattet; dennoch fühlen sich viele Menschen in den anonymen „Glaskästen" und „Betonklötzen", wie Hochhäuser oft genannt werden, einsam und verlassen. Menschliche Kontakte fehlen oft.

— Viele Neubauwohnungen sind „hellhörig"; man wird ständig durch Geräusche der Mitbewohner gestört.

— Viele stört auch die ständige Abhängigkeit von technischen Einrichtungen und Geräten.

Bei alledem fragt sich mancher mit Recht: für wen wird eigentlich gebaut?

stetig: *constant*
ständig: *permanently*
die Lebenshaltungskosten (*pl*): *cost of living index*
die Sozialwohnung (–en): *council flat*
erschwinglich: *within a person's means, reasonable*
eine Hypothek **auf**nehmen (i, a, o): *to take on a mortgage*
laufend: *continuously*
wie Pilze aus dem Boden*schießen (ie, o, o): *to shoot up like mushrooms*
die Linderung: *alleviation*
zwangsweise: *compulsorily, by compulsory purchase*
räumen (*wk*): *to clear*

die Baracke (–n): *wretched hovel*
das Barackenräumungsprogramm (–e): *slum (poor housing) clearance programme*
zur Selbsthilfe greifen (ei, i, i): *(here) to take the law into one's own hands, to take independent action*
die Minderheit (–en): *minority group*
ausbeuten (*wk*): *to exploit*
sich **ab**kapseln (*wk*): *to shut oneself off*
die Wohnungsknappheit (–en): *housing shortage*
verlassen: *abandoned, deserted*
hellhörig: *not sound-proof*
die Abhängigkeit von (+ *Dat.*): *dependence on (upon)*

Retranslation

1 There is a long waiting list for council houses although the rents are high. 2 In some countries you can even buy a council house. 3 Many landlords don't like letting flats to married couples with young children. 4 It is often very difficult for people with low incomes to get a mortgage. 5 The price of land and building costs are rising continuously. 6 New office blocks often stand empty for years on end. 7 Most western countries have a slum clearance programme. 8 Some residential areas have become completely "coloured". 9 Many people who live in high-rise flats feel lonely and abandoned. 10 There are many social tensions and there is often a lack of human contact.

Fragen

1. Was sind Sozialwohnungen?
2. An wen wird oft nur ungern vermietet?
3. Was ist für Leute mit niedrigem Einkommen schwer?
4. Welche Preise erhöhen sich laufend?
5. Nennen Sie zwei Modernisierungsprogramme in der Bundesrepublik!
6. Nennen Sie zwei Probleme, die es für Minderheiten bei der Wohnungssuche gibt.
7. Wie werden Hochhäuser oft genannt?
8. Was ist eine „hellhörige" Wohnung?

17.5 Aufsatzthema

Als Stadtrat (–rätin) tragen Sie Ihre Pläne zur Verschönerung der Stadt vor.

Herr Bürgermeister!
Meine Damen und Herren Stadträte!

Wir können unser Rathaus nicht einfach abreißen und einen neuen Glaskasten dafür hinsetzen! Wir müssen hier einen Mittelweg finden. Renovieren wir es doch von innen auf das Modernste, und geben wir der alten Fassade eine Verschönerungsoperation! Der Stil muß erhalten bleiben! Dasselbe schlage ich betreffend der Fassade des alten Marktplatzes vor. Alle weiteren Einzelheiten sind im Altstadtsanierungsplan meiner Fraktion ja genau aufgeführt.

Bauer Schmitz bot neulich große Teile seines Landes zum Verkauf an; ich schlage vor, die Anlage eines neuen, großen Parks in Erwägung zu ziehen. Und an dem alten Park in der Stadtmitte muß auch endlich etwas getan werden. Es wird Zeit, daß dort z.B. ein Fischteich angelegt wird. In der Nordwestecke des Parks müßten mehr Bäume gepflanzt werden! Die Stadt besitzt im Nordosten viel Ackerland. Anstatt dort Kartoffeln anzubauen, sollte man lieber Sportplätze anlegen! Überhaupt müßte ein genauer Flächennutzungsplan aufgestellt werden. Meinen Plan habe ich ja neulich eingereicht; an dem kann man sich für die nächsten 20 Jahre orientieren. Schwerpunkt meines Flächennutzungsplanes sind das Freizeitzentrum und die Verbesserung der Parkanlagen und Stadtwälder. Außerdem soll die Industrie weiter entwickelt werden; aber kontrolliert und am Stadtrand!

Wie Sie wissen, enthält mein Plan auch einen Entwurf für die neue Fußgängerzone. Sie sollte meines Erachtens nicht direkt in der Stadtmitte gebaut werden. In der Fußgängerzone sollten wir Grünflächen und Bäume nicht vergessen. Vielleicht sollte man unserem verdienten Mitbürger Prof. Dr. Degenhart dort ein Denkmal setzen. Wir würden damit dem verstorbenen Professor eine Ehre erweisen!

Dann habe ich mir die verschiedenen Entwürfe für die Sporthalle angesehen. Sie liegen Ihnen ja auch vor. Wo sollen wir die Halle bauen? Das ist die Frage! Warum nicht auf dem Eichenberg? Wir haben dort schon die neue Mittelpunktschule hingebaut; warum nicht auch die Sporthalle?! Es würde vom stadtarchitektonischen Gesichtspunkt her sehr gut aussehen. Eine Zusammenfassung kann ich mir sparen. Meine Punkte liegen Ihnen ja auch schriftlich vor.

Ich danke Ihnen, meine Damen und Herren!

(Schüleraufsatz)

Aufgabe

Lesen Sie die Schüleraufgabe mehrmals durch und schreiben Sie dabei Fragen an den Text auf. Lesen Sie dann noch einmal den Text. Legen Sie den Text beiseite. Beantworten Sie dann Ihre Fragen aus dem Gedächtnis! Antworten Sie in ganzen Sätzen!

der Stadtrat (–e): *town councillor*
die Verschönerung (–en): *improvement*
die Fassade (–n): *façade*
die Verschönerungsoperation (–en): *face-lift*
die Einzelheiten (*pl*): *details*
die Sanierung (–en): *reconstruction, redevelopment, restoration*
die Fraktion (–en): *(parliamentary) party*
die Anlage (–n): *laying out, landscaping*
in Erwägung ziehen (ie, o, o): *to consider*
anlegen (*wk*): *to lay out, to build, to construct*
das Ackerland: *farmland*
der Flächennutzungsplan (–e): *plan for the utilisation of open spaces*
einreichen (*wk*): *to submit*
der Entwurf (–e): *scheme*
die Mittelpunktschule (–n): *central school (i.e. serving several villages)*
die Zusammenfassung (–en): *summary*

18 Alter, Krankheit, soziale Fürsorge

Alte Menschen sind kein altes Eisen

Ob alte Menschen sich alt fühlen oder körperlich und geistig fit bleiben und auch das Alter noch genießen können, hängt nicht nur von den äußeren Lebensbedingungen ab. Wichtig ist, daß sie gesund sind und keine finanziellen Sorgen haben. Wichtiger ist noch, daß sie in einer Umgebung leben, die ihnen gefällt, und in der sie sich wohl fühlen.

In der Bundesrepublik Deutschland haben die meisten Rentner ein gutes Auskommen, weil die Renten regelmäßig der allgemeinen Einkommensentwicklung angepaßt werden.

---

die Einkommensentwicklung: *growth in income*
anpassen (*wk*): *to adjust*

18.1 Altern ist Schicksal

Altern ist Schicksal, wie Geborenwerden und Sterbenmüssen. Das Altwerden ist oft mit Schwierigkeiten und Problemen verbunden. Verschiedene Länder haben verschiedenartige Lösungen zu den Problemen der Alten gefunden. Im Orient z.B. sorgen die Kinder gewöhnlich für die Eltern. Altersheime sind dort so gut wie unbekannt. Im Westen bringt die Versorgung der Alten i.a. größere Schwierigkeiten mit sich. Viele Länder haben ein Altersfürsorgesystem. Vielfach zahlt der Staat z.B. Altersrenten aus. Sie liegen jedoch nicht besonders hoch, und auch die Lebenshaltungskosten sind heute ständig im Steigen begriffen. Es gibt private und staatliche, bzw. städtische Altersheime. Viele alte Leute leben jedoch bei ihren Kindern. Das führt jedoch oft zu Spannungen. Die Ideallösung wäre wohl, wenn die alten Leute in einer unabhängigen Wohnung in der Nähe wohnten. Alte Leute legen gewöhnlich großen Wert auf ihre Unabhängigkeit.

Auf der anderen Seite jedoch müßten sie regelmäßig besucht werden, da Einsamkeit und Alleinsein, besonders in einer größeren Stadt, ebenfalls zum Problem werden kann.

---

*altern (*wk*): *to age, to grow old*
das Schicksal (–e): *fate, destiny*
die Versorgung (–en): *provision, care, support*

das Altersfürsorgesystem (–e): *welfare scheme for the aged*
vielfach: *frequently, often*

Fragen

1. Wann brauchen alte Leute erst einen Platz im Altersheim?
2. Worauf warten viele alte Menschen?
3. Was ist im Orient so gut wie unbekannt?
4. Was für Altersheime gibt es?
5. Was wäre wahrscheinlich die Ideallösung für alte Leute?
6. Warum müßten alte Leute regelmäßig besucht werden?

Retranslation

A 1 Growing old is inevitable — like being born and having to die. 2 There are often difficulties and problems connected with growing old. 3 Old people's homes are almost unknown in the Orient. 4 Many countries in the West have a welfare scheme for the elderly. 5 Old age pensions are not particularly high. 6 The cost of living is constantly rising. 7 There are private, state and municipal old people's homes. 8 Many old people do, however, live with their children. 9 This can lead to tensions. 10 The ideal solution could well be for the old people (*wenn die alten Leute . . .*) to have a flat of their own near their children or perhaps a "granny flat".

B 1 Old people like to be independent. 2 It is important for them (*daß sie . . .*) to live in surroundings they like and in which they feel at home. 3 Old people ought not to have financial worries. 4 They ought to be visited regularly by their children and friends. 5 Loneliness and being alone, particularly in large towns or remote areas, can cause problems.

18.2 Alter und Krankheit

Mit zunehmendem Alter läßt bei vielen Menschen die körperliche Leistungsfähigkeit nach. Oft sind alte Menschen auch gegen Krankheiten anfälliger; auch gibt es Beschwerden, die im hohen Alten häufiger auftreten: z.B. Schwerhörigkeit, Sehstörungen (Kurz-, Weitsichtigkeit), Zahnausfall, Rheumatismus, Arthritis usw., das Gehen fällt schwerer, die Hände werden zittrig, oft leiden alte Menschen auch unter Schlaflosigkeit. Wissenschaftler und Mediziner haben viel dazu beigetragen, die Beschwerden, Leiden und die Hilflosigkeit alter Menschen zu lindern und ihnen so einen angenehmeren Lebensabend zu bescheren: für uns sind z.B. Rollstühle, Hörgeräte, künstliche Gebisse, Brillen und Kontaktlinsen eine Selbstverständlichkeit. Gerontologen haben heute die Probleme des Altwerdens zu einer Wissenschaft gemacht, die vielen alternden Menschen mehr Lebensfreude bringt und ihnen das Leben noch lebenswert macht. Dennoch lassen sich besonders im hohen Alter Alterserscheinungen und Altersbeschwerden nicht verhindern. Alte Leute werden altersschwach (leiden unter Altersschwäche). Viele alte Menschen werden dann besonders hilfs- und pflegebedürftig:

Sie leiden an Gedächtnisschwund (ihr Gedächtnis läßt nach).

Sie werfen (bringen) Dinge durcheinander. (Sie verwechseln Dinge.)

Sie haben kein Gefühl mehr für Uhrzeit und Zeit (verlieren ihren Sinn für . . .).

Auch körperlich bauen sie ab: sie können schlechter sehen, hören, gehen und essen; ihr Appetit läßt nach (sie beginnen, unter Appetitlosigkeit zu leiden).

Sie haben Verdauungsschwierigkeiten (Schwierigkeiten mit der

Verdauung). Sie können ihr Wasser nicht halten. Man muß auf sie aufpassen. Man kann sie oft nicht allein lassen. Manche Geräte kann man ihnen aus Sicherheitsgründen nicht mehr anvertrauen. Man muß besonders viel Geduld mit diesen Beschwerden haben; oft sind sie auch nicht mehr zu beheben.

Alten Leuten, die schwache Augen haben, muß man vorlesen. Bei Schwerhörigen muß man das Gesagte geduldig wiederholen. Wenn gar Erblindung eintritt (wenn sie gar erblinden), muß man ihnen möglicherweise beim Erlernen der Blindenschrift helfen.

Sie müssen richtig ernährt werden, damit zusätzlich nicht noch ernährungsbedingte Beschwerden auftreten.

die Leistungsfähigkeit: *competence, efficiency*
die körperliche Leistungsfähigkeit: *what the body can do*
anfällig gegen (+ *Acc.*): *susceptible (to)*
die Beschwerde (–n): *complaint*
die Schwerhörigkeit: *deafness*
die Sehstörung (–en): *defect in vision (sight)*
zittrig: *shaky, trembling*
lindern (*wk*): *to alleviate, to soothe*
der Lebensabend: *declining years*
bescheren (*wk*): *to give, to present, to bestow*
der Rollstuhl (–̈e): *wheel chair*
das Hörgerät (–e): *hearing aid*
ein künstliches Gebiß (–sse): *set of false teeth, dentures*

der Gerontologe (–n) (*wk masc.*): *geriatrician*
die Alterserscheinung (–en): *symptom (sign) of old age*
altersschwach: *senile*
pflegebedürftig: *in need of care*
die Verdauung (–en): *digestion*
sie können ihr Wasser nicht halten (ä, ie, a): *they are incontinent*
jemandem etwas **an**vertrauen (*wk*): *to entrust sth. to s.o.*
beheben (e, o, o): *to remove, to obviate*
ernähren (*wk*): *to feed, to keep, to nourish*
zusätzlich: *additional, in addition*
ernährungsbedingte Beschwerden: *complaints caused by wrong diet*

Retranslation

A 1 Old people are often more prone to sickness than younger people. 2 They often suffer from deafness, rheumatism and arthritis. 3 We take wheelchairs, deaf-aids, glasses and false teeth for granted. 4 As they get older, people need help and care.

B 1 Old people often suffer from loss of memory. 2 They begin to confuse things. 3 They lose their sense of time. 4 Their appetite declines. 5 They have digestion difficulties. 6 They become incontinent.

C 1 They need watching. 2 Often they can't be left alone. 3 For reasons of safety they can no longer be entrusted with many pieces of equipment. 4 It is often difficult to lift old people. 5 Old people who have bad eyes have to be read to. 6 They must have a proper diet. 7 You often have to repeat patiently what you have already said for deaf people.

Fragen

1. Was läßt mit zunehmendem Alter nach?
2. Welche Beschwerden treten oft infolge hohen Alters auf?
3. Welche Dinge können einige dieser Beschwerden erleichtern?
4. Worunter leiden viele altersschwache Menschen? (drei Beispiele!)
5. Was kann man älteren Menschen aus Sicherheitsgründen oft nicht mehr anvertrauen?

18.3 Soziale Fürsorge (Sozialfürsorge / Wohlfahrtspflege)

Wie wir wissen, ist der moderne Sozialstaat (Wohlfahrtsstaat) nicht nur an der Altersfürsorge beteiligt, sondern gewährt auch auf anderen Gebieten Hilfe und Unterstützung: er zahlt z.B. Krankengeld aus, er zahlt bei Betriebsunfällen und anderen Unfällen Unfallunterstützung, manchmal auch Invalidenrente, er gewährt Arbeitslosengeld, sichert Altersrenten und Pensionen, unterstützt Waisenheime, Fürsorgeheime und Erziehungsheime durch öffentliche Gelder. Der Staat und jeder einzelne ist darüberhinaus aufgerufen, sich auch für diejenigen Menschen einzusetzen, die entweder geistig oder körperlich behindert oder sozial benachteiligt sind; z.B. Körperbehinderte (wie spastisch Gelähmte (Spastiker), Mongoloiden, Taubstumme und Blinde) bedürfen unserer besonderen Fürsorge und Hilfe, aber wir müssen auch an geistig Behinderte und Sozialgeschädigte (Milieugeschädigte) denken. Zusätzliche Gelder müssen hierfür zur Verfügung gestellt werden, aber auch speziell geschulte und aufopfernd arbeitende, geduldige Krankenschwestern müssen ausgebildet werden. Das Jugendamt sorgt für sozialgeschädigte Kinder und Jugendliche; in schwierigen Fällen müssen diese in Jugendheime (Erziehungsheime) eingewiesen werden. Viele Waisenkinder werden zum Glück adoptiert, andere können in Waisenheimen (Pflegeheimen) untergebracht werden oder werden von Pflegeeltern betreut.

Soziale Mitverantwortung

Über vier Millionen behinderte Menschen leben in der Bundesrepublik Deutschland. Behinderte, für die infolge einer Schädigung ihrer körperlichen, geistigen oder seelischen Fähigkeiten die unmittelbare Teilnahme am Leben in der Gemeinschaft erschwert ist.

Mindestens ebenso schwerwiegend sind Ablehnung, Unverständnis und Unwissenheit der Umwelt, die behinderte Menschen durch Vorurteile in die gesellschaftliche Isolation treiben. Nur ein stärkeres Bewußtsein für die soziale Mitverantwortung jedes einzelnen, auch für die Randgruppen der Gesellschaft, kann langfristig die soziale Eingliederung behinderter Menschen wirksam unterstützen.

---

gewähren (*wk*): *to grant, to give*
das Krankengeld: *sickness benefit*
der Betriebsunfall (÷e): *industrial accident*
die Unfallunterstützung: *accident allowance*
die Waise (–n): *orphan*
sozial benachteiligt: *at social disadvantage, socially deprived*
gelähmt: *paralysed*
aufopfernd: *dedicated*
geschädigt: *harmed, aggrieved*
der Mongoloide (–n) (*wk masc.*): *mongol child (male)*
die Mongoloide (–n): *mongol child (female)*

die Pflegeeltern (*pl*): *foster parents*
die Schädigung: *damage*
schwerwiegend: *weighty, serious*
die Ablehnung (–en): *rejection*
der Vorurteil (–e): *prejudice*
die Mitverantwortung: *shared responsibility*
die Randgruppe (–n): *fringe group*
langfristig: *in the long term*
die Eingliederung: *integration*
wirksam: *effectively*

Fragen

1. Nennen Sie vier Gebiete, auf denen der moderne Sozialstaat Hilfe leistet!
2. Wozu sind wir alle aufgerufen?
3. Was muß zur Verfügung gestellt werden?
4. Wer muß besonders ausgebildet werden?
5. Was macht das Jugendamt?
6. Was ist für Behinderte erschwert?
7. Wodurch werden Behinderte leider oft in die Isolation getrieben?
8. Wann kann die soziale Eingliederung nur erfolgreich sein?

18.4 Der Schwarzseher

Ein Mensch denkt jäh erschüttert dran,
Was alles ihm geschehen kann
An Krankheits- oder Unglücksfällen,
Um ihm das Leben zu vergällen.
Hirn, Auge, Ohr, Zahn, Nase, Hals;
Herz, Magen, Leber ebenfalls,
Darm, Niere, Blase, Blutkreislauf
Zählt er bei sich mit Schaudern auf,
Bezieht auch Lunge, Arm und Bein
Nebst allen Möglichkeiten ein.
Jedoch, sogar den Fall gesetzt,
Er bliebe heil und unverletzt,
Ja, bis ins kleinste kerngesund,
Wär doch zum Frohsinn noch kein Grund,
Da an den Tod doch stündlich mahnen
Kraftfahrer, Straßen-, Eisenbahnen;
Selbst Radler, die geräuschlos schleichen,
Sie können tückisch dich erreichen.
Ein Unglücksfall, ein Mord, ein Sturz,
Ein Blitz, ein Sturm, ein Weltkrieg — kurz,
Was Erde, Wasser, Luft und Feuer
In sich birgt, ist nie geheuer.
Der Mensch, der so des Schicksals Macht
Ganz haargenau bei sich durchdacht,
Lebt lange noch in Furcht und Wahn
Und stirbt — und niemand weiß, woran.

Eugen Roth

jäh, *suddenly, abruptly*
vergällen (*wk*): *to embitter, to make sour*
der Hirn (–e): *brain*
die Leber (–n): *liver*
der Darm (⸚e): *intestine(s) (pl)*
die Niere (–n): *kidney*
die Blase (–n): *bladder*
mit Schaudern: *with horror*
der Frohsinn: *cheerful-, light-heartedness*

jemanden mahnen (*wk*) an etwas (+ *Acc.*): *to remind s.o. of sth.*
der Radler (–): *cyclist*
*schleichen (ei, i, i): *to slip, to sneak*
tückisch: *maliciously*
der Sturz (⸚e): *fall*
bergen (i, a, o): *(here) to hide, to harbour*
geheuer: *risky, precarious, not quite safe*
die Furcht: *fear*
der Wahn: *illusion, delusion*

18.5 Aufsatzthemen

Wodurch wird der Städter von heute beunruhigt?

1. Der Städter von heute: Landflucht, Verstädterung, Großstadtleben, Probleme . . .

2. Wo lebt und wohnt er? (in Millionen-, Groß-, Mittelstädten, in Hochhäusern, Wolkenkratzern, „Betonklötzen", „Glaskästen", im „Häusermeer" . . .)

3. Wie lebt er? (er hat alle technischen Hilfsmittel, er hat schöne Neubauwohnungen mit Zentralheizung, gemütliche Einfamilienhäuser, schicke Bungalows im Grünen / er muß in dunklen, schmutzigen, ungepflegten Altbauwohnungen ohne ausreichende Heizung wohnen, er muß trotzdem hohe Mieten bezahlen, er wohnt in baufälligen Altstadthäusern, in beengten Räumen mit einer großen Familie)

4. Wo arbeitet er? (in Büros, in Fabriken, bei der Müllabfuhr . . .). Wann steht er auf? Wie kommt er zur Arbeit? Wann hat er Feierabend? Was für Streß bringt ein solcher Tag mit sich?

5. Unter welchen Bedingungen arbeitet er? (er wird gut, schlecht bezahlt; er leistet harte körperliche, geistige Arbeit; er steht dauernd unter Streß)

6. Wie wirken sich die Lebens- und Arbeitsbedingungen aus?

7. Millionen- und Großstädte . . .: der Städter ist einsam und kommt sich oft verlassen vor / die Anonymität in der Masse bedrückt ihn / der Verkehr ist gefährlich und hektisch / Autos verpesten die Luft/Kriminalität, Diebe, jugendliche Rowdies machen das Leben unsicher.

8. Wie lebt er? . . . Er wird unselbständig, abhängig von der Technik und technischen Hilfsmitteln, er verweichlicht; er wird ausgebeutet, muß unter schlechten Wohnverhältnissen leiden.

9. Arbeit: trotz verkürzter Arbeitszeit ist der Großstadtstreß (der Streß am Arbeitsplatz) groß; der Konkurrenzkampf reibt die Leute auf; die Arbeitslosigkeit, die Sorge um den Arbeitsplatz, bereitet finanzielle und psychologische Schwierigkeiten; oft müssen beide Ehepartner arbeiten, und die Kinder werden vernachlässigt.

10. Andere Dinge, die den Städter beunruhigen: die drogengefährdete Jugend; die Alkoholiker; die Sorge um alte, kranke und behinderte Menschen; die Politik; die Armut, die Sorge(n) um die Zukunft.

jemanden beunruhigen (*wk*): *to disquiet, to alarm, to fill a person with misgiving*
verpesten (*wk*): *to foul*
selbständig: *independent*
*verweichlichen (*wk*): *to go soft*
der Konkurrenzkampf (*⸚e*): *trade rivalry, competition*
aufreiben (ei, ie, ie): *to exhaust, to wear out*

Weitere Themenvorschläge

1. Wie können wir alten und kranken Menschen helfen?
2. Beschreiben Sie die Arbeit der „Samariter" oder einer ähnlichen Hilfsorganisation.

V Die Jugend

19 Schule und Universität

19.1 Vom Kleinkind zum Schulkind

Erbanlagen, Umwelt und wohl auch der eigene Wille formen Persönlichkeit und Charakter eines Menschen. Die Wissenschaftler streiten sich, ob die Erbanlagen oder die Umwelt das größere Gewicht haben. Sicher ist, daß beide eine bedeutende Rolle spielen. Der eigene Wille des Menschen kommt erst zu einem späteren Stadium voll zum Tragen (wohl mit dem Schulalter) und wird auch stark von den anderen beiden Faktoren geprägt.

„Erbanlagen" sind die körperlichen und geistigen Eigenschaften, mit denen das Kind geboren wird. Unter „Umwelt" verstehen wir die Umgebung, in die das Kind hineingeboren wird, und in der es lebt und aufwächst; dort üben Menschen und Dinge Einflüsse auf das Kind aus. Die „Erziehung" eines Menschen beginnt schon in frühester Jugend. Erziehung ist die planmäßige Einwirkung auf die körperliche, geistige, seelische, sittliche und religiöse Entwicklung der heranwachsenden Jugend. Sicher ist, daß die Erziehung in den ersten vier oder fünf Lebensjahren eine sehr wichtige Grundlage für die Gesamtentwicklung der Persönlichkeit und des Charakters bildet. Ob das Kind später ein geselliger Mensch oder ein Einzelgänger wird, ob es glücklich und ausgeglichen oder mißmutig und reizbar, ob es voller Selbstvertrauen oder unsicher sein wird, entscheidet sich bereits in diesen Jahren. Man kann wohl mit Recht sagen, daß die Jahre bis zur Einschulung die wichtigsten Jahre des menschlichen Lebens sind; ihnen kommt eine beinahe schicksalhafte Bedeutung für das gesamte künftige Leben zu.

In Deutschland werden die Kinder mit sechs Jahren schulpflichtig. Der erste echte Kontakt mit der Schule ist der Schulreife-Test. Er entscheidet darüber, ob für das Kind die richtige Zeit zur Einschulung gekommen ist, nicht aber, ob das Kind ausreichend intelligent ist. Die Schulreife erfordert nicht nur eine entsprechende Intelligenzentwicklung, sondern auch einen bestimmten Grad der emotionalen und sozialen Reife. Das Kind muß z.B. in einer Gruppe arbeiten, stillsitzen, zuhören und sich konzentrieren können. Außerdem beurteilt der Schularzt auch die körperliche Entwicklung des Kindes. Die meisten Kinder sind mit sechs Jahren schulreif, einige Kinder jedoch erst mit sieben Jahren. Für manche Kinder ist es günstiger, wenn sie dieses eine Jahr noch warten und in einen Schulkindergarten gehen können. Mit der Einschulung hat das Kind einen großen Schritt zur selbständigen Entwicklung getan: es ist nicht mehr Kleinkind, sondern „Schulkind".

die Erziehung: *bringing up*
die Bildung: *training (up-bringing and education)*
die Ausbildung: *(vocational) training*
Erbanlagen (pl): *heredity (genetic traits)*
sich streiten (ei, i, i): *to argue*
voll zum Tragen *kommen (o, a, o): *to be fully obvious*
prägen (*wk*): *to characterize*
die Eigenschaft (–en): *characteristic*
planmäßig: *well-planned, systematic*
die Einwirkung (–en): *influence*
heranwachsend: *adolescent*
ein geselliger Mensch: *a good mixer*
der Einzelgänger (–): *loner, lone-wolf*
ausgeglichen: *steady, level-headed*
reizbar: *irritable, touchy, short-tempered*
das Selbstvertrauen: *self-confidence*
die Einschulung: *sending to school*
ihnen kommt eine schicksalhafte Bedeutung zu: *they have an essential significance for the future*

Einschulung

Retranslation

1 Heredity, environment and one's own free will form the personality and character of a human being. 2 What is more significant — heredity or environment? 3 Both certainly play a significant role. 4 A child's free will becomes more noticeable as it grows older. 5 A child's early upbringing is important for its future life. 6 Will he be a sociable person or a loner? 7 Will he be brimming with self-confidence or uncertain of himself? 8 Will he be happy and balanced or moody and irritable? 9 The pre-school years are (among) the most important years of one's life. 10 "You never stop learning [*use* **aus**/*ernen* (*wk*)]."

Fragen

1. Was verstehen wir unter Erbanlagen?
2. Was verstehen wir unter Umwelt?
3. Was wird durch Erbanlagen, Umwelt und den eigenen Willen geformt?
4. Haben die Erbanlagen oder die Umwelt das größere Gewicht?
5. In welchem Alter werden Kinder schulpflichtig?
6. Worüber entscheidet der Schulreifetest?
7. Was beurteilt der Schularzt?

Also lautet ein Beschluß:
Daß der Mensch was lernen muß. —
Nicht allein das ABC
Bringt den Menschen in die Höh';
Nicht allein im Schreiben, Lesen
Übt sich ein vernünftig Wesen;
Nicht allein in Rechnungssachen
Soll der Mensch sich Mühe machen;
Sondern auch der Weisheit Lehren
Muß man mit Vergnügen hören. —
Daß dies mit Verstand geschah,
War Herr Lehrer Lämpel da. —

Wilhelm Busch

Ohne Schulen könnte ein moderner Kulturstaat nicht bestehen. In den meisten Kulturstaaten ist das Schulwesen — auch die Privatschulen — unter staatlicher Aufsicht. In der Bundesrepublik unterstehen die Schulen nicht dem Bund, sondern den Ländern. Jedes Bundesland hat seinen Kultusminister (= „Schulminister"). Man nennt dieses wichtige Recht der Länder „Kulturhoheit" der Länder. In allen Bundesländern bestehen neun Jahre Schulpflicht; man kann also im 15. Lebensjahr die Schule verlassen. (In der DDR besteht eine zehnjährige Schulpflicht. Dort gibt es keine Länder, also auch keine Kulturhoheit der Länder: alle Kinder müssen 10 Jahre in die sog. „Zehnklassige Polytechnische Oberschule" gehen.) Allerdings besteht in der Bundesrepublik für alle, die nach dem 9. Schuljahr die Schule verlassen, noch drei Jahre lang (von 15 bis 18) die Pflicht, eine Berufsschule zu besuchen (Berufsschulpflicht): dies gilt auch für junge Leute, die *keine* Lehrstelle haben.

Trotz mancher Verschiedenheit in den einzelnen Ländern gibt es folgenden, grundsätzlichen Aufbau. Es gibt 5 Grundtypen: die allgemeinbildende, die berufsbildende, die Gesamt-, die Sonderschule und den sog. „Zweiten Bildungsweg."

Bei den **allgemeinbildenden Schulen** haben wir zwei Stufen: die ersten vier Jahre heißen „Primärstufe" (Grundschule); die „Sekundarstufe" dauert 5, 6 oder 9 Jahre. Die fünfjährige Sekundarstufe heißt Hauptschule (früher Volksschule); wenn man sie mit Erfolg beendet hat, bekommt man das Hauptschulabschlußzeugnis. Die sechsjährige Sekundarstufe heißt Realschule (früher Mittelschule); das Abgangszeugnis heißt „mittlere Reife". Die neunjährige Sekundarstufe heißt (allgemeinbildendes) Gymnasium; das Abgangszeugnis ist das Abitur.

Die **berufsbildenden Schulen** begleiten normalerweise die Lehre eines „Auszubildenden" (früher „Lehrling"). Der Auszubildende muß einmal wöchentlich (oder mehrmals im Jahr für mehrere Wochen) zur Berufsschule; hier lernt der Auszubildende mehr über Theorie und Praxis seines Berufsfeldes, hat aber darüberhinaus auch noch Deutsch, Gemeinschaftskunde, Religion und Sport. An Berufsschulen gibt es auch die Möglichkeit, die Mittlere Reife („Fachschulreife") in einem zweijährigen Kurs (Voraussetzung: Hauptschulabschlußzeugnis) und das Abitur in einem dreijährigen Kurs (Voraussetzung: Fachschulreife oder Mittlere Reife) zu machen.

Es gibt zwei Arten von **Gesamtschulen**. In der „kooperativen Gesamtschule" arbeiten eine Haupt- und eine Realschule und ein Gymnasium zusammen. Im 5. und 6. Schuljahr gehen alle Schüler-(innen) in die sog. „Orientierungsstufe"; in diesen zwei Jahren wird entschieden, ob sie im 7. Schuljahr dann in die Haupt- oder Realschule oder ins Gymnasium gehen. Haupt- und Realschule und Gymnasium einer kooperativen Gesamtschule arbeiten so zwar zusammen und helfen sich auch mit Lehrern aus, sind aber doch drei unabhängige Schulen. In der „integrierten Gesamtschule" fällt diese Gliederung völlig weg. An die Stelle der Jahrgangsklassen tritt ein System von Leistungsklassen mit Setting und Streaming. Integrierte Gesamtschulen sind Ganztagsschulen (die anderen Schulen sind normalerweise Halbtagsschulen). Integrierte Gesamtschulen haben neben allgemeinbildendem Unterricht auch berufsbezogene Aus-bildungsgänge; man könnte die integrierte Gesamtschule also als „Mischung" zwischen allgemeinbildender und berufsbildender Schule bezeichnen.

Ein besonderer Typ ist die **Sonderschule**. Hier werden Kinder unterrichtet, die körperlich oder geistig behindert oder psychisch gestört sind.

Erwachsene mit abgeschlossener Berufsausbildung können auf dem sog. **„Zweiten Bildungsweg"** einen höheren Bildungsab-schluß (z.B. die Mittlere Reife oder das Abitur) auf Abendschulen erreichen.

die Aufsicht: *control*

unterstehen (e, a, a) (+ *Dat.*): *to be under the control of*

der Kultusminister (–): *minister for Education and the Arts*

die Kulturhoheit: *"cultural sovereignty"*

die Schulpflicht: *compulsory schooling, education*

die Berufsschule (–n): *vocational school*

gelten (i, a, o) für (+ *Acc.*): *to be the case for*

die Lehrstelle (–n): *apprenticeship*

der Aufbau: *structure*

die allgemeinbildende Schule (–n): *school offering a general education*

die berufsbildende Schule (–n): *school specialising in educating for particular jobs*

die Sonderschule (–n): *special school (for handicapped and mentally retarded children), remedial school*

der Zweite Bildungsweg: *"second chance education" (for mature students)*

die Stufe (–n): *stage*

das Abschlußzeugnis (–se), das Abgangszeugnis (–se: *qualification, leaving certificate*

die Voraussetzung (–en): *prerequisite*

Erwachsene mit abgeschlossener Berufsausbildung: *adults who have already completed their vocational training*

Retranslation

1 The future life of a nation depends on the quality of its schools. 2 In the Federal Republic each "Land" is responsible for its own schools, but in the GDR schools are under the jurisdiction of the state. 3 German children start school when they are six years old. 4 For the first four years of their school life children go to the primary school (*Grundschule*), that is until they are ten years old. 5 There are not many comprehensive schools in the Federal Republic. 6 The "orientation stage" (*die Orientierungsstufe*) has been introduced in many grammar schools and in the comprehensive schools for children in their fifth and sixth school years.

7 During these two years it is decided which form of education is best for the children. 8 Some children will stay at the "grammar school", others will go to a "secondary modern" school (*Realschule*) while others may have to return to the higher classes of the basic school (*Hauptschule*). 9 Children who have been in the "orientation stage" in a comprehensive school will remain in that school but will be streamed and setted. 10 In the Federal Republic children may leave school at fifteen, but they have to attend a vocational school on a day-release basis (*einmal in der Woche zur Berufsschule gehen*) until they are eighteen even if they have not got a job.

Fragen

1. Wer hat in den meisten Staaten die Schulaufsicht?
2. Unterstehen die Schulen in der Bundesrepublik dem Bund?
3. Wie nennt man die „Schulminister"?
4. Bis zu welchem Alter besteht in der Bundesrepublik (in der DDR) Schulpflicht?
5. Was bedeutet „Berufsschulpflicht"?
6. Welche fünf Grundtypen von Schulen gibt es in der Bundesrepublik?
7. Welche beiden Stufen gibt es in den allgemeinbildenden Schulen?
8. Wie heißt die neunjährige Sekundarstufe? Wie heißt das Abgangszeugnis dieser Stufe?
9. Was lernt der Auszubildende in der Berufsschule?
10. Welche besondere Möglichkeit gibt es an Berufsschulen, um die Mittlere Reife nachholen zu können?
11. Welche beiden Gesamtschularten gibt es?
12. Was bedeutet „Orientierungsstufe"?
13. Welche Kinder werden an der Sonderschule unterrichtet?
14. Für wen ist der „Zweite Bildungsweg"?
15. Wozu gibt es Abendschulen?

19.3 Deutsche und englische Schulen

Die Schulen in der Bundesrepublik und in England haben vieles gemeinsam; sicher herrscht auch in englischen Schulen hier und da Schulstreß, sicher sind Disziplinprobleme hüben wie drüben festzustellen, auch Prüfungen[1] gibt es in beiden Schulsystemen, in beiden Ländern hat die Koedukation mehr Anhänger gefunden.

Koedukation ist die gemeinsame Erziehung und gleichberechtigte Behandlung von Jungen und Mädchen in einer Schule und einer Klasse: solche Schulen heißen „Koedukationsschulen".

Vorteile:

Die Geschlechter lernen sich besser kennen. Dennoch kann man oft feststellen, daß die Schüler im Klassenzimmer nach Geschlechtern getrennt sitzen, und das ohne Einfluß des Lehrers. Trotzdem bestehen viele Möglichkeiten für Jungen und Mädchen ein gutes, gesundes und natürliches Verhältnis zueinander zu finden (besonders auch in den Pausen). Scheu und Hemmungen gegenüber dem anderen Geschlecht werden vermindert.

Gesunde Konkurrenz zwischen Mädchen und Jungen im Unterricht kann die Leistung steigern. (Dies wird allerdings von einigen Pädagogen bestritten.)

Nachteile:

Vielleicht ist die Tendenz zur Cliquenbildung größer. Eine unterschiedliche Behandlung von Jungen und Mädchen kann nicht immer vermieden werden. Die Ablenkung der Schüler in der Zeit des geschlechtlichen Heranreifens (Pubertät) könnte in einer Koedukationsschule größer sein.

In beiden Ländern gibt es gute, mittelmäßige und schlechte Schüler (und Lehrer). Dennoch ist es immer interessant, auch die *Unterschiede* aufzuzeigen. Oft wird durch einen solchen Vergleich vieles klarer. Hier sind einige Punkte, in denen sich englische und deutsche Schulen (Bundesrepublik) unterscheiden:

1. In Deutschland hat man normalerweise nur vormittags Schule.
2. Allerdings ist jeden zweiten Samstag Unterricht.
3. Die Schule fängt normalerweise zwischen 7 und 8 Uhr an.
4. Eine tägliche Schulandacht gibt es in deutschen Schulen nicht. Schulfeiern mit Preisverteilung sind selten.
5. Es gibt normalerweise kein Mittagessen in der Schule, da ja meist gegen Mittag Schulschluß ist.
6. Bei Ganztagsschulen (meistens integrierte Gesamtschulen) ist das natürlich anders.
7. Eine deutsche Schulstunde dauert 45 Minuten.
8. Ein Schultag hat (für ältere Schüler) durchschnittlich sechs Schulstunden.

---

[1]Eine Prüfung (ein Examen) machen/bestehen: *to take/pass an exam*.
Er hat seine Prüfung nicht bestanden/er ist durchgefallen: *he failed his exam*.

9. Zwischen den Schulstunden gibt es Fünfminuten- und Zehnminutenpausen und eine „große Pause" von 15 Minuten.

10. Wenn der Unterricht einer Klasse erst in der zweiten oder dritten Stunde beginnt, brauchen die Schüler nicht schon zu Schulbeginn dasein.

11. Ein „Haussystem" gibt es an deutschen Schulen nicht. Man orientiert sich meistens an Abteilungen.

12. Die deutschen Schüler tragen keine Schuluniformen.

Schuluniformen

Vorteile:

Sie fördern das Zusammengehörigkeitsgefühl. Soziale Unterschiede sollen in der Kleidung nicht in Erscheinung treten. Neid und Mißgunst wegen Kleidung kommen seltener auf. (In Wirklichkeit ist das jedoch nicht immer der Fall.) Eine Schuluniform soll dem Schüler ein Gefühl des Stolzes und der Verantwortung gegenüber der Schule geben. Schuluniformen schonen die anderen Kleidungsstücke.

Nachteile:

Eine Schuluniform könnte zu große Uniformität hervorrufen. Die Schuluniform könnte den Sinn für das Individuelle beeinträchtigen. Die Kosten für Schuluniformen sind beträchtlich. Die Anschaffung anderer Kleidung kommt daher — besonders bei weniger bemittelten Familien — oft zu kurz. (Es gibt jedoch für Schuluniformen finanzielle Beihilfen.)

---

13. Das Präfekten- und Schülerratsystem an englischen Schulen scheint eine intensivere Mitarbeit und bessere Kooperation zwischen Lehrern und Schülern zu gewährleisten als das deutsche Schülermitverwaltungssystem (SMV). Das oberste Organ der SMV ist der Schülerrat. Er besteht aus den Klassensprechern. Die Klassensprecher wählen dann den Schulsprecher (oder die Schulsprecherin). Alle Schüler wählen den sog. Vertrauenslehrer. Das Mitspracherecht der Schüler ist nicht so groß. Allerdings hängt das oft auch von den einzelnen Schulsprechern ab.

14. Klubs und „Gesellschaften" (*societies*) gibt es an deutschen Schulen nicht so häufig. Wohl aber gibt es Arbeitsgemeinschaften (AGs), die sich, meist unter Anleitung eines Lehrers, mit Spezialgebieten oder Projekten befassen (z.B. Ruder-AG, Astronomie-AG, Russisch-AG).

15. Im deutschen Schulsport sind Leichtathletik, Geräteturnen und Gymnastik Schwerpunkt. Spiele sind nicht so häufig. Fußball wird (wegen der Verletzungsgefahren) selten gespielt. — Es gibt mehr Turnhallen und nicht so viele Sportplätze.

16. Von „Sitzenbleiben" spricht man, wenn ein Schüler wegen schlechter Leistungen das Ziel der Klasse nicht erreicht hat, z.B. wenn er in Deutsch eine „5" und in Mathematik eine „6" hat. Der

Schüler bleibt dann „sitzen" (wird nicht versetzt), d.h. er muß das gesamte Jahr in allen Fächern (auch, wo er keine „5" oder „6" hatte) noch einmal machen. Die Versetzungsordnung regelt, wann man versetzt wird, und wann man nicht versetzt wird (sitzenbleibt). Sie war früher sehr streng, heute ist sie aber „humaner", man kann z.B. schlechte Noten mit guten ausgleichen.

17. Aufnahmeprüfungen für die Realschule und das Gymnasium gibt es nicht mehr sehr häufig. Meistens können die Kinder auf Empfehlung der Lehrer und auf Wunsch der Eltern die weiterführende Schule (Realschule, Gymnasium) besuchen. Wenn die Eltern ihr Kind gegen den Rat der Lehrer auf die weiterführende Schule schicken wollen, muß das Kind eine Aufnahmeprüfung machen; ebenfalls, wenn der Notendurchschnitt der vierten Grundschulklasse schlecht ist.

18. Abschlußprüfungen können nicht in einzelnen Fächern gemacht werden; z.B. wäre es nicht möglich, gleichzeitig die Hauptschulreife (den Hauptschulabschluß) in Englisch, die mittlere Reife in Deutsch und das Abitur in Mathematik zu machen. Man macht also in allen Fächern gleichzeitig entweder die Hauptschulreife oder die mittlere Reife oder das Abitur. (Allerdings gibt es dabei nicht in allen Fächern schriftliche und/oder mündliche Prüfungen.)

19. In deutschen Schulen gibt es keine körperliche Züchtigung mehr.

20. In England gibt es keine Berufsschulpflicht.

hüben wie drüben: *here and there*
die Scheu: *shyness*
die Hemmung (–en): *inhibition*
vermindern (*wk*): *to lessen, to diminish*
die Konkurrenz: *competition*
die Leistung (–en): *achievement*
der Pädagoge (–n) (*wk masc.*): *teacher, pedagogue, educational expert*
die Tendenz (–en): *tendency*
vermeiden (ei, ie, ie): *to avoid*
die Ablenkung (–en): *distraction*
die Schulandacht (–en): *(school) assembly*
die Schulfeier (–n) mit Preisverteilung: *speech-day*
fördern (*wk*): *to encourage*
schonen (*wk*): *(here) to save wear and tear (of)*
hervorrufen (u, ie, u): *to give rise to, to evoke, to elicit*
beeinträchtigen (*wk*): *to impair*
die Anschaffung (–en): *acquisition, purchase*
zu kurz *kommen (o, a, o): *to go by the board*

der Präfekt (–en) (*wk masc.*): *prefect*
der Schülerrat (⸗e): *pupils' council (school council)*
die Mitarbeit: *collaboration*
gewährleisten (*wk*): *to assure, to guarantee*
das Schülermitverwaltungssystem (–e): *scheme whereby pupils help with the running of a school*
der Klassensprecher (–): *form captain*
der Schulsprecher (–): *head boy*
das Mitspracherecht (–e): *right to voice an opinion*
die Arbeitsgemeinschaft (–en): *extracurricular activity or study group*
das Projekt (–e): *project*
das Geräteturnen: *apparatus work (gymnastics)*
der Schwerpunkt (–e): *focal point*
versetzen (*wk*): *to put up, promote*
die Versetzungsordnung (–en): *regulations concerning promotion procedures*
ausgleichen (ei, i, i): *to equalize, to offset, to make good*
die körperliche Züchtigung: *corporal punishment*

Retranslation

A 1 Most German schools only have lessons in the mornings. 2 School lasts from about a quarter to eight until a quarter to one. 3 Children have to go to school on Saturday mornings. 4 They do, however, have every other Saturday off.

B 1 Co-educational schools 2 School uniforms. 3 School assembly. 4 School dinners. 5 "House system". 6 Form captain. 7 Head boy. 8 Head girl. 9 Headmaster. 10 Form teacher. 11 School council (English system). 12 Pupils' council (*SMV* — German system). 13 Clubs and societies. 14 Extra-curricular activities (*AGs* – German system). 15 School rules.

C 1 They took their exams. 2 Max passed his exam. 3 Helga failed her exam. 4 Thorsten did so badly that he had to repeat the year. 5 Achim got a 1.5 in maths but got a 5 in history.

Fragen

1. Nennen Sie zwei Gemeinsamkeiten zwischen englischen und (bundes)-deutschen Schulen!
2. Nennen Sie drei Vorteile der Koedukation!
3. Nennen Sie einen Nachteil der Koedukation!
4. Wann fängt in Deutschland morgens die Schule an?
5. Wann gibt es in deutschen Schulen Mittagessen?
6. Wie lange dauert normalerweise eine Schulstunde in Deutschland?
7. Wie lange dauert normalerweise die große Pause?
8. Orientiert man sich in Deutschland nach dem „Haussystem"?
9. Wie sehen die Schuluniformen in Deutschland aus?
10. Nennen Sie einen Vorteil der Schuluniformen!
12. Nennen Sie drei Nachteile der Schuluniformen!
13. Was bedeutet SMV?
14. Erklären Sie an einem Beispiel, was AG bedeutet!

19.4 Student und Universität in der Bundesrepublik

Die Universitäten in der Bundesrepublik haben sehr unterschiedlichen Charakter, jedoch kann man sie wohl grob in zwei Gruppen unterteilen: eine Gruppe bilden die Unis in (romantischen) kleineren Städten — meist älteren Gründungsdatums (z.B. Freiburg, Tübingen, Marburg, Heidelberg) — die andere Gruppe sind die Unis in Großstädten, meist neueren Datums, und oft mit durchweg neuen Gebäuden (Gießen, Bochum, Berlin).

Gegenüber früher hat man die Studienzeit und den Stoff drastisch gekürzt und mehr auf die Praxis zugeschnitten. Die Studenten sollen nur das lernen, was sie direkt für ihren Beruf brauchen.

Manche Studenten, aber auch Professoren, Dozenten und Lektoren befürchten, daß durch diese Kürzungen die alte „Freiheit von Forschung und Lehre" beeinträchtigt werden könnte.

Tübingen: Universität

Geblieben sind aber, trotz aller Nüchternheit, Studentenulk und Studentenverbindung. Selbstverständlich machen die Studentenverbindungen nicht nur „Ulk“, sondern sie haben die verschiedensten Programme und Zielsetzungen, z.B. brüderliche Hilfe, gegenseitige Erziehung in der Gemeinschaft, Erziehung zu demokratischem Verhalten, sportliche Betätigung, gesellschaftliche Veranstaltungen usw.

Die Universitäten sind leider überfüllt; fast überall mußte ein rigoroser Numerus Clausus eingeführt werden. Wie in England die UCCA, wurde auch in der Bundesrepublik eine „Zentrale *V*erteiler*s*telle (ZVS)“ für Studienplätze eingeführt (entscheidend ist vor allem der Notendurchschnitt des Abiturszeugnisses, aber auch das Alter, die Bundeswehr- oder Ersatzdienstzeit usw.). Sie weist dem Studenten die Universität zu.

Etwa die Hälfte der Studenten in der Bundesrepublik erhält finanzielle Unterstützung aus öffentlichen Mitteln. Es gibt eine Reihe von Stipendien; das wichtigste heißt BAFÖG (*B*undes*a*usbildungs-*f*örderungs*g*esetz). Ob der Student Geld erhält und wieviel, richtet sich nach dem Einkommen seiner Eltern. Wer ein Stipendium bekommt, muß besondere Prüfungen ablegen und darf nicht „bummeln“.

Auch die Wohnungsfrage ist in den überfüllten Universitätsstädten nicht leicht zu lösen.

Merke! „studieren“ = an einer *Universität* studieren (ein [Universitäts]-*student* studiert, ein *Schüler* geht zur *Schule* und lernt.)

unterschiedlich: *different, diverse*
unterteilen (*wk*): *to subdivide*
durchweg: *throughout, completely*
gegenüber früher: *compared with formerly*
auf die Praxis **zu**schneiden (ei, i, i): *designed for practical purposes*
der Professor (–en) (*wk masc.*): *professor*
der Dozent (–en) (*wk masc.*): *lecturer*
die Forschung (–en): *research*
die Lehre (–n): *doctrine, tuition, system of instruction*
beeinträchtigen (*wk*): *to encroach upon, to affect*
die Nüchternheit: *sobriety, dullness*
die Studentenverbindung (–en): *student corporation (cf. fraternity)*
der Ulk (–e): *practical joke, fun, gag*
die Zielsetzung (–en): purpose, aim

das Verhalten: *attitude, behaviour*
die Betätigung (–en): *activity*
Numerus Clausus: *system whereby student numbers for certain courses are limited*
die Verteilerstelle (–n): *clearing house*
der Notendurchschnitt (–e): *average grade*
die Bundeswehrdienstzeit: *period of national service (with the Bundeswehr)*
der Ersatzdienst: *alternative service for conscientious objectors*
zuweisen (ei, ie, ie) (+ *Dat.*): *to allocate, to assign, to send*
das Stipendium (–dien): *grant*
(das) BAFÖG: *law for advancing further education in the Federal Republic*
ich bekomme BAFÖG: *I get a grant*
eine Prüfung **ab**legen (*wk*): *to pass an exam*
bummeln (*wk*): *to waste time*

19.5 Aufsatzthemen

(a) Meine ideale Schule

Meine ideale Schule müßte eine Koedukationsschule sein. Ich würde eine kleine Schülerzahl vorziehen, vielleicht etwa 300, so daß man sich besser kennenlernen kann. Die Schule würde natürlich im modernsten Stil und als zusammenhängender Gebäudekomplex gebaut sein.

Wir würden mindestens zehn Sportplätze haben. Natürlich müssen auch ein Hallen- und ein Freibad da sein. Die technischen und naturwissenschaftlichen Fächer würden einen besonderen Flügel mit modernster Ausrüstung haben.

Für die Pausen und Freistunden würden besondere Freizeiträume vorhanden sein, mit Fernsehen, Radio, Automaten, und was das Herz begehrt (z.B. muß ein Rauchsalon für die älteren Schüler und auch eine spezielle Schülerbibliothek dasein). Es würde auch Aufzüge und Rolltreppen geben; das spart viel Zeit und Kraft.

Aber nun zu den Schülern und Lehrern selber! Es würde ein großes Angebot an Fächern und Kursen — und damit auch an qualifizierten Lehrkräften — geben. Es wäre möglich, auch andere europäische Sprachen (außer Englisch und Französisch z.B. Spanisch und Russisch) sowie Chinesisch zu lernen, und es würde Raumfahrtlehre, Computertechnik und andere Fächer geben, die an Schulen heute noch selten sind. Es müßte genug Lehrer für die verschiedenen Leistungs- und Altersstufen geben; also z.B. Lehrer, die sich speziell mit leistungsschwächeren Schülern, aber auch solche, die sich mit der Leistungsspitze befassen würden. Das erfordert kleine Lerngruppen; ich denke da etwa an ein Verhältnis Lehrer-Schüler von 1 : 10, wenn nötig sogar 1 : 1. Schulstreß könnte also nicht aufkommen! Sitzenbleiben wäre kaum möglich.

Die Schüler sind natürlich so verantwortungsbewußt und vernünftig, daß keine Disziplinschwierigkeiten auftreten. Daher würden die Schüler auch in der SMV verantwortlich mitarbeiten und mitbestimmen wollen. Sie würden so den Lehrern helfen, meine ideale Schule zu verwalten und zu gestalten; denn: nicht für die Schule, sondern fürs Leben lernen wir!

(Schüleraufsatz)

der Flügel (–): *wing (of a building)*
die Ausrüstung (–en): *equipment*
das Angebot: *range (of subjects offered)*
leistungsschwächer: *less-able*
die Leistungsspitze: *the most able*
veranwortungsbewußt: *responsible*
vernünftig: *sensible*

(b) Weitere Themenvorschläge

1. Was erwarten Sie von einer guten Schule?
2. Vor- und Nachteile der Koedukation.
3. Was erwarten Sie von einem Oberstufenschüler?
4. Vor- und Nachteile einer Kollegstufenschule (= „Nur-Primaner-Schule").
5. Ist körperliche Züchtigung in der Schule noch angebracht?
6. Wie lernt man am besten Fremdsprachen?
7. Warum ich Deutsch lerne.
8. Welche Vor- und Nachteile bringen der Besuch von ausländischen Schulen und der Schüleraustausch?
9. Vor dem Studium sollte sich jeder Student ein Jahr lang in der Welt umsehen.
10. Was sollte eine Universität bieten?

20 Die Jugend von heute

20.1 Die Jugend von heute

„Die junge deutsche Generation", schrieb das amerikanische Nachrichtenmagazin „Time" dieser Tage, „ist zutiefst unglücklich, vielleicht unglücklicher als die Jugend in irgendeinem anderen Land Europas."

Diese Jugend glüht nicht mehr vor revolutionärem Eifer wie die Generation der sechziger Jahre. Sie ist nicht mehr von der Hoffnung besessen, die Gesellschaft zu verändern, sie findet kein Echo mehr in der Erwachsenengeneration wie seinerzeit die Apo. Sie hat sich in ein selbsterrichtetes Getto zurückgezogen, überwältigt von dem Eindruck, daß „alles sinnlos" ist, daß „man doch nichts ändern kann". Die einen verlieren jedes Interesse an Politik und Gesellschaft, „schalten ab", die anderen treiben einer inneren Radikalisierung zu, die tiefer und weiter geht als alle früheren Rebellionen.

Nirgendwo ist dieser Prozeß so weit fortgeschritten wie an den Universitäten ...

● Zeitliche Begrenzung des Studiums (Regelstudienzeit) auf 8 Semester für die meisten Fächer (bisherige Studiendauer durchschnittlich 10 bis 11 Semester).

● Verschärftes Ordnungsrecht, das Störer mit der Exmatrikulation, das heißt mit der Entfernung aus der Universität bedroht.

Selbstkritisch bekennt Berlins ehemaliger sozialdemokratischer Hochschulsenator Glotz (SPD), daß seine Partei jahrelang versäumt hat, den notwendigen Dialog mit der studentischen Jugend zu führen. Er fürchtet nicht den Bodensatz, der in den Terrorismus abgleitet, sondern eine andere Gefahr: „Jene große Gruppe, deren Haltung sich zu Zynismus und Resignation verdichtet. Diese Leute werden vielleicht eingeordnet werden in unser soziales Leben, aber die aggressive Distanz zum Staat wird bleiben, und das ist ein Zustand, der uns wieder in eine Weimarer Situation bringen könnte, wenn man jetzt nicht gegensteuert."

---

zutiefst: *deeply, fundamentally*

glühen (wk) vor (+ Dat.): *to glow with*

der Eifer: *zeal, eagerness*

besessen von (+ Dat.): *possessed by*

seinerzeit: *in those days*

die Apo = die außerparlamentarische Opposition: *Federal German (non-party) opposition movement of the sixties*

selbsterrichtet: *self-erected*

das G(h)etto (–s): *ghetto*

sich **zurück**ziehen (ie, o, o): *to withdraw*

überwältigen (wk): *to overcome*

abschalten (wk): *to switch off, to turn off*

***zu**treiben (ei, ie, ie) (+ Dat.): *to drive, to drift, to turn towards*

die Radikalisierung: *radicalization*

zeitlich: *temporal, regarding time*

die Begrenzung (–en): *limitation*

bisherig: *hitherto*

verschärfen (wk): *to intensify, to heighten*

das Ordnungsrecht (–e): *law regulating disciplinary rights (powers), usu. referring to universities*

der Störer (–): *troublemaker*

die Exmatrikulation (–en): *having one's name removed from university records, being sent down*

versäumen (wk): *to miss, to neglect*

der Bodensatz (¨e): *sediment (as in wine)*

***ab**gleiten (ei, i, i): *to glide, "to go down the social ladder"*

der Zynismus (–men): *cynicism*

sich verdichten (wk): *to thicken, to harden*

einordnen (wk): *to fit into*

die Distanz (–en): *distance, aloofness*

Fragen

1. Warum ist die junge deutsche Generation angeblich so unglücklich?
2. Wo ist — nach dem Artikel — die Radikalisierung am weitesten fortgeschritten?
3. Gegen welche Maßnahmen wenden sich viele Studenten?

20.2 Reifezeit

Mit der Reifezeit (Pubertät), die bei den Mädchen durchschnittlich zwischen dem 12. und 15., bei den Jungen meist zwischen dem 14. und 16. Lebensjahr einsetzt, endet die Welt des Kindes. Aus dem Kind wird ein Jugendlicher. Auch vor dem Gesetz wird der junge Mensch im Alter von 14 bis 18 Jahren als „Jugendlicher" eingestuft. Jeder Jugendliche macht die Zeit der körperlichen, seelischen und geistigen Reifung und Entwicklung durch. Der Jugendliche befindet sich in der Pubertät in einer besonderen Situation. Er will sich von den Kindheitsbindungen lösen, er will selbständig sein und im Kreise der Freunde und Kameraden etwas gelten. Er reift körperlich und geschlechtlich heran, sucht Kontakt mit dem anderen Geschlecht. Diese Entwicklung, diese Wünsche und Bestrebungen sind natürlich und verständlich. Erwachsene erwarten von den Heranwachsenden in der Pubertät jedoch häufig mehr Vernunft und Reife, als diese tatsächlich haben können. Diese falsche Erwartung endet oft in dem Trugschluß, daß „die Jugend von heute besonders unreif" sei.

Der sachlich urteilende Erwachsene wird jedoch eher das Gegenteil feststellen müssen: dem beschleunigten körperlichen Wachstum des heutigen Jugendlichen entspricht auch meist eine schnelle (wenn auch etwas später einsetzende) geistige Entwicklung. Die heutigen Jugendlichen dürften wohl aufgeschlossener, wendiger und cleverer sein als ihre Väter und Mütter im gleichen Alter!

Trotzdem können Jugendliche aufgrund ihrer geringen Lebenserfahrung oft nicht erkennen, welche Folgen ihr Verhalten haben kann. In der Reifezeit sind sie außerdem körperlich und seelisch anfälliger. Deshalb muß die Gesellschaft die Jugendlichen gegen verschiedene „heimliche Gefahren" schützen.

Der Gesetzgeber hat hier Vorschriften zum Schutz Jugendlicher erlassen, z.B. das Jugendschutzgesetz, das Jugendarbeitsschutzgesetz, das Gesetz über die Verbreitung jugendgefährdender Schriften usw.

Das Jugendarbeitsschutzgesetz bemüht sich, die arbeitenden Jugendlichen vor Überlastung am Arbeitsplatz zu schützen. Es betont auch die Pflicht (und das Recht) der Jugendlichen, die Berufsschule zu besuchen.

Jugendliche sind für die Teilnahme am Unterricht der Berufsschule von der Arbeit freizustellen. Ein Entgeltausfall darf hierdurch nicht eintreten. Ein Jugendlicher darf nicht beschäftigt werden
- vor dem Unterricht, wenn dieser früher als um 9.00 Uhr beginnt
- an Berufsschultagen mit einer Unterrichtszeit von mindestens 5 Stunden (Zeitstunden) einschließlich der Pausen.

Auch wenn die Berufsschule sogenannten Blockunterricht mit einem planmäßigen Unterricht von mindestens 25 Stunden an mindestens fünf Tagen abhält, ist der Jugendliche von der Arbeit freizustellen und ihm Arbeitsentgelt für 8 Stunden pro Schultag oder 40 Stunden (Zeitstunden) pro fünftägiger Schulwoche zu zahlen.

die Reifezeit: *puberty*
einsetzen (*wk*): *to set in, to occur*
vor dem Gesetz: *legally, in the eyes of the law*
einstufen (*wk*): *to classify, to categorize*
die Reifung: *maturing*
die Kindheitsbindung (–en): *ties of childhood*
selbstständig *sein: *to stand on one's own feet*
gelten (i, a, o): *to be worth*
der Wunsch (¨e): *wish*
die Bestrebungen (*usu. pl*): *efforts, endeavours, (aspirations)*
die Vernunft: *reason, common sense*
die Reife: *maturity*
die Erwartung (–en): *expectation*
der Trugschluß (¨sse): *false conclusion*

sachlich: *objectively*
beschleunigt: *accelerated, speedy*
das Wachstum: *growth, increase*
aufgeschlossen: *broad-minded, liberal*
wendig: *flexible, adaptable, resourceful*
die Lebenserfahrung (–en): *experience of life*
die Folge (–n): *result*
das Verhalten: *behaviour*
anfällig: *vulnerable, shaky*
der Gesetzgeber (–): (*lit.*) *legislator*, (*here*) *parliament*
die Vorschrift (–en): *law, regulation*
erlassen (ä, ie, a): *to enact; to put through, to pass*
die Verbreitung: *distribution, spreading*
die Überlastung: *overloading, heavy commitments*

Retranslation

1 On average, puberty begins for girls between the ages of twelve and fifteen and for boys a little later. 2 It is a time of physical and mental development. 3 Young people want to be independent. 4 As boys and girls mature and develop sexually, they begin to make friends with the opposite sex. 5 Parents expect adolescents to be sensible and mature. 6 This is not always the case and people sometimes have the wrong impression that the youth of today is particularly immature.

7 Because puberty often starts earlier than a generation ago, parents sometimes think their children should be more sensible and cleverer than they were at the same age. 8 Young people often don't realize what consequences their lack of experience of the outside world (*Lebenserfahrung*) could have. 9 Society must protect young people from these various hidden dangers. 10 Several laws exist that help to protect young people in this respect.

Fragen

1. Womit endet die Welt des Kindes?
2. Was macht jeder Jugendliche durch?
3. Warum befindet sich der Jugendliche in der Pubertät in einer besonderen Situation?
4. Welchen Fehler machen manche Erwachsene?
5. Was muß man trotzdem wohl über die „Jugend von heute" sagen?
6. Warum können manche Jugendliche die Folgen ihres Verhaltens nicht erkennen?
7. Was muß deswegen die Gesellschaft tun?
8. Worum bemüht sich das Jugendarbeitsschutzgesetz?

20.3 Volljährigkeit

Die Jugendlichen bestimmen das Leben in unserer Gesellschaft wesentlich mit. Sie stehen im Berufsleben („sind in der Wirtschaft tätig", wie es im Fachjargon heißt); sie leisten damit ihren Beitrag zum Sozialprodukt. Sie sind Verbraucher. Sie gestalten das politische Leben mit; als junge Erwachsene (mit 18) werden sie wahlberechtigt. Sie können sich mit 17 freiwillig zum Wehrdienst melden; als junge Erwachsene (mit 18) werden sie zum Wehrdienst eingezogen, oder sie müssen Ersatzdienst leisten. Sie sind von großer Bedeutung im

Sport und im kulturellen Leben. In vielen Bereichen gestalten also Jugendliche die Gesellschaft schon mit, sie tragen oft schon große Verantwortung und handeln selbständig. Das Volljährigkeitsalter ist daher in vielen Ländern von 21 auf 18 herabgesetzt worden.

Parlament reformiert ein 99 Jahre altes Gesetz

Bundesbürger sind mit 18 volljährig

BONN. Der Bundestag hat am Freitag mit großer Mehrheit ein Gesetz verabschiedet, das die Volljährigkeitsgrenze von bisher 21 auf 18 Lebensjahre herabsetzt. Auch das Ehemündigkeitsalter von Mann und Frau wurde einheitlich auf 18 Jahre festgesetzt. Bei Zustimmung des Vormundschaftsgerichts ist eine Heirat aber auch schon mit 16 Jahren möglich, wenn der andere Partner volljährig ist.

Die neuen Regelungen traten am 1. Januar 1975 in Kraft.

Eine Broschüre des Presse- und Informationsamtes erläutert einige Rechte und Pflichten, die der Volljährige hat, folgendermaßen:
„Mit 18 können Sie über Ihr Geld selbst bestimmen. Sie können sich einen „heißen Ofen" (ein „heißer Ofen" ist ein schnelles Motorrad) kaufen, einen Kredit aufnehmen, auf Raten kaufen. Sie können das Scheckbuch aus der Tasche ziehen: Ihre Unterschrift gilt.

Sie können selbständig einen Arbeitsvertrag schließen. Wenn Ihnen Arbeit und Arbeitsplatz nicht länger zusagen, können Sie kündigen. Und wenn Sie meinen, in Hamburg oder Hückeswagen bessere Chancen zu haben oder mehr zu verdienen, dann ziehen Sie einfach hin. Ihr Aufenthaltsort ist ab 18 Ihre Sache.

Sie sind beide 18 und sehr verliebt? Sie haben den Menschen fürs Leben gefunden? Und die „Kohlen (= das Geld) stimmen"? Und Sie wollen aufs Standesamt? Kein Gesetz soll Sie mehr hindern. Wenn Sie mit 18 heiraten wollen, und auch Ihr Partner 18 ist, gibt es in Zukunft niemanden mehr, der Ihrem Glück im Wege stehen könnte. Sie bestimmen selbst über das Leben zu zweit. Aber aufgepaßt: eine Ehe kann scheitern, und eine Scheidung kostet Geld.

Mit der Volljährigkeit sind das aktive und passive Wahlrecht verbunden. Das heißt, Sie können wählen, aber auch in so manche Ämter und Würden gewählt werden.

Als 18jährige sind Sie jetzt selbst für sich verantwortlich. Und auch wichtige Entscheidungen liegen einzig und allein bei Ihnen. Bevormundung oder Befehle brauchen Sie nun nicht mehr zu befürchten. Die Ratschläge der Eltern und Lehrer sind nun eindeutig das, was sie wirklich sein sollten: wertvolle Entscheidungshilfen, die Sie ohne Vorurteile prüfen können, ohne sie blindlings befolgen zu müssen. Denn niemand kann Sie mehr zu etwas zwingen, was Sie nicht selbst für richtig halten."

---

die Volljährigkeit: *coming of age, majority*
mitbestimmen (*wk*): *co-determine*
wesentlich: *essentially*
einen Beitrag leisten (*wk*): *to make a contribution*

der Verbraucher (–): *consumer*
mitgestalten (*wk*): *to help to form*
wahlberechtigt: *entitled to vote*
herabsetzen (*wk*): *to lower*

das Ehemündigkeitsalter: *marriageable age*
einheitlich: *uniformly*
die Zustimmung (–en): *consent, agreement*
die Vormundschaft (–en): *guardianship*
in Kraft *treten (i, a, e): *to come into force*
einen Kredit **auf**nehmen (i, a, o): *to take out a loan*
einen Arbeitsvertrag schließen (ie, o, o): *to sign a contract of employment*
zusagen (wk): *to come up to expectation*
kündigen (wk): *to give notice*

Ihr Aufenthaltsort ist Ihre Sache: *where you live is your own affair*
*scheitern (wk): *to founder, to go on the rocks*
Ämter und Würden: *offices and high positions*
der Ratschlag (–̈e): *advice*
eindeutig: *clearly, unambiguously*
zwingen (i, a, u): *to compel, to force*
Bevormundung und Befehle brauchen Sie nicht mehr zu befürchten: *you no longer have to fear being told what to do or being bossed around*

Retranslation

1 In spite of present difficulties, young people do help to determine the way of life in our society. 2 They contribute to the Gross National Product. 3 They are consumers. 4 They are entitled to vote when they are eighteen years old. 5 Eighteen-year-old-men are eligible for National or Alternative Service.

6 Young people can marry when they are eighteen years old without parental consent. 7 At eighteen they can have their own cheque book, take out a bank loan and buy things on hire purchase, provided of course that they are credit-worthy (*kreditwürdig*). 8 They can leave home legally and live where they like.

Fragen

1. Warum ist das Volljährigkeitsalter in vielen Ländern herabgesetzt worden? (zwei Gründe!)
2. Ist das neue Volljährigkeitsgesetz schon in Kraft?
3. Erläutern Sie drei wichtige Rechte, die man als Volljähriger erhält!
4. Was bedeutet aktives Wahlrecht?
5. Kann ein 18 jähriger Bundestagsabgeordneter werden?

20.4 Der Generationskonflikt

Die Alten und die Jungen

„Unverständlich sind uns die Jungen",
Wird von den Alten beständig gesungen;
Meinerseits möcht ichs damit halten:
„Unverständlich sind mir die Alten."
Dieses Am-Ruder-bleiben-wollen
In allen Stücken und allen Rollen,
Dieses Sich-unentbehrlich-vermeinen
Samt ihrer „Augen stillem Weinen",
Als wäre der Welt ein Weh getan —
Ach, ich kann es nicht verstahn.
Ob unsre Jungen, in ihrem Erdreisten,
Wirklich was Besseres schaffen und leisten,
Ob dem Parnasse sie näher gekommen,
Oder bloß einen Maulwurfshügel erklommen,
Ob sie, mit andern Neusittenverfechtern,
Die Menschheit bessern oder verschlechtern,
Ob sie Frieden sä'n oder Sturm entfachen,
Ob sie Himmel oder Hölle machen —
Eins läßt sie stehn auf siegreichem Grunde:
Sie haben den Tag, sie haben die Stunde;
Der Mohr kann gehn, neu Spiel hebt an,
Sie beherrschen die Szene, sie sind dran.

Theodor Fontane 1819–98

beständig: *constantly*

am Ruder *bleiben (ei, ie, ie): *to stay at the helm (i.e. in the driving seat)*

sich vermeinen (wk) (arch.): *to imagine, to believe, to presume*

unentbehrlich: *indispensable*

das Erdreisten (arch.): *daring*

der Parnaß: *Mount Parnassus (mountain in central Greece sacred to Muses)*

der Maulwurfshügel (–): *mole hill*

erklimmen (i, o, o): *to climb, to scale up the height of*

der „Neusittenverfechter" (–): *"champion, advocate of new causes"*

entfachen (wk): *to kindle, to give rise to*

der Mohr kann gehen: *i.e. reference to Othello*

anheben (e, o, o): *to begin*

die Szene beherrschen (wk): *to have the stage*

Die Jugendlichen von heute sind die Erwachsenen von morgen. Sie sollen dann den Staat, die Wirtschaft, die Gesellschaft, die Kultur in ihre eigenen Hände nehmen. Damit die Jugendlichen die Erwachsenen ablösen können, müssen sie sich in einem oft harten und konfliktreichen Lernvorgang jene Kenntnisse und Fähigkeiten aneignen, die notwendig sind, um die Ablösung durchzuführen. Dieser Ablösungsvorgang, der Generationswechsel, ist oft mit harten Auseinandersetzungen zwischen der Generation der Erwachsenen und der jungen Generation verbunden. Die Jungen wollen die Welt nach ihren Vorstellungen verändern, die Erwachsenen wollen das Bestehende oft bewahren. Für junge Menschen ist es oft interessanter, mit gleichaltrigen Kameraden auf den Sportplatz zu gehen, als sich den Eltern bei einem Familienspaziergang anzuschließen. Die Jugendlichen wollen oft abends Musik hören, tanzen und nicht mit den Eltern vor dem Fernsehapparat sitzen. Manche Eltern meinen, der Sohn oder die Tochter sollte um 10.00 Uhr abends zu Hause sein. Jugendliche wollen so lange ausgehen, wie sie Lust haben. Jugendliche und Erwachsene haben also verschiedene Interessen. Aus Interessengegensätzen ergeben sich Konflikte.

Der Heranwachsende ist bestrebt, seinen Bereich mehr und mehr auszuweiten. Er stößt dabei immer wieder auf Grenzen, die ihm die Erwachsenen ziehen, und gerät so mit den Erwachsenen in Konflikt. Aber dadurch wird er gezwungen, über seine eigene Lage, seine Absichten und seine Forderungen nachzudenken. Auch die Erwachsenen werden oft gezwungen, ihre Position zu überdenken und entweder nachzugeben oder die Grenzen, die sie dem Jugendlichen ziehen, zu begründen und zu verteidigen.

Eine wichtige Rolle spielt im Generationskonflikt die Tatsache, daß der Heranwachsende wirtschaftlich und finanziell meist von den Eltern abhängig ist. Schon aus diesem Grund wollen die Eltern mitbestimmen, solange der Jugendliche bei ihnen wohnt und ißt. Sie wollen wissen, wie er seine Freizeit gestaltet und sein Geld ausgibt. Schließlich muß man bedenken, daß die Eltern bis zum 18. Lebensjahr für ihre Kinder verantwortlich sind.

jemanden **ab**lösen (wk): *to take over from*

der Lernvorgang (⸚e): *"apprenticeship"*

sich **an**eignen (wk): *to acquire, to adopt*

der Ablösungsvorgang (⸚e): *gradual taking over (from)*

die Auseinandersetzung (–en): *difference of opinion, quarrel,*

das Bestehende: *status quo*

bewahren (wk): *to preserve, to keep*

sich **an**schließen (ie, o, o): *to join*

der Interessengegensatz (∸e): *differing interest*
sich ergeben (i, a, e): *to arise, to emerge*
bestrebt *sein: *to be eager, keen*
den Bereich **aus**weiten (*wk*): *to widen one's independence of action*

die Forderung (–en): *demand*
nachgeben (i, a, e): *to relent, to give way*
begründen (*wk*): *to justify*
abhängig: *dependent*

Retranslation

1 The young people of today are the adults of tomorrow. 2 The so-called generation conflict has always existed. 3 Some young people want to change society while older people often want to keep the "status quo". 4 Young people prefer going out with people of their own age rather than going out with their parents. 5 They often prefer to have separate holidays. 6 Young people and adults have different interests. 7 Parents usually insist that their children should be home by a certain time and this can lead to arguments. 8 Young people and their parents have to come to terms with each other. 9 Young people are usually financially dependent on their parents. 10 Parents are legally responsible for their children up to the age of eighteen.

„Wir übernehmen jegliche Art von Protest"

Fragen

1. Was sollen die Erwachsenen von morgen?
2. Womit ist der Generationenwechsel oft verbunden?
3. Warum gibt es oft Konflikte? (Nennen Sie drei mögliche Gründe!)
4. Wozu werden die Jugendlichen oft durch diese Konflikte gezwungen?
5. Wozu werden die Erwachsenen oft durch diese Konflikte gezwungen?

20.5 Thema „Beruf"

- Das Wort „Beruf" hängt mit „Berufung" zusammen, d.h. Beruf ist eine Tätigkeit, zu der der Mensch sich aufgrund seiner Begabung, seiner Anlagen und Interessen „berufen" fühlt.

- Diesen Sinn des Wortes sollte man nicht vergessen, wenn man sich für einen Beruf entscheidet.

- Wer einen „Job" bloß als einträgliche Beschäftigung ansieht, kann jede sich bietende Arbeit annehmen.

- Der Beruf soll auch innere Befriedigung bringen. Diese Befriedigung wird nur derjenige finden, der in seinem Beruf nicht nur eine Möglichkeit zum Geldverdienen, sondern auch eine sinnvolle, seinen Neigungen und Fähigkeiten entsprechende Aufgabe sucht.

- Die Freiheit der Berufswahl ist im Grundgesetz (Art. 12, Abs. 1) garantiert: „Alle Deutschen haben das Recht, Beruf, Arbeitsplatz und Ausbildungsstätte frei zu wählen".
- Oft wird aber diese freie Entscheidung durch gesellschaftliche (z.B. Beruf des Vaters), wirtschaftliche (z.B. finanzielle Lage zuhause; allgemeine Konjunkturlage), bildungspolitische (z.B. schulische Ausbildung) und regionale (die Gegend, in der man wohnt) Einflüsse eingeengt.
- Leider gibt es auch immer noch Arbeitslose. Bei der Arbeitssuche sind besonders Jugendliche eine Problemgruppe.
- Für manche Berufe werden bestimmte Befähigungen (Qualifikationen) vorausgesetzt (z.B. Mittlere Reife, Abitur, akademische Grade). Manche erfordern keine besondere Befähigung.
- Es gibt Halbtags- und Ganztagsberufe. (Er (sie) ist halbberuflich / vollberuflich tätig.)
- Es gibt Berufe im Innendienst und im Außendienst.
- Arbeiter bekommen Lohn, Beamte und Angestellte bekommen Gehalt. Freiberuflich Tätige verdienen Geld.
- In manchen Berufen ist das Grundgehalt (bzw. der Grundlohn) niedrig. Der Bruttolohn (das Bruttogehalt) kann jedoch dann oft durch Prämien und Überstunden erhöht werden.
- In einigen Berufen wird man *wöchentlich* bezahlt (d.h. man bekommt seinen Lohn wöchentlich), in anderen *monatlich* (d.h. man bekommt sein Gehalt monatlich).
- Vielfach wird heutzutage ein dreizehntes Monatsgehalt ausgezahlt.
- In einigen Berufen bekommen Männer und Frauen die gleiche Bezahlung, während in anderen Männer noch immer mehr Geld für die gleiche Arbeit bekommen.
- Heutzutage gibt es in den meisten Berufen bezahlten Urlaub.
- Es gibt Berufe mit und ohne Pensionsberechtigung.
- Das Pensions- bzw. Rentenalter ist verschieden. In vielen Berufen liegt es jedoch bei 65 für Männer und 60 für Frauen.

die Berufung (–en): *calling, vocation*
die Begabung: *talent, gifts*
die Anlagen (*pl*): *abilities, aptitudes*
einträglich: *profitable*
die Beschäftigung (–en): *occupation*
sich bietend: *available*
die Befriedigung: *satisfaction*
die Konjunkturlage: *state of the economy*
einengen (*wk*): *to restrict*
der freiberuflich Tätige (*like adj.*): *self-employed*
der Bruttolohn (⸚e): *gross salary*
die Prämie (–n): *bonus*
er macht Überstunden (*pl*): *he is working overtime*

Retranslation

A 1 Most people have to have a job to earn money. 2 We need money to live. 3 What sort of a job you have will partly depend on your qualifications, interests and aptitudes. 4 There are often not enough jobs to go around. 5 Everybody ought to have "job satisfaction" but unfortunately this is not always possible. 6 Some jobs are boring. 7 Manual workers (*Arbeiter*) receive wages and white-collar workers and civil servants (*Angestellte und Beamte*) receive salaries. Self-employed people earn money. 8 Wages are usually paid weekly and salaries monthly. 9 Everybody has to pay taxes (*Steuern*). 10 Some taxes are direct (like income tax) while others (like value-added tax) are indirect.

B 1 Many people have to work overtime to supplement their basic wage or salary as their gross wage (or salary) is often low. 2 Many women prefer part-time jobs but these are difficult to find nowadays. 3 Men and women ought to earn the same money for doing the same job. 4 Nowadays most jobs have paid holidays. 5 There are jobs with and without pension rights. 6 Should men and women retire at the same age? 7 How old should they be when they retire?

20.6 Berufswahl

Bei der Berufswahl braucht besonders der Jugendliche Rat und Hilfe. In der Schule werden des öfteren Themen zu Beruf und Berufswahl behandelt. Eine Hauptschülerin schrieb in einem Aufsatz: „Wir fingen schon früh damit an, die Fähigkeiten, die man später im Berufsleben braucht, zu besprechen und zu üben; z.B. mußten wir unseren Lebenslauf schreiben, der ja handgeschrieben zu jeder Bewerbung mitgeliefert werden muß. Auch Protokolle wurden angefertigt. Besonderen Wert legte die Schule auf den Geschäftsbrief. Unser Lehrer meinte, er sei wegen der geschäftlichen Verbindungsbriefe, die jeder Bürolehrling schreiben müsse, besonders wichtig. Auch in der Prüfung, die wir in der Hauptschule ablegen mußten, wurde uns ein solches Thema gestellt. Dies zeigt deutlich, wie sehr man darauf bedacht war, uns auf den späteren Beruf vorzubereiten. Wir hatten in dieser Schule sehr oft die Gelegenheit, unsere Meinung in Form einer Diskussion zu äußern. Meist stand das Thema irgendwie mit dem Problem der Berufswahl in Zusammenhang. Gerade in diesen Diskussionen wurde uns viel Neues mitgeteilt, das uns geholfen hat, am Ende des Jahres die Entscheidung zu treffen. Nicht zuletzt die Situation auf dem Arbeitsmarkt, die heute ja nicht gerade gut aussieht, wurde in Form von Aufsätzen, Diskussionen und Gruppenarbeiten besprochen."

„Die Schule konnte euch nur vorbereiten; den Schritt ins Leben müßt ihr nun selber tun."

Auch das Arbeitsamt und die Berufsberater tragen ihren Teil zur nützlichen Berufsinformation bei, z.B. durch Broschüren und Einzelberatung. Oft führen Handwerkskammern in Zusammenarbeit mit dem Arbeitsamt Berufseignungstests durch. Am aufschlußreichsten dürften Berufspraktika sein, die man z.B. schon im letzten Hauptschul- und Realschuljahr machen kann.

Jeder Mensch hat Eignungsschwerpunkte. Nicht bei jedem sind sie allerdings einfach erkennbar. Betriebspsychologen und Eignungstests können hier helfen.

Wer bezahlt die Ausbildung? „Meine Eltern sind ja froh, daß sie uns Kinder ernähren können. Wie sollen sie uns denn da noch ausbilden lassen?" So sagte unsere Hauptschülerin weiter in ihrem Aufsatz. Worte wie „Bundesausbildungsförderungsgesetz", „Arbeitsförderungsgesetz" oder „Berufsausbildungshilfe" haben viele Jugendliche noch nie gehört. Woran mag es liegen, daß viele Jugendliche darüber nicht ausreichend informiert sind?

der Lebenslauf: *curriculum vitae (personal details)*
handgeschrieben: *in long hand*
die Bewerbung (–en): *application*
Protokolle **an**fertigen (*wk*): *to take minutes*
der Geschäftsbrief (–e): *business letter*
der Berufsberater (–): *careers officer*

die Handwerkskammer (–n): *Chamber of Commerce*
der Berufseignungstest (–s): *aptitude test for particular job*
aufschlußreich: *instructive, informative*
verhüten (*wk*): *to prevent, to avert*
die Zuwendung (–en): *financial support*
*erfolgen (*wk*): *to be following, to exist*

Fragen

1. Wer braucht bei der Berufswahl besonders Hilfe?
2. Wie ist die Hauptschülerin auf die Berufswahl vorbereitet worden? (Nennen Sie drei Punkte!)
3. Wer kann außer der Schule z.B. noch Berufsinformationen geben?
4. Welche Rolle kann das Elternhaus bei der Berufswahl spielen?
5. Was ist betreffend finanzieller Beihilfen leider oft der Fall?

20.7 Aufsatzthemen

(a) Die Rolle der Schule in der Gesellschaft

1. Einleitung

Schulen gibt es schon seit Jahrtausenden. Es gab (und gibt) viele verschiedene Formen und Zielsetzungen (z.B. Philosophenschulen im alten Griechenland, Gladiatorenschulen im alten Rom, Schreiberschulen und Klosterschulen im Mittelalter). Erst im 19. Jahrhundert (in Deutschland seit Bismarck) setzten viele Länder die staatliche (anstatt kirchlicher) Schulaufsicht durch. Die allgemeine Schulpflicht wurde eingeführt. Die Gesellschaft hat schon immer ein großes Interesse an den Schulen gehabt, weil die Schulen in der Gesellschaft eine so wichtige Rolle spielen: non scholae, sed vitae discimus (= nicht für die Schule, sondern für das Leben lernen wir)!

2. Hauptteil

2.1. Die Schule ergänzt das Elternhaus (die schulische Erziehung ergänzt die elterliche Erziehung).

2.2. Die Schule hilft dem Einzelmenschen (dem Individuum), sich individuell zu entfalten, individuelle Fähigkeiten zu entwickeln (der Schüler lernt Lesen, Schreiben, Rechnen, weitere Interessen (z.B. Literatur, Sprachen, Sport) werden geweckt). Der Einzelmensch kann sich aufgrund der schulischen Bildung besser im Leben (non scholae . . . discimus), in der Gesellschaft zurechtfinden [im Verkehr mit den Mitmenschen, im Privatleben, im Beruf, an der Universität, im Straßenverkehr, im Ausland (Sprachen!)].

2.3. Die Schule kann mehr Chancengleichheit geben.

2.4. Der Mensch ist nicht nur Einzelwesen (Individuum), sondern er lebt auch in der Gemeinschaft; er hat Rechte und auch Pflichten in der Gesellschaft. Die Schule erklärt ihm diese Rechte und Pflichten. Der zukünftige Staatsbürger lernt seine staatsbürgerlichen Rechte und Pflichten kennen.

2.5. Das Leben in der Schule ist auch Leben in einer Gemeinschaft. Die Schüler lernen, sich in die Gemeinschaft einzufügen.

2.6. Totalitäre, zentralistische Regierungen mißbrauchen die Schule für ihre Propaganda und, um schon die Jugend zu indoktrinieren („Wer die Jugend hat, hat die Zukunft", vgl. Themenvorschlag Nr. 2).

2.7. In Gesellschaftsordnungen mit freiheitlich-demokratischer Grundordnung sind die Schulen nicht in den Händen einer Partei (demokratische Kontrolle durch die Opposition / Kulturhoheit der Länder).

2.8 Die Schulen fördern demokratische, staatsbürgerliche Gesinnung (z.B. in den Fächern Gemeinschaftskunde, Deutsch, Religion, Geschichte).

2.9. Die Schulen helfen die Tradition *und* den Fortschritt (in der Gesellschaft) zu sichern.

2.10. Die Gesellschaft profitiert von der Völkerverständigung und von guten Beziehungen zu anderen Ländern. Die Schule kann zur Völkerverständigung beitragen (Sprachen, Gemeinschaftskunde, Geschichte, Religion, Geographie, Schüleraustausch, Auslandsaufenthalte).

3. Schluß
Ohne Schulen würde unsere moderne Industriegesellschaft zusammenbrechen. Auch der Einzelne würde darunter leiden.

(b) Werden Vorurteile durch einen Auslandsaufenthalt beseitigt oder verstärkt?

1. Einleitung
Wenn man über etwas urteilt, ohne gründlich darüber nachzudenken, wenn man vorschnell urteilt, dann hat man Vorurteile. Im Thema handelt es sich um Vorurteile über (gegen) ein anderes Land (gegenüber einem . . .) Werden diese Vorurteile durch einen Aufenthalt in diesem Land nun beseitigt oder verstärkt?

2. Hauptteil
2.1. Es kommt auf die Art und Intensität der Vorurteile an (z.B. religiöser Fanatismus und Rassenhaß sitzen tief; unkritisches Denken manchmal auch; mangelhafte Informationen dagegen können leichter korrigiert werden).

2.2. Für intolerante, verbohrte, böswillige Menschen wird ein Auslandsaufenthalt nur die (*Vor*)urteile bestätigen. Er sucht geradezu nach „Beweisen" (z.B. für das dumme Vorurteil: „die Engländer" sind reserviert, kontaktarm und verschlossen / oder für das dumme Vorurteil: „die Deutschen" sind militaristisch und autoritär).

2.3. Tolerante, weltoffene, gutwillige Menschen, die auch Vorurteile haben können, werden bei einem Auslandsaufenthalt schnell feststellen, wie unsinnig ihre Vorurteile sind. Sie gewöhnen sich schnell an die fremden Sitten und Gebräuche und verstehen sie bald besser.

2.4. Manchmal kommt es auch auf die Bewohner des fremden Landes an. Wenn sie selbst Vorurteile gegenüber dem Besucher haben, ist die Verständigung doppelt schwierig.

3. Schluß
Vorurteile und Mißverständnisse zwischen Ländern können und müssen beseitigt werden. (Vorurteile haben schon oft zu Haß und Krieg zwischen Völkern geführt). Ein Auslandsaufenthalt kann oft dazu beitragen, solche Vorurteile abzubauen.

beseitigen (*wk*): *to remove, to overcome*
vorschnell: *hastily*
urteilen (*wk*): *to judge, to form an opinion*
das Vorurteil (–e): *prejudice*
der Fanatismus: *fanaticism*
der Rassenhaß: *race hatred*
tief (*)sitzen (i, a, e): *to be deep seated*
mangelhaft: *faulty, incomplete*
verbohrt: *pigheaded, stubborn*
böswillig: *malevolent, malicious*
bestätigen (*wk*): *to confirm, to corroborate, to verify*
kontaktarm: *remote, introvert*
verschlossen: *taciturn, quiet, introvert*
weltoffen: *internationally-minded*
gutwillig: *affable*
unsinnig: *senseless, stupid, silly*
die Sitte (–n): *custom*
der Gebrauch (–̈e): *custom, way*
das Mißverständnis (–se): *misunderstanding*
abbauen (*wk*): *to dispel, to remove*

(c) Weitere Themenvorschläge
 1. Jugend hat nicht Tugend.
 2. Wer die Jugend hat, hat die Zukunft.
 3. Adolf Hitler hat einmal gesagt: „Meine Jugend soll flink wie Windhunde, zäh wie Leder und hart wie Kruppstahl sein!"—Zeigen Sie, wie gefährlich dieses Zitat ist.
 4. Vor- und Nachteile der liberalen Erziehung.
 5. Der Einfluß der Pop-Musik auf die heutige Jugend.
 6. Welche Ziele sollte ein Jugendklub haben?
 7. „Schnellfertig (= schnell, vorschnell) ist die Jugend mit dem Wort, das schwer sich handhabt wie des Messers Schneide." (Schiller, Wallenstein)
 8. Wird die Jugend mehr durch die elterliche Erziehung oder mehr durch die Umwelt geprägt?
 9. Jugendliche und Erwachsene.
10. Was erwarten Sie von Ihrem Beruf?
11. Mein künftiger Beruf.
12. Werden au-pair-Mädchen und Studenten(-innen) als billige Arbeitskräfte ausgebeutet?

VI Die Kunst und die Massenmedien

21 Kunst und Künstler

21.1 Kunst kommt von „Können"

Kunst kann mann in *Kunstgebiete* einteilen, z.B.:

- die Musik
- die Dichtung
- die bildenden Künste
  die Bildhauerei (die Plastik, die Skulptur)
  die Malerei
  die Graphik
  die Architektur
  das Kunstgewerbe
- die darstellenden Künste
  das Theater (die Schauspielkunst, die Schauspielerei)
  die Filmkunst
  die Musik (das Musizieren) und der Gesang
  die Rezitation (die Vortragskunst)
- der Tanz (besonders das Ballett)

Trotz dieser schönen, klaren Unterteilung ist es aber oft schwer, Kunst von Kitsch zu unterscheiden. Einige Leute bestreiten, daß Kunstgewerbe (siehe obige Liste!) Kunst ist und nennen es Kitsch, Pseudokunst, Scharlatanerie usw. Manche Leute bezeichnen einen Steinmetz als Künstler, andere würden ihn Bauhandwerker nennen. Die Entscheidung hängt also sehr vom persönlichen Geschmack ab. Geschmacksrichtung ist das deutsche Wort für „Stil"; eine längere Stilperiode heißt (Kunst)epoche; einige Epochen sind: die Gotik, die Renaissance, der Barock, das Rokoko, die Klassik, der Klassizismus, die Romantik. Als Kunstrichtungen bezeichnet man vor allem die „Ismen": der Realismus, der Naturalismus, der Symbolismus, der Impressionismus, der Expressionismus, der Kubismus, der Surrealismus usw. Auch die abstrakte Kunst muß man wohl als Kunstrichtung bezeichnen.

einteilen (*wk*) in (+ *Acc.*): *to divide into*
die Dichtung (–en): *poetry, fiction*
die Graphik: *the graphic arts (in German including painting)*
das Kunstgewerbe: *applied arts, industrial arts, handicrafts*
die Unterteilung (–en): *subdivision*
der Kitsch: *trash, rubbish*
die Scharlatanerie (–n): *charlatanism*

bezeichnen (*wk*) als: *to consider, to be designated*
der Steinmetz (–e): *stone-mason*
der Bauhandwerker (–): *(here) bricklayer*
der Geschmack (=er): *taste*
die Geschmacksrichtung (–en): *trend, school of taste*
die Kunstrichtung (–en): *school (of art)*
verfrüht: *premature*

Retranslation

A 1 Art is mainly divided into the following areas: music/poetry/sculpture/painting/arts and crafts/architecture/theatre/cinema/dance.

B 1 In spite of this fairly clear division, it is often very difficult to differentiate between art and trash. 2 Is a stonemason an artist or is he an artisan? 3 It is really a matter of taste. 4 Taste has often to do with "style". 5 There have been many different styles throughout the ages.

C 1 It is important to know the names of the different periods and styles. 2 The Gothic period/the Renaissance/the Baroque period/the Rococo style/Classicism/the Classical period (Classicism — i.e. the period of Goethe, etc.)/Romanticism (the Romantic period)/Realism/Naturalism/Impressionism/Cubism/Surrealism/Abstract Art/Pop Art.

21.2 Kunst und Künstler

Im Kreuzfeuer der Kunstdiskussion und der Kunstkritik steht natürlich auch oft der Schöpfer des Kunstwerks, die Person, die das Kunstwerk schafft, die künstlerisch / schöpferisch tätig ist, die künstlerisch gestaltet — *der Künstler*. Wie „Kunst", so kommt natürlich auch „Künstler" von „können". Kaum ein Künstler ist ein „Naturtalent", ein „gottbegnadetes Genie". Wie jede Tätigkeit, so verlangt auch die künstlerische Tätigkeit gründliche Vor- und Ausbildung. Der Künstler, der sein „Handwerk" nicht beherrscht, wird kaum ein wahrer Künstler.

das Kreuzfeuer: *cross-fire*
der Schöpfer (–): *creator*
das Kunstwerk (–e): *work of art*
schaffen (a, u, a): *to create*
künstlerisch: *artistically*
schöpferisch: *creatively*
gestalten (*wk*): *to shape, to form, to mould*
der Künstler (–): *(creative) artist*
gottbegnadet: *heaven-born, inspired, divine*
das Genie (–s): *genius*
gründlich: *thorough*

Fragen

1. Nennen Sie drei Kunstgebiete!
2. Was kann man oft schwer unterscheiden?
3. Nennen Sie drei Kunstepochen!
4. Wer steht im Kreuzfeuer der Kunstkritik?
5. Warum muß der Künstler sein „Handwerk" beherrschen?

21.3 Der Maler

> *Kunst*
>
> Ein Mensch malt, von Begeisterung wild,
> Drei Jahre lang an einem Bild.
> Dann legt er stolz den Pinsel hin
> Und sagt: „Da steckt viel Arbeit drin."
> Doch damit wars auch leider aus:
> Die Arbeit kam nicht mehr heraus.
>
> *Eugen Roth*

Ein Maler malt nicht nur Bilder, die wir in Museen bewundern können. Auch mit Wandmalereien, Mosaiken, Glasfenstern, Buchmalereien, Radierungen und Linolschnitten beschäftigt er sich. Wir beschränken uns hier jedoch auf Bilder. Je nach Maltechnik unterscheiden wir z.B. zwischen Aquarell und Ölbild. Je nach Thematik unterscheiden wir z.B. Landschaftsbild, Stilleben, Genrebild.

Ein Ölbild entsteht
Der Maler fertigt mehrere Studien (Skizzen, Entwürfe) über sein Motiv an. Er legt seinen Malkittel an und setzt sein Barett (sein „Malerkäppi") auf. Er stellt die Leinwand auf die Staffelei und holt seine Palette und die Pinsel. Er grundiert die Leinwand. Er entwirft die Grundkonturen des Bildes. Dann mischt er die Ölfarben auf der Palette und trägt die Farben auf. Er signiert das Bild. Er läßt das Bild rahmen.

---

die Begeisterung: *enthusiasm*
der Pinsel (–): *brush*
verzieren (*wk*): *to grace*
die Wandmalerei (–en): *mural*
die Mosaik (–en): *mosaic*
die Buchmalerei (–en): *miniature-painting, illuminations*
die Radierung (–en): *etching*
der Linolschnitt (–e): *lino-cut*
die Maltechnik (–en): *painting technique*
das Aquarell (–e): *water-colour*
die Thematik: *subject matter*
das Landschaftsbild (–er): *landscape*

das Genrebild (–er): *genre picture, scenes from everyday life*
anfertigen (*wk*): *to make, to produce*
die Skizze (–n): *sketch*
der Entwurf (÷e): *design, outline, sketch*
das Motiv (–e): *subject, motif*
der Malkittel (–): *smock*
das Barett (–e): *beret*
die Leinwand (÷e): *canvas*
die Staffelei (–en): *easel*
die Palette (–n): *palette*
Farben **auf**tragen (ä, u, a): *to apply, to lay on the paint*
rahmen (*wk*): *to frame*

„Kunstbetrachtung": Bemerkungen in einer Gemäldegalerie
— „Ich liebe den Impressionismus; die pointillistische Technik wirkt belebend. Die einzelnen Punkte wachsen zu einem Bild zusammen, wenn man sie aus der Entfernung sieht."
— „Picasso ist mein Lieblingsmaler; am besten gefällt mir seine blaue Periode. Ich glaube, er ist der vielseitigste Vertreter der modernen Kunst!"

— „Schauen Sie sich einmal dieses surrealistische Bild an: „Brennende Giraffen in der Wüste" — so ein Unsinn!"
— „Mir gefällt Monets Manier nicht."
— „Bei Rembrandt sind Licht und Schatten so ausgewogen!"
— „Feiningers feine Strichführung ist revolutionierend, meinen Sie nicht auch?!"

— „Das Bild von Dürer könnte eine Photographie sein."

— „Diese Augen scheinen einem überall hin zu folgen!"
— „Hier, das sind die ersten Bilder, wo die Wirkung der Perspektive deutlich wird. Die Dreidimensionalität kommt deutlich heraus!"

— „Mir gefällt sehr, wie er sein Blau (Braun, Gelb; seine dunklen Farben) einsetzt (Mir gefallen seine Blautöne/dunklen Farbtöne sehr".

pointillistisch: *pointillé*
belebend: *lively, animating*
vielseitig: *versatile*
der Unsinn: *nonsense, rubbish*
die Manier (–en): *style*

der Schatten (–): *shade*
ausgewogen: *balanced*
die Strichführung: *brushwork*
einsetzen (*wk*): *to use, to make use of*
der Ton (≐e): *tone, shade*

Retranslation

A An artist must be artistic and creative. 2 An artist who doesn't master his "trade" will never become an artist in the true sense of the word. 3 An artist often displays his work in exhibitions. 4 Objects of art are often collected in art galleries and museums.

B The following terms are useful: 1 Murals/ glass windows/book illustrations/etchings/ lino cuts. 2 A water colour/an oil painting/a landscape/a still life.

C 1 The artist makes a preliminary sketch of his subject. 2 He puts on his smock and puts his canvas on to his easel. 3 He fetches his palette, paints and brushes. 4 When he has painted the picture he frames it.

Fragen

1. Auf welchen Gebieten betätigt sich ein Maler künstlerisch?
2. Welche Bilder werden z.B. nach der Maltechnik, welche nach der Thematik unterschieden?
3. Was trägt der Maler normalerweise, wenn er ein Bild malt?
4. Was hält er in der Hand?
5. Was malt er, wenn er die Farben gemischt hat?
6. Nennen Sie einen berühmten französischen und einen berühmten deutschen Maler!
7. Welches Bild ist wohl mit der Bemerkung „Diese Augen scheinen einem überall hin zu folgen" gemeint? Wo hängt es?

21.4 Komponist, Musiker, Sänger

Ein Komponist schöpft Musikwerke: er komponiert z.B. eine Symphonie, ein Violinkonzert, eine Kantate usw.; er schreibt Partituren zu Opern, Operetten und Singspielen (er komponiert . . .); er vertont Gedichte und Balladen.

Er berät Dirigenten, die seine Werke dirigieren. Er arbeitet auch mit Musikern (z.B. Pianisten, Cellisten, Hornisten, Flötisten, Klarinettisten, Saxophonisten, Posaunisten, Trompetern, Geigern, Trommlern, Bratschespielern, Harfenspielern, Blockflötespielern usw.) zusammen.

Oft unterrichtet ein Komponist nebenbei als Musikprofessor an einer Musikhochschule.

Opern-, Operetten-, Kunstlied- und Balladensänger	
Sie singt (die) . . . Alt(stimme) Mezzosopran(stimme) Sopran(stimme)	Er singt (die) . . . Baß(stimme) Bariton(stimme) Tenor(stimme)

der Komponist (–en) (*wk masc.*): *composer*
die Partitur (–en): (*musical*) *score*
das Singspiel (–e): *musical*
vertonen (*wk*): *to set to music*
das Gedicht (–e): *poem*
die Ballade (–n): *ballad*
beraten (ä, ie, a): *to advise*
der Dirigent (–en): (*wk masc.*): *conductor*

der Musiker (–): *musician*
der Pianist (–en) (*wk masc.*): *pianist*
das Kunstlied (–er): *art-song, lied, literary song*
der Sänger (–): *singer*
die Musikhochschule (–n): *music academy*
die Sinfonie (–n): *symphony*
es-dur: *E-flat major*
es-moll: *E-flat minor*

LUDWIG VAN BEETHOVEN

Eroica
Sinfonie Nr.3 es–dur op 55

Seite A
1. Allegro con brio
2. Marcia funebre: Adagio assai

Seite B
3. Scherzo: Allegro vivace; Trio
4. Finale: Allegro molto; Poco andante

LEONARD BERNSTEIN
New York Philharmoniker

von einer Plattenhülle

Bemerkungen eines „Musikkenners"

— Schubert schrieb viele schöne Kunstlieder.

— Mozarts Hornkonzerte sind sehr klangvoll.

— Arrau trug Tschaikowskis Klavierkonzert No. 1 sehr feinfühlig vor (. . . interpretierte . . .).

— Die Callas hatte eine wundervolle Stimme und war eine sehr berühmte Opernsängerin.

— Die Neunte Symphonie („Die Neunte") war Beethovens eindrucksvollstes Werk: er setzte ein ganzes Orchester ein, dazu einen gemischten Chor und vier Solosänger.

— Mir gefallen alle möglichen Musikarten — die klassische Musik, der Jazz, besonders der Big Band Jazz (der Swing), der Pop, der Rock ('n' Roll) usw.

die Plattenhülle (–n): *record sleeve*
klangvoll: *melodious*
feinfühlig: *sensitively*
eindrucksvoll: *impressive*

Retranslation

1 Beethoven wrote nine symphonies. 2 His last work was perhaps his most impressive. 3 He made use of a full orchestra, a mixed choir and also four soloists — a bass, a tenor, a soprano and a contralto. 4 Grieg was a famous Norwegian composer. 5 Toscanini was one of the most talented conductors in the world. 6 Mozart's horn concertos are very tuneful. 7 Arran interpreted Tschaikowski's First Piano Concerto in a very subtle way. 8 Callas was a very renowned opera singer. 9 She had a most beautiful voice. 10 He said that he liked all sorts of music — classical, jazz, big band, pop, rock, country and western, and swing.

Fragen

1. Was für Musikwerke schöpft ein Komponist z.B.?
2. „Alt" ist eine Stimmlage. Welche anderen Stimmlagen gibt es?
3. Was wissen Sie über „Die Neunte"?
4. Was hat Schubert unter anderem geschrieben?

Ein Bach-Konzert in der „Philharmonie"

21.5 Musik und die junge Generation

In einem Aufsatzwettbewerb untersuchten zwei Gymnasiasten mit
Hilfe einer Umfrage, wann, wo, wie und warum Jugendliche welche
Musik hören. Hier ist der Fragebogen, den sie entwarfen.

---

12 Fragen zum Thema „Musik"

1. **Dein Alter?** ☐ ☐   3. **(Angestrebter) Schulabschluß?**

2. **Männlich** ☐   Hauptschulabschluß ☐
   Weiblich ☐   „Mittlere Reife" ☐
                        Abitur ☐

4. **Zu welcher sozialen Gruppe würdest Du Deine Eltern
   zählen?**

   „Einfache Leute" ☐   Intellektuelle, Akademiker ☐
   „Kleinbürgertum" ☐   Gehobener Mittelstand ☐

5. **Spielst Du ein Instrument oder singst Du in einem Chor?**
   ☐ Ja ☐ Nein

6. **Hörst Du regelmäßig Musik?**   Ja ☐   Nein ☐

7. **Wie lange hörst Du täglich Musik?**   Bis 1 Stunde ☐
                                          1–3 Stunden ☐
                                          über 3 Stunden ☐

8. **Welche Arten von Musik hörst Du?**

   Deutsche Schlager ☐   Tanzmusik ☐
   Fremdsprachige Schlager ☐ Klassische Musik ☐
   Pop, Rock ☐   Märsche, Militärmusik ☐
   Jazz, Ragtime ☐   Oper ☐
   Chanson ☐   Operette, Musical ☐

9. **Hörst Du Musik vorwiegend aus dem** ☐ Radio

   Fernseher ☐   ☐ Recorder/Tonband   ☐ Plattenspieler

10. **Wo hörst Du Musik am liebsten?**

    Diskothek ☐   Bei Freunden ☐
    Zu Hause ☐   Konzertsaal, Oper ☐
    Im Freien ☐   Live ☐

11. **Wann hörst Du Musik?**

    Während der Arbeit ☐   In der Freizeit ☐

12. **Warum hörst Du Musik?**

    Kann mich dabei entspannen ☐
    Kann dabei besser arbeiten ☐
    Fühle mich „high" dabei ☐
    Begeistert oder fasziniert mich ☐
    Interessiert mich sachlich (künstlerisch) ☐
    Vertreibt die Langeweile ☐
    Schafft Kontakt zu den anderen ☐
    Man muß doch mitreden können ☐

Die Schüler haben sich bei der Auswertung der Fragebögen besonders auf die Fragen 8 und 12 konzentriert. Zu diesen Fragen fanden sie z.B. heraus, daß die meisten der befragten Jugendlichen Pop und Rock hören, und daß die meisten Musik hören, weil sie sich entspannen wollen. Die Ergebnisse im einzelnen stellten sie in folgendem Schaubild dar:

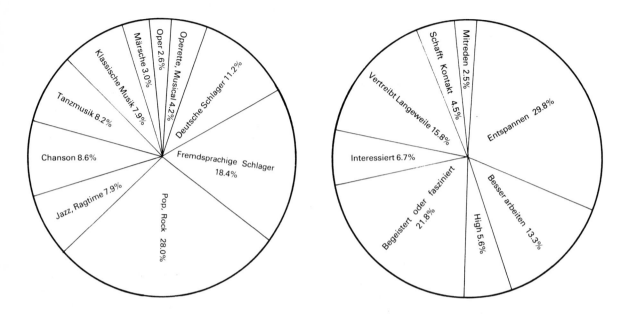

Zu Frage 2 stellten die Schüler folgendes fest:

— Mädchen zeigen eine sehr deutliche Vorliebe für den „Schlager". Deutsche Schlager werden bei den Mädchen weit positiver beurteilt als bei den Jungen. Auch der Chanson und die Tanzmusik genießen bei Mädchen mehr Sympathie.

— Signifikant ist die Vorliebe der Mädchen für klassische Musik sowie für Operette und Musical.

— Demgegenüber konzentriert sich das Interesse der Jungen auf Pop, Rock, Jazz und Ragtime. Tanzmusik erreicht nur 14,2% gegen 36,2% bei den Mädchen.

— Bei Frage 10 nennen Mädchen häufiger die Position „zuhause" und „bei Freunden", weniger „Diskothek" und „Live".

— Bei den Motiven nennen die Jungen viel häufiger das Argument „Kann dabei besser arbeiten". Auch die Vorstellung, sich „high" zu fühlen, ist ihnen geläufiger. Etwas geringer ist ihr Bedürfnis, Langeweile zu vertreiben oder Kontakt zu finden.

Die Untersuchung der beiden Schüler zeigt, daß die Einstellung der Jugendlichen zur Musik durchaus differenziert ist. Es ist falsch,

„die Jugend" über einen Kamm zu scheren und bestimmte Verhaltensweisen zu verallgemeinern. Gegen das Argument, daß Jugendliche nur kritiklose Musikkonsumenten sind, spricht besonders die große Zahl der Jugendlichen, die selbst aktiv musizieren, aber auch das gezeigte Interesse an den Fragebögen.

der Aufsatzwettbewerb (–): *essay competition*
der Gymnasiast (–en) (*wk masc.*): *grammar-school pupil*
die Umfrage (–n): *poll, survey*
der Fragebogen (÷): *questionnaire*
die Auswertung (–en): *evaluation*
*ein*gehen (e, i, a) auf (+ *Acc.*): *to inquire, to look into (a matter)*
sich entspannen (*wk*): *to unwind, to relax*
das Ergebnis (–se): *result*
darstellen (wk): *to represent*
das Schaubild (–er): *flow diagram*
die Vorliebe (–n): *preference*
der Schlager (–): *hit (tune)*
demgegenüber: *on the other hand*

die Vorstellung (–en): *idea, concept*
geläufig: *common, current, usual*
etwas geringer: *somewhat less*
das Bedürfnis (–se): *need*
die Langeweile: *boredom*
vertreiben (ei, ie, ie): *to dispel*
die Untersuchung (–en): *investigation, inquiry*
die Einstellung (–en) zu (+ *Dat.*): *approach (to), attitude (towards)*
über einen Kamm scheren (*wk*): *to tar with the same brush*
die Verhaltensweise (–n): *way of behaving, behaviour*
verallgemeinern (*wk*): *to generalize*
kritiklos: *undiscriminating*
der Konsument (–en) (*wk masc.*): *(undiscriminating) consumer*

Retranslation

1 My brother listens to music regularly. 2 I listen to music far more than three hours each day. 3 What type of music do you like listening to? 4 He listens to music on the television, on the radio, on his tape recorder, on his cassette recorder and on records. 5 I usually listen to music at home or at a friend's house. 6 Occasionally I hear it at a disco or in a concert hall. 7 In summer I sometimes listen to it in the open air and I love hearing it at a live concert. 8 I always listen to music in my spare time and never at work. 9 I listen to music because, after all, you have to be able to talk about it, don't you? 10 My sister listens to music because it relaxes her, relieves her boredom a little and makes her feel good.

21.6 Der Dichter und der Schriftsteller

> Dichter wollen nützen oder erheitern, oder sie wollen sowohl Vergnügen als auch Nutzen fürs Leben bringen.
>
> (*Horaz*)

Die drei Grundformen der Dichtung sind die Epik / die Lyrik / und die Dramatik. Ein Dichter schreibt z.B. ein Heldenepos, Versepos, eine Ballade / ein (lyrisches) Gedicht, eine Ode, ein Sonett / ein Drama (der Dramatiker), eine Tragödie, eine Komödie.
Ein Schriftsteller schreibt z.B. Romane (der Romanschriftsteller), Märchen, Erzählungen (der Erzähler), Novellen und Essays (der Essayist) und Kurzgeschichten.

der Dichter (–): *poet, dramatist*
der Schriftsteller (–): *writer, author*
nützen (*wk*): *to be of use*
erheitern (*wk*): *to cheer up*
die Epik: *epic poetry*
die Lyrik: *lyric poetry*
die Dramatik: *drama*
das Heldenepos (–epen): *epic poem*
das Sonett (–e): *sonnet*
das Drama (–en): *drama*
das Märchen (–): *fairy-tale*
die Erzählung (–en): *story, narrative*
der Essay (–s): *essay*

Ein Autor spricht über sein neues Bühnenstück „Auch du, Ohne-Michel!"[1]

Ich beabsichtige, ein Stück über die Kollektivschuld der Deutschen nach dem Zweiten Weltkrieg zu schreiben. Ich will darstellen, wie sich dieses Schuldgefühl auf eine Gruppe von Individuen auswirkt. Ich habe bereits eine feste Vorstellung vom Aufbau des Stückes. Es besteht aus drei Aufzügen, die ich wahrscheinlich in je drei Szenen unterteilen werde.

Ich werde den ersten Akt hauptsächlich für die Exposition benutzen. Hier beginnen sich also Handlung und Charaktere zu entfalten. Obwohl das Thema des Stückes grundsätzlich ernster Natur ist, werde ich es an manchen Stellen durch humorvolle Szenen und komische Entspannung auflockern. Möglicherweise werde ich auch ein wenig Pathos mit hineinbringen. Der Humor jedoch wird eher von der Situation als von den Personen ausgehen, d.h. ich werde Situationskomik anwenden.

Ich habe vor, die Charaktere so glaubhaft und wirklichkeitsnah darzustellen, daß sich das Publikum mit ihnen identifizieren kann. Die Nebenrollen werde ich mehr als Typen präsentieren, Typen, die symbolisch für Geisteshaltungen (wie etwa der „Ohne-Michel"[1]-Standpunkt oder Selbstzufriedenheit) stehen.

Ich werde von Symbolen Gebrauch machen — sowohl von Dingsymbolen als auch von Gestik und von sprachlichen Symbolen. Ich werde mich nicht im komplizierten Nebenhandlungen verlieren; die Haupthandlung ist mir wichtiger.

Ich habe die Absicht, meinen Sprachstil einfach und klar zu halten. Ich hoffe, den dramatischen Höhepunkt des Stückes effektvoll herausbringen zu können.

Ich hoffe, daß das Publikum zum Nachdenken angeregt wird, und daß die Aussage des Stückes die Masse aufrütteln wird.

---

der Autor (–en) (*wk masc.*): *author*

das Bühnenstück (–e): *play*

Auch du, Ohne-Michel: *"I'm all right, Jack!"* (*cf.* „der deutsche Michel": *prototype of the solid, uncritical type of German*)

ernster Natur: (*of a*) *serious* (*nature*)

die Kollektivschuld: *collective guilt*

darstellen (*wk*): *to portray*

das Individuum (–en): *individual*

sich **aus**wirken (*wk*): *to have an effect*

der Aufbau: *construction, lay-out*

der Aufzug (÷e): *act*

der Akt (–e): *act*

die Handlung (–en): *action*

entfalten (*wk*): *to unfold, to evolve, to develop*

komische Entspannung: *comic relief*

auflockern (*wk*): *to loosen up*

die Situationskomik: *situation comedy*

anwenden (*wk*): *to use, to employ*

die Nebenrolle (–n): *supporting rôle, part*

die Geisteshaltung (–en): *attitude of mind*

die Selbstzufriedenheit: *smugness*

das Symbol (–e): *symbol*

Gebrauch machen (*wk*) von (+ *Dat.*): *to make use of*

das Dingsymbol (–e): *symbolic object, leitmotif*

die Gestik: (*using*) *gestures*

die Nebenhandlung (–en): *sub-plot*

der Höhepunkt (÷e): *climax*

zum Nachdenken **an**regen (*wk*): *to provoke to thought*

die Aussage (–n): *message*

aufrütteln (*wk*): *to stir up, to make (a person) sit up*

---

[1]Das Wort „Ohne-Michel" ist aus „ohne mich" und „Michel" (= Michael) entstanden; der „deutsche Michel" ist eine Symbolfigur für die Deutschen.

Generalprobe

Die Aufführung des Bühnenstücks

Der Regisseur muß zuerst geeignete Schauspieler finden und aus ihnen ein Ensemble zusammenstellen. Um die Rollenverteilung festlegen zu können, veranstaltet er Sprechproben. Heinz M. und Inge N. bekommen schließlich die Hauptrollen, Peter O., Fritz P. und Susi Q. die wichtigsten Nebenrollen. Als Statisten werden weitere Schauspieler engagiert. Innerhalb eines Monats haben sie alle ihre Rollen auswendig gelernt. Nun können die Theaterproben in vollem Umfang beginnen. Vor der Generalprobe muß der Regisseur noch viel erledigen:

Er muß den Kartenvorverkauf organisieren.

Mit Hilfe des Bühnenbildners und des Beleuchtungsfachmanns organisiert und gestaltet er das Bühnenbild und die Bühnenbeleuchtung.

Der Requisiteur besorgt die Kostüme. Die Ehrengäste müssen benachrichtigt werden. Die Generalprobe mißlingt leider (ist leider ein „Reinfall"). Am zwölften Dezember kann endlich die Premiere stattfinden. Sie ist ein voller Erfolg!

die Aufführung (–en): *performance*
der Regisseur (–e): *producer*
geeignet: *suitable*
der Schauspieler (–): *actor*
das Ensemble (–s): *company, cast*
die Rollenverteilung (–en): *casting, distribution of parts*
festlegen (wk): *to settle, to decide*
eine Sprechprobe veranstalten (wk): *to hold an audition*
der Statist (–en): *understudy, extra*

in vollem Umfang: *in earnest*
die Generalprobe (–n): *dress rehearsal*
der Kartenvorverkauf (∺e): *box-office sale(s)*
der Bühnenbildner (–): *stage (scenic) designer*
der Beleuchtungsfachmann (–leute): *lighting expert*
das Bühnenbild (–er): *scenery, set*
der Requisiteur (–e): *property and wardrobe master*
der Ehrengast (∺e): *guest of honour*
der Reinfall (∺e): *fiasco, flop*

Fragen

1. Was sind Epik, Lyrik und Dramatik?
2. Wie will der Autor sein neues Bühnenstück nennen?
3. Wovon soll es handeln? Was will der Autor darstellen?
4. Wieviel Aufzüge soll das Stück haben?
5. Wie will der Autor die Charaktere gestalten?
6. Welche Geisteshaltungen will der Autor durch die Nebenrollen klarmachen?
7. Was bedeuten „Michel" und „Ohne-Michel-Standpunkt"?
8. Welche Aufgaben hat ein Theaterregisseur?
9. Was macht ein Requisiteur?
10. Wie heißt die Vorstellung vor der Premiere?

Retranslation

A 1 A poet can write a ballad, an epic poem, a lyrical poem, an ode or a sonnet. 2 A dramatist can write a play, a drama, a tragedy or a comedy. 3 A writer can write a novel, a novella, a short story, a narrative account, an essay, an article or a fairy story.

B 1 The author had a clear picture of the play in his mind. 2 It was to consist of three acts. 3 Each act would be divided into three scenes. 4 He would use the first act for the exposition of the plot. 5 The characters would gradually unfold. 6 The play would basically have a serious theme. 7 He would try to lighten the action with a few humorous scenes. 8 He wanted to make use of symbols. 9 He wanted to keep his language simple and clear. 10 He intended to have a sub-plot.

Weites Material

die Tragödie (–n): *tragedy*
das Trauerspiel (–e): *tragedy*
die Kömodie (–n): *comedy*
das Lustspiel (–e): *comedy*
die Tragikomödie (–n): *tragi-comedy*
die Schwarze Komödie: *black comedy*
Komödie mit Schwarzem Humor: *black comedy*
der Schwank (∺e): *light comedy*
die Posse (–n), die Farce (–n): *farce*
das Singspiel (–e): *musical comedy*
die Operette (–n): *operetta*
das Musical (–s): *musical*

das Kabarett (–s): *revue*
die Show (–s): *cabaret*
die Revue (–n): *cabaret*
die Repertoirebühne (–n): *repertory theatre*
die Drehbühne (–n): *revolving stage*
die Kulisse (–n): *scenery*
die Seitenkulisse (–n): *wings*
auf seinen Auftritt warten (wk): *to wait in the wings*
die Vorbühne (–n): *apron stage*
die Rampenlichter (pl): *footlights*
der Chor (∺e): *chorus*
das Double (–s): *stand-in, stunt-man*
der Ersatzschauspieler (–): *understudy*

21.7 Film und Filmkunst

Bis in die 50er Jahre hinein war das Kino höchst populär. Heute ist jedoch das Fernsehen für das Kino eine sehr starke Konkurrenz geworden. Weniger Leute gehen ins Kino, weil sie zuhause einen Fernsehapparat haben.

Mit der steigenden Beliebtheit des Filmes in den 30er und 40er Jahren wurden dementsprechend auch die Kinogebäude und -säle größer. Heute geht jedoch die Tendenz schon wieder dahin, daß kleinere Kinos und Kinosäle mit begrenztem Fassungsvermögen gebaut werden. Die alten Riesensäle werden heute oft zu Bingosälen und Supermärkten umgebaut. Viele große Kinos (Filmtheater) sind in Kinozentren umgebaut worden. Dort werden drei oder vier verschiedene Filme für verschiedene Geschmäcker unter einem Dach gezeigt.

Am Anfang der Filmgeschichte standen Stummfilme. Wegen des fehlenden Tons und der unrealistischen Geschwindigkeit dieser Filme war die Mimik oft sehr übertrieben. Ton und Musik wurden damals durch (improvisierte) Klavierbegleitung und Untertitel ersetzt. 1926 brachten die Gebrüder Warner den ersten Tonfilm heraus. Die Filmtechnik wurde immer perfekter und ausgefeilter. Farbfilme (anstelle von Schwarz-Weiß-Filmen) wurden immer beliebter.

Zeichentrickfilme wurden in den 30er Jahren vor allem durch Walt Disneys Mickey Maus-Filme beliebt. Den Möglichkeiten des Films waren fast keine Grenzen gesetzt. Besonders die Kameratechnik wurde immer weiter verbessert. Die Konkurrenz des Fernsehens beschleunigte die Entwicklung von größeren und breiteren Filmleinwänden. Neben den Leinwandformaten wurde auch die Tonqualität verbessert: der stereophonische Ton wurde entwickelt. Diese technischen Verbesserungen waren besonders für Monumentalfilme geeignet, die in den 50er Jahren besonders beliebt waren. Meistens waren diese Filme große Kassenschlager, weil sie für jeden Geschmack etwas boten.

Es gibt viele Filmarten, die als Hauptfilme gezeigt werden. Gruselfilme haben schreckliche und makabre „Helden", wie z.B. Frankenstein, Graf Dracula, Vampire oder King Kong. Historische Filme befassen sich mit geschichtlichen Themen und Gestalten; sie unterscheiden sich von Monumentalfilme oft nur in der Länge. Cowboy- oder Wildwestfilme, Gangster-, Kriminal-, Verbrecher-, Mordfilme, verfilmte Musicals, Science-fiction-Filme, Witzfilme, Kriegsfilme, ausländische Filme (synchronisiert, bzw. mit Untertiteln) ... man könnte die Liste der Filmarten noch weiter fortführen. — Fest steht auf alle Fälle, daß die Filmkunst seit 1845, als der Vorläufer des Filmprojektors, die „Laterna Magica" erfunden wurde, große Fortschritte gemacht hat, die sich heute das Fernsehen oft zu eigen macht.

der Tonfilm (–e): *sound film*
die Konkurrenz: *competition*
die Beliebtheit: *popularity*
dementsprechend: *accordingly*
die Tendenz (–en): *trend*
begrenzt: *limited*
das Fassungsvermögen: *(seating) capacity*
umbauen (*wk*) zu (+ *Dat.*): *to convert (into)*
der Geschmack (¨er): *taste*
der Jahrmarkt (¨e): *fair*
der Stummfilm (–e): *silent film*
übertrieben: *exaggerated*
ersetzen (*wk*): *to replace*
ausgefeilt: *sophisticated*
der Filmstarrummel: *film-star hullabaloo*
der Zeichentrickfilm (–e): *cartoon*
beschleunigen (*wk*): *to hasten*
die Leinwand (¨e): *screen*
das Format (–e): *size, shape*
der Monumentalfilm (–e): *epic film*

Retranslation

1 As films became more and more popular in the thirties and forties, cinemas became correspondingly larger. 2 Nowadays newly-built cinemas are smaller and many of the older, larger ones have been converted to bingo halls and supermarkets. 3 Converted old cinemas that contain two or three smaller ones are called cinécentres. 4 Two or three or even more different films can be shown under the same roof. 5 Cartoons, particularly Mickey Mouse films, became very popular in the thirties. 6 Gradually the cinema screens got bigger and the sound was improved. 7 Epic films usually of a religious or historical nature (use *der Hintergrund* (¨e)) became box-office successes. 8 Horror films often have frightening and macabre themes about Count Dracula or Frankenstein. 9 Foreign films are often synchronized or have sub-titles. 10 What sort of films do you like? 11 Do you prefer comedies, spy stories, science fiction, musicals, westerns or crime films? 12 Too many cinemas show pornographic films nowadays.

Fragen

1. Wozu hat man die alten, riesigen Kinosäle oft umgebaut?
2. Wodurch wurden beim Stummfilm Ton und Musik ersetzt?
3. Auf welche beiden Arten können ausländische Filme gezeigt werden?

Eine Szene aus *Der Spion* von Fritz Lang, 1928

21.8 Aufsatzthemen

(a) Unterschiede zwischen Film und Theater

— Trotz einiger anderweitiger Versuche ist der Film bisher zweidimensional geblieben, während das Theater uns die normalen drei Dimensionen bietet.

— Ein Film wird von einem viel größeren Publikum gesehen, als das bei einem Bühnenschauspiel der Fall ist. (Ein Fernsehspiel oder die Übertragung eines Bühnenschauspiels kann jedoch ebenfalls von Millionen von Menschen gesehen werden.)

— Filme sind realistischer, was sich z.B. in Schlachtenszenen bei Shakespeare zeigt.

— Der Film nimmt die menschliche Phantasie und Einbildungskraft oft weniger in Anspruch als das Theater.

— Die Produktion eines Films ist meist viel kostspieliger als die eines Bühnenstückes.

— Die Anfangsschwierigkeiten des Theaters, nämlich das Publikum dazu zu bringen, das Dargestellte zu akzeptieren, hat es im Film nie gegeben. Auch die Einheit von Ort, Zeit und Handlung war für den Film nie ein Problem. Ein kurzer Kamerarückblick (ein „Flashback") setzt uns sozusagen „in Szene".

— Szenen und Situationen, die realistisch gefilmt werden können, müssen auf der Bühne auf verschiedenste Art künstlich dargestellt werden, z.B. mit Hilfe eines Bühnenbilds, der Bühnenbeleuchtung oder der Schminke.

— Das Theater erschien im Wandel der Zeit in den verschiedensten Formen, so z.B. als „moralische Anstalt" oder einfach als Ort der Unterhaltung. Der Film ist meist der Unterhaltung gewidmet.

— Ein einmal fertiggedrehter Film wird nicht geändert, während ein Bühnenstück von Vorstellung zu Vorstellung nie haargenau gleich sein wird. Das Theaterpublikum kann eine Theatervorstellung beeinflussen, was das Kinopublikum nicht kann.

— Das improvisierte Theater mit möglicher Beteiligung des Publikums ist dem Kino wesensfremd.

Berthold Brecht

(b) Weitere Themenvorschläge

1. „Die Kunst ist lang, und kurz ist unser Leben!" (Goethe, *Faust*)
2. Die Malerei (Bildhauerei, Dichtung, Musik) gefällt mir!
3. Sie können drei berühmte Gemälde kaufen. Welche würden Sie wählen und warum?
4. Gelingt ein klassisches Drama besser als Kostümstück oder mit moderner Kleidung und Inszenierung?
5. Die Geschichte als Stoff der Literatur.
6. Der schönste Film dieses Jahres.

anderweitig: *further, other, different*
ebenfalls: *likewise*
die Schlachtenszene (–n): *battle scene*
die Einbildungskraft (¨e): *imagination*
die Schminke (–n): *make-up*
im Wandel der Zeit: *in the course of time*
die moralische Anstalt: *moral institution*

22 Die Massenmedien

Besonders die Presse (Zeitungen und Zeitschriften), der Rundfunk und das Fernsehen ermöglichen es heute, daß die Menschen sich schnell, umfassend und vielseitig informieren können; Presse, Rundfunk und Fernsehen stellen die Verbindung (die „Kommunikation") zwischen Menschen und Ereignissen in aller Welt her. Daher werden sie als Kommunikationsmittel (Kommunikationsmedien) bezeichnet. Da sie sich an viele Millionen Menschen, an die breite Masse, wenden, nennt man sie Massenkommunikationsmittel oder auch Massenmedien. Die Massenmedien informieren, unterhalten und beeinflussen. Deswegen sind alle Massenmedien in der modernen Welt von großer Wichtigkeit. Für viele Künstler bieten sich großartige und oft neue Möglichkeiten, sich künstlerisch zu betätigen. Wir brauchen nur an die Theaterschauspieler, die Maler, die Choreographen oder die Filmregisseure und Filmschauspieler zu denken, die z.B. beim Fernsehen mitwirken. Schriftsteller und Dichter sind in der Presse tätig. Geschulte Schauspieler helfen dem Rundfunk, indem sie Hörspieltexte sprechen.

Die Massenmedien sind vor allem aber ein wichtiges (und gefährliches) Propagandamittel; es ist heutzutage ohne weiteres möglich, Nachrichten und Bildmaterial über Satelliten von Land zu Land, Kontinent zu Kontinent (und sogar von anderen Planeten zur Erde) zu übermitteln. Kein Wunder also, daß sich Regierungen wie auch Privatleute darum reißen, diese Machtmittel in die Hand zu bekommen. Radio- und Fernsehsender werden vom Staat, aber auch von Privatunternehmen, kontrolliert und finanziert. Auch als Geldquelle werden die Massenmedien angesehen. Besonders das Werbefernsehen und der Werbefunk werden von privaten Sendern ausgestrahlt. Örtliche Rundfunk- und Fernsehsender nehmen immer mehr zu. Entgegengesetzt ist die Tendenz bei den Zeitungen: hier „sterben", meist aus wirtschaftlichen Gründen, die Heimatblätter und Lokalzeitungen. Bei den regionalen und überregionalen Tageszeitungen spricht man bereits von Pressekonzentration.

umfassend: *comprehensive(ly)*
vielseitig: *in many ways*
geschult: *qualified, well-trained, experienced*
übermitteln (*wk*): *to transmit*
die Regierung (–en): *government*
sich reißen (ei, i, i) um (+ *Acc.*): *to be eager (to get one's hands on)*
das Privatunternehmen (–): *private enterprise, private business*
der Sender (–): *transmitter, station*
örtlich: *local*
zunehmen (i, a, o): *to increase*
entgegengesetzt: *contrary to (a thing)*
das Heimatblatt (∵er): *regional/local paper*
überregional: *national*

Retranslation

1 The press, radio and television inform, entertain and influence people. 2 Radio and television are also used (**ein***setzen* (*wk*)) as a means of communication. 3 All forms of news media are, therefore, very important indeed in the modern world. 4 Some governments are keen to control the mass media as they can be powerful instruments (*das Mittel* (–)) of propaganda.

Fragen

1. Was ermöglichen die Massenmedien heute?
2. Wie kommt es zu der Bezeichnung „Massenmedien"?
3. Warum sind die Massenmedien so wichtig?
4. Warum sind Massenmedien auch gefährliche Machtmittel?
5. Was bedeutet Pressekonzentration?

22.1 Die Presse

Zeitungen kann man in Tages-, Abend-, Boulevard-, Wochen-, Lokal-, regionale, überregionale und Sonntagszeitungen einteilen. Es gibt seriöse Zeitungen, Sensationsblätter und Zeitungen, die „zwischendrin liegen". Sensationsblätter leben von Katastrophen, wie z.B. Flugzeugabstürzen, Überschwemmungen, Bränden, Erdbeben und Revolutionen. In England beschäftigen sich Lokalzeitungen hauptsächlich mit lokalen Angelegenheiten und Lokalnachrichten, während die deutschen Lokalzeitungen sowohl lokale als auch regionale und überregionale Nachrichten bringen. Die größte und bekannteste überregionale Boulevardzeitung in der BRD ist die „Bild"-Zeitung („Die Bild"). Die bekanntesten seriösen Tageszeitungen sind die „Frankfurter Allgemeine Zeitung" (FAZ), die „Süddeutsche Zeitung" und „Die Welt"; in der DDR ist „Neues Deutschland" das Zentralorgan der SED. Bekannte Wochen-, bzw. Sonntagszeitungen in der Bundesrepublik sind der „Spiegel", die „Zeit", die „Bild am Sonntag" und die „Welt am Sonntag". Die Engländer sind begeisterte Zeitungsleser. Besonders in England wird es sehr bedauert, daß es weniger überregionale Zeitungen als früher gibt.

Frankfurter Allgemeine
ZEITUNG FÜR DEUTSCHLAND

Herausgegeben von Bruno Dechamps, Jürgen Eick, Fritz Ullrich Fack, Joachim Fest, Johann Georg Reißmüller

In dieser Zeitung

3 „Santiago Carrillo ist ein Gangster der Politik"

4 Entwickelt sich die SPD zur Kanzlerpartei?

7 Medikamenten-Prozeß in Wuppertal gegen zwanzig Angeklagte

8 Wenn Skifahrer zu Bergsteigern werden müssen

9/10 In Datenbanksystemen nach Informationen suchen

11 Briefe an die Herausgeber

12 Noch hält sich die kommunistische Linke bedeckt

Der SPD ins Stammbuch geschrieben

Wirtschaft

13 Der monatliche Konjunkturbericht der F.A.Z.

Ladendiebe sollen registriert werden

14 Die Japaner im Konflikt mit ihren Handelspartnern

Brasiliens Schulden rasch gewachsen

15/17 Der Bundesgerichtshof spricht von „funktionsechtem Großhandel"

Britische Banken schließen immer mehr Filialen

Sport

19/22 Der Bundesliga-Kommentar / Bundesligen in der Übersicht: Basketball, Hallenhandball, Eishockey, Ringen und Volleyball / NOK-Hauptversammlung in München / Halbfinale im Judo

Feuilleton

23 Der Häuptling und die Heimwehkranke / Claus Peymann inszeniert Goethes „Iphigenie auf Tauris" in Stuttgart

25 „Spätestens im November", von Hans Erich Nossack / Zu unserem Fortsetzungsroman

Politische Bücher

26 Das aktualisierte Fernsehprogramm; das Wetter

Die noch verbleibenden Zeitungen werden der hohen Papier-
kosten und der steigenden Produktionskosten wegen leider teurer.
Dennoch können Zeitungen nur einen kleinen Teil ihrer Ausgaben
durch den Verkauf decken. Sie hängen in hohem Maße von
Anzeigenaufträgen ab. Aus diesen und anderen wirtschaftlichen
Gründen ist ein hoher Prozentsatz der regionalen und überregionalen Presse in der BRD und in Großbritannien in den Händen
von nur wenigen „Zeitungsbaronen". Zeitungsmonopole können
gefährlich werden, wenn sich die Besitzer der Zeitungskonzerne
nicht ihrer Verantwortung bewußt sind, oder wenn sie ihre Macht
mißbrauchen. Sie sollten die Öffentlichkeit fair und genau über das,
was um uns herum vorgeht, informieren.

Entbehrliche Neuigkeiten

Ein Mensch, der Zeitung liest, erfährt:
„Die Lage völlig ungeklärt."
Weil dies seit Adam so gewesen,
Wozu denn da noch Zeitung lesen?

Eugen Roth

---

die Boulevardzeitung (–en): *popular paper, gutter press*
der Flugzeugabsturz (÷e): *plane crash*
der Brand (÷e): *fire*
die Angelegenheit (–en): *affair*
begeistert: *enthusiastic*
Ausgaben decken (w̶k̶): *to cover expenses*

(*)**ab**hängen (ä, i, a) von (+ *Dat.*): *to depend (on)*
der Anzeigenauftrag (–e): *advertising (revenue)*
in hohem Maße: *to a great extent*
der Prozentsatz (÷e): *percentage*
der Zeitungsbaron (–e): *press lord*
das Monopol (–e): *monopoly*

Die Verantwortung der Presse ist in freiheitlich-demokratischen
Staaten wegen der garantierten Pressefreiheit besonders groß; mit
gewissen Einschränkungen steht der Presse frei, das zu sagen, was sie
möchte. Viele Zeitungen konzentrieren sich heutzutage auf Sex-
themen und Darstellungen nackter Mädchen, um ihre Auflage zu
erhöhen. Vielfach sind die Schlagzeilen sensationell und sollen nur
dazu dienen, die Aufmerksamkeit des Lesers zu erregen und sein
Interesse zu wecken.

So macht man Schlagzeilen . . .

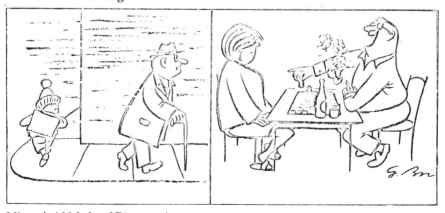

Mit 90 bei Nebel auf Bürgersteig   Schulleiter schlägt schwangere Mutter

186

Viele Leute bevorzugen daher auch die reichbebilderten Boulevardzeitungen. Sie sind meistens im Halbformat und daher handlicher, und man kann sie so besonders in Bussen, Zügen (und am Frühstückstisch!) lesen. Oft interpretieren Zeitungen auch Informationen und Nachrichten, insbesondere Sensationsgeschichten, falsch. Die Verleger und Redakteure müssen darauf achten, daß sie niemanden verleumden, denn sonst könnte es zu Verleumdungsklagen und -verfahren kommen. Manche Zeitung hat hierbei schon große Entschädigungssummen zahlen müssen. In freiheitlich-demokratischen Staaten ist also sowohl die Freiheit der Presse als auch die Ehre des einzelnen geschützt. In diktatorisch regierten und totalitären Staaten ist die freie Presse jedoch geknebelt (mundtot gemacht) oder sie wird gegängelt und zensiert. Sie wird von den Machthabern als Propagandawaffe und Machtinstrument benützt.

„Das deutsche Volk muß erzogen werden zu dem absoluten, sturen, selbstverständlichen, zuversichtlichen Glauben: Am Ende werden wir alle das erreichen, was notwendig ist. Das kann nur gelingen durch einen fortgesetzten Appell an die Kraft der Nation, durch das Hervorheben der positiven Werte eines Volkes und durch das mögliche Außerachtlassen der sogenannten negativen Seiten. Dazu aber ist es notwendig, daß gerade die Presse sich ganz blind zu dem Grundsatz bekennt: die Führung handelt richtig."

(*Adolf Hitler vor der deutschen Presse am 10.11.1938*)

Die Presse muß schreiben können, was sie will, damit gewisse Leute nicht tun können, was sie wollen.

(*L. Terronoire*)

Eine Zeitung muß das Große groß nennen und das Kleine klein.

(*Joseph von Görres*)

---

die Einschränkung (–en): *limitation, restriction*
die Abbildung (–en): *picture*
ihre Auflage erhöhen (*wk*): *to increase their circulation*
vielfach: *frequently, often*
die Schlagzeile (–n): *headline*
die Aufmerksamkeit: *attention*
erregen (*wk*): *to arouse*
im Halbformat: *in tabloid form*
handlicher: *easier to handle*
der Verleger (–): *publisher*
der Redakteur (–e): *editor*
verleumden (*wk*): *to libel*
das Verleumdungsverfahren: *libel suit*

die Entschädigungssumme (–n): *damages*
die Ehre (–n): *honour*
schützen (*wk*): *to protect*
knebeln (*wk*): *to muzzle, to gag*
mundtot machen (*wk*): *to reduce to silence*
gängeln (*wk*): *to dangle on a string, to control*
der Machthaber (–): *the one in power*
stur: *stubborn*
selbstverständlich: *self-evident, obvious*
zuversichtlich: *confident, undoubting, optimistic*
das Hervorheben: *emphasizing, stressing*
das Außerachtlassen: *leaving out of account, neglecting*
der Grundsatz (–̈e): *maxim, principle*

Wer arbeitet für die Zeitung?

Den Herausgeber einer Zeitung bezeichnet man als Verleger. Er ist der Unternehmer, der die Zeitung wirtschaftlich trägt. Fast alle größeren Tageszeitungen beschäftigen neben den örtlichen Berichterstattern (Reportern) zahlreiche Mitarbeiter (Korrespondenten) im In- und Ausland. Sie berichten den Zeitungsredaktionen laufend über die neuesten Ereignisse. Die meisten Nachrichten erhalten die Zeitungen von Nachrichtenagenturen. Die bedeutendste Nachrichtenagentur in der Bundesrepublik ist die dpa (= Deutsche Presseagentur). Auch ausländische Presseagenturen liefern ihre Nachrichten an deutsche Zeitungen. Aus der Fülle des Nachrichtenangebots muß die Zeitung ihre Auswahl treffen. Welche Meldungen „gebracht", wie sie im einzelnen „aufgemacht" werden sollen, und wie die gesamte Zeitung gestaltet wird, entscheidet die Redaktion, an deren Spitze der Chefredakteur steht. Er schreibt auch oft den Leitartikel und den Kommentar. Die Redakteure für Politik, Wirtschaft, Kultur, Lokales, Sport usw. bearbeiten den entsprechenden Teil der Zeitung. Die Mitarbeiter am redaktionellen Teil der Zeitungen bezeichnet man als Journalisten. So werden dann z.B. Sportartikel, Wirtschaftsartikel, politische Artikel usw. geschrieben.

die Nachrichtenagentur (–en): *news, agency*
die Fülle: *wealth, abundance*
das Nachrichtenangebot (–e): *available news*
der Leitartikel (–): *editorial, leader*
das Feuilleton (–s): *feuilleton (i.e. section dealing with light-hearted articles, literary criticism, reviews, the arts etc.)*

Fragen

1. In welche Arten kann man die Zeitungen einteilen?
2. Welcher Unterschied besteht zwischen englischen und deutschen Lokalzeitungen?
3. Nennen Sie drei deutsche überregionale Tageszeitungen!
4. Was wird in England sehr bedauert?
5. Wovon hängen die Zeitungen finanziell sehr stark ab?
6. Was sind „Zeitungsbarone"?
7. Welcher Tatsache muß sich ein Zeitungskonzernbesitzer bewußt sein?
8. Was darf er nicht tun?
9. Was sollte er tun?
10. In welchem Papierformat erscheinen die Boulevardzeitungen meistens?
11. Worauf müssen Verleger und Redakteure achten?
12. Welche beiden Dinge sind in freiheitlich-demokratischen Staaten geschützt?
13. Was geschieht mit der Presse in totalitären Staaten?
14. Wie bezeichnet man den Herausgeber einer Zeitung, und welche Aufgabe hat er?
15. Woher erhalten die Zeitungen die meisten Nachrichten?
16. Was macht die Redaktion, und wer leitet sie?

Retranslation

A 1 Newspapers often misinterpret information and sensationalize (**auf**bauschen (wk.)) stories. 2 Newspapers often have to pay out large sums of money as a result of libel actions. 3 Newspapers depend to a large extent on advertising for revenue. 4 Newspapers are becoming more expensive because of the high cost of paper and rising production costs. 5 Which newspapers do you read?

B 1 A large percentage of the national press is in the hands of a few people. Through their editorial comment they are able subtly (*unmerklich*) to influence people's attitudes. 2 People like reading different types of articles. 3 Newspapers thrive on disasters and air crashes, floods, earthquakes and revolutions. 4 Lord Beaverbrook, Lord Northcliffe, Lord Thompson and Rupert Murdoch are known as Press Barons. In Germany Axel Springer at one time (*zeitweilig*) had the monopoly of German newspapers. 5 Local papers in England are concerned primarily with local affairs whereas German local papers carry national as well as local news.

C 1 Newspapers usually come under the headings of daily newspapers (dailies), evening newspapers, weekly papers, Sunday papers, local papers and national papers. 2 There are serious newspapers, sensational newspapers and papers that are "middle of the road". 3 Too many papers today concentrate on sexual items and pictures of nude girls to help increase their circulation. 4 Newspapers should give a fair and accurate account of what is going on in the world around us. 5 In democratic countries the press is (within certain limitations) more or less free to say what it wants. 6 In dictatorships and totalitarian states the press is gagged and is used by the government in power as a propaganda weapon.

22.2 Der Rundfunk (das Radio)

1897 gelang dem Italiener Marconi die erste drahtlose Übertragung. Heute gibt es ein weltweites Sendernetz. Zusammen mit dem Fernsehen (und trotz der „Konkurrenz" des Fernsehens) wächst die Bedeutung des Radios in Kultur, Wirtschaft und Politik. In Deutschland gibt es mehrere überregionale Sender: den Norddeutschen Rundfunk (NDR), den Westdeutschen Rundfunk (WDR), den Süddeutschen Rundfunk (SDR), die Deutsche Welle, den Deutschlandfunk, den Sender RIAS (Radio *im a*merikanischen *S*ektor) Berlin und den Sender Freies Berlin (SFB); der DDR-Staatsrundfunk heißt „Radio DDR".

Ein Radioprogramm gliedert sich meist in:

Wortsendungen	und	Musiksendungen
Nachrichten Reportagen (z.B. Sportreportagen) Kommentare Kirchen-⎫ Schul- ⎬ funk Kinder- ⎪ Jugend ⎭ Sportsendungen Hörspiele Features Vorträge Abendstudios Nachtprogramme		Unterhaltungsmusik- sendungen Pop-Musiksendungen Wunschkonzerte Opern- und Operettensen- dungen Schlagerparaden Jazzsendungen

drahtlos: *wireless*
die Übertragung (–en): *transmission*

die Konkurrenz (–en): *competition*
sich gliedern (*wk*) in (+ *Acc.*): *to be divided into*

Fragen

1. Wie hat sich das Radio seit 1897 entwickelt?
2. Was wächst trotz der Konkurrenz des Fernsehens?
3. Welche überregionalen Radiosender gibt es in der Bundesrepublik?
4. In welche zwei großen Abschnitte gliedert sich meist ein Radioprogramm?
5. Was bedeutet „Schulfunk", und was bedeutet „Schlagerparade"?

22.3 Das Fernsehen

„Das Kino zu Hause" — so hat man das Fernsehen oft genannt. Diese Bezeichnung ist aber nicht ganz korrekt. Im Kino kann man nur Ereignisse sehen, die bereits vergangen sind. Beim Fernsehen aber können Ton und Bild auch direkt übertragen werden. Gerade diese Direktübertragungen („Live-Sendungen") sind sehr beliebt, weil sie meist spannend und aktuell sind. Die Fernsehsender haben Sendewagen, die an den Ort des Geschehens fahren können und von dort Bild und Ton übertragen können. Besonders Sportübertragungen sind bei den Fernsehzuschauern sehr beliebt. Aufnahmeteams und Fernsehreporter haben darüberhinaus oft tragbare Aufnahmegeräte und Fernsehkameras. Die öffentlichen „Fernsehstuben" der 30er Jahre und das Schwarz-Weiß-Fernsehen haben dem Fernsehpublikum und den Fernsehtechnikern nicht genügt. Das Farbfernsehen wurde erfunden. Man ist heute dabei, das dreidimensionale Fernsehen zu entwickeln.

Wissenschaft und Technik haben das Fernsehen in ihren Dienst genommen: die Unterwasser-Fernsehkamera z.B. ist eine wichtige

Hilfe für den Taucher, Forstwissenschaftler „beobachten" mit automatischen Fernsehkameras den Wald, Ärzte benützen bei manchen Untersuchungen Fernsehkameras, Medizinstudenten können Operationen auf speziellen Fernsehschirmen verfolgen usw.

Die Fernsehregisseure haben im Laufe der Zeit eigene Kunstgattungen entwickelt, z.B. den Fernsehfilm und das Fernsehspiel.

die Bezeichnung (–en): *designation, description*
der Sendewagen (–): *outside broadcast van*
darüberhinaus: *in addition*
tragbar: *portable*
das Aufnahmegerät (–e): *recording equipment*

der Taucher (–): *diver*
der Forstwissenschaftler (–): *forestry scientist/expert*
der Fernsehschirm (–e): *television screen*
die Kunstgattung (–en): *art form*

Was gibt's im Fernsehen?

Fernsehen am Dienstag Aktualisiertes Programm

Dienstag, 21. Oktober

Erstes Programm (ARD)

16.10 Tagesschau
16.15 Zigeunerfest
Protokoll einer Begegnung
Von Michaele Scherenberg
17.00 Michel aus Lönneberga (3)
Spielserie in dreizehn Teilen nach dem Buch von Astrid Lindgren
17.25 Zirkusgeschichten
17.50 Tagesschau
18.00 Regionalprogramme
20.00 Tagesschau
20.15 Telespiele
„Telefondiskothek" mit Thomas Gottschalk
21.00 Report
Gift im Fleisch — Lücken im Gesetz / Politiker und Journalisten — ein Interview mit Bundespräsident Carstens (Anlaß: 20 Jahre „Report" aus München) / Auf Tankerfahrt im Krisengebiet — eine Reportage aus der Straße von Hormus / Wie Adenauer die Kriegsgefangenen heimholte — eine Erinnerung an den Herbst 1955
21.45 Die Schnüffler
„Der Fall des heißblütigen Gangsters"
Amerikanische Kriminalserie
22.30 Tagesthemen
23.00 Karen Akers
Eine „neue Stimme" aus New York
Regie: Christian Blackwood
23.45 Tagesschau

Zweites Programm (ZDF)

16.30 Mosaik
Für die ältere Generation
17.00 heute
17.10 Im Reich der wilden Tiere
Tiere vom Aussterben bedroht
17.40 Die Drehscheibe
18.20 Der rosarote Panther
Zeichentrickserie
18.40 „Und der Haifisch...."
Zeichentrickserie
19.00 heute
19.30 Scheidung auf französisch
Lustspiel von Bernard Alazraki
Nach fünf Ehejahren wollen sich Cécile und Michel Lenotre (Karin Eickelbaum und Herbert Bötticher) trennen, doch wollen sie sich gegenseitig bei der Suche nach einem neuen Partner behilflich sein. Aufgrund der Zeitungsannoncen treffen sich Pierre Thomas und France Lenoble zufällig im Haus Lenotre.
Regie: Wolfgang Spier
21.00 heute-journal
21.20 Standort gesucht

Reaktorstreit im Donauried
Bericht von Christof Schade
22.00 Der phantastische Film
„Frankenstein, wie er wirklich war" (1)
Englischer Spielfilm 1973
Leonard Whiting, Nicola Paget, James Mason und Agnes Moorehead spielen die Hauptrollen in der Verfilmung des gleichnamigen Romans von Mary W. Shelley
Seit dem Tod seines Bruders ist Viktor Frankenstein von der Idee besessen, Leben aus dem Tod zu schaffen. Ein Zufall führt ihn mit Dr. Henry Clerval, dem einstigen Assistenten des geheimnisvollen Dr. Polidori zusammen. In seinem Laboratorium schafft Clerval mit Hilfe von Sonnenenergie Leben. Gemeinsam wollen sie einen „perfekten" Menschen schaffen.
Regie: Jack Smight
Anschließend: Ratschlag für Kinogänger
23.35 heute

Dritte Programme (in Auswahl)

Hessen 3
20.15 Klara und Angelika
Polnischer Fernsehfilm von Wladyslaw Terlecki
Im Mittelpunkt des Films steht das Schicksal zweier Frauen: einer berühmten Schauspielerin und ihrer Maniküre. Seit Jahren verbindet beide Frauen Sympathie. Die Schauspielerin bewundert bei der anderen Frau ihre „Bescheidenheit" und „Schlichtheit", sie beneidet sie um ihr Familienglück, das ihr versagt geblieben ist.
Regie: Irena Kamienska
21.00 Die Meister verlieren immer
Polnischer Fernsehfilm von Jerzy Janicki, Andrzej Kudelski und Witold Adamek
Der Film erzählt die Geschichte eines Betrügers, dessen Opfer zwei berühmte Schachmeister sind. Bei dem Betrug handelt es sich um einen kleinstädtischen Apotheker. Die beiden Schachmeister entdecken bei einem zufälligen Treffen in der Garderobe einer Opernsängerin den Betrug und streben einen Prozeß gegen den Apotheker an.
21.40 Nachrichten
21.50 Standpunkte
Ein sozialpolitisches Magazin
22.35 Vor vierzig Jahren:
„Einmarsch ins Elsaß" (sw.)
Deutsche Wochenschau vom 30. Oktober 1940

Südwest 3

19.00 Follow me (33)
Englisch für Anfänger
19.15 Die Sprechstunde
Ratschläge für die Gesundheit: Fußpflege

Nur für Baden-Württemberg:
20.05 Ravensburger Moritheater
20.20 Forum Südwest

Nur für Rheinland-Pfalz:
20.05 Fragezeichen
„Reizwort: Ausländerfeindlichkeit"
Diskussionsleitung:
Konstanze Rohde

Nur für das Saarland:
20.05 Kulturspiegel
Gestalten und Veranstaltungen im Dreiländereck
20.50 Reiseführer
Ein Hauch von Abenteuer
Zu Fuß über die Alpen
Ein Film von Ernst Klinnert

Für Südwest 3 gemeinsam:
21.20 Der Marshal
Amerikanischer Western mit John Wayne
Regie: Henry Hathaway, 1968

Bayern 3

19.00 Zeitgeschichte im Fernsehen
Gespräche mit Zeugen der Zeit
Henric L. Wuermeling unterhält sich mit Christian Hallig über die „Operation Turicum", einer unbekannt gebliebenen Widerstandsgruppe im Dritten Reich
20.00 Bergauf — bergab
Bergsteigersendung
20.45 Rundschau
21.00 Die Sprechstunde
Die richtige Fußpflege
21.45 Heut' abend: Stephan Sulke
Mit neuen und bekannten Liedern
22.45 Rundschau
23.00 News of the Week

West 3

20.15 Galerie
Mit einem Beitrag über das Pekinger Volkskunsttheater auf Tournee
21.00 Das Porträt
21.15 Frauen-Studien
Frauenarbeit im Mittelalter· Belgien
21.45 Schauplatz: Kronenburg in der Eifel
22.30 Medizin des Auslands: Asiatische Medizin gestern und heute
23.15 Nachrichten

In der Bundesrepublik gibt es drei Fernsehprogramme: *Das „Erste Programm"* (das „Deutsche Fernsehen"): die Rundfunksender haben sich 1950 in der ARD (die *A*rbeitsgemeinschaft der Öffentlich-*R*echtlichen Rundfunkanstalten der Bundesrepublik *D*eutschland) zusammengeschlossen. Die ARD strahlt Rundfunksendungen, vor allem jedoch das Programm des „Deutschen Fernsehens" aus.

Das „Zweite Programm" (das Zweite Deutsche Fernsehen — ZDF): 1961 gründeten die 11 Länder der Bundesrepublik durch einen Staatsvertrag das ZDF.

Das „Dritte Programm" (die Regionalprogramme): Die Regionalprogramme entstanden in den 60er Jahren. Sie werden von den einzelnen Bundesländern selber ausgestrahlt; einige Länder haben auch gemeinsam ein Regionalprogramm (z.B. Baden-Württemberg, das Saarland und Rheinland „S(üdwest)3"). Die Regionalprogramme spezialisieren sich auf regionale sowie kulturelle Sendungen und Filme.

sich **zusammen**schließen (ie, o, o): *to amalgamate*

der Staatsvertrag (⸚e): *state treaty, (here) treaty between the Länder*

gründen (*wk*): *to found*

sich spezialisieren (*wk*) auf (+ *Acc.*): *to specialize in*

Fernsehen — eine Sucht?

Das Fernsehen hat die Lebensgewohnheiten in vielen Familien verändert. Experimente haben gezeigt, daß kaum eine Familie mehr auf ihr Fernsehgerät verzichten könnte. Fernsehen ist in die Nähe einer Sucht gerückt. Man schaltet z.B. das Erste Programm ein, schaltet vielleicht vom Ersten zum Zweiten Programm um; wenige aber können das Fernsehgerät *ab*schalten. Der Kreis, den die Familie früher oft bildete, um sich zu unterhalten oder gemeinsam zu spielen, hat sich zum Halbkreis vor dem Bildschirm entwickelt, wo jedes Gespräch mit einem Zischen zurückgewiesen wird. Die Faszination des Fernsehens liegt in der Aktualität und in der Unmittelbarkeit, mit der man Nachrichten oder Unterhaltung ins Haus geliefert bekommt. Durch das Bild entsteht der Eindruck, dabei zu sein, teilnehmen zu können. Wozu noch der Weg in ein Stadion? Wozu noch ein Buch? Im Fernsehen bekommt man alles viel müheloser mit. Mit Hausschuhen „betritt" man Theatersäle, Konferenzräume, und man ißt einen Kartoffelchip, während auf dem Bildschirm eine Reportage über den Hunger in der Welt läuft.

die Lebensgewohnheit (–en): *life style, living habits*

in die Nähe *rücken (*wk*): *to approach, to come close to*

die Sucht: *disease, addiction, mania*

einschalten (*wk*): *to switch on*

das Zischen (–): *hiss*

zurückweisen (ei, ie, ie): *to rebuff, to reject*

die Unmittelbarkeit: immediacy

zerrieben: *powdered, ground*

streuen (*wk*): *to strew*

ausrotten (*wk*): *to exterminate*

sich berufen (u, ie, u) auf (+ *Acc.*): *to quote as an excuse*

sich wehren (*wk*): *to defend oneself, to fight*

Fragen

1. Wie hat man das Fernsehen oft genannt?
2. Ist diese Bezeichnung ganz korrekt?
3. Warum sind Direktübertragungen sehr beliebt?
4. Wo hat man in den 30er Jahren meistens ferngesehen?
5. Welche eigenen Kunstgattungen hat das Fernsehen mit der Zeit entwickelt?
6. Welche Fernsehprogramme gibt es in der Bundesrepublik?
7. Worauf spezialisieren sich die Regionalprogramme?
8. Welche Aufgabe hat der kritische Fernsehzuschauer?
9. In welcher Weise hat das Fernsehen unsere Lebensgewohnheiten verändert?
10. Warum hängen Fernsehen und Gewalttätigkeit zusammen?

22.4 Aufsatzthemen

(a) Radio und Fernsehen

— In der Bundesrepublik und in England sind Rundfunk und Fernsehen sog. „öffentlich-rechtliche Anstalten", d.h., nicht die Regierung oder eine gesellschaftliche Gruppe ist Herr über den Rundfunk, sondern die Allgemeinheit, die Öffentlichkeit.

— In der DDR sind Rundfunk und Fernsehen unter der Kontrolle der Zentralregierung und der Sozialistischen Einheitspartei Deutschlands (SED).

— Oft strahlen private und regionale Rundfunk- bzw. Fernsehstationen den sogenannten Werbefunk bzw. das Werbefernsehen aus. Diese Reklamesendungen sind oft sehr banal, und gehen vielen Leuten wegen der vielen Programmunterbrechungen auf die Nerven. Andererseits ziehen viele das Werbefernsehen den eigentlichen Programmen vor.

„Ich habe dir dieses Programm doch verboten! Davon kannst du nämlich brutal werden!"

— Rundfunk- und Fernsehsender erheben Rundfunk- bzw. Fernsehgebühren; jeder muß eine staatliche Rundfunk- bzw. Fernsehgenehmigung haben. Trotzdem gibt es einige Schwarzseher und -hörer,

— Örtliche Sender werden immer beliebter. Sie unterstützen und ergänzen Lokalzeitungen, indem sie sich oft mit regionalen und lokalen Begebenheiten befassen. Oft ist die Konkurrenz des Werbefernsehens und Werbefunks und der überregionalen Sender aber sehr hart für die örtlichen Sender. In den USA und in England ist die sogenannte „Universität des Äthers" („Offene Universität") entstanden. Diese neue Entwicklung soll den Leuten helfen, ihre Studien fortzusetzen, bzw. neue Kurse zu beginnen.

— Radio und Fernsehen sind als Propagandamedien sehr wirkungsvoll. Totalitäre Staaten nutzen diese Medien oft aus, um das Recht der freien Meinungsäußerung zu beeinträchtigen.

— Es ist heute möglich, durch Fernsehsatelliten Sendungen von Land zu Land, Kontinent zu Kontinent und sogar vom Mond und Mars zur Erde auszustrahlen.

(b) Das Fernsehen — Fluch oder Segen?

1. *Einleitung*
1.1. Das Fernsehen ist das *„Kino zu Hause"* und *„bringt uns die Welt ins Haus"*.
1.2. Das Fernsehen ist wohl das wichtigste und einflußreichste Massenmedium, obwohl es viel später als die Presse und der Rundfunk entwickelt wurde (Beispiele, Jahreszahlen . . .).
1.3. Im Jahre 19 . . . besaßen . . .% der Haushalte in . . . ein (oder mehrere) Fernsehgerät(e).

2. Hauptteil

2.1. Das Fernsehen — ein „Segen":

2.1.1. Das Fernsehen ist das Kino zu Hause; es bringt spannende und aktuelle Direktübertragungen; wir „sind mit dabei"; wir sind informiert; wir können uns in unseren eigenen vier Wänden (zuhause) entspannen; Werbeslogan: „Farbfernsehen macht Fernsehen erst schön!"

2.1.2. Das Fernsehen (Fernsehkameras) steht auch im Dienste von Wissenschaft und Technik: Ärzte, Wissenschaftler, Universitäten, Kosmonauten.

2.1.3. Das Programmangebot (die Programmauswahl) ist groß: Fernsehserien, -spiele, -krimis, Kultur, Bildung (Schulfunk), Weiterbildung (Telekolleg), Sport ... Wir können zwischen 3, 4, 5 ... Programmen (Sendern) frei wählen.

2.1.4. Das Fernsehen bietet Abwechslung und Unterhaltung, besonders für alleinstehende, einsame, kranke und bettlägerige Menschen. (Hier ist das Fernsehen wirklich ein Kommunikationsmedium: es stellt die Kommunikation (den Kontakt) mit der Außenwelt her.)

2.1.5. Die Fernsehwerbung informiert die Verbraucher über das Warenangebot und die Preise. Oft ist sie witziger und unterhaltsamer als die eigentlichen Sendungen.

2.1.6. Das Fernsehen bringt die Familie zusammen; man sieht sich gemeinsam eine Sendung an und spricht dann über sie.

2.1.7. Das Fernsehen verbindet die Völker: internationale Sportwettkämpfe, die Serie „Superstar" (Sport), Eurovisionssendungen, die Serie „Spiel ohne Grenzen", Sendungen über andere Länder und Völker.

2.2. Das Fernsehen — ein „Fluch":

2.2.1. Direktübertragungen und das Überangebot an Programmen fördern die Passivität des Zuschauers; er wird übersättigt und unkritisch („Das kam im Fernsehen, also muß es stimmen").

2.2.2. Das Fernsehen fasziniert Millionen / die Massen; es gibt Millionen von unkritischen, abhängigen, „süchtigen" Fernsehzuschauern. Die Gefahr, daß sie manipuliert werden (Die Gefahr der Manipulation), ist groß. Fernsehmagazinsendungen, Fernsehkorrespondenten und Politiker können die politische Meinung manipulieren; die Werbung kann den Verbraucher beeinflussen; Kultur- und Bildungsprogramme können den Geschmack und die Meinung manipulieren. Totalitäre Regime ...

2.2.3. Fernsehsender und die Programmgestalter des Fernsehens können (auch in Staaten mit freiheitlich-demokratischer Grundordnung) nur schwer kontrolliert werden.

2.2.4. Fernsehkrimis und Sexfilme im Fernsehen beeinflussen besonders Jugendliche negativ: sie können gewalttätig werden und ein ungesundes Verhältnis (eine ungesunde Einstellung) zur Sexualität bekommen.

2.2.5. Besonders die Fernsehwerbung wird oft kritisiert (sie wendet sich — vor allem mit sexuellen Symbolen — ans Unterbewußtsein; sie erzeugt Habgier und Neid).

2.2.6. Das Fernsehen hat die Lebensgewohnheiten oft negativ verändert (es ist eine Sucht geworden; der „Familienkreis" ist heute der Halbkreis vor dem Bildschirm; das Fernsehen tötet jegliche Kommunikation zwischen den Familienmitgliedern; die Unterhaltung stirbt ab; man „glotzt (kritiklos) in die Röhre" / „... in die Glotzkiste").

2.2.7. Fernsehnachrichten, insbesondere sensationelle und tendenziöse Bildnachrichten, können Haß und Streit zwischen den Völkern säen. (Die Auslandskorrespondenten (Fernsehkorrespondenten im Ausland) tragen hier eine große Verantwortung.)

3. Schluß

Trotz aller Gefahren, bleibt dennoch die große Chance der Unterhaltung und Information. *Gezielter Gebrauch des Mediums Fernsehen* bietet die Möglichkeit, seinen Gesichtskreis und seine Kenntnisse zu erweitern, Einblick in politische Zusammenhänge zu erhalten, sich unterhalten zu lassen, informiert zu sein und echt mitreden zu können.

(c) Weitere Themenvorschläge

1. Die wichtigsten Ereignisse der letzten Woche
2. Beschreiben Sie Aufbau und Aufmachung einer deutschen Zeitschrift oder Zeitung!
3. Welche Art von Nachrichten bringt eine Tageszeitung?
4. Die Rolle und der Einfluß der Massenmedien
5. Gefährdet die Macht der Massenmedien die Demokratie?
6. Was ziehen Sie vor: Hörspiele oder Fernsehspiele?

23 Werbung

Man unterscheidet zwischen politischer Werbung (= Propaganda) und Wirschaftswerbung (= Reklame). Wir wollen uns hier mit der Wirtschaftswerbung befassen.

„Werbung ist ein Fluch unserer modernen Gesellschaft" / „Werbung ist psychologische Umweltverschmutzung" / „Werbung ist schädlich für die Menschen; sie verwirrt die Menschen und macht sie habgierig, neidisch, unsicher und unzufrieden" / „Sie veranlaßt die Menschen, über ihre Verhältnisse zu leben, weil sie Sachen kaufen, die sie sich nicht leisten können!" / „Leute, die T-shirts mit Werbeslogans tragen, sind nichts weiter als wandelnde Reklamegerüste" / „Plakatankleben verboten!" . . . so und ähnlich lauten die Proteste und Bedenken gegen die heutige Werbung.

die Werbung: *advertising*
sich befassen (*wk*) mit (+ *Dat.*): *to concern o.s. with*
habgierig: *covetous, greedy*
über seine Verhältnisse leben (*wk*): *to live above one's means*

sich (*Dat.*) leisten (*wk*): *to afford*
wandelnde Reklamegerüste: *walking billboards*
Plakatankleben verboten!: *stick no bills!*

23.1 Was soll durch Werbung erreicht werden?

Firmen und Wirtschaftsunternehmen wollen die Menschen durch positive Informationen beeinflussen, sie wollen Menschen durch Reklame zum Kauf ihrer Produkte bewegen. Werbung soll also sowohl informieren als auch beeinflussen. Sie kann den Verbrauch in bestimmte Richtungen lenken, sie kann auch ganz neue Bedürfnisse wecken. Die Firmen und Unternehmen wollen ihren Absatz steigern und dadurch größeren wirtschaftlichen Erfolg, größere Umsätze, größeren Profit erreichen.

der Verbrauch: *consumption*
lenken (*wk*): *to direct, to guide*
das Bedürfnis (–sse): *need*
den Absatz steigern (*wk*): *to increase one's sales*
der Umsatz (–e): *turnover*

„Blödsinnig – diese Werbung"

> Fahre Prinz und Du bist König (*NSU- „Prinz", ein Auto*)
>
> Im *Konsum* kaufen kluge Kunden!
>
> Haben Sie es nicht auch lieber, wenn man sich nach Ihnen statt nach ihrem Auto umdreht? (*Volkswagen*)
>
> Rauche — staune — gute Laune! (*Player's Navy Cut*)
>
> Nehmen Sie ein Frische-Bad in Irland! Duft und die belebende Frische eines irischen Frühlingstages. *Irischer Frühling*, das erste irischfrische *Schaumbad*. Mild und hautfreundlich. Frühlingsfrische für die ganze Familie! — 25 erfrischende Bäder

Was sehen wir an diesen Beispielen? Werbeslogans und Werbetexte sprechen den Käufer direkt und persönlich an; sie schmeicheln dem Kunden; sie behaupten, das Produkt sei preiswert und gut; sie machen Versprechungen; sie setzen die Sprache geschickt ein: sie benutzen Metaphern und rhetorische Figuren; sie versuchen einem einzureden, daß man mit der Mode gehen muß; sie verlocken und rufen Wünsche wach; sie wecken Bedürfnisse; sie versprechen Luxus, Vergnügen, Gesundheit usw.; sie mischen sachliche Information mit Halbwahrheiten; sie übertreiben oft; sie appellieren an die menschliche Habgier; sie sprechen oft das Unterbewußtsein an.

Letzteres trifft vor allem bei der Fernseh- und Bildwerbung zu. Die Werbespots im Fernsehen sind so raffiniert in das Programm gestreut, daß sie oft nur im Unterbewußtsein (also nicht kritisch und bewußt) aufgenommen werden. Das Unterbewußtsein sowie menschliche Triebe werden auch durch sexuelle und andere Symbole angesprochen.

der Konsum (–s), Konsumladen (∴): (*here*) *Co-op*
der Duft (∴e): *fragrance*
das Schaumbad (∴er): *foam bath*
schmeicheln (*wk*) (+ *Dat.*): *to flatter*
preiswert: *good value, a bargain*
die Versprechung (–en): *promise*
geschickt: *skilful(ly)*
die Metapher (–n): *metaphor*
jemandem etwas (*Acc.*) **ein**reden (*wk*): *to make someone believe something*

verlocken (*wk*): *to entice, to tempt*
sachlich: *factual*
die Habgier: *greed*
das Unterbewußtsein: *the subconscious*
zutreffen (i, a, o): *to apply to, to be the case*
raffiniert: *shrewd(ly), slick(ly), clever(ly)*
der Trieb (–e): *drive, instinct*
ansprechen (i, a, o): *to appeal to*

Reklame

Wohin aber gehen wir
ohne sorge sei ohne sorge
wenn es dunkel und wenn es kalt wird
sei ohne sorge
aber
mit Musik
was sollen wir tun
heiter und mit musik
und denken
heiter
angesichts eines Endes
mit Musik
und wohin tragen wir
am besten
unsere Fragen und die Schauer aller Jahre
in die Traumwäscherei ohne sorge sei ohne sorge
was aber geschieht
am besten
wenn Totenstille
eintritt

Ingeborg Bachmann

23.3 Wo finden wir Werbung?

Werbung finden wir nicht nur in den Werbespots des Werbefunks und das Werbefernsehens. Kinos zeigen Reklamefilme. Zeitungen und Zeitschriften haben Dutzende von Anzeigen; die meisten Zeitungen und Zeitschriften könnten ohne Anzeigenwerbung gar nicht existieren. Wenn wir zuhause die Zahnpastatube in die Hand nehmen oder das „moderne" T-shirt anziehen, begegnen wir einem Werbeslogan oder gar einem längeren Werbetext. Teure Verpackungen mit bunten Bildern und Texten machen jedoch das Produkt teurer! In der Welt der Reklame kocht die Durchschnittshausfrau (natürlich wundervoll gepflegt mit X und geschminkt mit Y) in einer riesigen, vollautomatischen Küche, d.h. sie kocht nicht selbst ... das erledigen die supermodernen Küchengeräte für sie.

Verläßt man das Haus, sieht man nicht nur die Schaufenster-reklame. Bildreklame, Slogans und Texte finden wir auf Plakat-gerüsten, Plakatzäunen, Reklameflächen an Hauswänden, an Lit-faßsäulen, an und in Bussen, Straßenbahnen, Zügen und anderen öffentlichen und privaten Verkehrsmitteln. Im Fußball- und Leichtathletikstadion sehen wir nicht nur Reklame auf den Werbeflächen, sondern auch auf den Fußballhemden, Trainings-anzügen und auf den elektronischen Anzeigetafeln. Ohne die Förderung und Unterstützung durch Firmenwerbung (ohne die „Sponsorenwerbung") wäre der Berufssport undenkbar; er würde aufhören zu existieren. Wenn wir vom abendlichen Fußballspiel nach Hause kommen, gehen wir durch ein Meer von Neonschrift, Neonschildern, Neonreklame, Leuchtschriftreklame und beleuchteten Schaufenstern.

die Verpackung (–en): *packaging*
die Durchschnittshausfrau (–en): *average housewife*
gepflegt: *well-groomed*
erledigen (*wk*): *to carry out*
die Bildreklame (–n): *pictorial advert(s)*
das Plakatgerüst (–e): *hoarding*

die Reklamefläche (–n): *advertising space, hoarding*
der Trainingsanzug (¨e): *track-suit*
die elektronische Anzeigetafel (–n): *electronic score-board*
die Förderung: *advancement*
die Unterstützung: *support*
die Leuchtschriftreklame: *moving advertising panel*

Retranslation

1 "Advertising is one of the curses of modern society." 2 Adverts are to be seen everywhere. 3 You can see them in newspapers and magazines, on billboards and hoardings, on television and at the cinema and on buses and in trains. 4 Expensive packaging increases the cost of the product to the consumer. 5 Neon signs flash from many a building — advertising this and advertising that. 6 Without sponsorship from advertisers, professional sport would cease to exist.

7 In the world of advertising the average housewife (beautifully groomed of course) cooks in a huge kitchen which is equipped with ultra-modern gadgets. 8 Advertising is bad for people. 9 It often makes them envious, unsettled, unsure of themselves and can cause them to live beyond their means by persuading them to buy things they cannot afford. 10 Without hoardings, neon signs and illuminated shop windows, displaying thousands of desirable goods, our towns would be drabber places.

Fragen

1. Zwischen welchen zwei Werbungsarten unterscheiden wir?
2. Nennen Sie zwei Protestslogans gegen Reklame!
3. Was soll durch Werbung erreicht werden?
4. Was will die Schaumbadwerbung („Irischer Frühling") mit „mild und hautfreundlich" und „Frühlingsfrische" ausdrücken?
5. Was wird besonders durch die Fernseh- und Bildwerbung oft ange-sprochen?

23.4 Aufsatzthemen

(a) Erdrückt uns die „Übermacht der Werbung"?

Das Bild vom unmündigen, durch die Werbung manipulierten, überreizten, verwirrten und verunsicherten Menschen ist wohl übertrieben. Die Wirtschaft hat nicht nur Selbstkontrollorgane, sie unterliegt meist auch einem strengen Wettbewerbs- und Werberecht. In der Bundesrepublik z.B. hätte Ralph Naders Verbraucherschutzorganisation wenig Arbeit. — Man kann wohl behaupten, daß die Werbung besser als ihr Ruf ist. In einem berühmten Artikel in „Die Zeit" ist das durch folgende sechs Thesen begründet worden:

1. Werbung ist nicht gleich Werbung. „Die Werbung" gibt es nicht, ebensowenig wie „den Verbraucher". Werbung betreiben die Kirchen, die Pfarrer, die Gewerkschaften, wie die politischen Parteien, die Verliebten, die Bundeswehr und sehr heftig die Fernsehanstalten für ihre Programme. Werbung ist also Kommunikation.

2. Jede Werbung will mit ihren Informationen beeinflussen. Ob das die Anzeige eines Waschmaschinenherstellers ist oder das Wahlplakat einer politischen Partei. Alle, die werben, haben eines gemeinsam: sie versuchen mit positiven Informationen zu beeinflussen. Das ist legitim. Beeinflussung wird erst dann verwerflich, wenn sie sich mit Lügen die Seele des Bürgers erschleicht. Dort beginnt „psychologische Umweltverschmutzung".

3. Weil sich jede Gesellschaft weiterentwickelt, versucht die Wirtschaft auch die Qualität der Werbung weiterzuentwickeln. Der Bürger wird dahinterkommen, daß politische Werbung ebenso einer ständigen Kontrolle und Verbesserung bedarf wie die Wirtschaftswerbung. Die Wirtschaft ist schon viel weiter: sie hat ein Selbstkontrollgremium, den Deutschen Werberat.

4. Wer sich in eine Art Kreuzzugsidee gegen die Übermacht der Wirtschaft über den Verbraucher versteigt, sollte nicht vergessen, daß dieses „System", so verbesserungswürdig es ist, mehr persönliche Freiheit für die Mehrheit der Konsumenten gebracht hat als andere.

5. Werbung hat in der industriellen Gesellschaft die Funktion, den Freiheitsspielraum des Menschen, also seine Optionsmöglichkeiten, zu vergrößern und damit den Menschen zu einer besseren Lebensqualität zu führen.

6. Werbung informiert und belebt die kritische Diskussion der Gegenwart.

Vielleicht könnte man nach soviel Gelehrtheit noch schlicht anfügen:

Ohne Reklameflächen, Neonschilder und erleuchtete Schaufenster, die Tausende von begehrenswerten Produkten zeigen, sähe es in unseren Städten sicher trüber aus.

erdrücken *(wk)*: *to overwhelm, to crush, to smother*
die Übermacht: *(overwhelming) power*
unmündig: *under-age*
überreizt: *over-wrought, worried*
verunsichert: *insecure, undermined*
das Selbstkontrollorgan *(–e)*: *organisation set up by industry itself to vet advertising*
die Verbraucherschutzorganisation *(–en)*: *consumer protection organisation*
der Hersteller *(–)*: *manufacturer*
verwerflich: *objectionable*
die Lüge *(–n)*: *lie*
sich etwas erschleichen *(ei, i, i)*: *to get a thing in an underhand way*
das Selbstkontrollgremium *(–ien)*: *panel to examine one's own standards*
der Werberat *(÷e)*: *advertising council*
der Kreuzzug *(÷e)*: *crusade*
die Gelehrsamkeit, Gelehrtheit *(–en)*: *erudition, scholarship, wise thoughts*
schlicht: *unpretentiously*
begehrenswert: *desirable*
trüb: *dismal*

(b) Weitere Themenvorschläge

1. Wird für Reklame zuviel Geld ausgegeben?
2. Sollte es auf Sportplätzen Werbung für Zigaretten und Alkohol geben?
3. Werbung: lustiger Zeitvertreib oder ernstes Problem?

VII Freizeit und Freizeitgestaltung

24 Passive und aktive Freizeitgestaltung

24.1 Die Bedeutung der Freizeit

Unter „Freizeit" verstehen wir alles, was nicht direkt oder indirekt zu unserer Pflichterfüllung, sei es Schule, Berufsausbildung oder Arbeit, gehört; z.B. Essen, Schlafen, Körperpflege, Erholung, Vergnügungen, Entspannung, Familienleben, Hobbies, kulturelles Leben, Sport usw.

In den modernen Industrieländern ist die Arbeitszeit immer mehr verkürzt worden. Die Vierzigstundenwoche und ein angemessener Urlaub sind im heutigen Arbeitsleben die Regel. So verfügt der arbeitende Mensch heute über viel mehr freie Zeit als das früher der Fall war. Manche Soziologen bezeichnen daher unsere Gesellschaft als „Freizeitgesellschaft". Andererseits muß der Mensch heute oft intensiver und schneller arbeiten; das Arbeitsvolumen von sechs Tagen muß in nur fünf Tagen geschafft werden. Trotz aller Maschinen müssen Überstunden gemacht werden. Darüberhinaus bringt der Alltag Hektik, Hast und Hetze. Der Mensch wird geistig, körperlich und nervlich mehr beansprucht. Er braucht daher auch mehr Zeit zu Erholung, Ruhe und Entspannung.

Was soll der Mensch in seiner Freizeit tun?

Diese Frage ist schneller gestellt als beantwortet. Viele wissen nicht, was sie mit ihrer Freizeit anfangen sollen, obwohl es eine Fülle von Möglichkeiten und Angeboten gibt:

Es gibt tausenderlei Möglichkeiten, seine Freizeit persönlich und individuell zu gestalten, indem man z.B. seinem Hobby wie Briefmarken- oder Münzensammeln nachgeht. Staat, Kirche, Vereinigungen und die verschiedensten Interessengruppen stellen Einrichtungen für eine „sinnvolle" Freizeitgestaltung zur Verfügung, z.B. Sportanlagen, Bastelräume, Büchereien, berufliche, kulturelle und politische Weiterbildungsprogramme, kirchliche Freizeiten usw. Daneben hat sich eine breite Freizeitindustrie herausgebildet; ihr Angebot reicht vom Freizeitzentrum bis zum Erntelager, vom Tiefseetauchen bis zum Fallschirmspringen, von der Höhlenwanderung bis zur Hochgebirgstour. Wir laufen aber hier Gefahr, kritikloser „Freizeitkonsument" zu werden; die Freizeit wird kommerzialisiert; das Geld spielt eine immer größere Rolle. Je mehr wir jedoch bei der Freizeitgestaltung in den Sog des Materiellen und der Genußsucht geraten, desto weniger nutzen wir unsere Freizeit sinnvoll, d.h. zu echter Erholung und Entfaltung unserer Persönlichkeit.

Man sollte seine Freizeit möglichst sinnvoll gestalten. Dabei hat man die Wahl zwischen einer bequemeren und einer anstrengenderen Art: entweder erlebt man seine Freizeit passiv oder aktiv.

die Freizeitgestaltung: *use of leisure*
die Pflichterfüllung: *fulfilment of duties*
die Erholung: *recreation, holiday*
die Entspannung: *relaxation*
angemessen: *appropriate, reasonable, fair*
verfügen (*wk*) über (+ *Acc.*): *to have at one's disposal*
der Soziologe (–n) (*wk masc.*): *sociologist*
Hektik, Hast und Hetze: *hustle and bustle, stress*
das Angebot (–e): *offer, thing to do*
***nach**gehen (e, i, a) (+ *Dat.*): *to follow, to pursue*
die Vereinigung (–en): *association, club*
die Einrichtung (–en): *facilities (pl)*
sinnvoll: *meaningful*
der Bastelraum (–̈e): *do-it-yourself (work)room*
die Bücherei (–en): *library*
sich **heraus**bilden (*wk*): *to develop*
das Freizeitzentrum (–en): *leisure centre*
das Erntelager (–): *harvest camp*
das Tiefseetauchen: *deep-sea-diving*

das Fallschirmspringen: *parachuting, sky-diving*
die Höhlenwanderung (–en), das Höhlenwandern: *potholing*
in den Sog des Materiellen geraten: *to be swallowed up by material things*
die Genußsucht: *mania, passion for pleasure, hedonism*

Fragen

1. Was verstehen wir unter „Freizeit"?
2. Warum verfügt der arbeitende Mensch heute über mehr Freizeit?
3. Warum braucht er aber trotzdem Erholung, Ruhe und Entspannung?
4. Wodurch kann man z.B. seine Freizeit individuell gestalten?
5. Was bietet uns die Freizeitindustrie an?
6. Welche beiden Arten der Freizeitgestaltung kennen wir? Welche ist die anstrengendere Art?

24.2 Passive Freizeitgestaltung

Es ist verständlich, daß der von der Arbeit ermüdete Mensch sich gerne ausruhen und entspannen möchte und sich Ablenkung und Unterhaltung sucht. Wer kann es ihm übelnehmen, wenn er dabei oft den bequemsten (wenn auch nicht immer den billigsten!) Weg wählt und sich als „Freizeitkonsument", also passiv, verhält? Er wendet sich dorthin, wo ihm etwas Unterhaltendes geboten wird, ohne daß er sich selbst anstrengen und bemühen muß. Dies kann er z.B. zuhause bei Radio, Fernsehen, Schallplatte, Tonband, Cassette oder einem Groschenroman haben; oder er geht etwa aus ins Kino, zu einer Party, oder er besucht eine Diskothek. Er kann auch ganz einfach ins Gasthaus oder in eine Bar gehen. Überall trifft er „Leidensgenossen", die Zerstreuung und Unterhaltung suchen. Andere zieht es als Zuschauer auf den Sportplatz, wieder andere gehen zu einem Musikfest oder fahren mit dem Auto von einem Lokal oder einem Fest zum anderen oder fahren ziellos durch die Gegend. Die einzige Grenze für diese Art der passiven Freizeitbeschäftigung bildet das Geld.

die Ablenkung (–en): *distraction*
sich **an**strengen (*wk*): *to exert oneself*
sich **bemühen** (*wk*): *to put oneself out, to bother*

der Groschenroman (–e): *cheap novel*
der Leidensgenosse (–n) (*wk masc.*): *fellow sufferer*

24.3 Aktive Freizeitgestaltung

Wesentlich sinnvoller und befriedigender erscheint jedoch eine aktive Freizeitbeschäftigung, entweder für sich allein oder in der Gemeinschaft.

Wenn die Freizeit nicht nur Erholung, Unterhaltung, Ablenkung sein soll, sondern der Entfaltung der eigenen Persönlichkeit dienen soll, dann darf sie nicht in erster Linie aus passivem Genuß, sondern muß aus aktiver Gestaltung bestehen.

Wenn auch das, was die Industrie oder die Spitzenkönner an künstlerischen oder kulturellen Leistungen anbieten, hervorragend ist, sollte sich der Mensch nicht einfach sagen: „Weil du das nicht so gut kannst wie ein Künstler, laß es lieber bleiben." Etwas weniger Gutes, das selbst gemacht ist, ist für den Hersteller oft wertvoller als das Gekaufte oder nur passiv Erlebte. So wird ein Hobby-Maler mehr Freude an seinem eigenen Werk als an einem noch so schönen gekauften Bild haben. Und wer selber Musik macht, kann mehr Freude dabei erleben als an der modernsten Schallplatte.

Ein Fußballspiel in der untersten Klasse ist vielleicht ein schöneres Erlebnis als das Anschauen eines Meisterschaftspieles der Profis im Fernsehen. Wer selbst Theater spielt oder an einem Volksfest aktiv teilnimmt, entwickelt seine Fähigkeiten besser als bei einem Kinobesuch. Eine Wanderung durch eine schöne Landschaft bietet mehr Erholung als Herumsitzen in einem Lokal.

Aus geplanter Freizeitbeschäftigung sind schon oft wertvolle Leistungen hervorgegangen (z.B. Amateur-Funker, Erfindungen auf technischem Gebiet). Nicht zu unterschätzen ist auch die private Weiterbildung, die man hierbei gewissermaßen als Hobby betreibt. Diese Art der Weiterbildung hat auch den Vorzug, daß es ohne Erfolgszwang, ohne Leistungsdruck und mit mehr Freude geschieht.

der Spitzenkönner (–): *top-person, expert*
die Leistung (–en): *achievement, performance*
hervorragend: *outstanding, excellent*
der Profi (–s): *professional sportsman, (here) footballer*
der Amateur-Funker (–): *radio ham, amateur radio operator*
die Weiterbildung: *further education*
der Erfolgszwang: *compulsion to succeed*
der Leistungsdruck: *pressure to do well*

Retranslation

1 In many modern industrial countries people have a shorter working week than in former times. 2 Nevertheless some people work overtime to earn more money. 3 What are we to do with our leisure time? 4 We could spend it passively watching television, listening to the radio or records or reading a book. 5 On the other hand we could spend it actively playing some game or other or a musical instrument or perhaps making things (*basteln* (wk.)).

Fragen

1. Warum wählen viele die passive Freizeitgestaltung?
2. Welche passiven Freizeitbeschäftigungen gibt es z.B.?
3. Woraus sollte die Freizeit bestehen, wenn sie der Entfaltung der eigenen Persönlichkeit dienen soll?
4. Warum sind eigene künstlerische oder kulturelle Leistungen oft wertvoller als die der Spitzenkönner?
5. Was ist aus planvoller Freizeitbeschäftigung oft hervorgegangen?

> *Das gute Buch — ein Freund*
>
> Ein guter Freund, das ist das Buch.
> Ein Buchgeschenk ist ein Versuch,
> den Freundeskreis noch zu erweitern.
> Es kann belehren und erheitern
> und bei der Leselampe Schein
> Ratgeber und Vertrauter sein.
> Die Mußestunden soll es würzen,
> der Langeweile Fadheit kürzen,
> getreulich immer griffbereit
> in aufgezwungner Einsamkeit.
> Es kann geduldig achtlos liegen,
> ist wie der beste Freund verschwiegen
> und wird ein Teil von deinem Sein,
> dringst du in seine Seele ein.
> Der gute Freund, das Buch, spricht Bände,
> kommt es nur in die rechten Hände.

der Ratgeber (–): *adviser*
der Vertraute (*like adj.*): *confidant*
die Mußestunde (–n): *idle hour, spare time*
würzen (*wk*): *to give spice to, to brighten up*
die Fadheit (–en): *flatness, monotony*
getreulich: *faithfully, loyally*
griffbereit: *ready to be picked up*
aufgezwungen: *enforced, imposed*
achtlos: *heedless, unmindful*
verschwiegen: *discreet, reserved*
Bände sprechen (i, a, o): *to speak volumes*

> **Papier ist geduldig!**
> *(alte Volksweisheit)*

Das kleine Gedicht sagt sehr viel über den Freizeitwert von Büchern aus. Bücher lesen kann Spaß, Entspannung, Rat, Nutzen und Anregung bringen; das Buch kann belehren und erheitern, es kann auch die Langeweile vertreiben. Ob es ein ansprechender Kriminalroman, ein spannender Abenteuerroman, eine spritzige Komödie, ein schönes Taschenbuch, ein Handbuch, ein Sachbuch, ein Lehrbuch, ein Gedichtband, eine Biographie, eine Autobiographie, Memoiren einer berühmten Persönlichkeit, eine Essaysammlung oder der neuste Roman ist.

Bücher bringen vielen Vieles. Billige Taschenbuchausgaben gibt es überall. Und was man sich nicht kaufen kann oder will, kann man oft in einer Stadtbibliothek ausleihen. Hier finden wir auch größere Nachschlagewerke, wie z.B. mehrbändige Lexika, Bibliographien, Wörterbücher, Anthologien usw.

Besonders am Wochenende lesen viele Leute Zeitungen und Zeitschriften. Manche Leute verbringen ihren Sonntag damit, sich durch die Sonntagszeitung (einschließlich der mehrfarbigen Magazinbeilage) zu „arbeiten": ob es die Rätselseite, die Problemspalte („Fragen Sie Frau Irene!"), der Urlaubsteil, die Bastelseite („Do-it-yourself"-Seite), die Sportseite, der Leitartikel ist — es wird gelesen. Zeitschriften, Illustrierte — wie auch alle nur erdenklichen Fachzeitschriften — sind ebenfalls oft Lesestoff fürs Wochenende.

der Nutzen (–): *use*
die Anregung (–en): *stimulation*
ansprechend: *appealing, pleasing*
spritzig: *bubbling, sparkling*
das Taschenbuch (–̈er): *paper-back*
das Sachbuch (–̈er): *non-fiction book*
das Nachschlagewerk (–e): *reference book*
das Lexikon (–ka): *lexicon, encyclopaedia*
mehrbändig: *in several volumes*
die mehrfarbige Magazinbeilage (–n): *colour supplement*
die Rätselseite (–n): *puzzle page*
die Problemspalte (–n): *agony column*
die Fachzeitschrift (–en): *specialized journal*
schmökern (*wk*) in (+ *Dat.*): *to thumb, to browse through*

Retranslation

1 I like reading because it is relaxing and enjoyable. 2 I can learn a lot of things — particularly from encyclopaedias and reference books. 3 I enjoy novels — particularly adventure and detective stories — but I find biographies and autobiographies more satisfying. 4 I can't understand people who find reading boring. 5 I'm always going to the library for a good novel or looking in bookshops for interesting paperbacks. 6 My sister and I both like reading newspapers and magazines. 7 I always turn (**auf**schlagen) to the sports page first and she reads the agony column.

Fragen

1. Was sagt das kleine Gedicht „das gute Buch ein Freund" über den Freizeitwert von Büchern aus?
2. Nennen Sie zwei Arten von Büchern!
3. Was bedeutet „Bücher bringen vielen Vieles"?
4. Welche größeren Werke findet man z.B. in einer Stadtbücherei (Stadtbibliothek)?
5. Womit verbringen manche Leute ihren Sonntag?

24.5 Rundfunk und Fernsehen

Jede Woche werden viele Millionen Radio- und Fernsehprogrammzeitschriften gekauft. Auch die Tageszeitungen drucken die Programme ab.

Fernsehen wird durch Bild erst schön

Rundfunk und Fernsehen bieten uns meist passive Freizeitbeschäftigung. Die Sender stellen sich mit ihren Programmen auch auf den freien Abend, bzw. das freie Wochenende ein. Im Radio kommt z.B. „Musik nach Feierabend", im Fernsehen Quizsendungen, Talk-Shows, „Fußballspiel des Tages", die Sportschau usw. Besonders am Wochenende werden die Sendungen des Telekollegs und des Funkkollegs ausgestrahlt.

Herr Müller macht den Fernsehapparat an.

Herr Müller: Also, diese Sendung ist ja Quatsch. Immer dieses Funkkolleg am Wochenende! Gibt's nicht was Besseres im Zweiten Programm? Schalte doch mal um!

Frau Müller: Moment, ich guck' mal eben in der „Hör zu!" nach. Ja, das „Politische Forum" ist gleich, und in zehn Minuten beginnt die letzte Folge der Krimiserie. Es hätte mich geärgert, wenn wir das verpaßt hätten.

Herr Müller: Gut, ich schalte um. Oh, das Bild ist aber schlecht. Ich stelle es schärfer ein.

---

sich **ein**stellen (*wk*) auf (+ *Acc.*): *to provide for, to respond to*
die Talk-Show (–s): *chat-show*
der Quatsch: *rubbish*
die "Hör zu!": (*popular*) *German TV magazine*

die Folge (–n): *episode*
schärfer **ein**stellen (*wk*): *to focus more clearly*
der Krimi (–s): *detective story/film*

Was für Programme werden gesendet?

Fernsehspiele, „Krimis", Talk-Shows, Fernsehrevuen und „Fußball-spiele des Tages" haben wir schon genannt.

Oft laufen Dramaserien. Einige Fernsehzuschauer ziehen das „Fernsehspiel des Monats" oder kabarettistische Einlagen oder Komikersendungen vor. Andere erfreuen sich an den Sportprogrammen (in England z.B. „Haupttribüne", in der Bundesrepublik z.B. kommt die „Sportschau" im Ersten Programm und „Sport Aktuell" im Zweiten Programm). Sehr beliebt sind Schlagerparaden und Popmusiksendungen. Ernstere Geister ziehen die Fernsehnachrichten (die „Tagesschau") samt Wetterbericht vor, oder sie sehen sich Politiksendungen und aktuelle Informationssendungen an. Manche Kindersendungen (z.B. Tom und Jerry, Sandmännchen und Fury) werden auch von Erwachsenen angeschaut! Glücklich dran sind wohl die Fernsehteilnehmer, die in Grenzgebieten wohnen und so die Sendungen von zwei oder gar drei Ländern in mehreren Sprachen empfangen können (die Luxemburger z.B. können zusätzlich das französische, belgische und deutsche Fernsehen „reinbekommen" (= empfangen): Elsässer und Badener können jeweils das deutsche, bzw. französische Fernsehen empfangen; in der Schweiz kann man Programme aus vier Ländern in drei Sprachen empfangen).

Elektronikspiele (Videospiele) auf dem Bildschirm sind sehr beliebt. Der passive Fernsehzuschauer verwandelt sich in einen „aktiven" Fußball-, Squash- oder Tennisspieler!

die kabarettistische Einlagen (–): *cabaret spot*
die Haupttribüne (–n): *Grandstand*

Retranslation

1 What is your favourite T.V. programme? 2 I like all sorts of programmes. 3 I suppose I like sports programmes best — particularly wrestling and horse-racing. 4 My father likes watching the news and is interested in political programmes. 5 My mother prefers plays and she particularly likes serials. 6 My brother enjoys comedy programmes and Top of the Pops. 7 Do you like chat-shows? 8 It all depends who is being interviewed!

24.6 Kino, Theater und Musik

(a) Kino

Trotz der Konkurrenz des Fernsehens, das ja oft seine eigenen Fernsehfilme macht, ist das Kino nicht ausgestorben. Zwar gehen in der Bundesrepublik nicht mehr täglich über zwei Millionen Menschen ins Kino, wie das noch 1960 der Fall war; dennoch: der abendliche Gang ins Kino, verbunden mit einem anschließenden Restaurant- oder Barbesuch, ist so selten nicht.

Eine Konkurrenz für das Kino ist neben dem Fernsehen auch die Videocassette. Manche Spielfilme kann man heute schon auf Cassette kaufen, bzw. mit dem Videorecorder vom Fernsehen aufnehmen. Wenn die Videocassetten und -recorder einmal so billig werden, daß sie jeder kaufen kann, werden die Kinos wohl schließen können.

(b) Theater

Ob man das heutige Theater als „moralische Anstalt" ansieht oder nur als Vergnügungsgewerbe, fest steht, daß sich das Theater nach wie vor großer Beliebtheit erfreut. Viele Dramatiker und Dramaturgen bemühen sich, das Publikum wieder stärker teilnehmen zu lassen, also sozusagen an den „Mit-Spieltrieb" zu appellieren. So versucht man, den „Freizeitwert" des Theaters zu steigern. Man wendet sich oft direkt an das Publikum, wie z.B. Peter Handke in „*Publikumsbeschimpfung*". Auch von der Bühnenform her versucht man, sich von der traditionellen Guckkastenbühne zu lösen und die scharfe Grenze zwischen Schauspieler und Zuschauer aufzuheben: hier sind die Freilichtbühnen zu nennen, die besonders im Sommer zum „Familienausflug" locken; das Zimmertheater ist zwar kleiner und „im Zimmer", aber auch hier sitzt der Zuschauer buchstäblich *im* Theatergeschehen, zumindest sind die Schauspieler greifbar nahe.

(c) Musik

Viele Menschen finden Erholung und Freude, indem sie Musik hören, bzw. selber musizieren. Die Schallplatten-, Tonband- und Cassettenindustrie (wie auch das Fernsehen) bringen uns „Musik ins Haus", aber die Hausmusik und der Opern- und Konzertsaal sind deswegen keineswegs ausgestorben. Auch die menschliche Stimme sollten wir nicht vergessen: Millionen erfreuen sich an (mehr oder minder) schönem Gesang oder singen selbst in einem Chor oder Musikverein mit. Ist es da nicht tröstlich, daß die Wissenschaftler uns sagen: „Es gibt keinen wirklich unmusikalischen Menschen"!? Musik ist aus dem menschlichen Leben nicht wegzudenken; seien es nun die großen Werke der weltberühmten Komponisten, die schönen Volkslieder, die „leichte", meist beschwingte Radiomusik des Alltags oder das Selbersingen und Musizieren.

der abendliche Gang: *evening trip*
der Spielfilm (–e): *feature film*
das Vergnügungsgewerbe (–): *entertainment business*
der Dramaturg (–en) (*wk masc.*): *dramatic critic*
die Guckkastenbühne (–n): *picture frame stage*
die Freilichtbühne (–n): *open air theatre*
das Zimmertheater (–): *very small theatre*

musizieren (*wk*): *to make music*
tröstlich: *consoling*
beschwingt: *serene, merry*
der Vormarsch (÷e): *advance, onward march*
anhalten (ä, ie, a): *to continue*
unvermindert: *unabated, relentlessly*

24.7 Aufsatzthemen

1. Sag' mir, was du liest, und ich sage dir, was du bist!
2. Brauchen wir im Zeitalter des Fernsehens noch Bücher?

> „Wie der Blinde zu scharf Sehenden, so verhalten sich solche, die nie eine Reise gemacht haben, zu Vielgereisten."
>
> *Philo von Alexandria*
>
> „Die beste Bildung findet ein gescheiter Mensch auf Reisen."
>
> *Johann Wolfgang v. Goethe*
>
> „Die Bildung wird täglich geringer, weil die Hast größer wird."
>
> *Friedrich Nietzsche*
>
> „Narren sind reisewütig, weise Menschen bleiben, wo sie sind. Der kluge Mann bleibt zu Haus. Das Reisen ist des Narren Paradies."
>
> *Raplph Waldo Emerson*
>
> „Il faut cultiver notre jardin."
>
> *Voltaire*

Viele Menschen, besonders Arbeitnehmer, betrachten elf Monate des Jahres nur als eine Vorbereitung auf den zwölften, den Urlaubsmonat: elf Monate muß man leben, den zwölften *will* man leben! Schon vor gut hundert Jahren konnte der Dichter beobachten, daß „alle Welt reist".

sich verhalten (ä, ie, a) zu (+ *Dat.*): *to be (in proportion) to*   reisewütig: *mad on travel*
gescheit: *sensible, clever*

25.1 Massenreisen

> **Zu den Eigentümlichkeiten unserer Zeit gehört das Massenreisen.** Sonst reisten bevorzugte Individuen, jetzt reist jeder und jede.
>
> **Alle Welt reist.** So gewiß in alten Tagen eine Wetterunterhaltung war, so gewiß ist jetzt eine Reiseunterhaltung. „Wo waren Sie in diesem Sommer", heißt es von Oktober bis Weihnachten. „Wohin werden Sie sich im Sommer wenden?" heißt es von Weihnachten bis Ostern; viele Menschen betrachten elf Monate des Jahres nur als eine Vorbereitung auf den zwölften, nur als die Leiter, die auf die Höhe des Daseins führt.
>
> Um dieses Zwölftels willen wird gelebt, für dieses Zwölftel wird gedacht und gedarbt; die Wohnung wird immer enger und die Herrschaft des Schlafsofas immer souveräner, aber „der Juli bringt es wieder ein". Ein staubgrauer Reiseanzug schwebt vor der angenehm erregten Phantasie der Tochter, während die Mutter dem verlegenen Oberhaupt der Familie zuflüstert: „Vergiß nicht, daß du mir immer noch die Hochzeitsreise schuldest."
>
> *Theodor Fontane: Unterwegs und wieder daheim (1877)*

die Eigentümlichkeit (–en): *characteristic*
bevorzugt: *privileged, favoured*
die Wetterunterhaltung (–en): *conversation about the weather*
das Dasein: *existence*
darben (*wk*): *to go short, to make sacrifices*
die Herrschaft (–en): *sway over, control of*
schulden (*wk*): *to owe*

Urlaub und Reisen haben sich mancherorts zu einer regelrechten Industrie entwickelt; man nennt sie Fremdenverkehr oder Tourismus. Weil heutzutage Tausende von Menschen in Urlaub fahren, spricht man auch oft von Massentourismus. Für landschaftlich schöne Gebiete ist der Fremdenverkehr zu einem wichtigen Erwerbszweig, zur „Fremdenverkehrsindustrie", geworden. Reisebüros, Hotels, Gaststätten, Jugendherbergen, Städte und Gemeinden (Dörfer) richten sich auf den Fremdenverkehr ein und leben davon.

Immer mehr Leute verbringen ihren Urlaub im Ausland. Meistens wird der Urlaub im Sommer genommen. Besonders viele Urlauber suchen den „sonnigen Süden" auf. Aber auch Urlaub im Winter und Wintersport erfreuen sich zunehmender Beliebtheit. Die Preise sind außerhalb der Saison (in der Vor-bzw. Nachsaison) gewöhnlich niedriger. In der Hochsaison (im Juli und im August) wird meist ein sogenannter Saisonzuschlag erhoben. Viele sind der Ansicht, daß es unmoralisch ist, wenn Hotels ihre Preise während der Hochsaison erhöhen.

mancherorts: *in quite a number of, many places*
der Fremdenverkehr: *tourism, tourist office*

der Erwerbszweig (–e): *branch of industry*
der Saisonzuschlag (÷e): *high season supplement*

Retranslation

1 Nowadays most people look forward to their holidays and plan them well in advance. 2 Travel has developed into a huge industry. 3 More and more people are spending their holidays abroad. 4 Although most people have their main holiday in summer, winter sports are becoming increasingly more popular. 5 Prices are usually cheaper out of season. 6 It seems immoral to charge (*verlangen* (wk.)) higher prices during the high season as the holiday resorts (*der Urlaubsort* (–e)), hotels and beaches are overcrowded. 7 As conditions are worse, prices should be cheaper.

Fragen

1. Als was betrachten viele Menschen elf Monate des Jahres?
2. Wer konnte früher meistens nur reisen?
3. Was stellte Theodor Fontane aber schon vor gut 100 Jahren fest?
4. Wozu haben sich Urlaub und Reisen mancherorts entwickelt?
5. Welche Bedeutung hat der Fremdenverkehr oft für landschaftlich schöne Gebiete?
6. Wer richtet sich auf den Fremdenverkehr ein?

25.2 Wandern, Zelten, Ferienlager

Das Zelten war früher den Pfadfindern und anderen Jugendbewegungen vorbehalten. Man wanderte los und schlug seine Zelte in der freien Natur auf. Das war eine billige, gesunde, lehrreiche Art, seine Ferien (so heißt der „Urlaub" für Schüler) zu verbringen.

Das Wandern und Zelten brachte die jungen Leute in innigste Berührung mit der Natur, schulte ihren Sinn für landschaftliche und bauliche Schönheiten und half ihnen, Sitten und Gebräuche anderer

Menschen kennenzulernen. Diese „Wandervogelromantik" (der „Wandervogel" war eine deutsche Jugendwanderbewegung zu Angang dieses Jahrhunderts) ist auch heute noch nicht tot. Nur hat sie z.T. andere Formen angenommen. Das „Camping" mit Wohnwagen, Wohnzelten, Dormobilen (oder auch schon in festen Ferienhütten) erfreut sich immer größerer Beliebtheit. Campingplätze werden immer „zivilisierter"; sie haben feste Toilettenanlagen, feste Dusch- und Waschgelegenheiten sowie Läden. Wohnwagencampingplätze sieht man immer häufiger. Seit vielen Jahren bieten ländliche Gebiete auch „Urlaub auf dem Bauernhof" an.

Ferienlager sind eine besondere Art, einen Urlaub zu verbringen. Sie bieten die verschiedenartigsten Vergnügungsmöglichkeiten: ein Lagerkino, eine Lagerbühne, Möglichkeiten zum Tanzen, Schwimmen und verschiedene andere Möglichkeiten für sportliche Betätigung — vom Sackhüpfen und Eierlaufen bis zu Tennis und Reiten. Die Lagergäste sind häufig in selbstbewirtschafteten Sommerhäuschen untergebracht. Ferienlager sind besonders beliebt bei Ehepaaren mit kleinen Kindern, da viele Kinderspielplätze und Vergnügungsmöglichkeiten für Kinder vorhanden sind, und auch für das Babysitten Sorge getragen wird. Aber auch Jugendliche und ältere Leute nehmen an Ferienlagern teil.

lehrreich: *instructive*
baulich: *architectural*
das Sackhüpfen: *sack race*
das Eierlaufen: *egg and spoon race*

selbstbewirtschaftet: *self-catering*
das Sommerhäuschen (–): *chalet*
babysitten (*wk*): *to babysit*

Retranslation

1 Camping used to be for boy scouts and other youth organizations. 2 Nowadays many people prefer to camp as it is cheaper than staying in hotels. 3 Many modern tents are like small houses, and caravans and Dormobiles are also very popular. 4 Modern camp sites offer many facilities. They have wash-rooms and showers, lavatories and a camp shop. 5 Some people like spending their holidays on a farm. 6 Holiday camps are very popular with parents with young children. 7 There are no baby-sitting problems. 8 There are many sporting activities from riding to tennis, and there are sometimes sack races and egg-and-spoon races for the children. 9 The chalets in good holiday camps are usually very comfortable; sometimes there is even a camp theatre and cinema and a dance hall. 10 As eating in restaurants is so expensive, many families prefer a self-catering holiday (*sich im Urlaub selbst verpflegen* (wk.)).

25.3 Schulferien

Schüler (und Lehrer) in der Bundesrepublik haben im Jahr etwa 85 Tage Schulferien; die Sommerferien (die „großen Ferien") dauern ca. 6 Wochen. Allerdings sind die Ferien nicht einheitlich im Bundesgebiet. Sie sind nach Ländern gestaffelt; d.h. die 11 Bundesländer haben (jedes Jahr wechselnd) ihre großen Ferien zu verschiedenen Zeiten.

Ferien										
Land	Ostern		Pfingsten		Sommer		Herbst		Weihnachten	
	von	bis	von	bis	von	bis	von	bis	von	bis
Baden-Württemberg	18.3.	1.4.	13.5.	16.5.	15.6.	29.7.	23.10.	30.10.	23.12.	21.1
Bayern	20.3.	1.4.	16.5.	27.5.	27.7.	13.9.	30.10.	2.11.	23.12.	8.1.
Berlin	6.3.	28.3.	12.5.	20.5.	27.7.	9.9.	keine		23.12.	6.1.
Bremen	22.3.	8.4.	16.5.	23.5.	27.7.	9.9.	30.10.	4.11.	23.122	8.1.
Hamburg	13.3.	1.4.	15.5.	20.5.	24.7.	2.9.	23.10.	28.10.	25.12.	6.1.
Hessen	20.3.	11.4.	13.5.		20.7.	1.9.	30.10.	3.11.	22.12.	10.1.
Niedersachsen	20.3.	3.4.	15.5.	20.5.	27.7.	6.9.	6.10.	6.11.	22.12.	6.1.
Nordrhein-Westfalen	11.3.	1.4.	keine		29.6.	12.8.	6.10.	14.10.	22.12.	6.1.
Rheinland-Pfalz	20.3.	7.4.	13.5.	16.5.	13.7.	23.8.	25.10.	31.10.	23.12.	6.1.
Saarland	20.3.	8.4.	keine		21.7.	2.9.	30.10.	4.11.	22.12.	6.1.
Schleswig-Holstein	20.3.	8.4.	13.5.		20.7.	30.8.	16.10.	28.10.	22.12.	4.1.

Das hat durchaus Vorteile, denn der Urlaubsverkehr setzt dann nicht auf einmal ein, und es gibt weniger verstopfte Straßen. Außerdem sind die Urlaubsorte nicht so überfüllt. Allerdings verursachen die gestaffelten Ferien auch manchmal Probleme. z.B., Ehepartner, Eltern und Kinder können ihre Ferien zu verschiedenen Zeiten haben.

einheitlich: *uniform*
gestaffelt: *staggered*
verstopft: *congested*

Die Ameisen

In Hamburg lebten zwei Ameisen,
die wollten nach Australien reisen.
Bei Altona[1] auf der Chaussee,
da taten ihnen die Beine weh,
und da verzichteten sie weise
dann auf den letzten Teil der Reise.

Joachim Ringelnatz

[1]Altona ist ein Vorort von Hamburg

Retranslation

1 Herr Maier has four weeks' annual holiday while his children, who still go to school, have about twelve weeks a year. 2 The children are on holiday. 3 The businessman is on holiday. 4 The soldier is on leave. 5 He's got today off. 6 She is off at six. (i.e. She finishes at six.) 7 What time does school finish? 8 Tomorrow is a public holiday.

25.4 . . . die Feste feiern . . .

„Man muß die Feste feiern, wie sie fallen." So lautet ein Sprichwort. Die meisten Fest- und Feiertage in Deutschland sind religiöse Feste oder entstammen religiösem Brauchtum, einige haben politisch-soziale Hintergründe.

Einige Festtage sind konfessionsgebunden: so ist z.B. der Reformationstag (31. Oktober) ein evangelischer Feiertag, während z.B. Fronleichnam (Mai oder Juni) ein katholischer Feiertag ist.

Der Rosenmontagszug in Köln

Gemeinsam feiern die beiden christlichen Konfessionen natürlich Weihnachten, Karfreitag (den Freitag vor Ostern), Ostern sowie Pfingsten. Dem Heiligen Abend (24. Dezember) folgen der erste und der zweite Weihnachtstag; ähnlich gibt es einen Ostersonntag und Ostermontag, sowie einen Pfingstsonntag und Pfingstmontag.

Von heidnischen religiösen Bräuchen entstammen der Karneval (in Süddeutschland Fasching) und die Bräuche in der Silvesternacht. Die Karnevalszeit wird noch vor dem Winteranfang (am 11. 11., um 11 Uhr 11) eröffnet. Schon die Eröffnungs-Prunksitzung mit Blasmusik, Schunkeln, Büttenreden und lustigen Karnevalsliedern läßt den heidnischen Ursprung des Karnevals ahnen: man will dem Winter den Kampf ansagen und ihn schließlich „austreiben". Den Höhepunkt dieser Kampfansage bilden heute die „drei tollen Tage", d.h. die drei Tage vor dem Aschermittwoch. Die berühmten Rosenmontagsumzüge locken Tausende von Besuchern an.

Ebenfalls aus heidnischen Zeiten sind die Silvesterbräuche. Heute begrüßen wir das neue Jahr mit einem Feuerwerk, früher verjagten wir den Winter und böse Geister durch „höllischen" Lärm. An Wahrsagerei erinnert das Bleigießen in der Silvesternacht: wir lassen ein Klümpchen geschmolzenes Blei in kaltes Wasser tropfen; aus der Form des erstarrten Bleis „lesen" wir unsere Zukunft. Vielleicht stammt auch die Feuerzangenbowle, die am Silvesterabend gern getrunken wird, von einem alten Zaubertrank ab?

Zwei Feiertage mit sozialem, bzw. politischem Hintergrund sollte man noch erwähnen. Wie in vielen Ländern, so wird auch in Deutschland der erste Mai als „Tag der Arbeit" gefeiert. Am 17. Juni, dem Tag der Deutschen Einheit, gedenkt man in der Bundesrepublik des Arbeiteraufstandes in Ostdeutschland am 17. Juni 1953; gleichzeitig soll an die Spaltung Deutschlands erinnert werden.

konfessionsgebunden: *denominational*

der Fronleichnam: *Corpus Christi*

der Karfreitag: *Good Friday*

die Silvesternacht: *New Year's Eve*

die Eröffnungs-Prunksitzung: *ceremonious inaugural session*

die Blasmusik: *brass music*

das Schunkeln: *swaying (from side to side) to music*

die Büttenrede (–n): *(carnival) comic speech (often satirical)*

ahnen (*wk*): *to surmise*

jemandem/etwas den Kampf **an**sagen (*wk*): *to stand up to a person/thing*

der Aschermittwoch: *Ash Wednesday*

der Rosenmontagsumzug (–̈e): *"Wild Monday" procession*

die Wahrsagerei (–en): *fortune-telling*

das Bleigießen: *"lead melting" (custom)*

das Klümpchen (–): *small lump*

geschmolzen: *molten*

(*)tropfen (*wk*): *to drip, to drop*

erstarrt: *solidified*

die Feuerzangenbowle (–n): *punch with sugar saturated with rum burning on fire-tongs above the punch*

erwähnen (*wk*): *to mention*

gedenken (e, a, a) (+ *Gen.*): *to think of, to commemorate*

der Arbeiteraufstand (–̈e): *workers' uprising*

die Spaltung (–en): *division, partition*

Retranslation

1 on Christmas Eve. 2 on Christmas Day. 3 on Boxing Day. 4 on New Year's Eve. 5 on New Year's Day. 6 on Easter Monday. 7 on Shrove Tuesday. 8 on Ash Wednesday.

9 on Maundy Thursday. 10 on Good Friday. 11 on Easter Sunday. 12 on the eleventh of November at eleven minutes past eleven. 13 at Christmas. 14 at Easter. 15 at Whitsun.

Fragen

1. Erklären Sie das Sprichwort!
2. Welche Festtage z.B. sind konfessionsgebunden?
3. Auf welches Datum fällt der erste Weihnachtstag?
4. Wann sind und was bedeuten die „drei tollen Tage"?
5. Welche Bedeutung hat der 17. Juni in der Bundesrepublik?

25.5 Gesellschaftsreisen

Heutzutage werden zahlreiche Reisen angeboten, in denen „alles inbegriffen" ist. Diese Reisen heißen Pauschalreisen. Sie sind alle verhältnismäßig billig und haben so das europäische Festland in die finanzielle Reichweite vieler Menschen gebracht.

Aber nicht nur Europa, sondern besonders Afrika, der Nahe Osten, die Südseeinseln usw. machen heute verstärkt Touristenwerbung. Entwicklungsländer sind oft sehr vom Fremdenverkehr abhängig und machen große Anstrengungen, um Touristen (und damit Devisen) ins Land zu holen. Viele Urlaubsorte in Europa sind überfüllt und erleben alljährlich einen Touristenrummel von unbeschreiblichem Ausmaß. Um dem Massentourismus zu entfliehen, schauen sich viele streßgeplagte Städter nach ruhigeren Plätzchen um, die sie allerdings oft in weiter Ferne suchen müssen, andere ziehen einen stillen Kururlaub im eigenen Lande vor. Die langen Reisewege und Flugmüdigkeit machen ihnen dabei gar nichts aus.

die Gesellschaftsreise (–n): *conducted tour, package tour*

die Pauschalreise (–n): *package tour*

die Anstrengung (–en): *effort*

die Devisen (*usu. pl*): *foreign currency (–ies)*

der Touristenrummel: *tourist invasion*

das Ausmaß (–e): *proportions, magnitude*

der Kururlaub: *spa holiday*

die Flugmüdigkeit (–en): *jet lag*

Flugreisen Sonderprogramm

ISRAEL

Guten Appetit
hat man in **Israel**, wenn man sich umstellen kann. In vielen Hotels werden Sie nämlich auf koschere Küche stoßen, die recht streng reglementiert ist. Manche Speisen und -kombinationen sind nicht erlaubt, z.B. dürfen Fleisch- und Milchspeisen nie miteinander gegessen werden (nach einem Steak Kaffee nur ohne Milch). Man gewöhnt sich aber sehr schnell daran, außerdem versöhnt in den größeren Städten die Auswahl an Restaurants mit Küchen der verschiedensten Nationen.

Samstag in Israel
heißt Sabbat (sprich Schabbat) und ist der jüdische Sonntag. Allerdings wird er viel strenger praktiziert als bei uns: viele Restaurants haben geschlossen, wenn sie geöffnet haben, müssen Sie manchmal, um essen zu können, am Vortag bezahlt haben, und teilweise gehen die öffentlichen Verkehrsmittel nicht.

Allgemeine Hinweise:
Bürger der Bundesrepublik und Westberlins benötigen:
Reisepaß (Berliner: Personalausweis) mit noch mindestens 9 Monaten Gültigkeit.
Visum, wenn Sie vor dem 1.1.1928 geboren sind und die deutsche Staatsangehörigkeit haben.

ÄGYPTEN

Seit Herodot in sein Tagebuch schrieb: „Noch immer ist **Ägypten** reicher an Wundern als jedes andere Land und weist größere Werke auf, als beschrieben werden kann", sind Millionen Menschen in dieses Land am Nil, das einstige Land der Pharaonen und des Sonnengottes, gereist.

Ägypten, das älteste Reiseland der Welt, übt heute noch dieselbe Faszination auf seine Besucher aus wie schon vor Hunderten von Jahren. „Kein anderes Land der Welt hat uns in so unermeßlicher Fülle die Dokumente gelebten Lebens bewahrt." Jahrtausende vor Griechenlands klassischer Epoche entstanden im Delta und in Oberägypten, überall am Rande der Wüste, Kulturdenkmäler, die zu den bedeutendsten der Menschheit zählen: Pyramiden, Sphinxe, Tempel, Königsgräber.

*stoßen (ö, ie, o) auf (+ Acc.): *to stumble upon*
reglementiert: *controlled, regulated*
versöhnen (wk): *to redeem*
etwas **auf**weisen (ei, ie, ie): *to boast something*
einstig: *former*
ausüben (wk): *to exercise, to exert*

unermeßlich: *boundless, immeasurable*
bewahren (wk): *to preserve*
das Jahrtausend (–e): *millennium*
die Pyramide (–n): *pyramid*
die Sphinx (–e): *Sphinx*
der Tempel (–): *temple*

Fragen

1. Welche Reisen sind verhältnismäßig billig?
2. Warum machen auch die Entwicklungsländer verstärkt Fremdenverkehrswerbung?
3. Wo findet der streßgeplagte Städter oft nur ruhige Plätzchen?
4. Wie beschrieb Herodot Ägypten? (Benutzen Sie Ihre eigenen Worte!)
5. Welche Bedeutung hat der Samstag in Israel? (Benutzen Sie Ihre eigenen Worte!)

25.6 Urlaubspläne

Billige Reise

Ein Mensch holt sich für die bezweckte
Fahrt in die Ferien viel Prospekte,
Die, was verdächtig, unentgeltlich
In reichster Auswahl sind erhältlich
Und die in Worten wie in Bildern,
Den Reiz jedweder Gegend schildern.
Begeisternd sind die Pensionen,
In denen nette Menschen wohnen.
Ganz herrlich sind die Alpentäler,
Wo preiswert Bett und Mittagsmähler.
Doch würdig reifer Überlegung
Ist auch am Meere die Verpflegung.
Es fragt sich nur ob Ost-, ob Nord-?
Und schließlich: wie wär es an Bord?
Nicht zu verachten bei den Schiffen
Der Lockruf: „Alles inbegriffen!"
Der Mensch, an sich nicht leicht entschlossen,
Hat lesend schon genug genossen
Und bleibt, von tausend Bildern satt,
Vergnügt in seiner Heimatstadt.

Eugen Roth

bezweckt: *intended*
der Prospekt (–e): *brochure, prospectus*
verdächtig: *suspicious(ly)*
unentgeltlich: *free*
erhältlich: *obtainable*
der Lockruf (–e): *enticing cry*
Mittagsmähler (pl): (*poet.*) *lunches*

(a) *Welche Erholung und welchen Nutzen können wir beim Wandern finden?*

1. *Einleitung*

Es gibt viele Wanderlieder. Das Wort „Wanderlust" zeigt uns, daß Wandern in Deutschland (schon immer) beliebt (gewesen) ist. Was bedeutet Wandern? Meist versteht man darunter das Fußwandern. Wandern bedeutet, daß wir (einzeln oder in Gruppen) einen längeren Gang durch die Natur und landschaftlich reizvolle Gegenden machen. Wir sollten dazu das richtige Schuhwerk (Wanderschuhe), zweckmäßige Kleidung (z.B. Kniebund- oder Lederhose, Anorak, Mütze) und Ausrüstung (z.B. Rucksack) bereithalten. Es gibt auch noch andere Arten des Wanderns: z.B. Radwandern, Flußwandern, Skiwandern, Bergwandern.

2. *Hauptteil*

2.1 Das Wandern bringt uns in Berührung mit der Natur: wir lernen die Flora und Fauna kennen; wir freuen uns an der Schönheit der Natur; wir erholen uns draußen an der frischen Luft; wir haben Ruhe und Zeit zum Nachdenken, bzw. Zeit zu intensivem Gespräch mit den Mitwanderern; wir können fröhliche Wanderlieder singen; am Ziel haben wir einen guten Appetit und später einen gesunden Schlaf.

2.2 Besonders Jugendliche werden für landschaftliche und bauliche Schönheiten empfänglich.

2.2.1 Man interessiert sich für schöne, weite Täler, eine wellige Hügellandschaft; majestätische Berge; saftige, grüne Wiesen; goldene Ährenfelder; duftende, dunkle Tannen- und Laubwälder; klare, kalte Bergseen; den Blick auf die Wellen und das weite Meer . . .

2.2.2 Man freut sich über schöne, alte Bauernhäuser, Fachwerkhaüser, strohgedeckte Haüser, stolze Burgen und Schlösser, reichverzierte Dorfbrunnen, alte Stadtmauern und historische Stadtkerne.

2.3 Wir lernen, uns der Natur anzupassen und sie zu beobachten.

2.4 Wir lernen andere Menschen, Sitten und Gebräuche kennen.

2.5 Wir lernen die Heimat, unser Vaterland und die Welt aus eigener Anschauung kennen; wir können selber mitreden; wir erweitern unseren Horizont.

2.6 Wir lernen Fertigkeiten wie Kartenlesen und Orientierung im Gelände; wir müssen oft selbständig Entscheidungen treffen (z.B., welche Ausrüstung wir mitnehmen, welchen Rastplatz wir suchen, wie wir uns die Strecke einteilen, wo wir das Zelt aufschlagen usw.).

2.7 Wir werden körperlich „fit", unser Körper wird durchtrainiert und widerstandsfähig. Wir lernen, Müdigkeit, Hunger und Durst besser zu beherrschen.

3. *Schluß*

Es gibt viele Arten des Wanderns. Besonders das Fußwandern bringt uns in Berührung mit den Schönheiten der Natur, mit landschaftlichen und baulichen Schönheiten, mit anderen Menschen und deren Lebensformen, mit der engeren Heimat, unserem Vaterland, der Welt. Wandern bildet und erweitert unseren Horizont. Wir werden körperlich ertüchtigt. Wir werden selbständiger und innerlich freier.

die Kniebundhose (–n): *knickerbockers*
wellig: *undulating*
das Ährenfeld (–er): *corn field*
duftend: *fragrant*
das Fachwerkhaus (–er): *half-timbered house*
reichverziert: *ornate*
sich einer Sache **an**passen (*wk*): *to adapt oneself to something*
aus eigener Anschauung: *from one's own point of view*
die Fertigkeit (–en): *skill*
widerstandsfähig: *hardy*
jemanden ertüchtigen (*wk*): *to make a person fit*

26 Spiel und Sport

26.1 Spiel und Sport

Bis ins 19. blieben die sportliche Betätigung und sportliche Erziehung ein Vorrecht des „Gentleman". Heute steht den meisten Menschen Staaten jedem Menschen der Weg zum Sport offen. Breitensport und Spitzensport entwickelten sich Seite an Seite. Sport wurde zur „wichtigsten Nebensache der Welt". Sport als Zerstreuung, als spielerische Betätigung, ist immer Amateursport; die berufsmäßige Ausübung des Sportes, die auf Geldgewinn zielt, wird Professionalismus (Berufssport) genannt. Es ist nicht immer einfach, den Amateursport vom Berufssport zu unterscheiden. So mancher Erwachsene wird angesichts einer elektrischen Eisenbahn, eines Stabilbaukastens oder eines Legobaukastens wieder zum spielenden Kind! Abende im Freundes- und Familienkreis können mit Gesellschaftsspielen ausgefüllt werden. Auch Kartenspiele (besonders Skat) und Brettspiele (Halma, Mühle, Puffspiel, Dame, Schach, Superhirn, Domino und Darts) sind sehr beliebt.

Verschiedene Sportarten sind wiederum in Einzeldisziplinen unterteilt. Einige Sportarten sind: Gymnastik, Tanz, Turnen (Geräteturnen), Leichtathletik, Schwimmen, Sportspiele (z.B. Fußball, Handball, Volleyball), Wintersport, Angeln und Jagen, Flugsport, Gewichtheben, Kampfsport (Ringen, Judo, Boxen, Fechten), Motorsport, Radsport, Reit- und Fahrsport, Rollschuhsport, Schach, Schießsport, Wassersport, Hundesport, Taubensport usw. Wir können aus der riesigen Anzahl von Sportarten nur einige wenige herausgreifen; grundsätzlich kann man aber wohl sagen, daß sowohl Breitensport als auch Leistungssport von vielen Tausenden in der Freizeit getrieben wird. Sport braucht auch nicht immer nur der körperlichen Ertüchtigung zu dienen und wettkampfmäßig betrieben zu werden; oft wird er in der Freizeit nur gelegentlich betrieben, meistens aber aus „Spaß an der Freud,!"

angesichts (+ *Gen.*): *at the sight of*
der Stabilbaukasten (∺): *Meccano*
Mühle: *very popular German board game, "nine men's morris"*
Dame: *draughts*
„Mensch-ärgere-dich-nicht!": *ludo*
„Superhirn": *"Mastermind"*
das Puffspiel (–e), Backgammon: *backgammon*
Domino: *dominoes*
der Breitensport, der Jedermannssport: *"sport for fun" (sport for everyone)*

der Spitzensport, der Leistungssport: *sport at the top-level*
die wichtigste Nebensache (–n): *"the most important thing of little importance"*
das Ringen: *wrestling*
das Fechten: *fencing*
die Taube (–n): *pigeon, dove*
die Ertüchtigung (–en): *training*
gelegentlich: *occasional(ly)*

Retranslation

1 Do you still like playing with electric trains, Lego (kits) and Meccano? 2 The most popular card game in Germany is probably skat. 3 Which of the following games do you play: chess, draughts, ludo, halma, backgammon, dominoes, Mastermind and darts? 4 Games and sports are closely connected. 5 It is not always easy to distinguish between amateur and professional sport. 6 I just do sport for fun because I'm not good enough to do it at the top level.

Fragen

1. Welche Brettspiele sind in Deutschland beliebt?
2. Welches Kartenspiel ist besonders beliebt?
3. Was hängt mit „Spiel" eng zusammen?
4. Was ist Amateursport, und was ist Berufssport?
5. Nennen Sie vier Sportarten!
6. Was ist das Gegenteil von Leistungssport?

26.2 Wintersport

> Verhalten sie sich beim Skilaufen fair und beachten Sie auf der Piste die Pistenregeln! Fahren Sie Ihrem Können entsprechend, denn auch mit Sicherheitsbindung kann ein Sturz böse Folgen haben!

Skifahren ist in den letzten Jahrzehnten von einem exklusiven Sport zum Massensport geworden. Die Winterbekleidungsindustrie, die Wintersportgebiete und Winterkurorte haben sich darauf eingerichtet.

Winterurlaub bei Bergbauern

Wir steigen in den Lift, kurven durch den Wald und erreichen endlich die Höhe von knapp zweitausend Meter. Dann lassen wir uns in den Hang hineinfallen. Von Waldwegen wechseln wir über zu breiten Skibahnen, dazwischen Schuß über kurze Steilstrecken. Immer wieder halten wir an und genießen die Ruhe und die Aussicht.

Dies ist kein Skiort der großen Asse. Das weitverzweigte Pistennetz eignet sich auch gut für Anfänger, es gibt sogar zwei „Idiotenhügel". Wo es ein bißchen steiler wird, winkt stets eine Umleitung nach rechts oder links für weniger geübte Fahrer.

Wir essen in einer Berghütte. Die Bewirtung wirkt nicht künstlich arrangiert. Die Gastfreundschaft im Bauernhaus ist echt, die Freude der Landleute, daß es den Gästen schmeckt, ist ehrlich.

Nur jeder zweite Wintergast fährt Ski, und, viele Skifahrer ziehen den Langlauf vor. Hier wird Skiwandern gepflegt: voraus ein junger Bauer als Führer, gefolgt von einer Gruppe „sportlicher" Gestalten. Der Ausflug endet irgendwo „in einer Bauernküche." „Das Originellste, was wir hier haben," meint der Skilehrer, „sind die Einheimischen. Kontaktschwierigkeiten kennen wir hier nicht". Das Après-Ski bewies es!

das Können: *ability*
die Sicherheitsbindung (–en): *safety-binding*
der Sturz (⸚e): *fall, tumble*
die Folge (–n): *consequence*
der Hang (⸚e): *slope*
der Schuß (⸚sse): *schuss, swoop*

das As (–se): *ace, expert*
weitverzweigt: *branching out far and wide*
das Pistennetz (–e): *network of ski runs*
stets: *always*
die Bewirtung: *the serving of the food*
der Einheimische (*like adj.*): *local*

Fragen

1. Warum sind Pistenregeln besonders wichtig?
2. Worauf haben sich die Winterkurorte eingerichtet?
3. Wie heißt die Skipiste für Anfänger?
4. Warum wird der „Winterurlaub bei Bergbauern" gelobt? (drei Gründe!)
5. Was soll mit dem letzten Satz („Das Après Ski . . .") gesagt werden?

26.3 Der Berufssport

Auch durch den Profisport, wo es ja manchmal um Millionen und um die Karriere geht, hat sich das Gesicht des Sports insbesondere vieler Spiele, verändert. Der Berufssport wird immer mehr zum Gladiatorenschauspiel in der Riesen„arena", dem Stadion. Das Stadion verwandelt sich in einen Hexenkessel brüllender Fans. Man will „etwas sehen für sein Geld".

Rowdytum, die Auswüchse des Berufssports und die Politisierung des Sports sind negative Seiten, die leider allzuoft die vielen positiven Dinge im Sport überschatten. Leider haben Gewalttätigkeiten und Ausschreitungen in den Fußballstadien und bei der An- und Abfahrt zugenommen. Die Vereine haben Mühe, ihre Anhänger zur Vernunft zu bringen. In vielen Stadien wurden hohe Drahtzäune um das Spielfeld errichtet; die Anhänger der Heimmannschaft werden in die Ostkurve, die der Gästemannschaft in die Westkurve dirigiert, bei jedem Heimspiel hat die Polizei Großeinsatz. Bei Auswärtsspielen reisen die „Fans" natürlich mit; Bahnhöfe, Züge, Autos und Läden werden demoliert, Schlägereien mit den „Gegnern" angezettelt, und der Alkohol fließt reichlich. Von den Stehtribünen fliegen Flaschen und Dosen aufs Spielfeld, Feuerwerke werden abgebrannt, die eigene oder die „gegnerische" Fahne verbrannt, die Stars werden ausgebuht, wenn sie einen schlechten Tag erwischt haben, elektronische Anzeigetafeln ermuntern oft nur die Heimmannschaft. Die Gastmannschaft ist nicht Gast, sondern . . . grundsätzlich im Unrecht. Der Schiedsrichter wird angepöbelt. Hauptsache ist, daß „meine" Mannschaft in dieser Saison Meisterschaft, Pokal und Ligapokal holt!

sich verwandeln (*wk*) in (+ *Acc.*): *to change into*
der Hexenkessel (–): *witch's cauldron*
brüllen (*wk*): *to roar*
der Auswuchs (⸚e): *excess, nuisance*
überschatten (*wk*): *to overshadow*
die Ausschreitung (–en): *riot*
der Anhänger (–): *supporter*
jemanden zur Vernunft bringen (i, a, a): *to bring s.o. to one's senses*
der(Stachel)drahtzaun (⸚e): *(barbed-)wire fence, protection-fence*

die Ostkurve (–n): *east end (of a stadium)*
der Großeinsatz: *large-scale operation*
das Auswärtsspiel (–e): *away game*
anzetteln (*wk*): *to stage, start*
die Stehtribüne (–n): *terrace*
Feuerwerke **ab**brennen (e, a, a): *to set off fireworks*
ausbuhen (*wk*): *to boo*
die elektronische Anzeigetafel (–n): *electronic scoreboard*
einen schlechten Tag erwischen (*wk*): *to have a bad day*
jemanden **an**pöbeln (*wk*): *to insult s.o.*

Brüllen und Anfeuerungsrufe sind jetzt auch schon bis zum Tennis und Cricket vorgestoßen: während man in Wimbledon manchmal eine Stecknadel fallen hören kann, und man normalerweise um den Cricketplatz nur leisen, freundlichen Beifall hört, sind z.B. beim Mannschaftstennis, Tenniszirkus und beim Berufscricket-Zirkus die Massen teilweise außer Rand und Band. Berufscricket wird teilweise unter Flutlicht mit einem weißen Ball gespielt. Aber auch Wimbledon z.B. hat schon Zugeständnisse an den Berufssport machen müssen. Weibliche Tennisstars verlangen die gleichen Siegprämien wie die männlichen Stars; die Sieprämien steigen von Jahr zu Jahr ... und je mehr Geld „auf dem Spiele steht", desto mehr nimmt das sportliche Verhalten der Spieler ab: Tennisschiedsrichter werden beschimpft, Linienrichterentscheidungen angezweifelt, Tennisschläger und Tennisbälle ärgerlich geworfen.

„Sponsoren" und Werbefirmen machen ihren Einfluß im Berufssport überall geltend. Spitzenprofis werden sehr hoch bezahlt (manche sagen auch, sie werden überbezahlt); manchmal steht die Bezahlung eines Spitzenprofis auch in gar keinem Verhältnis zu seinem Unterhaltungswert. Wegen der horrenden Transfersummen können es sich ärmere Fußballvereine oft gar nicht mehr leisten, neue Spieler einzukaufen; viele Klubs haben sogar Schwierigkeiten, ihre Spieler überhaupt zu bezahlen. Um finanziell konkurrenzfähiger und schlagkräftiger zu werden, haben viele kleinere Vereine fusioniert. Viele Profisportler schaffen sich weitere Nebeneinnahmen, indem sie in Fernseh- und Radiowerbespots auftreten. Auch das Fußballtoto, Pferde- und andere Sportwetten haben zur Kommerzialisierung des Sports beigetragen.

der Anfeuerungsruf (–e): *shout of encouragement*
die Stecknadel (–n): *pin*
außer Rand und Band: *wild, out of control*
Zugeständnisse an (+ *Acc.*) machen (*wk*): *to make concessions to*
die Siegprämie (–n): *prize money*
das Verhalten: *behaviour*
beschimpfen (*wk*): *to abuse*
die Linienrichterentscheidung (–en): *linesman's decision*
anzweifeln (*wk*): *to dispute*
ärgerlich: *in anger, in annoyance*
der Sponsor (–en) (*wk masc.*): *sponsor*
ihren Einfluß geltend machen (*wk*): *to make their influence felt*
der Spitzenprofi (–s): *top professional*
der Unterhaltungswert (–e): *entertainment value*
konkurrenzfähig: *competitive*
schlagkräftig: *effective, powerful*
fusionieren (*wk*): *to merge*
der Werbespot (–s): *commercial*
das Fußballtoto: *football pools*
reißenden Absatz finden (i, a, u): *to find a ready outlet*

Fußball-Bundesliga

Verein	Sp.	g.	u.	v.	Tore	Punkte
1. 1. FC Köln	15	10	1	4	47:24	21:9
2. Borussia Mönchengladbach	15	8	3	4	34:23	19:11
3. 1. FC Kaiserslautern	15	8	3	4	28:23	19:11
4. Fortuna Düsseldorf	15	8	2	5	24:18	18:12
5. Schalke 04	15	7	4	4	23:25	18:12
6. Borussia Dortmund	15	8	1	6	29:28	17:13
7. VfB Stuttgart	15	7	2	6	21:20	16:14
8. Hamburger SV	15	7	2	6	25:26	16:14
9. Eintracht Braunschweig	15	8	0	7	22:23	16:14
10. Hertha BSC Berlin	15	6	4	5	20:23	16:14
11. Eintracht Frankfurt	15	7	1	7	30:26	15:15
12. MSV Duisburg	15	5	4	6	29:28	14:16
13. 1. FC Saarbrücken	15	5	4	6	21:28	14:16
14. Werder Bremen	15	5	3	7	20:28	13:17
15. Bayern München	15	4	4	7	31:34	12:18
16. VfL Bochum	15	4	3	8	16:18	11:19
17. FC St. Pauli	15	4	2	9	25:34	10:20
18. TSV 1860 München	15	1	3	11	13:32	5:25

Retranslation

1 Soccer is probably the most popular game in the world but it is sometimes spoilt by soccer hooligans. 2 "Soccer specials" (*Fußballsonderzüge*) are often vandalized. 3 Many clubs are trying to solve the problem of soccer hooliganism. 4 In many football grounds wire fences have been erected around the pitch and the supporters of the visiting team are separated (*trennen*) from the supporters of the home team. 5 Are professional sportsmen paid too much?

6 Professional sport has caused the nature of many games to change. Cricket has even been played under floodlights with a white ball. 7 The salaries paid to top professional sportsmen are out of all proportion to the sportsmen's entertainment value. 8 High transfer fees have meant that (*dazu führen* (wk., *daß* . . .)) many of the poorer soccer clubs can no longer afford to buy new players. 9 Many clubs find it hard even to pay their players' wages. 10 My team won the cup and the league championship in the same season.

26.4 Die Politisierung des Sports

Die Sportler laufen Gefahr, zu Handlangern der Politik zu werden. Das gilt nicht nur für unser westliches System, sondern in viel größerem Umfange für die sozialistischen Systeme des Ostblocks. Dort bietet der Sport eine weit umfassendere Möglichkeit, sich sozial zu verbessern. Das kommt daher, daß der Sport von offizieller Seite viel mehr für die politischen Ziele dieser Systeme eingespannt wird. Das zeigen z.B. folgende Thesen eines Schüleraufsatzes aus der DDR über die Ziele des Sports:

☐ Herausbildung sozialistischer Persönlichkeitseigenschaften;

☐ volle Entwicklung der physischen Voraussetzungen für die Landesverteidigung;

☐ Entwicklung hoher sportlicher Leistungen zum Ruhme der Sports und zur Ehre unserer Republik

Krasser noch wurde uns Mißbrauch des Sports 1972 bei den Olympischen Spielen vor Augen geführt: um auf politische Zielsetzungen aufmerksam zu machen, richteten Guerillas ein furchtbares Blutbad an.

der Handlanger (–): *stooge*
in viel größerem Umfange: *to a far greater extent*
das Ziel (–e): *aim*
einspannen (*wk*): *to harness*
die Voraussetzung (–en): *condition, prerequisite*
die Landesverteidigung: *national defence*

der Ruhm: *glory*
die Ehre (–n): *honour*
kraß: *crass, crude*
die Zielsetzung (–en): *purpose, objective*
anrichten (*wk*): *to bring about, to cause*

Retranslation

1 Unfortunately sport has also become a political matter. 2 Sportsmen run the risk of becoming political stooges. 3 This is not only true for the West but more so in Eastern Bloc countries. 4 Guerillas used violence (*Gewalt* **anwenden** (wk.)) during the Olympic Games in Munich in 1972 to draw attention to their political aims.

26.5 Aufsatzthemen

(a) *Die Olympischen Spiele — Ideal und Wirklichkeit*

1. Einleitung

Die Olympischen Spiele waren ursprünglich kultische Spiele; sie wurden bis 394 n. Chr. alle 4 Jahre in Olympia abgehalten. Sie bestanden aus Wettläufen, einem Fünfkampf (Ringen, Weitsprung, Laufen, Speerwerfen, Diskuswerfen), Pferde- und Wagenrennen und künstlerischen Wettbewerben.

2. Hauptteil

Viele Ideen, die damals im alten Griechenland schon für die Olympischen Spiele galten, wurden Ende des 19. Jahrhunderts wieder durch den Franzosen Pierre de Coubertin wachgerufen. Sie fanden Unterstützung und ein weltweites Echo. 1896 fanden in Athen die ersten Olympischen Spiele der Neuzeit statt. Es gibt Winter- und Sommerspiele. Leider stimmen die Ideale und die Wirklichkeit nicht immer überein.

2.1 „schneller — höher — stärker" „teilnehmen ist wichtiger als siegen"

2.1.1. Hiermit war gemeint, daß zwar ein Wettkampf stattfindet, aber daß die Teilnahme wichtiger ist als der Sieg. Es ist zwar eine Ehre, schneller und stärker zu sein, aber der Sieg ist nicht das Wichtigste.

2.1.2 Viele Sportler halten dagegen heute den Sieg, die Goldmedaille, für wichtiger. Oft werden überhaupt nur die Sportler geschickt, die Medaillenchancen haben. Ein Olympiasieg ist nicht persönliche Ehre, sondern politische Propaganda. Ein Olympiasieger kann nachher Profi werden und viel Geld machen.

2.2 „es dürfen nur Amateure teilnehmen"

Nur idealistische „Freizeitsportler" sollen zugelassen werden (Berufssportler sind nicht zugelassen).

Heute ist die Grenze zwischen Amateur- und Berufssportler oft schwer zu erkennen; z.B. bei den sog. „Staatsamateuren" des Ostblocks.

Olympia – Stadion, München

2.3 „friedlicher Wettkampf"

Damit wurde die alte olympische Idee aufgegriffen, daß während der Wettkämpfe die Waffen ruhten, und Friede herrschte. Die Völker (damals die Stämme) sollen sich nicht im Krieg, sondern in friedlichem Wettkampf messen.

Die Olympischen Spiele 1916, 1940 und 1944 fanden nicht statt, weil schreckliche Weltkriege tobten.

2.4 „die Olympischen Spiele sollen zur Völkerverständigung beitragen"

Die Völker sollen sich besser kennenlernen, sich besser verstehen lernen.

Leider werden die Olympischen Spiele oft nicht zum friedlichen Wettkampf der Völker, sondern zum Wettkampf der politischen Systeme; besonders totalitäre Staaten behaupten, Goldmedaillen demonstrierten die Überlegenheit ihres Systems. Sie schirmen ihre Sportler ab und lassen sie gar nicht mit den anderen Sportlern in Berührung kommen. Die eine Gruppe droht mit Boykott, wenn die andere Gruppe zum Wettkampf erscheint. Viele Staaten boykottierten 1980 die Olympischen Spiele, weil die Russen in Afghanistan einmarschierten. Sport droht zum Handlanger der Politiker zu werden!

2.5 „sportliche Fairneß und Ritterlichkeit im Wettkampf sind das oberste Gebot"

Die alten Ideale des sportlichen Wettkampfes sollten verwirklicht und demonstriert werden. Vielfach ist dies auch geschehen, z.B. haben sich Läufer gegenseitig aufgeholfen, oder ein Fußballspieler gab gegenüber dem Schiedrichter zu, daß er ein Foul begangen hatte.

Heute ist dieser sportliche Geist oft nicht mehr vorhanden. Man sieht nur den „Gegner", die Schau, den Sieg (und später vielleicht das große Geld als Berufssportler: „Geld verdirbt den Charakter", heißt ein altes Sprichwort); man ist mehr Gladiator als friedlicher Wettkämpfer. Auch die Zuschauer tragen zu diesem unsportlichen Geist bei: sie wollen „ihren" Landsmann, „ihr" Land um jeden Preis gewinnen sehen, anstatt sich über ein gutes Resultat oder die persönliche Bestleistung eines Landsmannes zu freuen, der vielleicht nur auf dem 28. Platz gelandet ist.

3. Schluß

Die ursprünglichen Ideale und der ursprüngliche Sinn der Olympischen Spiele haben sich leider oft in ihr Gegenteil verkehrt. Sollten wir zu den alten Idealen der ritterlichen Amateurkämpfe zurückkehren, (vielleicht auch zum ursprünglichen Schauplatz der Spiele, nämlich Olympia in Griechenland?) oder sollten wir aus den Olympischen Spielen eine Superweltmeisterschaft der Berufssportler machen, denen der Sieg, nicht die Teilnahme, alles bedeutet?

der Fünfkampf (÷e): *pentathlon*
das Speerwerfen: *(throwing the) javelin*
das Wagenrennen (–): *chariot-race*
die Völkerverständigung: *international understanding*
die Überlegenheit: *superiority*
abschirmen (*wk*) von (+ *Dat.*): *to segregate, to keep apart from (other people)*
der Boykott (–e): *boycott*
die Ritterlichkeit: *chivalry*
sich in das Gegenteil verkehren (*wk*): *to turn out entirely differently*

(b) *Weitere Themenvorschläge*

1. Die Rolle des Sports in der Gesellschaft.
2. Sind Sie der Ansicht, daß internationale Sporttreffen den Frieden fördern?
3. Sport und Politik.

VIII Stellung und Emanzipation der Frau

27 Stellung und Emanzipation der Frau

27.1 Das Weib sei willig, stumm und dumm?

„Ihr Frauen, seid untertan euren Männern wie dem
Herrn! Denn der Mann ist das Haupt der Frau, wie
auch Christus das Haupt der Kirche . . .
Wie nun aber die Kirche
Christus untertan ist, so sollen es auch die Frauen
ihren Männern in allem sein . . .
Doch auch unter euch soll jeder einzelne
seine Frau so lieben wie sich selbst, die Frau aber
soll vor dem Mann Ehrfurcht haben."

Epheser 5, 22–33

„Und drinnen waltet
die züchtige Hausfrau,
die Mutter der Kinder,
und herrschet weise
im häuslichen Kreise
und lehret die Mädchen
und wehret den Knaben
und reget ohn' Ende
die fleißigen Hände
und mehrt den Gewinn
mit ordnendem Sinn . . ."

Schiller, 1779

„Dienen lerne beizeiten das Weib nach ihrer Bestimmung,
denn durch Dienen allein gelangt sie endlich zum Herrschen,
zu der verdienten Gewalt, die doch ihr im Hause gehöret.
Dienet die Schwester dem Bruder doch früh, sie dienet den Eltern,
und ihr Leben ist immer ein ewiges Gehen und Kommen,
oder ein Heben und Tragen. Bereiten und Schaffen für andre . . ."

Goethe, 1797

Das Weib sei willig, stumm und dumm — diese Zeiten sind jetzt um!

Protestplakat, 1979

Wie in den Jahrhunderten zuvor schreibt man der Frau ein
auschließliches Interesse an den „drei Ks" (Kinder — Küche —
Kirche) zu, wobei vielfach „Kirche" durch drei weitere „Ks" ersetzt wird:
Kleider — Kosmetik — Komfort.

Soziologe, 1980

züchtig: *modest, demure*
wehren (*wk*): *to restrain, to curb*
die Hände regen (*wk*): *to be on the go*
Ehrfurcht haben vor (+ *Dat.*): *to be in awe of, to respect*
beizeiten: *in (good) time, soon, early*
die Bestimmung: *destiny, lot*

27.2 Emanzipation einst und jetzt 📼

Der Begriff Emanzipation ist schon lange kein Fremdwort mehr. Schon immer hat es Unterprivilegierte, Minderheiten, Randgruppen und Außenseiter gegeben, die entweder durch Abstammung, Aussehen, Religion, Hautfarbe oder gesellschaftliche Stellung außerhalb der gesellschaftlichen Normen standen. Diese traurige Tatsache gilt zum Teil auch für Frauen in der sogenannten „Männergesellschaft".

Die Wurzeln dieser Benachteiligung liegen wohl schon in der Urgemeinschaft. Der Mann konnte hier seine körperliche Überlegenheit ausspielen; denn er unternahm ja als Jäger und Sammler die größten Anstrengungen, Familie und Sippe zu ernähren. Die Bestimmung der Frau andererseits war es, für die „Arterhaltung" zu sorgen, indem sie Nachwuchs „produzierte" und die „Brut" großzog. Dieses prähistorische Rollenverhalten wurde oft bis in die Neuzeit hinein weitergetragen. Lange Zeit war die Frau eben nur die „Hausgehilfin" des Bauern oder des Handwerkers, indem sie ihm den Haushalt führte und ihm die Erziehung der Kleinkinder abnahm. Sie spann Wolle, webte Stoffe, nähte Kleider, flickte Hosen, buk Brot, kochte Mahlzeiten, fegte, scheuerte, putzte Küche und Speisekammer . . . und half bei der Feldarbeit. Aus diesen Tätigkeiten gingen dann auch die „typischen" Frauenberufe hervor: Näherin, Küchengehilfin, Kinderpflegerin, Dienstmädchen usw.

Das 19. Jahrhundert brachte uns die Industrielle Revolution und das moderne Fabriksystem. Viele Frauenberufe „wanderten" aus dem Hause des Großgrundbesitzers und des Handwerksmeisters in die Fabrik. Frauen wurden ausgebeutet und unterbezahlt, Kinder mußten mitarbeiten, Frauen und Kinder gerieten in Not und Elend, die Fundamente der schützenden Großfamilie begannen zu wackeln. Um diese vielfältigen Probleme zu bekämpfen, bildeten sich

Frauenvereine. Aber nicht nur wirtschaftliche und soziale Fragen wurden in Angriff genommen; bald folgte auch der Ruf nach politischer Mitbestimmung, Mitsprache und Gleichberechtigung der Frau. Man forderte z.B. das Wahlrecht für Frauen. Immer mehr Frauenrechtlerinnen verbreiteten die Idee der Frauenemanzipation. Das Ziel dieser Bewegung war (und ist) Gleichberechtigung in Beruf, Politik, Familie und Gesellschaft; das bedeutet: alle Vorurteile gegenüber den Frauen sollen abgebaut werden, ihre Gleichwertigkeit soll anerkannt werden. Erst wenn das erreicht ist, wird die Frau tatsächlich auch gleich *behandelt*. Erst dann ist eine echte Gleichstellung, d.h. Emanzipation, erreicht.

Schooling

die Minderheit (–en): *minority*
die Randgruppe (–n): *fringe group*
die Norm (–en): *norm, standard*
die Benachteiligung (–en): *discrimination, disadvantage*
die Urgemeinschaft (–en): *primitive community*
die Überlegenheit (–en): *superiority*
der Sammler (–): *forager*
die Anstrengung (–en): *exertion, effort*
die Sippe (–n): *kin, clan, tribe*
die Arterhaltung: *survival of the race*
die Brut: *brood (offspring)*
flicken (*wk*): *to patch, to mend*

scheuern (*wk*): *to scrub*
die Speisekammer (–n): *larder, pantry*
das Fundament (–e): *foundations*
wackeln (*wk*): *to totter*
der Frauenverein (–e): *women's alliance, women's organization*
die Mitbestimmung (–en): *co-determination*
die Mitsprache (–n): *right to state one's opinion*
das Wahlrecht (–e): *suffrage*
die Frauenrechtlerin (–nen): *suffragette*
abbauen (*wk*): *to remove, to abolish (gradually)*
die Gleichwertigkeit: *equal worth, equality*

Fragen

1. Warum ist „Emanzipation" kein neuer Begriff?
2. Wo liegen die Wurzeln der Benachteiligung der Frau?
3. Was wurde oft bis in die Neuzeit hinein weitergetragen?
4. Was tat die Frau als „Hausgehilfin" des Bauern?
5. Was hat sich aus diesen Tätigkeiten entwickelt?
6. Welchen Wandel brachte die „Industrielle Revolution" für die berufstätige Frau? (Nennen Sie drei Beispiele!)
7. Warum bildeten sich Frauenvereine?
8. Was forderten diese Vereine außer wirtschaftlichen und sozialen Punkten?
9. Welche Idee verbreiteten die Frauenrechtlerinnen bald?
10. Wann erst ist echte Gleichberechtigung vorhanden?

Retranslation

1 There have always been underprivileged people, minority groups, fringe groups and outsiders. 2 Are women discriminated against in the so-called male society? 3 Women used to spin wool, weave cloth, sew clothes, patch trousers, bake bread, cook meals, sweep, scrub, clean the kitchen and larder and even used to help in the fields. Do they still do all these things? 4 Women were exploited and underpaid. 5 More and more suffragettes spread the idea of the emancipation of women.

27.3 Grenzen des Rollenwandels

Schon immer haben Frauen Angst vor unerwünschter Schwangerschaft gehabt. Die ledige Mutter hatte es bis vor kurzem selbst in unserer „aufgeklärten" Gesellschaft schwer.

Heutzutage hat eine Frau durch sichere Verhütungsmittel, vor allem durch die Pille, viel größere Freiheit. Gleichberechtigung wurde dadurch aber auch in der Ehe und vor allem in der Familienplanung gefördert. Die Verantwortung für die Empfängnisverhütung, bzw. Familienplanung sollte in der Ehe von beiden Ehepartnern gleichberechtigt getragen werden. Sie haben die Wahl zwischen einer Reihe von Verhütungsmethoden.

Chancengleichheit, gesellschaftliche Stellung, echte Emanzipation in allen Lebensbereichen mögen erreicht sein; dennoch können wir an der Tatsache nicht vorbeigehen, daß Männer und Frauen verschiedene Denkweisen haben (und daher oft verschieden handeln), weil ihre biologischen Voraussetzungen verschieden sind. Der Rolle von Schwangerschaft und Geburt kann die Frau nicht entfliehen; nur schwer könnte sie wohl der Rolle entfliehen, für den hilflosen Säugling und das Kleinkind unmittelbar zu sorgen. Daher haben die meisten Frauen einen angeborenes Gefühl, das man wohl „Mutterinstinkt" nennen muß. Diese — biologisch bedingte — Rollenfixierung der Frau kommt oft in Konflikt mit ihrer Rolle als berufstätige Frau. Heutzutage sollte daher die Frau, die eine berufliche Laufbahn einschlagen möchte, eine bewußte Entscheidung darüber treffen, ob sie Kinder haben möchte oder nicht. Diese Entscheidung wird sie zusammen mit ihrem Partner treffen. Besonders, wenn die beruflichen Aussichten der Frau gut sind, fällt diese Entscheidung schwer; oft wird dadurch eine seelische Konfliktsituation hervorgerufen, unter der die Frau sehr leidet. Eine schwangere Frau schließlich, die sich nach reiflicher Überlegung für eine Abtreibung entscheidet, läuft wiederum Gefahr, danach seelisch zu leiden.

Die biologischen Grenzen, die dem Mann und besonders der Frau gesetzt werden, sollten aber dennoch nicht verhindern, in verständnisvoller und fairer Partnerschaft „Einheit in Zweiheit" anzustreben.

der Rollenwandel: *change of rôle*
unerwünscht: *unwanted*
die Schwangerschaft (–en): *pregnancy*
das Verhütungsmittel (–): *contraceptive*
die Empfängnisverhütung: *birth control*
die Chancengleichheit: *equal opportunity*

der Säugling (–e): *infant*
eine berufstätige Frau: *a career woman*
eine Entscheidung treffen (i, a, o): *to make a decision, to decide*
die Aussicht (–en): *prospect(s)*
etwas (*Acc.*) **an**streben (*wk*): *to strive for*

Retranslation

1 Women have always been afraid of unwanted pregnancy. 2 Nowadays the pill has given women far greater sexual freedom. 3 In marriage, responsibility for family planning should be shared equally by both partners. 4 Men and women have different biological functions. 5 Nature has allotted to woman the difficult tasks of pregnancy and giving birth. 6 Nowadays a woman can decide whether or not she wants to have a child. 7 Most women have an inborn feeling that is generally called "maternal instinct".

Fragen

1. Wovor haben Frauen schon immer Angst gehabt?
2. Wer hatte es bis vor kurzem in unserer Gesellschaft schwer?
3. Wodurch hat die Frau heute viel größere Freiheit?
4. Von wem sollte die Verantwortung für die Familienplanung getragen werden?
5. Inwiefern haben Männer und Frauen verschiedene Denkweisen?
6. Was ist oft die Folge dieser Denkweisen?
7. Welcher Rolle kann die Frau nur schwer entfliehen?
8. Welche bewußte Entscheidung sollte eine Frau treffen, bevor sie eine berufliche Laufbahn einschlägt?
9. Sollte sie diese Entscheidung allein treffen?
10. Wann fällt diese Entscheidung schwer?
11. Wodurch kann bei Frauen noch seelisches Leid entstehen?
12. Was sollten Mann und Frau trotz der biologischen Unterschiede anstreben?

27.4 Abtreibung (Schwangerschaftsabbruch)

„Mein Bauch gehört mir!" Dieser Slogan war in den siebziger Jahren für manche Frau die Alternative zur geplanten Reform des Abtreibungsparagraphen 218. Die 218-Reform folgte diesem Slogan nur zum Teil. Den Inhalt des neuen Abtreibungsgesetzes kann man folgendermaßen zusammenfassen:

Was macht eine Schwangere, die abtreiben lassen will?
Sie geht zu ihrem Arzt. Er klärt sie über Vor- und Nachteile einer Abtreibung auf. Er stellt fest, ob die Voraussetzung(en) für eine legale Abtreibung vorliegt (vorliegen). Er muß dann einen Kollegen um Rat fragen. Dieser Kollege muß der Abtreibung ebenfalls zustimmen; nur er darf die Abtreibung vornehmen. Zwischen Beratung und Abtreibung müssen mindestens drei Tage liegen.

Unter welchen Voraussetzungen ist der Schwangerschaftsabbruch erlaubt?
Es gibt folgende „Indikationen" (=Gründe für eine legale Abtreibung):
— das Kind würde mißgebildet zur Welt kommen
— Leben oder Gesundheit der Mutter sind gefährdet
— im Falle einer Vergewaltigung
— bei einer schweren sozialen Notlage der Mutter (die sogenannte „soziale Indikation")

Was ist eine soziale Notlage?

Eine Mutter hat z.B. sieben Kinder und kann ein achtes aus gesundheitlichen und psychologischen Gründen nicht mehr aufziehen. Oder die Wohnverhältnisse sind sehr schlecht: wenn z.B. eine siebenköpfige Familie in zwei Zimmern leben müßte. Eine soziale Indikation liegt auch vor, wenn z.B. die werdende Mutter zu jung (z.B. erst dreizehn Jahre alt) wäre.

Wo kann abgetrieben werden?

In städtischen Krankenhäusern oder Privatkliniken, die Abtreibungsstationen eingerichtet haben. Es gibt auch spezielle Abtreibungskliniken, besonders in England und Holland.

die Voraussetzung (–en): *condition*
vorliegen (ie, a, e): *to exist, to be present*
zustimmen (*wk*) (+ *Dat.*): *to agree to*
sich **vor**nehmen (i, a, o): *to undertake*

die Beratung (–en): *consultation*
mißgebildet: *deformed*
die Notlage (–n): *need, misery, predicament*
die Abtreibungsstation (–en): *abortion ward*

Fragen

1. Welchen Slogan hörte man oft in den 70er Jahren?
2. Was wollte man damit sagen?
3. Folgte der neue Abtreibungsparagraph diesem Slogan?
4. Wer muß — außer der Schwangeren — zustimmen, ehe die Abtreibung vorgenommen werden darf?
5. Darf die Abtreibung am selben Tag wie die ärztliche Beratung erfolgen?
6. Was sind Indikationen?
7. Nennen Sie zwei Indikationen!
8. Was ist z.B. eine schwere soziale Notlage?

27.5 Chancengleichheit

Mann und Frau sind vor dem Gesetz gleich (z.B. im Grundgesetz, im Ehe- und Familienrecht, im Scheidungsrecht).

<table>
<tr><td>

Das Bonner Grundgesetz
(1) Alle Menschen sind vor dem Gesetze gleich.
(2) Männer und Frauen sind gleichberechtigt.
(3) Niemand darf wegen seines Geschlechtes, seiner Abstammung, seiner Rasse, seiner Sprache, seiner Heimat und Herkunft, seines Glaubens, seiner religiösen oder politischen Anschauungen benachteiligt oder bevorzugt werden.

Art. 3 GG
</td><td>

Verfassung der Deutschen Demokratischen Republik
Mann und Frau sind gleichberechtigt und haben die gleiche Rechtsstellung in allen Bereichen des gesellschaftlichen, staatlichen und persönlichen Lebens. Die Förderung der Frau, besonders in der beruflichen Qualifizierung, ist eine gesellschaftliche und staatliche Aufgabe.

Art. 20, (2), DDR-Verf.
</td></tr>
</table>

gleichberechtigt *sein: *to have equal rights*
die Abstammung: *descent, origin*
die Herkunft: *birth, extraction, origin*

benachteiligen (*wk*): *to (be) put at a disadvantage, to discriminate*
bevorzugen (*wk*): *to favour, to privilege*

Dennoch scheint die Stellung der Frau im gesellschaftlichen und beruflichen Leben oft eingeengt zu sein. Warum muß die Frau z.B. warten, bis sie von einem Mann zum Tanz aufgefordert wird? Warum pochen so viele Männer auf *ihren* Skat- oder Kegelabend und bringen für Freizeitwünsche ihrer Frau kein Verständnis auf? Warum fällt eine Frau, die allein in ein Lokal oder ins Kino geht, immer noch auf? Warum braucht sie dazu „männlichen Begleitschutz"? Sollte das „*schwache Geschlecht*" sich noch Sitzplätze im Bus anbieten lassen? Ist ihre Hilfsbedürftigkeit so groß, daß ein Mann ihr die Tür öffnen und ihr in den Mantel helfen muß?

   Auch im Berufsleben sieht sich die Frau „Traditionen" und Vorurteilen gegenüber:

Wie es die Kollegin macht, ist es falsch

Leistet sie viel —
verliert sie ihren Charme,
leistet sie wenig —
ihre Stellung.

Ist sie sehr attraktiv —
hält sie die Kollegen von der
    Arbeit ab,
ist sie es nicht —
kümmert sich keiner um sie.

Ist sie intelligent —
darf sie das nicht zeigen,
ist sie es nicht —
muß sie wenigstens hübsch sein.

Ist sie hilfsbereit —
wird sie ausgenutzt,
kümmert sie sich nur um ihre
    eigene Arbeit —
ist sie unkollegial.

Zeigt sie ihre Gefühle —
ist sie eine Heulsuse,
beherrscht sie sich —
ist sie ein Eisberg.

Trägt sie „mini" —
stört sie den Arbeitsfrieden,
trägt sie „maxi" —
hat sie wohl krumme Beine.

Ist sie mit 25 noch ledig —
kriegt sie keinen mehr ab,
ist sie mit 19 schon verheiratet —
mußte sie wohl.

Hat sie studiert —
ist sie ein Blaustrumpf,
hat sie promoviert —
mußte sie ihren Doktor selber
    machen.

Geht sie gerne aus —
ist sie ein Playgirl,
bleibt sie zu Hause —
gilt sie als Mauerblümchen.

---

einengen (*wk*): *to restrict*
jemanden zum Tanz auffordern (*wk*): *to ask someone to dance*
auf etwas pochen (*wk*): *to insist (most strongly) on sth.*
*auffallen (ä, ie, a): *to stand out, to be conspicuous*
männlicher Begleitschutz: *the protection of a male escort*
die Hilfsbedürftigkeit: *need for care and protection*
leisten (*wk*): *to achieve*
ausnützen (*wk*): *to take advantage of*
unkollegial: *unlike a colleague*
die Heulsuse (–n): *"sniveller"*
studieren (*wk*): (*here*) *to graduate*
promovieren (*wk*): *do one's PhD*
mußte sie ihren Doktor selber machen: *"Frau Doktor",*
    reference to customary form of address for wife of a doctor or PHD
    (almost archaic)

Retranslation

1 All people are equal in the eyes of the law. 2 Men and women have equal rights. 3 All animals are equal, but some (animals) are more equal than others. 4 A woman's position in her social and professional life is often restricted. 5 Why must a woman wait until she is asked to dance by a man? 6 Why does a woman who goes to a pub or to the cinema by herself always stand out? 7 Why are women called the "weaker sex"? 8 Why does a man open a door for a woman and why should he help her into her coat?

27.6 Partnerschaft ist Trumpf!

Viele Frauen sind durch Haushalt und Beruf doppelt belastet; sie müssen also zweimal soviel leisten. Andererseits kann sich die Frau nicht so voll auf den Beruf konzentrieren wie der Mann; denn sie muß ja noch „nebenbei" den Haushalt erledigen. Wo beide Ehepartner berufstätig sind, wird deswegen heute schon die Last der Hausarbeit und der Kinderbetreuung geteilt: der „*Hausmann*" geht ans Werk! Denn Gleichberechtigung bedeutet nicht nur gleiche Rechte, sondern auch gleiche Pflichten für Mann und Frau. Partnerschaft, nicht Vorurteil, ist Trumpf!

> Wir stellen ein:
> Werkzeugmacher, Elektromechaniker,
> Fernmeldemonteure, Elektriker,
> Rohrleger, Frauen.

(Anschlagtafel an einem Fabriktor)

Liebe ist...

...den Topf mit dem Angebrannten für sie zu schrubben

Angeblich verdienen die Frauen nur „mit", während die Männer „den Lebensunterhalt verdienen". Dieses Vorurteil ist heute in vielen Fällen nicht nur sachlich falsch (man denke nur an die vielen „Studentenehen"), sondern auch besonders unfair gegenüber Witwen und unverheirateten oder geschiedenen Frauen, die im Berufsleben alleine „ihren Mann (!) stehen" müssen. Über die Hälfte der verheirateten Frauen arbeitet im übrigen nur deswegen, weil sonst das Familieneinkommen einfach zu niedrig wäre. Vielfach wird die Frau auch unterbezahlt. Der Grundsatz „gleiche Arbeit, gleich bezahlt" wird hier mißachtet. Viele Frauen haben es schwer, in führende Positionen aufzusteigen, weil sie mit Vorurteilen der Männer und „männlichem Chauvinismus" zu kämpfen haben.

So ist es nicht erstaunlich, daß nur knapp 1% der arbeitenden Frauen im Beruf ihre Erfüllung finden.

---

belastet: *burdened*
erledigen (*wk*): *to deal with, to see to*
die Kinderbetreuung: *looking after the children*
der Werkzeugmacher (–): *toolmaker*
der Fernmeldemonteur (–e): *telephone engineer (fitter)*
der Rohrleger (–): *pipe fitter*
mitverdienen (*wk*): *to earn pin money*
sachlich: *factual(ly)*
sie steht ihren Mann: *she does a good job (i.e. "like a man" !)*
mißachten (*wk*): *to disregard*
die Erfüllung: *fulfilment*

Retranslation

1 Many women are doubly burdened by having a job and running a home. 2 Equal opportunity doesn't only mean equal rights but also equal duties for men and women. 3 A marriage should be a partnership. 4 Professional life is often unfair to widows and unmarried or divorced women. 5. More than half of married women work because the family income would be too low if they didn't.

Fragen

1. Wodurch sind viele Frauen doppelt belastet?
2. Was bedeutet Gleichberechtigung?
3. Warum haben es viele Frauen schwer, in höhere Positionen aufzusteigen?

27.7 Leserbriefe zum Thema Emanzipation

Als Vater von vier Kindern gebe ich zu, daß es heute den „Nur-Hausfrauen" nicht leichtgemacht wird. Es gibt zu viele Medien, die unsere Mütter überreden wollen, die Tätigkeiten im Hause zu vernachlässigen. Sie sollen Geld verdienen und einen Beruf ergreifen, meinen die schlauen Medien. Dabei sollte der Staat doch Interesse daran haben, daß in unserer materiellen „Ellenbogengesellschaft" die Eizelle, nämlich die Familie, erhalten bleibt! Für uns ist die Mutter im Hause heute wichtiger also je zuvor.

Uwe Schaal, 4800 Bielefeld

Wir Frauen sind nicht emanzipiert? Heute kann sich doch jede halbwegs intelligente Frau für oder gegen einen Beruf entscheiden. Nur: sie sollte sich dann vorher überlegen, was man will: Karriere im Beruf oder Kinder erziehen. Beides kann man nicht — unsere Männer können auch nicht zwei Berufe zur gleichen Zeit ausüben!

Rosemarie Wanten, 5000 Köln

Ich sage Beruf *und* Haushalt, aber beides in Maßen. Wenn eine Frau halbtags arbeitet, dann bleibt ihr noch genügend Zeit für Familie und Haushalt. Eine Frau kann in einem Halbtags-Job durchaus ihre Selbstbestätigung finden, ohne Schuldgefühle zu bekommen, daß sie die Familie vernachlässigt.

Heike Weber, 7000 Stuttgart

---

zugeben (i, a, e): *to admit*
die Medien (pl.): (*here:*) *mass-media*
die Tätigkeiten im Haus: *housework and household chores*
vernachlässigen (*wk*): *to neglect*
dabei: (*here:*) *surely*

die "Ellenbogengesellschaft": *pushy, ruthless society*
die Eizelle (–n): *ovum*
in Maßen: *in moderation*
Selbstbestätigung finden (i, a, u): *to find self-fulfilment*
Schuldgefühle (*here pl.*): *feeling guilty*

27.8 Aufsatzthemen

(a) *Ist Politik „Männersache"?*
Leitfragen
1. Warum wurde Politik bisher hauptsächlich von Männern gemacht? (Das Weib sei willig, stumm und dumm . . .)
2. Welche Eigenschaften sollte ein Politiker haben?
3. Welche dieser Eigenschaften besitzen Männer, und welche die Frauen; welche besitzen beide?
4. Sind Frauen körperlich, seelisch und nervlich stark genug, um dem Streß in der Politik standzuhalten? Sind sie zu sensibel?
5. Sollte eine Frau sich in der Politik nur mit einem eng begrenzten Gebiet befassen? Ist sie in der Lage, politische Verantwortung (Bundeskanzler, Premierminister) auf höchster Ebene zu tragen?
6. Sind Ihnen herausragende Politikerinnen bekannt? Welche Stellung haben sie bekleidet (bekleiden sie)?

7. Wird durch die Emanzipationsbewegung Politik „Frauensache" werden?
8. Gäbe es weniger politische Spannungen und Kriege, wenn alle Länder der Erde von Frauen regiert würden? Warum (nicht)?

(b) *Weitere Themenvorschläge*
1. Gegen die Frauen (Männer)
2. Hat jede Frau das Recht, Kinder zu bekommen?
3. Kann es je vollkommene Gleichberechtigung zwischen Mann und Frau geben?
4. Wie stellt das Fernsehen (der moderne Film) die Frau dar?
5. Frauen und Politik
6. Sollten Mütter einem Beruf nachgehen?
7. Wie und warum werden Frauen im Berufsleben benachteiligt?

IX Deutschland, Großbritannien und Europa

28 Deutschland und Großbritannien

28.1 Die Bundesrepublik Deutschland und die „Deutsche Demokratische Republik" („DDR")

Nach dem Zusammenbruch des nationalsozialistischen Reiches im Mai 1945 ging die ganze Macht auf die Militärregierungen der Siegermächte (die „Alliierten") über. Nachdem Versuche, wieder ein Gesamtdeutschland zu bilden, gescheitert waren, schlossen sich die Länder der britischen, amerikanischen und französischen Zone 1949 zur Bundesrepublik Deutschland zusammen. Die Verfassung der BRD nannte man Grundgesetz.

Die Länder der sowjetischen Besatzungszone (Brandenburg, Mecklenburg, Sachsen, Sachsen-Anhalt, Thüringen) bildeten 1949 dann die DDR. 1952 wurden die Länder in der DDR aufgelöst; das Gebiet wurde in 15 Bezirke eingeteilt. Berlin wurde 1945 in 4 Sektoren (den amerikanischen, den britischen, den französischen — die „Westsektoren"; und den russischen — den „Ostsektor") aufgeteilt und unter die direkte Verwaltung aller vier Siegermächte gestellt (das Verwaltungsorgan hieß der „Alliierte Kontrollrat"). Die neue Ostgrenze Deutschlands sollte laut Potsdamer Vertrag von 1945 die Oder-Neiße-Linie bilden. Östlich der Oder-Neiße-Linie lagen aber auch Gebiete, die bis 1945 deutsch waren (Ostpreußen, Pommern, die Mark Brandenburg, Niederschlesien, Oberschlesien). Diese sogenannten „Ostgebiete" wurden im Potsdamer Vertrag unter vorläufige sowjetische und polnische Verwaltung gestellt. Die Bundesrepublik hielt lange an dem Anspruch auf die Ostgebiete fest; im Grundvertrag und in den Ostverträgen erkannte sie jedoch Anfang der 70er Jahre die Oder-Neiße-Linie an. Die Ostgebiete sind heute voll in Polen und die UdSSR integriert.

Hindernisse aus dem Weg räumen

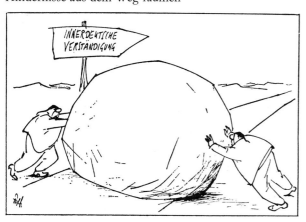

Menschliche Erleichterungen

Im Laufe der 5oer Jahre gaben die Siegermächte nach und nach der BRD und der DDR ihre volle Souveränität. Die Siegermächte behalten sich jedoch bis zum Abschluß eines endgültigen Friedensvertrages die Verantwortung für ganz Deutschland vor. Sichtbarer Ausdruck dieses sogenannten „4-Mächte-Status" ist noch immer die Präsenz der 4 Mächte in Berlin; Berlin ist heute *de jure* noch unter alliierter Militärverwaltung; *de facto* hat sich im Laufe der Zeit jedoch Westberlin zu einem Land der BRD und Ostberlin zu einem Bezirk (und zur Hauptstadt) der DDR entwickelt.

Mit dem politischen und wirtschaftlichen Aufbau der Bundesrepublik sind untrennbar die Namen Adenauer und Erhard verbunden.

Adenauer war von 1949–1963 Bundeskanzler; seine feste Hand und politische Klugheit haben viel zur Stabilität der BRD beigetragen. Erhard, der langjährige Wirtschaftsminister im Kabinett Adenauer und Bundeskanzler von 1963–66, führte die Soziale Marktwirtschaft ein und wird als Vater des „Wirtschaftswunders" bezeichnet. — In der DDR waren Ulbricht (lange Zeit Vorsitzender des Staatsrats und Generalsekretär der Sozialistischen Einheitspartei Deutschlands), Pieck (erster Präsident) und Grotewohl (erster Ministerpräsident) die herausragenden Persönlichkeiten der Nachkriegsjahre.

Das Verhältnis der beiden deutschen Staaten war lange Zeit durch den Ost-West-Gegensatz und den „Kalten Krieg" getrübt. Es ist auch heute noch gespannt. Seit der sog. „Ostpolitik" der BRD (Anfang der 7oer Jahre) hat sich das Verhältnis etwas gebessert, vor allem, weil die BRD in den sog. „Ostverträgen" (mit der UdSSR, Polen und anderen Ostblockstaaten) und im sog. Grundvertrag (mit der DDR) *de facto* die Oder-Neiße-Linie und die DDR anerkannte. Die wirtschaftliche Zusammenarbeit hat sich durch diese Verträge gebessert, und die Grenzen (der „Eiserne Vorhang") sind etwas durchlässiger geworden, obwohl gerade an der „Zonengrenze" (der Grenze zwischen der BRD und der DDR) auf DDR-Seite noch immer Minenfelder, Stacheldraht und Wachtürme sind, und DDR-Volkspolizisten rücksichtslos den sog. „Schießbefehl" anwenden, d.h. auf Leute, die in die BRD wollen, schießen.

Auch an der Berliner Mauer, die 1961 von der DDR über Nacht gezogen wurde, ist die Situation ähnlich.

der Zusammenbruch: *collapse*
das Grundgesetz : *The Basic Law* (*West German constitution*)
der Bezirk (–e): *district*
der Sektor (–en) = *sector*
der Alliierte Kontrollrat: *Allied Control Commission*
laut (+ *Gen.*/+ *Dat.*): *according to*
der Potsdamer Vertrag: *the Potsdam Agreement*
vorläufig: *provisional, temporary*
sich (*Dat.*) vorbehalten (ä, ie, a): *to keep, to reserve (for oneself)*
der Abschluß (-̈sse): *conclusion, settlement*

endgültig: *final, definite*
die Verantwortung (–en): *responsibility*
der Aufbau: *development, growth*
getrübt: *troubled*
gespannt: *tense*
anerkennen (e, a, a): *to recognize*
durchlässig: *pervious, accessible*
rücksichtslos: *mercilessly, ruthlessly*
anwenden (e, a, a): *to employ, to carry out*

28.2 Ein kurzer Vergleich zwischen den politischen Systemen Großbritanniens und der Bundesrepublik

Großbritannien ist eine parlamentarische Monarchie. Der *Monarch* (die Königin, bzw. der König) ist Oberhaupt des Commonwealth und Staatsoberhaupt und Oberhaupt der Anglikanischen Kirche. Die eigentliche Regierungsgewalt liegt jedoch in den Händen der jeweiligen Regierung unter einem *Premierminister* und seinem Kabinett (einer *Premierministerin* und ihrem Kabinett).

Die größten politischen Parteien sind:

die Konservative Partei; die Labourpartei;

die Sozialdemokratische Partei (SDP).

Auch kleinere und Splitterparteien spielen in der britischen Parteienlandschaft eine Rolle. Zu diesen zählen wohl die Liberale Partei, die Schottische Nationalpartei (SNP), die Walisischen Nationalisten und die nordirischen Gruppierungen. Das Gesicht der britischen Politik hat sich geändert, als 1981 die Sozial-Deomokratische Partei ins Leben gerufen wurde. Sie könnte sogar in einer Koalition mit den Liberalen an die Regierung kommen.

Es gibt zwei gesetzgebende Körperschaften: das Unterhaus (das „House of Commons") und das Oberhaus (das „House of Lords"). Unterhaus und Parlament wurden — und werden — oft gleichgesetzt. In Großbritannien besteht das „Parlament" jedoch, streng genommen, aus dem Monarchen, den „Lords" und den Unterhausabgeordneten.

Das *Unterhaus* besteht zur Zeit aus 635 Abgeordneten. Die Legislaturperiode des Unterhauses dauert dem Gesetz nach fünf Jahre. Anders als die Bonner Parlamentarier können sich ihre Londoner Kollegen jedoch nicht darauf verlassen, daß sie fünf Jahre ihrer Arbeit nachgehen können. Denn der Premierminister hat das Recht, das Unterhaus jederzeit auflösen zu lassen. Von diesem Recht wird oft Gebrauch gemacht. Besonders, wenn die Regierung über keine absolute Mehrheit verfügt oder diese nur knapp ist, wird der Premierminister zu einem günstigen Zeitpunkt (insbesondere, wenn die Meinungsumfragen positiv sind) Neuwahlen ausschreiben, um die Regierungsmehrheit zu verbessern.

Die wichtigsten englischen *Minister* sind:

der Premierminister; der Schatzkanzler (Finanzminister); der Minister des Innern (Innenminister); der Minister des Äußeren (Außenminister); der Minister für Arbeitsbeschaffung und Produktivität; der Energieminister; der Minister für Bildung und Erziehung.

Das *„Schattenkabinett"* wird oft in der BRD bewundert, weil es eine wichtige demokratische Kontrollfunktion hat, obwohl es keine direkte politische Macht besitzt. Die Oppositionsparteien in der Bundesrepublik nehmen sich diese Einrichtung oft zum Vorbild.

Jahrhundertelang war man in Großbritannien an *den* Premierminister gewöhnt, aber — obwohl es mehrere Königinnen gegeben hat — eine Premierministerin gab es in Großbritannien erstmals Ende der siebziger Jahre, übrigens den ersten weiblichen Regierungschef (oder sollte man „die erste Regierungschef*in*"

Im Laufe der 50er Jahre gaben die Siegermächte nach und nach der BRD und der DDR ihre volle Souveränität. Die Siegermächte behalten sich jedoch bis zum Abschluß eines endgültigen Friedensvertrages die Verantwortung für ganz Deutschland vor. Sichtbarer Ausdruck dieses sogenannten „4-Mächte-Status" ist noch immer die Präsenz der 4 Mächte in Berlin; Berlin ist heute *de jure* noch unter alliierter Militärverwaltung; *de facto* hat sich im Laufe der Zeit jedoch Westberlin zu einem Land der BRD und Ostberlin zu einem Bezirk (und zur Hauptstadt) der DDR entwickelt.

Mit dem politischen und wirtschaftlichen Aufbau der Bundesrepublik sind untrennbar die Namen Adenauer und Erhard verbunden.

Adenauer war von 1949–1963 Bundeskanzler; seine feste Hand und politische Klugheit haben viel zur Stabilität der BRD beigetragen. Erhard, der langjährige Wirtschaftsminister im Kabinett Adenauer und Bundeskanzler von 1963–66, führte die Soziale Marktwirtschaft ein und wird als Vater des „Wirtschaftswunders" bezeichnet. — In der DDR waren Ulbricht (lange Zeit Vorsitzender des Staatsrats und Generalsekretär der Sozialistischen Einheitspartei Deutschlands), Pieck (erster Präsident) und Grotewohl (erster Ministerpräsident) die herausragenden Persönlichkeiten der Nachkriegsjahre.

Das Verhältnis der beiden deutschen Staaten war lange Zeit durch den Ost-West-Gegensatz und den „Kalten Krieg" getrübt. Es ist auch heute noch gespannt. Seit der sog. „Ostpolitik" der BRD (Anfang der 70er Jahre) hat sich das Verhältnis etwas gebessert, vor allem, weil die BRD in den sog. „Ostverträgen" (mit der UdSSR, Polen und anderen Ostblockstaaten) und im sog. Grundvertrag (mit der DDR) *de facto* die Oder-Neiße-Linie und die DDR anerkannte. Die wirtschaftliche Zusammenarbeit hat sich durch diese Verträge gebessert, und die Grenzen (der „Eiserne Vorhang") sind etwas durchlässiger geworden, obwohl gerade an der „Zonengrenze" (der Grenze zwischen der BRD und der DDR) auf DDR-Seite noch immer Minenfelder, Stacheldraht und Wachtürme sind, und DDR-Volkspolizisten rücksichtslos den sog. „Schießbefehl" anwenden, d.h. auf Leute, die in die BRD wollen, schießen.

Auch an der Berliner Mauer, die 1961 von der DDR über Nacht gezogen wurde, ist die Situation ähnlich.

der Zusammenbruch: *collapse*
das Grundgesetz: *The Basic Law (West German constitution)*
der Bezirk (–e): *district*
der Sektor (–en): *sector*
der Alliierte Kontrollrat: *Allied Control Commission*
laut (+ Gen./+ Dat.): *according to*
der Potsdamer Vertrag: *the Potsdam Agreement*
vorläufig: *provisional, temporary*
sich (*Dat.*) vorbehalten (ä, ie, a): *to keep, to reserve (for oneself)*
der Abschluß (–̈sse): *conclusion, settlement*

endgültig: *final, definite*
die Verantwortung (–en): *responsibility*
der Aufbau: *development, growth*
getrübt: *troubled*
gespannt: *tense*
anerkennen (e, a, a): *to recognize*
durchlässig: *pervious, accessible*
rücksichtslos: *mercilessly, ruthlessly*
anwenden (e, a, a): *to employ, to carry out*

> . . . Er berichtet von dem Fluchtversuch einiger Ost-Berliner, die über mehrere Dächer von der Volkspolizei verfolgt und auf dem Dach des Hauses Bernauer Straße 44 gestellt werden konnten. Als diese dramatische Szene von Westberlinern beobachtet wurde, alarmierten sie sofort die Feuerwehr, die nach kurzer Zeit erschien und ein Sprungtuch ausbreitete.
>
> Bis auf einen einzigen konnte die Volkspolizei die Flüchtlinge überwältigen. Dieser eine geriet in ein Handgemenge mit der Vopo, rutschte auf dem Dach ab, konnte sich aber an der Regenrinne festhalten. Ein Vopo ließ sich ebenfalls das schräge Dach heruntergleiten und versuchte, den Flüchtling wieder zurückzuzerren. Diese dramatische Szene wurde von den Scheinwerfern der West-Berliner Polizei beleuchtet. Als die Feuerwehr ihr Sprungtuch ausgebreitet hatte, wurde dem Flüchtling zugerufen, abzuspringen. Es gelang ihm auch, aus 25 Meter Höhe freizukommen. Der Sprung war aber so kräftig, daß der Flüchtling einige Meter neben dem ausgebreiteten Sprungtuch auf dem Pflaster aufschlug und sofort tot war.
>
> *(Bulletin des Presse- und Informationsamtes der Bundesregierung)*

das Sprungtuch (—er): *net*
bis auf (+ *Acc.*): *except for*
in ein Handgemenge *geraten (ä, ie, a): *to get into a scuffle*
schräg: *slanting*

zurückzerren (wk): *to drag, to pull back*
der Scheinwerfer (–): *searchlight*
das Pflaster (–): *pavement, road* (*cf.* Straßenpflaster, Bürgersteigpflaster) (*translate here: asphalt*)

Im Rahmen der weltweiten Entspannungs- und Abrüstungsbemühungen — und vor allem durch wirtschaftliche Zwänge — wird aber wohl eine weitere Annäherung zwischen den beiden deutschen Staaten möglich sein; vielleicht kann es schließlich zu der Wiedervereinigung in Frieden und Freiheit kommen, die viele Deutsche erhoffen. Bis dahin wird es aber noch ein langer Weg sein.

Immerhin haben aber die beiden deutschen Staaten seit dem Grundvertrag 1972 diplomatische Vertretungen ausgetauscht (sie werden „Ständige Vertretungen", nicht Botschaften, genannt, weil sich die DDR und die BRD gegenseitig nicht als „Ausland" betrachten) und auf vielen anderen Gebieten Verträge geschlossen (z.B. den Verkehrsvertrag, das Postabkommen, das Sportabkommen).

Man kann wohl zusammenfassend sagen, daß sich im Vergleich zu den Jahren des „Kalten Krieges" und der Konfrontation heute das Verhältnis zwischen der BRD und DDR etwas entspannt und normalisiert hat. Dennoch bestehen natürlich erhebliche Unterschiede zwischen den beiden Systemen.

im Rahmen: *within the framework*
die Abrüstung: *disarmament*
die Bemühung (–en): *effort*
der Zwang (—e): *compulsion*

die Annäherung: *improvement in (personal) relations, rapprochement*
das Abkommen (–): *agreement*
erheblich: *considerable*

Retranslation

1 Bonn, sometimes called the "federal village", is the capital of the Federal Republic and East Berlin is the capital of the German Democratic Republic. 2 The Federal Republic is twice as large as the GDR and has roughly three times as many inhabitants. 3 The Federal Republic has ten federal "Länder" and the GDR has fifteen districts (*Bezirke*). 4 Roughly two million people live in West Berlin and one million in East Berlin. 5 For many years relations between the two German states have not been good because of the cold war. 6 The Air Lift (*die Luftbrücke*) by the British and the Americans in 1948 against the Soviet blockade saved West Berlin. 7 The workers' uprising in the GDR (on the 17th June 1953) was suppressed (*unterdrücken*(wk)) by Russian tanks (*der Panzer* (–)). 8 In spite of the "Iron Curtain", more than three million people escaped from the GDR into the Federal Republic between 1949 and 1961. 9 The Berlin Wall was erected in 1961 to prevent more people from escaping. 10 Since the "Basic Treaty" of 1972 between the two Germanys relations between the Federal Republic and the GDR have somewhat improved.

up as an

. . . um verstärkte Kontakte zu ermöglichen

Fragen

1. Wann wurden die BRD und die DDR gegründet?
2. Welche Bedeutung hat die Oder-Neiße-Linie?
3. In welche Staaten sind die „Ostgebiete" heute integriert?
4. Welche drei Männer haben sich vor allem um den Aufbau der Bundesrepublik verdient gemacht?
5. Wie hieß der erste Bundeskanzler, und wie lange war er im Amt?
6. Wie wird Ludwig Erhard genannt?
7. Wodurch war das Verhältnis zwischen der DDR und der Bundesrepublik lange getrübt?
8. Wie sieht es an der Grenze zwischen der DDR und der BRD und an der Grenze zwischen Ost- und Westberlin aus?
9. Warum ist die DDR ein Einparteienstaat?
10. Welche Bedeutung hat der Grundvertrag?

Wahlkreise. Jeder Wähler hat zwei Stimmen — eine Erststimme und eine Zweitstimme. In jedem Land haben die verschiedenen Parteien eine sogenannte Partei-Liste (Kandidaten). Von den 496 Abgeordneten im Bundestag wird die Hälfte mit einfacher Mehrheit gewählt (Erststimme). Nach Abzug dieser 248 bereits direkt gewählten Kandidaten werden die anderen Sitze nach in Prinzip der Verhältniswahl auf die Parteien verteilt. Um eine Zersplitterung im Parlament durch kleine Parteien zu vermeiden, besteht bei der Bundestagswahl und bei den Landtagswahlen eine Sperrklausel im Bundestag sind nur Parteien vertreten, die mindestens 5% der abgegebenen Stimmen oder 3 direkt gewählte Abgeordnete haben.

Der Bundesrat ist die Vertretung der Länder (zur Zeit 45 Bundesratsabgeordnete) und hat bei der Gesetzgebung aufschiebende Rechte. Die Bundesregierung (d.h. das Kabinett) ist dem Bundestag verantwortlich. An ihrer Spitze steht der Bundeskanzler, der — laut Verfassung — „die Richtlinien der Politik" bestimmt. Seine Stellung ist daher mit der des englischen Premierministers vergleichbar.

Die wichtigsten Ministerposten sind:

der Außenminister; der Innenminister; der Wirtschaftsminister; der Finanzminister; der Justizminister; der Verteidigungsminister.

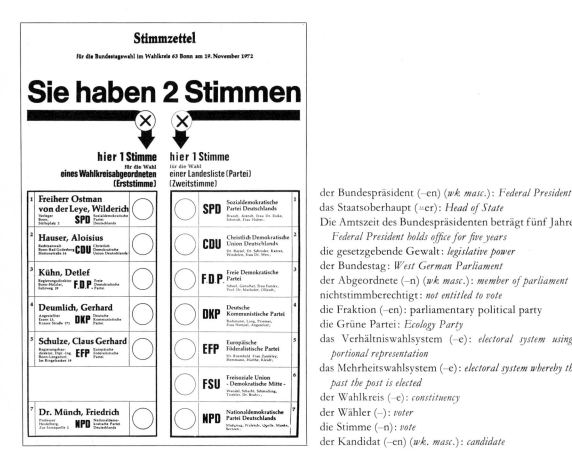

der Bundespräsident (–en) (wk masc.): *Federal President*

das Staatsoberhaupt (⸚er): *Head of State*

Die Amtszeit des Bundespräsidenten beträgt fünf Jahre: *The Federal President holds office for five years*

die gesetzgebende Gewalt: *legislative power*

der Bundestag: *West German Parliament*

der Abgeordnete (–n) (wk masc.): *member of parliament*

nichtstimmberechtigt: *not entitled to vote*

die Fraktion (–en): *parliamentary political party*

die Grüne Partei: *Ecology Party*

das Verhältniswahlsystem (–e): *electoral system using proportional representation*

das Mehrheitswahlsystem (–e): *electoral system whereby the first past the post is elected*

der Wahlkreis (–e): *constituency*

der Wähler (–): *voter*

die Stimme (–n): *vote*

der Kandidat (–en) (wk. masc.): *candidate*

Retranslation

1 Bonn, sometimes called the "federal village", is the capital of the Federal Republic and East Berlin is the capital of the German Democratic Republic. 2 The Federal Republic is twice as large as the GDR and has roughly three times as many inhabitants. 3 The Federal Republic has ten federal "Länder" and the GDR has fifteen districts (*Bezirke*). 4 Roughly two million people live in West Berlin and one million in East Berlin. 5 For many years relations between the two German states have not been good because of the cold war. 6 The Air Lift (*die Luftbrücke*) by the British and the Americans in 1948 against the Soviet blockade saved West Berlin. 7 The workers' uprising in the GDR (on the 17th June 1953) was suppressed (*unterdrücken*(wk)) by Russian tanks (*der Panzer* (–)). 8 In spite of the "Iron Curtain", more than three million people escaped from the GDR into the Federal Republic between 1949 and 1961. 9 The Berlin Wall was erected in 1961 to prevent more people from escaping. 10 Since the "Basic Treaty" of 1972 between the two Germanys relations between the Federal Republic and the GDR have somewhat improved.

. . . um verstärkte Kontakte zu ermöglichen

Fragen

1. Wann wurden die BRD und die DDR gegründet?
2. Welche Bedeutung hat die Oder-Neiße-Linie?
3. In welche Staaten sind die „Ostgebiete" heute integriert?
4. Welche drei Männer haben sich vor allem um den Aufbau der Bundesrepublik verdient gemacht?
5. Wie hieß der erste Bundeskanzler, und wie lange war er im Amt?
6. Wie wird Ludwig Erhard genannt?
7. Wodurch war das Verhältnis zwischen der DDR und der Bundesrepublik lange getrübt?
8. Wie sieht es an der Grenze zwischen der DDR und der BRD und an der Grenze zwischen Ost- und Westberlin aus?
9. Warum ist die DDR ein Einparteienstaat?
10. Welche Bedeutung hat der Grundvertrag?

28.2 Ein kurzer Vergleich zwischen den politischen Systemen Großbritanniens und der Bundesrepublik

Großbritannien ist eine parlamentarische Monarchie. Der *Monarch* (die Königin, bzw. der König) ist Oberhaupt des Commonwealth und Staatsoberhaupt und Oberhaupt der Anglikanischen Kirche. Die eigentliche Regierungsgewalt liegt jedoch in den Händen der jeweiligen Regierung unter einem *Premierminister* und seinem Kabinett (einer *Premierministerin* und ihrem Kabinett).

Die größten politischen Parteien sind:

    die Konservative Partei; die Labourpartei;
    die Sozialdemokratische Partei (SDP).

Auch kleinere und Splitterparteien spielen in der britischen Parteienlandschaft eine Rolle. Zu diesen zählen wohl die Liberale Partei, die Schottische Nationalpartei (SNP), die Walisischen Nationalisten und die nordirischen Gruppierungen. Das Gesicht der britischen Politik hat sich geändert, als 1981 die Sozial-Deomokratische Partei ins Leben gerufen wurde. Sie könnte sogar in einer Koalition mit den Liberalen an die Regierung kommen.

Es gibt zwei gesetzgebende Körperschaften: das Unterhaus (das „House of Commons") und das Oberhaus (das „House of Lords"). Unterhaus und Parlament wurden — und werden — oft gleichgesetzt. In Großbritannien besteht das „Parlament" jedoch, streng genommen, aus dem Monarchen, den „Lords" und den Unterhausabgeordneten.

Das *Unterhaus* besteht zur Zeit aus 635 Abgeordneten. Die Legislaturperiode des Unterhauses dauert dem Gesetz nach fünf Jahre. Anders als die Bonner Parlamentarier können sich ihre Londoner Kollegen jedoch nicht darauf verlassen, daß sie fünf Jahre ihrer Arbeit nachgehen können. Denn der Premierminister hat das Recht, das Unterhaus jederzeit auflösen zu lassen. Von diesem Recht wird oft Gebrauch gemacht. Besonders, wenn die Regierung über keine absolute Mehrheit verfügt oder diese nur knapp ist, wird der Premierminister zu einem günstigen Zeitpunkt (insbesondere, wenn die Meinungsumfragen positiv sind) Neuwahlen ausschreiben, um die Regierungsmehrheit zu verbessern.

Die wichtigsten englischen *Minister* sind:

    der Premierminister; der Schatzkanzler (Finanzminister); der Minister des Innern (Innenminister); der Minister des Äußeren (Außenminister); der Minister für Arbeitsbeschaffung und Produktivität; der Energieminister; der Minister für Bildung und Erziehung.

Das „*Schattenkabinett*" wird oft in der BRD bewundert, weil es eine wichtige demokratische Kontrollfunktion hat, obwohl es keine direkte politische Macht besitzt. Die Oppositionsparteien in der Bundesrepublik nehmen sich diese Einrichtung oft zum Vorbild.

Jahrhundertelang war man in Großbritannien an *den* Premierminister gewöhnt, aber — obwohl es mehrere Königinnen gegeben hat — eine Premierministerin gab es in Großbritannien erstmals Ende der siebziger Jahre, übrigens den ersten weiblichen Regierungschef (oder sollte man „die erste Regierungschef*in*"

28.3 Aus einer Broschüre ü...

England ist farbig, fröhlic...
kommen mit dem gleichen I...
Vereinigten Königreich der I...
gelassen ihren Tee trinken. G...
● Weil die Kanalüberquerun...
● Weil das Einkaufen drübe...
● Weil klassische Kriminalr...
wie am Tatort,

  Mord in...
  Fünf Tip...
  Der bes...
  Sayers-k...
  „Die ne...
  Die ele...
  under d...
  Tigers".
  Der hin...
  Mord v...
  Die geh...
  und sch...
  Pflichtl...
  für jede...

● Weil Schottlands stolze Cl...
● Weil man mit „Bed and...
kommt.
● Weil es sich in Cornwalls...
● Weil Golfer, Angler, Anti...
ihre Kosten kommen wie au...

---

sagen?) in Europa! Gar schnell war man übrigens auch mit einem Spitznamen für Margaret Thatcher zur Hand, der sicher mehr Achtung als Kritik ausdrückt: die „Eiserne Jungfrau".

An der Struktur des *Oberhauses* hat sich bis heute wenig geändert. Von den etwa 1100 Lords sind etwa 900 Mitglieder durch Erbfolge. Die Mehrzahl dieser Lords wurde in diesem Jahrhundert ernannt; nur eine kleine Minderheit bekam den Titel in der Zeit vor der Industriellen Revolution. Hinzu kommen 26 Bischöfe, 16 Richter und — als Neuerung seit 1958 — Lords auf Lebenszeit.

Warum einige das Oberhaus abschaffen wollen, wird in Deutschland nicht immer verstanden, besonders, weil es doch historisch gewachsen ist und — trotz der erblichen Lords, die nur durch Geburt legitimiert sind — doch durchaus eine demokratische Kontrollfunktion ausübt.

jeweilig: *of the time*
das Kabinett (–e): *cabinet*
die Splitterpartei (–en): *breakaway splinter party, small party*
die Gruppierung (–en): *(political) group*
gesetzgebend: *legislative*
die Körperschaft (–en): *body, assembly*
gleichsetzen (*wk*): *to equate, to lump together*
der Monarch (–en) (*wk masc.*): *monarch*
der (*wk masc.*)/die Unterhausabgeordnete (–n): *M.P.*
die Legislaturperiode (–n): *life of a parliament*
Gebrauch machen (*wk*) von (+ *Dat.*): *to make use of*
verfügen (*wk*) über (+ *Acc.*): *to have (at one's disposal)*
die Meinungsumfrage (–n): *opinion poll*

die Kontrollfunktion (–en): *check, safeguard*
Neuwahlen **aus**schreiben (ei, ie, ie): *to call an election*
die Einrichtung (–en): *the way sth. works, institution*
sich etwas zum Vorbild nehmen (i, a, o): *to hold (sth.) up as an example (i.e. sth. to be emulated)*
die Erbfolge (–n): *(hereditary) succession*
die Mehrzahl (–en): *(here) majority*
ernennen (e, a, a): *to create, to appoint*
die Minderheit (–en): *minority*
der Bischof (÷e): *bishop*
der Lord (–s) auf Lebenszeit: *life peer*
abschaffen (*wk*): *to abolish, to do away with*
erblich: *hereditary*

Die Bundesrepublik Deutschland ist ein demokratischer Bundesstaat. Die Hauptstadt ist Bonn. Der Bundespräsident ist das Staatsoberhaupt: er hat ähnliche Rechte und repräsentative Funktionen wie die englische Königin. Die Amtszeit des Bundespräsidenten beträgt fünf Jahre. Er kann wiedergewählt werden.

Die eigentliche gesetzgebende Gewalt liegt in den Händen des Bundestages (zur Zeit 496 Bundestagsabgeordnete; dazu kommen 22 nichtstimmberechtigte Abgeordnete aus Westberlin). Er wird normalerweise alle vier Jahre gewählt.

Die größten Parteien in der BRD sind:
— die Christlich Demokratische Union (CDU)
— die Christlich Soziale Union (CSU)
  (Die CSU ist die Schwesterpartei der CDU in Bayern; im Bundestag bilden sie zusammen eine Fraktion, die „CDU/CSU")
— die Sozialdemokratische Partei Deutschlands (SPD)
— die Freie Demokratische Partei (FDP)
Es gibt auch einige kleinere Parteien, wie z.B. die Nationaldemokratische Partei Deutschlands (NPD), die Deutsche Kommunistische Partei (DKP) und die Grüne Partei (die Grünen).

Das Wahlsystem in der BRD ist eine Mischung aus dem Verhältnis- und dem Mehrheitswahlsystem. Es gibt zur Zeit 248

Wahlkreise. Jeder Wähler h
eine Zweitstimme. In jeden
eine sogenannte Partei-List
neten im Bundestag wird d
(Erststimme). Nach Abzu
Kandidaten werden die and
wahl auf die Parteien vertei
durch kleine Parteien zu ve
und bei den Landtagswahl
nur Parteien vertreten, die n
oder 3 direkt gewählte Abg

Der Bundesrat ist die Ve
ratsabgeordnete) und hat
Rechte. Die Bundesregierur
verantwortlich. An ihrer Sp
Verfassung — „die Richtlin
ist daher mit der des englisc

Die wichtigsten Minister
der Außenminister;
minister; der Finanz
teidigungsminister.

das Vereinigte Königreich: *the United Kingdom*
die Krisenzeit (–en): *time of crisis*
gelassen: *calmly*
die Kanalüberquerung (–en): *Channel crossing*
die Kahnfahrt (–en): (*here*) *short boat trip*
verlockend: *enticing*
der Tatort (–e): *scene of the crime*
mordlüstern: *bloodthirsty*
hinreißend: *thrilling, captivating*

vorsätzlich: *on purpose, intentionally*
die Pflichtlektüre (–n): *compulsory reading*
aufschließen (ie, o, o): *to open up*
zünftig: *as one of the locals*
zechen (*wk*): *to tipple, to drink*
auf seine Kosten *kommen (o, a, o): *to get value for (one's)
 money*
der Müßiggänger (–): *idler, person who wants to do nothing*

28.4 Die Tour

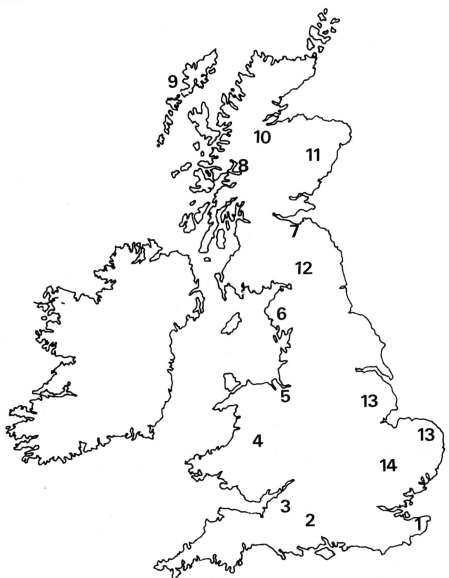

(Stimmzettel, left lower portion)

Stimmze

für die Bundestagswahl im Wahlkreis 63

Sie haben 2

hier 1 Stimme
für die Wahl
eines Wahlkreisabgeordneten
(Erststimme)

1	**Freiherr Ostman von der Leye, Wilderich** Verleger Bonn, Stiftsplatz 2 — **SPD** Sozialdemokratische Partei	◯
2	**Hauser, Aloisius** Rechtsanwalt Bonn-Bad Godesberg Hortonstraße 16 — **CDU** Christlich Demokratische Union Deutschlands	◯
3	**Kühn, Detlef** Regierungsdirektor Bonn-Holzlar, Fuhrweg 29 — **F.D.P** Freie Demokratische Partei	◯
4	**Deumlich, Gerhard** Angestellter Essen 13, Krayer Straße 171 — **DKP** Deutsche Kommunistische Partei	◯
5	**Schulze, Claus Gerhard** Regierungsbaudirektor, Dipl.-Ing. Bonn-Lengsdorf, Im Ringelsacker 19 — **EFP** Europäische Föderalistische Partei	◯
7	**Dr. Münch, Friedrich** Professor Heidelberg, Zur Forstquelle 2 — **NPD** Nationaldemokratische Partei Deutschlands	◯

sagen?) in Europa! Gar schnell war man übrigens auch mit einem Spitznamen für Margaret Thatcher zur Hand, der sicher mehr Achtung als Kritik ausdrückt: die „Eiserne Jungfrau".

An der Struktur des *Oberhauses* hat sich bis heute wenig geändert. Von den etwa 1100 Lords sind etwa 900 Mitglieder durch Erbfolge. Die Mehrzahl dieser Lords wurde in diesem Jahrhundert ernannt; nur eine kleine Minderheit bekam den Titel in der Zeit vor der Industriellen Revolution. Hinzu kommen 26 Bischöfe, 16 Richter und — als Neuerung seit 1958 — Lords auf Lebenszeit.

Warum einige das Oberhaus abschaffen wollen, wird in Deutschland nicht immer verstanden, besonders, weil es doch historisch gewachsen ist und — trotz der erblichen Lords, die nur durch Geburt legitimiert sind — doch durchaus eine demokratische Kontrollfunktion ausübt.

jeweilig: *of the time*
das Kabinett (–e): *cabinet*
die Splitterpartei (–en): *breakaway splinter party, small party*
die Gruppierung (–en): *(political) group*
gesetzgebend: *legislative*
die Körperschaft (–en): *body, assembly*
gleichsetzen (*wk*): *to equate, to lump together*
der Monarch (–en) (*wk masc.*): *monarch*
der (*wk masc.*)/die Unterhausabgeordnete (–n): *M.P.*
die Legislaturperiode (–n): *life of a parliament*
Gebrauch machen (*wk*) von (+ *Dat.*): *to make use of*
verfügen (*wk*) über (+ *Acc.*): *to have (at one's disposal)*
die Meinungsumfrage (–n): *opinion poll*

die Kontrollfunktion (–en): *check, safeguard*
Neuwahlen **aus**schreiben (ei, ie, ie): *to call an election*
die Einrichtung (–en): *the way sth. works, institution*
sich etwas zum Vorbild nehmen (i, a, o): *to hold (sth.) up as an example (i.e. sth. to be emulated)*
die Erbfolge (–n): *(hereditary) succession*
die Mehrzahl (–en): *(here) majority*
ernennen (e, a, a): *to create, to appoint*
die Minderheit (–en): *minority*
der Bischof (⸚e): *bishop*
der Lord (–s) auf Lebenszeit: *life peer*
abschaffen (*wk*): *to abolish, to do away with*
erblich: *hereditary*

Die Bundesrepublik Deutschland ist ein demokratischer Bundesstaat. Die Hauptstadt ist Bonn. Der Bundespräsident ist das Staatsoberhaupt: er hat ähnliche Rechte und repräsentative Funktionen wie die englische Königin. Die Amtszeit des Bundespräsidenten beträgt fünf Jahre. Er kann wiedergewählt werden.

Die eigentliche gesetzgebende Gewalt liegt in den Händen des Bundestages (zur Zeit 496 Bundestagsabgeordnete; dazu kommen 22 nichtstimmberechtigte Abgeordnete aus Westberlin). Er wird normalerweise alle vier Jahre gewählt.

Die größten Parteien in der BRD sind:
— die Christlich Demokratische Union (CDU)
— die Christlich Soziale Union (CSU)
   (Die CSU ist die Schwesterpartei der CDU in Bayern; im Bundestag bilden sie zusammen eine Fraktion, die „CDU/CSU")
— die Sozialdemokratische Partei Deutschlands (SPD)
— die Freie Demokratische Partei (FDP)
Es gibt auch einige kleinere Parteien, wie z.B. die Nationaldemokratische Partei Deutschlands (NPD), die Deutsche Kommunistische Partei (DKP) und die Grüne Partei (die Grünen).

Das Wahlsystem in der BRD ist eine Mischung aus dem Verhältnis- und dem Mehrheitswahlsystem. Es gibt zur Zeit 248

Wahlkreise. Jeder Wähler hat zwei Stimmen — eine Erststimme und eine Zweitstimme. In jedem Land haben die verschiedenen Parteien eine sogenannte Partei-Liste (Kandidaten). Von den 496 Abgeordneten im Bundestag wird die Hälfte mit einfacher Mehrheit gewählt (Erststimme). Nach Abzug dieser 248 bereits direkt gewählten Kandidaten werden die anderen Sitze nach in Prinzip der Verhältniswahl auf die Parteien verteilt. Um eine Zersplitterung im Parlament durch kleine Parteien zu vermeiden, besteht bei der Bundestagswahl und bei den Landtagswahlen eine Sperrklausel im Bundestag sind nur Parteien vertreten, die mindestens 5 % der abgegebenen Stimmen oder 3 direkt gewählte Abgeordnete haben.

Der Bundesrat ist die Vertretung der Länder (zur Zeit 45 Bundesratsabgeordnete) und hat bei der Gesetzgebung aufschiebende Rechte. Die Bundesregierung (d.h. das Kabinett) ist dem Bundestag verantwortlich. An ihrer Spitze steht der Bundeskanzler, der — laut Verfassung — „die Richtlinien der Politik" bestimmt. Seine Stellung ist daher mit der des englischen Premierministers vergleichbar.

Die wichtigsten Ministerposten sind:

der Außenminister; der Innenminister; der Wirtschaftsminister; der Finanzminister; der Justizminister; der Verteidigungsminister.

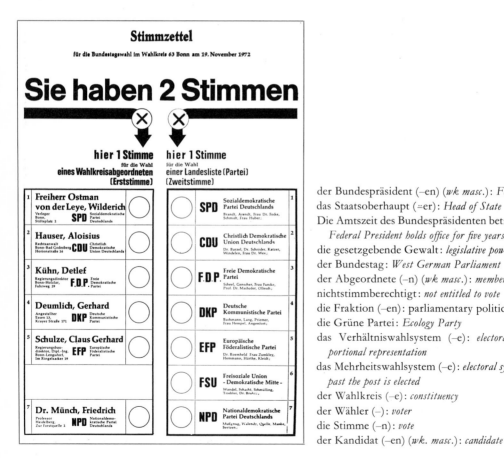

der Bundespräsident (–en) (*wk masc.*): *Federal President*

das Staatsoberhaupt (̈er): *Head of State*

Die Amtszeit des Bundespräsidenten beträgt fünf Jahre: *The Federal President holds office for five years*

die gesetzgebende Gewalt: *legislative power*

der Bundestag: *West German Parliament*

der Abgeordnete (–n) (*wk masc.*): *member of parliament*

nichtstimmberechtigt: *not entitled to vote*

die Fraktion (–en): *parliamentary political party*

die Grüne Partei: *Ecology Party*

das Verhältniswahlsystem (–e): *electoral system using proportional representation*

das Mehrheitswahlsystem (–e): *electoral system whereby the first past the post is elected*

der Wahlkreis (–e): *constituency*

der Wähler (–): *voter*

die Stimme (–n): *vote*

der Kandidat (–en) (*wk. masc.*): *candidate*

nach Abzug + Gen.: *after taking away (i.e. having deducted from total)*

bereits: *always*

der Sitz (–e): *seat*

verteilen (*wk*): *to distribute*

das Prinzip (–ien): *principle*

die Zersplitterung (–en): *fragmentation*

die 5% Klausel (–n): *the 5% clause (electoral barrier)*

vertreten (i, a, e): *to represent*

die abgegebenen Stimmen: *the votes cast*

der Bundesrat: *Upper Chamber (W. Germany)*

die Vertretung: (here) *representative assembly*

aufschiebende Rechte: *delaying rights*

an ihrer Spitze: *at its head*

der Bundeskanzler (–): *Federal Chancellor*

laut + Gen. (or + Dat. when the noun is preceded by an article or adjective): *according to*

die Verfassung (–en): *constitution*

die Richtlinie (–n): *guide line*

vergleichbar: *comparable*

Retranslation

1 Last night there were only sixty-four Members of Parliament in the House of Commons. 2 The Foreign Secretary will fly to Brussels tomorrow with the Chancellor of the Exchequer. 3 He had been a member of the Shadow Cabinet for one and a half years. 4 The government had an absolute majority. 5 The opinion poll was favourable. 6 Did you see the Prime Minister on television last Monday? 7 The Home Secretary has a difficult job. 8 The Prime Minister will have to dissolve parliament soon and hold fresh elections. 9 Should the House of Lords be abolished or does it still have a democratic function? 10 In many respects an English county (*die Grafschaft (–en)*) may be compared with a "Land" of the Federal Republic.

28.3 Aus einer Broschüre über Großbritannien

England ist farbig, fröhlich, frech — mehr und mehr Touristen kommen mit dem gleichen Eindruck von der Insel zurück, diesem Vereinigten Königreich der Individualisten, die auch in Krisenzeiten gelassen ihren Tee trinken. Großbritannien wird immer beliebter:

● Weil die Kanalüberquerung zu einer Kahnfahrt geworden ist.

● Weil das Einkaufen drüben so verlockend ist.

● Weil klassische Kriminalromane sich nirgends so spannend lesen wie am Tatort,

Mord in England
Fünf Tips von Krimi-Kenner und Autor Rolf Vollmann
Der beste
Sayers-Krimi mit einem der finstersten Morde: Dorothy L. Sayers, „Die neun Schneider".
Die eleganteste
under den mordlüsternen Ladies: Margery Allingham, „Spur des Tigers".
Der hinreißendste
Mord vom Erfinder des Psychokrimis: Francis Iles, „Vorsätzlich".
Die geheimnisvollste
und schönste Frauenfigur: John Bingham, „Marion".
Pflichtlektüre
für jeden Krimileser: Conan Doyle, „Studie in Scharlachrot".

● Weil Schottlands stolze Clans ihre Schlösser aufgeschlossen haben.

● Weil man mit „Bed and Breakfast" gut und billig durchs Land kommt.

● Weil es sich in Cornwalls Schmuggler-Pubs zünftig zechen läßt.

● Weil Golfer, Angler, Antiquitätenjäger, Sprachschüler, Reiter auf ihre Kosten kommen wie auch Müßiggänger.

das Vereinigte Königreich: *the United Kingdom*
die Krisenzeit (–en): *time of crisis*
gelassen: *calmly*
die Kanalüberquerung (–en): *Channel crossing*
die Kahnfahrt (–en): *(here) short boat trip*
verlockend: *enticing*
der Tatort (–e): *scene of the crime*
mordlüstern: *bloodthirsty*
hinreißend: *thrilling, captivating*

vorsätzlich: *on purpose, intentionally*
die Pflichtlektüre (–n): *compulsory reading*
aufschließen (ie, o, o): *to open up*
zünftig: *as one of the locals*
zechen (wk): *to tipple, to drink*
auf seine Kosten *kommen (o, a, o): *to get value for (one's) money*
der Müßiggänger (–): *idler, person who wants to do nothing*

28.4 Die Tour

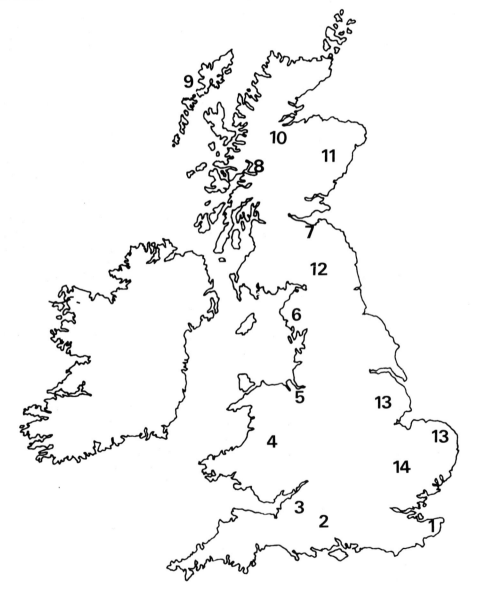

1. **CANTERBURY** — Die Stadt ist wie das Buch (*Canterbury Tales*) von Chaucer: voller Geschichte und Geschichten. Und man merkt, daß sie durch Jahrhunderte geistliches Zentrum Britains war: auf Schritt und Tritt gepflegtes Mittelalter.

2. **STONEHENGE** — 56 Tonnen schwere Steine auf einer sattgrünen südenglischen Wiese. Tempel für Menschenopfer? Computer für Astrologen? Landeplatz für Frühzeitastronauten? Keltische Kraftmeierei? Sie können Ihre eigene Theorie entwickeln.

3. **BATH** — Die Römer entdeckten hier heiße Quellen und machten ein berühmtes Bad daraus. Die Briten entdeckten im 18. Jahrhundert die Reste des Bades und machten eine der schönsten Städte Britains daraus. Hervorragende Antiquitätengeschäfte!

4. **WALES** — Auf den grünen Hügeln der Brecon Beacons stehen Überreste keltischer Festungen, die den Römern widerstanden haben. Die Römer fanden Wales zu rauh und die Waliser zu schwierig zu erobern. Die Engländer brauchten 300 Jahre, um sie zu bändigen. Deshalb werden Sie hier mehr Burgen pro Quadratkilometer finden als irgendwo sonst in Europa.

5. **CHESTER** — Sie überqueren die Grenze nach Nordengland und mit der Landschaft ändert sich der Akzent. Wenn Sie durch die mittelalterlichen Straßen von Chester bummeln, glauben Sie, die Industrielle Revolution habe hier niemals stattgefunden. Essen Sie ein „Ploughman's Lunch" mit Essigzwiebeln, Cheshire Käse, Brot, und genehmigen Sie sich ein dunkles englisches Bier dazu in einem der vielen Pubs.

6. **LAKE DISTRICT** — Wordsworth, der englische Goethe, ließ sich von der romantischen Einöde des Lake Districts inspirieren. Bringen Sie Ihre Wanderstiefel mit, und besteigen Sie Scafell Pike, Englands höchsten Berg. „Über allen Gipfeln ist Ruh" könnte gut hier geschrieben worden sein.

7. **EDINBURGH** — Auf den grünen Hügeln rings um die Stadt weiden Schafe. Trotz Idylle: in der City großartige Einkaufsmöglichkeiten (Wolle, Pullover, Kilts). In den Pubs haben Sie 50 verschiedene Whiskysorten zur Wahl. Zweitgrößte schottische Stadt. Größte Festung Europas.

8. **BEN NEVIS** — Nur der schottische Steinadler schwebt höher als Ben Nevis im schottischen Hochland. Schottlands höchster Berg: 1343,3 Meter. Immerhin.

9. **DIE HEBRIDEN** — Einsam, schön, wild. Etwas für Eskapisten. Bonnie Prince Charles floh hierher — vor 200 Jahren. Bis heute hat sich wenig geändert.

10. **LOCH NESS** — Wenn Sie Nessie auf Film bekommen, bekommen Sie 5000£ von Guinness. Wenn nicht, haben sie einen der schönsten schottischen Lochs (Seen) auf Dia.

11. **BALMORAL** — Von Königin Victoria als königliche Sommerresidenz auserwählt. Hierher zieht sich die Royal Family zurück, wenn im Sommer deutsche Touristen vor dem Buckingham Palace in London Schlange stehen.

12. **HADRIAN'S WALL** — Der römische Eroberer Hadrian baute diesen Wall, um sich vor den frühen Schotten zu schützen. Ein großartiger Fehlschlag in faszinierender, menschenleerer Landschaft. Als Kulisse für deutsche Politiker empfehlenswert.

13. **LINCOLN UND NORWICH** — Wo steht die eindrucksvollste Kathedrale Britains? Ihr Weg retour nach Süden führt Sie zu drei Kandidaten: York, Lincoln, und Norwich.

14. **CAMBRIDGE** — Ist die Universität von Cambridge mittelalterlicher als die von Oxford? Ist Oxford schlauer als Cambridge?

---

auf Schritt und Tritt: *at every step, everywhere, wherever you go*
gepflegt: *well looked-after*
saftgrün: *deep (rich) green*
das Menschenopfer (–): *human sacrifice*
die Kraftmeierei: *brawn and muscle*
bändigen (*wk*): *to tame*
*bummeln (*wk*): *to stroll, to saunter*

die Essigzwiebel (–n): *pickled onion*
sich genehmigen (*wk*): *to indulge in (a drink)*
die Einöde (–n): *wilderness*
weiden (*wk*): *to graze*
der Steinadler (–): *golden eagle*
der Fehlschlag (–̈e): *disappointment, failure*
empfehlenswert: *to be recommended*

28.5 Aufsatzthemen

1. Die Reformen, die Sie als Premierminister(in) durchführen würden.
2. Mehrheits — oder Verhältniswahl?
3. Ungeschriebene Gesetze sind oft mächtiger als geschriebene.

29 Problemkreise in Großbritannien

Folgende Problemkreise stehen in Großbritannien seit Jahren zur Diskussion; sie werden auch in Deutschland mit Interesse verfolgt: die Nordirlandfrage, der schottische und walische „Nationalismus", das Nordseeöl, die Gewerkschaftsfrage.

29.1 Die Nordirlandfrage

Das Nordirlandproblem kann von Außenstehenden sehr schwer beurteilt werden; in der Bundesrepublik nimmt man lebhaft an den Diskussionen teil, sieht aber oft nur die Oberfläche — die bürgerkriegsähnlichen Zustände, den Einsatz britischer Truppen, den Konfessionskrieg, die Gewaltakte der Irisch-Republikanischen Armee (IRA) und der Ulster-Unionisten, die Internierungslager, die Demonstrationen der Bürgerrechtsbewegung, die Verleihung des Friedensnobelpreises an Betty Williams und Mairead Corrigan.

London schickte 1969 Truppen. 1972 wurden das Parlament (der Stormont) und die Regierung in Belfast [also die innere Selbstverwaltung (Home Rule)] „vorübergehend" abgeschafft. Aber ein Problem, das im Grunde schon seit Jahrhunderten besteht, verschwindet nicht über Nacht. Es liegen ja viele Fragen zugrunde: der Konflikt in Nordirland ist nicht nur ein Konflikt zweier Konfessionen, sondern hat auch wirtschaftliche, historische und kulturelle Wurzeln; auch das Minderheitenproblem (katholische Minderheit gegen protestantische Mehrheit) spielt eine Rolle. Und schließlich geraten immer wieder Extremisten mit Gemäßigten in Konflikt. In der Bundesrepublik hat man oft den Eindruck, als ob viele Engländer den Nordirlandkonflikt längst satt haben und einen Abzug der britischen Truppen befürworten. Die Folge wäre aber wohl ein neuer Bürgerkrieg in Irland, dem London natürlich nicht tatenlos zusehen könnte. Also läßt man die britischen Truppen in Nord-Irland, in der Hoffnung, daß irgendwann die „schweigende Mehrheit" den Terror unmöglich und eine friedliche Lösung möglich macht. Vielleicht führt das Vorhaben, eine Regional-Regierung unter Beteiligung aller Gruppen zu bilden, doch zum Erfolg. Vielleicht führt aber auch ein Staatenbund (eine Konföderation) zwischen dem protestantischen Norden und dem katholischen Süden Irlands zu einer Lösung. Dieser lose Staatenbund könnte im Laufe der Zeit zu einem festen Bundesstaat werden.

der Außenstehende (*like adj.*): *outsider*
der Konfessionskrieg (–e): *interdenominational conflict, religious warfare*
der Gewaltakt (–e): *violent act*
das Internierungslager (–): *internment camp*
die Bürgerrechtsbewegung (–en): *civil rights' movement*
die Verleihung (–en): *award, bestowal*
der Friedensnobelpreis (–e): *Nobel Peace Prize*
vorübergehend: *temporarily*

abschaffen (*wk*): *to suspend*
der Extremist (–en) (*wk masc.*): *extremist*
der Gemäßigte (*like adj.*): *moderate*
etwas satt haben: *to be fed up with sth.*
der Abzug: *withdrawal*
befürworten (*wk*): *to be in favour of*
tatenlos: *idly*
heimgesucht: *stricken*

Retranslation

1 The Irish problem, which has existed for centuries, cannot be solved overnight. 2 The conflict between Catholics and Protestants, the IRA and the Ulster Unionists, the civil-war-like situation and the internment camps are some of the problems that need to be (*müssen*) solved. 3 In 1969 British troops were sent to Northern Ireland and three years later Stormont was temporarily dissolved. 4 The conflict in Northern Ireland has economic, historical and cultural roots. 5 There also exists the problem of the Catholic minority against the Protestant majority. 6 Time and again there are conflicts between the extremists and the moderates. 7 Many English people seem to be fed up with the Northern Ireland problem. 8 Some favour a withdrawal of British troops from Northern Ireland. 9 Others, on the other hand, fear that there could be a new civil war in Ireland. 10 Perhaps one day the "silent majority" will make a peaceful solution possible.

29.2 Der „Nationalismus" und das Nordseeöl

In einem Textheft über Großbritannien (herausgegeben von der Bundeszentrale für politische Bildung) werden folgende Argumente zu diesem Thema vorgebracht:

Beide „nationalistischen" Parteien — die Walisischen Nationalisten und die Schottische Nationalpartei (SNP) — verlangen politische Selbständigkeit. Unklarheit besteht jedoch darüber, was damit genau gemeint ist. Handelt es sich um innere Autonomie oder um die volle völkerrechtliche Unabhängigkeit?

Beiden Parteien hat man vorgehalten, daß Wales und Schottland als eigenständige Staaten wirtschaftlich nicht lebensfähig seien. Für Wales trifft dies zu. Für Schottland hat dieses Argument jedoch an Überzeugungskraft verloren. Denn das „britische" Nordseeöl fand man auf dem „schottischen" Festlandsockel. Nur: was passiert, wenn die Ölvorräte erschöpft sind? Die Labour-Partei und die Konservative Partei reagierten auf die „nationalistische" Herausforderung zunächst mit ausgesprochener Verlegenheit und Zurückhaltung. Die Liberalen nahmen sich der Beschwerden der Schotten an und schlugen die Umwandlung Großbritanniens in einen Bundesstaat vor. Die Konservativen regten Ende der sechziger Jahre die Einrichtung einer besonderen Schottischen Versammlung an, die jedoch weiterhin der Londoner Kontrolle unterstehen sollte.

Der harte Widerstand in der Labour-Partei gegen jede Form der Machtverlagerung (Devolution) bröckelte erst unter dem Eindruck der SNP-Wahlerfolge von 1974 ab. Vorgeschlagen wurde von der Regierung die Einsetzung einer Gesetzgebenden Versammlung für Schottland. Für Wales war eine Ausführende Versammlung ohne Zuständigkeit in der Gesetzgebung im Gespräch.

Die wirtschaftlichen und auch kulturellen Vorteile einer Dezentralisierung sind oft genug betont worden. Der „Wasserkopf" London würde schrumpfen, und benachteiligte Gebiete könnten gewinnen. Aber schon lange vor dem wohl entscheidenden Referendum wurden auch schwere Bedenken laut: Schottland könnte aus dem Staatsverband ausscheiden, würde zwanzig Jahre auf der Ölwelle mitschwimmen und müßte sich dann doch wieder mit

England arrangieren. Andernfalls verbliebe es mit seinen jetzt gut 5 Millionen Einwohnern gegenüber 50 Millionen in England und Wales als bedeutungsloser und entwicklungshilfebedürftiger Staat am äußersten Rande Europas. Ähnlich wäre es wohl um Wales bestellt.

Am 1. März 1979 ergab das Machtverlagerung-Referendum schließlich, daß in Schottland nur etwa ein Drittel der Wahlberechtigten hinter den Gesetzentwürfen zur Machtverlagerung standen, in Wales noch weniger. „Devolution" dürfte vom Tisch sein, Separatismus ganz sicher. Aus Großbritannien wird wohl kein Klein-England werden.

---

das Textheft (–e): *leaflet*

ein Argument (–e) **vor**bringen (i, a, a): *to put forward an argument*

verlangen (*wk*): *to demand*

die Unklarheit (–en): *uncertainty, vagueness*

die Autonomie: *autonomy, (right of) self-government, home rule*

völkerrechtlich: *international*

jemandem **vor**halten (ä, ie, a): *to point out to s.o.*

eigenständig: *independent*

lebensfähig: *viable*

zutreffen (i, a, o): *to be true*

an Überzeugungskraft verlieren (ie, o, o): *to be less convincing*

der Festlandssockel (–): *continental shelf*

der Ölvorrat (÷e): *oil supply (–ies)*

erschöpfen (*wk*): *to exhaust*

die Herausforderung (–en): *challenge*

mit ausgesprochener Verlegenheit: *with acute embarrassment*

sich einer Sache **an**nehmen (i, a, o): *to take up the cause (of)*

die Beschwerde (–n): *complaint, grouse*

die Umwandlung (–en): *transformation, changing of states*

die Zurückhaltung: *cautiousness, aloofness*

die Einrichtung (–en): *setting up*

die Versammlung (–en): *assembly*

(*)**unter**stehen (e, a, a) (+ *Dat.*): *to be subject to*

der Widerstand (÷e): *resistance*

die Machtverlagerung: *devolution*

*ab**bröckeln (*wk*): *to crumble*

ausführend: *executive*

die Zuständigkeit (–en): *(sphere of) responsibility*

die Gesetzgebung: *legislation*

der „Wasserkopf (÷e)" London: *London, topheavy as it is with economic, political and administrative power*

*schrumpfen (*wk*): *to shrink*

benachteiligt: *deprived*

bedeutungslos: *insignificant*

entwicklungshilfebedürftig: *in need of development aid*

*zurückgehen (e, i, a) auf (+ *Acc.*): *(here) to go back to*

Retranslation

1 The Scottish Nationalist Party and the Welsh Nationalists have become more and more important during the last few years. 2 Both want to have some form of autonomy (... *in der einen oder anderen Form*). 3 What sort of autonomy should it be? 4 Could Scotland and Wales exist as independent states? 5 It can be assumed that many of those Welsh people who speak Welsh are in favour of complete political autonomy. 6 The Labour Party and the Conservatives think that a completely independent Wales and Scotland are not viable economically. 7 The discovery of North Sea oil off the Scottish coast could alter the situation for Scotland. 8 But what will happen when the oil supplies run out? 9 A politically independent Scotland could become a small, insignificant state on the extreme edge of Europe. 10 Devolution and decentralization could, however, have a positive economic and cultural effect.

29.3 Gewerkschaften

Die Gewerkschaften vertreten den einzelnen Arbeitnehmer und stärken so seine Stellung gegenüber dem Arbeitgeber. (Gewerkschaften und Arbeitgeberverbände besitzen in der BRD „Tarifhoheit". Sie werden „Interessenverbände" genannt.) Gewerkschaften vertreten Forderungen und Standpunkte der Arbeitnehmer in ihrer Gesamtheit. So handeln die Gewerkschaften z.B. die Anzahl der Arbeitsstunden, die Art und Dauer der Schichtarbeit, die Bedingungen am Arbeitsplatz, die Höhe der Löhne und Gehälter für die Arbeitnehmer aus. Manche Gewerkschaften haben neben einem Streikfonds auch einen politischen Fonds. Sie unterstützen damit eine politische Partei. Auf diese und andere Weise ist es ihnen möglich, das politische Denken und Handeln der betreffenden Partei zu beeinflussen. Außerdem können sie durch Öffentlichkeitsarbeit und auch durch Streiks politischen Druck ausüben.

Löhne und Gehälter werden hauptsächlich durch die Bemühungen der Gewerkschaften erhöht. Lohn- und Gehaltserhöhungen sollten mit den Preisen Schritt halten. Steigen die Preise im selben Verhältnis wie die Löhne, dann sind die Arbeitnehmer nicht besser dran, und die Bemühungen der Gewerkschaften waren vergebens. Wenn andererseits die Regierung Preissteigerungen verhindert, während Löhne und Gehälter steigen, werden viele Unternehmen — besonders kleinere Firmen — unrentabel. Dies kann wiederum zu Kurzarbeit oder sogar zu Entlassungen führen.

Um dies möglichst zu verhindern, haben einige Regierungen versucht, Lohn- und Gehaltserhöhungen mit Produktivitätsabkommen zu koppeln. Die Gewerkschaften sollten — wie die Arbeit-

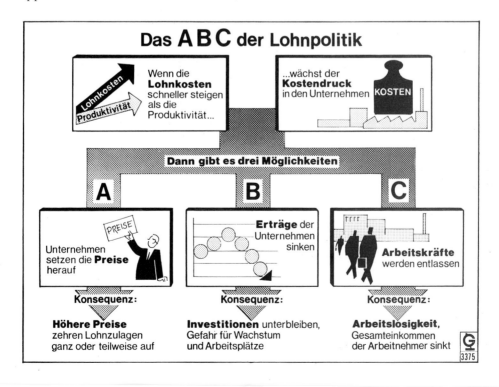

geberverbände — gegenüber der jeweiligen Regierung grundsätzlich eine mitverantwortliche und konstruktive Einstellung zeigen. Sie sollten daher stets bemüht sein, Streiks auf ein Minimum zu beschränken. Wenn gestreikt wird, sollten sie dafür sorgen, daß diese geordnet und im gesetzlichen Rahmen verlaufen. Streiks mit Zustimmung der Gewerkschaft und innerhalb der gesetzlichen Bestimmungen sind „offizielle Streiks", die ohne Zustimmung der Gewerkschaft heißen „nichtoffizielle (oder auch „wilde") Streiks". Bei einem offiziellen Streik kommt es normalerweise nach einiger Zeit zu Verhandlungen zwischen Vertretern der Gewerkschaft und der Betriebsleitung, bzw. den Arbeitgebervertretern. Meist müssen beide Seiten Zugeständnisse machen. Bei wilden Streiks verhandeln — unter Ausschaltung der Gewerkschaft — oft Vertreter der Arbeiter direkt mit der Betriebsleitung.

Bei Tarifverhandlungen wird die Arbeitnehmerseite in England häufig auch durch Betriebsobmänner (Shop Stewards) vertreten, die gewählt werden. Sie genießen einen weitaus größeren Handlungsspielraum als die örtlichen Gewerkschaftsvertreter in der Bundesrepublik. Viele Kritiker sehen daher auch in ihnen die Verantwortlichen für Arbeitskämpfe. Sie bilden aber immerhin ein örtliches Gegengewicht gegen die Arbeitnehmer und auch gegen die Gewerkschaftsspitzen, deren Bürokratisierung auch in Großbritannien kritisiert wird.

der Arbeitgeberverband (∺e): *employers' association*
die Tarifhoheit: *the unalienable right to control (their) mutual dealings without state intervention*
der Interessenverband (∺e): *pressure group*
die Forderung (–en): *demand*
in ihrer Gesamtheit: *collectively, as a whole*
aushandeln (*wk*): *to negotiate*
die Schichtarbeit (–en): *shift work*
der Streikfonds (–): *strike fund*
durch Öffentlichkeitsarbeit: *by bringing things into the public eye*
Lohnerhöhung (–en): *pay-rise*
lohnend: *worth while*
besser dran *sein: *to be better off*
vergebens: *in vain, pointless*
die Preissteigerung (–en): *price increase*
unrentabel: *unprofitable*
die Kurzarbeit: *(enforced) shorter working week, short time*
die Entlassung (–en): *redundancy, dismissal*
koppeln (*wk*): *to link, to couple*
die höhere Produktionsleistung: *higher productivity*
das Produktivitätsabkommen (–): *(higher) productivity deal*
Schritt halten (ä, ie, a) mit: *to keep pace with*
mitverantwortlich: *responsible*
die Einstellung (–en): *attitude*
beschränken (*wk*) auf (+ *Acc*): *to limit (to)*
die Verhandlung (–en): *negotiation*
die Betriebsleitung (–en): *management*
das Zugeständnis (–se): *concession*

die Ausschaltung: *exclusion*
die Tarifverhandlung (–en): *wage negotiation(s)*
der Betriebsobmann (∺er/–obleute): *shop steward*
der Handlungsspielraum: *room to negotiate*
das Gegengewicht (–e): *counter balance*

Mahlzeit!

246

Retranslation

1 The unions represent the interests of the employees and have, therefore, become pressure groups. 2 The employers' associations (cf. the CBI) are also pressure groups. 3 In Britain and the Federal Republic the unions and the employers negotiate, among other things, wage and salary levels, conditions of work and the length of the working week. 4 Unions exert political and economic pressure to obtain, for example, wage and salary increases. 5 Wage and salary increases are often linked to (higher) productivity deals. 6 Wage and salary increases ought to keep pace with prices. 7 If prices, however, remain stable and wages and salaries rise, then there is a danger (*drohen*(wk)) of short time and even redundancies in factories and offices. 8 Strikes approved by the unions are called official strikes and those without union approval are called unofficial or "wildcat" strikes. 9 Shop stewards are the elected representatives of the workers (*Arbeitnehmer*).

„Grausam, wie der arme Hase den Fuchs hetzt"

Fragen

1. Welche fünf Problemkreise beschäftigen England besonders?
2. Welche Aufgabe haben die Gewerkschaften?
3. Was ist der Unterschied zwischen „wilden" und „offiziellen" Streiks?

29.4 Aufsatzthema

Benutzen Sie einige der folgenden Ausdrücke, um einen Zeitungsbericht über einen Streik zu schreiben!:

die Premierministerin (–nen): } *Prime Minister*
der Premierminister (–): }
der Vorsitzende (like adj.) des Gewerkschaftsbundes: *General Secretary of the Trades Union Congress (TUC)*
der Chef (–s) der streikenden Arbeiter: *the boss of the striking workers*
jemanden zu Gesprächen über die Krise **ein**laden (ä, u, a): *to invite s.o. to talks about the crisis*
berichten (wk.): *to report*
das Abkommen zwischen den Gewerkschaften und der Regierung: *the agreement between the unions and the government*
ein Abkommen **ein**halten (ä, ie, a): *to keep an agreement*
der Streikposten (–): *picket*
von den Streikposten: *by the pickets*
eine Warnung bestätigen (wk): *to confirm a warning*
die Verpflichtung haben: *to have the obligation*
den Notstand **aus**rufen (u, ie, u): *to proclaim a state of emergency*
die Streikaktion könnte die Oppositionspartei wieder an die Regierungs(macht) bringen: *the strike action could bring the opposition party to power*
(die) Industrie könnte stillgelegt werden: *industry could be brought to a standstill*
bis Ende kommender Woche: *by the end of the coming week*

nur zehn Prozent der notwendigen Rohmaterialien erreichen die Fabriken: *only 10% of the necessary raw materials are reaching the factories*
der Oppositionsführer (–), } *Leader of the Opposition*
die Oppositionsführerin (–nen) }
in einer Unterhausdebatte über die Streikkrise: *in a parliamentary debate about the strike crisis*
ankündigen (wk.): *to announce*
die Errichtung von Streikbarrikaden: *the erection of strike barriers*
die illegale Aufstellung von Streikposten: *illegal picketing*
aufhören (wk.): *to stop*
ein Lohnangebot von 5 Prozent **ab**lehnen (wk): *to reject a pay offer of 5%*
die Lockerung (–en): *relaxation*
die staatliche Lohnleitlinie (–n): *national pay guideline*
eine erhebliche Verschärfung der Preiskontrolle: *a considerable sharpening of price controls*
künftig: *in future*
Preise **ein**frieren (ie, o, o): *to freeze prices*
der Lohnabschluß (̈-sse): *pay agreement*
Arbeiter im öffentlichen Dienst: *workers in the public sector*
mit niedrigem Einkommen: *with a low income*
eine Lohnverbesserung erhalten (ä, ie, a): *to receive a wage increase*
von bis zu acht Prozent: *of up to 8%*

30 Mut zu Europa

30.1 Die Europäische Gemeinschaft

Klare Aussagen

Es führt nur ein schmaler Weg in eine bessere Zukunft. Dieser Weg heißt Pan-Europa. Die Krönung der paneuropäischen Bestrebungen wäre die Konstituierung der Vereinigten Staaten von Europa. Europa würde den übrigen Weltteilen und Weltmächten gegenüber als Einheit auftreten, während innerhalb der Föderation jeder Staat ein Maximum an Freiheit hätte.

Graf Coudenhove-Kalergi, Begründer der Pan-Europabewegung, 1923

Es gibt ein Heilmittel für Europa, oder doch für den größten Teil Europas . . . Dieses Mittel besteht in der Erneuerung der europäischen Familie. Wir müssen eine Art Vereinigte Staaten von Europa bilden.

Sir Winston Churchill, 1946

Man hat inzwischen erkannt, daß die Vereinigten Staaten von Europa nur schrittweise erreicht werden können. Es hat viele Rückschläge gegeben. Aber ein hoffnungsvoller Anfang ist gemacht, ein großer Schritt nach vorn ist getan worden: er heißt „die Europäische Gemeinschaft".

Durch den Krieg und auch in der Nachkriegszeit hatten besonders die Volkswirtschaften Frankreichs und Deutschlands gelitten. Besonders die Schwerindustrie lag darnieder. So schien es sinnvoll, in einem gemeinsamen Markt die Zusammenarbeit zwischen den großen Industrierevieren in Lothringen, im Saargebiet und im Ruhrgebiet voranzutreiben. 1952 entstand so die „Europäische Gemeinschaft für Kohle und Stahl" (EGKS), auch „Montanunion" genannt. Frankreich und der Bundesrepublik Deutschland schlossen sich die Beneluxländer (Belgien, die Niederlande, Luxemburg) und Italien an. Bald kamen diese sechs Länder überein, nicht nur auf dem Gebiet von Kohle, Erz, Stahl und Schrott zusammenzuarbeiten, wie das in der EGKS der Fall war, sondern ihre Zusammenarbeit auf die gesamte Wirtschaft und auf die friedliche Nuklearforschung auszudehnen. 1957 gründeten sie daher die „Europäische Wirtschaftsgemeinschaft" (EWG) und die „Europäische Atomgemeinschaft" (EURATOM / EAG). Die dazu nötigen Verträge wurden in Rom ausgearbeitet und unterzeichnet. Sie werden deswegen auch die „Römischen Verträge" genannt. Die EGKS, die EWG und die EAG fusionierten 1967 dann in einer gemeinsamen Dachorganisation: man nannte sie die Europäische Gemeinschaft (EG). Im Laufe der Jahre wurden aus den „Sechs" die „Zehn". Dänemark, Großbritannien, Irland und Griechenland traten der EG bei.

die Aussage (–n): *declaration, statement*
das Heilmittel (–): *remedy*
schrittweise: *step by step*
die Volkswirtschaft (–en): *national economy*
leiden (ei, i, i): *to suffer*
darnieder (*)liegen (ie, a, e): *to be at an extremely low level*
das Industrierevier (–e): *(large) industrial area*
vorantreiben (ei, ie, ie): *to expand, to push ahead with*
die EGKS: *European Coal and Steel Community*
sich (jemandem) **an**schließen (ie, o, o): *to join (s.o.)*
*****überein**kommen (o, a, o): *to agree*
das (Eisen)erz (–e): *(iron) ore*
der Schrott: *old iron, scrap metal*
ausdehnen (*wk*) auf (+ *Acc.*): *to expand, to extend*
unterzeichnen (*wk*): *to sign*
fusionieren (*wk*): *to merge*
die Dachorganisation (–en): *umbrella organization*
etwas (*Dat.*) *****bei**treten (i, a, e): *to join sth.*

Retranslation

1 The European Coal and Steel Community, which was founded in 1952, was the beginning of the Common Market. 2 France, the Federal Republic, the Benelux countries and Italy were called the "Six". 3 These six countries decided to extend their economic co-operation, which included peaceful nuclear research. 4 The Treaty of Rome was signed by the six in 1957 and the EEC was born. 5 In 1967 the European Coal and Steel Community, the European Common Market and the European Atomic Energy Community joined together and became known under the umbrella term as the European Community. 6 In 1973 "the Six" became "the Nine" when Great Britain, Denmark and Ireland joined the European Community. 7 Greece became the tenth member state in 1981.

„Finden Sie die Atom- oder die Neutronenbombe humaner?"

Kein Wunder, daß Europa nicht vorankommt.

„Gigantisch! Und dieses niedliche Köpfchen!"

30.2 Briten als Europäer

Der Beitritt zur Europäischen Gemeinschaft (EG) ist in Großbritannien nicht problemlos verlaufen. Die Verhandlungen dauerten lange, und das Referendum über den Beitritt und die Beitrittsbedingungen war heiß umstritten. Ein Engländer hat das Thema „Briten als Europäer" einmal folgendermaßen zusammengefaßt:

„Wir sind zuerst Briten und erst in zweiter Linie Europäer. Wir knüpfen auch zuerst Kontakte mit Ländern, die unsere Sprache sprechen: mit Ländern wie Amerika, Australien, Neuseeland und Südafrika. Englische Zeitungen und auch das Fernsehen sind weit mehr interessiert an Problemen in Amerika und Australien als an Ereignissen in Deutschland, Frankreich oder Holland. Auch die Berichterstattung aus Kapstadt oder Canberra nimmt breiteren Raum ein als irgend etwas aus Hamburg oder Mailand. Wir wissen erschreckend wenig über das europäische Fernsehen, über die Literatur und sogar über die Pop-Musik auf dem Kontinent. Und wenn Briten Auswanderungspläne schmieden, wie viele es in der Vergangenheit getan haben, dann denken sie zuerst und vor allem an Amerika oder eines der Commonwealth–Länder.

Die Europäische Gemeinschaft sehen wir Engländer vor allem als ein wirtschaftspolitisches Arrangement. Da denken wir rein pragmatisch und weniger idealistisch. Wir erwarten, daß wir Vorteile von dieser Einrichtung haben, mehr von ihr bekommen, als wir selbst haben. Zur Zeit wird viel über den Butterpreis, über die EG-Subvention für England gesprochen, und kaum über die hohen Ideale der Gemeinschaft, die in den Römischen Verträgen proklamiert wurden . . .

Es gibt einigen Grund für die Hoffnung, daß die nächste Generation europäischer gesinnt sein wird. Viele junge Leute, und hier darf ich meine Kinder einschließen, haben eine viel klarere Vorstellung von der Art eines Europas, in dem sie leben möchten. Bereitwillig akzeptieren sie die Vorstellung offener Grenzen, eines freien Handels, der Mobilität bei der Arbeitssuche und gemeinsamer Gesetze. Die jungen Leute reisen gern und sind schon geneigt, die Adria oder die Riviera als ein gemeinsames Eigentum der Europäer zu betrachten. Europa rückt für die heute 18jährigen um vieles enger zusammen als für ihre Väter und Großväter . . ."

die Mitglied(er)schaft: *membership*
umstritten: *contested*
zusammenfassen (*wk*): *to summarize*
der Brite (–n) (*wk masc.*): *Briton*
die Briten (*pl masc.*): *the British*
die Berichterstattung (–en): *report*
breiteren Raum **ein**nehmen (i, a, o): *to take up more space*
Mailand: *Milan*
Auswanderungspläne schmieden (*wk*): *to make plans to emigrate*

belegen (*wk*): *to demonstrate, to prove*
die EG-Subvention (–en): *EEC (Common Market) subsidy*
die Römischen Verträge (*pl.*): *the Treaty of Rome*
europäischer gesinnt: *more European minded*
bereitwillig: *willingly*
die Adria: *the Adriatic*
***zusammen**rücken (*wk*): *to draw closer together*

30.3 Institutionen

Eine so große Gemeinschaft muß natürlich auch Entscheidungs-
und Planungsgremien, eine Verwaltung und ein Parlament haben.
Das „Europäische Parlament" (Sitz Luxemburg und Straßburg) hat
leider im Augenblick noch wenig Macht. Dies wird sich aber wohl
durch die europäischen Direktwahlen, die 1979 zum ersten Mal
stattfanden, bald ändern. Das oberste Entscheidungsorgan der EG ist
der Ministerrat, in den jedes Land seinen betreffenden Fachminister
schickt. Wenn z.B. Fragen des Gemeinsamen Agrarmarktes besprochen werden sollen, treffen sich die Landwirtschaftsminister; bei sehr
wichtigen Fragen entscheiden die Regierungschefs. Wenn die
Regierungschefs zusammenkommen, nennen sie sich „der Europäische Rat". Dieser Name ist etwas verwirrend, weil es noch eine
andere europäische Vereinigung, den „Europarat", gibt. (Die EG-
Länder sind übrigens auch Mitglieder in diesem Europarat.) Die
Planungs- und Verwaltungsarbeit der EG wird von der sog.
„Europäischen Kommission" (der EG-Verwaltung) in Brüssel
erledigt. Bei Rechtsstreitigkeiten unter den EG-Ländern entscheidet
der „Europäische Gerichtshof".

das Entscheidungs-und Planungsgremium (–ien): *decision-
    making and planning body*
die Verwaltung (–en): *administrative system*
die europäischen Direktwahlen (*pl*): *direct election to the
    European Parliament*
das Organ (–e): (*here*) *body*
der Ministerrat (–e): *Council of Ministers*
der betreffende Fachminister (–): *the departmental Minister
    concerned*
der Gemeinsame Agrarmarkt: *the Common Agricultural Policy*
der Europäische Rat: *the European Council*
verwirrend: *confusing*
die Vereinigung (–en): *association, community*
der Europarat: *the Council of Europe*
die Europäische Kommission: *the European Commission*
die EG-Verwaltung: *the administrative staff of the EEC
    (Common Market)*
die Rechtsstreitigkeit (–en): *legal dispute*
der Europäische Gerichtshof: *the European Court of Justice*

Retranslation

1 Direct elections to the European Parliament took
place for the first time in 1979. It meets in
Luxembourg and Strasbourg. 2 The chief
decision-making body of the European Community is called the Council of Ministers. 3 The
most important decisions are made by the
European Council, which consists of the Prime
Ministers of the ten member countries. 4 The
European Commission, which meets in Brussels,
is the planning committee of the European
Community.

30.4 Ziele

Etwa 280 Millionen Europäer leben in der Europäischen Gemeinschaft. Zehn Länder haben sich zusammengeschlossen: Belgien, die
BRD, Dänemark, Frankreich, Irland, Italien, Luxemburg, die Niederlande, das Vereinigte Königreich und Griechenland. Warum? Weil sie
einen engen Zusammenschluß der europäischen Völker anstreben,
weil sie den Frieden zwischen den Nationen wollen, und weil sie den
wirtschaftlichen und sozialen Fortschritt aller Europäer und die
Stellung Europas in der Welt sichern wollen. Trotz der Rückschläge
und Vorurteile, trotz „nationaler Alleingänge" und nationaler

Egoismen, trotz der Zweifler von innen und der Gegner von außen hat es dennoch viele Erfolge gegeben. Das erste Ziel, die *Zollunion*, wurde 1968 erreicht. Das nächste Ziel, die Wirtschafts- und Währungsunion, könnte in den 80er Jahren erreicht werden. Insbesondere die *Gemeinsame Agrarpolitik* sichert die Versorgung der Europäer mit Nahrungsmitteln und garantiert die Einkommen der Landwirte durch Beihilfen zur Modernisierung ihrer Betriebe. Besonders die französische und englische Landwirtschaft wird hierdurch unterstützt. Allerdings werden die hohen Verbraucherpreise und die Überschüsse bei einigen Nahrungsmitteln häufig kritisiert (z.B. der „Butterberg", der „Milch- und Weinsee"). Deshalb muß die Gemeinsame Agrarpolitik einer ständigen Anpassung und Kontrolle unterzogen werden.

Die *politische Union*, das dritte große Ziel der EG, wird sicher nicht so bald erreicht werden. "Gut' Ding will Weile haben", heißt ein deutsches Sprichwort. Demokratische Prozesse dauern erfahrungsgemäß immer lange. Dennoch sind einsichtige Politiker zu der Erkenntnis gekommen, daß eine Gemeinschaft, deren Hauptleistungen es sind, Getreidepreise auszuhandeln und Käsesorten zu qualifizieren, auf die Dauer auseinanderbrechen muß, wenn sie nicht mehr von einer Idee erfüllt ist. Und diese Idee hat Churchill ja schon 1946 mit dem Begriff „Vereinigte Staaten von Europa" umrissen. Spanien und Portugal werden sich den „Zehn" bald anschließen, andere werden folgen.

anstreben (*wk*): *to strive for*
der Zusammenschluß (÷sse): *association*
sichern (*wk*): *to secure*
„nationaler Alleingang" (÷e): *everyone-for-himself action; national policy of going it alone*
nationaler Egoismus: *attitude taken by a member-country, but on a more philosophical level than above*
der Zweifler (–): *sceptic*
der Gegner (–): *opponent*
die Zollunion: *customs union*
die Wirtschafts-und Währungsunion: *economic and monetary union*
der Mitgliedstaat (–en): *member state*
insbesondere: *especially, notably*
der Landwirt (–e): *farmer*
die Beihilfe (–n): *subsidy*
der Betrieb (–e): (*here*) *farm*
der Überschuß (÷sse): *overproduction*
der „Butterberg" (–e): *butter-mountain*
sie muß einer ständigen Anpassung und Kontrolle unterzogen werden: *it must be constantly revised and re-examined*
„Gut' Ding will Weile haben": "*It's worth waiting for*", *nothing is done in a hurry*
der Prozeß (–sse): (*here*) *process*
erfahrungsgemäß: *from past experience*
einsichtig: *fair-minded, discerning, reasonable*

zu der Erkenntnis *kommen (o, a, o): *to realize, to come to the conclusion*
die Hauptleistung: *main achievement*
der Getreidepreis (–e): *price of grain*
etwas (*Acc.*) **aus**handeln (*wk*): *to negotiate*
qualifizieren (*wk*): (*here*) *to grade*
die Idee (–n): (*here*) (*higher*) *ideal*
umreißen (ei, i, i): *to outline*

Brüsseler Spitzen

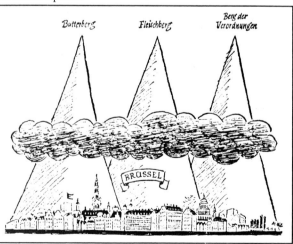

Retranslation

1 What are the aims of the European Community? 2 Many people want a "United States of Europe". 3 They are working towards a closer integration between the European nations. 4 The Common Agricultural Policy is often criticized. 5 Few people know about the aims of the Common Agricultural Policy but most people have heard about "butter mountains" and "wine lakes".

6 The Europe of the future must not become a Europe of bureaucrats and traders but a political community of which every European can be proud. 7 Will there be a common European currency (*die Währung(–en)*)? The "snake" and the EMS (European Monetary System) (*EWS (das Europäische Währungssytem)*) have been the first steps towards it. 8 Not all people are committed (*überzeugt*) Europeans.

30.5 Aufsatzthemen

Europa — Staatenbund oder Bundesstaat?

Es scheint mir angebracht, hier zunächst einmal die Begriffe zu klären.

Die Grenze Europas ziehen die meisten Leute am Ural und am Bosporus; d.h. die „europäischen" Teile Rußlands und der Türkei (oft aber auch die gesamte Türkei) werden mit eingeschlossen.

Ein Bundesstaat ist eine Verbindung von Staaten zu einem Gesamtstaat mit einer übergeordneten, zentralen Gewalt (z.B. die Bundesrepublik und die USA).

Ein Staatenbund ist auch ein Zusammenschluß von Staaten; aber diese Staaten behalten weitgehend ihre politische Autonomie. Im Gegensatz zum Bundesstaat ist hier also keine, bzw. eine nur schwache übergeordnete Zentralgewalt vorhanden. (Den Deutschen Bund von 1815 und die heutige EG z.B. könnte man also als Staatenbund bezeichnen.) Die Frage des Themas lautet also mit anderen Worten: Soll ein vereintes Europa eine zentrale, übergeordnete, supranationale Regierung haben oder nicht?

Mir scheint eine zentrale Regierung die Grundvoraussetzung überhaupt für einen funktionsfähigen Staat zu sein. Es ist ja schon manchmal schwierig, in einem Nationalstaat selber Ordnung zu halten. Was wäre erst in Europa los, wenn keine zentrale Regierung da wäre? Die Zersplitterung ist ja heute schon groß genug. Aus einem Staatenbund könnte ja z.B. jeder Staat zu jedem beliebigen Zeitpunkt austreten. Eine Zentralgewalt ist umso mehr nötig, da wir eine solche Vielfalt von Völkern, Sprachen und Nationen haben. Was würden z.B. die USA ohne Zentralregierung anfangen?

Selbstverständlich kann kein echter demokratischer Bundesstaat bestehen, der nicht auf seine Teile — im Falle Europas also auf die Nationalstaaten — Rücksicht nimmt und ihnen einen gewissen Spielraum läßt; auf kulturellem Gebiet z.B. sollten die Nationen größtmögliche Selbständigkeit erhalten; auch können die Sprachen ja nicht einfach aufhören zu bestehen (obwohl eine einheitliche „Bundessprache" — vielleicht Englisch, Französisch oder Esperanto — unbedingt nötig ist). Ich könnte mir einen europäischen Staatenbund als Zwischenstadium zwischen den zur Zeit bestehenden Gruppierungen (EG und RGW, dazu die neutralen und anderen Staaten) und einem europäischen Bundesstaat vorstellen. Eine solche Entwicklung kann natürlich nur schrittweise auf demokratischer Basis geschehen.

Was in den USA möglich war, könnte auch in Europa möglich sein — trotz der gegenwärtigen politischen Gegensätze, und trotz der sprachlichen, wirtschaftlichen und technischen Schwierigkeiten.

Nur ein Vereintes Europa — möglichst *mit* dem europäischen Teil der UdSSR — unter einer zentralen Regierung kann auf lange Sicht hin den USA und der Volksrepublik China die Waage halten. „Ja" zu Europa heißt also „Ja" zu einem europäischen Bundesstaat, „Ja" zu den Vereinigten Staaten von Europa.

(Schüleraufsatz)

Weitere Themenvorschläge

1. Der Brite ist zu sehr „Insulaner", als daß er je ein guter Europäer werden könnte.
2. Welches europäische Land ist das glücklichste?
3. Wäre ein Bundesstaat aus *allen* europäischen Staaten möglich?
4. Wäre ein *Staatenbund* aus allen europäischen Staaten möglich?

X Weltprobleme

31 Energiepolitik

31.1 Energie — eine Lebensnotwendigkeit

Energie ist die Triebfeder der modernen Industriegesellschaft, und eine der Hauptkriterien für den Lebensstandard eines Landes. Den Unterschied zwischen Industriestaaten und Entwicklungsländern erkennt man hauptsächlich daran, wieviel Energie ihnen zur Verfügung steht, und wie hoch das technische Wissen bei der Energienutzung ist.

Wir neigen dazu, Energie als selbstverständlich zu betrachten, und sind uns oft dabei nicht im Klaren darüber, welche riesigen Mengen an Energie in der einen oder anderen Form benötigt werden, um unser gewohntes Leben zu führen. In unseren Wohnungen brauchen wir z.B. Elektrizität für Heizung, Licht, Radio, Fernsehen, zum Kochen und für alle möglichen elektrischen Geräte. Die Industrie verbraucht riesige Mengen an Elektrizität, um Autos, Flugzeuge, Schiffe und andere Produkte herzustellen.

Sind Sie „Energiefresser"?

Wie viele der folgenden Elektrogeräte haben Sie zuhause? (Benutzen Sie die folgende Liste, indem Sie jeweils einen Satz mit „Wir haben . . ." bilden):

der Kühlschrank, der Elektroherd, die Kühltruhe, die Geschirrspülmaschine, der Toaster, der Elektrokessel, der Handmixer, der Handquirl, der elektrische Grill, die Trockenschleuder (die Wäscheschleuder), der Heißlufttrockner, der Staubsauger, die elektrische Uhr, die Digitaluhr, die Kaffeemaschine, die Kaffeemühle, die Warmhalteplatte, der elektrische Eierkocher, die Neonröhre, der Luftabsauger (der Dunstfilter), der Heizlüfter, das elektrische Kaminfeuer, die Heizdecke, der Haartrockner, der elektrische Lockenwickler, die elektrische Brennschere, der Elektrorasierer (elektrische Rasierapparat), die elektrische Schreibmaschine, das (elektrische) Bügeleisen, das Tonbandgerät, der Kassettenrekorder (Cassettenrecorder), das Radio, der Farbfernseher, der Schwarz-Weiß-Fernseher, das tragbare Fernsehgerät (der . . . Fernseher), die Stereoanlage, der Plattenspieler, die Türklingel (Türglocke), der automatische Türöffner, der Elektrobohrer, der Tauchsieder.

Weniger Energie bedeutet Senkung, mehr Energie bedeutet Hebung des Lebensstandards. Energie ist, kurz gesagt, unentbehrlich.

Der größte Teil unserer Energie wird heute aus den fossilen Energieträgern (fossilen Brennstoffen) Öl, Erdgas und Kohle, sowie aus Wasserkraft gewonnen. Eine entscheidende Grundlage unserer Wirtschaft bilden also die Energiestoffe Mineralöl, Steinkohle, Braunkohle, Erdgas und Uran. Man nennt sie „Primärenergieträger". Aus ihnen werden (soweit man sie nicht unmittelbar zum

Heizen nutzt) in Raffinerien, Kraftwerken und anderen Anlagen „Sekundärenergieträger" gewonnen, z.B. Elektrizität, Benzin und Heizöl.

Wie wichtig z.B. das Öl ist, zeigt die Tatsache, daß es noch immer mehr also 50% des gesamten Verbrauchs der Primärenergie ausmacht. Genau dieser Rohstoff aber wird voraussichtlich um das Jahr 2020 erschöpft sein. Erdgas, das etwa 14 Prozent des bundesdeutschen Primärenergieverbrauchs ausmacht, wird es im Jahre 2040 nicht mehr geben, wenn man die Fördermenge von 1974 zugrunde legt. Erdöl und Erdgas werden voraussichtlich schon Ende der 80er Jahre so knapp und teuer, daß es unverantwortlich wäre, den größten Teil der Energie dieser Rohstoffe durch den Schornstein zu jagen. Die Nachricht, daß die Weltvorräte an Steinkohle voraussichtlich noch bis ca. 2180 und an Braunkohle noch bis ca. 2250 reichen werden, ist da wenig tröstlich. Unsere Energievorräte sind begrenzt! Wir müssen uns daher nach neuen Energiequellen umsehen und, während wir das tun, *Energie sparen . . .*

die Lebensnotwendigkeit (–en): *necessity of life*
die Triebfeder (–n): *driving force*
zur Verfügung (*)stehen (e, a, a): *to be at one's disposal*
die Energienutzung: *use of energy*
wir neigen (wk) dazu: *we are inclined to*
als selbstverständlich betrachten (wk): *to take for granted*
jeweils: *each time*
die Kühltruhe (–n): *freezer*
die Geschirrspülmaschine (–n): *dishwasher*
der Handmixer (–), der Handquirl (–e): *whisk*
die Trockenschleuder (–n): *spin-dryer*
der Heißlufttrockner (–): *tumbledryer*

die Warmhalteplatte (–n): *food-heater*
der Luftabsauger (–), der Dunstfilter (–): *extractor fan*
der Heizlüfter (–): *fan-heater*
die Heizdecke (–n): *electric blanket*
die Brennschere (–n): *curling-tongs*
die Senkung: *lowering*
die Hebung: *raising*
unentbehrlich: *indispensable*
der fossile Energieträger (–): *fossil fuel*
der Brennstoff (–e): *fuel*
das Erdgas (–e): *natural gas*
die Wasserkraft: *hydroelectric power*

die Steinkohle (–n): *mineral coal*
die Braunkohle (–n): *lignite*
das Uran (–e): *uranium*
soweit: (*here*) *unless*
unmittelbar: *directly, straight away*
die Raffinerie (–n): *refinery*
das Kraftwerk (–e): *power station*
der Verbrauch: *consumption*
der Rohstoff (–e): *raw material*
voraussichtlich: *most probably*
erschöpft: *exhausted*
die Fördermenge (–n): *amount that has been mined*
zugrundelegen (*wk*): *to take as a basis*
unverantwortlich: *irresponsible*
die Weltvorräte (*pl*) an (+ *Dat.*): *world supplies of*
reichen (*wk*): *to last, to be sufficient*
. . . ist da wenig tröstlich: *is in this context of little consolation*
begrenzt: *limited*
sich **um**sehen (ie, a, e) nach (+ *Dat.*): *to look around for*

Retranslation

1 Energy is the driving force of a modern industrial society. 2 We tend to take energy for granted. 3 Energy is indispensable both in the home and in the factory. 4 The primary sources of energy are coal, uranium, natural gas and crude oil. 5 From these primary sources of energy we obtain secondary sources of energy like petrol, electricity and heating oil which are produced in refineries, power stations and other installations. 6 Our energy supplies are limited. 7 Oil supplies will probably be exhausted by the year 2020. 8 Natural gas will be in short supply and will become more and more expensive. 9 It is small consolation that coal supplies will last a little longer. 10 We must save fuel while we are looking for new sources of energy.

31.2 Der Kampf um das flüssige Gold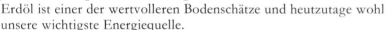

Erdöl ist einer der wertvolleren Bodenschätze und heutzutage wohl unsere wichtigste Energiequelle.

Wie wird Erdöl gefördert? Zunächst werden Versuchsbohrungen gemacht. Wenn die Bohrung „fündig" ist, werden Fördertürme errichtet, bzw. Bohrinseln verankert. Dann wird das Rohöl durch Bohrlöcher aus der Erde, bzw. dem Meeresboden gepumpt und in Ölleitungen (Pipelines) zu Raffinerien oder Verladehäfen geführt. Die Suche nach Öl geht ständig weiter, Versuchsbohrungen, Förderung, Betriebskosten und Transport verursachen jedoch immense Kosten. Das Leben auf einer Bohrinsel ist zudem noch hart und gefährlich, und auch die Fördertürme stehen nicht immer in den gemütlichsten Gegenden, wenn wir z.B. an Alaska oder die arabische Wüste denken.

Wo wird Öl gefunden? Bedeutende Vorräte haben wir in den USA, in Mexiko, im nördlichen Südamerika (vor allem Venezuela), in der Sowjetunion, in Nordafrika, in Nigeria und vor allem im Mittleren Osten (in Kuwait, in Saudi-Arabien, im Irak, im Iran). Es wurden auch im schottischen Festlandssockel Erdölvorräte gefunden. Auf dieses „Nordseeöl" werden in Großbritannien große Hoffnungen gesetzt.

Die Petrochemie ist in Industrieländern zur Schlüsselindustrie für große Teile der Wirtschaft geworden. Die petrochemische Industrie stellt u.a. Arzneimittel, Klebstoffe, Proteine, Kosmetika, Chemiefasern, Textilien, Farben, Kunstharze, Insulierschichten, Pflanzenschutz-, Wasch- und Reinigungsmittel, Düngesalze, Futtermittel . . . und vor allem Kunststoffe her!

Öl und seine Nebenprodukte sind also von immenser Bedeutung im täglichen Leben. Autos müßten in ihren Garagen bleiben, wenn es kein Benzin gäbe. Busse würden ohne Dieselöl nicht laufen. Die Räder der Lokomotiven würden sich ohne Schmieröl nicht lange drehen. Flugzeuge könnten nicht starten. Ohne Transportmittel könnten Nahrungsmittel nicht verteilt werden. Maschinen würden stillstehen. Viele Kraftwerke könnten nicht arbeiten. Ohne diese Kraftwerke würde viel weniger Elektrizität produziert werden, und wir müßten in unseren Wohnungen frieren und abends im Dunkeln oder bei Kerzenschein sitzen.

das Erdöl: *crude oil*
fördern (*wk*): (*here*) *to extract*
die Versuchsbohrung (–en): *test drillings (probes)*
fündig: (*here*) *positive*
der Förderturm (÷e): (*oil*) *derrick*
die Bohrinsel (–n): *oil rig*
ständig: *constantly*
die Betriebskosten (*pl*): *operating costs*
die Schlüsselindustrie (–n): *key industry*

die Chemiefaser (–n): *synthetic fibre*
die Farbe (–n): *paint*
das Kunstharz (–e): *synthetic resin*
die Insulierschicht (–en): *polystyrene, insulating material*
das Pflanzenschutzmittel (–): *insecticide spray, pesticide*
das Düngesalz (–e): *fertilizer*
Schmieröl (–e): *lubricating oil*
der Kerzenschein: *candle-light*

Retranslation

A 1 If there were no petrol we couldn't drive our cars. 2 Buses wouldn't run without diesel oil. 3 Planes wouldn't be able to fly without fuel. 4 Without electricity we wouldn't be able to watch television. 5 Machines would come to a standstill without lubricating oil.

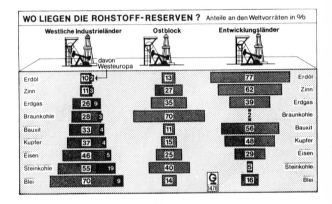

So ist es kein Wunder, daß Öl immer wieder zu Streit und Spannungen, ja sogar Krieg und Gewalt, in der Welt führt. Der Kampf um Besitz- und Ausbeutungsrechte wird — vor allem zwischen den Großmächten — mit großer Heftigkeit geführt. Die in der OPEC organisierten ölproduzierenden Länder setzen ihr Öl als wirtschaftliche und politische Waffe ein. Viele Ölfelder und Ölanlagen wurden verstaatlicht. Die Ölpreise stiegen astronomisch an. Besonders die Entwicklungsländer leiden sehr unter den drastischen Ölpreiserhöhungen. In manchen Ländern steigt die Inflationsrate bedrohlich. Die westlichen Industrieländer fühlen sich erpreßt. Viele OPEC-Länder machen auf der anderen Seite geltend, daß sie früher oft von den westlichen Industrieländern ausgebeutet worden seien, und die hohen Ölpreise seien nun ein gerechter Ausgleich. Außerdem bringen die OPEC-Länder vor, daß die Öleinnahmen (die „Petrodollars") ja nicht nur im eigenen Lande investiert würden, sondern auch in die Industrieländer zurückflössen, um technisches Know-how und Maschinen einzukaufen. Wegen der Ölpreispolitik ist es aber des öfteren auch zwischen den OPEC-Staaten selber zum Konflikt gekommen. Zeitweise sah es so aus, als ob die „Ölkrise" den Weltfrieden ernstlich gefährden könnte! Der Kampf um das flüssige, schwarze Gold hat nicht nur zu internationalen Krisen und Konflikten geführt; auch in der Innen- und Wirtschaftspolitik der einzelnen Staaten hat er eine Rolle gespielt. Die Regierungen haben versucht, die internationalen Ölpreiserhöhungen durch nationale Steuererhöhungen (z.B. Benzinsteuer, Heizölsteuer, Dieselölsteuer) zu kompensieren. Die großen Konzerne haben Angebot und Nachfrage oft geschickt ausgenützt und dadurch größere Profite gemacht. In Großbritannien wäre der Nordseeölboom gefährdet, wenn die Ölpreise fielen; die hohen Investitionskosten würden durch die geringen Gewinne dann nicht aufgewogen werden.

Bei solcher Fülle von Konfliktstoff ist es nicht verwunderlich, daß man versucht, alte Methoden zur Energiegewinnung zu verbessern und neue zu finden; vor allem aber versucht man, neue Energiequellen zu erschließen.

Der Verteilungskampf wird immer härter. In der Energiediskussion wird der Friedensaspekt noch nicht überall in seiner vollen Bedeutung erkannt. Schon vor der Erschöpfung der Ölquellen wird der Verteilungskampf um das Öl immer härter werden. Es ist deshalb nicht auszuschließen, daß dies bis zum bewaffneten Konflikt führen kann. Die Konsequenz für die Industriestaaten ist: alternative Energiequellen entwickeln und unsere Lebensformen entsprechend anpassen.

Walter Scheel

---

verstaatlichen (*wk*): *to nationalize*
bedrohlich: *dangerous(ly)*
erpressen (*wk*): *to blackmail, to threaten*
ausbeuten (*wk*): *to exploit*
ein gerechter Ausgleich: *fair recompense*
vorbringen (i, a, a): *to put forward the argument*
die Öleinnahmen: *oil revenue*
Angebot und Nachfrage: *supply and demand*
ausnützen (*wk*): *to take advantage of*
der Gewinn (–e): *(here) profit*
aufwiegen (ie, o, o): *to compensate*
verwunderlich: *to be wondered at*
erschließen (ie, o, o); *to open up*
der Verteilungskampf (÷e): *struggle, fight for one's share (of oil supplies)*
der Friedensaspekt (–e): *the way it affects peace*
es ist deshalb nicht auszuschließen, daß: *it cannot therefore be ruled out that*
Lebensformen entsprechend **an**passen (*wk*): *adjust our way of life accordingly*

„Erinnert Ihr Euch noch daran, wie Sie unsere Bettler photographierten?"

Retranslation

B 1 The oil-producing countries are using their oil as an economic and political weapon. 2 Oil prices have risen astronomically during the last few years. 3 In many countries, particularly in the developing countries, the rate of inflation has risen alarmingly. 4 The OPEC countries are of the opinion that they were exploited for many years by some western industrial countries. 5 The oil crisis could have threatened world peace.

31.3 Alte Energiequellen — neu entdeckt

Wasserkraft, Sonne und Wind, Erdwärme und Meereswellen, Meeresströmungen und Gezeiten sind als Energiequellen nicht neu. Neu ist die Absicht, sie in größerem Maßstab gezielt zur Deckung unseres Energiebedarfs einzusetzen. Allerdings sind solche Projekte sehr von den geographischen und klimatischen Gegebenheiten abhängig. Am wichtigsten ist dabei in unseren Breiten die Nutzung der Wasserkraft. Wasserkraftwerke produzieren einen beachtlichen Teil unserer Elektrizität. Die Nutzung von Sonnenenergie für Heizung und Warmwasserbereitung macht große Fortschritte.

die Erdwärme: *(source(s) of) heat from the ground*
die Meereswelle (–n): *ocean waves*
die Meeresströmung (–en): *ocean current*
die Gezeiten (*pl*): *the tide(s), ebb and flow*
in größerem Maßstab: *to a greater measure*
gezielt: *specific(ally)*
zur Deckung des Bedarfs: *in order to meet the demand*
allerdings: *however, but, nevertheless*
die Gegebenheiten (*usu. pl*): *conditions*
die Nutzung: *use, exploitation*

Retranslation

1 Water, sun, wind and earth are all sources of energy. 2 Hydro-electric power, solar energy, windmills and wind power stations and installations using heat from the earth are all dependent on geographical and climatic conditions.

31.4 Neue Energiequellen — umstrittene Energiequellen

Eine Energiepolitik, die sich nur auf alte Energiequellen und technische Neuerungen verläßt, reicht freilich nicht aus. Selbst wenn wir Sonnen-, Wind-, Gezeitenergie, Erdwärme und Wasserkraft zu „neuen" Energiequellen rechnen, reicht dies nicht aus! Die öffentliche Auseinandersetzung um die *Kernenergie* zeigt, daß die Probleme der Energieversorgung nicht nur technischer, sondern auch politischer Natur sind. Die Träume von einer sorgenfreien Zukunft mit der Kernenergie sind zerronnen. Bedenken gegen einen übereilten Ausbau der Kernenergie werden heute sehr ernst genommen. Aber viele glauben, wir können auf die Kernenergie und ihre technische Weiterentwicklung nicht verzichten! Zwar ist die Kernfusion (Kernverschmelzung) technisch noch nicht ausgereift, sie könnte aber die Lösung für die Zukunft sein. Das entgegengesetzte Prinzip zur Kernfusion, die Kernspaltung, gibt einigen, trotz der Gefahren dennoch Anlaß zu großen Hoffnungen. Die Kernspaltung ist vielleicht die einzige neue Art der Energieerzeugung, die technisch einsatzbereit ist und ausreichen könnte, den Anteil von Erdöl und Erdgas weitgehend zu übernehmen.

Vor der wirtschaftlichen Nutzung beider Typen müssen jedoch noch eine Reihe von Problemen gelöst werden; denn Uran ist ein Energieträger, mit dem Atombomben gebaut werden können.

die Neuerung (–en): *innovation*
freilich: *indeed*
die öffentliche Auseinandersetzung um (+ *Acc.*): *public discussion, dispute*
die Kernenergie: *nuclear energy*
zerrinnen (i, a, o): (here) to shatter
Bedenken (*pl*) gegen (+ *Acc.*): *reservations against*
der Ausbau: *development*
zwar: *however, although*
die Kernfusion (–en): *nuclear fusion*
ausreifen (wk): to mature
die Kernspaltung (–en): *nuclear fission*
Anlaß geben zu (+ *Dat.*): *to give rise to*
einsatzbereit: *readily available, ready for use*
der Anteil (–e): *share*
weitgehend: *to a large extent*

Retranslation

1 Although nuclear energy is dangerous, we can't do without it. 2 Nuclear energy could be the solution to the world energy problems. 3 We must not forget that uranium is a source of energy with which atomic bombs can be built.

Fragen

1. Was versteht man unter Primär- und Sekundärenergieträgern?
2. Nennen Sie zwei Gründe, warum Öl besonders wichtig ist!
3. Wie kann man im Hause Energie sparen?
4. Wo wird Öl gefunden?
5. Warum kommt es immer wieder zu Streit und Spannungen um das Öl?
6. Welche „alten" Energiequellen hat man neu entdeckt?
7. Warum ist Kernenergie umstritten?
8. Warum müssen wir heutzutage jede rentable Energiequelle nutzen?
9. Nennen Sie zwei technische Neuerungen in der Energieforschung!
10. Welche zwei Arten von Kernenergie gibt es?

31.5 Aufsatzthemen

Ohne ausreichende Energiequellen müßten wir zur vorindustriellen Lebensweise zurückkehren!

1. Einleitung

Wir müssen mit den vorhandenen Energiereserven (besonders mit den fossilen Brennstoffen Öl, Gas und Kohle) sparsam umgehen. Wir müssen darüberhinaus auch neue Energiequellen (z.B. Kernenergie und Sonnenenergie) erschließen. Wenn wir das nicht tun, würde es kaum mehr Fortschritt in der Welt geben, die Wirtschaft würde stagnieren, unser Leben würde auf das Niveau des vorindustriellen Zeitalters herabsinken. Was würde das konkret bedeuten?

2. Hauptteil

2.1 Wenn nicht genügend Energie vorhanden wäre, müßten wir die Produktion drosseln oder ganz einstellen. Die maschinelle Produktion und die Automation könnten nicht weiterentwickelt werden; wir müßten zu primitiven Produktionsmethoden (Verlags- und Manufaktursystem) zurückkehren. Lebensnotwendige Güter (wie z.B. elektrische Geräte, Autos, Radios und Fernseher), die für viele Menschen das Leben erst lebenswert und menschenwürdig machen, könnten nicht produziert werden.

2.2 Autos, Flugzeuge und Schiffe könnten ohne Treibstoff (wie z.B. Benzin, Diesel, Atomenergie) nicht fahren, bzw. fliegen. Der Verkehr würde zum Erliegen kommen. Straßen, Flughäfen und Häfen würden nutzlos verfallen. Wir müßten wieder zu Fuß gehen, bzw. auf schlechten Wegen mit Pferd und Wagen und Postkutsche fahren. Oder wir müßten uns in den Sattel schwingen und manchmal tagelang reiten, um unsere Freunde, Bekannten und Verwandten zu besuchen. Menschliche Kontakte, internationale Begegnungen, Auslandsreisen, Geschäftsreisen usw. wären wieder nur einigen wenigen Menschen vorbehalten. Die breite Masse müßte dem zweifelhaften Motto „Bleibe im Lande und nähre dich redlich" folgen.

Ohne Elektrizität könnten z.B. Bahn und Post nicht mehr arbeiten; Telefongespräche und Zugfahrten wären z.B. nicht mehr möglich.

2.3 Auch unser Lebensstandard würde wieder auf ein sehr niedriges Niveau sinken. Wenn wir nicht Öl, Gas und Kohle als Heizmaterial hätten und uns z.B. auf Holz verlassen müßten, würden viele erfrieren. Ohne Elektrizität müßten wir abends bei Kerzenschein oder bei einer trüben Öllampe lesen und arbeiten. (Auch die Straßen wären ohne Straßenbeleuchtung tot und unheimlich.) Auch Fernsehen und Radio wären ohne Elektrizität nicht denkbar. Die meisten Zeitungsverlage und Druckereibetriebe müßten schließen; nur wenige Zeitungen würden erscheinen, und viel weniger (und viel teurere) Bücher würden gedruckt werden. Für viele Menschen wären — wie früher — Unterhaltung, Bildung und Information nur nebelhafte Fremdwörter.

2.4 Die sozialen Unterschiede und die Kluft zwischen Arm und Reich würden wieder größer werden, wenn wir in das vorindustrielle Zeitalter zurückkehren müßten.

3. Schluß

Ohne ausreichende Energiequellen wäre unser modernes Leben nicht denkbar. Bei genauerem Hinsehen hat die „gute, alte Zeit" doch mehr schlechte als gute Seiten. Zu ihr zurückzukehren wäre weder möglich noch wünschenswert. Es ist besser, wenn wir unseren Blick nach vorwärts richten und dabei versuchen, die negativen Seiten unseres modernen Industriezeitalters zu ändern. „Energie für eine menschliche Zukunft" — so heißt eine Broschüre der Bundesregierung, die sich mit diesen Fragen beschäftigt. Dieses Motto ist sehr treffend!

die Produktion drosseln (*wk*): *to cut back production*
einstellen (*wk*): *to stop*
zum Erliegen *kommen (o, a, o): *to come to a standstill*
*verfallen (ä, ie, a): *decay, to go to ruin*
der Sattel (∺): *saddle*
sich redlich (er)nähren (*wk*): *to earn an honest living*
der Verlag (–e): *publishing house*
der Druckereibetrieb (–e): *printing firm*
nebelhaft: *nebulous*
das Fremdwort (∺er): *foreign word, (here) strange vocabulary*
die Kluft (∺e): *gap*
bei genauerem Hinsehen: *at closer examination (of the situation)*

Weitere Themenvorschläge

1. Ich spare Energie. Und Sie?
2. „1994 gehen die Lichter aus"!

32.1 Probleme der Dritten Welt lösen

> Das Schicksal der Entwicklungsländer ist die eigentliche soziale Frage
> unserer Zeit. Der Friede in der Welt und damit auch unsere Zukunft
> hängen davon ab, ob und wie Industriestaaten und Entwicklungsländer
> zusammen die Probleme der Dritten Welt lösen.

Diese Gedanken Walter Scheels weisen auf ein Problem hin, das die
Welt schon seit Jahrzehnten beschäftigt: die Ungleichheit zwischen
Entwicklungsländern und Industrieländern. Zwischen „reichen"
und „armen" Länder bestehen große Einkommensunter-
schiede. Obwohl viele Entwicklungsländer durch eigene Anstrengungen und durch Entwicklungshilfe langsam reicher werden, werden
sie im Vergleich zu den „Reichen" oft ärmer. Quer durch Mittel- und
Südamerika, Afrika, Südasien und Teile des südlichen Pazifiks zieht
sich der „Hungergürtel" der Erde.

Sorgen für morgen: Armut ohne Ausweg

Obervolta in Westafrika, ein Binnenland ohne Zugang zum Meer,
liegt südlich der Sahara und ist etwa so groß wie die Bundesrepublik
und Italien zusammen. Das Land gehört nach einer UNO-Statistik zu
den fünf ärmsten Nationen der Welt. Es gibt keine nennenswerte
Industrie, keine Bodenschätze von Bedeutung, das Land hat dem
Weltmarkt nichts zu bieten, es ist ein internationaler Habenichts.
Die meisten der sechs Millionen Menschen arbeiten in der
Landwirtschaft, aber „drei Viertel des Landes sind nicht normal zu
bebauen, und das restliche Viertel wird immer schlechter, das sind
keine Statistiken, das ist physisch", sagte die Leiterin des Büros des
Europäischen Entwicklungsfonds. Obervolta, das ist nicht mehr
Dritte Welt, sondern bereits fast **Vierte Welt.** In der Tat bringt diese
Ungleichheit „Sorgen für morgen".

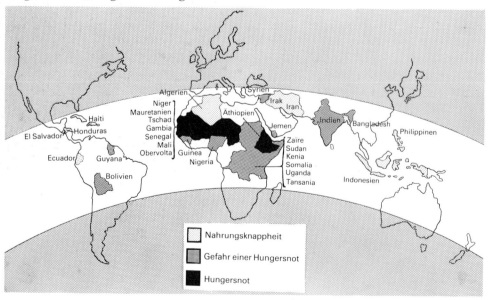

> „Im Jahre 2000 wird die industrielle Welt (USA, UdSSR, Europa, Japan) 1,5 Milliarden Menschen zählen, von denen jeder 5000 bis 10 000 Dollar Jahreseinkommen verbrauchen kann. Gleichzeitig wird die arme Welt der Entwicklungsländer 4,5 Milliarden Einwohner zählen, von denen jeder nur etwa 300 Dollar pro Jahr zum Leben hat. Wir werden also in einer Welt leben, in der es dreimal soviel Arme wie Reiche geben wird, und in der die Armen nur den zwanzigsten oder dreißigsten Teil von dem zum Leben haben werden, was die anderen haben."
>
> *(Maurice Guernier, ein Zukunftsforscher)*

das Schicksal (–e): *fate*
das Entwicklungsland (¨er): *developing country*
die eigentliche Frage: *the (most important) question*
hinweisen (ei, ie, ie) auf (+ *Acc.*): *to point out, towards, to stress*
die Ungleichheit (–en): *inequality*
die Anstrengungen (*usu. pl*): *effort(s)*
quer durch: *right across*
sich (**hin**)ziehen (ie, o, o): *to be drawn out, to stretch*

der Hungergürtel: *hunger belt*
die Armut: *poverty*
der Zugang (¨e): *access*
nennenswert: *worth mentioning*
bebauen (*wk*): *to cultivate, to till*
restlich: *remaining*
der Entwicklungsfonds (–): *development fund*
der Zukunftsforscher (–): *futurologist*

Retranslation

1 The fate of the developing countries is *the* social question of our time. 2 Peace in the world and the future of the West depend on how the industrialized countries help the developing countries to solve their problems. 3 Many developing countries are becoming richer partly by their own efforts and partly because of development aid. 4 The so-called "hunger belt of the world" stretches right through Central and South America, Africa, Southern Asia and parts of the South Pacific. 5 In the year 2000 there may be three times as many poor people as rich people in the world. 6 The underprivileged (*die Unterprivilegierten*) of the world will only have a twentieth or thirtieth part of the food (*die Nahrungsmittel*) that the privileged have.

Deutscher Entwicklunghelfer in Afrika

263

32.2 Der Gegensatz zwischen den Industrieländern und den Entwicklungsländern 🎞️

Den Gegensatz zwischen den Industrieländern und den Entwicklungsländern hat man Nord-Süd-Konflikt genannt, weil die meisten Industrieländer in nördlichen, die meisten Entwicklungsländer aber in südlichen Breitengraden liegen. Seit Jahren bemüht man sich jedoch, die Konflikte abzubauen und zu einer Annäherung zu kommen. Man bemüht sich, eine gerechtere Weltordnung zu schaffen, eine „neue Weltwirtschaftsordnung" (Willy Brandt, SPD), um „den Armen die Chance zu sichern, reicher zu werden, ohne daß die Reichen dabei ärmer werden müssen" (Dr. J. G. Todenhöfer, CDU). *Anstatt eines Nord-Süd-Konfliktes strebt man einen Nord-Süd-Dialog an.* Wer wirksam helfen, also Entwicklungshilfe leisten will, der muß die Schwierigkeiten der Entwicklungsländer kennen. Die armen Völker sollen aber nicht Almosenempfänger der Reichen werden. Lebensmittelsendungen können in besonderen Fällen, wie Mißernten, Überschwemmungen und anderen Katastrophen notwendig sein, aber sie sind keine Dauerlösung. Ein chinesisches Sprichwort sagt: „Wer ein Pfund Fische gibt, hilft für einen Tag. Wer lehrt, Fische zu fangen, hilft auf die Dauer." *Entwicklungshilfe muß Hilfe zur Selbsthilfe sein.*

der Gegensatz (¨e): *contrast, conflict*
Konflikte **ab**bauen (*wk*): *(here) to lessen tensions*
zu einer Annäherung *kommen (o, a, o): *to come closer together*
anstreben (*wk*): *to work towards*
das Almosen (–): *alms*
die Lebensmittelsendung (–en): *food-shipment*
die Dauerlösung (–en): *permanent solution*

„Brot für die Welt"

Retranslation

1 The problem of the Third World is often called the "North–South conflict". 2 Most of the industrialized countries are in the northern hemisphere and most of the developing countries are in the southern hemisphere. 3 Whoever wants to help the developing countries effectively must understand their difficulties. 4 They have to solve their problems themselves, although a permanent solution will be difficult. 5 Food shipments from the industrialized countries in cases of floods, disastrous harvests or earthquakes are necessary. 6 A Chinese proverb states: "Whoever gives a pound of fish will help for a day but whoever teaches how to catch fish helps forever."

Welthungerhilfe

264

32.3 Entwicklungshilfe

Wo Entwicklungshilfe nur auf wirtschaftlichen Profit und politische Machterweiterung abzielt, schlägt sie fehl. Wirtschaftliche Vernunft, politische Einsicht und christliche Nächstenliebe sind die Säulen, auf denen echte Entwicklungshilfe ruht:

● „Die Entwicklungsländer von heute sind für unsere exportabhängigen Industrien die Märkte von morgen. Je wohlhabender meine Kunden werden, desto mehr können sie bei mir kaufen!" (*ein Exportkaufmann*).

● Armut und Not waren schon immer Nährboden des Kommunismus. Ein Professor hat einmal gesagt: „Der wichtigste Teil des Wettlaufs zum Jahr 2000, der zwischen der kommunistischen Welt und der nichtkommunistischen stattfindet, spielt sich als Wettstreit um die Gewinnung der Entwicklungsländer ab. Verliert die westliche Welt diesen Wettstreit, so wird es in der Welt unserer Kinder und Enkel nur noch einen sehr kleinen Raum geben, der nicht kommunistisch ist."

● Als Bundesminister für Wirtschaftliche Zusammenarbeit hat Walter Scheel einmal gesagt: „Wir brauchen nur wenig abzugeben von unserem Wohlstand, um den Völkern, die auf unsere Unterstützung hoffen, ihren Aufstieg zu erleichtern. Wenn die westliche Welt, die sich zum Christentum und zu den Menschenrechten bekennt, nicht unglaubwürdig werden will, muß sie den notleidenden Völkern mit Rat und Tat zur Seite stehen."

abzielen (*wk*) auf (+ *Acc.*): *to have as one's aim*
die Machterweiterung: *widening of one's sphere of influence*
***fehl**schlagen (ä, u, a): *to fail*
die Vernunft: *reason, sense*
die Einsicht (–en): *insight, wisdom*
die Nächstenliebe: *love for one's fellow human being*
die Säule (–n): *pillar*
wohlhabend: *prosperous*
der Nährboden (⸚): *breeding-ground*
der Wettlauf (⸚e): *race*
der Wettstreit um (+ *Acc.*): *struggle for*
sich **ab**spielen (*wk*): *to happen, to take place*

die Gewinnung der Entwicklungsländer: *getting the developing countries on one's side*
der Bundesminister für Wirtschaftliche Zusammenarbeit: *Federal Minister for Economic Cooperation*
ihren Aufstieg zu erleichtern (*wk*): *to make their growth and development easier*
sich bekennen (e, a, a) zu (+ *Dat.*): *to profess*
das Christentum: *Christianity*
die Menschenrechte (*pl*): *human rights*
unglaubwürdig ***werden**: *to lose one's credibility*
notleidend: *suffering, needy*

Fragen
1. Welches Problem hat die Welt schon seit Jahrzehnten bewegt?
2. Wo verläuft der „Hungergürtel" der Erde?
3. Was versteht man unter „Vierte Welt"?
4. Warum nennt man den Gegensatz zwischen den Industrieländern und den Entwicklungsländern auch Nord-Süd-Konflikt?
5. Was strebt man aber anstatt eines Konfliktes an?

32.4 Aufsatzthemen
1. Der Krieg gegen den Hunger wird den Krieg gegen Menschen ersetzen.
2. Wohlstand für alle — nur ein schöner Traum?
3. Sollten Entwicklungshilfe und die Forderung nach Geburtenkontrolle verbunden werden?
4. Europa und die „Dritte Welt".

33 Rassen- und Minderheitenprobleme

33.1 Rassen

Wissenschaftler und Politiker haben oft versucht, die Menschheit nach verschiedenen biologischen Gesichtspunkten (z.B. nach Haar, der Kopf- und Gesichtsform, Körpergröße, und Hautfarbe) in Rassen einzuteilen. Diese körperlichen Unterschiede haben aber mit dem Verhalten der Menschen wenig zu tun. Das Verhalten hängt sehr stark von der Erziehung und der Umwelt ab, in der sie aufwachsen und leben. Ob beispielsweise ein Mensch geizig oder verschwenderisch ist, hängt nicht von der Rasse ab. Hautfarbe, Kopfform oder Haarfarbe können einen Menschen nicht geizig machen. Im Gegensatz zu solchen Rassenmerkmalen kann man den Geiz auch nicht vererben. — Die Einteilung der Menschen in Rassen ist also wissenschaftlich und moralisch stets zweifelhaft gewesen; darüber hinaus sind solche Einteilungen oft in Rassismus, Rassenwahn, Rassenhaß, Rassenhetze und Rassenkonflikte umgeschlagen. Es ist hier also größte Vorsicht geboten! Dennoch unterscheidet man nach der Hautfarbe oft vier Hauptgruppen: die weiße, die gelbe, die schwarze und die braune Rasse. Jede Rasse hat man wiederum in kleinere Gruppen (Rassenkreise) zu unterteilen versucht, deren Grenzen jedoch kaum genau zu bestimmen sind. Wie fragwürdig die Rasseneinteilung ist, zeigt schon die folgende Rassenkreiseinteilung und die Abgrenzung nach geographischen Gesichtspunkten:

Die weiße Bevölkerung (die Weißen) bewohnt vorwiegend Europa, Amerika und Australien, doch ist sie auch in allen anderen Erdteilen vertreten. Die schwarze Rasse (die Neger, die Schwarzen) bewohnt den Großteil Afrikas, Gebiete in Australien (Australneger) und als Minderheit Amerika. Die gelbe Rasse gliedert sich in Mongolen (Chinesen und Japaner), Malaien, Eskimos und die amerikanischen Indianer. Zu den braunen Rassen gehören besonders die Orientalen und die Inder. Aus politischen, ideologischen, religiösen, kulturellen, sprachlichen und vor allem wirtschaftlichen Gründen hat es zwischen Rassen immer wieder Spannungen und Konflikte gegeben. Der Rassismus hat viel Unheil angerichtet. In Deutschland trat er besonders in der Zeit des Nationalsozialismus (1933–45) hervor. Leider war solches und ähnliches Gedankengut nicht nur auf Deutschland beschränkt. Auch in Großbritannien (Mosleys „Schwarzhemden"), Spanien (Francos Falangisten) und in Italien (Mussolinis Nationale Faschistische Partei) z.B. machten sich in den 20er und 30er Jahren faschistisch-rassistische Ideologien breit; während Mosleys Bewegung 1940 ja verboten wurde, kamen in Italien und Spanien Faschisten sogar an die Macht.

Leider gibt es auch heute noch zahlreiche Rassenkonflikte, die sich immer wieder in Rassenkrawallen und gewaltsamen Auseinandersetzungen entladen. Dabei kristallisieren sich immer wieder zwei rivalisierende Gruppen heraus: die Farbigen und die Weißen. Oft sind es die Farbigen, die für Gleichberechtigung (gleiche Rechte) und gegen Rassendiskriminierung und Rassentrennung (Segregation, in Südafrika: Apartheid) kämpfen. Aber auch gegen Weiße wird diskriminiert. Überall aber, wo Rassendiskriminierung, Rassenhaß und Rassenhetze herrschen, werden Menschenrechte mit Füßen getreten!

Die Bekämpfung der Rassendiskriminierung durch die Vereinten Nationen

Aus dem Internationalen Pakt über bürgerliche und politische Rechte vom 16. 12. 1966:

Artikel 26

Alle Menschen sind vor dem Gesetz gleich und haben ohne Diskriminierung Anspruch auf gleichen Schutz durch das Gesetz. In dieser Hinsicht hat das Gesetz jede Diskriminierung zu verbieten und allen Menschen gegen jede Diskriminierung, wie insbesondere wegen der Rasse, der Hautfarbe, des Geschlechts, der Sprache, der Religion, der politischen oder sonstigen Anschauung, der nationalen oder sozialen Herkunft, des Vermögens, der Geburt oder des sonstigen Status, gleichen und wirksamen Schutz zu gewährleisten.

---

der Gesichtspunkt (–e): *criterion*
das Verhalten: *behaviour*
geizig: *miserly, mean, avaricious*
verschwenderisch: *spendthrift, careless with money*
der Geiz: *avarice*
zweifelhaft: *doubtful, dubious*
der Rassenwahn: *racial frenzy, obsession*
*um**schlagen (ä, u, a) in (+ *Acc.*): *to turn/lapse into*
der Australneger (–): *aborigine*
als Minderheit (–en): *as a minority group*
der Chinese (–n) (*wk masc.*): *Chinese*

der Inder (–): *Indian*
der Indianer (–): *Red Indian*
***hervor**treten (i, a, e): *to come to the fore*
das Gedankengut: *ideology*
sich **breit**machen (*wk*): *to spread*
sich entladen (ä, u, a): *to erupt into*
die Auseindersetzung (–en): *conflict*
sich **heraus**kristallisieren (*wk*): *to crystallize*
die Rassendiskriminierung: *racial discrimination*
Menschenrechte: *human rights*
mit Füßen treten (i, a, e): *openly to disregard*

Retranslation

1 Scientists and politicians have often tried to divide people into different racial groups according to the colour of their skins, the shape of their heads and the colour of their eyes and hair. 2 These divisions are often scientifically and morally dubious. 3 Such divisions frequently lead to racism, racial hatred and racial conflict. 4 There have often been tensions and conflicts between racial groups because of political, ideological, religious, cultural, linguistic and economic reasons. 5 Apartheid in South Africa is an example of racial discrimination and racial segregation between Blacks and Whites.

„Hier integrieren wir drei Italiener, acht Spanier oder zwölf Türken"

33.2 Das Problem der nationalen Minderheiten

Rassenkonflikte sind oft mit einem weiteren Problem eng verknüpft: dem *Problem der nationalen Minderheiten*. Oft werden ethnische Gruppen, die das „Pech" haben, nationale Minderheiten zu sein, unterdrückt und verfolgt. Religiöse und vor allem wirtschaftliche Konflikte verschärfen meist noch die Situation. Besonders in Notzeiten werden diese Minderheiten oft zum Sündenbock gemacht. Verantwortungslose Politiker können dann nämlich leicht die Massen emotionalisieren und aufputschen. „Ein hungriges Volk hört weder auf die Vernunft, noch kümmert es sich um die Gerechtigkeit . . ." (Seneca, 4v.Chr.–65n.Chr.)!

Ein besonderes Minderheitenproblem sind in der Bundesrepublik (aber auch in der Schweiz, in Österreich, in Frankreich und anderswo) die sogenannten „*Gastarbeiter*".

Der wirtschaftliche Aufschwung der Bundesrepublik nach 1949 und der Aufschwung der industriellen Produktion führten seit Mitte der 50er Jahre zu einem ständig steigenden Bedarf an Arbeitskräften.

> „Aus dem Ausland wurden Arbeitskräfte geholt — gekommen sind Menschen."
>
> *Max Frisch*

Diese Arbeitskräfte waren aber nicht vorhanden; viele Arbeitnehmer in der Bundesrepublik waren auch nicht mehr bereit, schwere körperliche oder schmutzige Arbeit selber zu leisten. Anders war es im südlichen Europa: Länder wie Spanien, Portugal, Jugoslawien, Griechenland und die Türkei waren (und sind zum Teil heute noch) wirtschaftlich wenig entwickelt; sie verfügten über einen Überschuß an Arbeitskräften. Was anfangs wie eine vorübergehende Aushilfe aussah, wurde im Laufe der Zeit zu einer Notwendigkeit. Die bundesdeutsche Wirtschaft braucht die „Gastarbeiter". Heute leben mehr als drei Millionen „ausländische Arbeitnehmer" (so werden die Gastarbeiter offiziell genannt) und ihre Familien in der Bundesrepublik. Mit ihren Familien zusammen bilden die Gastarbeiter also eine beachtliche Gruppe; aber, wie Max Frisch es so treffend ausdrückt: gekommen sind *Menschen*. Und viele sind nicht nur gekommen, um in der Bundesrepublik möglichst schnell viel Geld zu verdienen und sich dann mit ihren Ersparnissen in ihrer alten Heimat eine neue Existenz aufzubauen; viele sind geblieben und Bundesbürger geworden (oder wollen es werden)! Die Eingliederung solcher heterogenen Gruppen — Spanier, Portugiesen, Italiener, Jugoslawen, Griechen und Türken — brachte natürlich einige Schwierigkeiten mit sich. Heute werden die Gastarbeiter in der BRD allmählich anerkannt und geachtet. Das wird nur mit Toleranz und Verständnis auf beiden Seiten möglich: Vorurteile werden überwunden, die deutsche Sprache wird gelernt, mehr Schulen werden gebaut, mehr Schulklassen eingerichtet, Wohnbaracken und „Ausländerghettos" werden beseitigt, Ausländerkinder werden schulisch und sozial betreut, Ausländer werden in Klubs, Vereine, politische Parteien usw. aufgenommen und so allmählich in die Gesellschaft eingegliedert.

Pech haben: *to have bad luck, to be unfortunate enough*

unterdrücken (*wk*): *to suppress*

verfolgen (*wk*): *to persecute*

verschärfen (*wk*): *to acerbate*

jemanden zum Sündenbock (÷e) machen: *to make (s.o.) the scape-goat*

verantwortungslos: *irresponsible*

aufputschen: (*here*) *to whip up*

der Gastarbeiter (–): *foreign worker*

Bedarf an (+ *Dat.*): *need, demand for*

die Arbeitskraft (÷e): *worker(s), man-power*

über einen Überschuß verfügen (*wk*): *to have in excess*

eine vorübergehende Aushilfe: *passing, temporary expedient*

treffend: *appropriate*

die Ersparnisse (*pl*): *savings*

die Eingliederung: *integration*

anerkannt und geachtet: *recognized and well thought of*

die Toleranz: *tolerance*

überwinden (i, a, u): *to overcome*

einrichten (*wk*): *to set up*

sie werden schulisch und sozial betreut: *their educational and social needs are looked after*

eingliedern (*wk*): *to integrate*

Fragen

1. Welches Problem ist oft eng mit Rassenkonflikten verbunden?
2. Welches besondere Minderheitenproblem hat die Bundesrepublik?
3. Wie kam es dazu?
4. Aus welchen Ländern kommen die ausländischen Arbeitnehmer hauptsächlich?
5. Wie ist das Verhältnis zwischen den ausländischen Arbeitnehmern und den Einheimischen heute?

M. war acht Jahre alt, als er in die BRD kam. Damals sprach er kein Wort Deutsch. Heute besucht er ein Gymnasium und will nach dem Abitur Medizin studieren. Auf die Frage, warum er in Deutschland bleiben möchte, antwortete M.:

„Ich weiß, wie es anderswo aussieht. Zum Beispiel in . . ., wo ich 1977 war, in einem Dorf, in dem es kein elektrisches Licht gibt, kein fließendes Wasser, kein Pferd, nur Esel, keinen Trecker, nur die Hacke und die Sichel, nur Öllampen und offene Feuerstellen, wo die Hälfte der Nahrungsmittel verdirbt, weil es keine Kühlung gibt, wo die Kinder sterben wie die Fliegen, wo die Pille nicht verwendet wird, und die Frauen am laufenden Band Kinder bekommen, und wo es nirgendwo stimmt. Hier, in der Bundesrepublik, aber leben wir in einem sozialen Staat, und ich freue mich auf die Stunde, in der ich Deutscher sein darf. Ich will hier leben, hier arbeiten, hier bleiben, und ich weiß, daß ich es schaffen werde." So wie M. denken noch viele der Gastarbeiter in Deutschland! Wahrlich eine Chance für uns, zu zeigen, was Menschlichkeit sein kann!

aus einem Aufsatz einer deutschen Schülerin

die Hacke (–n): *hoe*
die Sichel (–n): *sickle*
verderben (i, a, o): (here) to rot
am laufenden Band: *(here) one after the other*

wo es nirgendwo stimmt: *where nothing is ever as it should be*
ich schaffe es: *I'm going to make it*
wahrlich: *truly, indeed*

Retranslation

1 In the middle of the fifties there was an ever increasing need in the Federal Republic for more workers. 2 Many German workers were no longer prepared to do heavy manual or dirty work. 3 Many thousands of foreign workers came from Turkey, Greece, Jugoslavia, Portugal, Spain and Italy. 4 Many foreign workers came to Germany to earn as much money as possible as quickly as possible and then return to their native country. 5 Other workers preferred to remain in the Federal Republic and become German citizens. 6 The integration of such a large heterogeneous group caused many difficulties. 7 The "guest workers" had to learn a new language and new customs. 8 There are now more than three million foreign workers and their families in the Federal Republic and they are gradually being integrated into society.

„. . . denn jetzt in der Flaute belastet er uns sehr!"

33.3 Aufsatzthemen

1. Untersuchen Sie die Probleme der nationalen Minderheiten in Großbritannien, Belgien und Kanada!
2. „Man holte Arbeitskräfte aus dem Ausland — es kamen Menschen." (Max Frisch)
3. Werden die Gastarbeiter in Deutschland ausgebeutet?

34 Terror und Terrorismus

> Die größte Schwäche der Gewalt liegt darin, daß sie gerade das erzeugt, was sie vernichten will. Statt das Böse zu verringern, vermehrt sie es.
>
> *Martin Luther King*
>
> Wo die Gewalt herrscht, zählt der Mensch nicht mehr, ob bei bewaffneten Auseinandersetzungen ob in lateinamerikanischen Folterkammern, bei afrikanischen Massakern oder in kommunistischen Nervenkliniken. Deshalb ist der Ruf nach den Menschenrechten in erster Linie ein Ruf nach Frieden und Freiheit von Furcht.
>
> *aus: „Das Parlament"*

die Schwäche (–n): *weakness*
die Gewalt: *violence*
vernichten (*wk*): *to destroy completely*
das Böse: *evil*
bewaffnete Auseinandersetzungen (*pl*): *armed conflicts*

die Folterkammer (–n): *torture-chamber*
das Massaker (–): *massacre*
die Nervenklinik (–en): *psychiatric clinic*
der Ruf (–e): *cry, call*
die Furcht: *fear*

34.1 Gewalt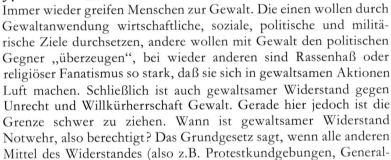

Immer wieder greifen Menschen zur Gewalt. Die einen wollen durch Gewaltanwendung wirtschaftliche, soziale, politische und militärische Ziele durchsetzen, andere wollen mit Gewalt den politischen Gegner „überzeugen", bei wieder anderen sind Rassenhaß oder religiöser Fanatismus so stark, daß sie sich in gewaltsamen Aktionen Luft machen. Schließlich ist auch gewaltsamer Widerstand gegen Unrecht und Willkürherrschaft Gewalt. Gerade hier jedoch ist die Grenze schwer zu ziehen. Wann ist gewaltsamer Widerstand Notwehr, also berechtigt? Das Grundgesetz sagt, wenn alle anderen Mittel des Widerstandes (also z.B. Protestkundgebungen, Generalstreik, passiver Widerstand) nicht ausreichen.

> Alle Staatsgewalt geht vom Volke aus . . . Die Gesetzgebung ist an die verfassungsmäßige Ordnung, die vollziehende Gewalt und die Rechtsprechung sind an Gesetz und Recht gebunden. Gegen jeden, der es unternimmt, diese Ordnung zu beseitigen, haben alle Deutschen das Recht zum Widerstand, wenn andere Abhilfe nicht möglich ist.
>
> *(aus Art. 20, GG)*

greifen zu (+ *Dat*.): *to resort to*
Ziele durchsetzen (*wk*): *to achieve aims*
sich Luft machen (*wk*): *to give vent to one's feelings*
die Willkürherrschaft: *tyranny*
die Grenze ziehen (ie, o, o): *to draw the line, to make a distinction*
die Notwehr: *self-defence*
die Protestkundgebung (–en): *protest-rally*
alle Staatsgewalt geht von Volke aus: *all state authority emanates from the people*

die Gesetzgebung: *legislature*
die vollziehende Gewalt: *administration*
die Rechtsprechung: *judiciary*
die verfassungsmäßige Ordnung: *constitutional rules, guidelines, principles*
gebunden *sein an (+ Acc.*): *to be bound to, to be dependent on*
Gesetz und Recht: *law and justice*
beseitigen (*wk*): *to remove*

Aber wer entscheidet, *wann* „andere Abhilfe nicht möglich ist"? Wann ist Widerstand gerechtfertigt? Ist politisch motivierter Mord kein Mord, sondern „Propaganda der Tat"? Heiligt der Zweck die Mittel? Sind die Anarchisten im zaristischen Rußland, die Stadtguerillas (Tupamaros) Südamerikas, die Irisch-Republikanische Armee, die Guerillas in Afrika und anderswo — sind alle diese Gruppen mutige Freiheitskämpfer oder blutige Terroristen? Bei den mutigen, opferbereiten Dissidenten in den Ostblockländern fällt uns die Antwort auf diese Frage leicht.

> „Alles hängt davon ab, wie sehr wir Dissidenten bereit sind, uns zu opfern. Außerdem davon, wie weit Sie in der westlichen Welt bereit sind, für uns zu kämpfen."
>
> *Prof. Jurij Orlow*
> *Leiter des ersten Moskauer*
> *Helsinki-Komitees*

Ebenso leicht ist die Antwort bei den sinnlosen Aktionen terroristischer Gewalttäter, z.B. der Baader-Meinhof-Bande, der sogenannten Roten Armee Fraktion und der sogenannten Roten Brigade. Bei anderen Gruppen aber ist eine Antwort oft nicht leicht. Vielfach hängt die Antwort auch von der politischen Einstellung des einzelnen ab.

die Abhilfe (–n): *remedy, redress, measures, means*
gerechtfertigt: *justified*
„Propaganda der Tat": *propaganda through action*
der Zweck heiligt die Mittel: *the end justifies the means*
der Anarchist (–en): *anarchist*
der Stadtguerilla (–s): *urban guerilla*
der Freiheitskämpfer (–): *freedom fighter*

der Terrorist (–en): *terrorist*
opferbereit: *dedicated*
der Dissident (–en): *dissident*
die Bande (–n): *gang*
die Fraktion (–en): (*here*) *faction*
die politische Einstellung: *political conviction*

„Entweder Du läßt Dich sofort fressen, oder ich trete in Hungerstreik, und Du bist ein Mörder!"

Im Zusammenhang mit diesen Fragen ist es schwierig, klare, einheitliche Begriffe zu verwenden. Was ist Terror? Was ist Terrorismus? Eine allgemein verbindliche Aussage gibt es bisher nicht. In neueren Veröffentlichungen werden diese Begriffe jedoch oft so definiert:

Als *Terror* bezeichnet man die planmäßige Gewaltanwendung von oben; Terror ist also Staatsterror, das Kennzeichen diktatorischer und totalitärer Staaten.

Als *Terrorismus* bezeichnet man die planmäßige Gewaltanwendung von unten. Ziel des Terrorismus ist es, Angst, Schrecken und Unsicherheit in der Bevölkerung zu erzeugen und die Bevölkerung und Regierung zu verunsichern, das bestehende politische System zu beseitigen, und schließlich selbst die Macht zu erringen. Terrorismus wird auch „*Gruppen*terror" genannt.

---

klare, einheitliche Begriffe: *coherent, standard terms*
die allgemein verbindliche Aussage (–n): *universally acceptable definition*
planmäßig: *systematic*
das Kennzeichen (–): *hallmark, characteristic*

die Angst: *fear*
der Schrecken: *horror, panic*
die Unsicherheit: *feeling of insecurity*
verunsichern (*wk*): *to unsettle, to make nervous*
die Macht erringen (i, a, u): *to seize power*

Sowohl Terror (Staatsterror) als auch Terrorismus (Gruppenterror) sind extreme Haltungen, die sich in extremen Handlungen äußern. Auf der einen Seite leiden Hunderttausende von politischen Häftlingen in Lagern und Gefängnissen, in Folterkammern und Nervenkliniken. Dissidenten werden von staatlichen Geheimdiensten bespitzelt und eingeschüchtert und oft ohne Haftbefehl verhaftet. Protestdemonstrationen werden mit brutaler Gewalt niedergeschlagen, Regimegegner werden diffamiert und sozial und beruflich benachteiligt. Terrorurteile — besonders Todesurteile — werden vollstreckt. Menschen- und Grundrechte (die Menschenwürde, die Meinungsfreiheit, die Versammlungs- und Pressefreiheit, die Glaubens- und Gewissensfreiheit, das Post-, Brief- und Fernmeldegeheimnis, die Freizügigkeit, die Unverletzlichkeit der Wohnung, die Gleichheit vor dem Gesetz, das Recht auf Eigentum usw.) werden eingeschränkt und mit Füßen getreten. Telefone werden abgehört. Abhöranlagen („Wanzen") werden installiert. Eigentum wird willkürlich beschlagnahmt. Nationalen Minderheiten wird das Selbstbestimmungsrecht und das Recht auf Heimat versagt, oder sie werden vertrieben. Konzentrations- und Arbeitslager werden errichtet.

---

der Häftling (–e): *prisoner*
der Geheimdienst (–e): *secret service*
bespitzeln (*wk*): *to spy on*
einschüchtern (*wk*): *to intimidate*
der Haftbefehl (–e): *arrest warrant*
diffamieren (*wk*): *to slander viciously*
das Terrorurteil (–e): *sentence intended to spread terror*

vollstrecken (*wk*): *to carry out, to execute*
die Menschenwürde: *human dignity*
die Meinungsfreiheit: *freedom of speech*
die Versammlungsfreiheit: *freedom to hold public meetings*
das Geheimnis (–se): (here) *confidentiality*
die Freizügigkeit: *freedom of movement*
die Unverletzlichkeit der Wohnung: *inviolability of the home*

das Recht auf Eigentum: *right to own property*
Telephone **ab**hören (*wk*): *to bug telephones*
die Abhöranlage (–n): *bugging device*
die Wanze (–n): *bug*
beschlagnahmen (*wk*): *to confiscate*

das Selbstbestimmungsrecht: *right to self-determination*
das Recht auf Heimat: *right of domicile*
versagen (*wk*): *to deny*
vertreiben (ei, ie, ie): *to expel*

Viele internationale Organisationen und auch Privatleute versuchen, politischen Häftlingen und politisch Verfolgten zu helfen. Hier ist besonders „Amnesty International" hervorzuheben. Diese Organisation — die übrigens am 10. Dezember, dem Tag der Menschenrechte, 1977, den Friedensnobelpreis bekam — kümmert sich um politische Gefangene, die weder Gewalt angewendet noch Gewaltanwendung befürwortet haben; sie bemüht sich für alle politischen Gefangenen um ein faires Gerichtsverfahren; außerdem setzt sie sich für menschliche Haftbedingungen ein. Was können die Amnesty International-Gruppen tun? Sie schreiben Petitionen an die verantwortlichen Politiker im Lande der Gefangenen. Sie unterrichten durch Publikationen und Veranstaltungen die Bevölkerung in vielen Ländern über das Schicksal „ihrer" politischen Gefangenen. Sie bitten unsere Politiker, sich immer wieder für die Freilassung der politischen Gefangenen zu verwenden. Sie nehmen Kontakt mit den Angehörigen der Gefangenen auf. Nach Angaben von Amnesty International werden in 117 Ländern (d.h. in über zwei Drittel aller Mitgliedsstaaten der Vereinten Nationen) die Menschenrechte nicht respektiert.

Auf der anderen Seite der Terrorszene treibt der Terrorismus sein Unwesen: Flugzeuge und Züge werden entführt, Politiker werden entführt, Ultimaten und Forderungen werden gestellt, Geiseln werden genommen, und die Regierung wird erpreßt, Terroranschläge werden verübt, und Geiseln werden ermordet. Auf offener Straße werden unschuldige Menschen erschossen. Bomben werden gelegt und Briefbomben verschickt. Die innere Sicherheit des Staates wird bedroht. Die freiheitlich-demokratische Grundordnung wird gefährdet. In einer Traueranzeige für einen von Terroristen ermordeten Bundesbürger heißt es: „Er wurde das Opfer brutaler Mörder, deren Ziel Vernichtung von Vertrauen und Zerstörung unserer menschlichen Werte ist."

hervorheben (e, o, o): *to mention above all*
befürworten (*wk*): *to advocate*
sich bemühen (*wk*) um (+ *Acc.*): *to make efforts on behalf of*
das Gerichtsverfahren (–): *trial*
sich **ein**setzen (*wk*) für (+ *Acc.*): *to intervene on behalf of*
menschliche Haftbedingungen: *humane conditions of imprisonment*
die Veranstaltung (–en): *meeting, rally*
sich verwenden (*wk*) für (+ *Acc.*): *to press for*
die Freilassung (–en): *release*
die Angehörigen (*usu. pl*): *family relatives*
sein Unwesen treiben (ei, ie, ie): *to raise its ugly head*

ein Flugzeug und einen Zug entführen (*wk*): *to hijack an aeroplane and a train*
einen Menschen entführen: *to kidnap a person*
das Ultimatum (–en): *ultimatum*
die Forderung (–en): *demand*
die Geisel (–n): *hostage*
erpressen (*wk*): *to blackmail*
einen Terroranschlag verüben: *to carry out a terrorist raid*
eine Bombe legen (*wk*): *to plant a bomb*
die Traueranzeige (–n): *obituary notice*
das Vertrauen: *confidence*
der Wert (–e): *value*

Retranslation

A 1 Many people in the world are turning to violence to achieve social, political and military aims. 2 Racial hatred and political fanaticism erupt into violent actions. 3 When is violence justified? 4 Does the end justify the means? 5 There are or have been many terrorist organizations like urban guerillas, the Red Brigade, the Red Army Faction and the Baader-Meinhof gang. 6 Are these groups courageous freedom fighters or bloodthirsty terrorists? 7 Is the Western world ready to fight for the dissidents in the countries behind the Iron Curtain? 8 The answer depends on the political convictions of the individual. 9 Terror is the systematic use of violence by a dictatorial or totalitarian state. 10 The aims of terrorism are often to cause fear, panic and uncertainty among the people and the government of a country and to overthrow the existing political system.

B 1 The dissident was spied upon, intimidated and arrested without a warrant. 2 The death sentence was carried out. 3 The businessman's freedom of movement was limited. 4 His telephone was bugged. 5 The political prisoners were sent to a labour camp.

C 1 Amnesty International is usually concerned with human rights and improving conditions in prisons. 2 After the Lufthansa plane had been hijacked an ultimatum was issued by the hijackers. 3 The politician was kidnapped by terrorists and murdered a month later. 4 A bomb was planted in the boot of the judge's car. 5 The secretary was killed by a letter bomb. 6 Two hostages from the hijacked train were shot when the government refused to meet the terrorists' demands.

Fragen

1. Was wollte Martin Luther King mit seinen Worten ausdrücken?
2. Was bedeutet „Wo Gewalt herrscht, zählt der Mensch nicht mehr"?
3. Wofür kämpfen die Dissidenten in den Ostblockländern?
4. Worauf sind die Dissidenten angewiesen?
5. Was bedeutet „Staatsterror", und was bedeutet „Gruppenterror"? (eigene Worte!)
6. Auf welche Weise sorgt „Amnesty International" für politische Gefangene?
7. Was hat „Amnesty International" leider feststellen müssen?
8. Mit welchen Mitteln und Methoden treibt der Terrorismus sein Unwesen?
9. Welche Grundordnung wollen Terroristen in der Bundesrepublik gefährden?

PART II

I English Prose Passages for Translation into German

1 An exchange visit

At half past four I left our house and walked to the next stop to catch the bus to[1] the town centre. My German penfriend Jürgen was coming to England and I wanted to meet[2] him at[3] the station. His train was due to[4] arrive at five past six.

I had been to[5] Germany at Easter and had stayed at[6] his parents' house[6] in Endingheim, a small village not far from Cologne. I had to speak German while I was in Germany and now it was his turn to speak English.[7] I liked[8] Jürgen because he was always cheerful and we had become good friends.

During his stay in England we went on a lot of trips. Fortunately it was a very hot summer and we were able to swim in the open air pool and play tennis. Sometimes Jürgen helped my mother in the kitchen or my father outside when he was washing the car[9].

vocabulary

exchange visit: *der Austauschbesuch (–e)*
penfriend: *der Brieffreund (–e)*
cheerful: *fröhlich, lustig, guter Laune*
stay: *der Aufenthalt (–e)*
fortunately: *glücklicherweise, zum Glück*
open air pool: *das Freibad (–er)*

notes

[1]use *zu*
[2/3]which is correct: *abholen von* or *treffen an*?
[4]use *sollen*
[5]use *in* + **sein*
[6]*wohnen bei* (it is advisable not to translate "house")
[7]*an der Reihe sein mit*: use verbal noun for "to speak English"
[8]*lieben* is wrong, *gern(e) haben* is dubious. Use *gern(e) mögen*
[9]use verbal noun with *bei* instead of subordinate clause

2 Moving house[1]

We were all very excited. Three months ago my father had got a better job and we were now about to move to a bigger house in a pleasant suburb of Munich. The day of the move came and we got up very early. We had already packed many of the smaller things — cutlery[2], crockery[2], vases[2] and our books — the previous day[3] and we were now waiting for the removal van. It arrived shortly after nine o'clock and three strong men got out. My younger brother and I helped them to carry furniture out of[4] the house and into[4] the van. Two and a half hours later our old house was quite empty and all the family felt[5] a little sad when we drove away.

After a short journey,[6] however, we arrived at our new house and the men began to carry everything out of the van and[7] into the house. My parents told[8] the men where the furniture was to go[9]. After the men had driven off, we felt hungry[10] and we decided to have our first meal in our new kitchen.

vocabulary

job: *die Stelle (–n)*
to move: **um_ziehen (ie, o, o)_*; the move: *der Umzug (=e)*
pleasant: *nett, schön, angenehm*
cutlery: *das Besteck (–e)* (usu. collective noun)
crockery: *das Geschirr (–e)* (usu. collective noun)
removal van: *der Möbelwagen (–)*
furniture: *das Möbel (–)* (usu. collective pl.)
decide: *beschließen (ie, o, o)*

notes

[1] translate *Der Umzug*
[2] use definite articles
[3] start sentence with adverbial phrase of time
[4] watch cases!
[5] translate "was" (here better than *sich fühlen* (wk.))
[6] translate "drive"
[7] omit "and"
[8] use *sagen*
[9] use **hin**_sollen_ for "to go"
[10] do not translate literally

3 A fire[1]

The old man had fallen asleep in his armchair in the lounge. He had been watching television and hadn't noticed that the pipe which he had been smoking had fallen on to the carpet. After a few moments the carpet caught[2] fire. Fortunately the man woke up. At first he was so surprised to see[3] the smoke and flames that he didn't know what to do[4] but then he realized that he had to get out of the room as quickly as possible. He just had time to shut the window which was slightly open and then he rushed into the hall, closing the lounge door behind him. He quickly phoned the fire brigade and told them what had happened and where he lived. After a few minutes two large red fire engines arrived and the firemen managed to put out the fire before it destroyed the whole house. It took[5] several months, however, to repair[6] the damage and the old man had to stay with his youngest daughter until the house was ready[7] again.

vocabulary

lounge: *das Wohnzimmer (–), die (Wohn)diele (–n)*
to notice: *(be)merken* (wk.)
to realize: *sich* (Dat.) ***klar**werden (i, u, o)*; *erkennen* (mixed) (e.g. *es wurde ihm klar, daß . . .*; *er erkannte, daß . . .*
slightly: *leicht*
to be open: ***vor**stehen (e, a, a), offen *stehen, geöffnet *sein*
I manage to do: *es gelingt mir, etwas zu tun*; *ich kann*
to destroy: *vernichten* (wk.), *zerstören* (wk.)
damage: *der Schaden (÷)*

notes

[1] *der Brand* or *das Feuer*?
[2] *Feuer fangen (ä, i, a)*; *in Brand *geraten (ä, ie, a)*
[3] use *über* (+ Acc.) (omit "to see")
[4] use *tun sollen/machen sollen (wk)*
[5] use *dauern* (wk.)
[6] translate "until the damage was repaired"
[7] *fertig* or *bereit*?

4 The burglar

When I arrived[1] home after work late last night[2] I noticed that the dining room window was wide open. I was certain that I had shut it before leaving the house and I was afraid that someone had broken in during my absence[3]. I looked quickly through[4] the window, opened the front door and went straight to the dining room. I nearly cried. My lovely books had been thrown out of their bookcases, drawers had been pulled out of the sideboard and papers had been taken out of my writing desk and thrown on to the carpet. Without losing a moment,[5] I phoned the police. I was amazed how quickly they came for only two or three minutes later a police car drew up in front of the house and two large[6] policemen got out. I showed them the dining room and was soon explaining[7] what had happened. They told me that a young man had been seen that same afternoon climbing[8] into another house two streets away and that they had managed to arrest him.

vocabulary

to be afraid that: *(be)fürchten* (wk.), *daß* . . .
to break in: (*)**ein**brechen *(i, a, o)*
absence: *die Abwesenheit*
straight: *direkt, geradewegs*
to cry: *weinen* (wk.)
bookcase: *das Bücherregal (–e)*
drawer: *die Schublade (–n), die Schieblade (–n)*
sideboard: *das Büffet (Büfett) (–s), die Anrichte (–n)*
papers (pl.): *Papiere, Akten, Schriftstücke, Dokumente*
carpet: *der Teppich (–e)*
to draw up: (**an**)*halten (ä, ie, a)*, *****vor*fahren (ä, u, a) vor* (+ Dat.) (intrans.)
to climb into: *(**ein**)steigen (ei, ie, ie) in* + Acc.
to arrest: *verhaften* (wk.)

notes

[1]translate "came home" (better in modern German)

[2]*gestern nacht* appears to be the smoothest translation for "late last night"

[3]watch case!

[4]use *in* or *durch* (which in this case would appear to suggest that the window is already open)

[5]literal translation would appear to be stiff; *ohne auch nur die geringste Zeit zu verlieren* would probably be the idiom a German might use here

[6]" 'large' is seldom used of persons" (*Advanced Learner's Dictionary of Current English*); hence *groß* appears to be insufficient. A native speaker might use *groß, (und) stark/kräftig*

[7]translate *war bald dabei zu erklären*

[8]relative clause, or clause beginning with *wiere (als) er* . . .

5 The umbrella

People say that it is unlucky to put up an umbrella indoors[1]. Last Saturday I was up in the loft of our house looking for some old books that I wanted to read when I found an umbrella that had belonged to my father before he had[2] died. He had bought it just[3] before his death and it still looked new although it was, of course, a little dusty. I took[4] it downstairs and put it up in the lounge to see whether it had[5] any[6] holes in it. Fortunately that was not the case.

On Monday morning I decided to take it to work with me in case it should rain[7]. The sun was shining brightly when I left the house and I left my raincoat at home. I walked to the station as usual feeling[8] quite proud of my new umbrella. When the train arrived, I got in, put the umbrella in the luggage rack and[9] sat down in a corner seat[10] next to[11] the window and began to read my newspaper. From time to time I looked out of the window or talked to an old friend of mine[12] who had got on[13] at the next station[14]. The journey lasted about three quarters of an hour and when I got off I completely forgot that I had left my umbrella in the luggage rack. Of course, when I left the station[15], there was[16] a sudden storm and I got very wet indeed!

vocabulary

it is unlucky to . . .: *es bringt Unglück, wenn man . . .*
to put up (an umbrella): **auf**spannen (wk.)
loft: *der (Dach)speicher (–)/(Dach)boden (̈); die Dachkammer (–n)/Bodenkammer (–n)*
to look for: *suchen* (wk.) (*nach* + Dat.)
dusty: *staubig, verstaubt*
(not) the case: (*nicht*) *der Fall*
as usual: *wie gewöhnlich/immer/üblich*
luggage rack: *das Gepäcknetz* (*–e*)
completely: *völlig, ganz*
sudden (rain-)storm: *der Platzregen* (*–*)

notes

[1]*drinnen* appears to be insufficient; translate "in the house"
[2]to avoid two pluperfects in succession, use the imperfect for: "had died"
[3]translate "shortly"
[4]use **mit**nehmen (*i, a, o*)
[5]the subjunctive (*habe/hätte*) would sound stilted here
[6]omit
[7]*im Falle, daß es regnen würde (regnete)/falls es regnen würde*
[8]use *sein*
[9]omit
[10]compound noun
[11]use *an*; what case?
[12]the (slightly colloquial) structure *ein Freund von mir* appears to be permissible
[13]to get on: ****zu**steigen (*ei, ie, ie*)
[14]*Station* should be preferred
[15]*Bahnhof* is better here than *Station*
[16]translate "came (down)"

6 On the beach

"Shall we go for a swim? The water looks marvellous."

"I'd rather sunbathe a little longer. I prefer this beach. It's more comfortable lying[1] on the sand than on those[2] awful stones we had last year. I always used to[3] hurt my feet when I went down to the sea."

"We should have come earlier. Then we could have walked to that old lighthouse."

"Oh, Andreas, you are so energetic! Would you pass me the sun-tan cream please and my sun-glasses. They are over there in my handbag. It's so hot!"

"Here you are.[4] Look at that large ship on the horizon. I wonder where it's going[5]."

"It's probably going to Sweden, I think[6] it's the car ferry we saw when we arrived yesterday."

"If you don't want to swim yet. I think I'll go and collect[7] some shells and seaweed and climb those rocks near[8] the cliffs."

"Good, then I can[9] lie here in peace[10] and read my book."

"Typical! But you will[11] come[12] swimming later, won't you?"

"Of course, but I want to get brown first. Will you bring[13] me an ice when you come back?"

vocabulary

to go for a swim: *schwimmen* *gehen* (*e, i, a*), *baden* (wk.)

marvellous: *herrlich, wunderbar,* „*Klasse*" (colloquial)

I'd rather (+ inf.): *ich möchte lieber (noch)* . . ., *ich würde lieber*

awful: *schrecklich*

to hurt: (here:) *sich* (Dat.) *etwas* **weh***tun*

to prefer: *lieber mögen,* **vor***ziehen* (*ie, o, o*)

energetic: *tatkräftig, voller Energie, voller Tatendrang, energiegeladen* (slightly ironic), *unternehmungslustig;* N.B.: *energisch* usu. means "strongminded, go-ahead, pushing"

sun-tan cream: *die Sonnencreme* (*–s*) (also: *Sonnenkrem* (*–s*))

sun-glasses: *die Sonnenbrille* (*–n*)

horizon: *der Horizont* (*–e*)

car ferry: *die Autofähre* (*–n*)

to collect: *sammeln* (wk.)

shell: *die Muschel* (*–n*)

seeweed: *der Seetang* (collective noun)

to climb (rocks): **klettern* (wk.), *(be)steigen* (*ei, ie, ie*), **steigen . . . auf;* N.B.: **klettern* appears to denote a more leisurely way of climbing (cf. rock climbing = *das Bergsteigen*)

typical: *typisch*

notes

[1]translate "to lie"

[2](cf. also "that old lighthouse"/"that large ship"): *jener* (*jene, jenes*) for "that/those" is often clumsy and old-fashioned; *der* (*die, das*) (*da*) or *dieser, diese, dieses* (*da*) is much preferred in modern German

[3]translate: "always" (emphatic: "regularly") + imperfect; *pflegte zu* seems stiff

[4]do not translate literally! Try to find the right idiomatic expression!

[5]*Wo es wohl hinfährt?* (*Ich würde* (*möchte*) *gern wissen,* . . .); N.B.: *sich wundern* = to "wonder at, to be surprised at", etc.

[6]*denken* would be clumsy in this (colloquial) context

[7]use future tense

[8]here *bei* is better

[9]an added *ja* makes good colloquial style

[10]translate "in quiet"

[11]an added *doch* makes good colloquial German; here: use present for future tense

[12]use *****mit***gehen* (or *****mit***kommen*)

[13]cf. [11]

7 A mountain hike

Last year we spent our summer holidays in Goslar, a[1] lovely old town in the Harz mountains. One day we decided to go on[2] a mountain hike because we children had never been in the mountains before. We could not understand why we were not allowed to wear our light summer clothes and plimsolls as it was[3] a lovely hot day, but our parents insisted that we each wore a sweater and stout shoes with thick soles. We packed our rucksacks with sandwiches, fruit, drinks and chocolate and we also put[4] our anoraks in.

After a hearty breakfast we set off at about half past six in the morning. We followed a path that led slowly uphill through the valley, before we went into the forest. Two and a half hours later we made our first stop at a mountain inn. Behind the inn the path became steeper and steeper and we were soon at[5] a height of about 1500 m.[6] according to the map which my father had brought[7] with him[8]. We saw a few men felling pine and spruce trees. After the forest we reached a pleasant meadow where some cows were grazing and[9] we decided to have lunch. The sun was very hot, the air was quite thin and it was windy. After we had rested a little we set off again. The higher we climbed the colder it became and we even saw some snow on a mountain peak. We eventually reached the top of our mountain and were pleased to be able to go down by cable car.

vocabulary

hike: *die Wanderung (–en)*
Harz mountains: *der Harz*
clothes: *die Kleidung* (collective noun)
plimsoll: *der Turnschuh (–e)*
to insist that: *darauf bestehen (e, a, a), daß*
stout (shoes): *fest, stark*
anorak: *der Anorak (–s)*
hearty (breakfast): *kräftig, ausgiebig*
to set off: **losgehen (e, i, a), *aufbrechen (i, a, o)*
stop (on a hiking tour): *die Rast (–en)*
height: *die Höhe (–n)*
to fell: *fällen* (wk.), *schlagen (ä, u, a)*
pine tree: *die Kiefer (–n), die Föhre (–n)*
spruce tree: *die Fichte (–n), die (Rot)tanne (–n)*
to graze: *grasen* (wk.), *weiden* (wk.)
the . . . the: *je . . . desto, je . . . je*
mountain peak/mountain top: *die Bergspitze (–n), der (Berg)gipfel (–)*
cable car: *die Seilbahn (–en)*

notes

[1]watch case/agreement
[2]translate "to make"
[3]*wo es doch . . . war* is a good alternative to *da . . . es war*
[4]translate "packed"
[5]use *erreichen* (wk.) or *sich befinden (i, a, u) in/auf*
[6]N.B.: in German *m* is short for *Meter*; there is no full stop
[7]translate "taken"
[8]omit
[9]insert "where"

8 Skiing in Austria

"How did you[1] enjoy your holiday in Austria?" My sister had just returned from Oberkieselstein and looked[2] very bronzed. I like skiing and was interested[3] to hear how she had found[4] the resort, particularly as she had had her two young children with her. She told me that the hotel had been very comfortable with good food[5] and added that it had been relatively cheap. "Did[6] you ski much?" I asked. "Every day except for two[7] when it snowed too heavily." She explained that there [8] were long wide downhill runs finishing up next[9] to the nursery slopes and that they had[10] been able to leave the children there with[11] an excellent ski instructor. Fortunately the chair lift was right next to the hotel, too. "And what did you do when you weren't skiing?" "We went for walks through[12] the pine forests, swam in the hotel's heated pool and skated in the ice rink that had been built in the village during[13] the previous year. In the evenings we danced and drank in the local beer cellar."

vocabulary

to ski: *Ski *fahren (ä, u, a)/*laufen (äu, ie, au)* (also: *Schi . . .*)
bronzed: *braun, gebräunt*
resort: *der Urlausbsort, Ferienort (–e)*
particularly: *besonders, insbesondere*
comfortable: *gemütlich* (more in the sense of "cosy, homely"); *komfortabel* (formal contexts, usu. denoting modern, fashionable furniture, design and equipment)
relatively: *verhältnismäßig, relativ*
downhill run: *die Abfahrt (–en), die Abfahrtspiste (–n)*
to finish up: *enden* (wk.), **auf**hören (wk.).
nursery slope: *die Anfängerpiste (–n), der Anfängerabhang (÷e), der Idiotenhügel (–)*
ski instructor: *der Skilehrer (–), die Skilehrerin (–nen)*
chair lift: *der Sessellift (–s/–e)*
right next to: *gleich/direkt neben* (+ Dat.)
heated pool: *das geheizte Schwimmbecken (–)* (also, in more "fashionable" contexts: *der geheizte Swimmingpool (–s)*)
to skate: ***eis**laufen (äu, ie, au), Schlittschuh *laufen*
ice rink: *die Eis(lauf)bahn, die Schlittschuhbahn (–en), das Eisstadion (–dien)*
local: *örtlich, des Ortes*

notes

[1]the context suggests both sg. and pl.
[2]**aus**sehen might look clumsy in this context: *sein* could be used
[3]avoid literal translation
[4]use *gefallen in* or *halten von*; (*finden* is dubious)
[5]translate "and the food had been very good"
[6]use perfect tense
[7]add "days"
[8]in this context *dort* may be added
[9]use *bei*
[10]for reasons of style use pluperfect subjunctive form; watch word order with modal words in compound tenses
[11]use *bei*
[12]use *in*
[13]use *in*

9 A camping holiday

During the long summer holidays[1] Uwe and his best friend, Peter, decided to go on[2] a cycle tour along the Rhine. Before they set off they looked at the map carefully to plan their route. At first they wanted to stay[3] in youth hostels but later they changed their minds and thought that it would be more fun to camp.[4]

One sunny summer's day[5] in July Uwe set off early in the morning with his equipment strapped[6] to the back of his bike. He had arranged to meet his friend at the corner of the street near the old market place. After they had cycled for two hours, they leaned their bikes against a tall chestnut tree and sat down on the grass to have their lunch.[7]

In the afternoon they visited an old castle and swam in the[8] river as it was so hot. At about 4.30 they decided it was time to find the camp site which was in a field next to an old farm. While they were putting up their tent they noticed that the sky was becoming darker and darker, and indeed[9] shortly after they had finished it began to rain. There was a violent storm with vivid lightning and loud thunder. "It would have been drier and more comfortable in a youth hostel", said Peter.

vocabulary

cycle tour: *die Radtour (–en)*
to set off: **los**fahren** (ä, u, a)*
to look at: *sich (Dat.)* **an**sehen *(ie, a, e)/***an**schauen *(wk.); sehen/schauen auf +* Acc.
carefully: *genau, sorgfältig*
route: *die Route (–n), der Weg (–e)*
to change one's mind: *seine Meinung (Ansicht) ändern (wk.)*
it is fun: *es macht Spaß* (often *+* verbal noun)
to camp: *zelten (wk.), campen (wk.)*
equipment: *die Ausrüstung (–en)*
to strap to: **an**schnallen/**fest**schnallen *(wk.) an (auf) +* Dat.
to arrange to do sth.: *mit jemandem etwas (Acc.)* **aus**machen *(wk.), verabreden (wk.)*
market place: *der Marktplatz (⸚e)*
to cycle: here: **fahren (ä, u, a), *radeln (wk.)*
to lean sth. against sth.: *etwas (Acc.) an/gegen etwas (Acc.) lehnen (wk.), stellen (wk.)*
chestnut tree: *die Kastanie (–n), der Kastanienbaum (⸚e)*
to visit: *besuchen (wk.), besichtigen (wk.)*
to find: (here:) *suchen (wk.),* **auf**suchen *(wk.)*
camp site: *der Zeltplatz (⸚e), Campingplatz (⸚e)*
to put up a tent: *ein Zelt* **auf**schlagen *(ä, u, a)*
indeed: *(auch) tatsächlich, (auch) wirklich*
violent: *heftig*
vivid: *grell*
lightning: *Blitze* (pl.)
thunder: *der Donner*
comfortable: *gemütlich*

notes

[1]translate: "the big holidays"
[2]use *machen*
[3]*wohnen, *bleiben, übernachten, leben, sich aufhalten?*
[4]translate "that camping would be more fun"
[5]avoid genitive-construction here (*an*+Dat. more usual in modern German)
[6]start a new sentence, omitting "with"; use *haben*
[7]do not use *haben*, omit "their"
[8]use the contraction
[9]translate ". . . it began indeed to rain"

10 Some bad news

"Erwin", said Frau Hühner, as she came into the living-room, "I've some[1] bad news. Your grandfather is very ill and Dad and I will have to go[2] to Paris tonight to visit him." Frau Hühner was French[3] and had been living[4] in Bavaria since her marriage sixteen years ago. "We have decided to fly there as it is quicker", she added. "Can we come too?[5]" asked Achim, Erwin's younger brother, who had just come into the room and heard what his mother had been saying. "We've never been on an aeroplane and we'd love to fly." "No, I'm afraid not this time. Your grandfather is in hospital and it would be too complicated. I've just phoned[6] your aunt Jutta in Hamburg, and she says that you can both stay with her while we are in France." "How will we get[7] there? You can't take[8] us, can you?" Achim looked worried. "Your father and I both think that you are old enough to go[9] by yourselves. You can go[9] by train."

Later that afternoon Herr and Frau Hühner drove their two sons to the station. "I'd like two first-class tickets to Hamburg, please", said Frau Hühner to the man at the ticket office. "Single or return?" he asked. While his wife was buying the tickets Herr Hühner had found out that the train left[10] at 15.50 from platform 12. They all walked on to the platform and the boys realized[11] it was an inter-city express.[12] "It'll be[13] almost as good as flying", said Erwin.

vocabulary

marriage: *die Eheschließung (–en), die Heirat (–en)*
to decide: *sich entschließen (ie, o, o)*
to add: **hinzu***fügen* (wk.)
I'm afraid not: *leider nicht*
ticket office: *der Fahrkartenschalter (–)*
to walk: (here:) **gehen (e, i, a)*

notes

[1]omit
[2]present tense possible in German
[3]noun in German
[4]use *schon* (watch tense)
[5]use *****mit***kommen (o, a, o)*
[6]watch use of preposition and case if you use *telefonieren*
[7]use present tense for future
[8]choose the correct verb
[9]choose the correct verb
[10]choose the correct verb
[11]use *klar *werden (i, u, o)* — impersonal verb
[12]translate "inter-city-train"
[13]use present tense, adding an emphatic *ja* in the correct place

11 A telephone conversation[1]

Hallo Max, is that you? Yes, I'm ringing from the office. It's good to hear your voice again. How are you? Me?[2] I'm[2] fine, thanks. And how are Helga and the children? Really? That's marvellous. The weather? Oh, it's been raining[3] since I got up[4] this morning. The journey to work was awful. There always seems to be more traffic on the road[5] when it's wet. Did[6] you manage to see[7] Zimmermann yesterday? He told[8] me in his last letter that he had already been to the new factory and that he had been impressed by what he had seen. He said[8] that he wanted[9] to talk to you personally and that he would be prepared to fly to Frankfurt. You did?[10] Good. And is he willing to negotiate? Yes, I know he's a clever chap and shrewd, but the main thing is that he has agreed to meet us. I've already got my secretary to book me a flight from Heathrow for tomorrow evening. I am due to arrive in Frankfurt at 7.30.[11] You can meet[12] me, good. Yes, I'd love to stay with you. It will probably take a couple of days to complete the transaction. Are you sure that it won't be too much trouble for Helga? Fine. I'll look forward to seeing you tomorrow, then. Cheerio!

vocabulary

to be impressed by: *beeindruckt *sein von (etwas)*
personally: *persönlich*
to be prepared to do sth.: *bereit *sein, etwas zu tun*
to be willing to: *wollen, bereit *sein zu (willens *sein), etwas zu tun*
to negotiate: *verhandeln* (wk.)
clever chap: *der schlaue Bursche (–n)* (wk. masc.)
shrewd: *schlau, gerissen*
the main thing is that . . .: *(die) Hauptsache (ist), daß . . .*
to agree to do sth.: *(damit) einverstanden *sein, etwas zu tun*; **zu**stimmen (wk.), *etwas zu tun*
to get s.o. to do sth.: *jemanden veranlassen (ä, ie, a), etwas zu tun*
I'd love to do . . .: *ich würde . . . sehr gerne tun; sehr gerne würde ich . . . tun*
to complete a transaction: *(ein) Geschäft (–e)* **ab**wickeln (wk.)
are you sure that it won't be too much trouble for . . .?: *macht das auch wirklich keine (zu großen) Umstände (Mühe) für . . ./Macht das auch (wirklich) nicht zuviel Umstände (Mühe) für . . .?/bist du (sind Sie) (auch) sicher, daß das keine allzugroßen (zu großen) . . . macht für?*

notes

[1]note that the style is half business talk and half colloquial
[2]watch idiom and case
[3]present tense + *schon*
[4]perfect tense
[5]pl. in German
[6]perfect tense; watch construction with **gelingen (i, a, u)*
[7]use *sprechen (i, a, o)*
[8]translate "wrote"
[9]imperfect subjunctive (for reasons of style) permissible
[10]start with *das*, use perfect tense, of *tun (u, a, a)*
[11]for a German, who is used to the 24-hour system, "7.30" might be confusing, here
[12]*treffen* or **ab**holen?

12 Student days[1] in Tübingen

When I was studying in Tübingen I often used to[2] go down to the river Neckar around lunchtime instead of eating. I used to[3] spend the hour that I could have spent in a restaurant there by the river bank. I was not any poorer at that time than I had been in previous years at Oxford but I needed the money that I would[4] have had to spend on food for other things. Everything was so expensive and besides I always had a good meal in the evenings. Sometimes I would sit[5] on one of the benches near the bridge watching the students rowing up the river or perhaps I would read[5] a German novel or write[5] a letter home to my parents.[6] I loved being[7] in such an old university town. The cobbled streets were narrow and the old buildings were quaint and full of character. On market days I particularly liked strolling around[8] the colourful stalls which had been set up in front of the magnificent old town hall.

vocabulary

river Neckar: *der Neckar*
river bank: *das Flußufer (–)*
at that time: *damals*; *zu der Zeit*
besides: *außerdem*
bench: *die Bank (¨e)*
to row (up): (**hinauf**)*rudern* (wk.) (+ *haben* or *sein*)
novel: *der Roman (–e)*
cobbled street: *die kopfsteingepflasterte Straße (–n)*
quaint: *eigenartig*; *seltsam anziehend*; *altmodisch-anziehend*;
  anheimelnd
full of character: *stillvoll*; *voller Eigentümlichkeit*
to stroll: **schlendern* (wk.), **bummeln* (wk.), **spazieren* (wk.)
to set up: **auf***bauen* (wk.)
magnificent: *herrlich, prachtvoll, malerisch*

notes

[1]translate "time"
[2]omit "used to" (the meaning of which is rendered by *oft*);
pflegen zu is also possible, but rather stiff in this context
[3]"used to" may perhaps be rendered by *dann gewöhnlich*; *pflegen zu* is rather stiff in this context
[4]watch tense and word order with modal verb
[5]tense?
[6]omit either "home" or "to my parents"
[7]use *sehr gefallen (ä, ie, a)*—impersonal verb
[8]use . . . *zwischen . . . herum*

290

13 An incident near[1] the frontier

"There he is." I heard someone shouting from the direction of the old inn. Shortly afterwards the landlord was standing in front of me. He seemed to be quite agitated. "We thought that[2] you'd had an accident! Where were you last night?"

His wife had discovered that morning that I had not slept in my bed and she believed that I had been murdered. Consequently she had phoned the police. At that moment, in fact,[3] I saw her and a policeman walking quietly towards us. "I don't know this area very well and I got lost", I replied as calmly as I could. "And the night was so beautiful that for the first time since I was a child[4] I decided[5] to sleep in the open air. It was marvellous! I'm sorry, though,[6] that you were worried about me." The policeman looked at me angrily as he and the landlord's wife reached me. "Where do you come from?" he asked. "Have you got any papers? Who are you?"

My heart began to beat faster. If he discovered[7] my money he would believe that I was trying to smuggle it over the border into Switzerland and I would be arrested. What was I to do?

vocabulary

incident: *der Zwischenfall (≈e), Vorfall (≈e)*

frontier: *die Grenze (–n)*

from the direction of the inn: *aus der Richtung des Gasthauses, aus Richtung Gasthaus*

landlord: *der (Gast)wirt (–e), Hauswirt (–e)*

agitated: *aufgeregt; erregt*

to discover: *entdecken (wk.),* **heraus***finden (i, a, u)*

to murder (s.o.): *(jemanden) ermorden (wk.)*

consequently: *folglich, daher, also, deshalb*

in fact: *tatsächlich; eigentlich, vielmehr, in der Tat, wirklich*

towards: *auf (+ Acc.) . . . zu*

to get lost: *sich verirren (wk.), sich verlaufen (äu, ie, au)*

in the open air: *im Freien*

to be worried about s.o.: *sich Sorgen machen um +* Acc./*wegen* + Gen.

to smuggle: *schmuggeln (wk.)*

to arrest (s.o.): *(jemanden) verhaften (wk.)*

notes

[1]the context suggests *nahe* (+ Dat.); *Zwischenfall* **an** *der Grenze* would suggest a border incident/border clash

[2]omit (but watch word order)

[3]"in fact" obviously has a great number of meanings (see vocabulary); the context suggests *wirklich/tatsächlich*; word order: translate: "I saw in fact her . . . walking", or "I saw her in fact"

[4]translate "since my childhood" (*die Kindheit*)

[5]add *wieder*

[6]translate "but"/"however"

[7]since imperfect and imperfect subjunctive forms coincide, conditional is permissible

14 A visit to the zoo

The children had a good time at the zoo. They liked the monkeys best and they could have watched them for hours on end[1] as they found their antics so amusing. Although they had come too late to see[2] the chimps' tea party, they managed to see a lot of other animals. They had always imagined lions and tigers to be[3] fierce creatures and they were surprised to see[4] how bored they looked — sleeping,[5] stretching[5] or simply walking[5] up and down in their cages. When they came to the bears it was feeding time and the keeper was about to throw them some raw meat. The children did not like that. They preferred the elephants and laughed when one of them began to wash himself by squirting water from his trunk. A crowd of people had gathered around the penguins who were waddling up and down like funny old waiters in dinner jackets. Next to them the seals and sea-lions were catching in their mouths[6] the fish[7] that the keeper was throwing to them. The children felt sorry for the rhinos and hippos because they were so ugly and they[8] looked so sad. But they did not like the snakes, crocodiles and alligators because, although they seemed to be asleep, they nevertheless[9] looked very dangerous indeed.[10]

vocabulary

to have a good time: *Spaß/Vergnügen/Freude haben*; *sich gut amüsieren* (wk.) (have a good time! = *viel Vergnügen/Spaß!*)

monkey: *der Affe (–n)* (wk. masc.)

to watch s.o.: *jemanden beobachten* (wk.); *jemandem* **zu***schauen* (wk.)

antics: *die (pl.) Streiche, Possen, Fratzen, Grimassen, Faxen*

amusing: *nett, amüsant, unterhaltsam*

chimps' tea party: *die Schimpansen***kaffee***tafel (–n)* (*Teestunde* wouldn't mean much to the average German in this context)

lion: *der Löwe (–n)* (wk. masc.)

tiger: *der Tiger (–)*

fierce: *wild, furchterregend*

creature: *das Tier (–e)*

bored: *gelangweilt*

to stretch: *sich* (**aus**)*strecken* (wk.), *sich recken* (wk.)

feeding time: *die Fütterung (–en), die Fütterungszeit (–en)*

keeper: *der Wärter (–), die Wärterin (–nen)*

to throw: (**hin**)*werfen (i, a, o)*, **vor***werfen* (to throw to – **zu***werfen*)

to squirt: (*ver*)*spritzen* (wk.)

trunk: *der Rüssel (–)*

to gather: *sammeln* (wk.), *sich* (*ver*)*sammeln* (wk.)

penguin: *der Pinguin (–e)*

to waddle: **watscheln* (wk.)

dinner jacket: *der Smoking (–s)*; in this context, however, *der Frack (÷e)* ("tail coat") is used

sea-lion: *der Seelöwe (–n)* (wk. masc.)

rhino: *das Rhinozeros (–se), das Nashorn (÷er)*

hippo: *das Nilpferd, das Flußpferd (–e)*

snake: *die Schlange (–n)*

crocodile: *das Krokodil (–e)*

alligator: *der Alligator (–en)*

indeed: *sehr, wirklich, wirklich sehr, in der Tat, tatsächlich* etc.

notes

[1] *stundenlang*

[2] *zu spät, um . . . zu* would appear to be clumsy; translate "had come too late for", or: "had missed"

[3] use a *daß* clause

[4] use *erstaunt feststellen*

[5] translate "they slept, for example, or . . ."

[6] omit "in their mouths"; use **auf***fangen*

[7] plural

[8] can safely be omitted

[9] use *trotzdem*

[10] "indeed" has a great number of meanings; translate here: "very, *very* dangerous"

15 The peasant and his donkey

One day a Russian peasant and his young[1] son were walking along a dusty road in the mountains[2] taking[3] their donkey to a small town in order to sell it in the market. They hadn't been walking long when they met a young soldier who began laughing at them. "You[4] are a strange man", the soldier said to the peasant. "Why are you walking along this dusty road with a donkey that isn't carrying anything? You ought to ride on it!" When the peasant heard this he got on the donkey and rode on, his son at his side. When they had gone[5] another few kilometres a second soldier met them and said angrily to the peasant, "You ought to be ashamed of yourself. You are riding comfortably on your donkey, but your poor little son has to walk.[6]" The peasant, who was a simple man, did feel ashamed and put his son in front of him on[7] the saddle and they both continued their journey[8] on the donkey. Half an hour later two old women dressed[9] in black saw them. They stopped the peasant and one of them said in a shrill voice, "You are a cruel man. Your poor donkey has to carry you and your son. How disgraceful to treat a helpless animal like that!" Then the peasant realized that it was impossible to follow everyone's advice. So he decided not to listen to anyone in future. He and his son rode on to the town and only got off the donkey when they reached the market place.

vocabulary

peasant: *der Bauer (–)n* (wk. masc.)

donkey: *der Esel (–)*

to get on a horse, donkey: *auf ein Pferd, einen Esel *steigen (ei, ie, ie)|ein Pferd, einen Esel besteigen*

to get off a horse, donkey: *von einem Pferd|Esel *absteigen (ei, ie, ie)*

to ride on: ***weiter**reiten (ei, i, i)*

to be ashamed of oneself: *sich (Acc.) schämen* (wk.)

saddle: *der Sattel (∸)*

shrill: *schrill, keifend*

cruel: *grausam, brutal*

disgraceful: *schändlich, unwürdig, schmachvoll*

to treat s.o.: *jemanden behandeln* (wk.)

to realize: *(klar) erkennen (e, a, a,); sich (Dat.) klar *werden (i, u, o)*

to follow everyone's advice: *es allen recht machen* (wk.)

to listen to s.o.: (here:) *auf jemanden hören* (wk.)

notes

[1]translate "little"

[2]translate "mountain road"

[3]translate "and took" or start new sentence

[4]according to the historical setting and the context, the archaic forms *Ihr|Euch*, etc., ought really to be used instead of *Sie*; they may, however, be disregarded

[5]use *gelangen* or *kommen*

[6]use *laufen*; when contrasted with *reiten* or *mit dem Auto *fahren*, etc., *laufen* is used for *gehen*

[7]*in* is preferred in German usage

[8]use ***weiter**reisen*

[9]use *schwarz gekleidet*

16 A clever doctor[1]

A rich friend of mine[2] used to[3] sit for hours on end[4] in an armchair smoking[5] or looking[5] out of the window. He ate and drank too much even when he was neither hungry nor thirsty, and he found life[6] boring. In the evenings he felt[7] as tired as if he had been loading heavy stones or chopping wood all day long. He got fatter and fatter and more and more tired and he finally believed he was ill. He swallowed medicines and powders and pills but they didn't help at all.

Eventually he heard of a doctor who lived a long way away. This doctor was said to be[8] extremely clever and able to cure most of his patients. My friend wrote him a long letter in which he described his illness and shortly afterwards received the following reply: "Of course you must come to me but under no circumstances may you drive here.[9] You must walk.[10] Secondly, you mustn't eat more than a plate of vegetables twice a day. At lunchtime[11] you may also have a grilled sausage and in the evening an egg."

The patient set off that[12] morning feeling sad and walking very slowly. By the third day he was walking quicker and felt more cheerful and when he finally arrived at the doctor's on the eighteenth day he said, "Doctor,[13] I'm feeling[7] better. I am well[14] again!"

vocabulary

to load: (ver)laden, **auf**laden (ä, u, a)

to chop (wood): (Holz) spalten (wk.), hacken (wk.)

medicine(s): die Medizin (usu. collective noun), die Arznei (–en)

powder: das Puder (–)

pill: die Pille (–n)

to cure: heilen (wk.)

patient: der Patient (–en) (wk. masc.), die Patientin (–nen)

under no circumstances: unter keinen Umständen, auf keinen Fall

secondly: zweitens

grilled: gegrillt, gebraten

cheerful: fröhlich, beschwingt

notes

[1] use Arzt

[2] cf. prose 5, note 12

[3] pflegen zu appears to be more suitable here

[4] stundenlang

[5] connect with und

[6] watch use of article

[7] reflexive

[8] Man sagte, daß . . ." (+ subjunctive) seems ponderous; use angeblich; sollen should not be used

[9] watch the translation of "here"

[10] *laufen

[11] translate "for (= zu) the midday meal"

[12] (the otherwise stiff) jener, jene, jenes may be used here

[13] watch the correct German form of address

[14] translate "healthy"

17 The level crossing

Have you ever noticed[1] when walking in the country that you often have to wait at a level crossing because the barrier has been lowered? Then you just have to stand there.[2] You are annoyed as you have to stop and can't go any further. Of course, sometimes it can be quite pleasant, particularly if it is a hot day, because it gives you the opportunity to rest[3] a little. Gradually other people arrive and they have to stop too. First of all a small yellow sports car drives up, then a cyclist and then another car — large and grey.[4] A bright red tractor arrives and the farmhand lights his pipe and smiles down at the other drivers. He[5] is followed by a milk lorry and you can hear a motorbike behind it. A few more pedestrians stroll up to the barrier — a couple more farmhands, a villager, and a group of boys who are out on a hike. They all have to wait. You can hear them talking and laughing. The driver of the sports car lights a cigarette. Finally the train arrives. First the train[6] itself and then the carriages. Some of the passengers wave and some of us wave back.

Now the train has gone. The barrier is raised and we are all glad that we can walk on or drive off. The cars begin to move, the tractor passes us and then the lorry and the motorbike. We pedestrians set off again — the farmhands walk off[7] into the fields and the boys continue their hike. The level crossing is behind us — deserted again as[8] it was before.

vocabulary

level crossing: *der (schienengleiche) Bahnübergang (∸e)*
barrier: *die Schranke (–n)*
to lower: **herunter***drehen* (wk.), **herunter***kurbeln* (wk.)
opportunity: *die Gelegenheit (–en)*
gradually: *allmählich*
to drive up: ***vor***fahren (ä, u, a)*, ***heran***fahren*, **an***halten* (ä, ie, a)*
farmhand: *der Landarbeiter (–), der Knecht (–e)*
to smile down at s.o.: *auf jemanden* **herunter***lächeln* (wk.)
to stroll up: ***heran***schlendern* (wk.), ***heran***spazieren* (wk.)
a couple more: *noch zwei, zwei weitere*
villager: *der Dorfbewohner (–), die Dorfbewohnerin (–nen)*
to be on a hike: ***wandern** (wk.), *auf Wandertour* ***sein**, *auf Wanderschaft* ***sein**
to raise (a barrier): *(eine Schranke)* **hoch***drehen* (wk.), **hoch***kurbeln* (wk.)
to move: *sich bewegen* (wk.), *sich in Bewegung setzen* (wk.)
to pass s.o.: *an jemandem* ***vorbei***gehen (e, i, a)*, ***vorbei***fahren (ä, u, a)*
to set off again: *wieder* ***los***gehen (e, i, a); wieder* ***weiter***gehen; sich wieder auf den Weg machen* (wk.)
deserted: *(einsam und) verlassen*

notes

[1]use ***auf***fallen (ä, ie, a)*
[2]translate "Then you can't do anything else but stand (stop)" *(. . . nicht umhin, . . . zu + Inf.)*
[3]*sich* **aus***ruhen*
[4]translate "a big, grey one"
[5]translate *Ihm folgt . . .*
[6]translate "the locomotive"
[7]use **ab***biegen (ie, o, o) in* + Acc.
[8]translate "as deserted as"

18 The front page of a newspaper

Usually[1] there are three pictures[2] on the front page of this newspaper. The big picture is above the main headline. One of the other two pictures is roughly in the middle of the page and the other in the lower part of the page among the foreign news items. The picture above the headlines[3] is usually very large. It has a caption in red that says for example — "Best wheat harvest ever in the GDR.[4]" The picture is often directly connected with the headline. If agricultural or industrial problems are being discussed,[5] then the picture usually[1] portrays[6] factory workers or agricultural workers driving combine harvesters. If the main story is about politicians, then the picture usually portrays them shaking hands or exchanging a brotherly kiss. The text beneath the picture states where the picture was taken[7] and who is to be seen in the pictures.

(*Adapted from a description of an East German newspaper by a German schoolboy*)

vocabulary

front page (newspaper): *das Titelblatt* (*–er*)
main headline: *die Schlagzeile* (*–n*)
roughly: *etwa, ungefähr*
foreign news items: *die Auslandsberichte* (pl.), *der Auslands-(bericht)teil* (sg.)
caption: *die Bildunterschrift* (*–en*), *der Bildtext* (*–e*)
wheat harvest: *die Weizenernte* (*–n*)
to be directly connected with: *in direktem Zusammenhang * stehen* (e, a, a) *mit* (*direkt* ***zusammen**hängen (ä, i, a) *mit*)
agricultural: *landwirtschaftlich*
industrial: *industriell*; *betrieblich* (usu. referring to one (industrial) plant)
combine harvester: *der Mähdrescher* (*–*)
main story (newspaper): *der Leitartikel, der Hauptartikel* (*–*)
to state: (here:) **an**geben (*i, a, e*)

notes

[1]*normalerweise* is the usual word; *gewöhnlich* is less common
[2]translate "photographs" (short form)
[3]translate singular
[4]use *German* initials
[5]do not use *diskutieren*; *diskutieren* is usu. only used when referring to a formal discussion
[6]translate "shows"
[7]choose the correct prefix

19 A call for help is answered[1]

She arrived downstairs quite out of breath. A crowd of people had gathered round the police car. The policemen had jumped out and the woman ran up to them. Then the crowd followed. Whenever the police tried to move them on the people all declared that they lived there too. Some of them followed up to[2] the top floor. From[3] the stairs they watched the policemen. The bell seemed to be out of order and, after the policemen had knocked in vain, they broke open the door. They worked fast and with a sure hand, from which any burglar could take a lesson. Even in the hall of the flat, where[4] the windows looked out on to the courtyard, they did not hesitate for[5] a second. Two of them took off their boots and crept round the corner. In the meantime it had grown[6] dark. They bumped into a coat-stand, and, noticing the gleam of light at the end of the narrow corridor, walked towards it. The woman slunk along behind them.

(*Based on* Das Fenstertheater *by Ilse Aichinger*)

vocabulary

call for help: *der Hilferuf* (*–e*)

out of breath: *außer Atem, atemlos*

to run up to s.o.: *auf jemanden* **zu***laufen* (*äu, ie, au*)

to move (a crowd) on: (*eine Menge*) **weiter***winken* (wk.), *zum Weitergehen veranlassen* (*ä, ie, a*)

to declare: *erklären* (wk.)

to be out of order: *kaputt/nicht in Ordnung/außer Betrieb* *sein

in vain: *vergeblich, vergebens*

to break open: **auf***brechen* (*i, a, o*)

with a sure hand: *mit einer sicheren Hand*; *mit einer Sicherheit*; *so sicher, daß* . . .

to take a lesson: *lernen* (wk.) *von* + Dat.

hall of the flat: *der Wohnungsflur* (*–e*)

courtyard: *der* (*Hinter*)*hof* (*⁼e*)

to hesitate: *zögern* (wk.)

boot: *der Stiefel* (*–*)

to creep: *kriechen* (*ie, o, o*), *schleichen* (*ei, i, i*)

to bump into: *stoßem* (*ö, ie, o*) *an* + Acc. (*gegen*), **hinein***laufen in* + Acc.

coat-stand: *der Kleiderständer* (*–*)

gleam: *der Schimmer* (*–*)

corridor: *der Flur* (*–e*), *der Gang* (*⁼e*), *der Korridor* (*–e*)

to slink along behind s.o.: (*sich*) *hinter jemandem* **her***schleichen*/ **her***stehlen* (*ie, a, o*)

notes

[1] use *entsprechen* (*i, a, o*) in the passive voice

[2] use *bis zu* + Dat.

[3] use *von* + Dat. . . . *aus*

[4] use relative clause (whose . . .)

[5] translate "they hesitated no second"

[6] use "become"

20 A parent's worry[1]

We have a fourteen-year-old daughter and we have looked after her as well as we could, have encouraged her to follow her interests and bring her friends[2] home. We have even taken one of her friends[2] on holiday to Spain with us.[3] She has always had[4] all the clothes she needed and she has been able to choose most of them[5] herself. We have always given her ample pocket money and have tried to make her aware of its value. She has been able to spend her pocket money mainly[6] as she liked.

We have always taken a great interest in her school life and gone to parents' evenings and school functions. If we have punished her too harshly, we have told her it was[7] in anger and we have always apologized. We have done everything we could to be fair and interested, but we have been strict where we thought it necessary.

Unfortunately,[8] we have produced a secretive, resentful teenager who has told us countless lies and who steals from us whatever she can. I wonder where we have gone wrong?[9]

vocabulary

to look after: (here:) *sorgen* (wk.) *für* (Acc.)

to encourage: *ermutigen* (wk.) *zu*; *dazu* **an**halten (ä, ie, a), *daß*

to follow: **folgen* (wk.) + Dat., *(*)***nach**gehen (e, i, a) + Dat.

to choose: **aus***suchen* (wk.), **(aus)***wählen* (wk.)

ample: *reichlich, mehr als genug*

to make s.o. aware of sth.: *jemandem etwas bewußt (klar/deutlich) machen* (wk.)

school life: *das schulische Leben, die Schule* (sg.)

parents' evening: *der Elternabend (–e)*

school function: *die Schulveranstaltung (–en)*

to punish: *bestrafen* (wk.)

harsh: *hart, streng*

in anger: *im Zorn*

to apologize: *sich* (Acc.) *entschuldigen* (wk.); *um Entschuldigung bitten (i, a, e)*

fair: *gerecht, fair*

interested: *aufgeschlossen, interessiert*

strict: *streng*

to produce: **heran***ziehen (ie, o, o)*, **hervor***bringen (i, a, a)*, *produzieren* (wk.)

countless: *unzählig, zahllos*

to steal from s.o.: *jemanden bestehlen (ie, a, o)*

I wonder: *ich möchte (nur) wissen*

notes

[1]translate "parents' worries"

[2]"friend" here probably *Freund***in**

[3]omit "us"

[4]translate "got", "received"; use *kriegen* (wk.)/*bekommen* (wk.)

[5]translate "and mostly she has been able to choose them"

[6]translate "mostly"

[7]translate "had happened"

[8]use *leider* (*unglücklicherweise* ponderous in this context)

[9]translate "what we have done (*machen!*) wrong", or use a good (but free) idiomatic translation, e.g.: *Was haben wir nur falsch gemacht?*

21 An accident

Herr Brunner had been in Stuttgart all day on business and was now sitting in his car cursing. It had already taken[1] almost three quarters of an hour[2] to get here from the city centre and he was now in a queue of cars waiting[3] to drive on to the motorway. He wanted to be home[4] where he could[5] relax. He could not help thinking of the luxury of a nice warm bath and how[6] he needed something hot to eat[7] and a glass of good, red wine[8] to go with it,[9] but he still had a long drive ahead of him. It was a wet, dark January evening and he found[10] the reflection on the road from the street lights above[11] and the glare of the headlights from the cars behind were giving him a headache.[12] He kept on thinking[13] of the tensions of the day but was glad when he was finally able to drive on to the motorway itself. Cars, lorries and coaches hurtled past him at great speed shooting spray on to his windscreen as they did so[14] and, to make matters worse, it started to rain more heavily. Through the rain and mist he suddenly became aware of many small red lights as the cars in front braked hard and stopped. Deep in thought, he only just managed to brake in time. He realized that there had been an accident. "Thank heavens", he said quietly to himself. "That could have been me!"

vocabulary

to curse: *fluchen* (wk.), *schimpfen* (wk.)

city centre: *die Stadtmitte* (usu. sg.)

to relax: *sich entspannen* (wk.)

he could not help (thinking): *er konnte nicht umhin zu . . .*

luxury: *die Annehmlichkeit (–en), der Luxus* (collective noun)

ahead of him: *vor sich*

reflection: *die (Wider)spiegelung (–en)*

to reflect: *sich (wider)spiegeln* (wk.)

glare: *blendendes (gleißendes, grelles, helles) Licht*

to glare: *blenden* (wk.), *gleißen* (wk.), *grell scheinen (ei, ie, ie)*

headlight(s): *der Scheinwerfer (–)*

tension: *die (An)spannung (–en), der Streß* (collective noun)

to hurtle: **sausen* (wk.), **zischen* (wk.), **flitzen* (wk.)

to spray sth.: *etwas besprühen* (wk.), *bespritzen* (wk.)

to make matters worse: *was noch schlimmer war; zu allem Unglück . . . (noch)*

mist: *der Nebel (–)*

to become aware of: *bemerken* (wk.), *gewahren* (wk.), **gewahr werden (i, u, o), aufmerksam *werden auf* + Acc.

to brake (hard): *(scharf) bremsen* (wk.)

only just: *(nur) gerade eben noch; nur ganz knapp noch*

notes

[1]translate "It had . . . lasted" or "He had . . . needed"

[2]one word

[3]relative clause, or "and *he* waited to . . ."

[4]translate "he wished himself home"

[5]subjunctive seems possible here

[6]add "much"

[7]translate "a hot meal"

[8]red wine: one word

[9]do not translate literally

[10]translate "he noticed, realized how"

[11]add "him"

[12]translate "give" by *bereiten* (wk.) + Dat. or translate "(found that) he got a headache from (the glare . . .)"

[13]use *dauernd*, or translate "thought again and again (of)"

[14]cannot be translated literally (translate "with that")

22 A cross-examination

"You say you were reading?[1]"

"Yes, that's right."

"What were you reading?"

"But I have already told you."

"Yes, but I want to hear your story again."

"A novel." He pointed vaguely at the large study behind him.[2]

"Which novel was it?"

"I don't remember exactly. I've got a very bad memory." The inspector raised his eyebrows. After a short pause he continued.

"It doesn't matter. And you heard a noise?[3]"

"Yes, in the garden. I got up quickly and I opened the window — he pointed to it — "And I went out to have a look round."

"Did you see anyone?"

"Yes, a man climbing over the wall."

"Can you describe him?"

"He was tall, fairly slim, broad-shouldered. He was wearing a navy blue sweater and jeans."

"What colour was his hair?"

"I didn't notice. It was dark."

"It's strange that you managed to see his clothes", the inspector added. "Even the colour of his sweater."

The man was silent, he blushed a little and with one gulp he emptied the glass of whisky which he then put down on the silver tray next to him.

"Where was your wife?"

"She had gone to the pictures, as I have already explained to you."

"Without you?"

"Yes, why not? I had already seen the film and she wanted to see it as well. It's a very good film, you know. Look, I'm beginning to get fed up with your questions."

"And I", said the inspector, raising his voice for the first time, "want you to tell me the truth!"

vocabulary

cross-examination: *das (Kreuz)verhör (–e)*

vaguely: *vage, unbestimmt, verschwommen*

study: *das Arbeitszimmer, Studierzimmer (–)*

memory: *das Gedächtnis (–se)*

to raise one's eyebrows: *die Augenbrauen heben (e, o, o)/* **hoch**ziehen *(ie, o, o)*

fairly slim: *ziemlich schlank*

broad-shouldered: *breitschultrig*

navy blue: *marineblau*

to add: **hinzu**fügen *(wk.)*

gulp: *der Schluck (–e)*

tray: *das Tablett (–s)*

you know: *nämlich; wissen Sie*

look, . . .: *also, wissen Sie! also wirklich! also, hören Sie mal!*

to get fed up with sth.: *etwas satt haben, genug von etwas haben*

notes

[1] perfect tense should be preferred throughout the text

[2] "him" could be ambiguous, hence both German possibilities are correct

[3] *Lärm* or *Geräusch*?

23 A hijacking (1)

Suddenly a sinister-looking man got up and said, "We've taken over." Soon afterwards four terrorists took away all our hand luggage, cameras, passports and sharp objects. They forced us to change our seats. Women and children were at the back, older men had to sit down in the middle and the younger, stronger ones were taken to the front to be near the terrorists.

We were never allowed to talk. If we did, the leader threatened us with a gun or hit us. All the blinds were pulled down so that we never knew where we were, or if it was day or night. We got very little to eat, we weren't allowed to wash, and by the end of the first day conditions were almost unbearable.

vocabulary

hijacking: *die Entführung (–en)*
sinister-looking: *finster dreinblickend, finster aussehend*
to take over: *das Kommando/die Befehlsgewalt übernehmen (i, a, o)*
terrorist: *der Terrorist (–en)* (wk. masc.), *die Terroristin (–nen)*
hand luggage: *das Handgepäck* (collective noun)
sharp object: *der spitze Gegenstand (–̈e)*
if we did: *wenn wir es (das) doch taten*; *sonst*
leader: *der (An)führer (–)/die (An)führerin (–nen)*
to threaten s.o. with sth.: *jemanden mit etwas bedrohen* (wk.)
gun: *die Pistole (–n)*
blind: *die Jalousie (–n)*
to pull down: **herunter**ziehen *(ie, o, o)*
conditions: *die Situation, die Lage* (here: sg.); *die Bedingung (–en)*
unbearable: *unerträglich*

24 A hijacking (2)

After a couple of hours we landed somewhere or other[1], and we spent the whole of the next day in the burning heat. Suddenly the women were ordered to take off their tights. The terrorists cut them up and used them to tie our hands behind our backs.[2] After they had fastened our seat belts tightly they put sticks of dynamite in the gangway and fetched alcohol and perfume. They poured the alcohol along the gangway and on the seats and the perfume all over our hair and clothes. They threatened to blow us up if the government didn't meet[3] their demands. But suddenly, for no apparent reason, the plane took off again, and again we landed. After hours of endless waiting[4] we suddenly heard noises[5] at the doors of the plane. We thought this was[3] the end, and that the terrorists would, in fact, blow us all up. But instead a voice shouted "Heads down![6]" There was shooting[7], and suddenly it was all over. Finally we left the plane by the emergency chutes. There were indescribable scenes. We thanked the men who had freed us and wept with[8] joy.

vocabulary

burning heat: *die sengende, glühende Hitze* (sg.), *die Gluthitze* (sg.)

tights: *die Strumpfhose (–n)*

to cut up: *zerschneiden (ei, i, i), in Stücke schneiden*

to tie s.o.'s hands behind the back: *jemandem die Hände auf dem Rücken fesseln* (wk.) (**zusammen***binden (i, a, u)*)

to fasten seatbelts tightly: *die Sicherheitsgurte fest* **an***ziehen (ie, o, o) (der Sicherheitsgurt (–e))*

stick of dynamite: *die Dynamitstange (–n)*

gangway: *der (Mittel)gang (⸚e)*

to pour: (**aus**)*schütten* (wk.)

to threaten: *drohen* (wk.)

to blow up: *in die Luft sprengen* (wk.)/*jagen* (wk.)

to meet demands: *Forderungen erfüllen* (wk.), *auf die Forderungen* *****ein***gehen (e, i, a)*

for no apparent reason: *ohne ersichtlichen Grund*

to take off: *****ab***heben (e, o, o),* *****los***fliegen (ie, o, o),* *****ab***fliegen (ie, o, o)*

endless: *endlos*

instead: *stattdessen*

voice: *die Stimme (–n)*

to shout: *brüllen* (wk.), *schreien (ei, ie, ie)*

emergency chute: *die Notrutsche (–n)*

indescribable: *unbeschreiblich*

scene: *die Szene (–n)*

to free: *befreien* (wk.)

joy: *die Freude (–n)*

notes

[1] omit "or other"

[2] translate "the" and singular

[3] present *and* imperfect subjunctive forms possible

[4] *nachdem* clause is possible

[5] both *Lärm* and *Geräusche* seem justifiable

[6] use short form (*'runter*)

[7] translate 'shots fell', or *es* + passive voice

[8] preposition?

25 Out of petrol[1]

Janet and Miguel looked at each other. "What shall we do now?"[2] asked Janet. "I don't know", replied Miguel. "It's too far to walk back to the village and it will soon be[3] dark. It's all my fault; I should have checked the petrol before we left Lugo this afternoon. I really am sorry." "Well,[4] it's too late to worry about that now[5]", said Janet. "We shall have to try[6] and sleep[7] in the car."

Only ten minutes later, however, they saw lights in the distance and heard the sound of the engine of a heavy lorry. Miguel waved to the driver and he stopped. They explained to him what the trouble was and he was quickly able to solve their problem. "We are very grateful",[8] said Janet. "Without your help we would have had to stay here in this forest all night and that would have been most unpleasant."

Northern Ireland G.C.E. Examinations
Advanced Level

vocabulary

it's my fault: *es ist meine Schuld*

to check the petrol: *das Benzin (den Benzinstand) (über)prüfen* (wk.) *(das Benzin (–e), der Benzinstand (–̈e))*

sound of an engine: *das Motorengeräusch (–e)*

what is the trouble?: *was ist los?/was für Schwierigkeiten (Probleme) haben Sie? (die Schwierigkeit (–en), das Problem (–e))*

to solve: *lösen* (wk.)

grateful: *dankbar*

forest: *der Wald (–̈er)*

unpleasant: *unangenehm, ungemütlich*

notes

[1]translate "no more petrol"

[2]literal translation is correct, idiomatic translation ("What do we do now?") would make fluent German

[3]present tense (= future sense) possible

[4]*gut* would not be correct here

[5]position of "now": translate "Well, now it's too late . . ."

[6]use present tense

[7]translate "stay for the night"

[8]literal translation would sound stiff

26 The decision

It was a cold, rainy evening and for three hours Snyder had been walking[1] up and down the Rhine promenade. How much longer would he have to wait? Across[2] the gardens he could see office workers chatting gaily to each other. Back home[3] in Clarksville Daisy-Jane would be working in the florist's shop as usual. Why had he agreed to do[4] this job, he wondered[5]. Meanwhile a man in a brown overcoat had approached the snack-bar.

Snyder watched as the man bought a cup of coffee and unfolded a Dutch newspaper. So[6] that is Jaroszewicz, thought Snyder, and his fingers closed round a small envelope in his jacket pocket. Suddenly he felt tired and anxious. Was it really worth doing all this for thirty thousand dollars? Slowly he walked towards Jaroszewicz, then turned towards the city centre. The wind carried the fragments of yellow paper far out over the Rhine.

Northern Ireland G.C.E. Examinations
Advanced Level

vocabulary

decision: *die Entscheidung (–en)*
promenade: *die Promenade (–n)*
office worker: *der (die) Büroangestellte (–n)*
to chat: *plaudern* (wk.), *schwatzen* (wk.)
florist's shop: *der Blumenladen (ᴗ)*
job: *der Job (–s), der Auftrag (ᴗe), die Aufgabe (–n)*
overcoat: *der (Über)mantel (ᴗ)*
to unfold: *entfalten* (wk.), **auf**schlagen *(ä, u, a)*
to close round sth.: *sich um etwas schließen (ie, o, o)*
anxious: *besorgt, nervös, unruhig, aufgeregt*
to be worth: *wert sein/sich lohnen* (wk.)
to turn towards: (*)(**ab**)*drehen* (wk.), *****um***kehren* (wk.) *in Richtung (auf)* + Acc.
fragment of paper: *der Papierschnipsel (–), der Papierfetzen (–), das Papierstückchen (–)*

notes

[1]*seit* + imperfect (pluperfect also possible)
[2]use *jenseits*
[3]translate "at home"
[4]translate "to take over"/"to carry out"
[5]*wollte er gerne wissen* is not suitable in this context; use *sich fragen* (wk.)
[6]you cannot translate "so" literally in this context

27 Negotiations

"On the other hand, they couldn't have known that we really wanted to buy them", said Mary. "That's true", replied James, "but don't you think that somebody might have told them how valuable such things would be, if they could somehow be taken to Switzerland?" "Hardly, unless Michael sent them a telegram from Toronto." "But he's not expected in Canada before the seventeenth at the earliest." "Maybe he left the island earlier than we thought.[1]"

For several seconds James remained silent, then he looked his colleague[2] straight[3] in the eye and said very quietly, "How could Michael have left without it being noticed by at least one of the people who work for us there?" Mary was obviously surprised by this question. "Good heavens! How should[4] I know?" she replied after some hesitation. "The only thing we can do now is to go back to Kröger and offer him more money."

Northern Ireland G.C.E. Examinations
Advanced Level

vocabulary

negotiation: *die Verhandlung (–en)*
on the other hand: *andererseits*
valuable: *wertvoll*
hardly: *kaum*
unless: *wenn nicht*; *es sei denn* (usu. + subjunctive)
at the earliest: *frühestens*
to remain silent: *still * sein (*bleiben (ei, ie, ie))*, *schweigen (ei, ie, ie)*
obviously: *offensichtlich*
surprised: *überrascht*
hesitation: *das Zögern* (verbal noun)
to offer: (**an**)*bieten (ie, o, o)*

notes

[1]use perfect tense
[2]use feminine noun
[3]translate "directly"
[4]use *soll* and emphasize *ich*

28 The province

The northern frontier[1] of the kingdom is formed by a high range of mountains whose peaks remain[2] snow-covered throughout the year. Through the narrow Golub Pass at the western end of the range passes the main railway line linking the provincial capital[3] with Vienna. The winters in this region are so mild that tobacco can be grown in the south-facing[4] valleys. In recent years tourism has also become an important source of revenue.

Many German and Austrian tourists have been attracted by the pleasant climate, delightful scenery and particularly favourable exchange rate. In addition the province is famed for[5] its picturesque churches and colourful national costumes. It should also be mentioned[6] that in the larger towns German is still spoken by many of the older inhabitants, despite the fact that it has not been taught[6] in the schools since the kingdom became independent more than thirty years ago.

Northern Ireland G.C.E. Examinations
Advanced Level

vocabulary

province: *die Provinz (–en)*; N.B.: *die Provinz*, in many contexts, means "the provinces" (as opposed to the capital)
kingdom: *das Königreich (–e)*
to form: *bilden* (wk.)
range of mountains: *das Gebirge (–)*, *die Bergkette (–n)*
peak: *der Gipfel (–)*, (here:) *die Höhe (–n)*
snow-covered: *schneebedeckt*
the pass: *der Paß (Pässe)*
to pass: (here:) **(ver)laufen (äu, ie, au)*, **gehen (e, i, a)*
to link: *verbinden (i, a, u)*
region: *die Gegend (–en)*, *das Gebiet (–e)*
to grow: (here:) **an**bauen (wk.)
in recent years: *in den letzten Jahren*
tourism: *der Tourismus*, *der Fremdenverkehr*
source of revenue: *die Einkommensquelle*, *Geldquelle (–n)*
tourist: *der Tourist (–en)* (wk. masc.), *die Touristin (–nen)*
climate: *das Klima (–ta/–s)*
delightful: *reizend, entzückend*
scenery: *die Landschaft (–en)*
particularly: *besonders*
favourable: *günstig*
exchange rate: *der Wechselkurs (–e)*, *die Umtauschrate (–n)*
in addition: *darüberhinaus*
picturesque: *malerisch*
colourful: *farbenprächtig, bunt*
national costume: *die Nationaltracht (–en)*
to mention: *erwähnen* (wk.)
despite the fact that: *obwohl*; *trotz der Tatsache, daß . . .*
to teach: *lehren* (wk.), *unterrichten* (wk.)
independent: *unabhängig*

notes

[1]can be translated as one word
[2]to avoid pleonasm, translate "are"
[3]translate "province-capital"
[4]omit "facing"
[5]translate "famous for"
[6]active voice-structures with *man* are possible

29 Paris in ruins

At last we came to a large square surrounded by ruined buildings. There we sat down on a flat stone in order to eat the meat and hard bread Captain Curtis had given us. Afterwards we rested. After a while however Roger got up and wandered slowly down the street. Henry followed him. I lay on my[1] back, gazing at[2] the grey sky and did not answer at first when they called me. But Roger called again and his voice sounded excited. They seemed to have found something interesting.

It was a great hole with steps leading down into the darkness. Next to the hole was a sign on which was the word — METRO. Roger said: "The steps . . . they are so wide.[3] Ten people could walk side by side on them. Where do they lead?"

I said: 'It doesn't matter.[4] We ought to be getting on."

"If I could only see . . .", murmured Roger. "Why was such a thing built?"

"I don't know and I don't care either. You wouldn't see anything down there anyway."

"We have candles . . .", said Henry.

"We haven't got time", I interrupted angrily. "We don't want to spend the night here."

"You don't have to[5] come", replied Henry. "You can stay here alone if you like."

vocabulary

in ruins: *in Trümmern*; *zerstört*
square: *der Platz (⸚e)*
surrounded by: *umstanden/umgeben von*
ruined: *zerstört*
Captain: (if translated at all) *der Hauptmann (⸚er, Hauptleute)*
to gaze: *starren* (wk.)
to sound: (*)*klingen (i, a, u)*
excited: *aufgeregt*
steps (pl.): *die Treppe (–n)*
darkness: *die Dunkelheit*
sign: (here:) *das Schild (–er)*
side by side: *nebeneinander*
to get on: **weitergehen (e, i, a)*, **weiterkommen (o, a, o)*
to murmur: *murmeln* (wk.)
such a thing: *so etwas, sowas, das*
I don't care either: *das ist mir auch egal (einerlei)*
anyway: *sowieso*
candle: *die Kerze (–n)*
to interrupt s.o.: *jemanden unterbrechen (i, a, o)*

notes

[1] translate "the"
[2] translate "in"
[3] *weit* is not correct here
[4] *Das macht nichts* is not correct here
[5] be careful to find correct verb

30 Old friends

Meridew and I were always the best of friends. We went to the same school and the same university and for a time were inseparable. We didn't see very much of each other after the war, because we lived in different parts of the country, but we met in London from time to time and occasionally wrote letters to one another. Two years ago he wrote and told[1] me he was getting married. He was just forty and the girl was fifteen years younger, and he was tremendously in love. This news came as a great surprise to me. Of course I congratulated him and sent him a wedding present and hoped he would be very happy. Apart from the difference of age the marriage seemed satisfactory enough. He told[2] me he had met her at a tea-party[3] in Norfolk, and that she had actually never been out of her native village. Her father was an[4] academic and desperately poor. He died shortly after her marriage.

I didn't see anything of them for the first year or so.[5] They went to live in[6] Liverpool, where Meridew had a job in the harbour. It must have been a big change for her from the Norfolk countryside. He wrote letters to me sometimes, and very happy ones they were.[7] But then he started getting a little worried about his wife's health. She seemed to be restless, and city life didn't suit her.

Oxford Local Examinations
Advanced Level

vocabulary

inseparable: *unzertrennlich*
occasionally: *gelegentlich*
tremendously in love: *sehr/schrecklich verliebt*
surprise: *die Überraschung (–en)*
to congratulate s.o.: *jemandem gratulieren* (wk.)
wedding present: *das Hochzeitsgeschenk (–e)*
apart from: *abgesehen von, außer*
difference in age: *der Altersunterschied (–e)*
marriage: *die Heirat (–en), die Ehe (–n)*
satisfactory: *zufriedenstellend, in Ordnung, harmonisch*
actually: *(doch) tatsächlich*
native village: *das Heimatdorf (–̈er)*
academic: *der Akademiker (–)*
desperately: *sehr, äußerst*
or so: *ungefähr, etwa*
harbour: *der Hafen (–̈)*
change: *die Umstellung (–en)*
health: *die Gesundheit* (usu. sg.)
restless: *unruhig, nervös, ruhelos*
to suit: *passen* (wk.) *zu; jemandem *bekommen (o, a, o)*

notes

[1] translate only "wrote"
[2] translate "He wrote to me . . ."
[3] tea-party = *der Teeabend (–e), die Teegesellschaft (–en), die Teestunde (–n)*
[4] omit
[5] translate "At first I didn't see them at all for a year or so"
[6] translate "moved to"
[7] insert *sogar* in the suitable place

31 The suspect

The next day one of the most beautiful women I have ever seen walked into our office. The Inspector rose to his feet.

"You know who I am", the visitor began, as soon as she had sunk gracefully into a chair. "My name is on that[1] card. I am the woman who is supposed to have murdered Mark Culledon."

The Inspector looked embarrassed.

"You are surprised to see me", the woman continued, speaking English with a slight foreign accent. "For the past two days I have been watched by your police. I thought it[2] best to come to you of my own accord. Let me say straight away that I did not murder Mark Culledon. It is true that he treated me very badly, and I would have liked to have taught him a lesson. He was engaged to marry me. Then he met the daughter of a duke and thought that she would make a better wife for him than I would.[3] The girl was very rich and he hoped to get hold of her money. When he told me this it[4] killed my love for[5] him. I made up my mind to punish him, but I had no intention of murdering him."

She seemed to be telling the truth. The Inspector asked her what she had been doing on the afternoon of the murder.

"You mean, where was I during the time that Mark was being murdered in a tea shop?"

"Yes."

"I went out[6] for a walk", she replied quietly.

"Did you meet anyone?"

"No", she said. "I met no one. I went out[7] at three o'clock that afternoon and returned after five."

There was silence in the office for a moment or two.

Oxford Local Examinations
Advanced Level

vocabulary

suspect: *der (die) Verdächtige (–n)* (like adj.)
to rise to one's feet: *sich erheben (e, o, o)*
to sink into: **sinken (i, a, u) in* + Acc.
graceful: *graziös, anmutig, elegant*
to be supposed to: *angeblich . . .; sollen*
embarrassed: *verlegen*
surprised: *erstaunt, überrascht*
to continue: **fortfahren (ä, u, a)*
slight foreign accent: *der leichte ausländische Akzent (–e)*
to watch: (here:) *überwachen* (wk.)
to think: (here:) *halten (ä, ie, a) für* + Acc.
of my own accord: *von selber, von selbst, aus eigenem Antrieb, freiwillig, von mir aus*
straight away: *gleich, sofort, frei heraus, geradeheraus*
to treat: *behandeln* (wk.)
to teach s.o. a lesson: (here:) *jemandem einen Denkzettel geben (i, a, e)/verpassen* (wk.)

duke: *der Herzog (–̈e)*
to get hold of: (here:) **herankommen (o, a, o) an*
to punish: *bestrafen* (wk.), *büßen lassen (ä, ie, a)*
to have the intention of: *vorhaben/beabsichtigen* (wk.) *(etwas zu tun)*
truth: *die Wahrheit (–en)*
silence: *die Ruhe, die Stille, das Schweigen* (collective noun)

notes

[1] *jene* would sound stiff; translate "the card there"
[2] use *das Beste* or *am besten, wenn* + subj. or inf. construction with *zu*
[3] omit "would"
[4] translate "it" by *das*
[5] watch preposition
[6] omit
[7] add "of the house"

32 Miss Mayfield's arrival

"You want a taxi?" asked the porter, eyeing Miss Mayfield's pile[1] of suitcases. "Because if you do, you'd best run and find one. I'll follow with the luggage."

"I'm being met, thank you", she replied. She had the latest letter from the vicar in her handbag.

The Selbury station stairs smelled strongly of fish and of smoke; but outside in the yard the air was fresh and clean. It was one of those April days which seemed to give promise of[2] a fine summer.

Two taxis were just driving away. The woman with the baby who had shared Miss Mayfield's compartment was being greeted[3] and packed into a small car, bright with new green paint.[4] The only other objects in the yard were a third taxi, without a[5] driver, and two dogs happily pretending to fight.

The porter opened the gates of the luggage-lift and dragged Miss Mayfield's possessions out,[6] one by one.[7] He gave her a look which said, very clearly, "Being met, eh?"

"You need not wait", Miss Mayfield said, meaning it kindly. Although she had lived in England for two years she still acted sometimes as if she were still in Africa, where a porter, unless told otherwise,[8] would wait for ever. The porter seemed about to say, "Wait — I should think not" — but then he saw the size[9] of the tip she was offering him, changed his mind and stumped away quite happily.

Welsh Joint Education Committee
Advanced Level

vocabulary

arrival: *die Ankunft* (∸e; rare pl.)

to eye: *mustern* (wk.), *betrachten* (wk.), *in Augenschein nehmen* (*i, a, o*)

you'd best run: *. . . wäre es am besten, wenn Sie losliefen*; **laufen Sie am besten* (*los*)

vicar: *der Pfarrer* (–), *der Pastor* (–en) (wk. masc.)

smoke: *der Rauch*

yard: *der (Bahnhofs)vorplatz* (∸e)

promise: *das Versprechen* (–)

to promise: *versprechen* (*i, a, o*)

to share: *teilen* (wk.)

compartment: *das Abteil* (–e)

to pack into: (here:) *verfrachten* (wk.) *in* + Acc.

paint: *die Farbe* (–n)

object: *das Ding* (–e), *der Gegenstand* (∸e), *die Sache* (–n)

to pretend to: *so tun* (*u, a, a*), *als ob*; *etwas zum Schein tun*; **vor***geben* (*i, a, e*), *etwas zu tun*

gate: *das Tor* (–e); (here:) *das Gitter* (–)

luggage-lift: *der Gepäckaufzug* (∸e)

to drag out: **heraus***zerren* (wk.), **heraus***ziehen* (*ie, o, o*)

to say: (here:) **aus***drücken* (wk.)

clear: *klar, unmißverständlich*

to act: *handeln* (wk.), *sich verhalten* (*ä, ie, a*)

forever: *ewig, bis in die Ewigkeit*

to be about to (say): *gerade (sagen) wollen*

I should think not: *das wäre ja noch schöner!/Da täuschen Sie sich aber!/Das glauben Sie auch nur!*

tip: *das Trinkgeld* (–er)

to change one's mind: *sich eines besseren besinnen* (*i, a, o*), *sich anders besinnen*

to stump away: ***weg***stapfen* (wk.), ***weg***stampfen* (wk.)

notes

[1]translate "mountain"

[2]translate "to promise"

[3]choose the right prefix

[4]translate ". . .; its fresh green paint shone brightly" or ". . ., whose fresh green paint shone brightly"

[5]omit

[6]translate "the pieces which belonged to . . .", or "what belonged to . . ."

[7] translate "one after the other"

[8]translate "unless he was told the opposite"

[9]translate "the height"

33 The wounded general

The brown Mercedes drove into the parking area in front of the restaurant and General de Forge, limping, led[1] the way into the elegant room, followed by the captain and the drivers. As the French general walked in, his[2] hat flat on his head, every eye in the restaurant turned towards him and voices[3] suddenly went silent. With a gesture, de Forge told the group, including the ordinary soldiers, to sit down at a table in the corner of the room. The general ordered first, then the others in order of rank. The lunch was excellent and de Forge ate heartily. When the captain had paid the bill, the wounded general led the group back to the car, all eyes following him again with curiosity.[4] They drove all afternoon and well[5] into the evening. Every minute, every kilometre put[6] a greater distance between the general and France, between him and freedom. They crossed most of[7] Germany and came at last to Saxony, not far from the Czechoslovakian border.

The sun was setting as they drove through a long valley beside[8] a stream, the enormous evening shadows of the tall oak-trees were cast far ahead of them.[9] On either side mountains rose majestically upwards. Presently they turned left into a thickly-wooded area and began a steep climb.[10] The landscape had become rocky — cruel and fateful.

vocabulary

wounded: *verwundet*
the Mercedes: *der Mercedes*
parking area: *der Parkplatz (⁀e)*
to limp: *(*)humpeln (wk.)*
to lead the way: **voraus*gehen *(e, i, a)*, **voran*gehen *(e, i, a)*
captain: *der Hauptmann (pl. usu. Hauptleute)*
hat: (here:) *die Mütze (–n)*
eye: (here:) *der Blick (–e)*
to turn towards: (here:) *sich richten (wk.) auf* + Acc.
to go silent: **verstummen (wk.)*
gesture: *die Geste (–n)*
to tell: (here): *jemanden anweisen (ei, ie, ie) (jemandem befehlen (ie, a, o)), etwas zu tun (u, a, a)*
including: *einschließlich (+ Gen.)*
ordinary: *einfach*
in order of rank: *in der Reihenfolge ihres Dienstgrads/Ranges*
(to eat) heartily: *mit gutem Appetit (essen)*
distance: *die Entfernung (–en)*
freedom: *die Freiheit (–en)*
Czechoslovakian: *tschech(oslowak)isch*
to cast ahead: *voraus*werfen *(i, a, o)*
to rise upwards: *sich erheben (e, o, o)*; **auf*steigen *(ei, ie, ie)*
majestic: *majestätisch*
presently: *kurz darauf, alsbald*
to turn left: *(nach) links *abbiegen (ie, o, o)*
thickly-wooded area: *das dichtbewaldete Gebiet (–e)*

steep: *steil*
landscape: *die Landschaft (–en)*
rocky: *steinig, felsig*
cruel: *grausam*
fateful: *schicksalhaft, schicksalsschwer, verhängnisvoll*

notes

[1]translate "led limping . . ."
[2]translate "*the* hat"
[3]translate "the conversations"
[4]use the adverb
[5]translate "far", or "a good piece"
[6]translate "With every minute . . . the distance . . . became bigger"
[7]translate "the biggest part of"
[8]*entlang* is also possible here
[9]translate "the tall oak-trees cast their evening shadows far ahead."
[10]translate "began to drive steeply uphill"

34 A café poet

Carlo got up, pushing away the table. "It's no use", he said; "he's drunk, don't let's[1] bother with him. We're wasting our time." They all got up, they turned away from me, irritable, shrugging their shoulders.

I wanted[2] the hundred and fifty marks, though. I wanted them badly. I could not let them go from me. Nasty little men.

"Wait[3]", I said, "wait — give me that pencil, I'll write down the poems for you." They were friendly and helpful at once. The pencil quivered between my shaking fingers, the words ran crookedly, anyhow, across the page. The bearded fellow patted me on the shoulder. "That's right", he said, "you're a good fellow, we know[4] that." I did not care for his sympathy.

"Give me the money", I said.

They gave the two notes into my hands, and then they gathered up the sheet of paper, and they all crowded together, their eyes searching it, their lips moving, pressing hard, eager to see[5] the words once more, fearful lest I should have missed anything.

"It is all there?"

"Yes — it's all there."

They moved away, and across the street to the park, not bothering about me any more, and I lost their backs in the crowd, and I did not care about them either. I folded the two notes carefully, and put them with the five-mark note that had hitherto stood between me and starvation. I went back to my own table in the corner. A hundred and fifty marks. That was not so bad for three poems. My mind was clearer now, and I did not want it to be clear. I called the waiter to bring me another cognac.

Welsh Joint Education Committee
Advanced Level

vocabulary

poet: *der Dichter* (–), *der Poet* (–en) (wk. masc.) (slightly derogatory)

it's no use: *es hat keinen Zweck*

to bother with: *sich* **herum**ärgern (wk.) *mit* + Dat.

to waste: *verschwenden* (wk.), *vertun* (*u, a, a*)

to turn away from (s.o.): *sich* **ab**wenden (*e, a, a*) *von* (+ Dat.)

irritable: *wütend, gereizt*

to shrug one's shoulders: *die Schultern* (*Achseln*) *zucken* (wk.)

badly: *dringend*

to quiver: *zittern* (wk.), (*)*schwanken* (wk.), *beben* (wk.)

to shake: *zittern* (wk.)

crooked: *schief, schräg*

anyhow: *irgendwie* (*so*), *schlampig, nachlässig*

that's right: (here:) *so* (*ist's*) *recht*

to care for sth.: *sich etwas machen aus* + Dat./*etwas übrig haben für* + Acc.

sympathy: (here:) *das Wohlwollen*

to gather up: **hoch**raffen (wk.), **auf**nehmen (*i, a, o*), **hoch**nehmen (*i, a, o*), *an sich reißen* (*ei, i, i*)

to crowd together: *sich* **zusammen**drängen (wk.)

to search: **ab**suchen (wk.), *untersuchen* (wk.), *eifrig prüfen* (wk.)

to press hard: *sich* **heran**drängen (wk.), *sich dicht* **zusammen**drängen (wk.)

fearful lest: *aus Furcht, daß*; *weil sie fürchteten, daß*

to miss: **aus**lassen (*ä, ie, a*)

starvation: *der Hunger, der Hungertod* (–e)

mind: *der Verstand, der Kopf* (⁓e), *das Gehirn* (–e)

notes

[1] *a laßt uns* construction would sound clumsy!

[2] mind the meaning of "want" here!

[3] familiar form seems possible in this atmosphere

[4] in this context a literal translation would not mean much to a native speaker; translate "*that* we have always known", inserting an emphatic *ja*

[5] translate "pressing eagerly nearer, to see . . ."

35 The strain of living near a large city

For ten years Mr Curran and his wife had been living in a tiny flat in Edgware. He worked in an office in central London. Five days a week he travelled in crowded tube trains, got home tired out, watched television for an hour or so after supper, and then went straight to bed. It was a monotonous life, but he had got used to it. His wife, however, had[1] not. She had grown up in the country, and she hated London. Shopping meant frequent bus journeys and endless waiting before one could pay for one's purchases and get out of the supermarket. And, worst of all[2], she was on her own all day and she had no friendly women neighbours to talk to. At last she had made up her mind that they would have to move. Her elder brother was still living at Gloucester. She had written to him, asking whether it would be possible for her husband to get a decent job there. Yes, he had answered, certainly; there was a continual shortage of office staff, and he thought he could find them a cottage, with a garden, at a price they could afford.[3] Would[4] they like to come and spend a few days with him, so that they could take a look round? Mrs Curran showed her husband the letter. To her surprise, he was enthusiastic about the idea. "I'm glad you did that", he said, "I know how difficult it has been for you, and I'm sure this would be the best possible thing for both of us."

Oxford and Cambridge Schools
Examination Board
Advanced Level

vocabulary

strain: *der Streß, die Belastung (–en)*
tiny: *winzig*
crowded: *überfüllt*
tired out: *völlig übermüdet, todmüde*
for an hour or so: *ein Stündchen, eine Weile*
monotonous: *monoton, eintönig*
to get used to: *sich gewöhnen* (wk.) *an* + Acc.
frequent: *häufig*
purchases: *die (eingekauften) Waren* (pl.)
decent: *annehmbar, ordentlich, vernünftig*
continual: *dauernd, fortwährend*
office staff: *das Büropersonal, die Bürokräfte* (pl.)
to like to: (here:) *Lust haben zu*
to take a look round: *sich* **um**schauen (wk.), *sich* **um**sehen (ie, a, e)
to be enthusiastic about the idea: *von der Idee (ganz) begeistert sein*
the best possible thing for: *das allerbeste für* + Acc.

notes

[1]omit
[2]translate "And, what was worst of all, . . ."
[3]the native speaker would probably not use a relative clause here; translate "at an acceptable (= *annehmbar, erschwinglich*) price", omitting "they"
[4]start with *Ob sie . . .?* (+ subjunctive)

36 A different[1] life

Frau Elsie Schmidt lives in a suburb of Bochum. If you heard her talking to her neighbours or watched her shopping in the supermarket, it would never occur to you that she was[2] not German born and bred. But she is, in fact, a Yorkshirewoman.[3] Twelve years ago she worked in the office of a textile firm near Barnsley, and there she got to know a pleasant young German who had been sent over to teach their[4] employees how to operate some new machines. She took him under her wing and got her parents to ask him to dinner on Sundays. Eventually he was recalled. They exchanged friendly letters for some while, then,[5] much to her surprise, he wrote to say that he now had a quite responsible job and a comfortable flat, and would she marry him? In spite of her mother's attempts to dissuade her,[6] she did,[7] and she has never regretted it. At first it was by no means easy. She had to struggle with a strange language, and on top of that German cooking and housekeeping were very different from what she was used to. However, by the time her first child arrived she had completely adapted herself to her new way of life. Some old friends from home, visiting her recently, noticed that she often hesitated before she could find the right English word. Inevitably the question was asked:[8] Was there anything she still missed out there? She said immediately: Yes, a good honest cup of tea.

Oxford and Cambridge Schools
Examination Board
Advanced Level

vocabulary

suburb: *der Vorort (–e)*

it occurs to me: *mir kommt der Gedanke; mir kommt in den Sinn; mir fällt auf*

German born and bred: *in Deutschland geboren und aufgewachsen*

textile firm: *die Textilfirma (–firmen)*

to operate (machines): *(Maschinen) bedienen* (wk.)

to take s.o. under one's wing: *sich um jemanden kümmern* (wk.), *sich jemandes (Gen.!)* **an**nehmen *(i, a, o), jemanden unter seine Fittiche nehmen (i, a, o)*

to get s.o. to do sth.: *veranlassen (ä, ie, a), etwas zu tun (u, a, a)*

eventually: *schließlich, endlich*

to exchange letters: *sich gegenseitig Briefe schreiben (ei, ie, ie), Briefe* **aus**tauschen (wk.)

friendly: *freundlich, freundschaftlich*

much to her surprise: *sehr zu ihrem Erstaunen (ihrer Überraschung)*

job: *die Stelle (–n), der Posten (–)*

to dissuade s.o. from sth.: *jemandem etwas* **aus**reden (wk.)

to regret: *bereuen* (wk.)

by no means: *keinesfalls, gar nicht*

to struggle with: *kämpfen* (wk.) *mit* + Dat.

strange: (here:) *fremd*

cooking: *das Kochen, die Küche, die cuisine (Cuisine)*

housekeeping: *die Haushaltsführung (–en), der Haushalt (–e)*

to be used to: *gewöhnt sein*

way of life: *der Lebensstil (–e), die Art (–en) zu leben, die Lebensart (–en)*

recently: *vor kurzem*

to hesitate: *zögern* (wk.)

inevitable: *unvermeidlich, unausweichlich*

to miss: (here:) *vermissen* (wk.) (+ Acc.), *fehlen* (wk.) (+ Dat.)

out there: *dort (hier) drüben, dort (hier) in der Fremde*

immediately: *sofort*

a good honest cup of tea: *eine richtig(e) schöne (ordentliche/vernünftige) Tasse Tee*

notes

[1] *verschieden* is not correct here

[2] watch tense and mood

[3] cannot be translated literally

[4] translate "the employees (of the firm)"

[5] translate "until"

[6] add "of it"

[7] add "marry him"

[8] translate "was put" or "came"

37 A chance encounter

"Excuse me, miss, but is anybody sitting here?" Bettina looked up to find[1] a young man gazing enquiringly down at her. "This seat is still free, isn't it?" He smiled and indicated the empty chair at her table with a nod and a corner of his loaded tray. She smiled back and shook her[2] head. "No, nobody's sitting there. That's all my stuff. I'll move it."

The young man slid his tray on to the table and raised a protesting[3] hand as Bettina began to pick up the handbag and parcels she had piled on the vacant chair. "No, don't you bother", he said. "Please allow me. Let me do it." He bent down and carefully put Bettina's things on the floor by her feet. Then he arranged his plates, cutlery and coffee on the table and placed the tray on a nearby trolley.

Bettina glanced about her and noted with surprise that the restaurant was barely half-full, quite a number of tables were still completely unoccupied.

But she said nothing, and by the time the young man had begun to eat she was totally absorbed once more in the library book which she should have returned the previous night. "Not a bad place, this", she heard the young man say. "I often have lunch here. Do you?"[4]

Bettina didn't usually speak to strange men, but this one seemed very charming and friendly indeed. Somehow she didn't wish to offend or hurt him.

"Well, no. I've only just taken a job in this area."

The Associated Examining Board
Advanced Level

vocabulary

chance encounter: *die zufällige Begegnung (–en)*
to gaze down at s.o.: *auf jemanden* **hinab***schauen* (wk.)/**herunter***blicken* (wk.)
enquiring: *fragend, forschend*
to indicate sth.: *auf etwas (Acc.) deuten* (wk.)
nod: *das (Kopf)nicken*
loaded: *voll*
tray: *das Tablett (–s)*
stuff: *der Kram* (collective noun), *die Sachen* (pl.)
to move: **weg***räumen* (wk.), **weg***legen* (wk.), **weg***tun (u, a, a)*, **weg***schieben (ie, o, o)*
to slide sth. on to: *etwas gleiten lassen (ä, ie, a) auf* + Acc.
to pile up: **auf***stapeln* (wk.), **auf***schichten* (wk.), **auf***türmen* (wk.)
vacant: *frei, leer*
to bend down: *sich bücken* (wk.)
to arrange: **(an)***ordnen* (wk.), *arrangieren* (wk.)
trolley: *der Servierwagen (–)*
to glance about: *(heimlich, verstohlen) um sich schauen* (wk.)/**umher***schauen* (wk.)
barely: *kaum, noch nicht einmal*
quite a number: *eine ganze Anzahl (Reihe)*

completely: *völlig*
unoccupied: *unbesetzt, unbelegt, leer*
to be absorbed in: *sich vertiefen* (wk.) *in* + Acc.
library book: *das Leihbuch (⸚er)*
not a bad place, this: *nicht schlecht hier, nicht?|ganz nett hier, nicht?*
to offend: *beleidigen* (wk.)
to hurt (s.o.): *jemandem weh tun (u, a, a), jemanden kränken* (wk.)
to take a job: *eine Stelle* **an***nehmen (i, a, o)*
area: *die Gegend (–en)*

notes

[1]translate "and noticed (saw)"
[2]translate "the"
[3]translate "and protestingly raised the hand"
[4]translate "You, as well?"

38 An unwelcome interruption

Emma shouted: "Bill, where are you?" I could hardly pretend I hadn't heard her, but tried it just the same.[1]

All I wanted to do[2] was to laze about the whole sunny afternoon in the deck-chair, without my dear sister disturbing me with a single request. I should not have been so naïve, of course. She came into the garden, and I started to breathe slowly and heavily; I couldn't answer her if I were asleep, now could I?

"Oh, there you are", Emma's clear voice said. "Didn't you hear me shouting? Bill, be a dear and drive down to the village for me, will you?"

"What for?" I asked rudely. I think I should mention that since I arrived, a week ago last Tuesday,[3] she had already talked me into three lone trips into that wretched village.

"Oh, I don't need much this time", she said cheerfully. "Only a big bottle of cheap red wine. I am cooking a chicken for supper, and I've just found I'm out of wine for the sauce."

I opened one reproachful[4] eye.

"I'd go myself", she said charmingly, "but it's time to feed the dog and to give him his bath."[5]

I opened the other eye and gave her a cold stare.[6]

"Oh, I'd go later", she added hurriedly, "but by then all the shops will be shut. Anyway, it is not far to the supermarket in the High Street, and as you know there is a huge, free car park at the rear."

Emma dropped the car keys on my chest and dashed back to the kitchen.

The Associated Examining Board
Advanced Level

vocabulary

interruption: (here): *die Störung (–en)*
to pretend to: *so tun (u, a, a), als ob . . .* (+ subjunctive)
to laze about: (**herum**)*faulenzen* (wk.), *sich* (**herum**)*räkeln* (wk.)
deck-chair: *der Liegestuhl (⸚e)*
to disturb: *stören*
request: *das Anliegen (–), die Bitte (–n), der Wunsch (⸚e)*
naïve: *naiv, einfältig*
to breathe: *atmen* (wk.)
. . . now could I?: *oder (etwa)?*
be a dear: *sei so lieb/sei ein Schatz*
what for?: *wozu?/weshalb?/warum?*
rude: *unhöflich, barsch*
to mention: *erwähnen* (wk.)
lone: *einsam*
wretched: *gräßlich, elend, verdammt*
reproachful: *vorwurfsvoll, anklagend*
charming: *charmant, liebenswürdig*
hurried: *eilig, hastig*

anyway: (*und*) *außerdem*; *sowieso*
High Street: *die Hauptstraße (–n)*
free: (here:) (*gebühren*)*frei*
at the rear: *hinter dem Haus*
chest: *die Brust (⸚e), der Brustkasten (⸚)*
to dash: *flitzen (wk.), (*)*schießen (ie, o, o)*, *zischen (wk.)

notes

[1] translate "nevertheless"
[2] "to do" may be omitted
[3] omit "last", and translate "Tuesday a week ago"
[4] translate "I reproachfully opened . . ."
[5] translate ". . . to feed and bathe the dog"
[6] use verb construction (i.e. "stared coldly")

39 In a¹ café

As he was being served, two small girls came in. One sat at a table but the second, the elder, stood at the counter. When he returned to his place, he found the younger girl sitting there. He was uncertain and shy, but he nevertheless sat down to drink tea and cut a cake into four pieces. The girl looked at him and continued to do so until the elder one came from the counter with two cups of hot tea. They were talking and drinking and took no notice of the young man who slowly felt their childish enthusiasm enter into himself.² He glanced at them from time to time, feeling as if he should not be there. When he did look at them, however, he did so³ in a gentle way. The elder girl, about twelve years old, was dressed in a brown coat that was too big for her, and though she was talking and laughing most of the time, he noticed her pale face and her large round eyes. He would have thought her beautiful had he not detected that familiar cheerfulness which often betrayed great poverty.

The smaller girl was less lively and merely smiled as she answered her sister briefly. She drank her tea, warming her hands at the same time without putting the cup down once, until she had emptied it. Her thin red fingers grasped the cup firmly as she stared into the tea-leaves. Gradually the talk between them died down and they were silent.

University of London
Advanced Level

vocabulary

café: (here:) *die Imbißstube (–n)* (a German *Café* is different)
to be served: *bedient werden (i, u, o), an der Reihe sein*
counter: *die (Servier)theke (–n)*
to find: (here:) *bemerken* (wk.) (*, daß*)
shy: *schüchtern*
she continued to do so: *und (sie) tat dies (das) auch weiter(hin)*
childish enthusiasm: *die kindliche Begeisterung*
to enter into: (here:) ***eindringen** (i, a, u) in* + Acc.
to glance at: *jemanden (verstohlen) mustern* (wk.), **an**schauen (wk.)
gentle: *sanft, gütig, mild*
pale: *blaß*
to detect: *entdecken* (wk.)
familiar: *ungezwungen, natürlich; bezeichnend, charakteristisch, wohlbekannt*
to betray: *verraten (ä, ie, a)*
poverty: *die Armut*
lively: *lebhaft*
briefly: *kurz, knapp*
to grasp: *umschließen (ie, o, o), (er)fassen* (wk.)
firm: *fest*
gradual: *allmählich*
to die down (of conversation): **verstummen* (wk.)

notes

¹translate "the"
²translate "who felt (noticed) her childish enthusiasm entering slowly also into him"
³translate "that"

40 The old house

Herr Klein had always wanted to buy a big house in the country and now he had the opportunity to do so[1] because a distant relative had died and left him a lot of money. One of his colleagues had recommended a house to him that was about sixteen miles[2] from the market town where he worked as[3] a lawyer. One day he went there by car. The house had been neglected and it looked eerie and forbidding; a ramshackle garage stood at one side. On closer inspection most of the faults turned out to be superficial and after long consideration he made up his mind to purchase it. He had all the necessary repairs done[4] and soon he became[5] enthusiastic about the whole thing. But when he eventually moved in he began to have second thoughts. At night he heard all kinds of strange noises and the local tradesmen refused to deliver goods. On one occasion he saw a mysterious white shape which, to all appearances, went straight through a wall. It was difficult to escape the conclusion that he was sharing the house with a ghost.

Southern Universities' Joint Board
Advanced Level

vocabulary

opportunity: *die Gelegenheit (–en)*

distant: *entfernt*

to leave s.o. money: *jemandem Geld vermachen* (wk.)/*hinterlassen (ä, ie, a)/vererben* (wk.)

to recommend: *empfehlen (ie, a, o)*

market town: *die Kreisstadt (–e), das Kreisstädtchen (–), der Marktflecken (–)*

lawyer: *der Rechtsanwalt (–e)*

to neglect: *vernachlässigen* (wk.)

eerie: *unheimlich*

forbidding: *abstoßend*

ramshackle: *verfallen, baufällig, verwahrlost*

on closer inspection: *bei genauerem (näherem) Hinsehen, bei genauerer (näherer) Betrachtung*

fault: *der Fehler (–), die Beanstandung (–en)*

to turn out to be: *sich **heraus**stellen* (wk.) *als, sich erweisen (ei, ie, ie) als*

superficial: *unwesentlich, leicht*

after long consideration: *nach reiflicher Überlegung*

to purchase: *kaufen* (wk.), *erwerben (i, a, o)*

enthusiastic about: *begeistert von, sehr angetan von*

to have second thoughts: *Zweifel* (pl.) *bekommen (o, a, o)/sich (doch) nicht mehr so sicher *sein*

all kinds of: *alle möglichen*

local tradesmen: *die Geschäftsleute des Ortes (am Orte)*

to refuse: *sich weigern* (wk.)

to deliver: (**an**)*liefern* (wk.)

goods (pl.): *die Waren* (pl.)

on one occasion: *einmal*

mysterious: *geheimnisvoll, mysteriös, rätselhaft*

shape: *die Gestalt (–en)*

to all appearances: *allem Anschein nach*

straight through: *direkt/glatt durch*

to escape the conclusion that: *sich der Schlußfolgerung entziehen (ie, o, o), daß . . .*

to share: *teilen* (wk.), (here:) *wohnen* (wk.) *mit*

ghost: *der Geist (–er)*

notes

[1]use *dazu*

[2]convert!

[3]*als* identifies, *wie* compares

[4]watch the structure ("had done" is not pluperfect)

[5]translate "was"

41 The dismissal

Heinrich was an ambitious young man who had joined a firm of architects six months[1] ago. The job offered definite prospects of promotion and it seemed that his future was assured. Now he had been dismissed and all his plans were shattered. Everything would have been fine, if he had been able to get on with his immediate superior. But the latter was an unpleasant man[2] who was always looking for a quarrel. Heinrich was quite incapable of understanding him. He allowed himself to be provoked by this man too often, and yesterday he had made a dreadful scene in the office, when an important client was present. They had had no alternative but to dismiss him — Heinrich realized that now. He gathered his things together and left the impressive stone building in low spirits. He entered the first café he came to[3] and ordered a cup of black coffee and a cake.[4] He needed time to think.[5] If only he had kept his temper! But it was too late now for regrets.

Southern Universities' Joint Board
Advanced Level

vocabulary

dismissal: *die Entlassung (–en)*

to join: (here:) *eine Stelle* **an***nehmen (i, a, o)/***an***treten (i, a, e) bei (in)*

firm of architects: *das Architekturbüro/Architektenbüro (–s)*

to offer: *bieten (ie, o, o)*

definite prospects of promotion: *sichere Aussicht(en) auf Beförderung/gute Beförderungsaussichten*

future: *die Zukunft*

assured: *sichergestellt, gesichert*

to dismiss: *entlassen (ä, ie, a)*

to be shattered: *zerstört *sein, in die Brüche *gehen, *scheitern* (wk.)

immediate: *unmittelbar, direkt*

superior: *der (die) Vorgesetzte (like adj.)*

the latter: *die/der; der (die) letztere; letztere(r)*

unpleasant: *unangenehm*

to look for a quarrel: *Streit suchen* (wk.)

to provoke: *provozieren* (wk.)

dreadful: *fürchterlich, furchtbar*

client: *der Kunde (–n)* (wk. masc.), *der Klient (–en)* (wk. masc.)

I have no alternative but: *mir bleibt nichts anderes übrig, als/ich habe (sehe) keine andere Möglichkeit, als (daß)*

to realize: **ein***sehen (ie, a, e), erkennen (e, a, a)*

to gather together: **zusammen***räumen* (wk.), **zusammen***sammeln* (wk.)

impressive: *eindrucksvoll, imposant*

stone building: *das Backstein-/Natursteingebäude (–)*

in low spirits: *niedergeschlagen, deprimiert*

to keep one's temper: *sich beherrschen* (wk.), *seine Beherrschung nicht verlieren (ie, o, o)*

regrets: *die Reue* (sg.)

notes

[1]translate "half a year"

[2]*Mensch* seems to be more suitable in this context

[3]use *****vorbei***kommen an* + Dat.

[4]translate "a piece of cake"

[5]translate "for thinking"

42 Starting[1] work

Henry was just seventeen when he started[1] work in the little office. There was already a girl there, even younger than himself,[2] who said she was the typist.[3]

For the first few days the boss, Mr Smith, arrived[4] promptly[5] at half-past nine. He dictated a lot of letters to the girl, and in between he explained to Henry about[6] various little matters he could attend to straight away.[7]

Henry found it quite interesting, even though it made him feel, after all the subjects he had learned at school, that he was still only a kid and had to start all over again.

Soon, however, the boss started coming in[8] only at about four o'clock in the afternoon, and often he didn't turn up at all. Occasionally someone rang up and asked a question. Henry had no idea how to answer; all he could do was to say that Mr Smith was out and he would put a note on his desk.

Then one day an elderly, well-dressed gentleman appeared, gave his name (which Henry couldn't remember afterwards) and showed him a lawyer's letter telling Mr Smith to hand over all of a certain client's business papers to him immediately. After a long search Henry found the right box, tied it up with string and let the man take it away with him. To his surprise, the boss was very annoyed when he heard about this.

The University of Cambridge
Local Examinations Syndicate
Advanced Level

vocabulary

work: (here:) *das Arbeitsleben*

shorthand-typist: *die Stenotypistin (–nen)*

matter: *das Ding (–e), die Angelegenheit (–en), die Sache (–n),* (here:) *die Aufgabe (–n)*

to attend to: *sich kümmern* (wk.) *um* + Acc., *erledigen* (wk.), *besorgen* (wk.)

subject: (here:) *das Fach (–̈er)*

kid: *das (kleine) Kind (–er)*

to start all over again: *wieder (ganz) von vorn(e)* (*) **an**fangen *(ä, i, a)*

to turn up: **kommen (o, a, o), ****auf**tauchen *(wk.)*

occasionally: *gelegentlich*

he had no idea how to answer . . .: *er wußte (überhaupt) nicht, wie (was) er antworten sollte/er hatte keine Ahnung, was (wie) er antworten sollte*

elderly: *älter*

well-dressed: *gutgekleidet*

to appear: **kommen* (o, a, o), ***auf**tauchen (wk.), **erscheinen (ei, ie, ie)*

to hand over: **aus**händigen (wk.), *übergeben (i, a, e)*

client: *der Klient (–en)* (wk. masc.) (lawyer's client), *der Kunde (–n)* (wk. masc.)

business papers: *die Geschäftspapiere* (pl.)

to tie up: *verschnüren* (wk.), **zu**binden *(i, a, u)*

string: *die Schnur (–̈e), der Bindfaden (–̈)*

to his surprise: *zu seinem Erstaunen*

annoyed: *erbost, verärgert, ärgerlich, wütend*

notes

[1]"Starting" is a (verbal) noun. Translate it with *(Der) Start (ins Arbeitsleben)*; *mit der Arbeit beginnen* is not suitable, as this could also mean "starting work in the morning", or the like; "he started work", on the other hand, can be translated literally since the context is clear and the scene is set by the heading and the mention of Henry's age; *starten* (wk.) is generally applied to sports and athletics, but also has the meaning of "to start up": *ein Unternehmen* (neuter) *starten* — "to set up a business"; *einen Motor starten* = "to start (up) an engine"

[2]translate "he"

[3]it is clear from the context that she is a *shorthand*-typist (*Stenotypistin*) and not merely a typist (*Schreibkraft, Schreibfräulein*)

[4]translate "came"

[5]translate "punctually"

[6]omit

[7]translate "at once"

[8]translate "coming into the office"

43 Visiting[1] an old friend[2]

As John hadn't a car, he could only get to Longford by bus. Now he had just got out at the lower end of a narrow street with little old-fashioned shops. Although it was Saturday morning there were very few people about.

He walked straight ahead. Yes, there was the market square, on his right, and he had soon found number seven. He had no need to ring the bell[3]; his old friend William, who had seen him through the window, was already at the door. William said, "Well, how on earth did you know I was living[4] out here?"

"Just by accident", the other replied. "I met your sister at a party recently and she gave me your address. I knew you always wanted to get away from the hurry and noise of London. However, she had a feeling[5] that[6] you were really rather lonely here, and I thought I'd come and look you up."

"I'm glad you did[7]", William said. "I do get very bored here at times. The local people don't seem to be interested in anything but cows and pigs and football."

He was silent for a moment. Then he asked, "Shall we have lunch here?[8] That hotel over there isn't up to much. I can at least offer you eggs and bacon[9] that taste a lot better than anything you'll get in London."[10] — "That suits me fine",[11] said John.

The University of Cambridge
Local Examinations Syndicate
Advanced Level

vocabulary

low: (here:) *unter*

about: (here:) *unterwegs*

market square: *der Marktplatz (̈e)*

on his right: *auf der rechten Seite, rechts, rechter Hand*

how on earth did you know . . .: *wie um alles in der Welt haben Sie (hast du) herausgefunden . . .? Woher um alles in der Welt wissen Sie (weißt du) . . .?*

by accident: *durch Zufall, zufällig*

to get away: **entkommen (o, a, o) (+ Dat.), *entfliehen (ie, o, o) (+ Dat.)*

to come and look s.o. up: *mal bei jemandem* **vorbei***schauen* (wk.)/**'rein***schauen* (wk.)/*bei jemandem* **vorbei***gucken* (wk.) (colloquial)

the local people: *die Dorfbewohner (pl.), die Einheimischen (pl.), die Leute hier*

isn't up to much: *ist nicht besonders (gut)/taugt nicht viel*

notes

[1]translate as a noun (*der Besuch bei* + Dat.)

[2]*der Freund* (familiar form!) or *der Bekannte* (polite form!)

[3]omit "the bell"

[4]translate "that I live"

[5]translate: "She had, however, the feeling"

[6]translate "as if" (usu. + subjunctive)

[7]find an idiomatic expression rendering "glad"

[8]add "at my place"

[9]translate "bacon with egg"; watch agreement (sg.) in relative clause

[10]translate ". . . better than what you (would) ever get in London"

[11]find a suitable idiomatic expression (e.g. "I'd like that")

44 An unwelcome visitor[1]

The next day at nightfall he came back.[2] I saw him sitting in his little blue car, smoking patiently. Obviously he had already discovered that nobody was at home and, equally obviously, he was determined to wait for[3] me to return. He got out of his car when he saw me coming and threw his cigarette onto the pavement.

This time he was not in a hurry. Moreover, I knew at once the reason for the repeated visit. For a moment I looked at him in silence,[4] then I pointed to the house and led him into the living-room.

"Anything to drink?" I asked.

"Thanks."[5]

He accepted the glass of sherry but, instead of drinking, merely played with the glass as if his thoughts were elsewhere.

"If you have no objection,[6] I will change quickly", I said.

I took a shower, put on my smartest suit and looked at myself in the mirror with satisfaction.[4] When I returned he got up, noting with a swift glance my changed appearance.

I smiled and re-filled his glass, for, in my absence, he must have emptied the first one.

"You will perhaps have guessed why I am here", he said.

"Perhaps."

"To persuade you to accept the job."

"Yes", I answered with some irritation, "but it is out of the question."

"Why?" he asked. "Without you everything would be impossible."

This conversation was really becoming intolerable, I thought[7] to myself. I must put an end to it.[7]

Northern Universities'
Joint Matriculation Board
Advanced Level

vocabulary

nightfall: (*der*) *Einbruch der Nacht*/*Einbruch der Dämmerung*

to discover: *entdecken* (wk.)/**heraus**finden (*i, a, u*)

obvious: *offensichtlich*

equally: (here:) *ebenso*

determined: *entschlossen*

pavement: *der Gehsteig* (*–e*), *der Bürgersteig* (*–e*)

repeated: (here:) *nochmalig*

as if his thoughts were elsewhere: *als ob er mit seinen Gedanken woanders wäre* (*sei*)

swift glance: *der schnelle flüchtige Blick* (*–e*)

changed appearance: *die veränderte Erscheinung* (*–en*)/*das veränderte Aussehen* (sg.)

with some irritation: *etwas gereizt, mit einiger Erbitterung*

it is out of the question: *das kommt* (*gar*) *nicht in Frage*

intolerable: *unerträglich*

to put an end to sth.: *einer Sache* (Dat.) *ein Ende machen* (*setzen*)

notes

[1] translate "guest"

[2] translate "came again"

[3] use subordinate clause with *bis*

[4] translate adverbially

[5] watch out for the correct idiomatic expression

[6] translate "if you have nothing against (it)"

[7] the native German speaker would most probably prefer *direct* speech here

45 An early morning shock[1]

"Tom", cried a trembling voice, "Tom, wake up."

He opened his[2] eyes and looked up at his wife with great alarm.

"Something awful has happened. Ann has[3] vanished", she declared.

"What! Where to?"

"I've no idea. I woke up early and couldn't get to sleep again, so I got dressed and went into Ann's room to see if she was[4] all right. She wasn't there so I looked for her all over the house. Heaven knows where she's gone!"

"Have you asked the others?"

"Oh, they're all still asleep. It's not yet six, you know."

Tom sat up quickly. "Well, I'll get dressed as fast as I can.[5] And meanwhile you wait for me downstairs."

Kit left the room while Tom slipped into his clothes. His mind was working feverishly. Perhaps Ann had discovered that he suspected her and had fled before it was too late.

She might[6] for instance have woken up during the night and heard him tell Kit that he had decided[7] to go to the police.

At any rate he no longer need[8] worry whether it was right to tell the police everything.

Northern Universities'
Joint Matriculation Board
Advanced Level

vocabulary

shock: *der Schreck* (*–en*), *die Aufregung* (*–en*), *der Schock* (*–s*)
trembling: *zitternd*
to look up at: **hoch**schauen (wk.) an (+ Dat.)
alarm: *die Bestürzung* (*–en*), *der Schrecken* (*–*)
to vanish: **verschwinden* (*i, a, u*)
to declare: *verkünden* (wk.), *erklären* (wk.)
to sit up: *sich* **aufsetzen** (wk.), *sich* **aufrichten** (wk.)
to slip in: **schlüpfen* (wk.)/**(fahren) (*ä, u, a*) in + Acc.
mind: *das Gedächtnis* (*–se*), *die Gedanken* (pl.)
feverish: *fieberhaft*
to discover: **heraus**finden (*i, a, u*)
to suspect: *verdächtigen* (wk.)
at any rate: *auf jeden Fall, auf alle Fälle, jedenfalls*

notes

[1] translate "A shock (*Schreck*) in the early morning"
[2] translate "*the* eyes"
[3] mind the auxiliary verb
[4] in German the subjunctive would look out of place here in this situation
[5] translate "as fast as possible"
[6] translate *vielleicht* (+ indicative)
[7] subjunctive optional
[8] subjunctive (use imperfect form)

46 The pleasures of country life

It is to me always a moment of pleasure[1] when I turn my back upon a large city with its hurrying crowds and its noisy streets and set off towards the cool shadows of the leafy woods, the green hedgerows and the sparkle of silver streams in the meadows. From London, a short ride[2] takes you to the charming landscapes among[3] the northern hills[4] or to the villages that line the valley of the upper Thames.[5] Within[6] three or four miles[7] of any large town you may delight in all that is most characteristic of country life.

Nothing can be more imposing than the magnificence of English park scenery.[8] Vast lawns extend like sheets of vivid green[9] with here and there[10] clumps of gigantic trees heaping up rich piles of foliage. The old church with its Gothic tower, its windows rich with painted glass[11] — the leafy village with its white cottages, its public green sheltered by trees, under which[12] the forefathers of the present race[13] have sported — the country house, standing apart in some little rural domain, but looking down with a protecting air on the surrounding scene[14] — the footpath leading across pleasant fields and along shady hedgerows; — you need not go far to find these common[15] features of English landscape.

Washington Irving (1783–1859)
Adapted from The Sketch Book

vocabulary

pleasure: (here:) *die Freude (–n)*
country life: *das ländliche Leben, das Leben auf dem Lande*
to turn one's back upon: *jemandem den Rücken kehren (wk.), etwas* (Acc.) *hinter sich lassen (ä, ie, a)*
crowd: *die Menschenmenge (–n)*
to set off towards: *sich* (Acc.) **auf**machen (wk.) *zu* + Dat. *sich* **zu**machen in Richtung auf (+ Acc.); *zugehen auf* (+ Acc.)
shadow: *der Schatten (–)*
leafy: *laubreich, Laub–*
hedgerow: *die Heckenreihe (–n)*
sparkle: *das Schimmern; der Schimmer (–)*
to sparkle: *schimmern (wk.)*
silver (adj.): *silbrig, silbern*
stream: *der Fluß (Flüsse), der Bach (–̈e)*
meadow: *die Wiese (–n), die Weide (–n)*
ride: (here:) *der Ritt (–e)*
charming: *reizvoll, zauberhaft*
to line: *säumen (wk.)* (+ Acc.)
to delight in: *sich erfreuen (wk.) an* + Dat., *genießen (ie, o, o)*
imposing: *imposant, beeindruckend*
magnificence: *die Pracht; die Großartigkeit; die Herrlichkeit (–en)*
vast: *weit, riesig, ausgedehnt*
lawn: *der Rasen (–), die Rasenfläche (–n), die Grünfläche (–n)*
to extend: *sich erstrecken (wk.), sich* **aus**breiten (wk.)

sheet: (here:) *das Laken (–), das Tuch (–̈er)*
vivid: *lebhaft, leuchtend*
clump: (here:) *die Gruppe (–n)*
gigantic: *gigantisch, riesig*
to heap up: **auf**häufen (wk.), **auf**schichten (wk.)
pile of foliage: *der Laubhaufen (–); (das Laub; der Haufen (–))*
Gothic: *gotisch, im gotischen Stil*
tower: *der Turm (–̈e)*
rich: *wertvoll, kostbar, prächtig,* (here:) *reichgeschmückt/reich-verziert*
painted glass window: *die Buntglasscheibe (–n)*
cottage: *die Kate (–n)*
public green: *der (Dorf)anger (–)*
sheltered by trees: *von Bäumen geschützt,* (here:) *baumgeschützt*
forefathers (pl.): *die Vorfahren (pl.)*
present: *heutig*
race: (here:) *das Geschlecht (–er)*
to sport: *sich tummeln (wk.)*
country house: *das Landhaus, Gutshaus, Herrenhaus (–̈er)*
apart: *abseits, allein, für sich*
rural domain: *das Landgut (–̈er), die Domäne (–n)*
with a protecting air: (mit) *schutzgebietend(er) (Miene)*
shady: *schattig*
common features: (here:) *die typischen Eigenschaften (pl.)*
landscape: *die Landschaft (–en)*

notes

[1]translate "a pleasant moment"
[2]looking at the author's dates, "ride" might be translated literally
[3]translate "in"
[4]translate either "in the northern hill-land", or "in the hills in the north"
[5]watch the German spelling
[6]translate "outside" (but not *draußen*)
[7]a conversion does not appear to be appropriate in this context
[8]translate "landscapes"
[9]translate "vivid green" as a double adjective
[10]translate "on and off with"/"at times with"
[11]translate "rich with painted glass windows"
[12]if you choose *baumgeschützt* for "sheltered by trees", continue by replacing "under" by "on" (referring to (*Dorf*)-*anger*) followed by the appropriate relative pronoun
[13]race = *die Rasse* (*–n*) is not meant here (cf. vocabulary)
[14]translate "surroundings"
[15]omit; the translation given (see vocabulary) implies "common"

47 Going[1] into exile

At last everything was ready. Mrs Feeney sat in the chair by the window overcome by grief. Michael moved about the room uneasily while Mary stood in front of the mirror putting on her hat. It was the first one she had ever worn but it fitted her beautifully. It had been given[2] to her by the school-mistress, who was very fond of her.[3]

The mother flung her arms round the necks of her children[4] and kissed them through[5] floods[6] of tears. When, after some time, she had dried her eyes,[7] she gazed at them both so as[8] to preserve a living and lasting picture of them in her mind.[9] Then the father came into the room, dressed in his best clothes. He held his soft black hat[10] in one hand and in the other he had a bottle of holy water. He sprinkled the children with the holy water and they crossed themselves. He coughed and said in[11] a weak gentle voice that was[12] strange to him that it was time to go.

Liam O'Flaherty
(*Adapted from 'Going into Exile'*
in A Book of Ireland)

vocabulary

exile: *das Exil* (rare pl.: *–e*), usu. modern political use; *die Verbannung* (*–en*): more general meaning with wider connotations, advisable in this context

overcome by grief: *von Schmerz* (*Kummer*) *überwältigt*

uneasy: *verlegen, unruhig, unsicher, ängstlich*

to fit: *passen* (wk.) (+ Dat.); possibly, in this context, also *jemandem stehen* (*e, a, a*) (= to suit)

to fling one's arms round s.o.'s neck: *jemandem um den Hals *fallen* (ä, ie, a)*

to gaze at: *jemanden* (*ganz*) *fest* **an***sehen* (*ie, a, e*), *jemanden* **an***starren* (wk.)

so as: (*so*) *als ob*

to preserve: *bewahren* (wk.)

lasting: *dauernd, bleibend, fest*

holy water: *das Weihwasser*

to sprinkle with: *besprengen* (wk.) *mit* + Dat.

to cross oneself: *sich bekreuzigen* (wk.)

notes

[1] translate as a noun

[2] avoid the passive

[3] most Germans would probably use (*sehr*) *gern mögen* in this context; hence a double meaning of the relative clause cannot be avoided (this will probably enhance the text rather than spoil it)

[4] a literal translation would spoil the moving scene; see vocabulary for "fling arms . . ."

[5] translate "under"

[6] translate "a flood"

[7] translate "tears"

[8] translate "as if he wanted to preserve"

[9] translate "memory"

[10] probably a felt hat/trilby, hence *der Filzhut* (*≠e*) might also be possible

[11] watch preposition and omit article

[12] "appeared" might be justifiable here (*war* would sound very dry)

48 Would you like to be Prime Minister?

Would you like to be Prime Minister? Many an ambitious politician certainly would. No one, however, suddenly wakes up and finds himself in control of the nation's affairs.[1] It is an office that only comes to the experienced politician,[2] and for it he needs special qualities and ideals.[3]

Certainly toughness and a certain amount of ruthlessness are needed, and without a strong sense of social responsibility the Prime Minister would also be lost. He also needs great experience. He will usually have served[4] as Foreign Secretary, Home Secretary or Chancellor of the Exchequer. All these positions do not only require administrative ability,[5] but also an emotional involvement in the job,[6] and a feeling of satisfaction while doing it.[7] Ambition is also a driving force, and a great deal of stamina is necessary.

Any[8] man or woman who holds this powerful position must also have a sound sense of political judgment. He or she must be able to grasp facts and figures[9] quickly, and make clear-cut decisions. He or she must have leadership qualities and be able to impress the people, Parliament and the world at large. But at no time ought a Prime Minister to lose his ideals.[3]

vocabulary

Prime Minister: *der Premierminister (–), die Premierministerin (–nen)*

many a(n): *mancher, –e, –es*

ambitious: *ehrgeizig*

politician: *der Politiker (–), die Politikerin (–nen)*

certainly: *sicher(lich)*

to find oneself in control of: *sich als Lenker/Führer (+ Gen.)* **wieder***finden (i, a, u)*

office: *das Amt (–er)*

experienced: *erfahren*

special: *besonderer/–e/–es; speziell*

quality: *die Eigenschaft (–en)*

ideal: *das Ideal (–e)*

toughness: *die Härte (–n), die Zähigkeit*

a certain amount of: *ein gewisses Maß an*

ruthlessness: *die Rücksichtslosigkeit (–en)*

sense of social responsibility: *das soziale Verantwortungsgefühl*

experience: *die Erfahrung (–en)*

to serve as . . .: *das Amt (+ Gen.)* **inne***haben; als (+ Nom.) dienen* (wk.)

Foreign Secretary: *der Außenminister (–)*

Home Secretary: *der Innenminister (–)*

Chancellor of the Exchequer: *der Finanzminister (–)*

position: *das Amt (–er), der Posten (–)*

administrative: *verwaltungstechnisch, administrativ, Verwaltungs-* (as part of compound noun)

ability: *die Fähigkeit (–en); das Können* (sg.)

emotional involvement in: *persönliches Engagement in (+ Dat.)/bei*

satisfaction: *die Befriedigung* (rare pl.: *–en*)

ambition: *der Ehrgeiz*

driving force: *die Triebfeder (–n), die treibende Kraft (–e)*

stamina: *das Stehvermögen, das Durchhaltevermögen; die Kondition* (sports)

powerful: *einflußreich, hoch*

sound sense of political judgment: *das gesunde politische Urteilsvermögen*

to grasp: *erfassen* (wk.), **auf***fassen* (wk.), *verstehen (e, a, a)*

figure: *die Zahl (–en)*

to make decisions: *Entscheidungen treffen (i, a, o) (die Entscheidung (–en))*

leadership qualities: *Führungs-/Führerqualitäten*

to impress s.o.: *beeindrucken* (wk); *Eindruck auf jemanden machen* (wk.)

Parliament/parliament: *das (englische) Parlament (–e)*

notes

[1]a literal translation of this sentence would sound stiff and unidiomatic; translate "Nobody, however, will (future tense!) simply wake up one morning and find himself as the leader (*Lenker*) of the nation's affairs" (cf. vocabulary)

[2]translate "that only an experienced politician reaches"

[3]"ideals" (pl. can be translated as (*der*) *Idealismus*)

[4]translate "Normally (*normalerweise*) he has served as . . ."

[5]plural, or *das Können* (cf. vocabulary)

[6]use *Amt*

[7]translate "with (= *bei*) its execution (= *die Ausübung*)"

[8]translate "the"

[9]translate "figures and facts"

327

49 A new book

I will[1] select, as a typical example, a recent book about a witch. It seemed to me good and I recommended it to a friend[2] whose judgment I respect. He thought[3] it poor. That is what is so tiresome about new books; they never give us that restful feeling which we have when perusing the classics. This work contains scarcely anything that is new—fantasies cannot: only[4] the old story of the magic ring which brings either misery or nothing at all. Flecker, an American boy who is learning to paint[5] in Paris, is given[6] the ring by a girl in a café; she is a witch, she tells him; he has only to be sure[7] what he wants and he will[8] get it. To prove her power,[9] a motor-bus rises slowly from the street and turns upside down in the air. The passengers, who do not fall out, try to look as if nothing is happening. The driver, who is standing on the pavement at the moment, cannot conceal his surprise, but when[10] his bus returns safe to earth again he thinks it wiser to get into his seat and drive off as usual.[11]

Oxford Local Examinations
Advanced Level

vocabulary

to select: (here:) **heraus**greifen (*ei, i, i*), *wählen* (wk.)
witch: *die Hexe (–n)*
judgment: (here:) *das Urteil (–e), die Meinung (–en)*
to respect: (here:) *schätzen* (wk.), *respektieren* (wk.)
poor: *mäßig, schlecht*
tiresome: *lästig, unangenehm*
that is what is so tiresome about new books: *das ist es ja, was die(se) neuen Bücher so lästig (unersprießlich) macht*
restful: (here:) *beruhigend*
to peruse: *lesen (ie, a, e), durcharbeiten* (wk.)
the classics: *die Klassiker* (pl.)
fantasy: (here:) *die Phantasterei (–en), das Phantasiebild (–er)*
magic ring: *der Zauberring (–e), der magische Ring (–e)*
misery: (here:) *die Verzweiflung, das Elend*
power: (here:) *die Zauberkräfte* (pl.)
to rise: (here) (*)*abheben (e, o, o) von* (+ Dat.)
to turn upside down: *sich auf den Kopf stellen* (wk.)
to conceal: *verbergen (i, a, o)*
surprise: (here:) *die Verwunderung, das Erstaunen*
he thinks it wiser: *er hält es für besser/findet es klüger/zieht es vor*

notes

[1]which shade of meaning has "will" got here?
[2]is it a close friend?
[3]translate "found"
[4]translate "Fantasies cannot do that, can they? Again it is only . . ." (Watch word order!)
[5]translate "to paint" as a noun (*das Malen*)
[6]do not use "*geben*" here. Translate "receives from . . ."
[7]translate "to know"
[8]present tense for future seems permissible
[9]a subordinate "*um . . . zu*" clause could be followed by a main clause using "*lassen*" (*ä, ie, a*) (i.e. "she makes (= *lassen*) the bus rise . . . turn")
[10]for dramatic effect translate "when but . . ."
[11]"as if nothing had happened" literally translated, could fit here (instead of the "usual" translation)

50 Memories of boyhood[1]

It was a fine spring, but the mornings were chilly and the water cold. To undress[2] behind a wall of soaking fish boxes, with[3] the salt breeze cutting through[4] one's skin, was,[5] for us children, a misery which we dreaded. But it was also a triumph, in which[6] everything acquired[7] an heroic glory. On three sides of us stretched away the dazzling level of the water, with[8] a low, flat cloud of mist resting[9] upon it. Miles away to the east the mountains seemed to float in the pale blue air, in which, as if by a lens, they seemed brought[10] so near that we could distinguish houses, trees, and streams.[11] All about us was like a world just born, whose breath tingled on our skins[12] and filled our lungs with its cool excitement.

Then to descend, on the rock steps, slippery with moss, into a freezing shadow, screwing ourselves up for our diving lesson,[13] was[14] another effort of will, from which we looked up tensely to see my father climb the highest box pile and dive into the harbour, at such an angle that there was barely a sound, and only one small spurt of water. It made[15] me cry out with[16] delight.

University of London
Scholarship Level

vocabulary

chilly: *kühl*
soaking: *triefend naß*
fish box: *die Fischkiste (–n)*
salt breeze: *die salzige Brise (–n)*
misery: (here:) *die Tortur (–en), die Qual (–en)*
triumph: *der Triumph (–e), der Sieg (–e)*
to acquire: (here:) *sich präsentieren (wk.) in* (+ Dat.)
heroic glory: *die heldenhafte Glorie, der . . . Ruhm*
to stretch away: (here:) *sich erstrecken (wk.) vor* (+ Dat.)
dazzling: (here:) *schwindelerregend, blendend*
water level: *die Wasseroberfläche (–n)*
low: (here:) *tiefliegend*
to float: *(**dahin**)treiben (ei, ie, ie)*
lens: *die Linse (–n)*, (here also:) *die Lupe (–n)*
to distinguish: (here better:) *etwas* (Acc.) *erkennen (e, a, a), etwas* (Acc.) *unterscheiden (ei, ie, ie)*
to tingle: *prickeln (wk.)*
excitement: (here:) *die Erregung*
to screw o.s. up: (here:) *sich einen inneren Ruck (sich innerlich einen Ruck) geben (i, a, e), seine Angst überwinden (i, a, u) vor*
effort of will: *die Willensanstrengung (–en)*
box pile: *der Kistenstapel (–)*
angle: *der Winkel (–)*
sound: *das Geräusch (–e), der Ton (–̈e)*
spurt: *der Spritzer (–)*
delight: (here:) *die Begeisterung, die Freude*

notes

[1]*Jungenzeit/Knabenzeit* seems stiff: *Kindheit* seems the right term here. (Use compound noun for "memories of boyhood".)
[2]*sich ausziehen* (to strip naked) doesn't quite fit the sense here; translate "change".
[3]translate "while"
[4]translate "(right) under"
[5]tranlsate "that was". The *das* refers to what was said previously (cf. note 14)
[6]translate "through"/"by (means of which)"
[7]*erhalten/annehmen/erwerben* are not quite right here. (cf. vocabulary)
[8]/[9]translate "on which . . . was resting" (*ruhen* (wk.), **liegen* (ie, a, e))
[10]can be omitted
[11]*Strom/Fluß/Bach?*
[12]singular
[13]technical terms like *Turm-* or *Wasserspringen* seem inappropriate here. Use *die Tauchstunde (–n)/der Tauch-unterricht*
[14]cf. note 5
[15]use *lassen (ä, ie, a)* + infinitive
[16]watch preposition!

II Guided Compositions

Write *Guided Compositions* based on the texts provided below. In each composition your answers to and/or comments on the questions should be in the form of separate short essays, and they should each contain between 60 and 70 words of *your own German*.

1 Selbst ein Herzinfarkt kann viele Raucher nicht bekehren

Alle wissen es: Rauchen macht krank. Mit Sicherheit verursacht Zigarettenkonsum Schäden bei den Atemwegen, mit hoher Wahrscheinlichkeit im Herz- und Gefäß-System, möglicherweise auch bei den Verdauungsorganen. Doch Infarktforscher Professor Gotthard Schettler und seine Kollegen wissen, daß die Drohung eines schrecklichen Endes auf die meisten Raucher höchstens kurzfristige Wirkung zeigt: Jeder fünfte Infarktpatient raucht bereits drei Monate nach dem Herzanfall wieder.

Der Forscher will daher andere Wege gehen: Weil es kaum möglich sein wird, den Menschen das Rauchen abzugewöhnen, sollen wissenschaftlich die Grundlagen für eine „Entschärfung" des Tabakrauchens gelegt werden. Als Ziel gilt die Zigarette mit wesentlich weniger Schadstoffen.

Mit der Entschärfung des Rauchens ließe sich nach Meinung des Heidelberger Krebsforschers Professor Dietrich Schmähl ein wirksamer Schutz derjenigen erreichen, die auch weiterhin rauchen möchten. Dazu hat ein Gremium bisher 34 Forschungsvorhaben im Gesamtwert von fast zehn Millionen Mark vergeben. Das Geld dazu kommt von der deutschen Zigarettenindustrie.

Die Forschung steht bei der Aufklärung der gesundheitsschädlichen Folgen des Rauchens vielfach noch am Anfang. Skandinavier sind zum Beispiel bei gleichem Zigarettenkonsum mehr gefährdet als Sizilianer. Als gesichert gilt jedoch: Wer inhaliert, riskiert. „Die Rauchstraße muß geteert werden", meint Schmähl dazu. Wer nur pafft, wird weniger schnell an Lungen- oder Bronchialkrebs erkranken.

1. Was wird im ersten Absatz gesagt?
2. Inwiefern will Professor Schettler andere Wege gehen?
3. Was bedeutet für Professor Schmähl „Entschärfung" des Rauchens?
4. Was bedeutet „Wer inhaliert, riskiert"? Sind Sie der gleichen Meinung?

2 Arbeitslose drücken die Schulbank

Einen arbeitsmarkt- und bildungspolitischen Modellversuch besonderer Art starten im Februar die Stadt Nürnberg und das Nürnberger Arbeitsamt. Beide Behörden einigten sich auf einen bisher einmaligen Schulkurs in der Bundesrepublik, in dem arbeitslose Lehrer arbeitslose ausländische Jugendliche auf den Hauptschulabschluß vorbereiten. Die finanziellen Sachkosten trägt die Stadt, die Personalkosten übernimmt die Arbeitsverwaltung.

Wie bei einer Pressekonferenz mitgeteilt wurde, bildet den Hintergrund des Versuchs die Situation der Ausländerkinder in der Bundesrepublik. Gegenwärtig wachsen rund eine Million ausländische Kinder bis zu 16 Jahren in der Bundesrepublik auf. 45 000 von ihnen kommen jährlich in das erwerbsfähige Alter. Doch 55 bis 60 Prozent der ausländischen Schüler erreichen den einfachen Hauptschulabschluß nicht und haben deshalb kaum Möglichkeiten, sich beruflich zu qualifizieren. In Nürnberg gibt es bereits Stadtteile, die bei den Schulanfängern mehr ausländische als deutsche Kinder registrieren.

Die Schulverwaltung und das Nürnberger Bildungszentrum bieten bei dem Kurs halbjährige kostenlose Lehrgänge für Türken, Griechen, Jugoslawen, Italiener und Spanier zur Prüfung für den Hauptschulabschluß an. Die Lehrgänge sind offen und veränderungsfähig, so daß sie jederzeit nach den Bedürfnissen der Teilnehmer (etwa mehr Deutschunterricht) differenziert werden können. Gleichzeitig soll der Versuch dazu dienen, arbeitslose Lehrer unterzubringen, von denen 103 beim Nürnberger Arbeitsamt gemeldet sind. Aus den Mitteln für Arbeitsbeschaffungsmaßnahmen zahlt ihnen die Arbeitsverwaltung ein volles Gehalt.

1. Geben Sie den Modellversuch mit eigenen Worten wieder! Erklären Sie dabei auch, wer welche Kosten trägt!
2. Wie ist der Hintergrund dieses Modellversuchs zu verstehen?
3. Warum hält man die Lehrgänge „offen und veränderungsfähig"?
4. Welche Gastarbeiterprobleme zeigen sich in dem Artikel, und wie ist Ihre persönliche Meinung dazu?

3 Elterninitiative

Vor fünf Jahren trafen sich in einer großen Wohnung sechzehn junge Väter und Mütter und beschlossen, ihre Idee von einer Eltern-Kinder-Gruppe zu verwirklichen. Die Elternmitarbeit sollte dabei im Vordergrund stehen. „Unser Experiment ist gelungen", freuen sich die Initiatoren heute. Etwa 60 Kinder haben im Laufe der vergangenen Jahre bis zu ihrer Einschulung die Möglichkeiten der freien Entfaltung genutzt. Eltern und Erzieher kümmerten sich anfangs halbe Tage um die muntere Gruppe. Als ihr Domizil abgerissen wurde und die Stadtverwaltung ihnen ein Haus überließ — das war vor vier Jahren — meldeten einige Eltern und Kinder den Wunsch nach ganztägiger Betreuung an.

Derzeit treffen sich fünfzehn der 21 Drei- bis Sechsjährigen von 7.30 bis 17 Uhr im „Haus für Kinder" und toben, spielen, basteln, modellieren, feiern Feste, machen Ausflüge. „Der Ganztagsbetrieb hat auch alleinstehende berufstätige Mütter zu uns geführt", berichtet Ingeborg Riedel, „das ist uns besonders wichtig."

Neue Erfahrungen im Umgang miteinander machen nicht nur die Erwachsenen, die unter anderem den Neubürgern das Einleben erleichtern wollen, sondern auch die Kinder: Seit dem 1. Februar ist Guiseppe in der Gruppe — dreieinhalbjähriger Sprößling italienischer Eltern. Der Junge spricht zwar noch kein Deutsch, aber trotzdem klappt die Verständigung mit ihm relativ gut.

Existenzsorgen hat die Elterninitiative nicht, freilich könnte auch sie mehr Geld gebrauchen. „Unsere Ausgaben betragen pro Jahr rund 60 000 Mark, wenn wir nicht soviel Eigenarbeit leisten würden, sogar 90 000 Mark", sagt Ingeborg Riedel. „Wir bekommen zwar Zuschüsse von den Jugendämtern der Stadt und des Kreises und auch vom Wohlfahrtsverband, aber das reicht nicht aus." So stehen zum Beispiel auf der Wunschliste ein Trampolin, neue Möbel, ein Fußbodenbelag sowie Fliesen für die Toilette. — Und zusätzlich etwas, was man nicht bezahlen kann: „Daß die Mitarbeit der Eltern aufrechterhalten bleibt."

1. Schildern Sie das „Haus für Kinder"-Experiment, insbesondere den Grund für dieses Experiment!
2. Ingeborg Riedel spricht das Problem der „alleinstehenden berufstätigen Mütter" an. Was meint sie damit?
3. Welches Problem symbolisiert Guiseppe?
4. Woher bekommt die Elterninitiative ihr Geld, und wofür benötigt sie es?

4 Jeder zweite Erwachsene hat Übergewicht

In der Bundesrepublik haben jeder zweite Erwachsene und jedes vierte Kind Übergewicht. Bei zehn Prozent Übergewicht sinkt nach Ansicht der Mediziner die Lebenserwartung um 14 Prozent und bei 20 Prozent zuviel auf der Waage sogar um 34 Prozent.

Nach neulich bekanntgewordenen Berichten von einem Symposion über Ernährungsprobleme der Bundesanstalt für Arbeitsschutz und Unfallforschung in Dortmund bezeichnete der Wissenschaftler Dr. Kurt Franke die Fettsucht als eines der häufigsten Leiden in den zivilisierten Ländern. Sie führe öfter zu Bluthochdruck, Zuckerkrankheit oder Herzinfarkt. Ernährungsprobleme gehören damit nach wie vor zu den aktuellsten Fragen der Zeit.

Da der moderne Mensch weniger Muskelarbeit leistet, dafür aber geistige Beweglichkeit, Konzentration, Ausdauer und Phantasie verlangt werden, plädieren Experten für eine verfeinerte, an tierischen Veredelungsprodukten reichere Kost.

Nach Ansicht des Ernährungswissenschaftlers Professor Dr. Friedrich-Karl Jekat kann falsche Ernährung neben Streß, Bewegungsmangel und Genußmittel-Mißbrauch sowie falscher Arbeitsplatz- und Pausengestaltung zu verminderter Leistung, Frühinvalidität und lebensbedrohlichen Erkrankungen führen.

Eine abwechslungsreiche Mischkost, verteilt auf mehrere kleine Zwischenmahlzeiten am Tag, ist günstiger als wenige umfangreichere Hauptmahlzeiten. Die Bequemlichkeit, durch die Technik ermöglicht, erweist sich immer mehr als eine große Gefahr. Der Körper, einst auf Strapazen eingerichtet, leidet heute unter Bewegungsmangel und Monotonie. Hierdurch entstehen Unlustgefühle und sogar die Flucht in die Krankheit — so die Wissenschaft.

1. Welches Problem wird dargestellt, und welche Beispiele werden dafür angeführt?
2. Warum werden im Zusammenhang mit dem Problem „die zivilisierten Länder" und „der moderne Mensch" genannt?
3. Welche Abhilfe wird von den Wissenschaftlern vorgeschlagen?
4. Wie sehen Sie persönlich die Probleme und Gefahren, die in dem Artikel aufgezeigt werden?

5 Kinderkriegen ist kein Kinderspiel

Mütter sollen jung sein, heißt es. Daß diese Ansicht falsch ist, zeigt jetzt eine Untersuchung der Universitätsfrauenklinik Erlangen. Der Psychologe und Frauenarzt Dr. Matthias Wenderlein: „Vom ärztlichen Standpunkt ist es eigentlich nicht vertretbar, daß eine Frau unter 20 Jahren ein Baby bekommt. Sie ist dazu weder seelisch noch körperlich reif." Jede dritte jugendliche Mutter gestand, daß sie das Kind gar nicht haben wollte, und von der Schwangerschaft überrascht wurde.

Teenager sind oft noch selber viel zu sehr Kind, als daß sie sich selbst für andere verantwortlich fühlen können. Da sie seelisch überfordert sind, verdrängen sie den Gedanken, schwanger zu sein. Das Kind in ihrem Leib, so formuliert es die Psychologin Dr. Viola Frick, wird unbewußt als Konkurrent und Bedrohung erlebt. Aus diesem Grund empfindet jede zweite jugendliche Schwangere Informationen über die Geburt als beängstigend, denn sie machen ihr die eigene Lage erschreckend deutlich.

Erst wenn die Schwangerschaft nicht mehr zu verheimlichen ist, weil der Bauch immer runder wird, beginnen jugendliche Schwangere, sich mit ihrer Situation auseinanderzusetzen. Doch aktiv werden sie deshalb noch lange nicht. Nur jede fünfte nimmt an einem Kursus zur Vorbereitung der Geburt teil. Von den 25- bis 30-jährigen Frauen macht dagegen jede zweite Schwangerschaftsgymnastik. Wenderlein: „Sehr junge werdende Mütter haben einfach Angst davor, mit Frauen zusammenzutreffen, die gern schwanger sind und sich auf ihr Kind freuen."

1. Welche „falsche Ansicht" erklärt Dr. Wenderlein?
2. Warum sind — nach Dr. Frick — Teenager, die ein Kind bekommen, „seelisch überfordert"?
3. Warum werden jugendliche Schwangere in dem Artikel (siehe dritten Absatz) als „nicht aktiv" bezeichnet?
4. Was meinen Sie zu dem Gesamtproblem „Kinderkriegen ist kein Kinderspiel"?

6 Der Bundespräsident spricht über die Terroristen

Es gibt wohl kaum noch etwas, was diese jungen Menschen achten, was sie ehren, was ihnen heilig ist. Sie lachen über solche Worte.

Sie sind stolz darauf, daß sie morden, rauben, erpressen können, daß sie für sich persönlich das Gewissen abgeschafft haben. Sie sind frei von jeder Hemmung, frei von jedem Tabu. Sie haben alle Werte einer 2000-jährigen Kultur auf den Müll gekippt. Sie sind frei von ihnen. Aber was für eine furchtbare Grimasse der Freiheit schaut uns da an? Das ist die Freiheit der Bosheit, die Freiheit der Zerstörung.

Die Zerstörung, die Verwirrung, Angst und Schrecken — das heißt ja Terror —, das wollen sie. Und all dem liegt ein tiefer Haß auf die Welt und auf sich selbst zugrunde. Sie sind nicht nur Feinde der Demokratie — sie sind Feinde jeder menschlichen Ordnung. Diese jungen verirrten Menschen bedrohen nicht nur demokratische Freiheiten. Sie sind die Feinde jeder Zivilisation.

Mit moralischer Empörung allein ist es nicht getan. Die Diskussion über die Ursachen des Terrorismus birgt ... die Gefahr, daß unser Land, wegen kurzfristiger und kurzsichtiger Interessen, in zwei feindliche Lager auseinanderfällt, indem eines dem anderen Schuld am Terrorismus gibt. Sie birgt die Chance, daß wir uns der Versäumnisse und Fehlleistungen, die der Demokratie als Menschenwerk anhaften, bewußt werden. Aber gerade dadurch werden uns die gemeinsamen Werte, denen wir als Demokraten verpflichtet sind, deutlich ins Bewußtsein treten. Das richtige Verhältnis eines demokratischen Bürgers zu seinem Staat würde ich mit den Worten „kritische Sympathie" beschreiben. Haben wir so etwas unseren Kindern vorgelebt?

1. Wie beschreibt der Bundespräsident die Terroristen?
2. Erklären Sie: „die Zerstörung, die Verwirrung, Angst und Schrecken ... das wollen sie."!
3. Warum darf (neben der „moralischen Empörung") die Diskussion über die *Ursachen* des Terrorismus nicht vergessen werden?
4. Was meint der Bundespräsident mit den beiden letzten Sätzen?

7 Bürger kämpfen um ihre Dörfer

Südwestdeutschlands Dörfer sind dabei, sich auf sich selbst zu besinnen. Schlagzeilen wie „Das Dorf hat keine Zukunft", „Müssen unsere Dörfer sterben?", „Der Tod des Dorfes" und viele andere haben nicht nur Bürgermeister und Gemeinderäte, sondern ebenso die Bürgerschaft aufgeschreckt. Vielfach hatte man sich jahrelang auf den Wogen des Fortschritts, was meist mit Verstädterung gleichzusetzen war, mit fortschwemmen lassen. Nachdem dann zunächst vor allem in großen und mittleren Städten erkannt wurde, welche Fehler in der Vergangenheit gemacht wurden, und man dort von „Abbruch und Neubau" auf „Erhaltung und Renovierung" umschaltete, wird zunehmend auch in den Dörfern erkannt, daß diese Gemeinwesen nicht ungestraft restlos „umgekrempelt" werden können.

Das Dorf als gewachsene Lebensgemeinschaft muß in seinem Charakter erhalten bleiben, wenn seine Bewohner von der Lebensqualität profitieren sollen, die heute so sehr betont wird. Fachleute des Denkmalschutzes klagen seit langem über die zuweilen „chaotisch anmutende Veränderung" unserer Dörfer, über einen oft hemmungslosen Trend zum Neuen, über die Modernisierungswelle mit neuen Fassaden, die das Gesamtbild der Dörfer zerstören.

Experten, die die Entwicklung der Dörfer seit dem Ende des Zweiten Weltkrieges kritisch unter die Lupe nahmen, nennen drei Faktoren, die dem gewachsenen Bild des Dorfes schwerer zugesetzt haben, als alles andere: Verkehr, Industrie und Mode. Kritisiert wird dabei u.a. nicht so sehr die Baustoffindustrie, die häufig Produkte anbiete, die nicht aufs Dorf passen, als vielmehr zahlreiche Besitzer von Häusern und Höfen, die solche Angebote willig aufgreifen. Kunststoff, Beton, Glas und manches andere verleiteten allzu leicht dazu, Zäune, Fachwerk und Sprossenfenster „auf den Müllhaufen" zu werfen.

1. Was bedeutet, die „Dörfer sind dabei, sich auf sich selbst zu besinnen"?
2. Wo hatte man diese „Selbstbesinnung" schon vorher festgestellt, und warum?
3. Was ist mit dem zweiten Absatz gemeint?
4. Warum haben sich nach Ansicht der Fachleute die Dörfer seit 1945 so geändert?

8 Die Erweiterung der EG

Die Außenminister der EG haben im Detail immer noch keine Einigung über die Aufnahme Portugals, Spaniens und der Türkei erzielen können. Im Prinzip stimmen *„die Zehn"* jedoch der Erweitung der EG um diese drei Länder zu.

Was Griechenland anbetrifft, ist allerdings Erfreulicheres zu melden: das Balkanland ist schon Vollmitglied und damit zehntes EG-Land geworden. Die griechische Volkswirtschaft wird dann Schritt für Schritt in die EG integriert werden. Bei eben dieser Integration gibt es jedoch nicht nur bei Griechenland, sondern vor allem bei den drei anderen genannten Ländern noch Schwierigkeiten (von politischen Sorgen ganz zu schweigen):

Die EG-Kommission, also die *„Verwaltung"* der Gemeinschaft, befürwortete daher Großkredite an die drei Länder, um deren Lebensstandard an das EG-Niveau anzupassen. Nach Ansicht von EG-Kreisen würde dies jedoch die Erweiterung der EG um Jahre verzögern; der Kommissionsvorschlag wurde deswegen als *„Hinhaltetaktik"* scharf kritisiert.

Der Präsident der Kommission warnte daraufhin nochmals vor den politischen und wirtschaftlichen Folgen einer EG-Vergrößerung. Er wies auf die schon vorhandene Kluft zwischen armen und reichen EG-Regionen hin; z.B. könnten einige Gebiete in Süditalien, Südfrankreich, Irland und im schottischen Hochland auch heute noch als „unterentwickelt" bezeichnet werden; ihnen müsse zuerst geholfen werden. Vor allem neue Mitglieder liefen Gefahr, unter der genannten Kluft zu leiden und eine zusätzliche Kluft zwischen „armen" und „reichen" EG-Ländern zu schaffen.

Der Präsident ist dennoch aus prinzipiellen politischen Überlegungen für eine Aufnahme weiterer, auch wirtschaftsschwächerer, Länder. Um diesen neuen Mitgliedern der 80er und 90er Jahre besser unter die Arme greifen zu können, schlug er einen Sonderfonds vor, aus dessen Mitteln diese gegebenenfalls unterstützt werden sollten; ein ähnlicher EG-Sonderfonds existiere ja bereits zur Unterstützung des Mittelmeerraums, was besonders in Südfrankreich und Süditalien zu erfreulichen Fortschritten geführt hätte.

Auch der Präsident des EG-Ministerrates, also der EG-„Regierung" warnte vor einer übereilten Erweiterung der EG; die Gemeinschaft begebe sich damit auf einen „gefährlichen Weg". Für beitrittswillige Länder müßten längere Übergangsphasen geschaffen werden. Er begrüße deswegen die Einigung mit Griechenland, hätte aber selbst gerne eine noch längere Angleichungsphase dieses strukturschwachen Landes gesehen. Dies gelte in noch stärkerem Maße für Portugal, Spanien und die Türkei. Insofern bezweifele er, daß $10 + 3 = 13$ seien.

1. Worüber erzielten die EG-Außenminister erneut keine Einigung?
2. Welche Position vertraten der EG-Ministerrat und die EG-Kommission?
3. Welche Gegenposition vertraten „*EG-Kreise*"? (Siehe dritten Absatz!)
4. Wie sehen Sie *selbst* die Erweiterung der EG von zehn auf dreizehn Mitglieder?

9 Schülerunion gegen Zensur von Schülerzeitungen

Für die Abschaffung der nach dem Schulgesetz möglichen Zensur von Schülerzeitungen und Flugblättern durch den Schulleiter hat sich der siebte Landesdelegiertentag der Schülerunion Niedersachsen ausgesprochen. In einem am Wochenende in Hannover gefaßten Beschluß wird gleichzeitig gefordert, die Schülerpresse allein dem allgemeinen Presserecht zu unterwerfen. In einer Resolution zum Notensystem in der Schule spricht sich die Schülerunion dafür aus, daß nicht nur reines Fachwissen, sondern auch selbständiges Arbeiten und die Entwicklung der Persönlichkeit bewertet werden. Eine bessere Lehrerausbildung solle helfen, ungerechte Leistungsbewertungen abzubauen. Versuche mit Gesamtschulen und die Einführung der Orientierungsstufe werden von der Schülerunion begrüßt. Gast des Landesdelegiertentages der Schülerunion unter dem Motto „Für eine starke Schülervertretung" war unter anderem Niedersachsens Ministerpräsident.

Information: Die „Schülerunion" steht der CDU nahe.

1. Wogegen wandte sich die Schülerunion in der Frage der Schülerzeitungen?
2. Wie stehen Sie selbst zu diesem Problem?
3. Was schlug die Schülerunion betreffend der Notengebung vor?
4. Wie stand die Schülerunion zu Gesamtschulen und zur Orientierungsstufe? Wie ist Ihre eigene Meinung dazu?

10 Akademiker zweiter Klasse

In der Bundesrepublik wird zu lange studiert. Im Durchschnitt bleibt ein Student sechseinhalb Jahre auf der Hochschule. Mit dieser Verweildauer stehen die deutschen Hochschulen im Vergleich zu den westeuropäischen Ländern und den USA an der Spitze. Alle Versuche, die langen Studierzeiten zu verkürzen, waren bisher nur sehr mäßig erfolgreich. Die Gründe liegen vor allem in unübersichtlichen Studiengängen, einer nach wie vor mangelhaften Organisation des Lehrbetriebes und der Hochschulen insgesamt. Viele Studenten irren durch ihre ersten zwei, drei Semester, ohne zu wissen, wo es lang geht. Ihre Orientierungslosigkeit verlängert das Studium und schiebt den Abschluß immer weiter hinaus. Eine Studienreform, seit Jahren gefordert, aber bis heute nicht vollzogen, soll die überlangen Studienzeiten verringern. Doch bis es soweit ist, wird wohl noch viel Zeit vergehen.

Von einer anderen Seite will der Wissenschaftsrat das Problem der langen Verweildauer angehen. Er schlug kürzlich vor, sechssemestrige Studiengänge neben den bisherigen acht- bis zwölfsemestrigen einzurichten. Der Wissenschaftsrat urteilt zutreffend: „Das bisherige Studienangebot ist daran orientiert, etwa fünf Prozent eines Geburtenjahrgangs auszubilden — heute studieren etwa 20 Prozent eines Jahrgangs." Aber weder die Hochschulen noch die Arbeitgeber in Wirtschaft und öffentlichem Dienst haben sich bisher auf diese Entwicklung ausreichend eingestellt. Der Wissenschaftsrat zieht daraus die Folgerung, die Hochschulen müßten verschiedenartige Abschlüsse mit unterschiedlichen Studienzeiten anbieten und die Arbeitgeber sollten Absolventen zum Beispiel von dreijährigen Kurzstudiengängen auch Berufschancen bieten. Diese Differenzierung des Studienangebots verglich der Vorsitzende des Wissenschaftsrats Professor Wilhelm A. Kewenig mit „verschiedenen Bahnhöfen, auf denen der Student während eines Studiums ankommt" und danach die Hochschule verläßt. Das bedeutet, nicht mehr nur Staatsexamen oder Diplom stehen am Ende eines Studiums, sondern zum Beispiel auch ein Magister of Arts.

1. Was wird in dem Artikel unter „Akademiker zweiter Klasse" verstanden?
2. Was halten Sie selbst von dieser Bezeichnung?
3. Warum ist der Wissenschaftsrat auch für sechssemestrige Studiengänge?
4. Sind Sie für 6-, 8- oder 12-semestrige Studiengänge? Warum?

III Aural Comprehension Tests

The texts for the Aural Comprehension Tests will be found in the Teacher's Book.

The questions, which are to be answered in English, have been designed to test your comprehension of a passage of German which will be read aloud.

You will be allowed *two* minutes to read the questions. The whole passage will then be read out to you at normal speed. After that, the first section will be read again and you will then have *five* minutes to formulate your answers. The second and third sections will be treated in the same way. Finally the passage will be read out again, after which you will have a further *five* minutes for a final revision of your answers. These should be full but concise, and must be based on information contained in the passage.

You can take notes during readings.

Test 1

Music — my favourite pastime!

1. Who, according to the writer, were the first musicians and what form did the first kind of music take? (2)
2. What two emotions were expressed by the early exponents of music? (2)
3. How did these early musicians emphasize their words? (2)
4. What was the origin of the modern choir? (2)
5. Explain briefly how wooden pipes and flutes were probably invented. (2)
6. With what other "instrument" were these pipes and flutes combined to form the first type of music played in the home and how was this instrument played? (3)
7. Give three reasons why it is easier for us today to learn and make music. (3)
8. The writer states that music is for everyone. Name three of the examples he gives of people making music. (3)
9. Which two qualities, according to the writer, do non-musicians who have radio, television, records and tapes at their disposal need to produce pleasant musical programmes for family occasions? (2)
10. What, according to the writer, are the deeper values of music? (4)

Total: 25 marks

Test 2

Pupils help to landscape their school grounds

Note: die Mittelpunktschule: large "Hauptschule" which caters for several surrounding villages
die Bohle: thick plank

1. How many classes of children were involved in the landscaping? (2)
2. Which three sorts of tree were bought? (3)
3. How much did the trees cost? (2)
4. What was the school site like? (2)
5. What was the main object of planting the trees? (2)
6. Who had done the preliminary planning? (2)
7. Who had provided the money? (2)
8. Who was sorely missed at the planting activities? (2)
9. When exactly was the work done and who helped the children? (4)
10. Name two things that the children had for refreshments. (2)
11. What other improvements were planned? (4)
12. What were the pupils supposed to do towards these improvements? (3)

Total: 30 marks

Test 3

The dangers of television

1. Which group of TV viewers in America is the largest? (2)

336

2. How much time do these people spend watching television? (2)
3. What is the most worrying thing about the programmes they watch? (2)
4. What effect, according to the writer, does television have on a child's interrelation with the other members of the family? (2)
5. What effect does television have on a child's linguistic development and why? (4)
6. Why is it difficult for the child who watches television to become aware of its own good and bad qualities? (2)
7. A child's imagination needs to be stimulated. How, in the writer's opinion, could this be better achieved? (2)
8. Why, according to the writer, are TV stories not particularly good for children's imaginations? (2)
9. Television also shapes the children's attitudes towards their future rôle as parents. Explain *two* statements from the passage relating to this. (6)
10. What should parents do? State *two* of the writer's conclusions in as much detail as possible. (6)

Total: 30 marks

Test 4

A new "disease"

1. What recent "disease" is mentioned? (2)
2. What is it compared with? (2)
3. How is the "disease" defined? (4)
4. Why is the slogan "Die Welt wird schöner ..." so paradoxical? Explain two of the examples given for this paradox. (8)
5. Who is the carrier of the "disease"? (2)
6. What steps are being taken to combat the "disease" apart from those taken in London? (6)
7. What were the effects of the measures taken in London? (8)
8. On what scale do measures have to be taken? (2)
9. Which supranational organizations have been dealing with the problem? (3)
10. What could happen if we don't fight the "disease"? (3)

Total: 40 marks

Test 5

The "pros" and "cons" of a speed limit of a hundred kilometres an hour

Note: die Kartei: card register
der Pluspunkt: bonus point
Flensburg: a town on the Danish border

1. How late did Hans Neumann arrive at work and what state was he in? (2)
2. Which incidents caused the delay (a very brief account only), and how much time did each incident take up? (4)
3. Reproduce in your own words the three questions Neumann's colleagues used to tease him with. (3)
4. Why was Neumann delayed for such a long time by the first incident? (2)
5. How was the obstacle removed? (2)
6. What was the nature of the second incident and where exactly did it take place? (4)
7. What does Neumann mean by "Sie haben mich fotografiert"? (2)
8. How much did Neumann's fine come to? (1)
9. How much money did he have to pay for each kilometre exceeding the speed limit? (1)
10. Which three sarcastic questions did the policeman ask Hans Neumann? (3)
11. What did the policeman say about speed limits in countries other than West Germany? (4)
12. What is the implication of Neumann's conclusions? (2)

Total: 30 marks

Test 6

Working with alcoholics

Note: Drochtersen, Stade and Oerrel are towns in north Germany (Lower Saxony)
Isolde H., Anni R. and Klaus J. feature in the passage.

1. What did Isolde H. learn while working with alcoholics in the country? (2)
2. What kind of centre does she work for? (2)
3. Is hers the only centre in the area? (2)
4. What kind of activities do centres like hers offer? (2)

5. The passage distinguishes between two types of alcoholic. What are they, and what do the terms used for them imply? (4)
6. Why must the public be more aware of alcoholism as a disease? (4)
7. Klaus J. is going to give a talk on the problems of alcoholism.
   (a) Why is he particularly qualified to give information? (1)
   (b) What items is he planning to deal with in his talk and what form will it take? (3)
8. Why do Isolde H. and Anni R. claim to have a particular understanding of the problems of those concerned? (2)
9. What remuneration do the two women get for their work? (2)
10. Why does Anni R. consider calling on patients at home to be especially effective? (2)
11. How many *miles* (approx.) has Anni R. travelled in two months? (2)
12. Why should those people who have completed a rehabilitation course still attend the group's activities? (2)

Total: 30 marks

Test 7

Cigarette smoking

1. Where did Europeans get the habit of smoking cigarettes from? (4)
2. What was the main reason for cigarette smoking spreading into all walks of life throughout the world? (2)
3. Name three of the anti-smoking measures listed in the passage. (6)
4. Reproduce two key-statements from the warnings in the brochures. (4)
5. Name three ways in which the authorities are trying to help people to give up smoking. (6)
6. What is the snag about the anti-smoking pills and tablets mentioned in the passage? (2)
7. What might you see the doctor doing when you go into his consulting room on an anti-smoking course? (2)
8. What do people do at anti-smoking courses? (5)
9. What are the results of these courses? (6)
10. What conclusions does the author come to concerning the "spoils of war"? (3)

Total: 40 marks

Test 8

She just wanted to die

1. Where had the old lady's grandfather worked? (2)
2. How do you know that her grandmother didn't die suddenly? (2)
3. Describe briefly the incident that occurred immediately prior to the grandmother's death. (6)
4. How do you know that the grandmother had not been upset by the incident? (2)
5. When did the incident take place? (2)
6. How did this incident affect the old lady's thoughts concerning her own death? (2)
7. Why, unfortunately, didn't these thoughts materialize? (2)
8. In what way had the old lady's life changed the previous year? (3)
9. Name *four* things she didn't like about the change. (8)
10. How did her health deteriorate? (Give *four* examples) (4)
11. Which hitherto unknown feelings surfaced in the old lady's mind and what had been her relationship to her parents? (3)
12. Why hadn't the old lady's husband been able to work after the Second World War and how had she earned money? (4)

Total: 40 marks

338

Test 9

A memorable New Year's Eve party

Note: Germans celebrate New Year's Eve with a party and fireworks.

1. What preparations were made for the party? (4)
2. Why were the writer's children especially excited about the party? (2)
3. Who exactly had been invited to the party? (3)
4. What *three* topics of conversation came up at the beginning of the party? (3)
5. What interrupted the "peaceful" scene? (2)
6. How many people arrived unexpectedly? Who were they? (4)
7. Where and when exactly had the writer met Mendozzi before? (3)
8. Why had Mendozzi come to see the writer? (3)
9. What happened between Mendozzi's arrival and midnight? (8)
10. What happened at midnight? (3)
11. Why didn't the writer help his wife to clear up the following morning? (2)
12. Why could the writer call the gathering on the balcony at midnight "a scene of international understanding and unity"? (3)

Total: 40 marks

9. Why was the fire brigade so busy? (Give *two* examples and be as specific as possible.) (5)
10. What happened in the English Channel? (2)
11. What sort of ship sank in the North Sea and what happened to the crew and passengers? (3)
12. What conclusion does the author draw at the end of the passage? (3)

Total: 40 marks

Test 10

Disastrous weather conditions

1. What had the weather been like immediately prior to the storms? (1)
2. What time of year was it? (1)
3. What happened in Hamburg? (4)
4. What measures were taken there (a) by the auxiliary forces? (b) by the police? (4)
5. What were the weather prospects like for the weekend in Hamburg? How do you know? (3)
6. What do you know about the weather conditions in Bavaria at the time? (Give as much detail as possible.) (4)
7. What kind of public service vehicle was required for the first time that year in Hessen and why? (4)
8. What damage did the storms cause in parts of southern Germany? (Give *three* examples) (6)

IV Multiple-choice Reading Comprehension Tests

Erster Teil

Hier werden einige kurze Szenen oder Situationen beschrieben. Kreuzen Sie die passendste Antwort an!

1. Ernst Müller hat vergessen, seine Fahrkarte in der Straßenbahn zu entwerten. Als ein Beamter die Fahrkarten kontrolliert, sagt dieser:
   (a) Ach, ich habe die richtige Karte nicht gefunden.
   (b) Beruhigen Sie sich! Sie können die Karte später entwerten.
   (c) Es tut mir leid, aber ohne eine wertvolle Fahrkarte dürfen Sie nicht fahren.
   (d) Leider müssen Sie eine Strafe bezahlen.

2. Ein türkischer Gastarbeiter in Düsseldorf möchte eine Arbeits- und Aufenthaltsgenehmigung für seinen Bruder beantragen. Ein deutscher Beamter sagt ihm:
   (a) Es tut mir leid, aber Sie müssen doch einsehen: ohne Aufenthaltsgenehmigung können Sie für Ihren Bruder nicht arbeiten.
   (b) Hier bitte, wenn Ihr Bruder bitte diese Formulare ausfüllt. Vielleicht helfen Sie ihm dabei. Wenn Sie noch Fragen haben, sind wir Ihnen gern behilflich.
   (c) Da müssen Sie sofort zu einem deutschen Konsulat in der Türkei.
   (d) Wenn Sie während Ihres Aufenthaltes Schwierigkeiten mit Ihrem Arbeitgeber haben, kann ich Ihnen nur eins empfehlen: nehmen Sie Ihren Bruder mit!

3. An der Grenze wollen Sie gerade durch die Paßkontrolle gehen. Sie stellen fest, daß Sie Ihren Paß vergessen haben. Sie sagen zu Ihrem Freund:
   (a) Glück muß der Mensch haben!
   (b) So ein Pech. Ich rufe schnell zuhause an. Aber wir müssen so lange warten, bis sie den Paß gebracht haben. Tut mir leid!
   (c) Macht nichts, ich kann ja deinen Paß nehmen.
   (d) Morgenstunde hat Gold im Munde.

4. Eine reiche fünfköpfige Familie will eventuell ein Motorboot kaufen und sieht sich im Hafen eins an. Der Verkäufer sagt:
   (a) Mit fünf Köpfen können wir leider nichts anfangen.
   (b) Hier haben wir ein schönes Modell mit fünf Schlafzimmern!
   (c) Es wäre besser, wenn Sie dieses große hier nehmen würden; es hat fünf Schlafkojen und auch sonst viel Platz.
   (d) Am besten kaufen Sie dieses! Fünf Familien passen gut 'rein.

5. Seit einer Stunde dröhnt aus der Wohnung unter Ihnen der Fernseher so laut, daß Sie jedes Wort hören. Sie fühlen sich sehr gestört und sagen zu Ihrer Schwester:
   (a) Rücksichtsloses Volk, diese Meiers da unten! Ich geh' mal 'runter und beschwer' mich.
   (b) Ich finde den Film gar nicht so schlecht.
   (c) Ich mach' jetzt meine Hausaufgaben: das erfordert heute wieder äußerste Konzentration und Ruhe.
   (d) Sowas könnten die da unten eigentlich jeden Abend machen, nicht wahr?

6. Sie holen im Photogeschäft einen Film ab, den Sie entwickeln lassen wollten. Sie stellen fest, daß das Photogeschäft schlecht gearbeitet hat und beschweren sich:
   (a) Die Positive sind ja recht positiv.
   (b) Die Negative waren doch in Ordnung; aber jetzt sehen Sie sich doch mal die Positive an!
   (c) Gut, dann bekommen Sie Ihr Geld zurück!
   (d) Können Sie dieselben Aufnahmen nochmal machen?

7. Sie wollen eine Reihe Radieschen säen. Ein Bekannter kommentiert:
   (a) Die Blüten werden nächsten Monat schon zu sehen sein.
   (b) Schön gleichmäßig und nicht zu tief einstreuen, sonst wachsen sie nicht.
   (c) Soll ich einen Meißel und ein Maßband holen?
   (d) Das ist auch *mein* Motto: Viel säen, ohne selbst gesehen zu werden.

8. Frau Hartmann hat für ihren kleinen Sohn einen Spiel-Overall gekauft. Sie will ihn am nächsten Tag umtauschen; sie sagt zu der Verkäuferin:
   (a) Das Spielzeug gefällt meinem kleinen Enkel nicht mehr!
   (b) Sie *müssen* mir meinen Sohn umtauschen!
   (c) Ich habe mich gestern leider in der Größe geirrt. Bei Kindern ist das ja manchmal schwierig. Könnte ich den Overall wohl umtauschen?
   (d) Kommt gar nicht in Frage! Umtausch ausgeschlossen!

9. Vater versucht Hans vor einer schweren Deutscharbeit zu beruhigen:
   (a) Vergiß ja nicht die Formel für den Kreisinhalt, $\pi \times r^2$!
   (b) Du warst doch mündlich immer gut, also wird es auch schriftlich klappen!
   (c) Sechs kräftige Schnäpse morgen früh auf nüchternen Magen werden dir guttun.
   (d) Müßt ihr morgen die Pflicht oder die Kür turnen?

10. Frau Meier wartet beim Friseur. Die Friseuse fragt:
    (a) Dürfen es 100 Gramm mehr sein?
    (b) Glatze oder Façon?
    (c) Rasieren und Bartschneiden zum Schluß?
    (d) Wasserwelle, wie immer?

11. Ein Mann hat zehn wertvolle Tannenbäume gestohlen. Als Angeklagter hat er vor Gericht das letzte Wort:
    (a) Bitte ziehen Sie bei der Urteilsfindung in Betracht, daß ich schon seit längerer Zeit arbeitslos bin.
    (b) Von drauß' vom Walde komm' ich her, ich muß euch sagen, es weihnachtet sehr, allüberall auf den Tannenspitzen sah ich goldene Lichtlein blitzen.
    (c) Als Fließbandarbeiter im VW-Werk weiß ich ja, wie man Bäume fällt.
    (d) Sie hätten mich nie erwischt, wenn ich nicht soviel Blattgold mitgenommen hätte.

12. In einer Wahlversammlung wird ein Wahlredner dauernd von einem Zuhörer durch „Buh"- und „Pfui"-Rufe unterbrochen. Der Redner ruft schließlich:
    (a) Heute ist es gottseidank nicht so kalt!
    (b) Sie müssen versuchen, ihre protestantische Überzeugung anders deutlich zu machen.
    (c) Wie wäre es zur Abwechslung mal mit konstruktiver Kritik?
    (d) Gehen Sie doch bitte etwas näher ans Mikrophon. Dann wird es schnell warm im Saal.

13. Die neunzehnjährige Angelika will heiraten. Sie bespricht noch Einzelheiten mit ihrem gleichaltrigen Verlobten:
    (a) Wir müssen ja sowieso erst noch Papa fragen, weil wir noch minderjährig sind.
    (b) Wir haben ja sehr lange Heiratswartelisten in der Bundesrepublik.
    (c) Schatz, wollen wir uns nicht erst verloben?
    (d) Also, die standesamtliche Trauung ist am Donnerstag um 10, und um 11 beginnt die kirchliche.

14. Sie sind mit Ihrem Auto in eine Fußgängerzone eingebogen. Ein Polizist hält Sie an, holt
seinen Strafzettelblock heraus und sagt
höflich, aber bestimmt:
(a) Bitte schön, dieser Gutschein berechtigt
Sie zum viermaligen Fahren in dieser
Fußgängerzone.
(b) Sagen Sie, haben Sie das Schild da vorne
nicht gesehen? Das macht 20 Mark.
(c) Hier ist Ihre Bescheinigung für zehnjäh-
riges unfallfreies Fahren.
(d) Sagen Sie, wissen Sie eigentlich noch
nicht, daß Benzin rationiert ist?

15. Sie sitzen mit Ihrer Freundin in Ihrem Wagen
und fahren gerade in eine automatische
Waschstraße, weil der Wagen so dreckig ist.
Plötzlich bemerken Sie, daß Sie vergessen
haben, die hinteren Seitenfenster zu
schließen. Sie rufen entsetzt:
(a) Ach, du meine Güte! Hoffentlich habe
ich die Kotflügel abgesperrt!
(b) Spürst du den feuchten Zug hinten im
Nacken?
(c) So ein Ärger! Ich kann den Automaten
nicht mehr stoppen.
(d) Um Gottes willen, Jutta, mach das
Rückfenster auf deiner Seite auf, und ich
mach's hier auf!

Zweiter Teil

Dieser Teil besteht aus längeren Ausschnitten.
Wählen Sie die jeweils passendste Antwort!

1 Innsbruck mit Schneegarantie und Tiroler Spezialitäten

Tirols Landeshauptstadt Innsbruck bietet den
wohl gelungensten Versuch einer Kombination
von Skiläufer-Paradies und städtischem Flair an.
Der Schauplatz von zwei Winterolympiaden
offeriert auf der einen Seite so ziemlich alles, was
Wintersportler suchen: fünf schneesichere Ski-
und Sonnenparadiese rings um die Stadt
(einschließlich kostenlosem Skibus dorthin),
Skischule, das Olympia-Eisstadion, Kunsteisbahn, Eisstockschießen und andere Winterver-
gnügen. Und ergänzend hierzu die Attraktionen,
welche so mancher Feriengast im kleinen Dorf oft

schmerzlich vermißt: gepflegte Restaurants,
Theater und Konzerte, Diskotheken, schicke
Geschäfte und Boutiquen, Museen, Sehenswürdigkeiten und zahllose gesellschaftliche Veranstaltungen.

Selbst das Innsbrucker Kongreßhaus schließt
sich dieser werbewirksamen Kombi-Angebots-
Form an: Kongreßbesuch gibt's mit Skilauf als
Beigabe im Rahmenprogramm. Und wer mal
einen ausgedehnten Schaufensterbummel dem
ganztägigen Pistenbesuch vorgezogen hat, wird
feststellen, daß Innsbrucks Läden mit einer
außerordentlichen Vielfalt heimischer Spezialitäten brillieren: Hüte, Handwebartikel, Dirndl,
Schnitzereien und Glas- oder Keramikerzeug-
nisse lassen die Schillinge im Geldbeutel unruhig
werden.

Sicher ist so ein „Stadturlaub" nicht für
jedermann. Aber diejenigen Urlauber, denen
„Dorfesruhe" mit der Zeit auf die Nerven geht,
finden im gemütlichen, traditionsreichen und
genug Abwechslungen bietenden Innsbruck den
fast idealen Platz für ihr Standquartier.

1. Was ist in der Tiroler Hauptstadt so erfolgreich
kombiniert?
(a) der Skibus und die Skischule.
(b) der Feriengast und das kleine Dorf.
(c) ein „Paradies" für Skiläufer und eine städtische Atmosphäre.
(d) die beiden Winterolympiaden.

2. Was bietet die Stadt auf der einen Seite für den Wintersportler und auf der anderen Seite für den Touristen, der das Stadtleben nicht vermissen möchte?
   (a) zum Beispiel die nächste Winterolympiade und dörfliche Attraktionen.
   (b) zum Beispiel das Olympia-Eisstadion und schicke Boutiquen.
   (c) zum Beispiel eine Kunsteisbahn und andere Wintersportmöglichkeiten.
   (d) Sie bietet weder für den einen noch für den anderen etwas.

3. Warum ist auch das Angebot des Kongreßhauses attraktiv?
   (a) weil dort viele Kongresse stattfinden.
   (b) weil es in einem speziellen Programm den Besuch des Kongreßhauses *und* Skilaufen kombiniert.
   (c) weil es die Leute in Ruhe läßt.
   (d) weil es Schnee garantiert.

4. Was kann man feststellen, wenn man einmal nicht den ganzen Tag Ski läuft?
   (a) In den Innsbrucker Geschäften kann man viele verschiedene einheimische Waren kaufen.
   (b) Man wird nichts Besonderes feststellen.
   (c) Man findet dort nur wenige englische Wintersportler.
   (d) Die deutschen Touristen wollen heimische Spezialitäten kaufen.

5. „Die Schillinge im Geldbeutel werden unruhig" heißt:
   (a) Man möchte die vielen schönen Dinge sehr gerne kaufen.
   (b) Man wird durch die englischen Schillinge und das englische Pfund ganz nervös.
   (c) Ohne Portemonnaie ist man nervös.
   (d) Es macht nichts, wenn man nicht in österreichischen Schillingen bezahlen kann; man kann auch in DM, Dollars oder englischen Pfund bezahlen.

6. Für wen ist ein Stadturlaub in Innsbruck gedacht?
   (a) für jeden.
   (b) für die Hüte, die Dirndl und die Handwebartikel.
   (c) für diejenigen, die nur Schaufensterbummel machen und nicht Ski laufen wollen.
   (d) für diejenigen, die die Ruhe nach einiger Zeit nicht mehr ertragen können.

2 Riesengeschäft mit der Sehnsucht der Elvis-Fans

„Elvis lebt" steht auf den Autoklebern, die überall in Memphis zu sehen sind. Wenn man genauer hinschaut, findet man den kleingedruckten Zusatz „durch seine Musik". Tausende Fans waren übers Wochenende in die Rock- und Country-Hochburg im US-Staat Tennessee gekommen, um anläßlich seines 43. Geburtstages das Grab des im August 1977 gestorbenen Elvis Presley auf seinem Landsitz Graceland am Elvis-Presley-Boulevard zu besuchen.

Hunderte lagerten die Nacht über im Freien, um den Einlaß nicht zu verpassen. Der auf dem Landsitz lebende 61-jährige Vater Vernon Presley hatte es abgelehnt, an irgendeiner der Gedenkveranstaltungen zum Geburtstag seines Sohnes am Sonntag teilzunehmen. Wie schon beim Begräbnis des „Königs des Rocks" war in der Nähe ein Notarztwagen aufgefahren, dessen Besatzung sich um erschöpfte oder von Schmerz überwältigte Fans kümmern sollte. Die Polizei war mit einem Sonderaufgebot vertreten, um ein Unglück wie im August zu verhindern, als ein Autofahrer in die Menge fuhr und zwei Frauen aus Louisiana getötet wurden.

Überall in der Gegend waren Andenkenbuden aus dem Boden geschossen. Von der Elvis-Postkarte bis zur Elvis-Gipsbüste war alles zu haben — und alles ging. Nur eine Frau protestierte lauthals „das ist ja Wucher", als man zwei Dollar für ein Foto des jungen Elvis verlangte. Sie zerriß die Karte, auf der auch die Lieblingsspeisenfolge des in seinen letzten Jahren von Verfettung geplagten Stars aufgedruckt war: „Gemüsesuppe, Schweinskotelett mit brauner Sauce, Apfelkuchen nach alter Art."

Ein ganz Tüchtiger verkaufte „Sonderausgaben" der örtlichen Zeitung vom August mit den Berichten über den Tod Presleys — für 100 Dollar pro Exemplar, das seinerzeit 15 Cents kostete. Ein anderer, vermutlich ein Engländer, verscherbelte von einer schwarzen Limousine aus Bücher über Elvis — für mehrere hundert Dollar.

Ende August hatten zwei Männer mit vorgehaltenen Schußwaffen den Verkäufer eines Zeitungsladens gezwungen, ihnen 100 Exemplare des Blattes „National Enquirer" zu überlassen. Das Blatt hatte ein Bild des toten Elvis Presley gebracht, der angetan mit weißem Anzug und silberfarbener Krawatte in einem Kupfersarg lag. Es hieß, die Zeitung habe 80 000 Dollar für das Foto gezahlt.

1. Auf den Autoaufklebern, die man überall in Memphis sieht, steht:
   (a) Zum 43. Geburtstag des Stars kamen Tausende.
   (b) Elvis lebt, wenn man genauer hinschaut.
   (c) Elvis lebt — durch seine Musik.
   (d) Elvis ist tot — es lebe Elvis!
2. Warum waren die meisten Leute nach Memphis gekommen?
   (a) weil sie ein Riesengeschäft mit den Elvisfans machen wollten.
   (b) weil sie am Tage von Elvis' Geburtstag sein Grab aufsuchen wollten.
   (c) weil Elvis im Januar 1977 auf dem Elvis-Presley-Boulevard promenierte.
   (d) weil sie im Freien übernachten wollten.

3. Warum waren ein Notarztwagen und die Polizei da?
   (a) weil der König des Rocks begraben wurde.
   (b) weil viele keinen Einlaß fanden.
   (c) weil es nachts kalt gewesen war, und die Fans froren.
   (d) weil sie sich um erschöpfte und traurige Fans kümmern und Unglücke verhindern wollten.
4. „Alles ging" heißt hier:
   (a) Alle fuhren schnell wieder nach Hause.
   (b) Eine Frau protestierte laut, weil alle weggingen.
   (c) Alle möglichen Elvis-Souvenirs wurden verkauft und *ge*kauft.
   (d) Alles ging zuende, auch die Lieblingsspeisenfolge.
5. Der Mann, der die „Sonderausgaben" mit dem Bericht über Presleys Tod verkaufte, hat pro Examplar, das er verkaufte,
   (a) kaum
   (b) mehrere hundert Dollar   } Profit
   (c) 15 Cents   } gemacht.
   (d) 99,85 Dollar
6. Der Mann, der Bücher über Elvis verkaufte, war wahrscheinlich
   (a) ein Schwarzer.
   (b) jemand aus Großbritannien.
   (c) ein tüchtiger Einheimischer.
   (d) auch ein Zeitungs- und Limousinenverkäufer.
7. Welche Aufregung war vor einiger Zeit um das Bild des toten Elvis entstanden?
   (a) Der weiße Anzug und die silberfarbene Krawatte gefielen den Leuten gar nicht.
   (b) Es war alles friedlich verlaufen.
   (c) Eine Zeitung hatte ein Bild des toten Elvis gebracht, und zwei Männer hatten einen Zeitungsverkäufer gezwungen, ihnen einhundert dieser Zeitungen auszuhändigen.
   (d) Die Zeitung hatte nicht genug Geld für das Elvis-Photo bezahlt.

3 Vom Frührentner zum Münzsammler

Unter die Briefmarken- und Münzensammler ist der frühere Box-Europameister der Profis Wilhelm Höpner gegangen. „Irgendein Hobby muß man ja haben, wenn man Frührentner ist", erklärte der 54-jährige im schleswigholsteinischen Norderstedt bei Hamburg, wo er nun mit Ehefrau Maren lebt.

Zuvor hatte er lange Zeit erfolgreich als „Entwicklungshelfer in Sachen Boxsport", zeitweise von seiner Frau unterstützt, in Äquatorial-Afrika „schwarze Perlen" trainiert und Nationalmannschaften auf große internationale Aufgaben vorbereitet. Bis er im Sommer 1975 in Kinshasa, der Hauptstadt Zaires, plötzlich erkrankte und in einer dramatischen Überführungsaktion nach Hamburg geflogen wurde.

Das Tropeninstitut der Hansestadt und das Rehabilitationszentrum Bevensen in der Lüneburger Heide waren die nächsten Stationen. Eine Lungen-Gefäßerkrankung, die auf das Herz übergriff, war die Ursache für einen Leidensweg, der immer noch nicht beendet ist. Denn eine Bandscheibenveränderung und eine Operation kamen hinzu; das Allgemeine Krankenhaus Harburg und danach eine Klinik in Bad Segeberg waren weitere Aufenthaltsorte.

Vor einem Jahr feierte Wilhelm Höpner seine Silberhochzeit bereits als kranker Mann. Und der ist er heute noch. Inzwischen bezieht er eine mäßige Rente, aber seine Prozesse dauern an. Leidet Wilhelm Höpner, von dessen Fights die Boxsportfreunde noch heute träumen, an einer „Berufskrankheit", die er sich in Afrika als Boxtrainer zugezogen hat? Gutachten und Gegengutachten! Von Bonn bis zum Arbeitssozialgericht in Lübeck. Eine endgültige Entscheidung steht immer noch aus.

Wortschatz

das Gefäß (–sse): blood vessel
die Bandscheibenveränderung (–en): slipped disc
das Gutachten: (medical) opinion

1. Was war Höpner früher?
   (a) ein Frührentner, der viele Hobbys hatte.
   (b) ein Sammler europäischer Münzen und Briefmarken.
   (c) ein Profiboxer der europäischen Spitzenklasse.
   (d) ein europäischer Tropenmediziner in Zaire.

2. Warum nennt sich Höpner „Frührentner"?
   (a) Er hatte ein schweres Schicksal: er erkrankte plötzlich, mußte schon mit 54 seinen Beruf als Trainer aufgeben und bekommt jetzt Rente.
   (b) weil er früher — vor seiner Boxkarriere — schon einmal Rentner gewesen war.
   (c) weil er schon mit 62 pensioniert wurde und sich noch zu jung fühlte.
   (d) weil er schon früh Rentner auf internationale Aufgaben vorbereitet hatte.

3. „Entwicklungshelfer in Sachen Boxsport" heißt:
   (a) Er hat in Schleswig-Holstein das Boxen gelernt und entwickelt.
   (b) Er hat sogenannten Entwicklungsländern (z.B. Zaire) geholfen, ihre talentierten Boxer zu trainieren und zu verbessern.
   (c) Er hat in Äquatorial-Afrika Perlen gesammelt und kranken Boxern geholfen.
   (d) Er hat in Kinshasa, der Hauptstadt Zaires, Nationalmannschaften trainiert, obwohl er schwer krank war.

4. Warum mußte er plötzlich nach Hamburg zurückgeflogen werden?
   (a) weil er zum Boxen keine Lust mehr hatte.
   (b) weil er dort seine Silberhochzeit feiern wollte.
   (c) weil es ihm in Hamburg, Schleswig-Holstein und auch in der Lüneburger Heide besser gefiel als in Afrika.
   (d) weil er plötzlich sehr krank wurde und daher dringend in das Hamburger Tropeninstitut gebracht werden mußte.

5. Warum spricht der Zeitungsartikel von Höpners „Leidensweg"?
   (a) weil Höpner sich am Ende seiner Karriere selbst nicht mehr leiden konnte.
   (b) weil Höpner sehr schwere Krankheiten hat durchmachen müssen und daher viel gelitten hat und sogar heute noch leidet.
   (c) weil Höpner kurz vor der Pensionierung steht.
   (d) weil er im Rehabilitationszentrum Bevensen politisch nicht rehabilitiert wurde.
6. Wie ist Höpners finanzielle Situation?
   (a) Nicht so sehr gut; denn er bekommt nur eine kleine Rente, und richtig gesund ist er auch noch nicht wieder.
   (b) Gut; denn die Überführungsaktion hat ihm viel Geld eingebracht.
   (c) Nicht schlecht; denn Zeitungsartikel wie diese bringen ihm viel Geld ein.
   (d) Er schreibt viele Gutachten und Gegengutachten, die ihm gutes Geld einbringen.

4 Singapur

Singapur ist eine sehenswerte Stadt. Mehr als eine Million Touristen jährlich können das bestätigen — und die meisten von ihnen werden von einem Erlebnis erzählen, das nur Singapur bieten kann: vom Besuch der Tiger Balm Gardens, auch Haw Par Villa genannt.

Die Tiger Balm Gardens liegen, etwa drei Hektar groß, auf einem Hügel am Meer. Von hier aus hat man einen phantastischen Blick auf die Westküste und die vielen vorgelagerten Inseln. Aber man vergißt ihn, wenn man den Erholungs- und Unterhaltungspark erst einmal betreten hat. Wer zum erstenmal hinkommt, wird von der Fülle der Figuren aus Mythologie und Sagenwelt, von grell bemalten Szenen, Tempeln, Pagoden, Grotten, Treppchen und Brücken tief beeindruckt.

Die meist sehr realistischen, oft stark vereinfachten Darstellungen von Göttern und Dämonen, Himmel und Hölle, chinesischem Alltag und Leben in Nachbarländern verblüffen manchen europäischen Besucher wegen der Kunterbuntheit ihrer Bemalung. Aber diese Darstellungsweise ist kein Zufall. Der Park der tausend Figuren wurde in erster Linie für Kinder geschaffen. Sie sollten, so der Wille der Erbauer, mit weit geöffneten Augen und offenem Mund durch diese phantastische Welt wandern und sich an den farbenfreudigen Darstellungen nicht nur erfreuen, sondern auch aus ihnen lernen.

Die Erbauer — das waren zwei Brüder, Aw Boon Par und Aw Boon Haw, die durch den Verkauf von Heilsalbe und -öl reich geworden waren. Ihre Millionen verwendeten sie nicht nur zum Aufbau eines fernöstlichen Konzerns (unter anderem gehörte ihnen auch eine südostasiatische Zeitungskette), sondern sie stifteten auch Riesenbeträge für Vergnügungsparks in Singapur und Hongkong, die der Öffentlichkeit zugänglich gemacht wurden — niemand braucht Eintritt zu bezahlen.

Diese Großherzigkeit hat einen Grund. Die Aw-Boon-Brüder verdankten ihren Reichtum der Allheilmittel-Heilsalbe Tiger Balm (Tigerbalsam) — und die Tiger Balm Gardens sind bis auf den heutigen Tag nebenbei auch noch ein gigantisches Reklameunternehmen für die in Südostasien weitverbreitete Salbe. Wer sich an den volkstümlichen Darstellungen des Erholungsgartens erfreut, weiß allerdings meist nicht, daß die Brüder auch feinsinnige Kunstkenner waren. Ihre einstige Residenz in Singapur, das Jadehaus, enthält eine der kostbarsten chinesischen Antiquitätensammlungen der Welt.

1. Singapur ist ein beliebtes Reiseziel, weil
   (a) die meisten Touristen Tiger sehen können.
   (b) Millionen Touristen auf drei Hektar Land in den Gärten liegen.
   (c) die Touristen viele Sehenswürdigkeiten finden können, besonders auch die Tiger Balm-Gärten.
   (d) man nie sehen kann, wie wertvoll die Stadt ist.

2. Wie ist die Lage des Tiger Balm-Parks?
   (a) Er liegt auf einer der Westküste vorgelagerten Insel.
   (b) Er liegt auf einem Hügel im Meer, etwa drei Hektar von der Westküste.
   (c) Er liegt in einem anderen Vergnügungs- und Erholungspark, den man aber vergißt, sobald man ihn betreten hat.
   (d) Er liegt auf einem Hügel auf einem etwa drei Hektar großen Gelände; von dort hat man eine herrliche Aussicht auf die Westküste und die der Westküste vorgelagerten Inseln.

3. Der Tiger Balm-Park ist sehr interessant, weil
   (a) man dort Tempel, Pagoden, Grotten usw. grell bemalen kann.
   (b) man dort zum erstenmal als mythologische oder Sagenfigur hinkommt.
   (c) sich dort viele, viele Mythologie- und Sagenfiguren, viele grell bemalte Szenen, Tempel, Pagoden usw. befinden, die sehr beeindruckend sind.
   (d) er sich in einem Lager vor vielen Inseln befindet.

4. Warum sind die bunte Bemalung und die einfache, realistische Darstellungsweise kein Zufall?
   (a) weil die Themen nur aus dem chinesischen Alltag genommen sind.
   (b) weil China und die Nachbarländer es so wollten.
   (c) weil die Darstellungen und Figuren vor allem für Kinder waren; sie sollten sich über die bunten Figuren und Darstellungen freuen (aber auch aus ihnen lernen!).
   (d) weil besonders erwachsene europäische und chinesische Besucher das gerne haben.

5. Wie konnte ein solch großer Park finanziert werden?
   (a) Die Regierung von Singapur schrieb an südostasiatische Zeitungen, und diese gaben Geld.
   (b) Die Gebrüder Aw Boon waren reich geworden, steckten aber nicht alle Profite in ihren Konzern, sondern spendeten auch Geld für Vergnügungsparks.
   (c) Die Gebrüder Aw Boon liehen dem Staat Geld; außerdem müssen die Besucher Eintritt bezahlen.
   (d) Die Götter und Dämonen finanzierten sich selbst.

6. Waren die Gebrüder Aw Boon nur großzügig und selbstlos, oder hatten sie bei der Anlage der Parks auch „Hintergedanken"?
   (a) Nein, sie machten es aus reiner Nächstenliebe.
   (b) Nein, sie machten es, weil sie Tiger und besonders aber Kinder gern hatten.
   (c) Ja; denn sie dachten auch an ihr Geschäft: die Tiger Balsam-Gärten waren natürlich eine gute Werbung für ihr Heilsalbenprodukt „Tigerbalsam".
   (d) Ja, Tag und Nacht.

7. Als was waren die Brüder noch bekannt?
   (a) als volkstümliche Erholungssuchende.
   (b) als Antiquitätensammler und Kunstexperten.
   (c) als Jadehäuser.
   (d) als frühere Residenzen in der Stadt Singapur.

5 Das Pentagon

Weil das amerikanische Verteidigungsministerium in der Form eines riesigen Fünfecks gebaut wurde, tauften es die Amerikaner bei der Einweihung ganz offiziell Pentagon. Es ist das größte Amtsgebäude der Welt. Von hier aus wird die etwa 2,5 Millionen Mann umfassende amerikanische Streitmacht befehligt.

Der noch vor dem Eintritt der USA in den Zweiten Weltkrieg begonnene Bau steht am Ufer des Potomac, auf sumpfigem Boden. Er mußte auf 41 492 Betonpfeiler gegründet werden, war aber schon nach 16 Monaten einzugsfertig. Viele Architekten lachten über die merkwürdige Form des Bauwerks. Sie hätten ein Hochhaus vorgezogen. Das konnte man aber wegen der Nähe des Flughafens von Washington nicht bauen.

Nach einigen Jahren stellte sich heraus, daß gerade die ausgefallene Form besonders praktisch war. Rationalisierungsfachleute der Armee ermittelten, daß man von jedem beliebigen Büro des Pentagons zu jedem anderen in längstens sechs Minuten gelangen kann. Das mag stimmen — aber ... über die Möglichkeit, sich im Pentagon zu verirren, gibt es viele Stories; zum Beispiel die vom jungen Telegrammboten: Bis er den Adressaten endlich gefunden hatte, war er Oberst!

Im größten Raum des Pentagons, über dem Potomac-Eingang, mit Blick auf Washington steht der größte Schreibtisch des Gebäudes. Er mißt 3 × 1,5 Meter, ist aus massivem Nußbaumholz und gehört dem Verteidigungsminister. Vom Schreibtischstuhl aus sind drei Fernsprechapparate erreichbar: eine weißer mit direktem Draht zum Weißen Haus, ein roter für Blitzgespräche mit Kommandostellen in aller Welt (auch für Telefonate über den „heißen Draht" nach Moskau), ein blauer für Verbindungen zu den wichtigsten Mitarbeitern im Pentagon.

1. Das Pentagon heißt Pentagon, weil
   (a) das amerikanische Verteidigungsministerium am Rande von Washington gebaut wurde.
   (b) es offiziell schon seit 1776 Pentagon heißt.
   (c) es in der Form eines Fünfecks konstruiert und gebaut wurde.
   (d) es das größte Amtsgebäude der Welt ist.

2. Welche Funktion hat das Pentagon?
   (a) Es soll das größte Amtsgebäude der Welt sein und 2,5 Millionen Mann umfassen.
   (b) Von hier aus werden die amerikanischen Streitkräfte gelenkt.
   (c) Es soll auf sumpfigem Gelände, dem Potomac, stehen.
   (d) Viele Architekten sollen darüber lachen.

3. Warum hat man kein Hochhaus gebaut?
   (a) weil die Architekten lachten.
   (b) weil der Washingtoner Flughafen zu nahe war.
   (c) weil das Pentagon schon nach 16 Monaten bezugsfertig war.
   (d) weil sich nach Jahren herausstellte, daß gerade die Fünfeck-Form besonders praktisch war.

4. Warum sagen die Armee-Experten, daß gerade die Fünfeck-Form besonders zweckmäßig ist?
   (a) weil viele minutenlange Stories erzählt werden.
   (b) weil Armee-Experten Hochhäuser vorziehen.
   (c) weil sonst der große Schreibtisch nicht hineingepaßt hätte.
   (d) weil man z.B. von jedem beliebigen Büro in jedes beliebige andere in höchstens 360 Sekunden gelangen kann.

5. Was soll mit dem Witz über den Telegrammboten gesagt werden?
   (a) daß man im Pentagon schnell Oberst wird.
   (b) daß man sich in dem großen Gebäude sogar verirren kann.
   (c) daß Telegrammboten dumm sind.
   (d) daß die meisten Adressaten im Pentagon Oberst sind.

6. Wozu dienen die drei Telephone des Verteidigungsministers?
   (a) damit er den ganzen Tag gemütlich privat telephonieren kann, und damit er etwas zu tun hat.
   (b) Sie dienen vor allem zu wichtigen Dienstgesprächen des Ministers, z.B. mit dem Präsidenten, mit den amerikanischen Befehlszentralen in aller Welt und mit den Hauptmitarbeitern des Ministers.
   (c) damit der Draht nach Moskau (also das Rote Telephon) heißlaufen kann.
   (d) damit auf dem großen Nußbaumholzschreibtisch auch einmal etwas Buntes steht.

6 Der Kalifornien-Aquädukt

Im Norden des US-Staates Kalifornien gibt es genug Wasser; im hochindustrialisierten und dicht bevölkerten Süden viel zu wenig. Der Gedanke, aus dem von der Natur reicher bedachten Norden größere Wassermengen, die sonst versickern oder ins Meer abfließen würden, in den trockenen Süden zu leiten, ist schon über ein Vierteljahrhundert alt. So lange dauerte es, bis die technischen Voraussetzungen und vor allem die Finanzierung des Projektes gesichert waren.

Die kalifornische Wasserleitung kann mit zahlreichen Superlativen aufwarten. Sie gilt nicht nur als die teuerste, sondern auch als die komplizierteste Wasserleitung der Welt. Bisher wurden über sieben Milliarden Mark dafür ausgegeben, ein Betrag, für den man sieben Panamakanäle hätte bauen können. Und falls der weitere Ausbau, der noch Jahrzehnte dauern wird, wirklich durchgeführt werden sollte, könnte leicht eine Gesamtsumme von über 30 Milliarden Mark dabei herauskommen.

Ausgangspunkt der Leitung ist der Oroville-Stausee, 110 Kilometer nördlich von Sacramento. Seine Aufschüttungsmauer ist die höchste der USA. Das Wasser passiert zwei Kraftwerke und fließt dann in die Bucht von San Francisco. Pumpen befördern es hier 75 Meter hoch in den ersten Abschnitt des Aquädukts.

Kanäle, Rohrleitungen und Tunnel leiten das Wasser weiter in den Süden. Bei Edmonston drücken Kreiselpumpen das Wasser über das 1500 Meter hohe Tehachapigebirge.

Ein Stück weiter teilt sich der Kanal in einen westlichen Arm, der das Gebiet von Los Angeles versorgt, und einen östlichen Arm, der bis zum Perris-See führt; seine Ausläufer reichen bis San Diego. Unterwegs zweigen Leitungen zur Versorgung trockener Gebiete ab. So soll der Kalifornien-Aquädukt 100 000 Hektar neues Kulturland erschließen und die Ernten auf bereits bebautem Land verbessern. Von Wasserrationierung ist nun nicht mehr die Rede.

1. Inwiefern ist die Wasserversorgung in Kalifornien unterschiedlich?
   (a) Das war schon ein Vierteljahrhundert lang so.
   (b) Im nördlichen Teil, der nicht so industrialisiert und nicht so dicht bevölkert ist, gibt es genügend Wasser, während es im trockenen Süden nicht genug gibt.
   (c) Es gibt auf dem Gebiet der Wasserversorgung überhaupt keine Probleme.
   (d) Der Gedanke an die Natur ist im Norden Kaliforniens reicher.

2. Wie lange hat man den Kalifornien-Aquädukt schon diskutiert, und warum hat es so lange gedauert?
   (a) Es hat gar nicht lange gedauert, und das Problem existiert gar nicht.
   (b) Man hat schon ein Vierteljahr lang darüber gesprochen, aber das Wasser floß immer wieder ins Meer ab.
   (c) Schon seit gut 25 Jahren; aber es traten viele technische und vor allem finanzielle Schwierigkeiten auf.
   (d) Der Süden war ein Vierteljahrhundert lang zu trocken, und das war das Problem.

3. Welche „Superlative" gibt es z.B. beim Bau des Aquädukts?
   (a) Es gibt nur Komparative.
   (b) Inzwischen hat man sieben weitere Panamakanäle gebaut.
   (c) Der Aquädukt ist wahrscheinlich die teuerste und komplizierteste Wasserleitung der Welt.
   (d) In Kalifornien gibt es nur Superlative!

4. Warum kann das Wasser nicht direkt von der San Francisco-Bucht in den ersten Teil des Aquädukts fließen?
   (a) weil das 30 Milliarden Mark kosten würde.
   (b) Es besteht ein Höhenunterschied zwischen der Bucht und dem Anfang des Aquädukts; so kann das Wasser nicht direkt weiterfließen, sondern muß hochgepumpt werden.
   (c) Mit dem Wasser passiert in den Kraftwerken etwas.
   (d) weil es vom Tehachapigebirge kommt.

5. Was bewirken die Pumpen bei Edmonston?
   (a) Sie bewirken, daß eine Fontäne hochschießt.
   (b) Sie bewirken, daß das Wasser in und über ein 1500 m höher liegendes Gebirge gepumpt wird.
   (c) Sie bewirken, daß mehr Wasser schneller nach Norden zurückfließt.
   (d) Sie bewirken, daß 110 km nördlich von Sacramento ein Stausee angelegt werden kann.

6. Wie ist der weitere Verlauf des Kanals?
   (a) Der Kanal läuft nicht, er fließt!
   (b) Er teilt sich in zwei Arme, und es zweigen dann unterwegs noch Leitungen ab.
   (c) Unterwegs vertrocknet er bei San Diego.
   (d) Er wird bei Los Angeles sehr arm.

7. Welchen weiteren Nutzen soll der Kanal bringen?
   (a) Er soll auf bebautem Land bessere Ernten bringen und auch neues Ackerland erschließen.
   (b) Durch ihn soll das Wasser rationiert werden.
   (c) Er soll 100 000 neue Hecken erschließen.
   (d) Er soll auch für die Dampfschiffahrt nutzbar gemacht werden!

7 Die Geschichte von dem Honigtropfen

Ein Jägersmann pflegte in der Steppe die wilden Tiere zu jagen, und da kam er eines Tages zu einer Höhle im Gebirge und fand in ihr ein Loch voll Bienenhonig. Er schöpfte etwas von jenem Honig in einen Schlauch, den er bei sich trug, legte ihn über die Schulter und trug ihn in die Stadt; ihm folgte sein Jagdhund, ein Tier, das ihm lieb und wert war. Beim Laden eines Ölhändlers blieb der Jäger stehen und bot ihm den Honig zum Kaufe an; da kaufte ihn der Mann im Laden. Dann öffnete er den Schlauch und ließ den Honig auslaufen, um ihn zu besehen. Dabei fiel ein Honigtropfen aus dem Schlauche auf die Erde. Nun sammelten sich die Fliegen um ihn, und auf die schoß ein Vogel herab. Der Ölhändler aber hatte eine Katze, und die sprang auf den Vogel los; als der Jagdhund die Katze sah, stürzte er sich auf sie und biß sie tot. Da sprang der Ölhändler auf den Jagdhund los und schlug ihn tot; und zuletzt erhob sich der Jäger wider den Ölhändler

und erschlug ihn. Nun gehörte der Ölhändler in das eine Dorf, der Jäger aber in ein anderes. Und als die Bewohner der beiden Dörfer die Kunde vernahmen, griffen sie zu Wehr und Waffen und erhoben sich im Zorne wider einander. Die beiden Schlachtreihen prallten zusammen, und das Schwert wütete lange unter ihnen, bis daß viel Volks gefallen war, so viele, daß nur Allah, der Erhabene, ihre Zahl kennt.

1. Woher bekam der Jäger den Honig?
   (a) Er schöpfte ihn aus einem Schlauch.
   (b) Er pflegte die wilden Tiere, also auch die Bienen.
   (c) Er kam auf der Jagd in eine Höhle, und dort war ein Bienenloch voller Honig.
   (d) Er erzählte die Geschichte vom Honigtropfen.

2. Wieviel Honig nahm er mit, und wohin brachte er den Honig?
   (a) Er nahm einen Zentner mit und brachte ihn in die Stadt.
   (b) Er nahm nicht sehr viel, nur einen Schlauch voll, und den Schlauch nahm er mit in die Stadt.
   (c) Er nahm überhaupt keinen Honig mit, sondern gab ihn an Ort und Stelle seinem Hund.
   (d) Er nahm, soviel er tragen konnte, und folgte seinem Jagdhund.

3. Bei welcher Gelegenheit lief ein Honigtropfen aus?
   (a) als der Jäger plötzlich vor dem Laden stehenblieb.
   (b) als der Jäger den Honig zum Verkauf anbot.
   (c) als die Katze an dem Schlauch kratzte.
   (d) als der Händler den Honig anschauen wollte und den Schlauch öffnete.

4. Wie kam es zum Streit zwischen den beiden Männern?
   (a) Es gab gar keinen Streit!
   (b) Der Ölhändler hatte keinen Hund, und er wollte so gerne einen haben.
   (c) Weil der Jagdhund und die Katze plötzlich auf den Ölhändler lossprangen.
   (d) Durch den Honigtropfen gab es eine Art Kettenreaktion; zuletzt schlug der Ölhändler den Hund des Jägers tot. Da erschlug der Jäger den Händler.

5. Endete der Streit mit dem Tod des Händlers?
   (a) Ja, zum Glück!
   (b) Nein, die Dörfer des Händlers, bzw. des Jägers bekämpften sich schließlich, und es gab viele Tote.
   (c) Nein, nur Allah kennt das Ende des Streits.
   (d) Ja, weil die Dorfbewohner Kunden in dem Ölladen wurden.

8 Der kluge Richter

Ein reicher Mann hatte eine beträchtliche Geldsumme, welche in ein Tuch eingenäht war, aus Unvorsichtigkeit verloren. Er machte daher seinen Verlust bekannt und bot, wie man zu tun pflegt, dem ehrlichen Finder eine Belohnung, und zwar von hundert Talern, an. Da kam bald ein guter und ehrlicher Mann dahergegangen. „Dein Geld habe ich gefunden. Dies wird's wohl sein! So nimm dein Eigentum zurück!" So sprach er mit dem heiteren Blick eines ehrlichen Mannes und eines guten Gewissens, und das war schön. Der andere machte auch ein fröhliches Gesicht, aber nur, weil er sein verloren geschätztes Geld wieder hatte. Denn wie es um seine Ehrlichkeit aussah, das wird sich bald zeigen. Er zählte das Geld und dachte unterdessen geschwinde nach, wie er den treuen Finder um seine versprochene Belohnung bringen könnte. „Guter Freund", sprach er hierauf, „es waren eigentlich 800 Taler in dem Tuch eingenäht. Ich finde aber nur noch 700 Taler. Ihr werdet also wohl eine Naht aufgetrennt und Eure 100 Taler Belohnung schon herausgenommen haben. Da habt Ihr wohl daran getan. Ich danke Euch." Das war nicht schön. Aber wir sind noch nicht zu Ende . . .

Der ehrliche Finder, dem es weniger um die 100 Taler als um seine unbescholtene Rechtschaffenheit zu tun war, versicherte, daß er das Päcklein so gefunden habe, wie er es bringe, und es so bringe, wie er's gefunden habe. Am Ende kamen sie vor den Richter. Beide bestanden auch hier noch auf ihrer Behauptung; der eine, daß 800 Taler seien eingenäht gewesen, der andere, daß er von dem Gefundenen nichts genommen und das Päckchen nicht versehrt habe. Da war guter Rat teuer. Aber der kluge Richter, der die Ehrlichkeit des einen und die schlechte Gesinnung des anderen zu kennen schien, griff die

Sache so an: Er ließ sich von beiden über das, was sie aussagten, eine feste und feierliche Versicherung geben und tat hierauf folgenden Ausspruch: „Wenn der eine von euch 800 Taler verloren, der andere aber nur ein Päcklein mit 700 Talern gefunden hat, so kann auch das Geld des letzteren nicht das sein, auf welches der erstere ein Recht hat. Du, ehrlicher Finder, nimmst also das Geld, welches du gefunden hast, wieder zurück und behältst es in guter Verwahrung, bis der kommt, welcher nur 700 Taler verloren hat. Und dir da weiß ich keinen Rat, als du geduldest dich, bis derjenige sich meldet, der deine 800 Taler findet." So sprach der Richter, und dabei blieb es.

1. Was tat der Reiche, um sein Geld wiederzubekommen?
   (a) Er sah einen guten und ehrlichen Mann daherkommen.
   (b) Er setzte öffentlich eine Belohnung aus.
   (c) Er nahm sich einen klugen Richter.
   (d) Er fand das Geld selbst wieder.
2. Was war an dem Finder „schön"?
   (a) Er hatte nur einen Teil des Geldes zurückgebracht.
   (b) Er wollte eine höhere Belohnung haben.
   (c) Er war ehrlich und hatte ein gutes Gewissen und einen fröhlichen Blick.
   (d) Er war nur deshalb fröhlich, weil der Reiche auch fröhlich war.
3. Auf welche Weise wollte der Reiche den Finder um den Finderlohn bringen?
   (a) Er zählte das Geld und sagte nichts.
   (b) Er behauptete, der Finder habe sich den Finderlohn schon selber genommen, der Finderlohn sei also schon bezahlt.
   (c) Er machte auch ein fröhliches Gesicht.
   (d) Er sagte nur: „Guter Freund! Ich danke Euch!"
4. Warum war die Anekdote mit „Ich danke Euch!" noch nicht zu Ende?
   (a) weil sie jetzt erst richtig anfing: die beiden gerieten so in Streit, daß sie schließlich vor Gericht gingen.
   (b) weil am Anfang ein Richter kam.
   (c) weil der ehrliche Finder noch ein Päcklein gefunden hatte.
   (d) weil es dem Finder nur um den Finderlohn (und um sonst gar nichts) ging.

5. Warum war vor Gericht „guter Rat teuer"?
   (a) weil der Richter sagte, er habe das Päcklein so gefunden, wie es gebracht worden sei, und er habe es so gebracht, wie es gefunden worden sei.
   (b) weil inzwischen noch einmal 100 Taler verschwunden waren.
   (c) weil der Richter ratlos war.
   (d) weil beide weiterhin an ihren Behauptungen festhielten.

6. Was schien der Richter zu wissen?
   (a) daß die Versicherungen feierlich und der Rat teuer sein würden.
   (b) daß der eine ehrlich und der andere unehrlich war.
   (c) daß er klug war, und daß er von dem Gefundenen nur 100 Taler genommen hatte.
   (d) daß der Reiche zu dumm zum Geldzählen war.

7. Welche Entscheidung traf der Richter?
   (a) Er entschied, daß der Reiche auf den „wirklichen" ehrlichen Finder, und der Finder auf den „wirklichen" Besitzer warten solle.
   (b) Er entschied, daß es so blieben sollte, wie es der Reiche wollte.
   (c) Er verschob die Entscheidung auf nächsten Donnerstag.
   (d) Er entschied gar nichts.

8. Wie begründete der Richter sein Urteil?
   (a) 800–600 = 200; also könne dem Reichen das gefundene Geld nicht gehören!
   (b) Auf Grund der Aussagen der beiden Streitenden könne das gefundene Geld dem Reichen gar nicht gehören; also müsse der Finder es solange behalten, bis der wirkliche Besitzer sich melde!
   (c) Er sagte, der Finder hätte das Geld nicht gut genug verwahrt.
   (d) Er gab eine kurze, aber unverständliche Begründung.

9 Aus: „Es wird etwas geschehen"

Zu den merkwürdigsten Abschnitten meines Lebens gehört wohl der, den ich als Angestellter in Alfred Wunsiedels Fabrik zubrachte. Von Natur bin ich mehr dem Nachdenken und dem Nichtstun zugeneigt als der Arbeit, doch hin und wieder zwingen mich anhaltende finanzielle Schwierigkeiten — denn Nachdenken bringt sowenig ein wie Nichtstun —, eine sogenannte Stelle anzunehmen. Wieder einmal auf einem solchen Tiefpunkt angekommen, vertraute ich mich der Arbeitsvermittlung an und wurde mit sieben anderen Leidensgenossen in Wunsiedels Fabrik geschickt, wo wir einer Eignungsprüfung unterzogen werden sollten.

Schon der Anblick der Fabrik machte mich mißtrauisch: die Fabrik war ganz aus Glasziegeln gebaut, und meine Abneigung gegen helle Gebäude und helle Räume ist so stark wie meine Abneigung gegen die Arbeit. Noch mißtrauischer wurde ich, als uns in der hellen, fröhlich ausgemalten Kantine gleich ein Frühstück serviert wurde: hübsche Kellnerinnen brachten uns Eier, Kaffee und Toaste, in geschmackvollen Karaffen stand Orangensaft; Goldfische drückten ihre blasierten Gesichter gegen die Wände hellgrüner Aquarien. Die Kellnerinnen waren so fröhlich, daß sie vor Fröhlichkeit fast zu platzen schienen. Nur starke Willensanstrengung — so schien mir — hielt sie davon zurück, dauernd zu trällern. Sie waren mit ungesungenen Liedern so angefüllt wie Hühner mit ungelegten Eiern.

Ich ahnte gleich, was meine Leidensgenossen nicht zu ahnen schienen: daß auch dieses Frühstück zur Prüfung gehöre; und so kaute ich hingebungsvoll, mit dem vollen Bewußtsein eines Menschen, der genau weiß, daß er seinem Körper wertvolle Stoffe zuführt. Ich tat etwas, wozu mich normalerweise keine Macht dieser Welt bringen würde; ich trank auf den nüchternen Magen Orangensaft, ließ den größten Teil des Toasts liegen, stand auf und marschierte handlungsschwanger in der Kantine auf und ab.

So wurde ich als erster in den Prüfungsraum geführt, wo auf reizenden Tischen die Fragebogen bereitlagen. Die Wände waren in einem Grün getönt, das Einrichtungsfanatikern das Wort „entzückend" auf die Lippen gezaubert hätte. Niemand war zu sehen, und doch war ich so sicher, beobachtet zu werden, daß ich mich benahm, wie ein Handlungsschwangerer sich benimmt, wenn er sich unbeobachtet glaubt: ungeduldig riß ich meinen Füllfederhalter aus der Tasche, schraubte ihn auf, setzte mich an den nächstbesten Tisch und zog den Fragebogen an mich heran, wie Choleriker Wirtshausrechnungen zu sich hinziehen.

1. Warum suchte der Autor gerade Arbeit?
   (a) Er war von Natur aus eigentlich faul, aber Geldschwierigkeiten zwangen ihn, Arbeit zu suchen.
   (b) weil er nie scharf nachdachte.
   (c) weil er unbedingt bei Alfred Wunsiedel arbeiten wollte.
   (d) weil er ein Angestellter in einem merkwürdigen Lebensabschnitt war.

2. Bekam der Autor die Stelle sofort?
   (a) Ja, er baute gleich eine Fabrik aus Glasziegeln.
   (b) Nein, er mußte erst einen Eignungstest machen.
   (c) Nein, erst mußte er die schwangeren Kellnerinnen in der Kantine kennenlernen.
   (d) Nein, erst mußte er die Kantine mit hellen, fröhlichen Farben ausmalen.

3. „Nur starke Willensanstrengung hielt sie (die Kellnerinnen) davon zurück, dauernd zu trällern." Wie ist dieser Satz wahrscheinlich gemeint?
   (a) Er ist todernst und feierlich gemeint.
   (b) Er ist witzig und ironisch gemeint.
   (c) Böll hat sich wahrscheinlch gar nichts dabei gedacht.
   (d) Er soll die anhaltenden finanziellen Schwierigkeiten des Autors symbolisieren.

4. Womit vergleicht der Autor die nicht gesungenen Lieder?
   (a) mit blasierten Goldfischen.
   (b) mit Eiern, Kaffee und Toast.
   (c) mit nicht gelegten Eiern.
   (d) mit dem sofort servierten Frühstück.

5. Warum trank der Autor auf nüchternen Magen Orangensaft, obwohl er das sonst nie tat?
   (a) weil er gleich erkannte, daß das Frühstück ein Teil des Eignungstests war.
   (b) weil ihm nicht gut war, und er Kaffee nicht mochte.
   (c) weil er nicht schwanger werden wollte.
   (d) weil er den größten Teil des Toasts auch noch essen wollte.

6. Was tat der Autor im Prüfungsraum?
   (a) Er schüttelte zuerst dem Personalchef die Hand und ging dann handlungsschwanger auf und ab.
   (b) Er rief „Entzückend!", setzte sich und wartete, bis er beobachtet wurde.
   (c) Er bezahlte die Rechnung.
   (d) Er riß seinen Füller heraus, drehte die Füllerkappe ab, setzte sich gleich an den Tisch, der am nächsten stand, und riß hastig und ungeduldig den Fragebogen an sich.

7. „. . . und (ich) zog den Fragebogen an mich heran, wie Choleriker Wirtshausrechnungen zu sich hinziehen." Das soll wahrscheinlich bedeuten:
   (a) Ich zog den Fragebogen hastig, ungeduldig, überkritisch und unbeherrscht an mich.
   (b) Ich sitze gern im Wirtshaus und fülle Fragebogen aus.
   (c) Choleriker sitzen oft im Wirtshaus.
   (d) Choleriker in Wirtshäusern werden von Fragebogen angezogen.

V Multiple-choice Listening Comprehension Tests

Erster Teil

Eine Frage oder Feststellung wird Ihnen *einmal* vorgespielt. Kreuzen Sie bitte die Antwort an, die am besten paßt!

A. 1. (a) Sicher. Der Rest ist für Sie.
(b) Ich habe leider keine Briefmarken dabei.
(c) Haben Sie einen Kuli zur Hand? Sonst hole ich schnell einen!
(d) Sekunde. Jawohl; aber ich habe nur fünf Zweimarkstücke.

2. (a) Bei Ihrer Nase ist das ja auch kein Wunder.
(b) Nehmen Sie doch ein „Nasenfahrrad".
(c) Machen Sie sich nichts draus! Gucken Sie, hier auf dem Fahrplan steht, daß in vier Minuten der nächste kommt.
(d) Nehmen Sie doch die Nummer 12; die fährt in die andere Richtung.

3. (a) Zum Flugpreis kommt aber noch der D-Zug-Zuschlag.
(b) Moment, achtundzwanzig Tage...das macht dann alles zusammen 4889 DM.
(c) Das Hinspiel beginnt morgen, 20 Uhr, und das Rückspiel findet dann in drei Wochen statt.
(d) Also, das wären Hin- und Rückflug nach Nassau, 20 Übernachtungen, Hotel mit Vollpension und die drei Ausflüge ... zusammen 5001 DM.

4. (a) Prima, ich wollte sowieso heute noch tippen.
(b) Ja, dann hol' mal gleich den Sekt; das müssen wir feiern!
(c) Gratuliere zum Lottogewinn!
(d) Wie schade!

5. (a) 90%
(b) Der Bundespräsident, selbstverständlich!
(c) Um elf Uhr spätestens sollte auch mal Damenwahl sein!
(d) Ich meine, die CDU/CSU kann das Rennen machen; allerdings ist die SPD/FDP-Koalition nicht ohne Chancen.

6. (a) Geben Sie mir das Nashorn!
(b) Sie werden vielleicht erstaunt sein: aber ich mag die Nickelbrille da lieber.
(c) Ich nehme lieber gleich fünf Packungen ...
(d) Ich nehme doch lieber ein Nebelhorn!

7. (a) Haben Sie nur 200 DM gespart?
(b) Heben Sie es doch ab!
(c) Am besten wäre es, wenn du ein Bankkonto eröffnen würdest. Geh' doch gleich zur Bank!
(d) 100 DM kannst du behalten. 150 gibst du mir.

8. (a) Dieser genügt mir!
(b) Sauerkraut mag ich lieber.
(c) Jawohl, Frau Maier; dann haben Sie es nächste Woche.
(d) Ich habe beim letzten Mal leider keinen Kugelschreiber gehabt.

9. (a) Ja, aber es war enttäuschend. Vielleicht habe ich es nicht genau befolgt!?
(b) Dasselbe Rezept hat mir neulich der Arzt verschrieben, und zwar mit mehr Erfolg.
(c) Das hängt von deinem Geschmack ab!
(d) Mein Mann ist krank.

B. 1. (a) Die Treppen waren so steil.
   (b) Der Bürgermeister ist schon alt.
   (c) Nicht sehr lange.
   (d) Wir haben keine Ratten in unserem Haus.

2. (a) Das Auto muß neu sein.
   (b) Ja, biegen Sie hier gleich rechts ab!
   (c) Meine Bratpfanne ist auch kaputt.
   (d) Am besten rufen wir den Abschleppdienst an.

3. (a) Die Ur-Zeit ist vorbei.
   (b) Ich kaufe die Uhr nicht.
   (c) Meine Uhr ist leider stehengeblieben.
   (d) Seit wann gibt es denn Uhren?

4. (a) Habt ihr im Lotto gespielt?
   (b) Dann wart ihr also 3 Tore besser als die anderen?
   (c) Wie schade!
   (d) Herzlichen Glückwunsch. Das war wirklich eine gute Leistung!

5. (a) Moment. Tun es zwei Fünfziger auch?
   (b) Du auch? Trotzdem mache ich das Examen mit!
   (c) Das hat meine Kindergärtnerin auch schon gesagt.
   (d) Meine Oma ist krank.

6. (a) Schön, dann hast du mir sicher einen schönen Schneeglöckchenstrauß gepflückt?
   (b) Wie schön für Sie!
   (c) Hättest du die Skier nicht vergessen, wäre das nicht passiert!
   (d) Macht nichts, Schatz; ich stelle das Abendessen warm.

7. (a) Ja, die Sage von Zeus und Europa kenne ich.
   (b) Ja, hab' ich; der Parlamentspräsident soll noch am gleichen Tag gewählt werden.
   (c) Ja, gestern auch schon.
   (d) Da wird der Vertreter der Inneren Mongolei ja wieder viele Anträge stellen!

8. (a) Also, ich finde ihn eigentlich ganz sympathisch.
   (b) Ja, er tut mir auch leid.
   (c) Ja, der Kerl leidet immer.
   (d) Kiel gefällt mir auch nicht besonders, aber das restliche Schleswig-Holstein dafür umso mehr.

9. (a) Dann mach sie lieber zu!
   (b) Ja, leider ist der Korkenzieher kaputt.
   (c) Gib sie mal her; ich mach das schon.
   (d) Du hättest den Büchsenöffner nicht finden sollen!

C. 1. (a) Warum das denn?
   (b) Die Lottozahlen sind 1, 4, 5, 7, 8, 45, Zusatzzahl 48.
   (c) Sie Schlimmer, Sie! Stellen Sie doch nicht so intime Fragen!
   (d) Jawohl, geht in Ordnung. Können Sie bitte Ihre Nummer nochmal wiederholen?

2. (a) Ja, die Birne liegt auf der Wolldecke.
   (b) Ja, das Bier steht noch auf der Theke.
   (c) Ja, in meinem Zimmer habe ich schon drei Wände voll, und alles verschiedene.
   (d) Nein, ich trinke sie lieber.

3. (a) Wieso, wer ist umgefallen?
   (b) Du gefällst mir auch nicht mehr.
   (c) Das kann man wohl sagen; zum Glück war es nur ein einfacher Knochenbruch.
   (d) Du weißt aber auch alles besser!

4. (a) Die Hautpflege kann ich dir nur empfehlen!
   (b) Nein.
   (c) Er war noch auf der Uni.
   (d) Er hat fast gar nicht gebohrt.

5. (a) Der wird nicht zuhause sein!
   (b) Grimmelshausen, ist der nicht schon im 17. Jahrhundert gestorben?
   (c) Ja, bitte steigen Sie ein. Gehören die Koffer Ihnen?
   (d) Einfache Fahrt oder Rückfahrkarte?

6. (a) Ach du meine Güte! Aber seien Sie gnädig mit mir, 10 DM werden doch genügen, hoffe ich.
   (b) Aber ich habe eine Fahrkarte.
   (c) Ich war doch zuerst da!
   (d) Dann fahr' ich eben in einen anderen Park.

7. (a) Am besten ziehst du die Socken aus, dann hast du es schön warm, und der Teppich wird auch geschont.
   (b) Da stehen sie doch; du brauchst nur richtig hinzugucken. Nun ziehe sie aber gleich an!
   (c) Lauf doch schnell zum Hausschuhautomaten um die Ecke!
   (d) Da hast du wirklich recht! Diese modernen Wohnungen sind so hellhörig gebaut.

8. (a) Ich hab' es ja immer gesagt: Auge um Auge, Zahn um Zahn!
   (b) Die Verhandlungen haben zwar lange gedauert, aber sie sind ja nun zu einem glücklichen Abschluß gekommen.
   (c) Ich wußte gar nicht, daß zwischen USA und Kanada Krieg herrscht!
   (d) Ja, die Sozialdemokraten und die Christlichen Demokraten haben sich nach Ostern im Bundestag lange gestritten.

9. (a) Die Schüssel ist leider zu klein.
   (b) Am besten bringen Sie mir noch die Tür; dann geht's schneller.
   (c) Wird erledigt. Kommen Sie doch so kurz vor sechs vorbei; dann können Sie sie abholen.
   (d) Schlösser können wir leider nicht reparieren.

Zweiter Teil

Ein kurzer Ausschnitt aus einem Gespräch wird Ihnen *einmal* vorgespielt. Sie sollen die Fortsetzung ankreuzen, die am besten paßt.

A. 1. (a) Soso! Vielleicht solltest du doch zum Doktor gehen.
   (b) Das glaube ich nicht; ich kenne mich doch hier aus!
   (c) Oh, entschuldigen Sie vielmals. Sie sehen meinem Freund aber wirklich ähnlich!
   (d) Sind Sie denn öfters auf Reisen?

2. (a) Na, vielleicht treffen wir sie ja in London.
   (b) Schade, dann werden wir ihn heute nicht mehr zurückgeben können!
   (c) Sowas! Dann kann ich ja gar nicht nachschauen, wo Carnaby Street ist.
   (d) Wie soll ich denn da eine Fahrkarte kaufen?

3. (a) Ja, ich hatte mich versprochen.
   (b) Wieso ich? *Du* hast an allem etwas auszusetzen.
   (c) Schau mal! Das Bett ist nicht gemacht, die Dusche ist kaputt, und der Preis ist viel zu hoch!
   (d) Ja, der Ausblick aufs Meer ist schön, nicht wahr?

4. (a) Aha! Also dann, schönen Gruß an deine Mutter!
   (b) Ja, meiner auch.
   (c) Sei bitte nicht so frech, Sabine!
   (d) Schönen Dank. Und wie geht's ihm sonst?

5. (a) Bitte pack die Butterbrote schon mal aus!
   (b) Und ich eine Flasche Bier!
   (c) Das ist sehr nett von dir; du denkst auch an alles!
   (d) Muß ich denn immer an alles denken?

6. (a) Es gibt Bratkartoffeln mit Spiegelei.
   (b) Ja, in der Post ist es öfters so laut.
   (c) Warum hast du es denn nicht ein sechstes Mal versucht?
   (d) Es wird schon sehr früh dunkel jetzt, nicht wahr!?

7. (a) Was hat das mit Irland zu tun?
   (b) Es ist gar nicht leicht, in England einen Schnupfen zu bekommen, besonders nachts.
   (c) Was, so ein Unsinn. Schnupfen ist eine der schwersten Krankheiten der Welt! Das weiß doch jeder!
   (d) Richtig, aber ein Schnupfen kann durchaus schlimmer werden.

8. (a) Wie geht's Ihrem Sohn?
   (b) So geht's mir auch. Aber mir tut auch das viele Geld leid, das er dafür ausgibt.
   (c) Wie schön, daß Ihr Mann das Rauchen aufgegeben hat!
   (d) Ja, die hat er auch in der Schule!

B. 1. (a) Wie witzig! Aber ich habe genug Arbeit im Hause.
   (b) Den Seinen gibt's der Herr im Schlaf!
   (c) Ich bin weder auf noch zu!
   (d) Richtig. Wir bekommen gleich Besuch!

2. (a) Nein, das U-Boot hat ja Selbstbedienung!
   (b) Ach ja; deine Frau hat neulich 20 000 Mark im Lotto gewonnen.
   (c) Ja, in Norwegen ist es immer heiß im Sommer.
   (d) Letztes Jahr waren wir in England.

3. (a) Du hast wohl nichts Besseres zu tun!
   (b) Ich habe doch schon abgewaschen.
   (c) Deswegen brauchst du dich doch nicht zu bedanken. Das haben wir doch gern gemacht.
   (d) Was hast du letzte Weihnachten gemacht?

4. (a) Komisch. Ihr habt „hamburgers" doch noch nie gerne gemocht!
   (b) Wie oft denn?
   (c) Ja, meine Frau und ich nicht so sehr.
   (d) Ja, wir auch.

5. (a) Ein Glas Wasser mit einer doppelten Portion Schlagsahne.
   (b) Herr Ober, die Rechnung bitte, ich hab's eilig.
   (c) Ein großes Glas Bier und die Speisekarte. Ich wähle dann gleich.
   (d) Gestern habe ich 10 Bier und 10 Schnaps getrunken.

6. (a) Wieso denn nicht?
   (b) Hast du schon dein Taschengeld bekommen?
   (c) Ich auch nicht.
   (d) Ja, Herr Müller war schon immer ein guter Sportler.

7. (a) Dann packe ich am besten gleich deinen Rucksack!
   (b) Aber Herr Braun hat doch vor 10 Jahren schon eine Klassenfahrt gemacht.
   (c) Da will ich aber mitfahren!
   (d) Laß mich mal den Fragebogen sehen. Vielleicht kann ich dir helfen.

8. (a) Prima, dann bin ich ja um halb zehn schon in Stuttgart!
   (b) Danke, gibt's die Flugscheine beim Fahrer?
   (c) Vielen Dank. Das geht ja schnell.
   (d) Auf welchem Gleis fährt er ab?

C. 1. (a) Ich habe es ja gleich gesagt: es wird ein Junge!
   (b) Dann wünsche ich alles Gute! Herzliche Grüße an Ihre Schwester.
   (c) Ja, er ist seit zwei Jahren stark gewachsen.
   (d) Hätte er das nicht schon während der Geburt sagen können?

2. (a) Wann kommt er denn wieder?
   (b) Gut, dann also heute nachmittag, 16.00 Uhr!
   (c) Dann gehe ich zum praktischen Arzt.
   (d) Was, Zahnärzte leiden im Urlaub?

3. (a) Nein, ich nehme ein anderes Messer.
   (b) Hauptsache, die Kartoffeln haben sich nicht geschnitten!
   (c) Und du? Bist du unverletzt?
   (d) Ja, ziemlich. Hol doch schnell Hansaplast!

4. (a) Das hättet ihr auch *vor* 10 machen können!
   (b) Erzähl bloß keine Märchen. Marsch, ab ins Haus!
   (c) Hättest du ihm da nicht schnell ein Auto kaufen können?
   (d) Daß man sich sowas als Mutter sagen lassen muß!

5. (a) Wieso Müller?
   (b) Eine angenehme Sache!
   (c) Kommen Sie doch heute abend auf ein Gläschen 'rüber!
   (d) Angenehmer, am angenehmsten. Meier.

6. (a) Ja, der Pastor auch.
   (b) Ja, und ihr dreijähriges Brüderchen war so artig während des Taufgottesdienstes.
   (c) Wieso, sie hat doch schon einen Namen!?
   (d) Wieso, die Taufe war doch sowieso klar!

7. (a) Die Kopfhörer hätten Sie aber auch reparieren müssen!
   (b) Kann ich die Birne gleich 'reinschrauben!?
   (c) Herrlich, da kann ich endlich das Zimmer wieder richtig saubermachen!
   (d) Donnerwetter! Das haben Sie aber prima hingekriegt. Tolle Bildschärfe.

8. (a) Ich weiß, eigentlich geht das im Schlußverkauf nicht; aber könnten Sie nicht mal ein Auge zudrücken?
   (b) Umtausch ausgeschlossen!
   (c) Ja, Sie bekommen meinen alten noch *dazu*!
   (d) Das paßt mir gar nicht!

Kabinett der Nationalversammlung (Weimar) 13.2–21.6.1919.

Dritter Teil

Eine Situation oder Feststellung wird Ihnen *einmal* vorgespielt. Den Text haben Sie vor sich liegen. Sie hören jeweils 4 Fortsetzungen dieses Textes. Wählen Sie die Fortsetzung, die am besten paßt!

1. Herr Ziegelmeier ist vor dem Fernseher eingeschlafen. So hat er ein Fußballspiel verpaßt, das er sehr gerne gesehen hätte. Er brummt:

2. In Deutschland wird die Zeit von 1918 bis 1933 die „Weimarer Republik" genannt. Der Name entstand, weil die Verfassung der jungen Republik in der Stadt Weimar ausgearbeitet wurde. Ein Geschichtsbuch erklärt:

3. Herr Heinzmann beklagt sich bei seinem Nachbarn Baumann darüber, daß Baumanns riesige, dunkle Tanne ihm zum Teil die Aussicht versperrt und ihm im Wohnzimmer das Licht wegnimmt. Herr Baumann antwortet:

4. Die Studentin Jutta Kleber beklagt sich über die Mensapreise und die hohen Mieten in Heidelberg. Ein Heidelberger meint dazu:

5. Eine auf dem Boden des Grundgesetzes stehende konservative Partei in der Bundesrepublik bereitet sich auf den Wahlkampf vor. Ein Werbetexter schlägt Wahlslogans vor:

6. Eine auf dem Boden des Grundgesetzes stehende linksgerichtete Partei in der Bundesrepublik bereitet sich auf den Wahlkampf vor. Ein Werbetexter schlägt Wahlslogans vor:

7. Max hatte sich mit seiner Freundin um 19.30 Uhr am Kino verabredet. Sie kommt eine halbe Stunde zu spät. Er knurrt ärgerlich:

8. Anna muß unbedingt noch einen wichtigen Text tippen. Als sie halb fertig ist, geht die Schreibmaschine kaputt. Sie stöhnt:

9. Der Herausgeber einer Jagdzeitschrift bespricht mit einem seiner Mitarbeiter die nächste Ausgabe. Er schlägt unter anderem vor:

10. Das Schloß „Sanssoucis" war das Lieblingsschloß Friedrichs des Großen. „Sanssoucis" heißt „ohne Sorgen". Ein Fremdenführer erklärt:

11. Helga hat eben einen Artikel über den verschmutzten Rhein gelesen. Sie klagt:

12. Herr Schäfer macht sich große Sorgen um die Versetzung seines Sohnes Karl. Er ruft Karl und sagt zu ihm:

Vierter Teil

Hier hören Sie längere Ausschnitte und Fragen, die damit verbunden sind. Wählen Sie die jeweils passendste Antwort! Die Ausschnitte und Fragen hören Sie zweimal.

1 Eine fast unglaubliche Geschichte aus den USA

1. Was für ein Hirsch lebt im National Forest von Huron?
   (a) Ein ganz normaler, weißer Hirsch.
   (b) Ein Hirsch, der radfahren kann.
   (c) Ein Hirsch, der sich lieber in ein warmes Auto setzt als im kalten Schnee herumzulaufen.
   (d) Ein Hirsch, der auch im Winter gerne durch den kalten Huron-See schwimmt.

2. Wann begegnete Mr. Jensen dem Hirsch?
   (a) Als Mr. Jensen gerade zur Arbeit fuhr.
   (b) Als der Motor des Wagens nicht ansprang.
   (c) Als Mr. Jensen gerade von dem Hirsch berichten wollte.
   (d) Als Mr. Jensen die Heizung im Wagen anstellte.

3. Warum hielt Mr. Jensen an?
   (a) Weil der Hirsch aus dem Wald getreten und gegen seine Wagentür gesprungen war, und weil Mr. Jensen nachschauen wollte, was los war.
   (b) Weil er die Tür für den Hirsch so besser öffnen konnte.
   (c) Weil er die Autotür wieder zumachen wollte.
   (d) Weil er böse auf den Hirsch war.

4. War der Hirsch schwer verletzt?
   (a) Ja, er lag halbtot da.
   (b) Ja, denn er wollte Medikamente von Herrn Jensen haben.
   (c) Nein, denn er kletterte ja schnell in das Auto und ließ sich nieder.
   (d) Nein, denn der Hirsch sprang schnell davon.

5. Wen benachrichtigte Mr. Jensen, und warum?
   (a) Er rief die Reparaturwerkstatt Bublitz und Partner an, weil er nicht viel Zeit hatte.
   (b) Weil er es eilig hatte, telephonierte er mit dem Sheriffbüro.
   (c) Er benachrichtigte die Mutter des Hirsches, weil sie Angst hatte.
   (d) Er tat nichts, weil er gleich weiterfahren wollte.

6. Was waren Mr. Bublitz und sein Kollege?
   (a) Die Mechaniker von der Firma Bublitz und Partner.
   (b) Sie waren zwei amerikanische Hilfspolizisten.
   (c) Sie waren die Besitzer des Hirsches.
   (d) Sie waren Waldarbeiter, die den Schnee wegräumen wollten.

7. Blieb der Hirsch in Mr. Jensens Auto?
   (a) Nein, aber dafür machte er es sich im warmen Patrouillenwagen gemütlich.
   (b) Ja; er machte sogar Herrn Jensens Autoradio an!
   (c) Nein, er wollte schnell zu seiner Mama zurück.
   (d) Ja, er fuhr sogar mit Herrn Jensen zur Arbeit.

8. Was passierte zum Schluß mit dem Hirsch?
   (a) Die Polizisten erschossen ihn.
   (b) Die Wölfe jagten ihn bis zu seinem warmen Unterschlupf.
   (c) Er wurde mit auf die Polizeiwache genommen, weil dort die Heizung voll aufgedreht war.
   (d) Er verließ schließlich nur langsam das Polizeiauto und sah sich dann noch einige Male nach dem Auto um.

2 Aus dem Leben eines Cheyenne-Indianers

Wortschatz
der Ahn (–en): ancestor
das Spanferkel (–): sucking pig

1. Wo ist Larry aufgewachsen?
   (a) In der kalifornischen Stadt Santa Barbara.
   (b) In einem Indianerreservat in Kalifornien.
   (c) In einem Ort mit 700 Einwohnern.
   (d) In Cheyenne bei Comanchen.

2. Wieviele Vollgeschwister hat Larry?
   (a) 5, weil er 14 Geschwister und 9 Halbgeschwister hat.
   (b) 9
   (c) 15, nämlich die 14 Geschwister und Larry.
   (d) Gar keine, denn er hat 5 Halbbrüder und -schwestern.

3. Warum kann Larrys Familie leicht „umziehen"?
   (a) Sie hat einen Wohnwagen, mit dem man leicht von Ort zu Ort ziehen kann.
   (b) Weil sie keine geteerten Straßen und zwei Pferde haben.
   (c) Weil sie ein Möbelauto haben.
   (d) Weil sie in dem unwegsamen Gelände gut vorankommen.

4. Was taten Larrys Eltern zuerst, als Larry nach einem Jahr zurückkam?
   (a) Sie sagten, er sollte andere Kleider anziehen.
   (b) Sie ließen ihn zunächst nicht eintreten und fragten ihn, was er in dem einen Jahr alles gemacht habe.
   (c) Sie gaben ihm weiße Farbe.
   (d) Sie brachten ihm wieder die Indianersprache bei.

5. Was geschah am Ende der Befragung?
   (a) Die Eltern riefen die anderen Familienmitglieder und sagten: „Es ist alles in Ordnung!"
   (b) Sie sagten: „Es ist vieles nicht in Ordnung!"
   (c) Sie sagten: „Ordnung muß sein!"
   (d) Sie sprachen mit Larrys Brüdern.

6. Was geschah an Larrys Geburtstag?
   (a) Er bekam viele Geschenke, zum Beispiel ein Ferkel.
   (b) Man briet ein Spanferkel, und die Stammesangehörigen brachten für Larrys Familie Geschenke mit.
   (c) Man tötete einen Bären und trank und tanzte.
   (d) Man verehrte einen Bären, der auf einem Felsen saß.

7. Wann sagen die Eltern, daß sie stolz auf ihren Sohn sind?
   (a) Weihnachten, kurz vor dem Jahreswechsel.
   (b) Wenn es dunkel wird.
   (c) Kurz vor Mitternacht.
   (d) In einem Jahr.

3 „Honar" kam fünfmal

1. Wem begegnete Sari letzte Woche abgeblich mehrmals?
   (a) dem Teufel
   (b) einem Engel
   (c) einem Wesen, das nicht von dieser Erde stammt
   (d) einem Dienstmädchen

2. Was berichteten die Zeitungen über Honars Aussehen?
   (a) Er hatte sehr, sehr lange Arme und ein schwarzes Fell, und er war sehr groß.
   (b) Er war zwölf Jahre alt und kam aus dem Iran.
   (c) Er sah wie ein träumendes Kind aus.
   (d) Er war zwischen 1,60m und 1,80m groß, hatte einen langen Pelzmantel an, und die Beine waren sehr lang.

3. Woran dachten die Zeitungen angeblich nicht?
   (a) daß das außerirdische Wesen Saris Phantasie entsprungen sein könnte.
   (b) daß noch andere Besucher hätten kommen können.
   (c) daß Sari erst 12 Jahre alt ist, und daß Honar schon über zwei Meter groß ist.
   (d) an die Küchengeräte und Elektrokabel.

4. Wie hat sich das Wesen der Sari vorgestellt?
   (a) Es hat eine Meldung in die Honar-Zeitung gesetzt.
   (b) Es hat nicht mit dem Mund, sondern mit Fingerabdrücken gesprochen.
   (c) Es hat gesagt, es hieße Honar, und sei 10 Lichtjahre weiter als die Erde.
   (d) Es hat Sari die Hand geschüttelt und das Licht angemacht.

5. Warum konnte Sari angeblich nicht mehr selbständig denken und handeln, als Honar kam?
   (a) Weil die Bewohner des Hauses auch nicht selbständig denken und handeln konnten.
   (b) Weil aus Honars Augen angeblich sonderbare Lichtstrahlen kamen, die Sari die Fähigkeit zum selbständigen Denken und Handeln nahmen.
   (c) Weil die Polizeiexperten da waren.
   (d) Weil Honar einen Pelzmantel trug.

6. Von welchen merkwürdigen Dingen wissen die Bewohner des Hauses angeblich zu berichten?
   (a) zum Beispiel von temperamentvollen Kühlschränken.
   (b) zum Beispiel, daß sich das Radio selbst ausschaltete, und daß das Kühlschrankkabel von selbst aus der Steckdose fiel.
   (c) von nichts.
   (d) von Möbeln mit Steckdosen.

4 Der Mann, den der Tod nicht haben wollte

1. Warum liegt Herr Piper im Krankenhaus?
   (a) Er fühlt sich wie neugeboren.
   (b) Er starb bei einem Flugzeugunglück in Nairobi.
   (c) Weil er zum dritten Mal nicht mehr leben will.
   (d) Er ist mit einem Flugzeug abgestürzt und wurde dabei verletzt.

2. War dies Herrn Pipers *erster* Unfall mit dem Flugzeug?
   (a) Nein, er ist schon einmal abgestürzt.
   (b) Nein, die Leute in der Kirche erinnern sich an einen anderen Unfall.
   (c) Nein, es war sein dritter.
   (d) Ja, das stimmt.

3. An welche Details seines letzten Absturzes erinnert er sich zum Beispiel noch?
   (a) Der Pilot war im Nebel gegen Bäume geflogen.
   (b) Viele Mooskissen flogen in die Luft.
   (c) Der Absturz ereignete sich vor zwei Wochen.
   (d) Er konnte sich an nichts mehr erinnern.

4. Wieviele Tote gab es bei dem Absturz 1974?
   (a) 400
   (b) 59 Menschen starben.
   (c) In der Maschine starben 4 Menschen.
   (d) Gar keine.

5. Wie ist Herr Piper bei dem Unglück in Nairobi gerettet worden?
   (a) Er hatte keine Angst mehr.
   (b) Er konnte aus dem Flugzeug klettern und seine brennenden Kleider löschen.
   (c) Er war damals schon Vater von zwei Kindern.
   (d) Er flog einfach weiter.

6. Will Herr Piper das Fliegen aufgeben?
   (a) Ja, er will lieber ein guter Vater sein.
   (b) Ja, er will weitere Kinder haben.
   (c) Ja, seine Frau hat ihn beruhigt.
   (d) Nein, er will weiterfliegen.

7. Warum ist Herr Piper nicht beunruhigt?
   (a) Er meint, daß seine Frau sich bald beruhigen wird.
   (b) Weil er Kunibert Piper heißt, und seine Frau auf ihn vertraut.
   (c) Er sagt, er könne überall verunglücken, und er vertraue auf Gott.
   (d) Weil er eine sehr große und glückliche Familie hat.

5 Wachmann verhinderte durch schnellen Einsatz Großbrand

1. Wo genau war ein Feuer in der Stadt ausgebrochen?
   (a) im Heizöltank am alten Hafen.
   (b) im Benzintank in der Altstadt.
   (c) am alten Hafen in der Altstadt.
   (d) in den Wohnungen der Anwohner.

2. Was genau brannte?
   (a) das Heizöl, das im alten Hafen war.
   (b) die Seitenwände des historischen alten Krans am alten Hafen.
   (c) einige alte Wohnungen am alten Hafen.
   (d) die ganze Altstadt.

3. Warum konnte das Feuer so schnell gelöscht werden?
   (a) weil die Anwohner entsetzt aus ihren Wohnungen rannten.
   (b) weil viele Autofahrer anhielten und löschen halfen.
   (c) weil Wachmann Meyer schnell einen Handlöscher holte und sofort zu löschen begann.
   (d) weil die Feuerwehr später auch kam.

4. War Wachmann Meyer im Dienst?
   (a) Nein, er feierte gerade seinen vierunddreißigsten Geburtstag.
   (b) Nein, er fuhr zufällig mit nächtlichen Passanten vorbei und sah das Feuer.
   (c) Nein, aber er kümmerte sich trotzdem um das Feuer.
   (d) Ja, er war auf einer routinemäßigen Kontrollfahrt.

5. War der Schaden an dem alten Kran der einzige, der in dieser Nacht angerichtet worden war?
   (a) Nein, das leere Haus Fischmarkt 10 brannte auch ab.
   (b) Nein, es wurden auch noch schlafende Stadtstreicher ertappt.
   (c) Nein, auch die Fensterscheiben einer Firma wurden eingeworfen!
   (d) Ja; in der Stadt war nichts weiter passiert.

6. Was für ein Mann ist Herr Meyer?
   (a) Er ist ein mutiger Wachmann; er ist 34.
   (b) Er ist ein 34-jähriger Stadtstreicher.
   (c) Er ist ein pensionierter Berufsfeuerwehrmann.
   (d) Er ist ein Rowdy, der Fensterscheiben einwirft.

6 Schwerster Schneesturm seit Jahren

1. *Wo* und *wie* war der Schneesturm?
   - (a) Er war in Atlanta (Georgia), und er war nötig.
   - (b) Er war in New York und im ganzen Nordosten der USA, und er war der schlimmste seit Februar 1969.
   - (c) Er war nur in Manhattan, und viele Menschen fanden ihn lustig.
   - (d) Er war auf den drei New Yorker Flughäfen und sehr ansteckend.

2. Wie sah es in New York während des Schneesturms und kurz danach aus?
   - (a) Die Polizei schaufelte Schnee, und Tausende liefen auf dem Broadway Ski.
   - (b) Es hatte zahlreiche Tote gegeben, die Straßen waren menschenleer, und die Flughäfen mußten geschlossen werden.
   - (c) Der Bürgermeister bekam die Grippe und rief deswegen in New York den Notstand aus.
   - (d) Das Leben lief normal weiter, als ob nichts gewesen wäre.

3. Woran starben viele Menschen während des Schneesturms und kurz danach?
   - (a) Sie hatten schon seit Dezember Grippe gehabt.
   - (b) Sie waren von der Außenwelt abgeschnitten.
   - (c) Sie waren zuviel Ski gelaufen, und die Autobahnen blieben geschlossen.
   - (d) Viele Leute starben beim Schneeschaufeln, und zwar an Herzschlag.

4. Wo verbrachten viele Flugreisende die Nacht?
   - (a) draußen im Schneesturm, aber auch in Notbetten in Schulen.
   - (b) im nationalen Zentrum für ansteckende Krankheiten in Atlanta (Georgia).
   - (c) in den Flughafenwartehallen.
   - (d) auf den Autobahnen und im Central Park.

5. Was passierte Tausenden von Familien im Gebiet um New York?
   - (a) Sie nutzten die Gelegenheit und liefen überall Ski.
   - (b) Sie bekamen oft Grippe.
   - (c) Sie wurden von der Außenwelt abgeschnitten.
   - (d) Sie merkten gar nichts von dem Schneesturm.

6. In welcher Altersgruppe wütete die Grippeepidemie am schlimmsten?
   - (a) bei den jungen Frauen, die Ski fuhren.
   - (b) bei älteren Leuten.
   - (c) bei Schulkindern und älteren Autofahrern.
   - (d) bei denjenigen, die im Februar 1969 geboren wurden.

VI Essay Writing

The advanced student of German is expected to be able to write an essay in the language on a wide range of topics. Recent examination candidates have been asked to deal with subjects ranging from the freedom of the press, Europe, the role of small nations in the world politics of the future, equal pay for equal work, the problem of the aged, the energy crisis and parking problems to a comparison between the relative merits of radio and television or the theatre and the cinema. These are difficult questions. Many are problems that are worrying politicians, psychologists, economists, social workers and critics. We hope that, to some extent, we have been able to help students with subjects of this kind in the first part of the book. We would strongly advise them, however, to keep their own detailed notebook of useful words and phrases that may be used in essay writing as they work through the various sections. As a further aid, we have compiled a basic list of expressions. It is by no means exhaustive and students are warned to use it carefully and selectively. The division into the various sections is an arbitrary one.

EINLEITUNG

(a) **Einleitend möchte ich sagen, daß** diese Frage mich sehr interessiert.

By way of introduction I would like to say that I am very interested in this question.

Zuerst will ich auf das Problem der Jugendarbeitslosigkeit **eingehen**.

Firstly I want to deal with the problem of youth unemployment.

Um mit dem Einfachsten zu beginnen, werde ich mich zuerst **mit** den Nachteilen dieses Vorschlags **beschäftigen.**

To begin with the simplest (part), I shall deal firstly with the disadvantages of this proposal.

Ehe/Bevor ich mich mit den Problemen des Fußballspielens **befasse**, will ich noch kurz etwas Allgemeines zum Leistungssport sagen.

Before concentrating on the problems of soccer, I want to say a few brief words about competitive sport in general.

Heute ist es doch so/der Fall, daß viele kleinere Firmen immer mehr von den größeren verdrängt werden.

Today it is certainly the case that many smaller firms are increasingly being displaced by the larger ones.

Heutzutage gibt es in fast jedem Haus einen Fernseher.

Nowadays there is a television set in nearly every house.

In unserer Zeit gibt es einfach zu viele Streiks.

At the present time there are simply too many strikes.

364

In unseren Tagen ist die Einstellung zur Technik ganz anders als früher.	Nowadays our attitude towards technology has changed completely.
Täglich wird die Zahl der Arbeitslosen größer (steigert sich die Zahl der Arbeitslosen).	The number of unemployed is increasing daily.
Tagtäglich wird die Situation im Nahen Osten schlimmer.	The situation in the Near East is getting worse day by day.
Tag für Tag gibt es Staus während der Hauptverkehrszeiten/im Berufsverkehr.	Day after day there are traffic jams during the rush hour.

(b) **Es ist noch gar nicht (so) lange her**, da war dieses Thema tabu/daß dieses Thema tabu war.	It's not all that long ago that this topic was taboo.
Noch vor gar nicht (so) langer Zeit war das Thema tabu.	It's only a short time since this topic was taboo.
In letzter Zeit nimmt die Zahl der Verunglückten wieder zu.	Over the last few days (Recently, lately) the number of casualties has been rising again.
Vor kurzem (kürzlich) wurde darüber im Fernsehen berichtet.	That was reported on television a short time ago.
Seit kurzem ist der Kurs des Pfundes wieder stabil.	For a few days now sterling has been stable again.
Seit einiger Zeit ist die Situation kritisch.	For some time now the situation has been critical.
Seit geraumer Zeit wird über dieses Thema diskutiert.	For quite a long time now this topic has been discussed. (Discussions have been taking place . . .)
Seit langer Zeit/Seit langem hat es keine so guten Parlamentsdebatten mehr gegeben wie in dieser Woche.	It's a long time since the parliamentary debates have been as good as they have been this week.
Seit (vielen) Jahren wird darüber diskutiert.	For (many) years (now) this has been discussed.
Bereits vor (vielen) Jahren ist dieses Thema durch die Presse gegangen.	This has already been discussed thoroughly by the press years ago.
Damals waren noch alle optimistisch.	At that time (Then) everybody was still optimistic.
Früher war alles viel angenehmer.	In former times everything was much more pleasant.
Im Laufe der Zeit ist das Benzin immer teu(e)rer geworden.	In the course of time petrol has become more and more expensive.

(c) **In den nächsten 6 Monaten/in der nächsten Zeit/der näheren Zukunft** wird das sicher entschieden werden.

During the next 6 months/in the next few days/weeks/in the near future this will certainly be settled.

Man hört oft/öfters/häufig, daß die Umweltverschmutzung zunimmt.

You often/frequently hear that pollution is increasing.

Ich habe gehört, daß das nicht mehr der Fall ist.

I have heard that this is no longer the case.

Ich habe gelesen, daß damit jetzt Schluß gemacht werden soll.

I have read that this will now be brought to an end.

Wie in der „Times" **zu lesen war**, hat sich die Stimmung der Bevölkerung geändert.

As was to be read/stated/written in *The Times*, the mood of the people has changed.

Soviel ich weiß, wird das Problem bald gelöst werden.

As far as I know, the problem will soon be resolved.

Es wird oft gesagt, daß in Großbritannien zu viele Ausländer leben.

It is often said that too many foreigners live in Britain.

Die meisten Leute meinen/glauben, daß die Waren in einem Supermarkt billiger sind.

Most people think that the goods in a supermarket are cheaper.

Die Geschichte hat (uns) gezeigt, daß die Vernunft sich letztlich immer durchsetzt.

History has shown (us) that common sense will triumph in the end.

Es würde hier zu weit führen, alle Aspekte dieses Themas zu diskutieren.

It would take too long/much space to discuss all aspects of this topic.

HAUPTTEIL

(a) **Es wird wohl nicht mehr lange dauern, bis** der nächste Streik ausbricht/ausgerufen wird.

It won't be long before the next strike breaks out/is called.

Ich meine/glaube, daß der Sport zu oft von der Politik beeinflußt wird.

I think that sport is too often influenced by politics.

Ich bin der Meinung, daß der Hochleistungssport überbewertet wird.

I am of the opinion that too much importance is given to top-level sport.

Meiner Meinung nach lesen zu wenig Leute Zeitung.

In my opinion too few people read newspapers.

Nach (der) Meinung des Bundeskanzlers/des Premierministers/der Premierministerin müssen (müßten) noch viel mehr Kernkraftwerke gebaut werden.

In the Chancellor's/Prime Minister's opinion many more nuclear power stations must (ought to) be built.

Dem Gesetz nach ist der Vermieter zu bestimmten Leistungen verpflichtet.

According to the law the landlord is obliged to provide certain services.

Ich schlage vor, alle Sportler zu bezahlen/ daß alle Sportler bezahlt werden.	I propose/suggest paying all sportsmen (a fee)/ that all sportsmen be paid.
Ich finde, es wird zuviel über die Politiker geklatscht.	I think there is too much gossip about politicians.
Ich finde es ganz in Ordnung, daß in der Schule nicht geraucht werden darf.	I think it's quite right that smoking should not be allowed at school
Ich finde es falsch, daß man erst mit 16 Jahren die Schule verlassen darf.	I think it's wrong that you can't leave school until you are 16.
Ich finde es nicht richtig, daß Frauen für die gleiche Arbeit oft weniger als Männer verdienen.	I think it's unfair that women often earn less than men for the same job.

(b)

Aus diesem Grunde bin ich vollkommen davon überzeugt, daß Großbritannien nicht aus der EG austreten wird.	For this reason I am completely convinced that Britain will not leave the EC.
Wenn es nach mir ginge, müßten alle Sportanlagen kostenlos zur Verfügung stehen.	If it were up to me, all sports facilities would have to be free.
Man fragt sich, was das (alles) soll.	One wonders what it's (all) about.
Da muß man sich doch wirklich fragen, ob sich diese Maßnahmen wirklich gelohnt haben.	Therefore you really do have to question whether or not these measures were worthwhile.
Es kommt natürlich darauf an, ob die Benzinpreise weiter steigen.	Of course it all depends on whether or not petrol prices continue to rise.
Es hängt natürlich davon ab, ob die OPEC-Länder die Rohöl-Preise weiter steigern.	Of course it all depends on whether or not the OPEC countries continue to increase the prices of crude oil.
Es stimmt nicht, daß alle Kinder die gleichen Bildungschancen haben.	It's not true that all children have the same educational opportunities.
Ich halte es für notwendig, daß alle Autofahrer einen Sicherheitsgurt tragen.	I think it's necessary for all car drivers to wear a safety belt.

(c)

Ich bin (nicht unbedingt) dafür, daß die Schuluniformen abgeschafft werden.	I am (not completely) in favour of the abolition of school uniforms.
Ich bin im Grunde dafür/dagegen, aber man sollte auch die Nachteile einer solchen Entscheidung berücksichtigen.	Basically I am (not) in favour but the disadvantages of such a decision should also be considered.
Ich habe nichts gegen eine Steuererhöhung, wenn die Preise stabil bleiben.	I don't mind a tax increase if prices remain stable.

Ich habe nichts dagegen.	I have nothing against this.
Ich bin (vollkommen) dagegen, daß noch mehr Atomkraftwerke gebaut werden.	I am (completely) against even more atomic power stations being built.
Ich wehre mich (bloß) gegen Zentralisierung, weil mein Leben dadurch komplizierter wird.	I am (simply) against centralization because it makes my life more complicated.
Ich bin generell/prinzipiell gegen übermäßige staatliche Kontrolle.	I am basically against excessive government control.
Ich stimme mit denen/(den Leuten) überein, die sagen, . . .	I agree with those (people) who say . . .
Die Leute haben natürlich recht, die sagen, . . .	People who say . . . are of course right.
Im großen und ganzen ist daran nichts auszusetzen.	On the whole there is nothing to object to on that score.
Im Grunde genommen sind alle Länder von der Weltwirtschaftslage betroffen.	Basically all countries are affected by the international economic situation.
Im wesentlichen handelt es sich hier um eine Frage der persönlichen Überzeugung.	Essentially this is a question of personal conviction.

(d) **Dabei muß man bedenken, daß** jeder eine andere Weltanschauung hat.	In this context you have to bear in mind that everybody has a different philosophy of life.
Man darf (jedoch) nicht vergessen, daß es in jedem Land andere Sitten gibt.	One mustn't forget (however) that each country has its own customs.
Es besteht die Gefahr, daß die Benzinpreise weiter steigen.	There is a danger of petrol prices continuing to rise.
Die EG kann großen Einfluß auf die Weltpolitik ausüben, vorausgesetzt, daß sich alle Mitglied(s)staaten einig sind.	The EC can exert a great influence on world affairs provided that all member states agree.
Erstens sind Motorräder nicht sehr sicher, **zweitens** sind sie zu teuer, und **drittens** sind sie unbequem.	Firstly, motor-bikes are not very safe, secondly, they are too expensive and thirdly, they are uncomfortable.
Möglicherweise würde das zu wilden Streiks führen.	This would possibly lead to wildcat strikes.
Wie erschreckend es auch sein mag, es besteht doch die Möglichkeit eines Dritten Weltkriegs. **(Es mag erschreckend/ erstaunlich sein, aber . . .)**	However shocking it may be, the possibility of a Third World War nevertheless exists. (It may be shocking/amazing but . . .)
Es ist beschämend/empörend, daß der größte Teil der Menschheit hungert.	We ought to be ashamed/angry that the largest part of the world's population is starving.

Gegebenenfalls werden besondere Fälle vom Staat unterstützt.

Should the occasion arise, special cases are supported by the government.

Ausgehend von dem Gedanken, daß Lesen die Phantasie anregt, kann ich allen Eltern nur empfehlen, ihren Kindern Bücher zu schenken.

Working on the principle that reading stimulates the imagination, I can only recommend that all parents should give their children books.

Unter diesen Umständen wäre es wohl besser weiterzustudieren.

Under/in these circumstances it would probably be better to go on studying.

(e) **Zu den wichtigsten Vorteilen/ Vorzügen** der Ölindustrie **zählen** ihre zahlreichen Arbeitsplätze.

One of the most important advantages of the oil industry is the many jobs created by it.

Die Sorglosigkeit (Acc.) **der Menschen betrachte ich als einen der Hauptgründe** für die Umweltverschmutzung.

I consider people's couldn't-care-less attitude to be one of the main reasons for environmental problems.

Wie dem auch sei, das Problem muß bald gelöst werden.

Whatever the case may be, the problem must be solved soon.

Es stellt sich also die Frage, ob die Umweltversuchmutzung vermeidbar ist.

The question must be asked, therefore, whether or not pollution can be avoided.

Warum fordern so viele Leute eine Lohnerhöhung? **Die Antwort ist einfach:** weil die Preise ständig steigen.

Why do so many people demand a wage increase? The answer is simply because prices are rising all the time.

Im Gegensatz zu der (zur) Bundesrepublik gibt es (ist) in Großbritannien noch die (eine) Monarchie.

Unlike West Germany there is still a monarchy in Great Britain.

Obwohl die EG bisher viele Schwächen gezeigt hat, **sollte man doch ihre guten Seiten nicht übersehen.**

Although the EC has revealed a lot of weaknesses up till now, one ought not to overlook its good points.

Trotzdem halte ich ein gewisses Mißtrauen **für angebracht** (. . . glaube ich, daß ein gewisses Mißtrauen notwendig ist.)

In spite of that I consider a certain amount of scepticism to be quite in order.

Es heißt zwar, die Kernkraftwerke seien relativ sicher; **aber was sagt das schon?**

It is said, of course, that nuclear power stations are relatively safe; but what does this mean after all?

Es ist sicher richtig, daß Streiks der Wirtschaft schaden, **aber** sollten sie deshalb verboten werden?

It is certainly right that strikes do harm the economy but should they therefore be banned?

Zwar ist der Arbeitsfrieden im Moment wieder hergestellt, **aber man kann nicht sicher sein, daß** das so bleibt.

True, industrial peace has been restored at present, but we can't be sure that it will remain like that.

Die Schulden des Staates werden immer geringer, **falls** die Inflation so weitergeht.

The national debt will become less and less if (supposing that) inflation keeps going this way.

(f) **Einerseits** wird der Verkehr auf den Straßen immer dichter, **andererseits** will niemand auf sein Auto verzichten.

On the one hand there is more and more traffic on the roads, on the other (hand) nobody wants to do without his car.

Zu lange fernsehen kann psychische Schäden hervorrufen, **ganz abgesehen davon, daß** es den Körper auch physisch schädigt.

Watching television too much can cause psychological harm, quite apart from the fact that it also harms your body.

Die meisten Musikarten, **mit Ausnahme der** klassischen Musik, sind sehr abhängig vom jeweiligen Trend.

Most kinds of music, with the exception of classical music, depend very much on current trends.

Dieses Problem/Diese Frage **muß man auf globaler** (weltweiter) **Ebene angehen**/anpacken.

This problem must be approached/tackled on a world-wide scale.

Das Problem sollte im richtigen Licht (vom richtigen Aspekt her) **betrachtet** (gesehen) **werden.** (Wir sollten . . . betrachten/man sollte . . . betrachten.)

We should put the problem in its proper perspective.

Die Sache darf jedoch nicht im falschen Licht (vom falschen Aspekt her) **gesehen**/betrachtet **werden.** (Man darf . . . sehen/betrachten.)

We must, however, not get things out of perspective.

Ich würde (möchte) **meinen, die augenblickliche Lage ist nicht so schlecht wie es zunächst**/auf den ersten Blick (hin) **schien.**

I would say that the present situation is not as bad as it seemed at first/at first sight.

Um die Sache (die Dinge) **einmal von einer anderen Seite her** (einem anderen Aspekt her) **zu betrachten** . . .

To look at the problem from another angle/point of view . . .

Wie sollen wir an das Problem/die Frage **herangehen?** (Wie gehen wir das Problem/die Frage an?)

How are we to/do we approach the problem?

Wie sollen wir diese Frage/dieses Problem **behandeln?** (Wie sollen wir mit dieser Frage/diesem Problem fertig werden?)

How are we to deal with this problem?

Das sollten wir uns einmal genauer (im Detail) **ansehen**/betrachten. (Lassen Sie uns . . . ansehen/betrachten!)

Let us consider this in more detail.

Wir sollten uns eingehender mit Fragen/Angelegenheiten **wie** Familie **befassen.**

We should be more involved in matters concerning the family.

(g) **Es ist fraglich, ob** die Bundesrepublik Deutschland und die DDR **auf dem Gebiet** (im Bereich) **der Politik** wirklich souverän sind.

It is questionable/doubtful whether West and East Germany really have sovereign powers in the sphere of politics.

Das ist äußerst wichtig in Bezug auf die Wirtschaft. (In Bezug auf . . ., ist das . . .)

This is essential as far as the economy is concerned.

Rußland/Die Regierung **dehnt seinen**/ihren **Einflußbereich immer weiter aus.**

Russia/The government continues to widen its sphere of influence.

Die Verbindung/Beziehungen zwischen der Regierung und den Gewerkschaften **ist**/sind **offensichtlich.**

The connection/relationship between the government and the trade unions is obvious.

Lassen Sie uns das Problem von der wirtschaftlichen/politischen/sozialen **Seite her behandeln**/angehen!

Let us deal with this problem on an economic/political/social level.

Die Lebenshaltungskosten bereiten uns auch weiterhin Sorgen/Sorge.

The cost of living continues to be a worrying problem.

Die Großmächte sollten sich nicht in die Politik der kleineren und Mittelmächte einmischen.

The great powers should not intervene in/meddle with the internal politics of the smaller and medium-sized countries.

Ich habe bereits angedeutet,/erwähnt, **daß** diese Frage nicht eindeutig beantwortet werden kann.

I have already indicated/mentioned that this question cannot be answered definitively/conclusively.

Wie ich bereits (oben) erwähnt habe, kann diese Frage nicht eindeutig beantwortet werden.

As I have already mentioned (above) this question cannot be answered conclusively.

Wie schon gesagt: dieses Problem ist sehr kompliziert.

As I have already said, this problem is very complicated.

Um noch einmal auf den Sport **zurückzukommen**; auch er spielt eine wichtige Rolle in der Erziehung.

To return to the question of sport: it too can play an important role in education.

Um es kurz zu machen: die schweren Verkehrssünden müßten härter bestraft werden.

To put it briefly/concisely: serious traffic offences should carry greater penalties.

SCHLUß

Wenn man dieses Argument jedoch sorgfältig untersucht, wird man feststellen, daß es nicht stichhaltig ist.

If, however, you examine this argument closely you will realize that it is not sound/valid/does not hold water.

Und schließlich dürfen auch die kleineren Staaten nicht vergessen werden.

And finally we must not forget the smaller states.

Schließlich und endlich ist auch der Direktor nur ein Mensch.

But after all, the headmaster, too, is only human.

Abschließend wäre/bleibt zu sagen, daß, wie alles, auch die Demokratie ihre Vor- und Nachteile hat.

Finally/In conclusion it only remains to be said that everything, even democracy, has its advantages and disadvantages.

Es ist offensichtlich, daß man in dieser Sache zu keinem klaren Ergebnis kommen kann.

It is obvious that we can't reach a clear conclusion in this matter.

Zusammenfassend kann man sagen, daß Sprachkenntnisse eine wichtige Voraussetzung für viele Berufe darstellen.

To sum up, it can be said that being versed in languages is an important requirement for many jobs.

Nach eingehender Überlegung bin ich zu dem Ergebnis/Schluß gekommen, daß die Umweltverschmutzung ohne staatliche Kontrolle nicht wirksam bekämpft werden kann.

After thorough consideration I have come to the conclusion that our environmental problems cannot be tackled efficiently without governmental control.

Wenn ich das Für und Wider/Pro und Kontra gegeneinander abwäge, komme ich zu dem Schluß, daß die Kernenergie die beste Lösung unserer Energieprobleme darstellt.

Having weighed up the pros and cons, I have come to the conclusion that nuclear energy represents the best solution to our energy problems.

Ich muß allerdings hinzufügen, daß die Alternativen im Moment nicht sehr überzeugend aussehen.

I must add, however, that the alternatives don't look very convincing at the moment.

Ich habe hin und her überlegt, aber es gibt wirklich nur eine Lösung für dieses Problem.

I have considered the matter from all angles/points of view, but there is really only one solution to this problem.

Man kann es drehen und wenden, wie man will, es bleibt nur eine einzige Möglichkeit (übrig).

You may turn it over and over in your mind but there is only one real possibility left.

Wenn es auch schon (aller) höchste Zeit ist, etwas mehr gegen die Umweltverschmutzung zu tun, **so ist es immer noch nicht zu spät,** unseren Teil dazu beizutragen.

Even though it is already high time that something more was done about environmental problems, it is still not too late to do our bit.

Die ersten Ansätze für eine Wende lassen sich schon erkennen.

The first signs of a change can already be recognized.

Es bleibt uns also nichts anderes übrig als abzuwarten.

We'll have to wait and see.

VII Grammar Reference

A Use of cases

A1 The Nominative

The nominative is used:
(a) for the subject of a clause or sentence:
Der Premierminister ist 50 Jahre alt.

(b) for the complement of the verbs **sein, werden, heißen, bleiben, verbleiben**:
Der Premierminister ist **ein früherer Soldat.**
Er wurde **ein guter Arzt.**
Die Grenze heißt **der Eiserne Vorhang.**
Er blieb **ein treuer Diener.**
Mit besten Grüßen verbleibe ich **Dein lieber Freund.**

A2 The Accusative

The accusative is used:
(a) to denote the direct object of a transitive verb:
Jeden Sonntag besuchte er **seinen Großvater.**

(b) with expressions of "definite time" without a preposition:
nächsten Monat/letzte Woche/jedes Jahr/vorige Sommerferien.

(c) to denote distance covered and duration of time:
Er fuhr **einen Kilometer weiter.**
Er blieb **einen Monat** (lang).

(d) to express quantity and measurements:
Zwei Mark **das Pfund/die Flasche.**
Er wohnt **drei Häuser** weiter.

(e) to denote direction up or down:
Er ging **den Berg hinauf.**
Er lief **die Straße hinunter.**

(f) after prepositions which take the accusative case only (cf. F1):
Er fuhr **durch das Dorf** und dann **die Straße entlang.**

(g) after prepositions which express or imply motion (cf. F3):
Er ging **hinter den Tisch.**
Der Hubschrauber flog **über das Dorf.**

(h) Note also constructions of the type:
Er saß im Sessel, **den Hund** zu seinen Füßen.

A3 The Genitive

The genitive is used:
(a) to indicate possession:
Die Tochter **des Mannes**/der Wagen **der Frau**/das Fahrrad **des Mädchens**/die Hefte **der Kinder.**

(b) with expressions of "indefinite time":
eines Tages/eines Jahres/eines regnerischen Aprilmorgens
(cf. K1(b)). *Note*: **eines Nachts**

(c) with certain adjectives (cf. E10):
Er ist **des Preises** würdig.
Die Partei ist **des Erfolgs** sicher.

(d) to denote manner:
Er ging **seines Weges**—Er fuhr immer **erster Klasse.**

(e) after certain verbs (cf. J14):
Er bedarf **keiner Freunde.** (Has has no use for friends.)

(f) after prepositions which take the genitive case (cf. F4):
während **des Tages**/trotz **des schlechten Wetters**, etc.

A4 The Dative

The dative is used:

(a) to denote the indirect object (often with the implied sense of "to" or "for"):

Er gab **dem Mann** das Buch. (to the man)
Er kaufte **seinem Sohn** eine Uhr. (for his son)

(b) in an ethical sense (i.e. denotes possession — usually used with parts of the body, etc.) (cf. D2(c)):

Ich wasche **mir** die Hände.
Er rettete **mir** das Leben.

(c) with certain adjectives (cf. E11):

Das ist **mir fremd.**
Er ist **seinem Freund ähnlich.**

(d) after certain verbs (cf. J13):

Er **hilft seinem Vater.**
Der Film **gefiel ihm.**

(e) after prepositions which take the dative case only (cf. F2):

mit dem Bus/nach dem Frühstück/seit einem Jahr.

(f) after prepositions which do not express or imply motion (cf. F3):

Er stand **hinter dem Tisch.**
Der Hubschrauber schwebte **über dem Dorf.**

A5 Apposition

A noun or pronoun is always in the same case as the noun or pronoun with which it is in apposition:

Der Pfarrer, **ein guter Freund** von mir, war sehr sympathisch. (Nom.)
Ich sah den Film, **einen** der besten deutschen Filme. (Acc.)
Der Preis einer Flasche **guten Rotweins.** (Gen.)
Er kam in der Schweiz, **einem kleinen Land**, an. (Dat.)

B The articles and limiting adjectives

B1 The Definite Article

	SINGULAR			PLURAL
	Masc.	*Fem.*	*Neut.*	*All Genders*
Nom.	der	die	das	die
Acc.	den	die	das	die
Gen.	des	der	des	der
Dat.	dem	der	dem	den

German usage often differs from the English:
The definite article is used:

(a) with proper nouns preceded by an adjective:

das heutige Deutschland/der kleine Jürgen/die alte Klara

(b) usually with abstract nouns:

Er hatte **die Hoffnung** auf Rettung fast aufgegeben (He had almost given up hope of being rescued.)
Die Zeit arbeitet für uns. (Time is on our side.)

But note:

The article is usually omitted where a preposition precedes the noun:
aus Liebe/durch Treue/vor Angst.

(c) often instead of possessive adjectives, particularly with parts of the body or clothes:

Ich putzte **mir die** Zähne.
Ich setzte **den** (*or* meinen) Hut auf.

(d) where English uses the indefinite article:

einmal in der Woche/im Monat/im Jahr (once a week/a month/a year)
zwei Mark **das Pfund** (2 marks a pound)

(e) with feminine and masculine names of countries, districts, names of streets and squares:

Warst du schon **in der Schweiz?**
Der Iran, der Irak, und **der Libanon** sind drei Länder im mittleren Osten. (Although in modern political usage frequently without article, e.g. **in Iran, in Irak, in Libanon.**)
Die Normandie und **die Bretagne** haben herrliche Strände.

Mein Freund wohnt **in der Schillerstraße.**
(*But note:* Er wohnt Schillerstraße 20.)
Das Rathaus steht **auf dem Goetheplatz.**

(f) with dates, seasons, months, days of the week and parts of the day:
> **der erste Mai/am 25. Dezember**
> **im Frühling/im März/am Montag**
> **am Morgen/am Nachmittag/am Abend/in der Nacht**

(g) sometimes with concrete nouns when it is not used in English:
> **Die Menschen** sind sterblich. (Man is mortal.)
> **beim Frühstück/zum Mittagessen/nach dem Abendessen**
> **mit dem Bus,** etc.
> **nach der Schule/nach der Arbeit**
> Er geht **in die Kirche/in die Stadt/in die Schule**
> Er leidet **an den Masern.** — He is suffering from measles (slightly pompous). Modern German usage: **Er hat (die) Masern.**

But:
> Er starb an Krebs. — He died of cancer.

B2 The Indefinite Article

| | SINGULAR | | |
	Masc.	*Fem.*	*Neut.*
Nom.	ein	eine	ein
Acc.	einen	eine	ein
Gen.	eines	einer	eines
Dat.	einem	einer	einem

The indefinite article is omitted:
(a) before a noun used without an adjective, particularly after **sein** and **werden**, if occupation, position, rank or nationality is denoted:
> **Er ist Arzt./Er ist Mitglied** eines Tennisklubs./**Er ist Mitglied** des Bundestag(e)s (MdB). **Er ist Deutscher./Sie ist Ausländerin.**

But note:
> **Er ist ein guter Arzt.** etc.

(b) before a noun in apposition after *als*:
> **Er war als Lehrer** angestellt. (He was employed as a teacher.)
> Er diente **als Soldat** bei der Bundeswehr. (He served as a soldier in the Federal Army.)
> Er war **als Polizist** verkleidet. (He was disguised as a policeman.)

(c) often after prepositions; in some phrases the definite article is used instead:
zum Spaß (for a joke); **im Nu** (in a moment); **im Trab/Galopp** (at a trot/a gallop); **zur Not** (at a pinch/if need be); **zur Abwechslung** (for a change); **mit lauter Stimme** (in a loud voice); **mit schwerem Herzen** (with a heavy heart) (*also genitive:* **schweren Herzens**); **eine Frau ohne Mann** (a woman without a husband)

(d) When translating "not a", **kein** is used instead:
> Er hatte **keinen** Bleistift. — He hadn't got a pencil.

| | SINGULAR | | | PLURAL |
	Masc.	*Fem.*	*Neut.*	*All Genders*
Nom.	kein	keine	kein	keine
Acc.	keinen	keine	kein	keine
Gen.	keines	keiner	keines	keiner
Dat.	keinem	keiner	keinem	keinen

B3 The Partitive

It is usually unnecessary to translate "some" or "any" before a noun when they carry no stress:
Haben Sie Zigaretten? Do you have any cigarettes?
Ein bißchen, ein wenig and **etwas** are, however, used in the singular and **einige** and **ein paar** in the plural when stress is placed on the idea of a restricted quantity:
> **ein bißchen Brot** (some/a little bread); **etwas Käse** (some cheese)
> **einige Menschen** (some/several people); **ein paar Blumen** (some/a few flowers)

B4 The Possessive Adjectives

The possessive adjectives are declined as follows:

	SINGULAR			PLURAL
	Masc.	*Fem.*	*Neut.*	*All Genders*
Nom.	unser	unsere	unser	unsere
Acc.	unseren	unsere	unser	unsere
Gen.	unseres	unserer	unseres	unserer
Dat.	unserem	unserer	unserem	unseren

} our

Similarly: **mein** (my); **dein** (your — *familiar, singular*); **Ihr** (your — *polite, singular*); **sein** (his); **ihr** (her); **sein** (its); **euer** (your — *familiar, plural*); **Ihr** (your — *polite, plural*); **ihr** (their)

B5 The Demonstrative Adjectives

The demonstrative adjectives are declined as follows:

	SINGULAR			PLURAL
	Masc.	*Fem.*	*Neut.*	*All Genders*
Nom.	dieser	diese	dieses	diese
Acc.	diesen	diese	dieses	diese
Gen.	dieses	dieser	dieses	dieser
Dat.	diesem	dieser	diesem	diesen

} this (these)

Similarly: **jener** (that); **solcher** (such (a)); **jeder** (*singular only*, each/every); **der** (*stressed*)/**derjenige** (that); **derselbe** (the same (*identical*)); **der gleiche** (the same (*similar*)); **dergleichen** (such)

derselbe and **der gleiche** (*two words*) are declined like the demonstrative pronoun **derjenige** (D6 (b))
dergleichen is indeclinable and used in the plural.

Dieser Mann wohnt in jenem (dem) Haus. — This man lives in that house.

Er fährt denselben Wagen wie gestern. — He is driving the same (identical) car as he did yesterday.

Er fährt den gleichen Wagen wie sein Bruder. — He drives the same (make of) car as his brother.

Dergleichen Programme sollten im Fernsehen nicht gezeigt werden. — Such programmes ought not to be shown on television.

B6 The Interrogative Adjective

The interrogative adjective is declined as follows:

	SINGULAR			PLURAL
	Masc.	*Fem.*	*Neut.*	*All Genders*
Nom.	welcher	welche	welches	welche
Acc.	welchen	welche	welches	welche
Gen.	welches	welcher	welches	welcher
Dat.	welchem	welcher	welchem	welchen

} which

Welchen Mantel hast du gekauft? — Which coat did you buy?
In welchem Haus wohnt er? — Which house does he live in?

B7 The Indefinite Adjectives

The indefinite adjectives are declined as follows:

	SINGULAR			PLURAL
	Masc.	*Fem.*	*Neut.*	*All Genders*
Nom.	aller	alle	alles	alle
Acc.	aller	alle	alles	alle
Gen.	allen	aller	allen	aller
Dat.	allem	aller	allem	allen

} all (the)

Similarly: **ander** (other); **beide** (*pl.*, both); **einige** (*pl.* some, a few); **etliche** (*pl.* quite a number of); **etwas** (some, a little); **mancher** (many a); **manche** (*pl.*, some); **mehrere** (*pl.*, several); **viel** (much); **viele** (*pl.*, many); **wenig** (little); **wenige** (*pl.*, few).

Note:
(a) **viel** and **wenig** are not declined in the singular:
   Ich habe viel/wenig Arbeit — I have a lot/a little work.
   etwas is also not declined: **etwas Käse** — some cheese
(b) **mehr** is indeclinable in the singular and plural:
   Ich glaube, daß mehr Leute hier sind als gewöhnlich. — I believe that there are more people here than usual.
(c) **beide**
(i) **die beiden Brüder/beide Brüder** — both brothers (the two brothers)

meine beiden Brüder — both of my brothers (my two brothers)

(ii) After the personal pronouns **beide** is usually declined like the strong adjectival endings (cf. E2 (c)):

wir beide (both of us)

Note also: **Alle beide sind gekommen.** — They have both come.

(iii) Between the personal pronouns **wir** or **ihr** and a noun, **beide** is declined like the weak adjectival endings (cf. E2 (a)):

wir beiden Brüder — we two brothers

C Nouns

C1 Declension

(a) All feminine nouns remain the same in the singular.

(b) The majority of masculine and neuter nouns (strong nouns) add **-es** or **-s** in the genitive singular.

Note: Those nouns ending in a sibilant and most monosyllabic nouns with a long vowel and ending in a consonant add **-es** in the genitive singular.

(c) Weak masculine nouns add **-n** or **-en** to all cases in the singular and the plural except for the nominative singular (cf. C4).

(d) Nouns of the mixed declension are strong in the singular and weak in the plural. (cf. C5).

(e) The dative plural of most nouns of all genders ends in **-en** or **-n**.

(f) For the plural of nouns cf. C3.

C2 Gender

There is only one sure way of mastering gender in German and that is to learn each noun together with the definite article, **der**, **die** or **das**. The following rules, however, may be helpful:

(a) *General information*

Nouns referring to males are usually masculine, to females, feminine and to their young, neuter:

der Mann, die Frau, das Kind
der Stier, die Kuh, das Kalb

(b) *Masculine nouns*

(i) Names of the days, months and seasons:

der Sonntag, der Januar, der Frühling etc.

(ii) Names of earth and rocks:

der Sand; der Lehm (clay); der Kies (gravel); der Granit

(iii) Names of most types of money:

der Dollar; der Franken; der Rubel; der Schilling

Exceptions: die Lira; die Mark; die Rupie; das Pfund

(iv) Most nouns ending in **-ich**, **-ig**, **-ling**, **-el**, **-en** (except infinitives):

der Teppich (carpet), der Käfig (cage), der Feigling (coward), der Vogel (bird), der Hafen (harbour)

Note: das Reisig (firewood/twigs)

(v) Nouns ending in **-er** (when they refer to people):

der Lehrer, der Bäcker etc.

(c) *Feminine nouns*

(i) Most nouns ending in **-e** (not those with the prefix **Ge-** nor those denoting males — e.g. **der Junge**, **der Matrose**):

die Blume, die Decke etc.

(ii) Nouns ending in **-heit**, **-keit**, **-schaft**, **-in** (persons only), **-ei** and **-ung**:

die Sicherheit (safety); die Heiterkeit (cheerfulness); die Freundschaft (friendship); die Schauspielerin (actress); die Metzgerei (butcher's shop); die Hoffnung (hope)

(iii) Nouns of foreign origin ending in **-ade**, **-age**, **-anz**, **-enz**, **-ette**, **-ie**, **-ik**, **-ine**, **-ion**, **-isse**, **-itis**, **-ive**, **-tät**, **-ur**:

die Marmelade (jam); die Garage; die Eleganz; die Intelligenz; die Etikette (etiquette); die Harmonie; die Politik (politics/policy); die Kusine (female cousin); die Mission; die Kulisse (wing of stage); die Bronchitis; die Initiative; die Universität; die Kreatur

(iv) Names of most types of flowers and trees:
> **die Rose, die Tulpe, die Eiche, die Weide** etc.

(d) *Neuter nouns*

(i) Most nouns ending in **-chen, -lein, -ment, -nis, -tum, -um**:
> **das Mädchen; das Fräulein; das Element; das Verhältnis** (relationship); **das Herzogtum** (duchy); **das Museum**
>
> *Exceptions:*
>
> **die Erlaubnis** (permission); **die Erkenntnis** (realization); **die Finsternis** (darkness)
>
> **der Irrtum** (error); **der Reichtum** (riches)
>
> **der Moment** (also **das**); **der Zement**

(ii) Infinitives used as nouns:
> **das Rauchen** (smoking) etc.

(iii) Names of towns and countries:
> *Exceptions:* **die Schweiz; die Türkei; die Mongolei; die Tschechoslowakei**

(iv) Names of metals and most chemical elements:
> **das Blei** (lead); **das Gold; das Kupfer** (copper); **das Nickel; das Platin; das Silber; das Uran**
>
> *Exceptions:* **der Stahl** (steel); **die Bronze**

(v) Collective nouns in **Ge-**:
> **des Gebirge** (range of mountains); **das Gewitter** (storm)

(e) *Exceptions*

The above notes are generalizations and there are some notable exceptions:

(i) *Nouns beginning with* **Ge-**:

(1) *Masculine*

der Gebrauch — custom
der Gedanke — thought
der Gefallen — pleasure
der Genuß — enjoyment
der Gesang — hymn
der Geschmack — taste
der Geruch — smell
der Gewinn — gain

(2) *Feminine*

die Gebärde — gesture
die Gebühr — duty/levy
die Geburt — birth
die Geduld — patience
die Gefahr — danger
die Gemeinde — community
die Geschichte — story/history
die Gewalt — power/force

(ii) *Nouns ending in* **-el**:

(1) *Feminine*

die Achsel — shoulder	**die Nadel** — needle
die Amsel — blackbird	**die Nessel** — nettle
die Bibel — Bible	**die Orgel** — organ (music)
die Dattel — date (fruit)	**die Pappel** — poplar
die Distel — thistle	**die Regel** — rule
die Drossel — thrush	**die Schachtel** — box
die Fackel — (flaming) torch	**die Schaufel** — shovel
die Formel — formula	**die Schaukel** — swing
die Gabel — fork	**die Schüssel** — dish
die Insel — island	**die Semmel** — bread roll
die Kanzel — pulpit	**die Staffel** — step/rung
die Kartoffel — potato	**die Tafel** — table/board
die Kugel — ball/bullet	**die Trommel** — drum
die Mandel — almond	**die Wurzel** — root
	die Zwiebel — onion

(2) *Neuter*

das Bündel — bundle	**das Mittel** — means
das Exempel — example	**das Segel** — sail
das Kabel — cable	**das Siegel** — (wax) seal
das Kapitel — chapter	**das Übel** — evil

(iii) *Nouns ending in* **-er**:

(1) *Feminine*

die Ader — vein	**die Mutter** — mother
die Auster — oyster	**die Nummer** — number
die Butter — butter	**die Oper** — opera
die Dauer — duration	**die Schulter** — shoulder
die Feder — feather/spring	**die Schwester** — sister
die Folter — torture	**die Tochter** — daughter
die Jungfer — spinster/virgin	**die Trauer** — grief
die Leber — liver	**die Wimper** — eyelash
die Mauer — (outside) wall	**die Ziffer** — number

(2) *Neuter*

das Abenteuer — adventure	**das Messer** — knife
das Alter — age	**das Muster** — pattern
das Fenster — window	**das Orchester** — orchestra
das Feuer — fire	**das Pflaster** — plaster/pavement
das Fieber — fever	
das Futter — fodder	**das Polster** — cushion
das Kloster — convent	**das Pulver** — powder
das Laster — vice	**das Ruder** — oar
das Leder — leather	**das Semester** — half-term
das Manöver — manoeuvre	**das Zepter** — sceptre
	das Zimmer — room

(iv) *Neuter nouns ending in* -en:

das Becken — basin	**das Leinen** — linen
das Eisen — iron	**das Omen** — omen
das Examen — exam	**das Wappen** — coat-of-arms
das Fohlen — foal	
das Kissen — cushion	**das Zeichen** — sign
das Laken — sheet	

C3 Plurals

As with gender, the only sure way of mastering plurals in German is to learn the plural form of each noun as it is met. The following observations, however, may be helpful:

(a) MASCULINE NOUNS

(i) The majority of masculine nouns ending in **-er**, **-el** or **-en** have the same form in the plural as they do in the singular:

der Lehrer (–); der Sessel (–); der Wagen (–)

A few add an umlaut in the plural:

der Acker (⁻) — field	**der Mangel** (⁻) — want
der Apfel (⁻) — apple	**der Mantel** (⁻) —coat
der Boden (⁻) — ground	**der Nagel** (⁻) — nail
der Bruder (⁻) — brother	**der Ofen** (⁻) — stove
der Faden (⁻) — thread	**der Sattel** (⁻) — saddle
der Garten (⁻) — garden	**der Schaden** (⁻) — damage
der Graben (⁻) — ditch	**der Schnabel** (⁻) — beak
der Hafen (⁻) — harbour	**der Schwager** (⁻) — brother-in-law
der Laden (⁻) — shop	
der Hammer (⁻) — hammer	**der Vater** (⁻) — father
	der Vogel (⁻) — bird

(ii) Most monosyllabic masculine nouns and their compounds (cf. C9) with the stem vowel **a, o** or **u** form their plural by adding ⁻**e**:

der Schrank (⁻e) — cupboard	**der Kleiderschrank** (⁻e) — **wardrobe**
der Stock (⁻e) — stick	**der Wanderstock** (⁻e) — walking-stick
der Hut (⁻e) — hat	**der Zylinderhut** (⁻e) — top-hat

The following masculine nouns of more than one syllable also form their plural by adding ⁻**e**:

der Altar (⁻e) — altar	**der Choral** (⁻e) — anthem
der Anlaß (⁻sse) — cause	**der Einwand** (⁻e) — pretext
der Bischof (⁻e) — bishop	**der General** (⁻e) — general

der Genuß (⁻sse) — enjoyment	**der Marschall** (⁻e) — marshal
der Gesang (⁻e) — hymn	**der Palast** (⁻e) — palace
der Herzog (⁻e) — duke	**der Vertrag** (⁻e) — treaty
der Kanal (–e) — channel	**der Vorwand** (⁻e) — pretext
der Kardinal (⁻e) — cardinal	

(iii) The following monosyllabic masculine nouns with the stem vowel **a, o** or **u** are exceptions in that they do not add an umlaut in the plural but simply –**e**:

der Aal (–e) — eel	**der Mohn** (–e) — poppy
der Akt (–e) — act	**der Mond** (–e) — moon
der Arm (–e) — arm	**der Mund** (–e) — mouth
der Dolch (–e) — dagger	(*pl. also* ⁻er)
der Dom (–e) — cathedral	**der Ort** (–e) — place
der Forst (–e) — forest	**der Pfad** (–e) — path
der Halm (–e) — stalk/straw	**der Pol** (–e) — pole
	der Puls (–e) — pulse
der Hauch (–e) — breath (*rare pl.*)	**der Punkt** (–e) — point
	der Ruf (–e) — call/reputation
der Huf (–e) — hoof	
der Hund (–e) — dog	**der Schuft** (–e) — rascal
der Kurs (–e) — course/rate of exchange	**der Schuh** (–e) — shoe
	der Tag (–e) — day
der Laut (–e) (sound)	**der Thron** (–e) — throne

(iv) A few masculine nouns form their plural by adding ⁻**er**:

der Gott (⁻er) — God	**der Rand** (⁻er) — edge
der Irrtum (⁻er) — error	**der Reichtum** (⁻er) — riches
der Mann (⁻er) — man	**der Strauch** (⁻er) — shrub
der Mund (⁻er) — mouth (*pl. also* –e)	**der Wald** (⁻er) — forest
	der Wurm (⁻er) — worm

Note: The following two nouns just add –**er**:
der Geist (–er) — spirit; **der Leib** (–er) — body

(v) Weak masculine nouns (cf. C4) add –**n** or –**en** in the plural:
der Matrose (–n) — sailor; **der Herr** (–en) — gentleman

(vi) Mixed declension nouns (cf. C5) add –**n** or stay the same:
der Gedanke (–n) — thought; **der Haufen** (–) — heap/pile

(vii) A few masculine nouns, mainly of foreign origin, add **–s** in the plural:

der Bungalow (–s) — bungalow; **der Lift (–s)** — lift (*pl. also* (**–e**); **der Park (–s)** — park; **der Schal (–s)** — scarf; **der Start (–s)** — start; **der Streik (–s)** — strike; **der Tunnel (–s)** — tunnel

In popular speech the forms **die Jung(en)s, die Kerls, die Mädels** are often used for the plural of **der Junge** (boy), **der Kerl** (fellow) and **das Mädel** (girl).

(b) **FEMININE NOUNS**

(i) The majority of feminine nouns form their plural by adding **–n** or **–en**:
> **die Blume (–n); die Uhr (–en)**

(ii) A few feminine nouns add **⁔e** in the plural:

die Angst (⁔e) — fear	**die Luft (⁔e)** — air, breeze
die Axt (⁔e) — axe	**die Lust (⁔e)** — pleasure
die Bank (⁔e) — bench	**die Macht (⁔e)** — power
die Braut (⁔e) — bride	**die Magd (⁔e)** — maid
die Brust (⁔e) — breast	**die Maus (⁔e)** — mouse
die Faust (⁔e) — fist	**die Nacht (⁔e)** — night
die Frucht (⁔e) — fruit	**die Not (⁔e)** — need
die Gans (⁔e) — goose	**die Nuß (⁔sse)** — nut
die Gruft (⁔e) — tomb	**die Schnur (⁔e)** — string
die Hand (⁔e) — hand	**die Stadt (⁔e)** — town
die Haut (⁔e) — skin	**die Wand (⁔e)** — wall
die Kraft (⁔e) — strength	**die Wurst (⁔e)** — sausage
die Kuh (⁔e) — cow	**die Zunft (⁔e)** — guild
die Kunst (⁔e) — art	

(iii) Feminine counterparts of male professions, nationalities, etc., form their plural by adding **–nen**:
> **die Kellnerin (–nen); die Engländerin (–nen); die Freundin (–nen)**

(iv) The following feminine nouns add an umlaut in the plural:
> **die Mutter (⁔); die Tochter (⁔)**

(v) A few feminine nouns add **–s** in the plural:
> **die Bar (–s); die Saison (–s)**

(c) **NEUTER NOUNS**

(i) The majority of neuter nouns ending in **–er, –el** or **–en** have the same form in the plural as in the singular:
> **das Fenster (–); das Viertel (–); das Mädchen (–)**

Note: **das Kloster** (convent) adds an umlaut in the plural: **Klöster**.

(ii) Some neuter nouns add **–er** in the plural:

das Bild (–er) — picture	**das Kind (–er)** — child
das Brett (–er) — board/ shelf	**das Kleid (–er)** — dress
das Ei (–er) — egg	**das Lid (–er)** — eyelid
das Feld (–er) — field	**das Lied (–er)** — song
das Geld (–er) — money	**das Nest (–er)** — nest
das Geschlecht (–er) — race/sex	**das Schild (–er)** — signboard
das Gespenst (–er) — ghost	**das Schwert (–er)** — sword
das Glied (–er) — limb	**das Weib (–er)** — woman (*bibl., arch.*)

(iii) Others add **⁔er** in the plural:

das Amt (⁔er) — office	**das Haupt (⁔er)** — head
das Bad (⁔er) — bath	**das Haus (⁔er)** — house
das Blatt (⁔er) — leaf	**das Holz (⁔er)** — wood
das Buch (⁔er) — brook	**das Horn (⁔er)** — horn
das Dach (⁔er) — roof	**das Kalb (⁔er)** — calf
das Dorf (⁔er) — village	**das Korn (⁔er)** — corn
das Fach (⁔er) — subject/ compartment	**das Kraut (⁔er)** — herb
	das Lamm (⁔er) — lamb
das Faß (⁔sser) — barrel	**das Loch (⁔er)** — hole
das Gehalt (⁔er) — salary	**das Maul (⁔er)** — mouth (animal)
das Gemach (⁔er) — apartment/chamber	**das Pfand (⁔er)** — pledge
das Gewand (⁔er) — garment	**das Rad (⁔er)** — wheel
das Glas (⁔er) — glass	**das Schloß (⁔sser)** — castle
das Grab (⁔er) — grave	**das Tal (⁔er)** — valley
das Gras (⁔er) — grass	**das Volk (⁔er)** — people
das Gut (⁔er) — estate	

(iv) Most monosyllabic neuter nouns, except those in the lists above, add **–e** in the plural:
> **das Meer (–e); das Pferd (–e)** etc.

(v) A few neuter nouns and their compounds add **–n** or **–en** in the plural:

das Auge (–n) — eye	**das Hemd (–en)** — shirt
das Bett (–en) — bed	**das Leid (–en)** — sorrow
das Ende (–n) — end	**das Ohr (–en)** — ear

Note also: **das Einzelbett (–en); das Doppelbett (–en); das Wochenende (–n)**

(vi) A few neuter nouns of foreign origin ending

in **–um** form the plural by changing **–um** into **–en**:

> **das Aquarium (Aquarien); das Gymnasium (Gymnasien)** — grammar school; **das Museum (Museen); das Studium (Studien)**

(vii) A few neuter nouns (usually of foreign origin) add **–s** in the plural:

das Auto (–s) — car	**das Kilo (–s)** — kilogram
das Büffet (–s) — sideboard	**das Kino (–s)** — cinema
das Büro (–s) — office	**das Kotelett (–s)** — cutlet
das Cello (–s) — cello	**das Radio (–s)** — radio
das Hotel (–s) — hotel	**das Taxi (–s)** — taxi

C4 Weak Masculine Nouns

–n or **–en** is added to the noun in all cases except for the nominative singular:

(i) Most masculine nouns ending in **–e**:

> **der Affe** — monkey; **der Bote** — messenger; **der Franzose** — Frenchman; **der Junge** — boy; **der Knabe** — boy; **der Kunde** — customer; **der Löwe** — lion; **der Matrose** — sailor; **der Neffe** — nephew; **der Ochse** — ox

(ii) Some masculine nouns of foreign origin. Most of these are persons. Common endings are **–at, –ant, –ent** and **–ist**:

> **der Architekt** — architect; **der Barbar** — barbarian; **der Dentist** — dentist; **der Elefant** — elephant; **der Kamerad** — comrade; **der Kommandant** — commander; **der Monarch** — monarch; **der Nachbar** — neighbour; **der Patient** — patient; **der Philosoph** — philosopher; **der Photograph** — photographer; **der Poet** — poet; **der Polizist** — policeman; **der Präsident** — president; **der Student** — (university) student

(iii) Other weak masculine nouns include:

> **der Ahn** — ancestor; **der Bär** — bear; **der Bauer** — peasant; **der Bursch(e)** — lad; **der Christ** — Christian; **der Fürst** — prince; **der Graf** — count; **der Held** — hero; **der Herr** — gentleman; **der Hirt** — shepher; **der Mensch** — human being; **der Narr** — fool; **der Oberst** — colonel; **der Prinz** — prince; **der Spatz** — sparrow

C5 Mixed Declension Nouns

These are mainly masculine and may easily be confused with weak masculine nouns. There are two main types:

(a) *Masculine*

(i) those with the nominative singular ending in **–e**:

> **der Buchstabe** — letter of the alphabet; **der Funke** — spark; **der Gedanke** — thought; **der Glaube** — faith/belief; **der Name** — name; **der Wille** — will/desire

(ii) Those with the nominative singular ending in **–en**:

> **der Felsen** — rock/cliff; **der Frieden** — peace; **der Gefallen** — favour/kindness; **der Haufen** — heap/pile; **der Samen** — seed; **der Schaden** — damage/harm; **der Schrecken** — shock

Note: **der Funken, der Glauben, der Schreck, der Friede** and **der Haufe** are sometimes found.

The genitive singular of mixed declension nouns ends in **–ns**. In all the other cases, singular and plural, the ending is **–en**.

Thus: **der Name** (Nom.); **den Namen** (Acc.); **des Namens** (Gen.); **dem Namen** (Dat.) etc.

(b) *Neuter*

There is one mixed declension neuter noun: **das Herz** (heart).

Thus: **das Herz** (Nom.); **das Herz** (Acc.); **des Herzens** (Gen.); **dem Herzen** (Dat.) etc.

C6 Nouns with Two Genders and Different Meanings

der Band (÷er) — volume	**das Band (÷er)** — ribbon
der Erbe (–n) — heir	**das Erbe** — inheritance
der Flur (–e) — hall	**die Flur (–en)** — field
der Gefallen (–) — favour	**das Gefallen** — pleasure
der Gehalt (–e) — content	**das Gehalt (÷er)** — salary
der Heide (–n) — heathen	**die Heide (–n)** — heather
der Hut (÷e) — hat	**die Hut** — guard
der Junge (–n) — boy	**das Junge** (*like adj.*)— young of animals
der Kiefer (–) — jaw	**die Kiefer (–n)** — spruce

der Kunde (–n) — customer	**die Kunde (–n)** — news/ tidings (*archaic*)
der Leiter (–) — manager	**die Leiter (–n)** — ladder
der Reis — rice	**das Reis (–er)** — shoot
der Schild (–e) — shield	**das Schild (–er)** — notice board/name-plate
der See (–n) — lake	**die See (–n)** — sea
das Steuer (–) — rudder/ steering wheel	**die Steuer (–n)** — tax
der Tau — dew	**das Tau (–e)** — rope
der Taube (*like adj.*) — deaf man	**die Taube (–n)** — dove/ pigeon
der Tor (–en) — (*arch.*) fool	**das Tor (–e)** — gate
der Verdienst (–e) — earnings	**das Verdienst (–e)** — merit/services/contribution
das Wehr (–e) — weir	**die Wehr (–en)** — defence
der Weise (*like adj.*) – wise man	**die Weise (–n)** — manner/ way/melody/tune

---

C7 Nouns which are Singular in German and Plural in English

die Asche — ashes; **die Brille** — spectacles; **der Dank** — thanks; **das Hauptquartier** — headquarters; **die Hose** — trousers; **die Kaserne** — barracks; **der Lohn** — wages; **das Mittelalter** — Middle Ages; **die Schere** — scissors; **der Schlafanzug/der Pyjama** — pyjamas; **die Treppe** — stairs; **die Umgebung** — surroundings
Note also: **die Ethik** — ethics; **die Mathe (matik)** — maths; **die Physik** — physics; **die Politik** — politics; **die Statistik** — statistics

---

C8 Nouns of Nationality

There are three types:
(i) *Weak masculines* (feminine with **–in**)
der Asiate; der Bulgare; der Chinese; der Däne; der Finne; der Franzose (Französin); der Grieche; der Ire; der Jugoslawe; der Pole; der Portugiese; der Rumäne; der Russe; der Schotte; der Tscheche; der Türke; der Ungar
Note also: **der Jude** — Jew (**die Jüdin** — Jewess)

(ii) *Those which end in –er* (feminine with **–in**)
der Afrikaner; der Albaner; der Amerikaner; der Araber; der Australier; der Belgier; der Engländer; der Europäer; der Holländer; der Inder; der Indianer; der Irländer; der Italiener; der Japaner; der Kanadier; der Neuseeländer; der Norweger; der Österreicher; der Schweizer; der Spanier; der Südafrikaner; der Waliser
Note also: **der Neger** — Negro

(iii) *Adjectival noun*
der Deutsche

C9 Compound nouns

Compound nouns occur more frequently in German than they do in English. The gender of a compound noun is almost always that of its last component. Only the last part is declined:
der Kleiderschrank; die Haustür; das Taschentuch

But: **der Teil; das Abteil; das Gegenteil** (**das Teil** is, however, also possible)

(a) Many compounds consist of two or more nouns. They are formed in the following ways:
(i) Simply by joining the nouns together:

der Busfahrer; die Hauptstadt; das Tanzkleid

(ii) By adding **–s** or **–es** to the first noun:
(1) With feminine nouns ending in **–heit, –keit, –ion, –schaft, –tät** and **–ung**:
die Freiheitsliebe; das Universitätsgebäude; der Zeitungskiosk etc.

(2) To imply a genitive where the second part is dependent on the first:
das Weihnachtsgeschenk; die Geburtstagsparty

(iii) By adding **–n** or **–en** to the first noun. This form is used:
(1) With most weak masculine nouns:
der Löwenkäfig; die Matrosenkneipe etc.

(2) With most feminine nouns ending in –**e**:
die Blumenvase; der Sonnenschein etc.

But: **der Schuljunge; die Erdkunde**

Note: Feminine nouns ending in –**in**, –**ie**, –**ei** do not add anything:
die Königinmutter; die Industrieausstellung — industrial exhibition; **der Konditoreichef** etc.

(iv) Often the first part of a compound noun is a plural:
das Wörterbuch; der Bücherschrank etc.

(b) Compounds are also formed by preceding a noun by some other part of speech (verb, adjective or past participle, numerals, pronouns or prepositions):
die Schreibmaschine; der Tiefsinn — profoundness; **das Doppelbett; das Selbstbewußtsein** — self-confidence; **die Umwelt** — environment

---

C10 Nouns with Prepositional Objects

Nouns which are related to verbs followed by a particular preposition should also be followed by that preposition (cf. J15):
Gestern bekam ich eine **Antwort auf** meinen Brief.
Er hat kein **Interesse für (an)** Sport.
Der Patient hatte **Furcht vor** Schmerzen. etc.

C11 Adjectives Used as Nouns

Many adjectives may be used as nouns. They are then written with a capital letter and are declined according to the usual adjectival endings (cf. E2):
(a) **der Alte; ein Alter** — the old man; an old man
die Alte; eine Alte — the old woman; an old woman
die Alten; Alte — the old men (women, people); old men (women, people)

(b) Present and past participles may also be used as nouns as in paragraph (a). They are declined like adjectives:
der Reisende — traveller;
der Angestellte — employee

(c) Adjectives may also be used as neuter nouns:
(i) After **das** and **alles** they are declined weak (cf. E2(a)):
das Gute, das Schlechte und das Häßliche — the good, the bad and the ugly
alles Gute; alles Neue — everything good; everything new
Note: When **ander** is used with this construction, it is written with a small letter:
alles and(e)re — everything else

(ii) After **etwas, nichts** and uninflected **viel** and **wenig**, adjectives are declined strong (cf. E2(c)):
etwas Interessantes; nichts Interessantes — something interesting; nothing interesting
viel Neues; wenig Neues — much that is new; little that is new.

Note also: Er kam **ohne etwas Schönes.**
Er kam **mit etwas Gutem.**

D Pronouns

D1 Personal Pronouns

(a) *Declension*

SINGULAR			
Nom.	*Acc.*	*Gen.*	*Dat.*
ich	mich	meiner	mir
du	dich	deiner	dir
Sie	Sie	Ihrer	Ihnen
er	ihn	seiner	ihm
sie	sie	ihrer	ihr
es	es	seiner	ihm

PLURAL			
wir	uns	unserer	uns
ihr	euch	eu(e)rer	euch
Sie	Sie	Ihrer	Ihnen
sie	sie	ihrer	ihnen

(b) **Du** (sg.) and **ihr** (pl.) are the familiar forms of address and are used with friends, relatives and animals. **Sie** (sg. and pl.) is the polite form of address.

(c) *Letter writing*

In letters the personal pronouns **du** and **ihr** and their corresponding possessive adjectives **dein** and **euer** are always written with capital letters in all the cases.

(d) The genitive forms of the personal pronouns are rarely used but are needed:

(i) after prepositions used with the genitive:
Statt meiner ging mein Bruder.

(ii) after verbs that are used with genitive:
Nach dem Tode ihres Mannes **bedarf sie meiner**.

Note: The genitive forms of the third person **seiner** and **ihrer** are used only for persons. When referring to things, however, **dessen** is used for the masculine and neuter singular, and **deren** is used for the feminine singular and the plural:

Ich gedenke deiner — I am thinking of you.
Ich gedenke dessen — I am thinking of it.

The following genitive forms should also be noted:

meinetwegen, deinetwegen etc. — for my (your) sake/as far as I am (you are) concerned

(um) meinetwillen, uns(e)retwillen etc. — for my (our) sake

(e) *Use of* **es**:

(i) **Es** often acts as an advance subject with intransitive verbs in the same way as the English 'there' when the latter does not refer to a place. It must agree with the real subject.

If the verb is inverted or sent to the end of the clause or sentence, however, **es** is omitted:

Es fahren viele Autos in die Stadtmitte. — There are many cars driving into the town centre.

But: **Jeden Tag fahren viele Autos in die Stadtmitte.**

and: **weil viele Autos in die Stadtmitte fahren.**

(ii) **Es gibt** means "there is" or "there are" and is used in a more general sense than **es sind**. It is always followed by the accusative:

Es sind zwei Wagen (Nom.) **in der Garage.**

But: **Heutzutage gibt es viele ausländische Wagen** (Acc.) **auf den Straßen.**

(f) When things are referred to, **da(r)**– is usually used with prepositions instead of the accusative and dative forms of the personal pronouns (**da**– is used when the preposition used begins with a consonant and **dar**– when it begins with a vowel):

darauf — on it, them; **dafür** — for it, them; **dahinter, davor** etc.

But: **Sie wartet auf ihn.** (She is waiting for him.)

Sie stehen hinter ihm. (They are standing behind him.)

D2 Reflexive and Emphatic Pronouns

(a) *Declension*

SINGULAR		
Acc.	*Gen.*	*Dat.*
mich	meiner	mir (myself)
dich	deiner	dir (yourself)
sich	Ihrer	sich (yourself)
sich	seiner	sich (himself, itself)
sich	ihrer	sich (herself)

PLURAL		
uns	unser	uns (ourselves)
euch	euer	euch (yourselves)
sich	Ihrer	sich (yourselves)
sich	ihrer	sich (themselves)

(b) The emphatic pronouns **selbst** and **selber** are indeclinable. **Selbst** is preferable to **selber** in prose. **Selber** is more colloquial. Both should be used close to the noun or pronoun they are stressing. The emphasis may be varied as in English:

Ich habe es selbst (selber) gesehen — I saw it myself.

Ich selbst (selber) habe es gesehen — I myself saw it.

(c) The dative reflexive pronoun is often used when it refers back to the subject when parts of the body and (sometimes) clothing are mentioned (cf. A4):

Ich putze mir die Zähne.
Wasch dir die Hände!
Ich zog mir den Mantel an.

D3 Reciprocal Pronouns

The reciprocal pronouns are "each other" and "one another". They are used only in the plural.

(i) **sich** is usually used for the third person unless the situation is ambiguous when **einander** (invariable) is used.

(ii) **einander** is more formal than **uns** and **euch** for the first and second persons:

> **Sie liebten sich (einander).**
> **Ihr müßt einander (euch)** (*often*: **euch gegenseitig**) **helfen.**

Note: **einander** is joined to a preceding preposition:

> **Sie saßen hintereinander.**

D4 Interrogative Pronouns

(a) *Declension*
Wer (who) and **was** (what) have no plural. They are declined as follows:

	Masc. and Fem.	Neuter
Nom.	wer	was
Acc.	wen	was (wodurch, worein etc)
Gen.	wessen	wessen
Dat.	wem	(womit, worauf etc.)

Examples: **Wer ist das?; Wen siehst du?; Wessen Buch ist das?; Wem hilfst du?**

Note: **Wer** may be used with a singular or plural verb as in English:

> **Wer sind diese Menschen?**
> **Wer kommt heute?**

(b) *With prepositions*
(i) For persons, the preposition followed by the pronoun must be used:

> **An wen schreibst du?**
> **Von wem wurde er gerettet?**

(ii) For things used with a preposition, the interrogative pronoun is replaced by **wo–** (**wor–** before a vowel):

> **Worein bist du gestiegen?** (*or*: **Wo bist du reingestiegen?**)
> **Womit hast du den Brief geschrieben?**

(c) **Welcher**
Welcher is declined like the interrogative adjective (cf. B6):

> **Welcher ist der schnellste Wagen?**
> **Welche sind die reifsten Pflaumen?** etc.

(d) **Was für einer/Was für welche**
Was für einer is simply **was für** used with **einer** (declined like **dieser** (cf. B5):

> **Was für einer (eine/eines) ist das?** — What sort of one . . .?
> **Was für welche sind das?** — What sort of things (people) . . .?

D5 Relative Pronouns

(a) *Declension of* **der** *and* **welcher**

(i)

	SINGULAR			PLURAL
	Masc.	Fem.	Neut.	
Nom.	der	die	das	die
Acc.	den	die	das	die
Gen.	dessen	deren	dessen	deren
Dat.	dem	der	dem	denen

(ii)

	SINGULAR			PLURAL
	Masc.	Fem.	Neut.	
Nom.	welcher	welche	welches	welche
Acc.	welchen	welche	welches	welche
Gen.	dessen	deren	dessen	deren
Dat.	welchem	welcher	welchem	welchen

Der and **welcher** are both used for persons and things. The relative pronoun is never omitted in German and it agrees in number and gender with its antecedent. Its case, however, depends entirely on its function in its own clause. The verb is sent to the end of the clause.

The relative pronoun **welcher** is rarely used in spoken German. Its use in prose is also restricted. It avoids too much repetition. It should be avoided by the English student.

(b) **Was**

The relative pronoun **was** is used:

(i) When the antecedent is a clause:

In meiner Freizeit spiele ich Tennis, was sehr angenehm ist.

(ii) After an indefinite word:

Das, was . . .;
dasselbe, was . . .;
das wenige, was . . .;
viel(es), was . . .;
alles, was . . .;
nichts, was . . .;
manches, was . . .;
einiges, was . . .;
allerlei (mancherlei/vielerlei), was . . .;
das einzige, was . . .;
das erste, was . . .;
das Beste, was . . . etc.

(iii) **Was** (and **wer**) may be used as antecedent and relative pronoun combined, meaning "what", "that which", "he who", "the one who":

Was mir am besten gefiel, war der erste Ausflug.
Wer aufpaßt, wird viel lernen.

(c) *Prepositions*

As an alternative to a preposition + relative pronoun referring to things, the following prepositions may be combined with **wo– (wor–)**:

an, auf, aus, bei, durch, für, gegen, hinter, in, mit, nach, neben, über, um, unter, von, vor, zu, zwischen:
Der Füller, womit ich schreibe . . ./Der Füller, mit dem ich schreibe . . .
Das Dorf, wodurch ich fuhr . . ./Das Dorf, durch das ich fuhr . . . etc.

Note: "into which" (Acc.) has the special form **worein**

"in which" (Dat.) is translated by **worin**

In modern German, the construction with the preposition + relative pronoun is preferred to **womit, wodurch** etc.

D6 Demonstrative Pronouns

The more important demonstrative pronouns are:

der; derjenige — he, she, it, that, the one
derselbe/der gleiche — the same/similar
dergleichen — a thing like that, such things
dieser — this, that, the latter
jener — that, the former

(a) **der** when used as a demonstrative pronoun is declined as follows:

	SINGULAR			PLURAL
	Masc.	*Fem.*	*Neut.*	
Nom.	der	die	das	die
Acc.	den	die	das	die
Gen.	dessen	deren (derer)	dessen	deren (derer)
Dat.	dem	der	dem	denen

(i) **der** is used very frequently in modern German where a personal pronoun is used in English. It stands at the beginning of a sentence. The noun it refers to must have been mentioned previously:

Der ist sein Freund. — He is his friend.
Kennen Sie Herrn Mainzer? — Ja, den habe ich in Hamburg kennengelernt.
Hast du deine Handtasche? — Ach, die habe ich im Restaurant gelassen.

(ii) It is used before a relative pronoun:

Der, den ich eben kennengelernt habe.
— The man (the one) I have just met.

(iii) It is also used before a genitive:

Ihre Schallplatten und die ihrer Schwester. — Her records and her sister's (those of her sister).

(iv) The genitive of **der** is often used instead of the possessive adjectives to avoid ambiguity:

> **Andreas, sein Freund und dessen Bruder.** — Andreas, his friend and his (friend's) brother.

(v) The form **derer** in the plural and in the feminine singular of the genitive is used before a relative pronoun or a genitive; otherwise **deren** is used:

> **Die Lehrer derer, die diese Gesamtschule besuchen.** — The teachers of those (pupils) who attend this comprehensive school.

> **Deren** (*or* **ihre**) **Lehrer sind am (die) besten.** — Those (pupils') (*or* their) teachers are best.

(b) **Derjenige** is used in the same way as **der**. It is used less in spoken German than in prose. It is declined as follows:

	SINGULAR			PLURAL
	Masc.	*Fem.*	*Neut.*	
Nom.	derjenige	diejenige	dasjenige	diejenigen
Acc.	denjenigen	diejenige	dasjenige	diejenigen
Gen.	desjenigen	derjenigen	desjenigen	derjenigen
Dat.	demjenigen	derjenigen	demjenigen	denjenigen

(c) **derselbe/der gleiche**

Der gleiche means both "the same" (identical) and "similar".

Derselbe only means "the same" (identical). Both forms are declined like **derjenige**:

Er ist immer derselbe. — He is always the same.

Ich ging hinaus, und er tat dasselbe. — I walked out and he did the same.

Das ist ein und dasselbe. — That's one and the same thing.

(d) **dergleichen**

Dergleichen is an indeclinable neuter demonstrative pronoun.

Sie verkauft Lebensmittel, Obst, Gemüse und dergleichen. — She sells groceries, fruit, vegetables and the like.

Dergleichen habe ich noch nie gehört. — I never heard of such a thing.

(e) **Dieser** and **jener** with the appropriate ending for number, gender and case are used to translate "the former" and "the latter":

> **Seine Schwestern heißen Ulla und Jutta. Diese ist achtzehn Jahre alt, und jene ist vierzehn.**

D7 Possessive Pronouns

There are three main forms and these are to a certain extent interchangeable:

(a) **meiner** — mine   **uns(e)rer** — ours
deiner ⎱ —yours   **eu(e)rer** ⎱ — yours
Ihrer ⎰   **Ihrer** ⎰
seiner — his
ihrer — hers   **ihrer** — theirs
seiner — its

These, and also **einer** (one, someone) and **keiner** (nobody), are declined like **dieser** (cf. B5).

(b) **der meine** — mine   **der uns(e)re** — ours
der deine ⎱ yours   **der eu(e)re** ⎱ —yours
der Ihre ⎰   **der Ihre** ⎰
der seine — his
der ihre — hers   **der ihre** — theirs
der seine — its

These are declined like **derjenige** (cf. D6(b)).

(c) **der meinige** — mine   **der unsrige** — ours
der deinige ⎱ — yours   **der eurige** ⎱ yours
der Ihrige ⎰   **der Ihrige** ⎰
der seinige — his
der ihrige — hers   **der ihrige** — theirs
der seinige — its

These forms are archaic. They are also declined like **derjenige**.

Examples:
Dein Buch ist neuer als mein(e)s (meins is more frequent)/**das meine**/(**das meinige**).
Du fährst mit deinem Wagen, und ich werde mit meinem/dem meinen/(dem meinigen) fahren etc.

Notes:

(i) **das Meinige (das Deinige** etc.) — my (your) part, belongings, share, part.
Ich habe das Meinige getan. — I have done my share (bit).

(ii) **die Meinigen** (my family/friends)
Die Meinigen sind verreist. — My family is away.
(Cf. "My folks . . .") (colloquial — Southern German)

(iii) "My own", "your own", etc. can often be translated by **ein eigen(er)** etc.:
Ich habe einen eigenen Wagen, eine eigene Garage und ein eigenes Haus etc. (I have a car of my own etc.)

(iv) Expressions of the type "a friend of mine" may be translated by:
either: **ein Freund von mir**
or: **einer meiner Freunde**

D8 Indefinite Pronouns

(a) **man**
Man is used like "*on*" in French and means "one", "they", "people", "you", "we", "somebody", etc., according to the context. It may also be used in a passive construction. It is only used in the singular (3rd person) and is declined as follows:

Nom.	man
Acc.	einen
Gen.	eines
Dat.	einem

(b) **jemand** (someone) and **niemand** (no-one)
These are declined as follows:

Nom.	jemand	niemand
Acc.	jemand(en)	niemand(en)
Gen.	jemand(e)s	niemand(e)s
Dat.	jemand(em)	niemand(em)

The Acc. and Dat. endings are optional.

Examples:
Niemand kam. Kennst du jemand(en), der Deutsch spricht? Das ist jemands Bleistift. Er spricht mit jemand(em).

(c) **einer/keiner**
These are declined like **dieser** (cf. B5).
Einer is often used instead of **man** or **jemand**, and **keiner** instead of **niemand**.
Cf. also **irgend einer** and **irgend jemand** (someone or other).

(d) **jeder/jedweder/jeglicher**
All these forms are declined like **dieser** (cf. B5).
jeder (each person, everyone):
Jeder sollte die Gelegenheit haben, eine Fremdsprache zu lernen.

Note:
ein jeder (slightly old-fashioned and/or emphatic) can also be used instead of **jeder** e.g.
(Ein) jeder sollte die Gelegenheit haben . . .

Jedweder is more emphatic and means "every single person". It is only found in literary texts. **Jeglicher** has a similar meaning but is old-fashioned.

(e) **jedermann**
This does not decline except in the genitive, which is **jedermanns**. This is usually used in the negative.
Das ist nicht jedermanns Sache. (That is not to everyone's taste.)

(f) **welcher**
This is declined like **dieser** (cf. B5):
Ich habe keinen Zucker. Hast du welchen? (any)
Er hat keine Milch. Hast du welche?
Note:
The adverb **anders** is often used together with a pronoun and is then translated "else":
jemand anders (someone else); **niemand anders** (no-one else); **wer anders?** (in spoken German: **wer noch?**); **was anders?** (something else); **wo anders?** (somewhere else)
etwas anders (slightly different); **etwas anderes** (something else); **nicht anders** (not different(ly), not in any other way); **nichts anderes** (nothing else)

D9 Other Indefinite Pronouns

(a) **alles** (everything, all)
Alles einsteigen! (All aboard!); **Alles war umsonst.** (Everything was in vain)

388

(b) **alle** (everybody, all)
Alle sind gekommen. (Everybody came)
Note: **Das Benzin war alle.** (*colloquial*) (There was no petrol left)

(c) **beide** (both, two)
Ich habe zwei Brüder. Beide wohnen in München. — I have two brothers. Both live in Munich.
When referring to statements or ideas, "both" is often translated by the neuter singular **beides**:
Beides ist richtig. — Both (statements) are correct.
For the use of **beide** as an indefinite adjective (cf. B7).

(d) **etwas (was)** (something)/**nichts** (nothing)
Hast du etwas gesagt?
Er hat nichts gesehen.

(e) **ein bißchen** (a little); **ein wenig** (a little)

Note: **Gib mir ein bißchen (etwas) mehr** (a little bit more)/**ein bißchen weniger** (a little bit less)

(f) **einige/etliche** and **ein paar** (some)
These are all plural:
Einige wohnen hier und ein paar dort.

(g) **andere** (others)
Einige waren Soldaten, und andere waren Matrosen.

(h) **mehrere** (several)/**manche** (some; quite a number)
Mehrere meiner Freunde waren dort. — Several of my friends were there.
Es gibt manche, die ihm nicht glauben würden. — There are quite a number of people who wouldn't believe him.
Like **beides, mehrere** and **manche** are sometimes used in the neuter singular:

Er hat mehreres darüber gesagt. — He said several things about it.
Leider mußt du noch manches lernen. — Unfortunately you still have got a lot to learn.

(i) **viel(es)** and **nur wenig(es)**
These are sometimes declined and sometimes not:
Ich habe viel(es) gesehen.
Er hat nur wenig(es) verdient.

D10 Position of Pronouns

Pronouns used as direct and indirect objects observe the following word order (cf. also K2(e)):

(a) Personal pronouns come before other pronouns:
Ich habe ihm das gezeigt.

(b) If two personal pronouns occur together the accusative always precedes the dative:
Ich habe es ihm gezeigt.

(c) A pronoun always precedes a noun, whether it is accusative or dative:
Ich habe es meinem Bruder gezeigt.
Ich habe ihm das Buch gezeigt.

E Adjectives

E1 The Predicative Adjective

An adjective must have an ending in German if it is followed by a noun or if a noun is understood (i.e. if it is used attributively).
Otherwise it is invariable (i.e. it is used predicatively).

E2 The Attributive Adjective

There are three different groups of adjectival endings. These differ according to whether or not they are preceded by a determining word (i.e. by an article or by one of the limiting adjectives (cf. Section B).

(a) **GROUP I** (Weak declension)

When the adjective is preceded by the definite article or **dieser, jener, welcher, solcher, derselbe, derjenige, jeder** (sing.), **alle** (pl.) or **mancher** (sing.), it has the following endings:

	SINGULAR			PLURAL
	Masc.	*Fem.*	*Neut.*	
Nom.	der –e	die –e	das –e	die –en
Acc.	den –en	die –e	das –e	die –en
Gen.	des –en	der –en	des –en	der –en
Dat.	dem –en	der –en	dem –en	den –en

(b) **GROUP II** (Mixed declension)

When the adjective is preceded by the indefinite article, the possessive adjectives (**mein, dein, Ihr, sein, ihr, unser, euer**) or **kein**, it has the following endings:

	SINGULAR			PLURAL
	Masc.	*Fem.*	*Neut.*	
Nom.	mein –er	meine –e	mein –es	meine –en
Acc.	meinen –en	meine –e	mein –es	meine –en
Gen.	meines –en	meiner –en	meines –en	meiner –en
Dat.	meinem –en	meiner –en	meinem –en	meinen –en

(c) **GROUP III** (Strong declension)

(i) If the adjective stands alone before a noun (i.e. if no determining word precedes)
or

(ii) In the plural, when the adjective is preceded by a numeral (2, 3, 4 etc), **ein paar, einige, etliche, manche, mehrere, viele, wenige,** the following endings are used:

	SINGULAR			PLURAL
	Masc.	*Fem.*	*Neut.*	
Nom.	–er	–e	–es	–e
Acc.	–en	–e	–es	–e
Gen.	–en	–er	–en	–er
Dat.	–em	–er	–em	–en

Note: After uninflected **viel, wenig, manch, solch** and **welch,** the strong endings as above are also used:

manch roter Wein — much red wine
viel gutes Bier — plenty of good beer

E3 Adjectives ending in –e, –el, –en and –er

(i) Adjectives ending in **–e** always drop the **–e** when inflected:
ein leises Geräusch

(ii) Adjectives ending in **–el** usually drop the **–e** when inflected, and those ending in **–en** and **–er** sometimes do so:
eine dunkle Nacht; eine heit(e)re Stimmung; trock(e)nes Wetter

E4 Indeclinable Adjectives

A few adjectives of foreign origin denoting colours are indeclinable:

beige; creme; lila; oliv; orange; rosa:
eine rosa Badewanne; ein lila Waschbecken
etc.

But:
ein beigefarbiger/beigefarbener Mantel

E5 Adjectives derived from the Names of Towns

These are formed by adding **–er**. They are indeclinable and are written with a capital letter:

Der Münchener Flughafen; zum Frankfurter Flughafen

E6 hoch

The adjective **hoch** (high) drops the **c** when inflected:

> **Der Berg ist hoch.**
> *But*: **Der hohe Berg.**

E7 The Comparison of Adjectives

(a) *Formation*

Adjectives form the comparative by adding –**er** and the superlative by adding –**st** or–**est** or using the form **am** –**sten** (the latter predicatively).

(i) *Attributive* (i.e. when followed by a noun or if a noun is understood):

Comparative and superlative adjectives must be declined like positives (cf. E2):

> **Der kleine Mann heißt Jürgen, der kleinere Mann heißt Udo, und der kleinste heißt Andreas.**

(ii) *Predicative* (i.e. where no noun is used):

> **Jürgen ist klein, Udo ist kleiner aber Andreas ist am kleinsten.**
>
> *But*: **Andreas ist der kleinste (der drei Männer).**

(b) *Monosyllabic adjectives*

Most adjectives of one syllable add an umlaut to the vowels **a, o** or **u** (but not **au**):

> **alt, älter, der älteste (am ältesten)**
> *But*: **laut, lauter, der lauteste (am lautesten)**

Note: There are, however, several monosyllabic adjectives of the above type which do not add an umlaut in the comparative and superlative. Among the more common are:

barsch (gruff (voice)); **blank** (shining); **brav** (good); **bunt** (bright (-coloured)); **dumpf** (dull (sound)); **falsch** (false); **flach** (flat); **froh** (glad); **kahl** (bald); **klar** (clear); **lahm** (lame); **matt** (dull); **naß** (wet); **plump** (clumsy); **rasch** (swift); **roh** (rough); **rund** (round); **sanft** (soft); **schlank** (slim); **stumpf** (blunt); **wahr** (true); **zahm** (tame); **zart** (delicate).

(c) *Irregular Comparisons*

Positive	Comparative	Superlative
groß	größer	der größte (am größten)
gut	besser	der beste (am besten)
hoch	höher	der höchste (am höchsten)
nah	näher	der nächste (am nächsten)
viel	mehr	der meiste (am meisten)
wenig	{ weniger / minder	{ der wenigste (am wenigsten) / der mindeste (am mindesten)

Note: **mehr, weniger** and **minder** are indeclinable.

(d) *Further examples of the Comparison of Adjectives*

(i) **Ein jüngerer Mann** (a fairly young man); **eine ältere Frau** (an elderly woman)

(ii) **Er ist (eben)so groß (nicht so groß) wie ich.** (He is (just) as tall (not so tall) as me.)

(iii) **Er ist größer (viel größer/noch größer) als ich.** (He is taller (much taller/even taller) than me.)

(iv) **Er wird immer dicker.** (fatter and fatter)

(v) **Je fleißiger er arbeitet, desto (um so) mehr verdient er.** (The harder he works the more he earns.)

E8 Use of Participles as Adjectives

Present and past participles of verbs are often used as adjectives. When they are followed by a noun they are declined in the usual way (cf. E2):

> **eine fliegende Untertasse** (a flying saucer)
> **ein eben geborenes Kind** }
> **ein neugeborenes Kind** } (a new-born child)
> **ein aus Holz gemachter Tisch** (a wooden table)

E9 Adjectives and Past Participles followed by a Preposition

Many adjectives and past participles are followed by a preposition. Among the more common are:

arm an (Dat.) — poor in
begierig nach (Dat.) — desirous of
bekannt mit (Dat.) — acquainted with

beliebt bei (Dat.) — popular with
bereit zu (Dat.) — prepared for
berühmt wegen (Gen.) — famous for
besorgt um (Acc.) — worried about
bezeichnend für (Acc.) — characteristic of
blaß vor (Dat.) — pale with
böse auf (Acc.) — angry with
eifersüchtig auf (Acc.) — jealous of
einverstanden mit (Dat.) — in agreement with
empfänglich für (Acc.) — sensitive to
enttäuscht über (Acc.) — disappointed with/in
erkrankt an (Dat.) — ill with
erschöpft durch (Acc.) (and: **von** (Dat.)) — exhausted by
fähig zu (Dat.) — capable of
freundlich gegen (Acc.) (and: **gegenüber, zu** (Dat.) — friendly to
froh über (Acc.) — glad at
geeignet zu (Dat.)/**für** (Acc.) — suitable for
gewöhnt an (Acc.) — accustomed to
hart gegen (Acc.) — hard towards
interessiert an (Dat.) — interested in
neidisch auf (Acc.) — envious of
reich an (Dat.) — rich in
sicher vor (Dat.) — safe from
stolz auf (Acc.) — proud of
streng gegen (Acc.) — strict towards
überlegen an (Dat.) — superior in
verheiratet mit (Dat.) — married to
verlegen über (Acc.) — embarrassed at
verliebt in (Acc.) — in love with
verlobt mit (Dat.) — engaged to
versunken in (Acc.) — immersed in
verwandt mit (Dat.) — related to
zornig auf/über (Acc.) — angry with/at

E10 Adjectives used with Genitive

The following adjectives take the genitive:

bedürftig — in need of
bewußt — conscious of
fähig — capable of
gewiß — sure/certain of
kundig — acquainted with
müde — tired of
schuldig — guilty of

sicher — certain/sure of
verdächtig — suspicious of
würdig — worthy of

Examples: **Er war des Verbrechens schuldig.**
— He was guilty of the crime.
Ich bin des Lebens müde (*poetic*) —
I am tired of life.

Note: Although most of these adjectives are not very often used with the genitive in modern German, **bewußt** and **sicher** are still in common usage.

E11 Adjectives used with the Dative

The following adjectives take the dative:

ähnlich — similar to/like
angenehm — agreeable to
behilflich — helpful to
bekannt — (well) known to
dankbar — grateful to
eigen — peculiar to
fremd — strange to
gehorsam — obedient to
geneigt — well disposed to
gleich — equal/indifferent to
lästig — troublesome to
möglich — possible to
nah(e) — near to
nützlich — useful to
schädlich — harmful to
treu — faithful/loyal to
überlegen — superior to
verantwortlich — responsible to
zugetan — attached/devoted to

Examples: **Er ist seinem Vater ähnlich.** — He is like his father.
Ich bin Ihnen dankbar. — I am grateful to you.

F Prepositions
F1 Prepositions governing the Accusative

The following prepositions govern the accusative:

bis (till, by, as far as, to, right up to) (**bis auf**: except for)
durch (through, by (means of))
entlang (along)*
für (for, to the value of, by)
gegen (against, towards, compared with, about, approximately)
ohne (without)
um (round, at, by)
wider (against) (rare, except in some verbs (e.g. **widerstehen** — to resist)).
*Sometimes used with the Genitive (cf. (III))

(i) **bis**

Er bleibt bis Montag. — He is staying till Monday.

Bis zum Wochenende bin ich fertig. — I'll be finished by the weekend.

Bis Frankfurt war die Straße gut. — The road was good as far as Frankfurt.

Er ging bis zum Fenster. — He went right up to the window.

Alle kamen bis auf einen. — They all came except for one.

Note: **Er kommt erst am Montag.** — He is not coming till Monday.

(ii) **durch**

Er fuhr durch die Stadt. — He drove through the town.

Sie wurde durch einen Messerstich getötet. — She was killed with (by means of) a knife.

(iii) **entlang**

Er ging die Straße entlang. — He walked along the street.

(iv) **für**

Er arbeitet für seinen Vater. — He works for his father.

Er kaufte für 10 DM Briefmarken. — He bought stamps to the value of 10 marks.

Tag für Tag — day by day.

(v) **gegen**

Er spielte gegen seinen Bruder. — He played against his brother.

gegen Mitternacht — towards (at about) midnight.

Ich bin nichts gegen dich. — I am nothing compared with you.

Es kamen gegen 40 Gäste — About 40 guests came.

(vi) **ohne**

Sie kam ohne ihren Mann. — She came without her husband.

Geh ohne mich! — Go without me!

Das können Sie ohne weiteres machen. — You can certainly do that.

(vii) **um**

Sie liefen um den Park herum. — They ran round the park.

um acht Uhr — at eight o'clock.

Das Kind da ist um ein Jahr älter. — That child is older by a year.

Der Preis des Wagens ist um 500 DM gestiegen. — The price of the car has gone up by 500 marks.

(viii) **wider**

Er schwamm wider den Strom. (*archaic*) — He was swimming against the current.

Note: **wider** implies resistance, often hostile. Modern German tends to avoid it; **gegen** is used instead.

Note: Several verbs with the prefix **wider** are followed by the dative:

Ich widersprach ihm. — I contradicted him.

Er widersetzte sich der Anordnung. — He did not carry out the order.

F2 Prepositions governing the Dative

(a) The following prepositions governing the dative occur often:

aus (out of, for, from)
außer (besides, except, out of, beyond)
bei (at(the house of), near, in, on, among, of)
gegenüber (opposite, towards)
mit (with, by, in)
nach (to, after, according to, in)
seit (since, for (length of time))
von (from, of, by, out of)
zu (to, on, for)

(i) **aus**

Er lief aus dem Garten. — He ran out of the garden

Es ist aus Holz. — It is made of wood.

aus welchen Gründen? — for what reason?

(ii) außer

Außer ihm war niemand da. — Nobody was there except for (besides) him.

Der Patient war außer Gefahr. — The patient was out of danger.

Er war außer sich vor Freude. — He was beside himself with joy.

(iii) bei

beim Frühstück — at breakfast

beim Bäcker — at the baker's

Er wohnt bei mir. — He lives at my house.

Er ist immer bei der Arbeit. — He is always working.

Bebenhausen bei Tübingen — Bebenhausen near Tübingen.

bei schlechtem Wetter — in bad weather

Ich hatte kein Geld bei mir. — I had no money on me.

beim Lesen des Briefes — on (while) reading the letter

bei seiner Ankunft — on his arrival

bei dieser Gelegenheit — on this occasion

bei den Juden — among the Jews

die Schlacht bei Hastings — the Battle of Hastings

(iv) gegenüber

Ich wohne der Schule gegenüber (gegenüber der Schule). — I live opposite the school.

Mir gegenüber war er immer sehr freundlich. — He was always very friendly towards me.

Note: **Gegenüber** may be used before or after a noun but usually comes after a pronoun.

(v) mit

Ich ging mit ihm. — I went with him.

Kommen Sie mit? — Are you coming (along)?

mit dem Zug — by train

mit lauter Stimme — in a loud voice

mit (*also*: **zu**) **Recht; mit** (*also*: **zu**) **Unrecht; mit Absicht** — rightly; wrongly; intentionally

Der Hund wedelte mit dem Schwanz. — The dog wagged its tail.

(vi) nach

nach München; nach Deutschland — to Munich; to Germany

Er fuhr nach Hause. — He went home.

nach dem Frühstück; nach der Arbeit; nach der Schule — after breakfast; after work; after school

nach einer Stunde — after an hour

meiner Meinung nach — in my opinion

der Reihe nach — in turn

Ich kenne ihn dem Namen nach. — I know him by name.

(vii) seit

Er wohnt seit einem Jahr in Frankreich. — He has been living in France for a year.

seit seiner Ankunft — since his arrival

(viii) von

Der Zug fährt von Hamburg nach Köln. — The train goes from Hamburg to Cologne.

von Zeit zu Zeit — from time to time

der Herzog von Edinburgh — The Duke of Edinburgh

Es wurde von einem Jungen gestohlen. — It was stolen by a boy.

Ich kenne ihn von Ansehen. — I know him by sight.

(ix) zu

Er fährt zum Bahnhof. — He drives to the station.

Er geht zum Arzt. — He is going to the doctor.

Er arbeitet zu Hause. — He works at home.

Er kam zu Fuß/zu Pferde. — He came on foot/on horseback.

Ich kaufte 10 Briefmarken zu 40 Pfennig. — I bought 10 forty Pfennig stamps.

zum Beispiel — for example

zum Spaß — for a joke

zum ersten Mal — for the first time

zum Frühstück — for breakfast

zu seinem großen Erstaunen — to his great amazement

zum Schluß — in conclusion

(b) Less common prepositions governing the dative:

binnen (within (*of time*)) — **binnen einem Jahr** (within a year) (can also be used with the genitive)

dank (thanks to) — **dank seiner Hilfe** (thanks to his help)

entgegen (contrary to, against, towards)— **Sie tat es entgegen meinen Wünschen/ meinen Wünschen entgegen.** (She did it against my wishes.)

gemäß (according to) — **seinem Wunsch gemäß** — (according to his wish)

nebst/samt/mitsamt (together with) — **Er kam nebst/(mit) samt seiner Familie.** (He came together with his family.)

F3 Prepositions governing the Accusative and the Dative

(a) The following prepositions govern the accusative when they indicate movement *into*, *towards* or *on to* a place; or the dative when they indicate rest or movement *at* a place:

in (in)	**neben** (next to)
an (on, to)	**zwischen** (between)
auf (on)	**unter** (under)
hinter (behind)	**über** (above)
vor (in front of)	

Er setzte sich in den Lehnstuhl. — He sat down in the armchair.
Er saß im Lehnstuhl. — He was sitting in the armchair.
Er fuhr den Wagen hinter das Gebäude. — He drove the car behind the building.
Er parkte den Wagen hinter dem Gebäude. — He parked the car behind the building.

(b) The following additional uses should be noted:
(i) **in** *with the accusative*
Er fuhr ins Ausland. — He went abroad.
Er ging ins Freie. — He went into the open air.
Er geht in die Schule/in die Kirche/ins Kino etc. — He goes to school/to church/to the cinema etc.

(ii) **in** *with the dative*
Er wohnte im Ausland. — He lived abroad.
Er spielte im Freien. — He was playing in the open air.
Er ist in der Schule/in der Kirche/im Kino etc. — He is at school/at church/at the cinema etc.
in einem Monat — in a month('s time)
Ich hörte es im Radio. — I heard it on the radio.
Ich sah es im Fernsehen. — I saw it on television.
Er starb im Alter von 80. — He died at the age of 80.
im ersten Stock etc. — on the first floor etc.
im Himmel — in Heaven
im Gegenteil — on the contrary

(iii) **an** *with the dative*
am folgenden Tag/Morgen/Nachmittag/Abend — on the following day/morning/afternoon/evening
am Wochenende — at the weekend
am 25. Dezember — on the 25th December
am Rhein/an der Themse etc. — on the Rhine/on the Thames etc.
am Himmel — in the sky
Er ging an mir vorbei. — He walked past me.
an Bord — on board
an deiner Stelle — in your place (if I were you)

(iv) **auf** *with the accusative*
Er fuhr aufs Land. — He drove into the country.
Er geht auf die Post/die Bank/den Markt. — He is going to the post office/ the bank/the market.
Er geht auf die Universität. — He goes to university.
Er lief auf die Straße. — He ran into the street.
auf diese Weise — in this way
auf die Dauer — in the long run
auf (in) deutsch, bitte! — In German, please.

(v) **auf** *with the dative*

> **Er arbeitete auf dem Lande.** — He worked in the country.
>
> **Er kaufte es auf dem Markt.** — He bought it in the market.
>
> **Er studiert auf der Universität.** — He is studying at university.
>
> (*But*: **Er studiert an der Universität Tübingen/Heidelberg.**
>
> **Er wartet auf dem Bahnhof.** — He is waiting at the station.
>
> **auf der Stelle** — on the spot (immediately)
>
> **Man ertappte ihn auf frischer Tat.** — He was caught in the act.
>
> **auf der linken/rechten/anderen Seite** — on the left/right/other side

(vi) **hinter** *with the dative*

> **Das Dorf lag hinter den Bergen.** — The village was beyond (behind) the mountains.
>
> **hinter dem eisernen Vorhang** — behind the Iron Curtain

(vii) **vor** *with the dative*

> **vor dem Zweiten Weltkrieg** — before the Second World War.
>
> **vor einer Woche/vor vielen Monaten** — a week ago/many months ago
>
> **heute vor einem Jahr** — a year ago today
>
> **vor langer Zeit/vor kurzem** — A long/short time ago
>
> **Unser Haus liegt vor der Stadt.** — Our house is on this side of the town.

(viii) **unter** *with the dative*

> **Jetzt bist du unter Freunden.** — You are with friends now.
>
> **unter uns gesagt** — between ourselves
>
> **unter vier Augen** — between you, me and the gatepost
>
> **unter der Regierung von Heinrich dem Achten** — in the reign of Henry VIII

(ix) **über** *with the accusative*

> **Der Zug fährt über Bonn.** — The train goes via Bonn.
>
> **das Jahr über/tagsüber** — throughout the year/day

F4 Prepositions governing the Genitive

(a) The following are the more commonly used prepositions governing the genitive:

außerhalb — outside	**(an)statt** — instead of*
innerhalb — inside	**trotz** — in spite of*
oberhalb — above	**um ... willen** — for the sake of
unterhalb — below	
diesseits — on this side of	**während** — during
jenseits — on that side of	**wegen** — because of/on account of*
*now frequently used with the dative	

(b) Several adverbs of place are used as prepositions governing the genitive:

links — to the left of	**südlich** — to the south of
rechts — to the right of	**westlich** — to the west of
unweit — not far from	**östlich** — to the east of
nördlich — to the north of	

(c) There are many other prepositions used with the genitive but a large number of them are rarely used. The following, however, should be known:

ausschließlich — excluding	**längs** — alongside, along
einschließlich — including	**laut** — according to
halber — for the sake of	**mangels** — for want of
infolge — as a result of/owing to	**mittels** — by means of
inmitten — in the middle of	**seitens** — on the part of
kraft — by virtue of, by means of	**vermittels** — by means of
	vermöge — by virtue of
	zufolge — according to
	zugunsten — in favour of
	zwecks — for the purpose of

(d) *Examples*

> **während des Jahres** — during the year
>
> **trotz des schlechten Wetters** — in spite of the bad weather
>
> **innerhalb einer Woche** — within a week
>
> **um Gottes willen** — for Heaven's sake
>
> **nördlich der Stadt** — to the north of the town
>
> **infolge des Krieges** — as a result of the war

(e) For nouns and verbs used with prepositions cf. C10, J15. For adjectives used with prepositions cf. E9.

G Number, Measurement and Quantity

G1 Cardinal Numbers

(a) Note the slight irregularities in the spelling of the following numbers:

sechzehn; siebzehn; dreißig; sechzig; siebzig

(b) **tausend** is not usually used in dates:

(im Jahre) neunzehnhundertvierundachtzig (in 1984)

but note: **das Jahr zweitausend** (the year 2000)

(c) **ein**
  (i) **eins** is used in counting: **eins; hunderteins; tausendeins** etc.
      but note: **einundzwanzig** etc.

  (ii) When a noun is used or implied, **ein** must be declined (cf. B2 (the indefinite article)):
      Wieviele Brüder haben Sie? — Ich habe nur einen.

  (iii) the pronoun **einer** may be preceded by **der**. It is then declined as in E2(a) (Group I — Adjectival endings):
      der eine . . . der andere — the one . . . the other
      die einen . . . die anderen — some (the ones) . . . the others

  (iv) **einer** (declined like **dieser** — cf. B5) may sometimes be used as an alternative to **man** (cf. D8):
      einer von ihnen — one of them
      Hast du einen von ihnen gesehen? — Have you seen one of them?

  (v) Note also: **einmal eins ist eins; eins Komma eins (1,1)** (= 1.1); **eins nach eins** (= eine Minute nach ein Uhr)

(d) On the phone and over public address systems **zwo** is used for **zwei**:
      zwo fünf — acht vier — drei zwo (25 84 32)

(e) **noch eins** — another one
    noch ein Stück Brot/noch zwei Glas Bier — another piece of bread/another two glasses of beer

(f) Forms of **zwei, drei, vier** etc.:
    Numbers above **ein** do not decline except that **zwei** and **drei** sometimes add **–er** in the genitive to show the case and **–en** in the dative:
  (i) **die Verhaftung dreier Männer (von drei Männern)** — the arrest of three men

  (ii) **zu zweien/zu dreien** etc. — two at a time (in pairs), three at a time etc.

  (iii) cf. also **zu zweit/zu dritt** — the two of them/ in a group of three
      Sie gingen zu zweien in die Kirche. — They walked into the church in pairs.
      Sie gingen zu zweit ins Kino. — The two of them went to the pictures.

(g) Most cardinal numbers are feminine:
    die Null; die Eins; die Zwei etc. (i.e. the nouns 0; 1; 2 etc.)

  (i) **Er hat eine Eins (eine Fünf) geschrieben.** — He obtained a grade one (a grade five) (school marks).

  (ii) **Die deutsche Elf gewann die Meisterschaft (mit) zwei zu eins (2:1).** — The German eleven won the championship 2–1.

  (iii) **Fahren Sie mit der Fünfzehn!** (Take the number 15 tram/bus)

    Note also: **eine Million; eine Milliarde** (a thousand million)

(h) **Dutzend, Hundert** and **Tausend** are neuter:
  (i) If they are followed by an adjective and noun, the adjective shows the genitive ending. Alternatively **von** may be used:

Dutzende ⎫
Hunderte ⎬ **junger Menschen (von jungen**
Tausende ⎟ **Menschen) hören gern Beat-**
Millionen ⎭ **musik.**

  (ii) If no adjective is present to show the case, **Dutzend, Hundert** and **Tausend** take an adjectival ending. **Millionen** on the other hand must be used with **von**:

Der Krieg hat den Tod Dutzend*er* (Hundert*er*, Tausend*er*) unschuldiger Menschen verursacht. — The war caused the death of dozens (hundreds, thousands) of innocent people.

But: **Der Krieg hat den Tod *von* Millionen unschuldigen Menschen verursacht.**

Note also:

Ich habe nur einen Zwanziger/Hunderter (20/100 mark note).

> **Hunderte (Tausende) haben das Grab besucht.** — Hundreds/thousands visited the grave.
>
> **Sie kamen zu Hunderten und Tausenden.** — They came in hundreds and thousands.
>
> **Hunderte und Aberhunderte** (also **aber Hunderte**) — hundreds and hundreds
>
> **Tausende und Abertausende** (also **aber Tausende**) — thousands and thousands

(i) Forms of **zwanzig, dreißig** etc.

(i) The invariable adjectives **zwanziger, dreißiger** etc. when used with **Jahre** refer to a particular decade:

> **die zwanziger Jahre** — the twenties
>
> **in den siebziger Jahren** — in the seventies

(ii) The nouns **die Zwanziger, die Dreißiger** etc. are variable. They refer to a person's age, as do the feminine singular forms **die Zwanzig, die Dreißig** etc.:

> **Sie ist eine Frau Mitte Vierzig.** — She is a woman in the middle forties.
>
> **Er ist in den Fünfzigern.** — He is in his fifties.

G2 Ordinal Numbers

The ordinal numbers are always inflected.

(a) Note the slight irregularities:

> **der erste; der dritte; der siebte; der achte**

(b) When ordinal numbers are written as figures, the cardinal number followed by a full stop is used:

> **den 28. (achtundzwanzigsten) März** — the 28th March

Note:

(i) **Heinrich der Achte hatte sechs Frauen. Wie heißen die sechs Frauen Heinrichs des Achten (von Heinrich dem Achten)?**

(ii) **Ich setzte mich in den ersten besten Stuhl** (in spoken German: ... **in den erstbesten Stuhl**). — I sat down on the first chair I came to.

(iii) **der zweitbeste; der drittbeste** etc. **der vorletzte/zweitletzte** (last but one) **der zweithöchste; der drittlängste** etc.

(iv) **das erstemal** *or* **das erste Mal** — the first time **zum drittenmal** *or* **zum dritten Mal** — for the third time

(v) **erstens** (firstly), **zweitens, drittens ... letztens**

G3 Fractions

(i) Fractions are neuter:

> **ein Drittel; ein Viertel; drei Viertel** etc.

(ii) **die Hälfte** (half) is the only exception:

> **Während der ersten Hälfte war Bayern München die bessere Mannschaft.** — Bayern Munich was the better team during the first half.
>
> **Er hatte nur die Hälfte der Arbeit gemacht.** — He had only done half the work.
>
> **Wir kennen ihn nur zur Hälfte.** — We only half know him.

(iii) The adjective **halb** (which is usually declined) is often used instead of the noun:

> **die halbe Erde** (half the earth); **in der halben Welt** (in half the world); **eine halbe Stunde** (half an hour); **das halbe**

Jahr (half the year); **ein halbes Pfund** (half a pound); **auf halbem Wege** (half way)

But: **halb Europa** — half Europe

Note:
(a) **anderthalb/eineinhalb** (one and a half), **zweieinhalb**, **dreieinhalb** etc. are not declined:
anderthalb Stunden; siebeneinhalb Kilometer etc.
(b) "Three-quarters", is treated as one idea:
Dreiviertel der Klasse waren Mädchen. — Three-quarters of the class were girls.
Der Zug fährt in einer Dreiviertelstunde ab. — The train leaves in three-quarters of an hour.

G4 Measurements

Masculine and neuter nouns denoting measurements do not inflect in the plural, whereas feminine nouns (with the exception of **die Mark**) do:

fünf Pfund Kartoffeln; zwei (englische) Pfund (£2); **vierzig Pfennig; zehn Kilometer; acht Meter mal (auf) fünf Meter** (8 metres by 5); **3000 Meter hoch; zwei Paar Schuhe (mit zwei Paar Schuhen); zwanzig Mark.**

But: **drei Flaschen Bier; zwei Tassen Kaffee; fünf Tonnen Kohle; vier Meilen.**

G5 Other Numeral Expressions

(i) **einerlei** (of one kind); **zweierlei; dreierlei** etc.
vielerlei Leute — many kinds of people
allerlei Bücher — all sorts of books
Er trägt zweierlei Socken. — He is wearing odd socks.
Mir war das ganz einerlei. — It was all the same to me.

(ii) **einmal** (once); **zweimal; dreimal** etc.
einmal in der Woche — once a week
nicht einmal — not even
kein einziges Mal — not once

(iii) **doppelt** (double)
doppelt so groß wie — twice as large as

(iv) **einzig** (sole, only, single):
ein einziges Kind — an only child
die einzige Möglichkeit — the sole possibility
das einzige, was ihm übrig blieb — the only thing left to him

(v) **einzeln** (separate(ly), singly, individual):
Sie gingen einzeln. — They went individually.

(vi) **einsam** (lonely)
Er wohnte auf einem einsamen Bauernhof. — He lived on a lonely farm.

(vii) **beide** (both) (cf. also D9(c))

Alle beide sind gekommen. — They have both come. (more emphatic than **beide** by itself)
keiner der beiden — neither of them
Ich mag beide nicht. — I don't like either of them.
But note:
Ich habe es *sowohl* gesehen *als auch* gehört. — I have both seen and heard it.

(viii) **voll** and **voller** (full of)
Voller is generally used if the following noun stands alone; **voll** is preferred if it is followed by an adjective and a noun. Both of these are usually in the genitive:

Der Saal war voll(er) Menschen.
Der Saal war voll junger Menschen.

(ix) **all** (all)
All is declined like **dieser** (cf. B5) whether it is used as an adjective or a pronoun. (Cf. also D9 (a) and (b).)
(1) **All** is usually uninflected before a possessive or demonstrative adjective, particularly in the singular:

all seine Arbeit — all of his work
all(e) seine/diese Freunde — all of his/these friends

399

(2) All meaning "the whole of" (if the thing or unit referred to is constant) is usually translated by **ganz**. This is declined like an adjective. **Ganz** is, however, invariable before the name of a place or country:

> **die ganze Familie/sein ganzes Haus**

But: **in ganz Deutschland/in ganz Hamburg**

Note also:

> **alle zwei Wochen** — every second week, every two weeks

H Conjunctions

H1 Co-ordinating Conjunctions

The following six co-ordinating conjunctions link clauses and do not affect the word order:

aber — but, however   **oder** — or
allein — but   **sondern** — but
denn — for   **und** — and

Note:

(i) All of these except for **aber** must come at the beginning of the clause.

(ii) **Allein** is not used as much as **aber**. It has much the same meaning as the English word 'only':

> **Es donnerte und blitzte, aber (allein) es regnete nicht.**

(iii) **Sondern** translates "but" when it connects two contrary statements the first of which is in the negative:

> **nicht schwarz, sondern weiß**
> **Er ging nicht in die Stadt, sondern blieb zu Hause.**

H2 Subordinating Conjunctions

The following conjunctions introduce subordinate clauses. The verb is sent to the end of the clause. Those in section (a) tend to be more common than those in section (b):

(a)

als — when, as, than	**nachdem** — after
als ob } — as if	**ob** — whether
als wenn }	**obgleich** } — although
bevor } — before	**obwohl** }
ehe }	**ohne daß** — without
bis — till, until	**seit** } — since
da — as, since	**seitdem** }
dadurch, daß — by (+ gerund)	**sobald** — as soon as
	solange — as long as
damit — so that, in order that	**indem** } — while
	während }
damit . . . nicht — unless, lest	**weil** — because
	wenn — if, when
daß — that	**wenn auch** — though
falls — in case	**wenn nicht** — unless

(b)

erst als } not until,	**soviel** } — as far as
erst wenn } only when	**soweit** }
kaum daß — hardly that	**während** }
nur daß — except that	**wogegen** } — whereas
obschon — although	**wohingegen** }
so oft — as often as	

Note:

(i) **als ob/als wenn** — The **ob** or **wenn** may be omitted and the inverted order used:

> **Es schien, als hätte es geregnet (als ob/als wenn es geregnet hätte).** — It seemed as if it had been raining.

(ii) **bevor/ehe** — **Ehe** is probably more used in conversation.

(iii) **indem/während** and **wogegen**:

(1) In modern German **während** is preferred to **indem** (while):

> **während (indem) er im Zimmer umherging, . . .**

Note: **Indem** is becoming old fashioned:

> **Indem sie ihm die Hand reichte, bat sie ihn . . .**

(2) **Indem** is often used to denote means:

> **Indem er fleißig studierte, gelang es ihm, seine Prüfung zu bestehen.** — By studying hard, he managed to pass his exam.

(3) **Während** sometimes denotes a contrast but **wogegen** (whereas) is often better:

Lübke war Bundespräsident, wo-gegen Adenauer Bundeskanzler war.

Note:

wohingegen is more formal and denotes a stronger contrast.

(iv) **Als, wenn** and **wann**:

(1) **Wann** is used in direct or indirect questions:

Wann kommt er?
Ich weiß nicht, wann er kommt.

(2) **Als** refers to a single occasion or period in the past:

Als ich letzten Sommer in Deutsch-land war, sprach ich viel Deutsch. — When I was in Germany last year I spoke a lot of German.

(3) **Wenn** refers to present or future time or has the sense of "whenever" in the past:

Wenn ich morgen nach München fahre, werde ich einen Mantel kaufen.

Wenn ich in Deutschland war, sprach ich viel Deutsch. — Whenever I was in Germany I used to speak a lot of German.

Note:

Als is sometimes used with the present tense (cf. the "historic present"—J3(a)(iv)) meaning "at the very moment, when . . ." (im-mediately she . . .):

Als sie nach Hause kommt, zieht sie sich gleich um.

A sequence of actions frequently follows this construction.

(c) The following interrogative adverbs, pro-nouns and adjectives may be used as sub-ordinating conjunctions, often in indirect questions:

wann — when	**wie viele** — how many
warum/weshalb — why	**wo** — where
was — what	**woher** — where from
was für — what sort of	**wohin** — where to
welcher — which	**womit** — with what
wer — who	**worein** — into what
wie — how	**worin** — in what
wie lange — how long	**wozu** — for what purpose
wieviel — how much	etc.

H3 Correlative Conjunctions

Correlative conjunctions are used in pairs; the second of each pair completes the first:

bald . . . bald (now . . . now)
ebenso . . . wie (just as much . . . as)
entweder . . . oder (either . . . or)
je . . . desto ⎱
je . . . um so ⎰ (the . . . the)
nicht . . . noch (not . . . nor)
nicht genug (nur wenig/kaum) . . . geschweige denn (not enough (only a little/hardly any) . . . let alone)
sei es . . . sei es (whether . . . or)
sowohl . . . als/wie auch (both . . . and)
weder . . . noch (neither . . . nor)

Examples:

Sie suchten ihn bald hier, bald dort.
Er spielt Fußball ebenso gern wie (er) Rugby (spielt).
Wir fahren entweder ans Meer oder in die Berge.
Je höher sie stiegen, desto (um so) kälter wurde die Luft.
Sie hat ihn nicht kennengelernt, noch wird sie ihn kennenlernen können.
Während des Krieges gab es nicht genug Brot, geschweige denn Kuchen.

Sei es Winter oder Sommer, die Landschaft ist immer schön.
Sowohl Böll als auch Borchert sind berühmte deutsche Schriftsteller.
Der Einbrecher war weder im Haus noch im Garten zu finden.

I Adverbs

I1 The Formation of Adverbs

(i) Many adjectives have a corresponding adver-bial form:
gut (well), **schlecht** (badly), **schnell** (quickly), **langsam** (slowly) etc.

(ii) Some adverbs are formed by adding suffixes to other parts of speech:
glücklicher*weise* (fortunately), **vor*wärts*** (forwards), **teil*s*** (partly), **erstens** (firstly), **einiger*maßen*** (to some extent), **frei*lich*** (certainly) etc.

(iii) Some adverbs exist in their own right:
hier (here); **dort/da** (there), **dann** (then), **jetzt** (now) etc.

I2 The Comparison of Adverbs

(i) Although adverbs generally have a similar comparison to predicative adjectives (cf. E7), there are several irregularities:

Positive	Comparative	Superlative
bald	eher ⎫	am frühesten/ ⎫
	früher ⎭	am ehesten ⎭
gern	lieber	am liebsten
gut ⎫	besser	am besten
wohl ⎭		
viel ⎫		
sehr ⎭	mehr	am meisten
wenig	weniger ⎫	am wenigsten ⎫
	minder ⎭	am mindesten ⎭

(ii) If there is no direct comparison with anything else, the superlative should be translated by using a second adverb like **höchst** (most), **äußerst** (extremely) or **meist** (most):
Er schreibt äußerst gut. — He writes extremely well.
But:
Er schreibt am besten. — He writes the best (i.e. better than anyone else).

(iii) The following superlatives ending in –**ens** should also be noted:
erstens, zweitens, drittens, letztens etc. (firstly, secondly, thirdly, lastly etc.), **wenigstens/mindestens** (at least), **frühestens/spätestens** (at the earliest/latest), **höchstens** (at the most), **bestens** (very good, first class)

I3 Adverbs of Time (Wann?)

(i) Adverbs ending in –**s**:
morgens (in the mornings/during the morning/every morning), **vormittags, nachmittags, mittags, abends, nachts, sonntags** etc., **wochentags**

(ii) Adverbs ending in –**lich** (like the corresponding adjective):
stündlich (hourly), **täglich** (daily), **wöchentlich** (weekly), **monatlich** (monthly), **jährlich** (annually)

(iii) Adverbs ending in –**lang**:
sekundenlang (for seconds (on end)), **minutenlang, stundenlang, tagelang, wochenlang, monatelang, jahrelang, jahrhundertelang**

(iv) The following other adverbs of time should also be noted:
damals (at that time), **immer wieder** (again and again), **bald . . . bald** (now . . . now/now . . . then/sometimes . . . sometimes etc.)

I4 Adverbs of Manner (Wie?)

(i) Adverbs ending in –**weise** (. . . by . . .), –**erweise** (–ly), –**maßen** (to . . . extent/in . . . measure):
schrittweise — step by step
unglücklicherweise — unfortunately
folgendermaßen — in the following manner

(ii) **allein** (alone), **anders** (differently), **beinahe/fast** (almost), **eigentlich** (actually/really/strictly speaking/as a matter of fact), **ganz** (quite), **genau** (exactly), **leider** (unfortunately), **natürlich** (of course), **plötzlich** (suddenly), **sehr** (very), **sogar/selbst** (even), **umsonst/vergebens** (in vain), **vielleicht** (perhaps), **ziemlich** (rather), **zufällig** (by chance)

I5 Adverbs of Place

(i) **Wo?** (Where?)
hier, da/dort, drüben (over there), **drinnen** (inside), **draußen** (outside), **oben** (at the top), **unten** (at the bottom), **vorn** (at the front), **hinten** (at the back), **links/rechts** (on the left/right), **irgendwo** (somewhere or other), **nirgendwo/nirgends** (nowhere), **unterwegs** (on the way), **woanders/anderswo** (somewhere else)

(ii) **Wohin?** (Where to?)
hierhin, dahin/dorthin, nach drüben, hinein, hinaus, hinauf/nach oben, hinunter/nach unten, nach vorn, nach hinten, nach links/nach rechts, überallhin (everywhere), **irgendwohin, nirgendwohin, anderswohin**

(iii) **Woher?** (From where/Whence?)
hierher/von hier, daher/von da, von dort, von drüben, von drinnen, von draußen, von oben, von unten, von vorn, von hinten, von links, von rechts, (von) überallher, (von) irgendwoher, (von) nirgendwoher, (von) anderswoher

I6 Position of nicht

(i) If **nicht** negates the predicate, it is usually put last except with an infinitive, a past participle or a predicative noun or adjective:
Er kommt heute nicht. — He is not coming today.
But:
Er wird morgen nicht kommen. — He won't come tomorrow.
Er ist gestern nicht gekommen. — He did not come yesterday.
Das ist nicht mein Buch. — That is not my book.
Das ist nicht wahr. — That is not true.

(ii) If **nicht** is used to stress a particular point it comes before the word or phrase it is qualifying:
Nicht ich, sondern mein Bruder hat den Brief geschrieben. — It was not me but my brother who wrote the letter.

(iii) **Nicht** usually comes before an adverbial expression of manner or place:
Er kam nicht mit dem Wagen. — He did not come by car.
Er wohnt nicht in dem Haus. — He does not live in that house.

J Verbs

J1 Types of Verb

(i) Most verbs in German are either regular (weak) or irregular (strong).

(ii) A few verbs and their compounds are, however, of mixed conjugation:
brennen (to burn); **bringen** (to bring); **denken** (to think); **kennen** (to know/be acquainted with); **nennen** (to name); **rennen** (to race); **senden** (to send); **wenden** (to turn); **wissen** (to know (a fact))
Their principal parts are given in the list of strong and mixed verbs (cf. J19).

J2 Principal Parts

The principal parts of verbs are:
(i) *The infinitive*
For most verbs the infinitive ends in **–en** (**essen/lesen/tragen** etc.). A few end in **–n** (**radeln** (to cycle); **dauern** (to last).

(ii) *The third person singular of the present tense*
Many strong verbs change the stem vowel in this part of the verb and also in the **du** form:
Er ißt; er liest; er trägt etc.

(iii) *The first person singular of the imperfect tense*
Weak verbs add **–te** to the stem and strong verbs usually end in a consonant.

(iv) *The past participle*

The past participle of weak verbs usually consists of **ge** + stem + **t** and those of strong verbs of **ge** + stem + **en**. (The stem vowel of strong verbs often changes.)

Note:

(1) Verbs with inseparable prefixes (cf. J8) and those with the infinitive ending in –**ieren** do not add **ge**– in the past participle.

(2) Mixed verbs show the characteristics of weak verbs but also change the stem vowel.

Thus:

kochen; kocht; kochte; gekocht — to cook (weak)

tragen; trägt; trug; getragen — to wear/carry (strong)

kennen; kennt; kannte; gekannt — to know (mixed)

But:

empfangen; empfängt; empfing; empfangen — to receive (Inseparable)

telefonieren; telefoniert; telefonierte; telefoniert — to phone

---

J3 Use of Tenses

Although the use of tenses in German and English is often very similar, there are some notable differences:

(a) THE PRESENT

(i) German has only one form of the present tense whereas English has three:

Er arbeitet — $\begin{cases} \text{He works.} \\ \text{He is working.} \\ \text{He does work.} \end{cases}$

(ii) The present tense is often used in German and English to indicate the future:

Ich komme am Wochenende. — I am (shall be) coming at the weekend.

(iii) The German present tense is used for the English perfect continuous tense to describe what has been, and still is, taking place. This construction is used with **seit** and **schon**:

Ich wohne seit drei Jahren in Bonn. — I have been living for . . .

Ich warte schon anderthalb Stunden. — I have already been waiting for . . .

But: The perfect tense is used in negative sentences as it is in English:

Ich habe ihn seit Jahren nicht gesehen.

(iv) The "historic present" is sometimes used to heighten the effect of a situation. A past event may be related completely in the present:

Er greift in die Tasche, holt eine Zigarette aus dem Etui und zündet sie an.

Alternatively a past tense may be interspersed with a present tense to heighten the drama of a situation even more:

Nachdem er in den Garten gegangen war, setzte er sich auf eine Bank. Plötzlich sieht er die Leiche einer jungen Frau unter einem Baum.

(b) THE FUTURE

(i) **Er wird arbeiten.** — $\begin{cases} \text{He will work.} \\ \text{He is going to work.} \end{cases}$

(ii) Note the following constructions with an implied future:

Er will eben einen Brief schreiben. — He is just about to write a letter.

Mein Bruder ist im Begriff, zum Flughafen zu fahren. — My brother is on the point of driving to the airport.

(iii) There is a tendency in modern spoken German to avoid the construction with **werden**.

Expressions of time are used instead together with the present tense of the verb:

Morgen fahren wir nach Köln. — We are going to Cologne tomorrow.

(c) THE IMPERFECT

(i) This tense too has three forms in English:

Er arbeitete. — $\begin{cases} \text{He worked.} \\ \text{He was working.} \\ \text{He used to work.} \end{cases}$

(ii) The imperfect is the normal tense of narrative:

> **Er ging in sein Büro, zog seinen Mantel aus, setzte sich an den Tisch und begann zu arbeiten.**

(iii) It can represent

single actions:
Gestern stand er um fünf Uhr auf. (He got up . . .)

continuous actions:
> **Er sah fern, als das Telefon klingelte.** (He was watching T.V. when . . .)

or *habitual actions*:
Jeden Sonntag besuchte er seinen Großvater. (He used to (would) visit . . .)
Note also:
Jeden Sonntag pflegte er seinen Großvater zu besuchen. (He used to/would/was accustomed to/was wont to visit . . .)

(iv) The imperfect is used for the English pluperfect to describe what had been, and still was, taking place:
> **Er wohnte schon seit fünf Jahren dort, als . . .** (He had been living there for five years when . . .)

(d) **THE PERFECT**

(i)
Er hat gearbeitet. — $\begin{cases} \text{He worked.} \\ \text{He has worked.} \\ \text{He did work.} \end{cases}$

Er ist gegangen. — $\begin{cases} \text{He went.} \\ \text{He has gone.} \\ \text{He did go.} \end{cases}$

(ii) In spoken German, particularly in South Germany, the perfect tense is often used as an alternative to the imperfect as the narrative tense:
> **Er ist in sein Büro gegangen, hat seinen Mantel ausgezogen . . . etc.**

(iii) The perfect is often used to express acts in the immediate past where English often uses the simple past:
> **Heute morgen hat sie ihre Tante besucht.** (She visited her aunt this morning)

(iv) It is used when some thing or person has changed irretrievably:
> **Das ist eine neue Siedlung. Dort sind schöne Felder gewesen.** — That is a new housing estate. There were lovely fields there once.

(v) The perfect may be used in place of the future perfect:
> **Bis Mittag hat er den Brief geschrieben.** — He will have written the letter by lunchtime.

(e) **THE PLUPERFECT**

(i) **Er hatte gearbeitet.** — He had worked. (He had been working.)
Er war gegangen. — He had gone. (He had been going.)

(ii) Although the German pluperfect is generally used in the same way as the English pluperfect (except for the constructions with **schon** and **seit** — cf. (c) (iv) above), the following use should be noted:
> **Er war früher Soldat gewesen.** — He used to be a soldier.

(f) **THE CONDITIONAL**

(i) **Er würde arbeiten (wenn er nicht krank wäre)** — He would work (if he were not ill).

(ii) Great care should be taken to differentiate between the following:
Er würde kommen, wenn er könnte. — He would come if he could (Conditional)
Er wollte nicht kommen. — He would not come. (He did not want to come.)
Er kam immer um sieben Uhr. — He would come at seven. (He used to come.)

(g) **THE FUTURE PERFECT**

Er wird fleißig gearbeitet haben. — He will have worked well.
Er wird in die Stadt gegangen sein. — He will have gone into the town.

(h) THE CONDITIONAL PERFECT

There are two forms of the conditional perfect. The shorter form (the pluperfect subjunctive) is more usual:

Ich würde gearbeitet haben. — } I would have worked.
Ich hätte gearbeitet. }

Ich würde gegangen sein. } I would have gone.
Ich wäre gegangen. — }

J4 The Formation of Tenses

(a) THE PRESENT

(i) *Weak* (regular)

kochen (to cook)	
ich koche	wir kochen
du kochst	ihr kocht
Sie kochen	Sie kochen
er	
sie } kocht	sie kochen
es	

(ii) *Strong* (irregular)

Strong verbs show irregularities in the **er, sie, es** forms and in the **du** form.

essen (to eat)	
ich esse	wir essen
du ißt	ihr eßt
Sie essen	Sie essen
er	
sie } ißt	sie essen
es	

lesen (to read)	
ich lese	wir lesen
du liest	ihr lest
Sie lesen	Sie lesen
er	
sie } liest	sie lesen
es	

tragen (to wear, carry)	
ich trage	wir tragen
du trägst	ihr tragt
Sie tragen	Sie tragen
er	
sie } trägt	sie tragen
es	

(iii) *Reflexive verbs*

sich waschen (to get washed)	
ich wasche mich	wir waschen uns
du wäschst dich	ihr wascht euch
Sie waschen sich	Sie waschen sich
er	
sie } wäscht sich	sie waschen sich
es	

(iv) *Separable verbs*

The first part of this type of verb is called the *prefix* and is normally found at the end of the clause or sentence.

fernsehen (to watch television)	
ich sehe fern	wir sehen fern
du siehst fern	ihr seht fern
Sie sehen fern	Sie sehen fern
er	
sie } sieht fern	sie sehen fern
es	

sich abtrocknen (to dry oneself)	
ich trockne mich ab	wir trocknen uns ab
du trocknest dich ab	ihr trocknet euch ab
Sie trocknen sich ab	Sie trocknen sich ab
er	
sie } trocknet sich ab	sie trocknen sich ab
es	

(v) *Auxiliary verbs*

sein (to be)		haben (to have)	
ich bin	wir sind	ich habe	wir haben
du bist	ihr seid	du hast	ihr habt
Sie sind	Sie sind	Sie haben	Sie haben
er		er	
sie } ist	sie sind	sie } hat	sie haben
es		es	

werden (to become)	
ich werde	wir werden
du wirst	ihr werdet
Sie werden	Sie werden
er	
sie } wird	sie werden
es	

(b) THE FUTURE

The future tense is formed from the present tense forms of **werden** together with the *infinitive* of the verb which is normally found at the end of the clause or sentence.

> **aufstehen** (to get up)
>
> | ich werde aufstehen | wir werden aufstehen |
> |---|---|
> | du wirst aufstehen | ihr werdet aufstehen |
> | Sie werden aufstehen | Sie werden aufstehen |
> | er | |
> | sie } wird aufstehen | sie werden aufstehen |
> | es | |

(b) THE IMPERFECT

(i) *Weak Verbs* (regular)

> **kochen** (to cook)
>
> | ich kochte | wir kochten |
> |---|---|
> | du kochtest | ihr kochtet |
> | Sie kochten | Sie kochten |
> | er | |
> | sie } kochte | sie kochten |
> | es | |

(ii) *Strong Verbs* (irregular)

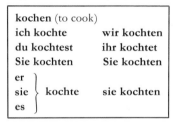

> **essen** (to eat)
>
> | ich aß | wir aßen |
> |---|---|
> | du aßt | ihr aßt |
> | Sie aßen | Sie aßen |
> | er | |
> | sie } aß | sie aßen |
> | es | |

> **tragen** (to carry/wear)
>
> | ich trug | wir trugen |
> |---|---|
> | du trugst | ihr trugt |
> | Sie trugen | Sie trugen |
> | er | |
> | sie } trug | sie trugen |
> | es | |

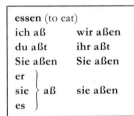

> **lesen** (to read)
>
> | ich las | wir lasen |
> |---|---|
> | du last | ihr last |
> | Sie lasen | Sie lasen |
> | er | |
> | sie } las | sie lasen |
> | es | |

(iii) *Auxiliary Verbs*

> **sein** (to be)
>
> | ich war | wir waren |
> |---|---|
> | du warst | ihr wart |
> | Sie waren | Sie waren |
> | er | |
> | sie } war | sie waren |
> | es | |

> **haben** (to have)
>
> | ich hatte | wir hatten |
> |---|---|
> | du hattest | ihr hattet |
> | Sie hatten | Sie hatten |
> | er | |
> | sie } hatte | sie hatten |
> | es | |

> **werden** (to become)
>
> | ich wurde | wir wurden |
> |---|---|
> | du wurdest | ihr wurdet |
> | Sie wurden | Sie wurden |
> | er | |
> | sie } wurde | sie wurden |
> | es | |

(d) THE PERFECT

The perfect tense is formed from the present tense forms of either **haben** or **sein** together with the *past participle* which is normally at the end of the clause or sentence. (The past participle of a strong verb ends in **–en**, of a weak verb in **–t**.)

WEAK VERBS

> **kochen** (to cook)
>
> | ich habe | gekocht | wir haben | gekocht |
> |---|---|---|---|
> | du hast | gekocht | ihr habt | gekocht |
> | Sie haben | gekocht | Sie haben | gekocht |
> | er | | | |
> | sie } hat | gekocht | sie haben | gekocht |
> | es | | | |

STRONG VERBS

> **essen** (to eat)
>
> | ich habe | gegessen | wir haben | gegessen |
> |---|---|---|---|
> | du hast | gegessen | ihr habt | gegessen |
> | Sie haben | gegessen | Sie haben | gegessen |
> | er | | | |
> | sie } hat | gegessen | sie haben | gegessen |
> | es | | | |

> **gehen** (to go)
>
> | ich bin | gegangen | wir sind | gegangen |
> |---|---|---|---|
> | du bist | gegangen | ihr seid | gegangen |
> | Sie sind | gegangen | Sie sind | gegangen |
> | er | | | |
> | sie } ist | gegangen | sie sind | gegangen |
> | es | | | |

Verbs conjugated with **sein**

Many German verbs are conjugated with **sein.** The following are among the more common:

(i) *Intransitive verbs of motion*

aufstehen; fahren; gehen; kommen; laufen; springen; steigen (einsteigen; aussteigen; umsteigen) etc.

(ii) *Intransitive verbs that denote a change of state*
aufwachen (to wake up); **bersten** (to burst); **einschlafen** (to fall asleep); **erkranken** (to fall ill); **erscheinen** (to appear); **erschrekken** (to be frightened); **gefrieren** (to freeze); **gedeihen** (to thrive); **genesen** (to recover (from an illness)); **schmelzen** (to melt); **schwellen** (to swell); **sterben** (to die); **wachsen** (to grow); **werden** (to become); **verschwinden** (to disappear)

(iii) *Other verbs*
(1) **sein** (to be); **bleiben** (to remain)
(2) **begegnen** (to meet); **folgen** (to follow); **gelingen** (to succeed); **geschehen** (to happen); **passieren** (to happen)

Note: **gelingen, geschehen** and **passieren** are impersonal verbs (cf. J11).
Only intransitive verbs may take **sein**.
All transitive and reflexive verbs take **haben**:
Er ist in die Stadt gefahren. (intransitive)
Er hat den Wagen in die Stadt gefahren. (transitive)

(e) **THE PLUPERFECT**
The pluperfect tense is formed from the imperfect tense forms of either **haben** or **sein** together with the *past participle* which is normally at the end of the clause or sentence. (The past participle of a strong verb ends in –**en**, of a weak verb in –**t**.)

WEAK VERBS

kochen (to cook)			
ich hatte	gekocht	wir hatten	gekocht
du hattest	gekocht	ihr hattet	gekocht
Sie hatten	gekocht	Sie hatten	gekocht
er sie es } hatte	gekocht	sie hatten	gekocht

STRONG VERBS

essen (to eat)			
ich hatte	gegessen	wir hatten	gegessen
du hattest	gegessen	ihr hattet	gegessen
Sie hatten	gegessen	Sie hatten	gegessen
er sie es } hatte	gegessen	sie hatten	gegessen

gehen (to go)			
ich war	gegangen	wir waren	gegangen
du warst	gegangen	ihr wart	gegangen
Sie waren	gegangen	Sie waren	gegangen
er sie es } war	gegangen	sie waren	gegangen

(f) **THE CONDITIONAL**
The conditional tense is formed from the imperfect subjunctive of **werden (ich würde)** and the *infinitive*. This applies to regular and irregular verbs.

essen (to eat)			
ich würde	essen	wir würden	essen
du würdest	essen	ihr würdet	essen
Sie würden	essen	Sie würden	essen
er sie es } würde	essen	sie würden	essen

(g) **THE FUTURE PERFECT**
The future perfect is a combination of the future and perfect tenses:

essen (to eat)			
ich werde	gegessen haben	wir werden	gegessen haben
du wirst	gegessen haben	ihr werdet	gegessen haben
Sie werden	gegessen haben	Sie werden	gegessen haben
er sie es } wird	gegessen haben	sie werden	gegessen haben

gehen (to go)			
ich werde	gegangen sein	wir werden	gegangen sein
du wirst	gegangen sein	ihr werdet	gegangen sein
Sie werden	gegangen sein	Sie werden	gegangen sein
er sie es } wird	gegangen sein	sie werden	gegangen sein

(h) **THE CONDITIONAL PERFECT**
The conditional perfect is a combination of the conditional and perfect tenses. There are two forms of this tense. The longer form is usually replaced by the pluperfect subjunctive.

essen (to eat)			
ich würde gegessen haben		ich hätte	gegessen
du würdest gegessen haben		du hättest	gegessen
Sie würden gegessen haben		Sie hätten	gegessen
er		er	
sie } würde gegessen haben		sie } hätte	gegessen
es		es	
wir würden gegessen haben		wir hätten	gegessen
ihr würdet gegessen haben		ihr hättet	gegessen
Sie würden gegessen haben		Sie hätten	gegessen
sie würden gegessen haben		sie hätten	gegessen

gehen (to go)			
ich würde gegangen sein		ich wäre	gegangen
du würdest gegangen sein		du wärest	gegangen
Sie würden gegangen sein		Sie wären	gegangen
er		er	
sie } würde gegangen sein		sie } wäre	gegangen
es		es	
wir würden gegangen sein		wir wären	gegangen
ihr würdet gegangen sein		ihr wäret	gegangen
Sie würden gegangen sein		Sie wären	gegangen
sie würden gegangen sein		sie wären	gegangen

J5 The Imperative

The imperative forms are used for giving commands. The usual forms for both strong and weak verbs are as follows:

(i) **Reich(e)** (**du** form)
Reicht (**ihr** form)
Reichen Sie (**Sie** form sg. and pl.)

Reich mir das Buch!
Reicht mir das Buch!
Reichen Sie mir das Buch!

Note: The **–e** of the **du** form is often dropped:
Geh hin!/Komm her!

(ii) Most strong verbs with the stem vowel **e** change the **e** to **ie** or **i** in the **du** form (as in the 3rd person sg. of the present tense):
Lies! (from **lesen**)
Nimm! (from **nehmen**)
Gib! (from **geben**)

(iii) Verbs whose infinitive ends in **–eln, –ern, –nen** form their **du** form imperative as follows:
klingeln — Klingle noch einmal! (Ring again)
zittern — Zittre nicht! (Don't tremble)
sich bedienen — Bediene dich! (Help yourself)

(iv) The imperative forms of the verb **sein** are irregular:
Sei/seid/Seien Sie pünktlich! (Be punctual)

(v) The imperative is sometimes rendered more politely with **wollen** or **lassen**:
Wollen wir (mal) ins Kino gehen! } Let's go to
Laß uns ins Kino gehen! } the pictures.

(vi) The force of the imperative may be varied by using such words as **doch** (urging); **mal** (emphasizing); **ja** (reminding); **nur** (persuading or reassuring, sometimes threatening):
Frag sie doch! — Go on, ask her.
Hör doch! — Do listen.
Paß mal auf! — Now just pay attention.
Trink ja nicht zu viel! — Mind you don't drink too much.
Komm nur! — Come on.

(vii) The imperative is followed by an exclamation mark.

J6 The Infinitive with and without zu

(a) *The infinitive without **zu** is used*:
(i) after the modal auxiliaries and in the formation of the future and conditional tenses (cf. J9, J4(b) and J4(f):
Er mußte nach Bonn fahren.
Er wird heute abend kommen.
Er würde ein neues Au

(ii) after **bleiben, fühlen, g**
bid), **helfen, hören, lasse**
lernen, and **sehen**:

Sie blieb im Bus sitzen.
Er fühlte sein Ende nahen.
Wir gingen gestern abend tanzen.
Da hieß es schnell handeln.
Er half seinem Sohn den Brief
  schreiben.
Ich hörte ihn in der Badewanne singen.
Er ließ seine Uhr reparieren.
Er lehrte mich Deutsch sprechen.
Er lernte Deutsch sprechen.
Ich sah sie im Garten spielen.

Note: **brauchen** and **helfen** may be used
  with or without **zu**:
  Du brauchst nicht (zu) kommen.

(iii) *The infinitive for the past participle*
The past participles of the modal auxiliary
verbs and **brauchen, lassen** and **sehen**,
when used with the infinitive of another
verb, take the form of an infinitive:
  Ich habe das Buch lesen können.
  Ich hätte es nicht machen müssen.
  **Er hat nicht so lange (zu) warten
  brauchen.**
  **Ich habe meinen Fernseher reparieren
  lassen.**
  Er hat mich kommen sehen.

In a subordinate clause these infinitives for
past participles must stand at the end:

  **Nachdem er den Fernseher hatte re-
  parieren lassen ...**
  **Obwohl du nicht hättest warten brau-
  chen ...** etc.

Other verbs listed in (a)(ii) above tend to have
the usual past participle form when they occur
with an infinitive:
  Er hat ihr abwaschen geholfen. (or **Er
  hat ihr geholfen abzuwaschen.**) etc.

(b) *The infinitive with* ***zu*** *is used*:
 (i) with most other verbs:
  Er begann den Rasen zu mähen.
  **Er hat aufgehört, seine Zeitung zu
  lesen.**

 (ii) after the conjunctions **ohne** and **(an)statt**:
  ohne einen Augenblick zu verlieren
  (an)statt zu Hause zu bleiben

(iii) **um ... zu**
  There are four main patterns; the infinitive is
  used with **zu** and is always at the end of the
  clause or sentence:
  Sie ging in die Küche, um zu kochen.
  (Ordinary strong or weak verb.)
  **Sie ging ins Wohnzimmer, um fernzu-
  sehen.** (Verb with separable prefix.)
  **Sie ging ins Badezimmer, um sich zu
  waschen.** (Reflexive verb.)
  **Sie ging ins Schlafzimmer, um sich
  anzuziehen.** (Reflexive verb with separable prefix.)

J7 Separable Prefixes

(a) The more common separable prefixes are:
  ab (off, away/down) — **Er fuhr ab.** (He drove
  off.)
  an (on, at) — **Er sah sie an.** (He looked at
  her.); **Er machte das Radio an.** (He
  turned on the radio.)
  auf (up, open) — **Er stand auf.** (He got up.);
  Er machte das Fenster auf. (He opened
  the window.)
  aus (out, off) — **Er ging aus.** (He went out.);
  Er zog seine Jacke aus. (He took off his
  jacket.)
  bei (by, at) — **Er stand dem Jungen bei.** (He
  assisted (stood by) the boy); **Er wohnte
  der Eröffnungszeremonie bei.** (He was
  present at the opening ceremony.)
  ein (in) — **Er stieg in den Wagen ein.** (He
  got into the car.)
  empor (up(wards)) — **Er blickte empor.** (He
  looked up.)
  entgegen (towards) — **Er kam mir entgegen.** (He came to meet me (towards me).)
  fort (away, forward (with the idea of con-
  tinuation)) — **Er ging fort.** (He went
  away.); **Er fuhr fort.** (He continued. —
  intransitive); **Er setzte seine Reise fort.**
  (He continued his journey. — transitive)
  los (loose) — **Er ließ den Hund los.** (He let
  the dog loose.) **Er wurde sie los.** (He got
  rid of her. — Acc.)

mit (with, along) — *Note*: No pronoun is needed when the meaning is obvious: **Er nahm seinen Sohn mit.** (He took his son along (with him).)

nach (after) — **Sie eilte ihm nach.** (She hurried after him.) **Er machte es seinem Vater nach.** (He imitated his father.)

nieder (down) — **Er fiel nieder.** (He fell down.)

vor (forward, aloud) — **Er trat vor.** (He stepped forward.); **Er las das Gedicht vor.** (He read the poem aloud.)

voran/voraus (on ahead) — **Er ging voran/voraus.** (He went on ahead.)

weiter (on (continue)) — **Er las weiter.** (He went on reading.)

wieder (again/re–) — **Er kam wieder.** (He came again.) **Hol das wieder!** (Fetch it back) **Wiederhole das!** (Repeat that./ Revise.)

zu (to, shut) — **Er hörte mir zu.** (He listened to me.); **Er machte das Fenster zu.** (He shut the window.)

(b) *Compound separable prefixes*

(i) *her–*: hither, towards the speaker or person thought of.

hin–: thither, away from the speaker or person thought of.

They can be used by themselves, and are also attached to other prefixes to emphasize the direction:
Kommen Sie herein! — Come in.
Gehen Sie hinüber! — Go over there.

(ii) **hinab** and **herab** (down (as opposed to "up") and **hinauf** and **herauf** (up) are all followed by the accusative (**runter** and **rauf** are usually used in spoken German):
Er ging die Straße hinab. — He walked down the street.
Note: **Er ging im Zimmer auf und ab.** — He walked up and down in the room.

(iii) **vorbei** and **vorüber** (past). (If followed by a noun or pronoun **an** + the dative must be used.):
Viele Soldaten ritten vorbei. (Many soldiers rode past.)
Er fuhr an dem Haus vorbei. (He drove past the house.)

J8 Inseparable Prefixes

(a) The main inseparable prefixes are: **be–**, **ge–**, **emp–**, **ent–**, **er–**, **ver–**, **zer–**, **miß–** and **wider–**.

(b) The following points should be noted:

(i) The prefixes are *never separated* from the verb.

(ii) They do not require **ge–** in the past participle. (**miß–** is sometimes an exception.)

(iii) The prefixes are always *unaccented*.

(iv) **Zu** is placed before the infinitive and written as a separate word.

(v) Inseparable verbs are usually conjugated like their corresponding simple verbs.

(c) Only some of the common meanings of these prefixes can be given here:

(i) *be–* (1) Sometimes changes an intransitive verb into a transitive one: **sprechen (über)** — to speak (about); **besprechen** — to discuss/**weinen (um)** — to weep (for); **beweinen** — to weep for.

(2) Verbs formed from nouns or adjectives: **befreunden** — to befriend; **befreien** — to set free; **begrenzen** — to limit; **beneiden** — to envy; **beglückwünschen** — to congratulate.

(ii) *ge–* Often intensifies the meaning: **brauchen** — to need; **gebrauchen** to use.

(iii) *ent–* (1) cf. the English prefixes "un–" or "dis–": **entdecken** — to discover; **entladen** — to unload. (It often denotes the opposite of verbs with **ver–**: **verdecken** — to obscure; **verladen** — to load up.)

(2) Signifies separation, removal, escape: **entreißen** — to snatch away; **entkommen/entlaufen** — to escape

(iv) *er–* (1) Signifies attainment: **erreichen** — to reach; **erdenken** — to think out; **erfinden** — to invent.

(2) Signifies the successful conclusion of an action (often resulting in

death): **schießen** — to shoot; **erschießen** — to shoot dead.

(3) Signifies some sort of continuing process: **erröten** — to blush; **erblinden** — to go blind.

(v) *ver–* (1) Conveys an opposite meaning: **kaufen** — to buy; **verkaufen** — to sell; **lernen** — to learn; **verlernen** — to forget how to do; **achten** — to esteem; **verachten** — to despise.

(2) Signifies loss, wastage or consumption: **verlieren** — to lose; **verspielen** — to gamble money and lose; **verwüsten** — to lay waste; **verbrauchen** — to use up (supplies).

(3) Suggests an error (usually as a reflexive verb): **sich verlaufen** — to lose one's way; **sich verlesen** — to read something wrongly; **sich versprechen** — to make a slip of the tongue.

(vi) *zer–* Suggests destruction or disruption (cf. the English "into pieces"): **zerbrechen** — to break into pieces; **zerreißen** — to tear into pieces; **zerstören** — to destroy; etc.

(vii) *miß–* Corresponds to the English prefixes "mis–" and "dis–": **trauen** — to trust; **mißtrauen** — to mistrust; **verstehen** — to understand; **mißverstehen** — to misunderstand; **brauchen** — to use; **mißbrauchen** — to misuse.

(viii) *wider–* Means "against": **widerstehen** — to resist; **widersprechen** — to contradict.

J9 Modal Auxiliary Verbs

(a) There are six modal auxiliary verbs. They are:
dürfen — to be allowed to (may, can)
können — to be able to (can)
mögen — to should/would like to
müssen — to have to (must)
sollen — to ought to (should)
wollen — to want to

(i) PRESENT TENSE

ich kann	wir können
du kannst	ihr könnt
Sie können	Sie können
er sie es } kann	sie können

Similarly: **ich darf/ich muß/ich will/ich soll/ich mag.**

(ii) IMPERFECT TENSE

ich konnte	wir konnten
du konntest	ihr konntet
Sie konnten	Sie konnten
er sie es } konnte	sie konnten

Similarly: **ich durfte/ich mußte/ich wollte/ich sollte/ich mochte.**

Modal verbs are used with the infinitive which is normally at the end of the clause or sentence.

(b) **dürfen**
(i) Denotes permission:
Er darf rauchen. — He can (is allowed to) smoke.
Darf ich fragen, ob ...? — May I ask whether ...?
Das durfte er (tun). — He was allowed to do that.

ii) In the negative it denotes a prohibition:
Sie dürfen nicht laufen. — You must not run.

(iii) In the imperfect subjunctive it denotes a possibility:
Das dürfte wohl richtig sein. — That might (possibly) be true.

(c) **können**
(i) Denotes ability:
Er kann schon lesen. — He is already able to read.
Ich konnte es nicht verstehen. — I couldn't understand it.

(ii) Denotes possibility:
Das kann richtig sein. — That may be true.
Das könnte richtig sein. — That might be true.

(iii) Denotes knowledge:
Er kann Deutsch. — He knows German.

(iv) When translating "could", the conditional or the imperfect indicative must be used according to the meaning:

(1) **Er könnte nach Deutschland fahren, wenn er genug Geld hätte.** — He could (would be able to) go to Germany if he had enough money.

(2) **Er konnte nicht nach Deutschland fahren, weil gestreikt wurde.** — He couldn't go to Germany because there was a strike.

(v) *Note also*:
Ich konnte nicht umhin zu lachen. — I couldn't help laughing.

(d) **mögen**

(i) Denotes possibility:
Er mag es vielleicht wissen. — He may perhaps know it.
Das mag/mochte wahr sein. — That might be/ might have been true.

(ii) Denotes an inclination or liking:
Ich möchte (gern) wissen, ob . . . — I should like to know whether . . .
Ich mag ihn nicht. — I don't like him.
Ich mochte den Film nicht. — I didn't like the film.
Ich mag keine Kirschen. — I don't like cherries.
Ich mag Kirschen. — I'm fond of cherries.

(iii) Denotes a concession:
Mag er auch arm sein . . . — Even though he may be poor . . .

(iv) Denotes a wish:
Möge er lange leben! Long may he live!
Möchte das wahr sein! (*archaic*) — If only that were true! (Would that . . .)

(v) *Note also*:
Sie mochte etwa so alt sein wie er. — She might (could) have been as old as him.

(e) **müssen**

(i) Denotes compulsion:
Das muß so sein. — That must be the case.
Ich mußte nach Hause (gehen). — I had to go home.

Wir mußten lachen. — We had to laugh (couldn't help laughing).
Gerade ihn mußte ich sehen. — I had to see him, of all people.
Diese Wahl mußte kommen. — This election had to come (was bound to come).
Er muß(te) während der Nacht gestorben sein. — He must have died during the night.

(ii) The negative of **müssen** may be translated in two ways ("must not" and "need not"). Different verbs may be used to avoid ambiguity:
Sie dürfen ihm nicht helfen. — You must not help him.
Sie brauchen ihm nicht zu helfen. — You need not help him.

(iii) Note the difference between **müssen** and **haben zu**:
Ich muß meinen Wagen verkaufen. — I have to sell my car.
Ich habe einen Wagen zu verkaufen. — I have a car to sell.
Often, however, the two verbs have similar meanings:
Ich habe viele Hausaufgaben zu machen. — I have to do a lot of homework. (I have a lot of homework to do.)
Er hat die Arbeit am Montag abzuliefern. — He has to produce the work on Monday.

(f) **sollen**

(i) Denotes intention or obligation (in the present tense):
Ich soll zu Hause bleiben. — I am to (am supposed to/expected to) stay at home.
Du sollst nicht stehlen. — Thou shalt not steal.
Was soll ich dir schicken? — What would you like me to send you?
Das Bier soll sehr gut sein. — The beer is said to be very good.

(ii) Note the different meanings of the imperfect indicative and subjunctive:
Er sollte gestern kommen. — He was supposed to come yesterday. (Indicative)
Er sollte morgen kommen. — He ought to come tomorrow. (Subjunctive)

(iii) *"Shall" and "should"*
 (1) **Ich werde ihn nicht besuchen.** — I shall not visit him. (Future)
 (2) **Ich soll ihn nicht besuchen.** — I shall not (am not to) visit him.
 (3) **Ich würde ihn nicht besuchen.** — I should not visit him (unless I had to). (Here, "should" = the conditional.)
 (4) **Ich sollte ihn nicht besuchen.** — I should not visit him. (i.e. because he is very ill)

(g) **wollen**
 (i) Denotes a wish, willingness or intention:
 Er will mitkommen. — He wants to come.
 Er will mitarbeiten. — He is willing to work (with us).
 Er will mit dem nächsten Schiff abreisen. — He intends to leave on the next boat.

 (ii) Denotes a claim or pretence:
 Er will ihn gesehen haben. — He claims to have seen him.
 Er will nichts gehört haben. — He is pretending that he has heard nothing.

 (iii) Denotes something that is or was about to happen:
 Er wollte eben fernsehen. — He was about to watch television.

 (iv) *"Will" and "would"*
 (1) **Er wird es nicht kaufen.** — He will not but it. (future)
 (2) **Er will es nicht kaufen.** — He does not want to buy it.
 (3) **Er würde nicht kommen.** — He would not come (If he were invited). (conditional)
 (4) **Er wollte nicht kommen.** — He would not come (when he was asked to).

 (v) If "would" denotes habitual action it may be translated either by the imperfect or by the verb **pflegen** (to be accustomed/wont to):
 Abends spielte er Karten.
 Abends pflegte er Karten zu spielen.
 He would (used to) play cards in the evenings.

 (vi) **Wollen** is also used in the polite imperative:
 Wollen wir mal gehen? — Shall we go?

(h) *Note:*
 (i) When the past participle of the modal auxiliary verbs and **lassen** (cf. J10) is used with the infinitive of another verb, it takes the form of an infinitive:
 Er hat es lesen können. — He has been able to read it.
 Er hat es lesen wollen. — He has wanted to read it.
 Er hat es lesen müssen. — He has had to read it.

 (ii) This construction is also used with the verbs **sehen** (to see), **hören** (to hear), **lernen** (to learn), **lehren** (to teach), **fühlen** (to feel) and **heißen** (to bid):
 Er hat ihn kommen sehen. — He saw him coming.
 Er hat sie singen hören. — He heard her singing.

 (iii) When two infinitive forms come together in a subordinate sentence, the finite verb comes immediately before the first infinitive:
 Weil ich meine Hausaufgaben habe machen müssen. — Because I have had to do my homework.
 Obgleich sie gestern hätten kommen sollen. — Although they ought to have come yesterday.
 Ich weiß nicht, ob ich nach Deutschland werde fahren müssen. — I don't know if I shall have to go to Germany.

J10 lassen

(a) to leave:
 Ich ließ es auf dem Tisch liegen. — I left it on the table.

(b) to let/allow:
 Laß mich gehen! — Let me go.
 Laß mich los! — Let go of me!

(c) to make:
 Er ließ mich einen Brief schreiben. — He made me write a letter.

(d) to get someone to do something:
 Ich ließ meine Sekretärin einen Flugschein buchen. — I got my secretary to book me an air ticket.

414

(e) to get/have something done (for oneself):

Ich ließ mir die Haare schneiden. — I had my hair cut.

Ich habe mir einen Anzug machen lassen. — I had a suit made for myself.

(f) "can be":

Das läßt sich nicht leugnen. — That cannot be denied.

Note also: "to let/make"

The meaning may be made clearer by using **erlauben** — to allow, **zwingen** — to compel, or **veranlassen** — to cause:

Er erlaubte mir zu warten. — He allowed me to wait.

Er zwang mich zu warten. — He compelled me to wait.

Der starke Regen veranlaßte mich zu warten. — The heavy rain caused me to wait.

J11 Impersonal Verbs

An impersonal verb is a verb used almost exclusively in the third person singular, often with the subject **es**. A few impersonal verbs may also be used in the third person plural as well. There are four main types:

(a) Those to do with the weather:

es blitzt (there is lightning); **es dämmert** (it's getting light; **es donnert** (it's thundering); **es dunkelt** (it's getting dark) (*formal*)†; **es friert** (it's freezing); **es hagelt** (it's hailing); **es klärt sich auf** (it's clearing up); **es regnet** (it's raining); **es schneit** (it's snowing); **es taut (auf)** — it's thawing

†*Note*: Modern German usage: **Es wird dunkel.**

(b) Those taking the accusative:

es ärgert mich (I'm annoyed); **es ekelt mich** (I'm disgusted (with it)); **es freut mich** (I'm glad); **es friert mich an den Füßen** (my feet are freezing); **es juckt mich (mir) am Arm (im/am Ohr)** — my arm (ear) is itching; **es verdrießt mich** (it annoys me); **es wundert mich** (I'm surprised)

(c) Those taking the dative:

es fällt mir ein (it occurs to me); **es fehlt mir an nichts** (I lack nothing); **es tut mir leid (um)** — I'm sorry (for); **es tut mir weh** (it hurts me); **es tut mir wohl** (it does me good); **es gelingt mir** (I succeed, manage); **es ist mir heiß/warm/kalt** (I'm hot/warm/cold); **es ist mir bange (wohl) zumute** (I feel apprehensive (in good spirits))

Note:

(i) The verbs in sections (b) and (c) and those like them often invert and drop the **es**:

mich friert an den Händen; mir fällt ein; mir ist übel (I feel sick) etc.

(ii) Several impersonal verbs may also have a noun or pronoun as subject. These may also be used in the third person plural:

Der Film (Die Filme) gefiel(en) mir gut. — I enjoyed the film(s) a lot.

Die Sache ärgerte mich sehr. — The matter annoyed me a lot.

(d) Those used reflexively:

es empfiehlt sich (it's advisable); **es ergibt sich** (it follows); **es fragt sich** (it is questionable); **es handelt sich um** (it is a matter of); **es lohnt sich** (it is worth while); **es schickt sich** (it is proper); **es versteht sich** (it is a matter of course):

Es empfiehlt sich, früh hinzugehen. — It's advisable to go there early.

Es fragt sich, ob es sich lohnt. — It is questionable if it is worth while.

Es handelt sich um Geld. — It is a matter of money.

Note also: **es läßt sich**

Es läßt sich sehen/(hören). — It's worth seeing (hearing).

Es läßt sich nicht leugnen. — It can't be denied.

Das läßt sich denken. — That's quite likely.

(e) Note the following additional uses:

Es geht (nicht). — It will (won't) do.

Es klingelt. — The bell is ringing.

Es klopft. — Someone is knocking.

Es kommt darauf an. — It all depends.

Es macht nichts. — It doesn't matter.

Es zieht. — It's draughty.

J12 Causative Verbs

Certain intransitive verbs have a corresponding transitive form. (Cf. the English verbs "to fall" and "to fell"/"to lie" and "to lay".) Those verbs marked with an asterisk are conjugated with **sein**.

INTRANSITIVE	TRANSITIVE
*dringen (i, a, u)** — to force one's way	**drängen** (*weak*) — to push/press
*erblinden** (*weak*) — to go blind	**blenden** (*weak*) — to blind/dazzle
*ertrinken (i, a, u)** — to be drowned	**ertränken** (*weak*) — to drown
*erwachen** (*weak*) — to wake/awake	**wecken** (*weak*) — to wake (someone)
*fallen (ä, ie, a)** — to fall	**fällen** (*weak*) — to fell
(*)**hängen (ä, i, a)** — to hang (see *Note* below)	**hängen** (*weak*) — to hang (see *Note* below)
*liegen (ie, a, e)** — to lie	**legen** (*weak*) — to lay
*sinken (i, a, u)** — to sink, drop	**senken** (*weak*) — to lower
*versinken (i, a, u)** — to sink (to go right down to the bottom)	**versenken** (*weak*) — to sink
*sitzen (i, a, e)** — to sit	**setzen** (*weak*) — to put/place
*springen (i, a, u)** — to jump/leap	**sprengen** (*weak*) — to blow up
*steigen (ei, ie, ie)** — to rise/climb	**steigern** (*weak*) — to raise/accumulate

Note:

Die Katze ertrank. — The cat drowned.

Das Bild hing an der Wand. — The picture was hanging on the wall.

Er ertränkte die Katze. — He drowned the cat.

Er hängte das Bild an die Wand. — He hung the picture on the wall.

J13 Verbs governing the Dative

The following verbs are followed by the dative:

ähneln — to resemble

angehören — to belong to (something)

antworten — to answer (someone)

begegnen — to meet

(*)**beistehen** — to support/stand by

beistimmen — to agree with (someone)

beiwohnen — to attend/be present at

danken — to thank

dienen — to serve

drohen — to threaten

*entfliehen** — to escape from

*entkommen** — to get away from/escape

fehlen — to be missing

fluchen — to curse (someone or something) (archaic) (Modern German: **verfluchen** + Acc.)

*folgen** — to follow

gefallen — to please/like

gehorchen — to obey

gehören — to belong to

*gelingen** — to succeed/manage

genügen — to be enough for/suffice

*geschehen** — to happen to

glauben — to believe

gleichen — to resemble

gratulieren — to congratulate

helfen — to help

huldigen — to pay homage to

imponieren — to impress

lauschen — to listen intently to

leid tun — to be sorry for

*mißfallen** — to displease

*mißlingen** — to fail (not succeed)

mißtrauen — to mistrust

nachgeben — to give in/yield

*nachlaufen** — to run after

nachsehen — to follow with one's eyes

sich nähern — to approach

nützen — to be of use to

passen — to suit

*passieren** — to happen to

raten — to advise

schaden — to harm/damage

schmecken — to like (taste)
schmeicheln — to flatter
trauen — to trust
trotzen — to defy
vergeben — to forgive
vertrauen — to trust
verzeihen — to forgive/pardon
***weichen** — to yield to
widersprechen — to contradict
widerstehen — to resist
sich widmen — to devote oneself to
***zu**hören — to listen to
***zu**lächeln — to smile at
***zu**sehen — to watch
***zu**stimmen — to agree with, to/to vote for

J14 Verbs governing the Genitive

The following verbs are followed by the genitive:
sich bedienen — to make use of
bedürfen (*archaic/formal*) — to have need of (require) (modern, everyday German: **dringend brauchen**)
sich bemächtigen — to get control of, seize
sich enthalten — to refrain/abstain from
sich entledigen — to get rid of
sich erbarmen — to have mercy on
sich erwehren — to restrain, ward off
gedenken — to bear in mind, remember
sich rühmen — to boast of
sich schämen (*archaic/formal*) — to be ashamed of (modern, everyday German: **sich schämen über** + Acc./**wegen** + Gen. and + Dat.)
sich vergewissern (*archaic/formal*) — to assure oneself of (modern, everyday German: **sich vergewissern über** + Acc.)

J15 Use of Prepositions after certain Verbs

(a) "ACCUSATIVE" PREPOSITIONS

(1) **danken für** — to thank for
sich entscheiden für — to decide for/be in favour of
gelten für (*archaic*) — to be considered/be true/valid for (modern German: **gelten als** + nom.)

halten für — to consider/deem/think/take someone or something for/to be
sich interessieren für — to be interested in
kämpfen für — to fight for
schwärmen für — to be enthusiastic about/ be a fan of
sorgen für — to look after/see to
stimmen für — to vote for

(2) **sich entscheiden gegen** — to decide against
kämpfen gegen — to fight against
stimmen gegen — to vote against

(3) **sich bemühen um** — to try to help
sich bewerben um — to apply for (a job)
bitten um — to ask for
sich handeln um — to be a matter of
kämpfen um — to fight for
wissen um (*archaic*) — to know about

(b) "DATIVE" PREPOSITIONS

(1) **sich bedanken bei** — to thank
sich beklagen bei — to complain to
***bleiben bei** — to remain with/stick to
sich entschuldigen bei — to apologize to
helfen bei — to help with

(2) ***an**fangen mit — to start by
***auf**hören mit — to stop (something)
beginnen mit — to begin by
sich beschäftigen mit — to busy/occupy oneself with
***überein**stimmen mit — to agree with (someone)

(3) **angeln nach** — to fish for
sich erkundigen nach — to enquire about
fragen nach — to ask about
graben nach — to dig for
riechen nach — to smell of
schicken nach — to send for
sich sehnen nach — to long for
streben nach — to strive for/after
suchen nach — to look for

(4) ***bei**tragen zu — to contribute to
dienen zu — to serve to/for
gehören zu — to belong to (be a part of)
passen zu — to go with/match
verurteilen zu — to sentence to
wählen zu — to elect to/as

(c) **"ACCUSATIVE" AND "DATIVE" PREPOSITIONS**
(The preposition is used with the accusative except for those examples marked (D).)

(1) **arbeiten an** (D) — to work at
sich beteiligen an (D) — to take part in
denken an — to think of
sich erinnern an — to remember
erkennen an (D) — to recognize by
sich freuen an (D) — to take pleasure in
sich gewöhnen an — to get used to
glauben an — to believe in
leiden an (D) — to suffer from
sich rächen an (D) — to take revenge on
schreiben an — to write to
zweifeln an (D) — to doubt in

(2) *_an_**kommen auf** — to depend on
antworten auf — to answer (something)
*_auf_**passen auf** — to keep an eye on
bestehen auf (D) — to insist on
blicken auf — to look/gaze at
feuern auf — to fire at
fluchen auf — to swear at
sich freuen auf — to look forward to
hoffen auf — to hope for
*_**klettern auf**_ — to climb (a tree, etc.)
*_**kommen auf**_ — to hit upon
rechnen auf (also: **mit** (D)) — to count on
schießen auf — to shoot at
trinken auf — to drink to
sich verlassen auf — to rely on
verzichten auf — to do without
sich vorbereiten auf — to prepare for
warten auf — to wait for
weisen auf — to point at
zeigen auf — to point at

(3) *_ein_**brechen in** — to break into/burgle
sich _ein_mischen in — to interfere in
*_ein_**steigen in** — to get in/on (a vehicle)
*_ein_**treten in** — to enter
*_**geraten in**_ — to get into (difficulties, etc.)
übersetzen in — to translate into
sich verlieben in — to fall in love with
sich verwandeln in — to be transformed/turn into

(4) **sich beklagen über** — to complain about/of
sich freuen über — to be pleased with/be glad about
klagen über — to complain about
lachen über — to laugh about
reden über — to talk about
schimpfen über — to grumble about/at
schreiben über — to write about
spotten über — to mock at/deride
streiten über — to argue about
sich unterhalten über — to converse/chat about
weinen über — to cry about

(5) **Angst haben vor** (D)—to be afraid of
sich ängstigen vor (D) — to be afraid of
*_**fliehen vor**_ (D) — to flee from
sich fürchten vor (D) — to be afraid of
sich hüten vor (D) — to beware of
schützen vor (D) — to protect from
warnen vor (D) — to warn against
weinen vor (D) — to weep for (joy, etc.) (usually used without the article: **Er weinte vor Freude.**)

Examples

Sie stimmte mit ihrem Mann überein. — She agreed with her husband.
Ich stimme damit überein. — I agree with that.
Das hängt davon ab. — That all depends.
Er kam auf eine gute Idee. — He hit upon a good idea.
Ach ja, ich erinnere mich daran. — Oh yes, I remember.
Er hatte Angst vor ihm. — He was afraid of him.
Er hatte Angst davor. — He was afraid of it.

(d) **"GENITIVE" PREPOSITIONS**
loben wegen — to praise for
sich schämen wegen — to be ashamed because of
schelten wegen — to tell (someone) off because of
tadeln wegen — to blame for

Note: In modern German, **wegen** is frequently used with the dative.

418

J16 Translation of the English Present Participle

The English present participle may be translated in several ways:

(i) By a present participle used adjectivally —
die folgende Geschichte (the following story)

(ii) By a simple infinitive (without **zu**) after **bleiben, finden, fühlen, hören, lassen** and **sehen**:
Er sah mich kommen. (He saw me coming.)

(iii) By an infinitive used as a noun:
Er war des Fahrens müde. (*old fashioned*) (He was tired of driving.)

(iv) By an infinitive with **zu** when dependent on an adjective:
Es ist angenehm, hier zu sitzen. (It is pleasant sitting here.)

(v) **ohne . . . . zu:**
ohne einen Augenblick zu verlieren (without losing a moment)
anstatt . . . zu:
anstatt zu Hause zu bleiben (instead of staying at home)

(vi) **Ohne daß/anstatt daß** when the present participle is a verbal noun:
Er kam ins Zimmer, ohne daß ich ihn sah. (He came into the room without my seeing him.)

(vii) By a subordinate clause with **da, weil, während, nachdem, ehe, bevor** etc. —
Da ich Durst hatte, trank ich ein Glas Bier. (Feeling thirsty, I . . .)
Ehe ich in die Schule gehe, frühstücke ich. (Before going to school, I . . .)

(viii) By a subordinate clause introduced by **wie** after verbs of seeing or hearing:
Ich hörte, wie er die Haustür aufmachte. (I heard him opening the front door.)

(ix) By a main clause introduced by **und**:
Er saß im Lehnstuhl und las. (He sat in the armchair reading.)

(x) By the past participle of verbs of motion after **kommen**:
Er kam auf mich zugelaufen. (He came running up to me.)

(xi) By a relative clause:
Die Frau, die auf der Bank sitzt, raucht eine Zigarette. (The woman sitting on the seat is smoking a cigarette.)

(xii) By an adjectival phrase:
Ein Schach spielender Junge (A boy playing chess.)

(xiii) By a finite verb with **gern, lieber, am liebsten**:
Ich fahre gern nach Deutschland. (I like going to Germany.)

J17 The Passive

(a) *The Active and Passive Voices*
"Voice" is the form of a verb by which the relation of the subject to the action is indicated.

(i) In the active voice the subject *is* something or *does* something to someone or something outside itself. It is the agent.
e.g. **Der Edelmann kaufte das Porträt.**
The nobleman bought the portrait.

(ii) In the passive voice the subject has something done to it by some outside agent. It suffers the action.
e.g. **Das Porträt wurde von dem Edelmann gekauft.**
The portrait was bought by the nobleman.

(b) *The Formation of the Passive*
The passive is formed by using the past participle of the verb with the appropriate tense of **werden**.

Example: **gemalt werden** (to be painted)

(i) *Present Tense* (I am (being) painted etc.)

ich werde	gemalt	wir werden	gemalt
du wirst	gemalt	ihr werdet	gemalt
Sie werden	gemalt	Sie werden	gemalt
er sie es } wird	gemalt	sie werden	gemalt

(ii) *Imperfect Tense* (I was (being) painted etc.)

ich wurde	gemalt		wir wurden	gemalt
du wurdest	gemalt		ihr wurdet	gemalt
Sie wurden	gemalt		Sie wurden	gemalt
er				
sie }	wurde	gemalt	sie wurden	gemalt
es				

(iii) *Perfect Tense* (I have been painted etc.)

ich bin gemalt worden		wir sind gemalt worden
du bist gemalt worden		ihr seid gemalt worden
Sie sind gemalt worden		Sie sind gemalt worden
er		
sie } ist gemalt worden		sie sind gemalt worden
es		

(iv) *Pluperfect Tense* (I had been painted etc.)

ich war gemalt worden		wir waren gemalt worden
du warst gemalt worden		ihr wart gemalt worden
Sie waren gemalt worden		Sie waren gemalt worden
er		
sie } war gemalt worden		sie waren gemalt worden
es		

(v) *The other Tenses*

The other tenses are formed as follows:

Future Passive: **Es wird gemalt werden** (It will be painted)

Conditional Passive: **Es würde gemalt werden** (It would be painted)

Future Perfect Passive: **Es wird gemalt worden sein** (It will have been painted)

Conditional Perfect Passive: **Es würde gemalt worden sein** (It would have been painted)

(c) *Points to watch*

(i) The passive is used less in German than in English. It may be avoided:

(1) by using **man** with the verb in the active:

Hier spricht man Deutsch. — German is spoken here.

Man fragte ihn. — He was asked.

(2) by using a verb reflexively:

Die Tür öffnete sich. — The door was opened.

(3) by a participle construction:

ein in Deutschland hergestellter Wagen — a car that was made in Germany

(ii) Only what can be the *direct object* in an active construction may become the *subject* of a passive construction. Verbs that are followed by the dative (cf. J13) need particular care:

Man ist ihm begegnet. — He was met.

Ihm wurde geholfen. } — He was

Es wurde ihm geholfen. } helped.

(iii) After **sein, bleiben, scheinen, stehen, sich lassen** (to allow oneself), the infinitive has passive force:

Dieser Wagen ist zu verkaufen. — This car is to be sold (is for sale).

Der Erfolg bleibt abzuwarten. — The outcome remains to be seen.

Dieses Haus scheint zu vermieten zu sein. — This house seems to be to let.

Das steht zu erwarten. — That is to be expected. (slightly old-fashioned — better: **ist zu erwarten**)

Sie ließen sich überreden. — They let themselves be persuaded.

(iv) Note the difference between the passive and the past participle used adjectivally:

Das Fenster war geschlossen. — The window was shut. (*descriptive*)

Das Fenster wurde von der Frau geschlossen. — The window was shut by the woman. (*passive*)

(v) "By" is translated by **von** (agent), **durch** (means), **mit** (instrument):

Das Porträt wurde *von dem Maler* verkauft. — The portrait was sold by the painter.

Es wurde *durch die Geschicklichkeit* des Kunstexperten restauriert. — It was restored through the skill of the art expert.

Das Porträt wurde *mit einem Pinsel* gemalt. — The portrait was painted with a brush.

J18 The Subjunctive

(a) THE FORMATION OF THE SUBJUNCTIVE

(i) *The Present Subjunctive*

The present subjunctive is formed by adding the following endings to the stem of the infinitive of both strong and weak verbs:

sg. –e, –est, –en, –e
pl. –en, –et, –en, –en

Note: **sein** is the only exception.

sagen (*weak*)	fahren (*strong*)	sein
ich sage	ich fahre	ich sei
du sagest	du fahrest	du sei(e)st
Sie sagen	Sie fahren	Sie seien
er ⎫	er ⎫	er ⎫
sie ⎬ sage	sie ⎬ fahre	sie ⎬ sei
es ⎭	es ⎭	es ⎭
wir sagen	wir fahren	wir seien
ihr saget	ihr fahret	ihr seiet
Sie sagen	Sie fahren	Sie seien
sie sagen	sie fahren	sie seien

(ii) *The Imperfect Subjunctive*

The imperfect subjunctive forms of weak verbs are the same as the imperfect indicative. Strong verbs add the endings of the present subjunctive (cf. above (i)) to the stem of the imperfect indicative. The stem vowels **a, o** and **u** add an umlaut as do also **haben, wissen** and **werden** (e.g. **ich hätte, ich wüßte, ich würde**):

ich sagte	ich führe	ich wäre
du sagtest	du führest	du wärest
Sie sagten	Sie führen	Sie wären
er ⎫	er ⎫	er ⎫
sie ⎬ sagte	sie ⎬ führe	sie ⎬ wäre
es ⎭	es ⎭	es ⎭
wir sagten	wir führen	wir wären
ihr sagtet	ihr führet	ihr wäret
Sie sagten	Sie führen	Sie wären
sie sagten	sie führen	sie wären

Irregular forms

(1) Mixed

brennen (brennte); kennen (kennte); nennen (nennte); rennen (rennte); senden (sendete); wenden (wendete)

(2) Strong

(a) The following verbs have archaic alternative forms:

befehlen (beföhle); beginnen (begönne); empfehlen (empföhle); helfen (hulfe); schelten (schölte); schwimmen (schwömme); spinnen (spönne); werfen (würfe)

(b) The following have no modern alternatives:

sterben (stürbe); verderben (verdürbe); werben (würbe)

Note:

Modal auxiliary verbs with an umlaut in the infinitive also have one in the imperfect subjunctive:

dürfen (dürfte); können (könnte); mögen (möchte); müssen (müßte); sollen and **wollen** do not modify.

(iii) *The Perfect Subjunctive*

This is formed by using the present subjunctive forms of **haben** and **sein** with the past participle:

ich habe	gesagt	ich sei	gefahren
du habest	gesagt	du sei(e)st	gefahren
Sie haben	gesagt	Sie seien	gefahren
er ⎫		er ⎫	
sie ⎬ habe	gesagt	sie ⎬ sei	gefahren
es ⎭		es ⎭	
wir haben	gesagt	wir seien	gefahren
ihr habet	gesagt	ihr seiet	gefahren
Sie haben	gesagt	Sie seien	gefahren
sie haben	gesagt	sie seien	gefahren

(iv) *The Pluperfect Subjunctive*

This is formed by using the imperfect subjunctive forms of **haben** and **sein** with the past participle:

ich hätte	gesagt	ich wäre	gefahren
du hättest	gesagt	du wär(e)st	gefahren
Sie hätten	gesagt	Sie wären	gefahren
er ⎫		er ⎫	
sie ⎬ hätte	gesagt	sie ⎬ wäre	gefahren
es ⎭		es ⎭	
wir hätten	gesagt	wir wären	gefahren
ihr hättet	gesagt	ihr wäret	gefahren
Sie hätten	gesagt	Sie wären	gefahren
sie hätten	gesagt	sie wären	gefahren

(b) **THE USE OF THE SUBJUNCTIVE**

Although modern colloquial German often tends to avoid the subjunctive forms of the verb, they are still used

(1) in indirect speech or thought;

(2) in conditional statements;

(3) in certain phrases expressing a hope or wish;

(4) in **als ob** or **als wenn** clauses;

(5) with modal verbs when stating what might happen or what ought to have happened.

(1) *Indirect Speech*

The tense of the subjunctive in standard usage is that of the original statement. There are, however, often colloquial variations. If the subjunctive form is different from the indicative, the corresponding tenses of direct and indirect speech are as follows:

DIRECT SPEECH

(a) *Present*
„Ich bin Arzt."

(b) *Future*
„Wird er kommen?"

(c) *Imperfect*
„Er spielte gut."

(d) *Perfect*
„Ist sie nach Deutschland gefahren?"

(e) *Pluperfect*
„Ich hatte den Film schon gesehen."

(f) *Future Perfect*
„Sie wird es schon gefunden haben."

Note: In indirect speech **daß** is usually omitted.

(2) *Conditional Statements*

Wenn meaning "if" is used with the indicative in the present and future but with the subjunctive in the past. **Wenn** meaning "when" is always used with the indicative:

Wenn ich in Deutschland bin, (so) spreche ich Deutsch. — If (*or* Whenever) I am in Germany I speak German.

INDIRECT SPEECH

→ *Present* (coll. Imperfect)
Er sagte, er sei (wäre) Arzt.

→ *Future* (coll. Conditional)
Man fragte, ob er kommen werde (würde).

→ *Perfect* (coll. Pluperfect)
Man sagte, er habe (hätte) gut gespielt.

→ *Perfect* (coll. Pluperfect)
Er fragte, ob sie nach Deutschland gefahren sei (wäre).

→ *Perfect* (coll. Pluperfect)
Er sagte, er habe (hätte) den Film schon gesehen.

→ *Future Perfect* (coll. Conditional Perfect)
Er sagte, sie werde (würde) es schon gefunden haben.

Wenn ich in Deutschland bin, (dann) spreche ich Deutsch. — If (*or* Whenever) I am in Germany I speak German.

Wenn ich in Deutschland war, (dann) sprach ich Deutsch. — Whenever I was in Germany I used to speak German.

Wenn ich in Deutschland wäre, (dann) würde ich Deutsch sprechen. — If I were in Germany I would speak German.

Wenn ich in Deutschland gewesen wäre, (dann) hätte ich Deutsch gesprochen. — If I had been in Germany I would have spoken German.

Note the alternative forms:

(a) **Wenn ich Zeit hätte, würde ich hingehen.**
Hätte ich Zeit, dann ginge ich hin.
If I had time I would go there.

(b) **Wenn ich Zeit gehabt hätte, dann würde ich hingegangen sein.**
Hätte ich Zeit gehabt, dann wäre ich hingegangen.
If I had had time I would have gone there. The alternative forms with **Hätte ich . . ., dann . . .** tend to be archaic or rhetorical.

Note: **so** may be used instead of **dann** in the examples above. It tends, however, to be formal or archaic. Modern German prefers to omit both forms.

As **wenn** with the present indicative can mean either "if" or "when(ever)", ambiguity can be avoided by using either **falls** (in case) or **sollte** (should):

Falls er nicht kommt, . . .
Sollte er nicht kommen, . . .

(3) *Phrases expressing a hope or wish*
Wenn er nur käme! — If only he would come!
Hätte ich das nur gewußt! — If only I had known that!
Ich wünsche, ich könnte hingehen! — I wish I could go there!

(4) **als ob** (*as if*) and **als wenn** (*as though*)
Es schien, als ob (als wenn) es geregnet hätte. — It seemed as if (as though) it had been raining.
Er tat, als ob (als wenn) er tot wäre. — He pretended to be dead.
Sie tat, als ob (als wenn) sie mich nicht gesehen hätte. — She pretended not to have seen me.

(5) *"What might happen" or "what might have happened"*
Er könnte recht haben (aber das wissen wir nicht). — He might be right (but we don't know yet).
Er hätte Premierminister sein sollen. — He ought to have been Prime Minister.

J19 Alphabetical List of Strong and Irregular Verbs

(i) For compounds (e.g. *fern*sehen, *ein*steigen, *auf*stehen, etc.) see the simple forms **sehen, steigen** and **stehen.**

(ii) * indicates that the verb is conjugated with **sein**.

(iii) (*) indicates that the verb may be conjugated with **sein** or **haben**.

Infinitive	*3rd Pers. Sg. Pres.*	*3rd Pers. Sg. Imp.*		*Past Part.*	*Meaning*
backen[1]	bäckt	backte		gebacken	to bake
befehlen	befiehlt	befahl		befohlen	to command/order
beginnen	beginnt	begann		begonnen	to begin
beißen	beißt	biß		gebissen	to bite
bergen	birgt	barg		geborgen	to save/shelter
bersten	birst	barst	*	geborsten	to burst
betrügen	betrügt	betrog		betrogen	to deceive/cheat
bewegen[2]	bewegt	bewog		bewogen	to induce
biegen	biegt	bog	(*)	gebogen	to bend/turn
bieten	bietet	bot		geboten	to offer
binden	bindet	band		gebunden	to tie/bind
bitten	bittet	bat		gebeten	to ask/request
blasen	bläst	blies		geblasen	to blow
bleiben	bleibt	blieb	*	geblieben	to stay/remain

Infinitive	3rd Pers. Sg. Pres.	3rd Pers. Sg. Imp.	Past Part.	Meaning
braten	brät	briet	gebraten	to roast
brechen	bricht	brach	(*) gebrochen	to break
brennen	brennt	brannte	(*) gebrannt	to burn
bringen	bringt	brachte	gebracht	to bring
denken	denkt	dachte	gedacht	to think
dreschen	drischt	drosch	gedroschen	to thresh
dringen	dringt	drang	(*) gedrungen	to press
dürfen	darf	durfte	gedurft	to be allowed to
empfehlen	empfiehlt	empfahl	empfohlen	to recommend
erbleichen³	erbleicht	erblich	* erblichen	to fade away
erlöschen	erlischt	erlosch	* erloschen	to be extinguished
erschrecken⁴	erschrickt	erschrak	* erschrocken	to be frightened
erwägen	erwägt	erwog	erwogen	to think over
essen	ißt	aß	gegessen	to eat
fahren	fährt	fuhr	(*) gefahren	to go (by vehicle)/to drive
fallen	fällt	fiel	* gefallen	to fall
fangen	fängt	fing	gefangen	to catch
fechten	ficht	focht	gefochten	to fence/fight
finden	findet	fand	gefunden	to find
flechten	flicht	flocht	geflochten	to plait
fliegen	fliegt	flog	(*) geflogen	to fly
fliehen	flieht	floh	* geflohen	to flee
fließen	fließt	floß	* geflossen	to flow
fressen	frißt	fraß	gefressen	to eat (of animals)
frieren	friert	fror	(*) gefroren	to freeze/be cold
gebären	gebiert	gebar	geboren	to give birth to/bear
geben	gibt	gab	gegeben	to give
gedeihen	gedeiht	gedieh	* gediehen	to thrive/prosper
gehen	geht	ging	* gegangen	to go/walk
gelingen	gelingt	gelang	* gelungen	to succeed/manage
gelten	gilt	galt	gegolten	to be valid/worth
genesen	genest	genas	* genesen	to get well/recover
genießen	genießt	genoß	genossen	to enjoy
geschehen	geschieht	geschah	* geschehen	to happen
gewinnen	gewinnt	gewann	gewonnen	to win/gain
gießen	gießt	goß	gegossen	to pour
gleichen	gleicht	glich	geglichen	to resemble
gleiten⁵	gleitet	glitt	* geglitten	to glide/slide
glimmen	glimmt	glomm	geglommen	to glow
graben	gräbt	grub	gegraben	to dig
greifen	greift	griff	gegriffen	to grasp/seize
haben	hat	hatte	gehabt	to have
halten	hält	hielt	gehalten	to hold/stop
hängen⁶	hängt	hing	(*) gehangen	to hang (intrans.)
hauen⁷	haut	haute	gehauen	to hew
heben	hebt	hob	gehoben	to lift/raise
heißen	heißt	hieß	geheißen	to be called/bid
helfen	hilft	half	geholfen	to help
kennen	kennt	kannte	gekannt	to know (be acquainted with)
klingen	klingt	klang	geklungen	to sound
kneifen	kneift	kniff	gekniffen	to pinch
kommen	kommt	kam	* gekommen	to come
können	kann	konnte	gekonnt	to be able
kriechen	kriecht	kroch	(*) gekrochen	to creep/crawl
laden	lädt	lud	geladen	to load
lassen	läßt	ließ	gelassen	to let/leave
laufen	läuft	lief	* gelaufen	to run

Infinitive	3rd Pers. Sg. Pres.	3rd Pers. Sg. Imp.	Past Part.	Meaning
leiden	leidet	litt	gelitten	to suffer
leihen	leiht	lieh	geliehen	to lend
lesen	liest	las	gelesen	to read
liegen	liegt	lag	(*) gelegen	to lie
lügen	lügt	log	gelogen	to tell a lie
messen	mißt	maß	gemessen	to measure
mögen	mag	mochte	gemocht	to like
müssen	muß	mußte	gemußt	to have to/must
nehmen	nimmt	nahm	genommen	to take
nennen	nennt	nannte	genannt	to name
pfeifen	pfeift	pfiff	gepfiffen	to whistle
preisen	preist	pries	gepriesen	to praise
quellen	quillt	quoll	* gequollen	to gush out/spring
raten	rät	riet	geraten	to advise
reiben	reibt	rieb	gerieben	to rub
reißen	reißt	riß	(*) gerissen	to tear
reiten[8]	reitet	ritt	(*) geritten	to ride
rennen	rennt	rannte	(*) gerannt	to run/race
riechen	riecht	roch	gerochen	to smell
ringen	ringt	rang	gerungen	to wrestle/struggle
rinnen	rinnt	rann	* geronnen	to flow/trickle
rufen	ruft	rief	gerufen	to call
saufen	säuft	soff	gesoffen	to drink (of animals)
saugen	saugt	sog (saugte)	gesogen (gesaugt)	to suck
schaffen[9]	schafft	schuf	geschaffen	to create
scheiden	scheidet	schied	(*) geschieden	to part/separate
scheinen	scheint	schien	geschienen	to shine/seem
schelten	schilt	schalt	gescholten	to scold/blame
scheren[10]	schert	scherte	geschoren	to shear/cut
schieben	schiebt	schob	geschoben	to push/shove
schießen	schießt	schoß	(*) geschossen	to shoot
schlafen	schläft	schlief	geschlafen	to sleep
schlagen	schlägt	schlug	geschlagen	to hit/strike/beat
schleichen	schleicht	schlich	(*) geschlichen	to creep/slink
schließen	schließt	schloß	geschlossen	to shut
schmeißen	schmeißt	schmiß	geschmissen	to fling/chuck
schmelzen	schmilzt	schmolz	(*) geschmolzen	to melt
schneiden	schneidet	schnitt	geschnitten	to cut
schreiben	schreibt	schrieb	geschrieben	to write
schreien	schreit	schrie	geschrie(en)	to shout/scream
schreiten	schreitet	schritt	* geschritten	to stride/proceed
schweigen	schweigt	schwieg	geschwiegen	to be silent
schwellen	schwillt	schwoll	* geschwollen	to swell (intrans.)
schwimmen	schwimmt	schwamm	(*) geschwommen	to swim
schwingen	schwingt	schwang	geschwungen	to swing
schwören[11]	schwört	schwor	geschworen	to swear (an oath)
sehen	sieht	sah	gesehen	to see
sein	ist	war	* gewesen	to be
senden[12]	sendet	sandte / sendete	gesandt / gesendet	to send
sieden[13]	siedet	siedete	gesotten	to boil
singen	singt	sang	gesungen	to sing
sinken	sinkt	sank	* gesunken	to sink
sinnen	sinnt	sann	gesonnen	to think/meditate
sitzen	sitzt	saß	(*) gesessen	to sit/be seated
sollen	soll	sollte	gesollt	to be obliged to
speien	speit	spie	gespie(e)n	to spit
spinnen	spinnt	spann	gesponnen	to spin

Infinitive	3rd Pers. Sg. Pres.	3rd Pers. Sg. Imp.		Past Part.	Meaning
sprechen	spricht	sprach		gesprochen	to speak
sprießen	sprießt	sproß	*	gesprossen	to sprout
springen	springt	sprang	*	gesprungen	to jump/leap
stechen	sticht	stach		gestochen	to sting/prick
stehen	steht	stand	(*)	gestanden	to stand
stehlen	stiehlt	stahl		gestohlen	to steal
steigen	steigt	stieg	*	gestiegen	to climb/mount
sterben	stirbt	starb	*	gestorben	to die
stoßen	stößt	stieß	(*)	gestoßen	to push
streichen	streicht	strich	(*)	gestrichen	to stroke/sneak about
streiten	streitet	stritt		gestritten	to argue/quarrel
tragen	trägt	trug		getragen	to carry/wear
treffen	trifft	traf		getroffen	to meet/hit
treiben	treibt	trieb	(*)	getrieben	to drive/do
treten	tritt	trat	(*)	getreten	to step/go
trinken	trinkt	trank		getrunken	to drink
tun	tut	tat		getan	to do
verbergen	verbirgt	verbarg		verborgen	to hide
verderben	verdirbt	verdarb	(*)	verdorben	to spoil/ruin
verdrießen	verdrießt	verdroß		verdrossen	to vex/annoy
vergessen	vergißt	vergaß		vergessen	to forget
verlieren	verliert	verlor		verloren	to lose
vermeiden	vermeidet	vermied		vermieden	to avoid
verschlingen	verschlingt	verschlang		verschlungen	to devour
verschwinden	verschwindet	verschwand	*	verschwunden	to disappear
verzeihen	verzeiht	verzieh		verziehen	to pardon
wachsen	wächst	wuchs	*	gewachsen	to grow
waschen	wäscht	wusch		gewaschen	to wash
weben[14]	webt	webte		gewoben	to weave
weichen[15]	weicht	wich	(*)	gewichen	to give way to
weisen	weist	wies		gewiesen	to point/show
wenden[16]	wendet	wandte / wendete		gewandt / gewendet	to turn
werben	wirbt	warb		geworben	to woo
werden	wird	wurde	*	geworden	to become
werfen	wirft	warf		geworfen	to throw
wiegen[17]	wiegt	wog		gewogen	to weigh
winden	windet	wand		gewunden	to wind/twist
wissen	weiß	wußte		gewußt	to know (a fact)
wollen	will	wollte		gewollt	to want to/wish
ziehen	zieht	zog	(*)	gezogen	to pull/move
zwingen	zwingt	zwang		gezwungen	to force/compel

Notes

[1]**backen** — The Imperfect form **buk** also exists but is archaic.

[2]**bewegen** (wk) — to move

[3]**erbleichen** (wk) — to turn pale; **bleichen** (wk) — to bleach

[4]**erschrecken** (wk) — to frighten (trans.)

[5]**begleiten** (wk) — to accompany

[6]**hängen** (wk) — to hang (trans.)

[7]**hauen** — The Imperfect form **hieb** also exists but is archaic.

[8]**bereiten** (wk) — to prepare

[9]**schaffen** (wk) — to do/achieve

[10]**scheren** — The Imperfect form **schor** also exists but is archaic.

[11]**schwören** — The Imperfect form **schwur** also exists but is archaic. In modern colloquial German also (wk).

[12]**senden** — The verb **schicken** is more colloquial than the official **senden**. The imperfect form **sendete** = "broadcast".

[13]**sieden** — The Imperfect form **sott** also exists but is archaic. In modern usage, esp. scientific, also (wk.): **sieden, siedete, gesiedet**.

[14]**weben** — The Imperfect form **wob** also exists but is archaic. **Weben** (wk.) is widely accepted today.

[15]**weichen** (wk) — to soften

[16]**wenden** — The Imperfect form **wandte** is used more often with compound verbs: **Er wandte sich um.** *But:* **Er wendete das Auto.**

[17]**wiegen** (wk) — to rock

K Miscellaneous

K1 Summary of Expressions of Time

(a) Definite time (Accusative): **letzten Samstag/ nächste Woche/jedes Jahr**

(b) Indefinite time (Genitive): **eines Tages/ eines Monats** etc.

Note:

(i) **eines Nachts**

(ii) It is better to avoid the genitive when an adjective is present:
an einem regnerischen Aprilmorgen/ an einem nebligen Novemberabend

(c) Time started in the past and uncompleted (**seit** + Dative):
Er lernt Deutsch seit einem Jahr. — He has been learning German for a year.
Er wohnte seit einem Monat dort. — He had been living there for a month.

(d) Time by the clock:

(i) **Wieviel Uhr ist es?/Wie spät ist es?**

(ii) For official purposes the 24-hour clock is used:
Es ist neun Uhr (9 a.m.). **Es ist einundzwanzig Uhr** (9 p.m.).

(iii) In colloquial language, however:
Es ist ein Uhr (nachts/mittags)/Es ist eins. — It's one o'clock (in the morning/ afternoon).
Es ist neun Uhr (morgens/abends)/Es ist neun. — It's nine o'clock (in the morning/evening).

(iv) In timetables, etc., the minutes stand *after* the hour:
Der Zug fährt um 18.20 (achtzehn Uhr zwanzig) — The train leaves at 6.20 p.m.

(v) In colloquial language, the minutes usually stand before the hour:
Es ist jetzt fünf vor acht. — It's now five to eight.
Es ist jetzt zwölf nach vier. — It's now twelve minutes past four.

(vi) The following times should also be noted:
Es ist jetzt Viertel nach drei. (Es ist jetzt Viertel vier.) — It's now a quarter past three.
Es ist jetzt Viertel vor vier. (Es ist jetzt drei Viertel vier.) — It's now a quarter to four.
Es ist jetzt fünf (Minuten) vor halb vier. — It's now twenty-five minutes past three.
Es ist jetzt halb vier. — It's now half past three.
Es ist jetzt fünf (Minuten) nach halb vier. — It's now twenty-five to four.

(vii) Compare: **Es ist ein Uhr.** — It's one o'clock.
Es ist eine Uhr. — It's a clock.
Es dauert eine Stunde. — It lasts an hour.

(e) With prepositions:
um 8 Uhr
im Frühling
im März
am Montag (*But*: **Er kommt Montag.**)
am Montag, dem 19. Juni
am Montagmorgen/am Montagabend
am Wochenende
am Weihnachtsabend (Heiligeabend) (on Christmas Eve); **am ersten Weihnachtstag** (on Christmas Day); **am zweiten Weihnachtstag** (on Boxing Day)
zu Weihnachten/zu Pfingsten/zu Ostern/ zu Silvester/zu Neujahr (for/at Christmas/Whitsun/Easter/New Year's Eve/ New Year)
am nächsten/folgenden/anderen Morgen — the next (following) morning

(f) Other Expressions of time (cf. also I₃)

(i) **morgens/nachmittags/abends/nachts** — in the mornings etc.

(ii) **samtags/sonntags** etc. — on Saturdays etc.

(iii) { **vor zwei Tagen/vorgestern/gestern**
heute
in zwei Tagen/übermorgen/morgen }

(iv) **heute morgen** (this morning), **heute nachmittag, heute abend, heute nacht** (similar pairings exist for *gestern* and *morgen* but note **morgen früh** (tomorrow morning)).

(v) **acht Tage** (a week); **vierzehn Tage** (a fortnight)

(vi) **in acht Tagen** (in a week's time), **heute vor vierzehn Tagen** (a fortnight ago today), **morgen in vierzehn Tagen** (a fortnight tomorrow)

(vii) **einmal/zweimal/dreimal . . . in der (pro) Woche**

(viii) **von 9.25 bis 10.00 Uhr**

K2 Summary of Word Order

(a) Past participles and infinitives are normally at the end of a clause or sentence:

Er ist in die Stadt *gefahren.*
Er wird in die Stadt *fahren.*
Er muß in die Stadt *fahren.*
Er steigt in seinen Wagen ein, um in die Stadt zu *fahren.*

(b) The verb is normally the second idea (but not necessarily the second word) in a main clause:

Sie *fährt* **jeden Tag zur Schule.**
Jeden Tag *fährt* **sie zue Schule.**

Sie *wird* **morgen zur Schule fahren.**
Morgen *wird* **sie zur Schule fahren.**

Sie *ist* **gestern zur Schule gefahren.**
Gestern *ist* **sie zur Schule gefahren.**

Sie *fährt* **zur Schule, nachdem sie in den Bus eingestiegen ist.**
Nachdem sie in den Bus eingestiegen ist, *fährt* **sie zur Schule.**

(c) (i) With the co-ordinating conjunctions **aber, denn, oder, sondern, und** and **allein** (= **aber**) (cf. H1), the word order is the same as in English:

Er geht in die Bar, aber er trinkt nichts. Sie ging nicht zur Party, denn sie hatte Kopfschmerzen.

(ii) In all subordinate clauses the finite verb stands at the end of the clause. The subordinating conjunction (cf. H2) must be preceded by a comma:

Er sagte, daß er in Deutschland gewesen *sei.*
Sie gingen zum Fußballspiel, obwohl es während der Nacht geschneit *hatte.*
Er verließ das Haus rechtzeitig, weil er seinen Bruder vom Bahnhof abholen *mußte.*

(d) In a German clause or sentence expressions of TIME precede those of MANNER and those of MANNER precede those of PLACE:

Time — (**Wann?**), Manner — (**Wie?**), Place — (**Wo?/Wohin?/Woher?**)
Gestern abend ging ich mit einem Freund ins Kino.
Letzten Sommer flogen wir mit dem Flugzeug nach Deutschland.
Gestern nachmittag gingen wir schnell die Straße entlang.
Gestern abend sah ich ihn schnell aus dem Haus laufen.

(e) *Direct and Indirect Objects*

(i) When there are two nouns in a clause or sentence the Indirect Object (Dative) precedes the Direct Object (Accusative):

Karl gab *dem* **Mann** *den* **Wein.**

(ii) When there are two pronouns in a clause or sentence the Direct Object (Accusative) precedes the Indirect Object (Dative):

Karl gab *ihn ihm*.

(iii) When there are a noun and a pronoun in the clause or sentence the pronoun precedes the noun:

Karl gab *ihn* dem Mann.
Karl gab *ihm* den Wein.

(f) The verb is inverted in questions:

***Schläft* sie im Wohnzimmer?**
***Ist* sie in der Stadt gewesen?**

(g) *The Prefix of Separable Verbs*

(i) In the present and imperfect tenses of main clauses and in the imperative, the prefix of separable verbs comes last:

Er steht um sieben Uhr *auf*.
Er stand um sieben Uhr *auf*.
Steh sofort *auf*!

(ii) In all other cases, separable verbs are written as one word, the prefix coming first:

Als sie sich gestern *umzog*.
Sie hat sich im Schlafzimmer *umgezogen*.
Sie wollte sich *umziehen*.
Sie ging ins Schlafzimmer, um sich *umzuziehen*.

(h) *The Reflexive Pronoun*

(i) In the main clause the reflexive pronoun follows the finite verb except where there is inversion of the verb and *pronoun* subject:

Er setzte sich in den Sessel.
Er hat sich in den Sessel gesetzt.
Er wollte sich in den Sessel setzen.
Dann setzte sich der Mann in den Sessel.

But:

Dann setzte er sich in den Sessel.

(ii) In a subordinate clause it is usually more correct to put the reflexive pronoun immediately before the noun subject of the clause, although in modern German it sometimes comes after the noun subject. If,

however, the subject of the clause is a pronoun, the reflexive pronoun comes immediately after it:

Da sich der Mann in den Sessel setzen wollte.

But:

Da er sich in den Sessel setzen wollte.

(i) *The Position of* **nicht**

The position of **nicht** often causes difficulties. The following guidelines are not comprehensive but might be helpful:

(i) In a negative main clause **nicht** immediately precedes the infinitive(s), the past participle, separable prefix, an adverb or adverbial phrase of place, manner or degree, or a predicative adjective or noun. Otherwise **nicht** is the last word:

Er konnte gestern abend nicht kommen.
Er hat sein Auto nicht reparieren lassen.
Er hat das Buch nicht gelesen.
Er läuft nicht schnell.
Heute nachmittag ist mein Mann nicht im Büro.
Im Augenblick bin ich nicht hungrig.
Er ist nicht mein Bruder.

But:

Sie mochte mich nicht.
Helfen Sie mir nicht!

(ii) In a negative subordinate clause **nicht** precedes the finite verb. If one or more infinitives, a past participle, an adverb or adverbial phrase of place, manner or degree, or a predicative adjective or noun are present, **nicht** usually precedes these:

Wenn ich nicht mitkomme.
Wenn sie nicht spielen wollen.
Weil er nicht gekommen war.
Wenn er heute abend nicht hätte kommen können.
Da er gestern nicht gearbeitet hatte.
Weil er nicht schnell fuhr.
Obwohl er nicht schnell genug gelaufen war.
Weil er nicht intelligent ist.
Weil er nicht ihr Lehrer war.

(iii) If, however, a particular word or phrase in either the main or subordinate clause is to be stressed in the negative, **nicht** immediately precedes it:

> **Er kommt nicht heute, sondern morgen.**
>
> **Weil er nicht heute, sondern morgen kommt.**
>
> **Er kommt nicht mit dem Auto, sondern mit dem Zug.**
>
> **Weil er nicht mit dem Auto, sondern mit dem Zug kommt.**

K3 Punctuation

, — (das) Komma/(der) Beistrich
. — (der) Punkt
„ — (die) Anführungszeichen (unten) (pl.)
" — (die) Anführungszeichen (oben) (pl.)
: — (der) Doppelpunkt
; — (der) Strichpunkt/(das) Semikolon
! — (das) Ausrufezeichen
? — (das) Fragezeichen
— — (der) Gedankenstrich
- — (der) Bindestrich
() — (die) Klammern (pl.)

(i) The full stop, semi-colon, question mark, dash and brackets are used as in English.

(ii) The exclamation mark is used after imperatives, exclamations and after the greeting at the beginning of a letter:

> **Machen Sie das Fenster auf!**
> **Wie schade!**
> **Lieber Udo und liebe Gisela!**

(iii) The colon is often used in German to introduce direct speech:

> **Er sagte zur mir: „Ich arbeite seit fünf Jahren in der Fabrik."**

(iv) The comma is used in German:
(a) between a subordinate clause and a main clause:

> **Nachdem er das Auto geparkt hatte, ging er ins Büro.**
>
> **Er ging ins Büro, nachdem er das Auto geparkt hatte.**

(b) to introduce dependent infinitive phrases:

> **Er hoffte sehr, sein Examen zu bestehen.**

(c) before an **um . . . zu** clause:

> **Er ging in die Stadt(e), um einzukaufen.**

(d) before all clauses beginning with **und, aber, sondern, oder,** or **allein** (= **aber**) where the subject is changed or repeated, and all clauses introduced by denn:

> **Er ging in den Garten, und *er* mähte den Rasen.**

But:

> **Er ging in den Garten und mähte den Rasen.**

K4 The Character ß

In writing, the character **ß** is used for **ss**:
(i) in the middle of a word when preceded by a long vowel or diphthong:

> **aß, Größe, fleißig, draußen, Füße, genießen** etc.

(ii) at the end of a word or syllable, whether the vowel preceding is long or short:

> **daß, Schloß, Eßzimmer** etc.

(iii) always in the group **ßt**:

> **du mußt, du wußtest, ihr verließt, er heißt** etc.

K5 Das Alphabet

A	ah	**N**	enn
B	bay	**O**	oh
C	tsay	**P**	pay
D	day	**Q**	koo
E	ay	**R**	air
F	eff	**S**	ess
G	gay	**T**	tay
H	hah	**U**	ooh
I	ee	**V**	fow (*as in* fowl)
J	yot	**W**	vay
K	kah	**X**	icks
L	ell	**Y**	ipsilon
M	emm	**Z**	tset

VIII Translation Exercises based on the Grammar Reference

A1–A4 Use of cases

1 He goes to work every day by car. 2 They are certain of victory. 3 He lives a kilometre away. 4 They went on their way. 5 She sat down on a bench in the park. 6 The businessman always went first class. 7 He resembles his brother. 8 He sat at his desk, his pencil in his hand. 9 He is going to buy his son a cassette recorder. 10 He ran into the garden, hurried down the street and then walked slowly up the hill.

A5 Apposition

1 My younger brother is a former pupil of this school. 2 His friend was a good doctor. 3 I read the book, his best novel, yesterday. 4 She saw him during the Spring, her favourite season. 5 He went to the party with a nurse, a good-looking girl.

B1 Use of the articles

1 Little Elizabeth came with her mother. 2 Present-day Germany is a very rich country. 3 Iran is in the Middle East and Switzerland is in Europe. 4 I washed my hands and face. 5 I visited him once a week. 6 Did you see them in the morning, in the afternoon or in the evening? 7 The apples cost two marks a pound. 8 Did you go by plane? 9 On Sunday he went to church after breakfast. 10 Oxford Street is one of the most important streets in London.

B2/B3 The indefinite article/the partitive

1 He is not a German, he is a foreigner. 2 He is a member of the rugby club. 3 She was employed as an air hostess. 4 Bing Crosby was a very popular American singer. 5 He did it for a joke. 6 The horse came at a trot. 7 We are going to Sweden for a change. 8 He went home with a heavy heart. 9 Some people were eating some bread. 10 He gave her some money and a few flowers.

C4 Weak masculine nouns

1 I saw the boy. He gave the monkey some nuts. 2 The philosophers showed the poet a portrait of the monarch and his son, the prince. 3 The colonel sent the soldier and the sailor to the count, because they were heroes. 4 I visited the Frenchman in my neighbour's house. 5 My nephews saw a sparrow and a raven in the peasant's garden.

C5 Mixed declension nouns

1 with a bright spark. 2 because of his name. 3 from the first letter (of the alphabet) to the last. 4 against his will. 5 He had a great shock.

C6 Nouns with two genders and different meanings

1 The heir has received his inheritance. 2 The boy took the ladder into the manager's office. 3 The fool walked into the gate. 4 The wise man was humming a pretty tune in the meadow. 5 He killed the heathen on the moor. 6 The surveyor was holding a sharp knife. 7 The deaf man who was holding a dove in his hand fell against the spruce tree and broke his jaw. 8 The lake is calmer than the sea.

C7 Nouns which are singular in German and plural in English

1 The commander drove back to his headquarters in the barracks. 2 She was wearing her spectacles while she was cutting the trousers with her scissors. 3 The little boy was wearing his pyjamas when he came down the stairs. 4 Wages were not high in the Middle Ages. 5 He was studying maths, physics and statistics at school.

C10 Nouns with prepositional objects (cf. also Section J15)

1 The little girl was afraid of the dark. 2 With a last look at the house they drove off. 3 My brother was not interested in maths. 4 I received the answer to my question. 5 He had a dream about his father.

C11 Adjectives used as nouns

1 A traveller was talking to the old man. 2 Two young women were visiting their old relatives. 3 They came with something interesting. 4 I have not heard anything good about him. 5 The worst thing about (an + Dat.) the house was the kitchen.

D1 Personal pronouns

1 There were ten of them. 2 I did it for his sake. 3 There are a lot of people living in that town. 4 I remember him. 5 Do you remember it?

D2/D3 Reflexive, emphatic and reciprocal pronouns

1 We sang it ourselves. 2 I myself read it. 3 He washed his face (his own). 4 He washed his face (his small son's). 5 Do you love each other? 6 We shall write to each other. 7 They sat behind each other. 8 Clean your teeth!

D4 Interrogative pronouns

1 Who are those soldiers? 2 Who did you see last night? 3 Whose car is that? 4 Who did he help? 5 Who was he writing to? 6 What were you waiting for? 7 Who were you waiting for? 8 In which of the three cars did you come? 9 Into which of those houses did he run? 10 I've got a Pelikan pen. What sort of one have you got?

D5 Relative pronouns

1 The man who lives in that house has a sister whose husband works in Munich. 2 I saw the soldiers whose colonel was dead. 3 I saw the Russian whom they were following. 4 I saw the children with whom my children were playing. 5 The thing I liked best was the castle. 6 All sorts of things you read in newspapers are not true. 7 The finest portrait we saw was the Mona Lisa. 8 The room into which we went was large. 9 The room in which we were standing was large.

D6 Demonstrative adjectives

1 The one (the car) I have just seen is too expensive. 2 The one (the book) I have just read is extremely boring. 3 His friends and his brother's (those of his brother) went to the same school as me. 4 He has got the same pen as I have. 5 They have got the same teachers as I have. 6 He has got

two cars — a red one and a white one. The former is old and the latter is new.

D7 Possessive pronouns

1 I went with my boyfriend and she went with hers. 2 He went with his wife and they went with theirs. 3 Your brother is younger than mine. 4 We have brought our things with us. 5 He is a friend of ours.

D8 Indefinite pronouns

1 One (you) has (have) to wait. 2 They will always wait for one (you). 3 He will always help one (you). 4 Everyone should live in a pleasant house. 5 That is everyone's wish. 6 I have not got any bread. Have you got any (some)? 7 Someone or other will know the address. 8 No-one else came.

D9 Other indefinite pronouns

1 All together! 2 Everything was in vain. 3 There was no food left. 4 Both of us played tennis. 5 The two brothers were sailors. 6 Both statements were correct. 7 Did he say anything? 8 They didn't hear anything. 9 Some wore dresses and others wore trousers. 10 They said several things.

D10 Position of pronouns

1 Give it (a pencil) to me. 2 Send them the book. 3 To whom did you show the photos? 4 I didn't show him the letter. 5 Pass me and my brother the wine, please.

E2–6 Adjectival endings

1 What interesting novel have you read recently? 2 All new cars are expensive. 3 What sort of an old house is it? 4 Is that the same clever girl? 5 This young nurse and that elderly doctor saw the old patient together. 6 My younger brother and his pretty wife both work in the same large factory in the middle of that new town. 7 Whose dirty exercise book is this? 8 That tall tree over there is very beautiful. 9 I bought several new blouses, a new coat, many white handkerchiefs, a few silk ties and two blue sweaters for Christmas presents. 10 I am sorry for him because he has no good friends, no close relatives, no comfortable house, no good job, no warm clothes and only a little money.

E7 The comparison of adjectives

1 This new building is tall, that one is taller but that one over there is the tallest I have ever seen. 2 His brother is younger than he is. 3 Which of the two rivers is the longer — the Rhine or the Thames? 4 His voice was gruffer than usual. 5 She is taller and slimmer than she was two years ago. 6 That record is good, this one is better but that old one is the best. 7 This little girl is called Lisa, that smaller one is called Annette but the smallest in the class is called Jutta. 8 You are just as tall as I am. 9 He is even taller than my younger brother. 10 He is getting richer and richer. 11 He is anything but clever. 12 The higher you go, the colder it becomes.

E8/E9 Adjectives and past participles followed by a preposition

1 He is popular with his friends. 2 She was disappointed with her new radio. 3 His elder son was exhausted by the work. 4 He was jealous of his brother. 5 That is very characteristic of the country. 6 He is famous for his music. 7 The teacher was very angry with the class. 8 He was immersed in his thoughts. 9 They are very proud of their uncle. 10 That man is related to my father.

E10 Adjectives used with the genitive

1 He is capable of better work. 2 They were aware of the danger. 3 He is worthy of the prize. 4 She was conscious of the time. 5 He was in need of the money.

E11 Adjectives used with the dative

1 He is very like his mother. 2 They lived near to the forest. 3 They were very grateful to her. 4 That will be useful to them. 5 The dog was obedient to his master. 6 The language was very strange to the young German. 7 The singer was known to everybody. 8 She is very attached to her father.

F1 Prepositions governing the accusative

1 They will be finished by next Thursday. 2 The journey was fine as far as Cologne. 3 The price of the house has gone up by 4000 marks. 4 The knight was killed by a sword. 5 The situation gets worse day by day. 6 All the guests came except for one 7 He was nothing compared with his father. 8 The train leaves at about midnight. 9 After he had driven along the street he drove right up to the river bank. 10 I'll see you at half past nine.

F2 Prepositions governing the dative

1 He rushed out of the house and ran to the station. 2 The dog wagged its tail. 3 After breakfast I went to the butcher's. 4 For what reasons was he beside himself for joy? 5 There was nobody there except for his wife. 6 For example the child had cheese for breakfast for the first time. 7 He knew the Duke of Edinburgh by sight. 8 In bad weather I always work at home. 9 When I saw him he had been living in Germany for a month. 10 He was killed by a French soldier shortly after the Battle of Hastings. 11 On this occasion he decided to come along. 12 We knew the man by name but he never had any money on him. 13 We managed to repair the car thanks to his help. 14 He came together with his younger sister.

F3 Prepositions governing the accusative and dative

1 We didn't see it on television. On the contrary we heard it on the radio. 2 In your place I would go to university. 3 Between ourselves, she was caught in the act. 4 He worked in the country and sold his fruit and vegetables in the market. 5 The train goes via Cologne throughout the year. 6 He used to live on the ground floor but now he lives on the second floor. 7 At the weekend he played in the open air. 8 He ran into the street and walked past me on his way to school. 9 He went abroad on Saturday, the first of November. 10 He lived abroad for twenty years and died at the age of 79.

F4 Prepositions governing the genitive

1 They lived in Switzerland during the summer. 2 In spite of the heavy rain they drove to the old inn which was to the south of the large lake.

3 They were very poor as a result of the war. 4 You will be well again within a week. 5 We live on this side of those high mountains. 6 He went instead of his older brother. 7 They decided to stay at home because of the dense fog. 8 The plane flew high above the clouds during the flight.

G1 Cardinal numbers

1 The man who is seventy-one years old and his sixty-seven-year-old wife have a thirty-seven-year-old son, a seventeen-year-old-grandson and a sixteen-year-old granddaughter. 2 How many sons did he have? — He only had one. 3 This time one of her friends asked for another sort of cake, another friend asked for another glass of beer and the others asked for a different bottle of white wine. 4 The schoolchildren walked into the playground in threes. Two of them were talking. 5 The young French teacher taught them in groups of nine. 6 Hundreds of young and old men were travelling to the football match by a number 20 bus. 7 They saw the German eleven beat the English eleven by three goals to nil. 8 Hundreds and thousands of people visited the exhibition in the fifties. 9 She is in her thirties and he is a man in the middle sixties. 10 He only had a hundred mark note on him.

G2 Ordinal numbers

1 I saw the first man with his third wife for the second time on the eighth of March in their flat on the seventh floor. 2 Did you see the portraits of Henry the Eighth and Elizabeth the First? 3 What is the second longest river, the third highest mountain and the fifth largest city in the world? 4 We went into the first restaurant we came to. 5 The second best girl in the class was the last but one in the queue.

G3/G4 Fractions and measurements

1 We only half knew our neighbour. 2 Three-quarters of the class had only done half their homework. 3 They walked two and a half kilometres in half an hour. 4 She bought five pounds of new potatoes and half a pound of ripe cherries. 5 He came back with two glasses of cold beer and three cups of black coffee.

G5 Other numeral expressions

1 All sorts of people read many kinds of books. 2 His new car was twice as big as mine but that was all the same to me. 3 As an only child who was lonely and lived alone, the only thing left to do was to go out at least once a week. 4 We didn't like either of them. 5 The cupboard was full of old books. 6 They will both come but neither of them has a car. 7 All of her friends had both read the book and seen the film. 8 All of the class had done all of the work.

H1 Co-ordinating conjunctions

1 We went to the cinema but didn't see the film. 2 We didn't go to the cinema but to the theatre. 3 It was a hot day only the sun wasn't shining. 4 Did you stay at home or did you visit your friend? 5 My brother and I didn't go out often for we hadn't got much money.

H2 Subordinating conjunctions

1 They decided to play in the snow although the weather was bitterly cold. 2 He looked as if he hadn't eaten for days. 3 You had better take your umbrella with you in case it rains tonight. 4 It was a long time since he had seen his brother. 5 She wore the necklace without her mother knowing about it. 6 I didn't know why he had bought the revolver. 7 He went to a large comprehensive school whereas his younger sister went to a small grammar school. 8 His elder daughter spoke French when she was in France two months ago. 9 They arrested him before he could get into his car. 10 They walked until they reached the lonely farmhouse.

H3 Correlative conjunctions

1 It's one thing going to bed late and another having to get up early the next day. 2 He always goes for a walk at the same time whether it's wet or whether it's dry. 3 The faster he ran the more out of breath he became. 4 Both the shop and the flat are to be sold. 5 The police looked for the spy now in the forest and now by the river. 6 She hasn't married him nor will she marry him. 7 He wanted to be either a doctor or a vet. 8 There wasn't enough time to visit the cathedral let alone the museum.

I1–I6 Adverbs

A 1 Of course she wanted to see him soon — the sooner the better. 2 Fortunately her younger brother liked getting up early whereas she preferred to stay in bed as late as possible. 3 In the mornings I like drinking coffee, in the afternoons I prefer to drink tea but most of all I like to drink wine in the evenings. 4 That young man sings extremely well but I prefer this girl's voice. 5 At that time I saw her once a week at the most. 6 For years on end he never went anywhere but now he is always going off to somewhere or other. 7 We turned left and then drove up the hill. At the top we visited the castle and looked down into the valley below. 8 Where have you come from and where are you going? 9 He doesn't work in that office any more. He's working somewhere else. 10 I didn't hear what he said because unfortunately I was standing at the back.

B 1 She said thoughtfully. 2 He answered briefly. 3 He replied politely. 4 He shouted loudly. 5 He growled sullenly. 6 She added quickly. 7 He continued eagerly. 8 He hissed angrily. 9 He whispered softly. 10 He smiled callously. 11 He laughed heartily. 12 He mumbled indistinctly. 13 She wept bitterly. 14 He whistled happily. 15 She coughed nervously.

J3/J4 The use and formation of tenses

A 1 Do they still live there? 2 He does work there, doesn't he? 3 Are you still reading that book? 4 She plays table tennis on Fridays. 5 They are coming in the summer. 6 They have been living in the north for two years. 7 We have been waiting for our new car for three months. 8 He hasn't seen me for three days.

B 1 He will be there for a month. 2 Will you be staying for lunch? (3 forms) 3 We are just about to go to Munich. 4 They are on the point of going to the pictures.

C 1 Last night he worked until midnight. 2 He went into the telephone kiosk, picked up the receiver and dialled the number. 3 He was still asleep when the alarm rang. 4 We used to go swimming at the weekends. 5 They were accustomed to going to church on Sundays. 6 He was wont to see his brother every Monday evening. 7 He would go there on Wednesdays. 8 He had been learning German for two years when he went to Germany for the first time.

D 1 Did you write that letter? (3 forms) 2 Have you been there yet? (3 forms) 3 "I visited my father last Monday", she said. 4 Has he already had his lunch? 5 They will have repaired the car by six o'clock. 6 He has been working all morning.

E 1 We had already seen the film. 2 They had already been in Switzerland once. 3 Had they been playing football? 4 Had they stayed there the whole time? 5 She used to be a nurse. 6 After we had visited the castle we had lunch.

F 1 They wouldn't help me. 2 They would help me if they could. 3 They would always help me with my work if I didn't understand it. 4 Would you go there? (3 forms) 5 Why wouldn't you?

G 1 They will have had breakfast. 2 She will have arrived in Frankfurt by now. 3 Will you have written that essay by tomorrow? 4 When will you have finished your letter? (3 forms) 5 He will already have left.

H 1 I would have stayed longer if I had had the time. 2 I would have asked her to stay if I had known that. 3 Would you have seen him under those circumstances? (3 forms) 4 Why wouldn't you have gone there? (3 forms) 5 Would you have washed and changed if you had known they were coming? (3 forms)

J5 The imperative

1 Pass the wine, please. (3 forms) 2 Don't eat so quickly. (3 forms) 3 Go on, try. (3 forms) 4 Mind you don't stay up too late. (3 forms) 5 Open the window, please. (3 forms) 6 Shut that door. (3 forms) 7 Shall we go shopping?

J6 The infinitive

A 1 He couldn't come yesterday. 2 Will you be able to send them soon? 3 I would help you if I could. 4 She felt herself crying. 5 The mayor welcomed us in Goslar. 6 He taught me to speak French. 7 Did you go dancing last night? 8 He made us laugh. 9 We have no time to lose. 10 Did he see me coming? 11 I can see him coming. 12 It's very nice to see you although you needn't have come. 13 I haven't been able to see the film yet. 14 I heard the birds singing in the garden. 15 Without hesitating a moment. 16 Instead of learning Italian.

B 1 He went there to swim. 2 Did you go upstairs to rest? (3 forms) 3 She went to the department store to do some shopping. 4 He paid attention in class in order to be able to do his homework. 5 They went home to change. 6 He bought an electric lawnmower in order to be able to cut the grass quicker. 7 He went to the barber's in order to have his hair cut. 8 He took his car to the garage in order to have it repaired.

J7/J8 Separable and inseparable prefixes

1 They had lost their way. 2 She has torn that newspaper into little pieces. 3 Did the prisoner escape? 4 Did your brother break that window? 5 He has translated the book into German. 6 When did they arrive in the hotel? 7 He went into the office to congratulate his boss. 8 Did you discuss the play last night? 9 He went outside to unload the car. 10 He stepped forward to read his poem aloud. 11 After he had got out of his car he hurried after her. 12 You have completely misunderstood the question. 13 She has always contradicted her mother. 14 He shot the policeman dead. 15 He blushed because he had gambled and lost all his money.

J9 Modal auxiliary verbs

A 1 May I go to Germany? 2 Can we smoke? 3 Was he allowed to take his exam? 4 You mustn't run in the corridors. 5 That might possibly be true. 6 May I ask if you are a foreigner?

B He can drive a car. 2 He couldn't understand the question. 3 He could buy that house if he had enough money. 4 We couldn't help smiling. 5 Do you know Spanish? 6 She could already walk although she wasn't able to speak. 7 She may be ill. 8 That might be wrong.

C 1 We didn't like the play. 2 She doesn't like her brother. 3 I'm fond of apples and oranges. 4 I don't like pears. 5 I should like to know if we are going out.

D 1 We had to see her of all people. 2 I have to write a letter. 3 I have a letter to write. 4 We had to have breakfast early. 5 We had breakfast early. 6 After we had had breakfast. 7 It must have rained during the night. 8 You mustn't (don't have to) buy it. (i.e. There is no compulsion to buy it.) 9 You mustn't buy it. (i.e. Under no circumstances must you buy it.)

E 1 I ought to post that letter. 2 The food is said to be excellent. 3 Where would you like me to take you? 4 They were supposed to come yesterday. 5 She ought to come tomorrow. 6 I shan't go to the pictures tonight. 7 I am not to see that film. 8 I shouldn't go there if I were you. 9 I shouldn't really watch television because I have a letter to write.

F 1 Do you want to come with us? 2 She was about to go shopping. 3 She claims to have killed him. 4 He claims to have stolen the car. 5 He is pretending that he has seen nothing. 6 We insist that you stay. 7 I won't see him. 8 I don't want to see him. 9 He wouldn't see me. 10 He didn't want to see me. 11 He would go for a walk every evening. 12 Shall we go for a swim?

G 1 He has had to go to Cologne. 2 Did you have to stay at home? 3 She hasn't been able to buy it yet. 4 I have wanted to live there for a long time. 5 They saw me coming. 6 Did you hear her singing? 7 She couldn't go out because she had to help her mother. 8 He doesn't know yet if he has to go to France or to Spain. 9 They are happy although they will have to move house. 10 She was disappointed because her brother ought to have arrived several hours previously.

J10 lassen

1 Did I leave my umbrella in your car? 2 Let go of him. 3 Let him go. 4 That couldn't be denied. 5 She got her husband to park her car. 6 They had a garage built next to the house. 7 You shouldn't have kept me waiting. 8 After she had had her hair cut she had it washed.

J11 Impersonal verbs

1 Has it occurred to you that it's raining? 2 I was very sorry for him. 3 I am surprised that it is clearing up. 4 Did you manage to see your brother? 5 Her hands were freezing. 6 She felt sick. 7 Did they enjoy the play? 8 It was quite likely that it was a matter of money. 9 It's worth while going there. 10 It all depends whether it's snowing or not. 11 Someone knocked and then the bell rang. 12 It didn't matter that I was cold.

J12 Causative verbs

1 Did you hang the picture next to the mirror? 2 The man was hanging from the roof. 3 The plane sank the submarine. 4 The boat has sunk to the bottom of the sea. 5 Who felled the trees in your garden? 6 Did you fall over that tree? 7 Suddenly the headlights blinded me. 8 He went blind when he was thirty. 9 The woman was drowned in the lake. 10 He drowned his wife in the bath.

J13 Verbs governing the dative

1 I bumped into my sister in the high street. 2 Did you help him repair his bike? 3 What happened to your friend? 4 Answer me. 5 He devoted himself to his work. 6 Do you trust that man? 7 He smiled at the pretty girl. 8 That suits me fine. 9 We liked the meal enormously. 10 I shall never forgive them for that.

J15 Use of prepositions after certain verbs

A 1 Did you thank your uncle for the present? 2 I think he is a fool. 3 Did he apply for the job in the bank? 4 They voted against the plan. 5 She looked after her father when he was ill. 6 Did you ask for another cup of coffee? 7 I am very interested in politics. 8 She decided on the green dress.

B 1 They had complained to the headmaster. 2 I don't agree with you at all. 3 Did you enquire about the times of the trains? 4 I'm longing for the holidays. 5 The fields belong to the school. 6 The murderer was sentenced to death. 7 He was elected (as) form captain. 8 That smells of old fish. 9 He apologized to his neighbour. 10 He helped me with my work.

C 1 I shall always think of you. 2 I am looking forward to the party. 3 He is always grumbling about the weather. 4 They warned him of the danger. 5 I remember the day well. 6 You can count on me. 7 She fell in love with an older man. 8 I am gradually getting used to the food. 9 I like him because he always laughs at my jokes. 10 Are you afraid of the dark?

J16 Translation of the English present participle

1 They decided to drive to the beach instead of working in the garden. 2 He put on his coat before leaving the house. 3 He sat down in the café without noticing his friend. 4 He came running down the street. 5 Do you like going to Germany? 6 It was pleasant sitting by the river. 7 Did you see me coming? 8 I heard them driving off in the car. 9 Feeling tired, I went to bed early. 10 He got on to the bus without my seeing him. 11 He saw his children playing in the park. 12 The man sitting in the corner is her husband.

J17 The passive

A 1 The window was broken by those boys. 2 They have been punished by their teacher. 3 After he had been sent home he was sent straight to bed. 4 Has the table been laid yet? 5 By whom was that picture painted? 6 The film is being shown every evening at 8 o'clock. 7 The exhibition will have been seen by thousands of people. 8 The game would have been played if there hadn't been any fog. 9 The town hall was captured by the soldiers although many of them had been wounded. 10 The new school is being built by my father's firm. 11 It will be opened by the mayor in two months' time. 12 They must be taught how to answer the questions. 13 The work could have been done quicker. 14 Why weren't they invited? 15 He was sent to the hospital to be examined by the specialist.

B 1 He was killed by a car. 2 He was stabbed with a knife. 3 He was murdered by his wife. 4 The house was surrounded by a hedge. 5 The house was surrounded by policemen. 6 Was the door shut? 7 Was the door shut by the man or the woman? 8 The door was opened. 9 He was asked to give a talk. 10 German and French are spoken here. 11 This house is to be sold. 12 The outcome remains to be seen. 13 Was he shot with the rifle after she had been strangled with her tights or before?

J18 The subjunctive

A 1 He said he was an engineer. 2 He said that he had already been to Germany. 3 She asked if he had read the book. 4 She asked if he would be home for lunch. 5 They said that she had worked well. 6 They said that they were tired and hungry. 7 He asked when the train would arrive. 8 Did you ask when they were going? 9 He said that he would have repaired his watch by the weekend. 10 He asked her if she would marry him. 11 I asked him where he was going for his holidays. 12 Did they ask you if you had passed your exam?

B 1 You would have to go by bus or train if you hadn't got a car. 2 He used to play golf whenever he was in Scotland. 3 He would have played tennis if it hadn't rained. 4 If I had been in Munich I would have visited my uncle. 5 If I had a lot of money I would buy a house with a swimming pool. 6 He would have seen me if he had had the time. 7 I would have passed my exam if I had worked harder. 8 If I worked in a bank I would wear a suit. 9 I would see that film if I had the chance. 10 I would make the bed for him in case he comes. 11 I wouldn't be disappointed if he doesn't come. 12 I would have met her nephew if I had stayed longer. 13 I would speak German whenever I was in Germany. 14 I would speak German if I were in Germany. 15 Would you have spoken German if you had been in Germany?

C 1 He pretended that he had been sleeping. 2 It seemed as if she had already been there. 3 It seemed as if she had been knocked down by a car. 4 It seemed as if it had been raining all night long. 5 It seemed as if they had been swimming. 6 If only they would stop! 7 If only I had known that I would never have gone. 8 I wish that I could go to Ireland. 9 She ought to have been a doctor. 10 You ought to have written that letter.

K1 Expressions of time

A 1 last week 2 next year 3 every month 4 last Thursday 5 every spring 6 last autumn 7 every morning 8 next Wednesday 9 every evening 10 every afternoon

B 1 one morning 2 one day 3 one evening 4 one month 5 one night 6 one rainy April morning 7 one foggy November evening 8 one sunny summer's day 9 one snowy winter's morning 10 one windy Spring afternoon

C 1 It's 3 o'clock. 2 It's 4.15. (two forms) 3 It's 6.30 4 It's 4.45. (two forms) 5 It's 24 minutes past seven. (two forms) 6 It's 24 minutes to eight. (two forms) 7 It's one minute to five. 8 It's one minute past six. 9 at 22.20. 10 at 19.57.

D 1 at Christmas 2 at whitsun 3 on Boxing Day 4 on New Year's Eve 5 on New Year's Day 6 on Christmas Day 7 on Monday morning 8 on Sunday afternoon 9 on Saturday night 10 on Wednesday evening 11 at Easter 12 for the holidays 13 at the weekend 14 during the summer holidays 15 in March 16 in spring 17 in autumn 18 during the Christmas holidays 19 during the Easter holidays 20 for Christmas

E 1 in the mornings 2 on Saturdays 3 in the evenings 4 on Mondays 5 in the afternoons 6 on Saturday 7 on Monday the third of June 8 on Tuesday the seventh of January 9 on Thursday the first of May 10 on the following morning (3 forms)

F 1 today 2 yesterday 3 tomorrow 4 this afternoon 5 tonight 6 last night 7 tomorrow morning 8 tomorrow afternoon 9 yesterday afternoon 10 the day before yesterday 11 the day after tomorrow 12 yesterday morning 13 in a week's time 14 a fortnight ago yesterday 15 a fortnight tomorrow

G 1 first of all 2 suddenly 3 shortly afterwards 4 soon afterwards. 5 immediately afterwards 6 shortly before 7 two days ago 8 in three months' time 9 a year ago 10 in a month's time 11 at last 12 finally

H 1 a quarter of an hour later 2 half an hour later 3 three-quarters of an hour later 4 an hour later 5 one and a half hours later 6 one and three-quarter hours later 7 two hours later 8 two and a half hours later 9 several hours later

I 1 He has been here for a week. 2 Since when have you been working there? 3 Since when have you known your best friend? 4 He had been living there for a month. 5 They talked for a quarter of an hour. 6 I am going to Germany for a month.

K2 Word order

A Direct and indirect objects

1 After she had shown her husband her new skirt she showed him her sweater too. 2 They bought a bike for their son and gave it to him for his birthday. 3 He was delighted because they had given him a cassette recorder. 4 I brought a cabbage for your sister. Did you give it to her? 5 Have you shown them the letters that the postman brought you this morning? 6 Don't forget to give me your address and telephone number. 7 Will you show your friends the photos tonight or will you show them to them tomorrow? 8 I forgot to show her my new camera. 9 I would have sent you the books but I have to show them to my brother first. 10 Give me the letter when you have written it and I will give it to the headmaster.

B Time, manner, place

1 Did you go to Spain last year? 2 He went to an Italian restaurant for a meal with his girlfriend last night. 3 He went home with a friend after work. 4 As he was very late for work that morning he drove his car to the airport even faster than usual. 5 She crept out of the bedroom as quietly as possible this morning as her husband had gone to bed drunk the previous evening and she didn't want to wake him.

C The position of 'nicht'

1 I didn't see him. Did you? 2 He didn't give it to his brother but to his sister. 3 You shouldn't have gone to the office this morning. 4 Don't write to him. 5 Don't get up. 6 They aren't coming tonight. 7 They aren't coming tonight but tomorrow morning. 8 You don't have to come if you don't want to swim. 9 I would have been disappointed if he hadn't been able to come this evening. 10 He didn't come by bus but by train. 11 She is not my friend. 12 He couldn't come as he hadn't any money.

IX Index to Grammar Reference

447

Acknowledgements

The authors and publishers would like to thank the following for permission to reproduce copyright material:

Allen, W. H., 'In a café' p. 317 (from *Loneliness of the Long Distance Runner* by Alan Sillitoe)

Ärtzliche Arbeitskreis, cartoon p. 121

American Embassy Information Service, photo p. 83

Associated Examining Board, 'A chance encounter' p. 315 (June 1974 — A Level Translation); 'An unwelcome interruption' p. 316 (June 1975 — A Level Translation)

Austrian National Tourist Board, photos pp. 209, 215, 286, 342

Badisches Tagblatt, Wettervorhersage p. 34; 'Klick' p. 79; 'Bürger kämpfen um ihre Dörfer p. 333

Bensch, Peter, cartoon p. 246

Bild-Zeitung, illus, p. 204; 'Der Mann den der Tod nicht haben wollte' p. 361

Black and Decker, advert. p. 196

Blaumeiser, Josef, cartoon p. 232

Bospel music b.v., 'Die kleine Kneipe' p. 123

Bundesminister für das Post und Fernmeldewesen, 'Ich rufe an . . .' p. 105

Bundesminister für Wirtschaft, 'Wie Sie Ihrem Auto das Saufen abgewöhnen' p. 77

Bundeszentrale für gesundheitliche Aufklärung, illus. p. 338

Bundeszentrale für politische Bildung, 'Der Bundespräsident spricht über die Terroristen' p. 332

Daily Mail, cartoon, p. 193

Davis, William, 'Briten als Europäer' p. 250 (appeared in *Die Welt*)

Deutscher Wetterdienst, weather map p. 35

Dienst aus Deutschland, photos pp. 290, 359

DPA, 'Selbst ein Herzinfarkt kann viele Raucher nicht bekehren' p. 330; 'Arbeitslose drücken die Schulbank' p. 330

Fischer Taschenbuch Verlag, 'Wie es die Kollegin macht, ist es falsch' p. 229 (from *Liebe Kollegin*, Noeske/Röhrer)

S. Fischer Verlag, 'Das Fenster-Theater' pp. 8–10 (from *Der Gefesselte* by Ilse Aichinger)

Frankfurter Allegemeine Zeitung, illus. pp. 185, 191; 'Weihnachtssamstag in November' p. 109

Globus-Kartendienst, diagrams pp. 245, 257

Haitzinger, Horst, cartoons pp. 247, 249, 272

Hamish Hamilton, 'Paris in ruins' p. 307 (from *The White Mountains* by John Christopher)

Henssel Verlag, 'Die Ameisen' by Joachim Ringelnatz (from *Und auf einmal stand es neben mir*, Berlin, 1965)

Hetzel-Reisen, 'Flugreisen Sonderprogramm' p. 213

Hürlimann, D, cartoon p. 195

In-Press, photo p. 71

Inter-Continental Features, cartoons pp. 14, 15, 230

Inter-Nationes, photos pp. 98, 109, 174, 183

Joint Matriculation Board, 'An unwelcome visitor' p. 322 (June 1975 — A Level Translation); 'An early morning break' p. 323 (June 1976 — A Level Translation)

Kehler Zeitung, 'Wetterbericht' p. 34; 'Das gute Buch — ein Freund' p. 203

Keystone Press Agency, photos pp. 1, 8, 25, 27, 40, 57, 95, 115, 125, 189, 224, 313, 334, 363

Kiepenheuer und Witsch, 'Aus "Es wird etwas geschehen"' p. 352

Landesbildstelle Berlin, p. 179

Landesregierung Baden-Württemberg, checklist, p. 255

Landeszentrale für politische Bildung Baden-Württemberg pp. 175, 176, 258, bottom cartoon p. 264

Lufthansa, photo p. 6

Ministerium für Ernährung, Landwirtschaft und Umwelt Baden-Württemberg, 'Abfall — ein Problem des Wohlstandes' p. 65

Munz, Eckart, cartoon p. 252

Northern Ireland Schools Examination Council, 'Out of petrol' p. 303 (Summer 1975 — A Level Translation); 'The decision' p. 304 (Summer 1975 — A Level Translation); 'Negotiations' p. 305 (Summer 1976 — A Level Translation; 'The province' p. 306 (Summer 1976 — A Level Translation)

Oesterle, Manfred, cartoon p. 164

Liam O'Flaherty, 'Going into Exile' p. 326 (from *The Short Stories of Liam O'Flaherty*, Jonathan Cape)

Oxford and Cambridge Schools Examination Board, 'A different life' p. 314 (July 1973 — A Level Translation); 'The strain of living near a large city' p. 313 (July 1975 — A Level Translation)

Oxford Local Examinations, 'Old friends' p. 308 (Summer 1976 — A Level Translation); 'The suspect' p. 309 (Summer 1975 — A Level Translation); 'A new book' p. 328 (Summer 1962 — A Level Translation)

Das Parliament, (Bundeszentrale für politische Bildung), p. 271

Penguin Books, 'The wounded general' p. 311 (from *The Painted Veil* by W. Somerset Maugham)

Pielert, Klaus, cartoons pp. 249, 338

R. Piper Verlag, 'Reklame' p. 197 (from *Anrufung des großen Bären* by Ingeborg Bachmann)

Popperfoto, photo p. 348

Praesentverlag Heinz Peter, 'Singapur' p. 346; 'Das Pentagon' p. 347; 'Der Kalifornien-Aquädukt' p. 349 (all adapted from *Die neuen Wunder dieser Welt*)

Die Presse, cartoon, p. 272

Presse und Informationsamt der Bundesregierung, 'Alte Menschen sind kein altes Eisen' p. 140; 'Ein Fluchtversuch' p. 234; photos pp. 46, 55, 64, 70, 74, 77, 88, 99, 104, 134, 145, 155, 221, 235, 238, 259, 263, 268, 281, 287, 332, 339, 358

Rheinischer Merkur, cartoon p. 235

Roth, Thomas and Stefan, poems by Eugen Roth, pp. 56, 144, 187, 214

Singapore Tourist Promotion Board p. 346

Southern Universities' Joint Board, 'The old house' p. 318 (June 1975 — A Level Translation); 'The dismissal' p. 319 (June 1976 — A Level Translation)

Stader Tageblatt, 'Zug der Zukunft bestand Probe' p. 75; 'Kuh im Hafen' p. 100; 'Elterninitiative' p. 331: 'Schülerunion gegen Zensur von Schülerzeitungen' p. 334; 'Innsbruck mit Schneegarantie und Tiroler Spezialitäten' p. 342; 'Riesengeschäft mit der Sehnsucht der Elvis-Fans' p. 343; 'Vom Frührentner zum Münzsammler' p. 345

Stern, article p. 157; 'Kinderkriegen ist kein Kinderspiel' p. 332

Süddeutsche Zeitung, 'Die Erweiterung der EG' p. 333

Suhrkampf Verlag, 'Eine größere Anschaffung' by Wolfgang Hildersheimer, p. 71 (from *Lieblose Legenden*, Frankfurt am Main, 1962)

Transit Film- Gesellschaft, photo p. 182

University of Cambridge Local Examinations Syndicate, 'Starting work' p. 320 (Summer 1975 — A Level Translation); 'Visiting an old friend' p. 321 (Summer 1977 — A Level Translation)

University of London, University Entrance and School Examination Council, 'Memories of Boyhood' p. 329 (Summer 1957 — German Scholarship Paper)

Verlag H. Stamm, cartoon, p. 186

Welsh Joint Education Committee, 'Miss Mayfield's arrival' p. 310 (Summer 1974 — A Level Translation); 'A café poet' p. 312 (Summer 1976 — A Level Translation)

Wolf, Fritz, cartoon p. 232

Wolter, Jupp, cartoons pp. 67, 166, 249, 264 (top)

Die Zeit, 'Akademiker zweiter Klasse' p. 335 (Voland)

Zeitmagazin, p. 239

The publishers have made every effort to trace the copyright-holders, but if they have inadvertently overlooked any, they will be pleased to make the necessary arrangements at the first opportunity.